北京工业大学年鉴

2006

《北京工业大学年鉴》编委会

北京工业大学出版社

1.2005年2月5日，全国妇联主席顾秀莲春节前来校看望学生

2.3月12日，河北省省长季允石慰问承建第三教学楼的河北籍工人

3.12月16日，北京市委副书记杜德印来校调研保持共产党员先进性教育活动进展

4.12月6日，市教工委来校检查科技创安工程

5.5月21日，中国教育会计学会地方工科院校分会成立，北工大当选为第一届理事会理事长单位

1.5月26日，北工大与通州区政府合办实验学院签字仪式

2.9月，坐落于顺义牛栏山的耿丹学院成立后招收首届本科生

3.12月12日，北工大艺术设计学院揭牌

4.12月12日，北工大艺术设计学院成立大会

1

2

3

4

1.1月13日，北工大召开老干部新春团拜会
2.7月20日，北工大召开“十一五”规划与学校发展研讨会
3.3月30日，北工大召开第五届教代会第四次会议
4.7月21日，校领导与怀柔区有关领导洽谈对口支援合作事宜

10月15日，北工大建校四十五周年庆典大会主席台

建校四十五周年庆典大会会场

1.10月14日，香港校友庆祝李晨校长85岁寿辰

2.10月15日，建校四十五周年暨杰出青年校友颁奖

3.10月14日，新建成的校史展览馆为四十五周年校庆献礼

1.10月14日，学生课外优秀
技作品展开展仪式
2.10月16日，北工大举办国
教育论坛
3.10月16日，祝贺蒋璜教授
岁寿辰

7月13日，北工大聘任沈昌祥院士担任计算机学院院长

9月，北工大举办博士后论坛

9月1至4日，举办新教师岗位培训

7月12日，举办新生辅导员岗前培训

9月28至29日，举办青年教师教学基本功比赛

4月21日，研究生教育督导专家聘任仪式

1.3月，学生约谈接待
2.4月9日，举办联合高校招生咨询会
3.10月7日，北工大学生参加北京市学生军训20周年会演
4.2005年，北工大有四门课程被评为国家级精品课程，十五部教材被评为北京市精品教材

1. 4月4日，材料学院周美玲教授等获得国家技术发明二等奖
2. 4月1日，国家科技进步二等奖获得者彭见曙教授作学术报告
3. 国家科技进步二等奖获得者彭永臻教授给学生上课

3月28日，左铁镛院士为辽宁省厅局级以上干部作循环经济专题报告

12月15日，先进制造业北京市技术转移中心在学校成立

国家体育场柱脚锚固性能试验

11月1日，北工大与朝阳区政府和摩托罗拉公司签约启动废旧电子电器资源化成套技术及关键设备项目

1

2

3

4

1.8月24日，校领导在新生报到处了解新生特困生的情况

2.9月16日，学校与奥组委签约培养实习生

3.9月，北工大学生荣获微软创新杯渲染专题竞赛全球总冠军。左起：梁晨、徐优、汪璞、史涛

4.4月7日，"三成"主题教育杨澜专题论坛

1.8月27日，新生在开学典礼上填写心愿卡
2.9月7日，2005级研究生开学典礼
3.11月24日，本科生奖学金颁奖典礼
4.11月29日，全国优秀百篇博士论文奖获得者郭霞和导师沈光地出席研究生奖学金颁奖典礼
5.7月3至5日，2005届学生毕业典礼隆重举行
6.每位毕业生获赠镶有采自校园南门麦穗的精美礼物——见证成长

1. 8月19日，中共北工大九届四次全会召开
2. 7月1日，北工大举行榜样的力量——2005年庆祝“七一”表彰大会
3. 2月19日，召开2005年党建与思想政治工作研讨会
4. 4月2日，校党委理论学习中心组到通州考察
5. 6月8日，召开2005年教代会提案交付承办会
6. 8月31日，召开老干部纪念抗战胜利60周年座谈会

1. 9月10日，召开党员先进性教育活动动员大会
2. 举办先进性教育党支部书记培训班
3. 党支部与特困生开展手拉手活动
4. 学生开展“榜样的力量”主题论坛
5. 12月21日，召开党员先进性教育活动总结大会
6. 后勤集团组织职工技能培训
7. 后勤集团动力中心党员清洗国旗基座

1

2

3

4

1. 4月23日，北工大举办第31届田径运动会
2. 12月19日，学生社区成立大会
3. 6月3日，北工大学生与台湾龙华科技大学学生交换精致小礼物
4. 校园雕塑——“实”

1.6月1日，诺贝尔奖得主莫里斯来北工大演讲，并被授予学校名誉教授称号
2.4月5日，美国加州大学五所研究生院院长访问北工大
3.9月13日，范伯元校长与诺贝尔奖得主蒙代尔为企业家商学院揭牌
4.3月1日，日本东京大学渡边浩常务副校长来访
5.3月23日，美国国会众议院代表团访问北工大

1

2

3

4

5

1

2

3

1. 11月14日，中美大型公共建筑抗震减灾多灾种综合防御策略与监测技术研讨会在北工大召开
2. 12月20日，国际体操联合会主席与秘书长来北工大考察
3. 8月，学校组织青年干部到英国伯明翰大学培训

1.3月11日，学校领导与员工参观反腐倡廉展览
2.6月8日，学校召开学生思想政治教育工作会议
3.9月9日，北工大德育先进表彰大会
4.12月21日，学校组织向灾区送温暖活动

1

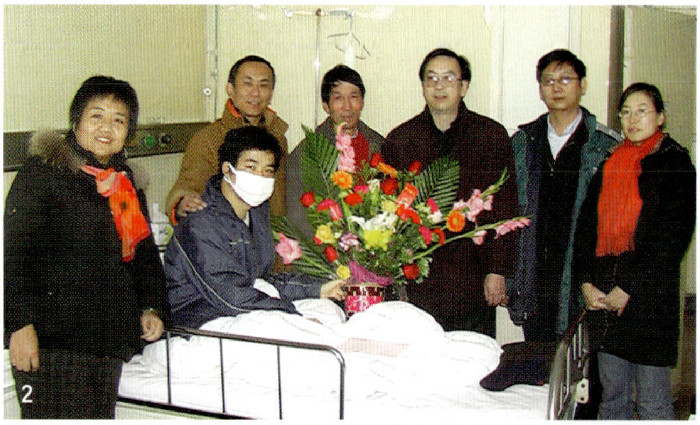

2

1. 12月1日，预防艾滋病传播宣传活动
2. 12月，学校领导到医院看望患病学生韩兵兵
3. 3月8日，校园文明礼仪展示竞赛
4. 9月9日，庆祝教师节文艺演出
5. 5月19日，全校师生积极献血
6. 5月5日，开通校园巡逻车
7. 11月7日，灭火比赛

3

4

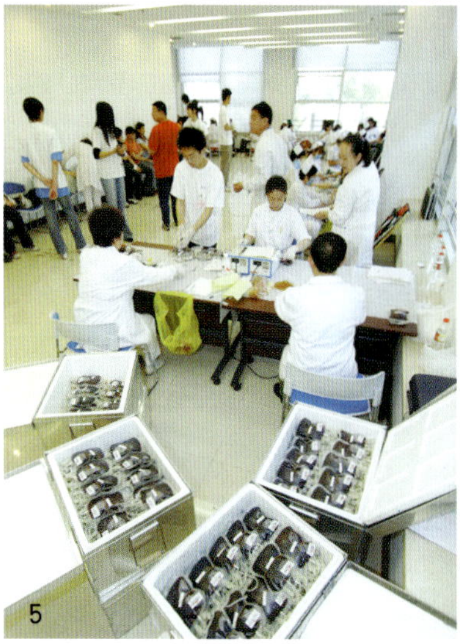

5

6

7

1.6月30日，北工大体育馆（奥运场馆）开工奠基典礼
2.6月3日，奥运志愿服务团成立
3.6月30日，奥运场馆开工奠基典礼全景

4月28日，校园东区新征地拆迁合同签字仪式

校园东南区规划效果图

《北京工业大学年鉴》编委会

主　任　孙崇正　范伯元

副主任　冯　培　张毅刚　张　泽　马志成　侯义斌　张爱林
蒋毅坚　卢振洋

委　员　赵凤琴　纪树兰　马利华　张长春　李四平　薛素铎
杜修力　吴　斌　张　革　王秀彦　米裕民　王燕琪
江飒英

《北京工业大学年鉴（2006）》编辑部

主　编　孙崇正

副主编　赵凤琴　江飒英　朱　静

编　辑　王燕琪　毕东明　李会征　王大勇　白志强　程晓琦
高春娣　张　欣　肖　念　安　琳　李庆丰　杨东升
邢永利　刘建萍　丁文健　牟钟诚　吴文英　杨文锋
冯爱玲　张　英　申　灏

编 辑 说 明

《北京工业大学年鉴（2006）》是北京工业大学建校以来的第三本年鉴，汇集了2005年学校事业发展及重大活动基本情况，重点反映北京工业大学教学科研、学科建设、人才培养、队伍建设、学校管理、对外合作交流、校园文化、党的建设等方面的重要活动和所取得的经验、成果等，供全校各个部门及校外有关单位了解和研究学校现状与发展情况时参考使用，同时也是北京工业大学发展概况的历史记载。

《北京工业大学年鉴（2006）》是资料性文献汇编，以文章和条目为基本载体，以条目为主。全书设置新闻图片、学校概况、特载与专文、文件与规章、党政重要会议、机构与队伍、教育教学、科研与开发、学科建设与“211工程”、国际交流与合作、管理与服务、党建与思想政治工作、学院与教学部、大事记、人物、毕业生名单、表彰与奖励、媒体报道等栏目，本卷还首次增设了学校事业发展统计数据。

《北京工业大学年鉴（2006）》选题基本时间范围为2005年1月1日至12月31日间的重大事件、重要活动及各个领域的新进展、新成果、新信息，部分内容依实际情况前后略有延伸。年鉴收录的统计数据，由学校各部门审定、提供。

《北京工业大学年鉴（2006）》在学校年鉴编委会主持下编辑。编辑部以校两办人员为主，联合宣传部、组织部、发展规划处、人事处、教务处、研究生部、学生处、科技处、信息处、后勤管理处、后勤集团、出版社等部门的有关同志共同组成。主要撰稿人为校内各单位负责同志和熟悉情况的工作人员。

年鉴的编辑出版工作得到了学校领导的支持以及全校各部门的大力协助，在此谨表示深深的谢意。年鉴涉及面广，内容多，加上编辑人员的水平所限、经验不足，因此，年鉴中存在的问题和疏漏敬请读者给予指正。今后我们将不断探索改进，把年鉴的编辑与出版工作做得更好。

《北京工业大学年鉴》编辑部

2006年6月

目　录

CONTENTS

•北京工业大学概况•

北京工业大学位于北京市朝阳区平乐园100号。

北京工业大学创建于1960年，当年设机械、电机、无线电、化工、数理5个系。1961年，北京市土木建筑工程学院、北京工业学院、北京师范大学部分学生转入北工大后，增设土建系。数理系于1961年下半年停止招生进行调整，1965年恢复招生。“文化大革命”期间，1971年有机械、电机、无线电、土建4个系招生，原化工系停办。1972年，北京工商管理专科学校并入北工大，在北京宣武区牛街南横西街该校校址设北工大预科，后改称新生部。新生部于1986年撤销。

1978年至1989年，学校调整系的设置，设机械工程学系、工业自动化系、无线电系、土木工程系、化学与环境工程学系、应用物理系、计算机科学系、应用数学系、金属材料科学与工程学系、热能工程学系、管理工程学系、建筑学系。1981年成为国家教育部批准的第一批硕士学位授予单位，1985年成为博士学位授予单位。

1990年，原北京联合大学经济管理学院并入北工大，该院6个系和北工大管理工程学系合并调整为管理工程学系、对外经济贸易系、应用经济系，至此全校共设14个系。1993年，北京计算机学院并入北工大，成立北京工业大学计算机学院，在北京西三环北路原校址办学，1998年迁入校本部与北工大原计算机科学与工程学系、计算中心合并组建计算机学院。2000年，国家建材局管理干部学院(武汉工业大学北京研究生部)、华北水利水电学院北京研究生部和北京水利电力函授学院并入北工大，成立北京工业大学高等职业教育学院、北京工业大学分部，均为学校的异地办学机构。2005年，北京艺术设计职业学院整体划转北工大，成立北京工业大学艺术设计学院。

北工大于1992年成立成人教育学院，2003年更名为继续教育学院。2004年继续教育学院与工大分部进行教育资源整合，整合后工大分部办学主体为继续教育学院。

1993年北工大在教育改革中成立实验学院，2000年起实验学院由学校与民营企业合作办学。2004年7月，实验学院终止与民营企业合作办学的协议，从河北廊坊东方大学城迁至北京市朝阳区管庄校区，与北京工业大学高等职业教育学院调整合并为学校全资直属二级学院性质的实验学院。2005年，北工大与北京市通州区人民政府签订协议，合办北京工业大学实验学院。

1997年起，学校经过学科结构性调整，对学科专业进行了调整、组合、撤并，建立和完善校、院两级管理体制，形成16个二级学院：机械工程与应用电子技术学院、电子信息与控制工程学院、建筑工程学院、环境与能源工程学院、应用数理学院、计算机学院、材料科学与工程学院、经济与管理学院、人文社会科学学院、建筑与城市规划学院、生命科学与生物工程学院、外国语学院、软件学院、实验学院、艺术设计学院、继续教育学院，另有体育教学部、激光工程研究院、固体微结构与性能研究所、循环经济研究院，以及与社会力量合作创办的独立学院——北京工业大学耿丹学院。

1996年12月，学校通过国家“211工程”预审，正式跨入国家21世纪重点建设的百所大学的行列。经过“九五”期间的建设，2001年通过“九五”“211工程”国家验收，圆满完成“九五”“211工程”一期建设任务。2002年10月学校顺利通过“十五”“211工程”建设项目可行性论证，确立了“立足北京，融入北京，辐射全国，面向世界”的定位指导思想。“十五”期间，北京工业大学在北京市委、市政府的关心支持下，在学校党委的正确领导下，坚持社会主义办学方向，按照以人为本，盘活资源，依法治校，提高质量的工作原则，在教学、科研、管理、服务等学校改革和发展各项工作中取得了新成就。学校紧紧抓住“十五”“211工程”建设和奥运场馆建设这两个重大机遇，按照“抓好两个建设，实现两个转变”的发展思路，不断深化内部管理改革，提高人才培养质量和科技创新能力，实现了从教学型大学向教学研究型大学的重大转变，从工科大学向以工科为主，理、工、经、管、文、法、艺术相结合的多科性大学的转变，全面完成了国家下达的“十五”“211工程”建设的各项任务，实现了学校发展的新跨越，跻身全国重点建设的高水平大学行列。

建校40多年来，北京工业大学已为北京经济和社会发展的各个领域培养了76 000余名毕业生，其中有4 200多名硕士、博士研究生。他们在各条战线上发挥着骨干作用。

2005年，学校以科学发展观为指导，以保持共产党员先进性教育活动为契机，带领全校师生共同努力，加快发展和建设步伐，全面提高育人质量，推进科技创新，学校各项工作保持良好发展势头，在党建和思想政治工作、教学、科研、管理、校园文化建设等方面取得显著成绩。

1. 认真开展保持共产党员先进性教育活动，努力实践基层党建创新

2005年北京工业大学党建工作的重点是抓好先进性教育活动。年初，校党委常委会认真研究、部署先进性教育各项准备工作，开展了基层党支部工作和党员队伍情况的调研，分析和调整了基层组织设置，为下半年先进性教育活动的顺利开展作好了思想和组织准备。

9月10日至12月20日，党委常委会认真按照中央20号文件精神和市委、市委教育工委的统一部署，在全校党员中深入开展了以实践“三个代表”重要思想为主要内容的保持共产党员先进性教育活动。在3个多月的时间里，全校12个基层分党委、9个党总支、3个直属党支部、289个基层党支部、4 898名党员参加了先进性教育活动。

党委常委会坚持先学习、先研究，先后召开了6次先进性教育专题会议，着重从把握方向、统一认识、找准问题、取得实效方面研究部署工作。各院级党委、党总支、直属党支部以高度的政治责任感认真组织和落实三个阶段的各项工作；基层党支部书记发挥骨干作用；广大党员以饱满的政治热情积极参与到先进性教育的各项活动中，进一步坚定信念、提高素质。通过先进性教育活动，校党委努力探索和实践基层党组织党员教育形式的创新、党支部工作角度的创新、党支部组织设置的创新和支部激励机制的创新，使北工大先进性教育活动得到上级党组织和领导的充分肯定，全校群众满意度测评的满意率达到99%。

2. 以育人为核心深化改革，不断提高教育教学质量

2005年学校继续按照教学评估整改措施确定的主要目标和内容，积极推进名师、名专业、名课程和名教材“四名工程”建设并取得较大进展。《材料力学》、《机械设计》、《概率论与数理统计》和《水质工程学》4门课程入选教育部“2005年度国家精品课程”，5门课程入选北京市精品课程，9个专业获得北京市品牌专业建设立项。北工大的国家精品课程实现了历史上零的突破，标志着学校在教育教学上迈上一个新台阶，这必将进一步推动课程改革与建设，提高教学质量和人才培养质量。年末，北工大12名教授入选2006至2010年教育部高等学校有关科类教学指导委员会委员，本届教学指导委员会北工大入选人数与往届相比有了很大提高，为学校今后的教学改革与建设工作营造了一个良好的环境。

抓好实践教学平台建设，学生实践创新能力增强。2005年北工大电工电子实验教学中心被评为“北京高等学校实验教学示范中心”。学生在各类大学生科技竞赛中获得优异成绩：在国家级竞赛中获奖15项，其中一等奖2项，二等奖10项，三等奖3项；在北京市级竞赛中获奖59项，其中一等奖6项，二等奖21项，三等奖32项。北工大参加2005年微软“创新杯（Imagine Cup）”3个专题竞赛获得骄人成绩，其中Frontfree Studio-Rendering代表队凭借参赛作品*Squirrel Attack*蝉联渲染专题全球总冠军。

教育教学研究不断深入，青年教师的教学理念、教学水平不断提升。2005年教育教学立项178项，6项获北京市级教育教学改革立项；在第六次北京市高等教育学会优秀高教科研成果评选中，北工大获一等奖2项，二等奖3项。

加强教师队伍建设，规范教学管理。通过制定实施《北京工业大学教师本科教学工作规范》，进一步落实教授、副教授为本科生上课制度和青年教师岗前培训、助课制度，加强了对课堂教学的检查与指导。继续推进教师职务聘任制，师资队伍建设水平不断提高。

研究生工作围绕提高服务意识、信息意识、效率意识，抓好学科建设平台和研究生创新实践平台建设；通过规范管理、提高质量、创新机制，营造了良好育人环境。

2005年招生工作顺利，生源数量稳中有升，工程硕士招生数量明显增加。稳步向扩大博士生规模，稳定硕士生规模，提高专业学位规模的方向发展。

在2005年全国优秀博士学位论文评选中，北京工业大学微电子学与固体电子学专业沈光地教授指导的2003届博士毕业生郭霞的博士学位论文《新型面发射激光发光器件的研究》金榜题名，标志着北工大研究生培养质量不断提高。同时，有9名博士毕业生和56名硕士毕业生的论文分别获得校优秀博士、硕士学位论文，对促进研究生的创新能力和培养质量整体水平的提高起到了良好的示范作用。

3. 坚持德育创新，积极探索学生思想政治教育新模式

2005年北京工业大学重点围绕贯彻落实中央16号文件精神，加强学生思想政治教育工作，强化全员德育意识，以创新学生辅导员队伍建设和培养模式，带动学生德育工作的创新。已开展了三个学期的以“成长、成功、成才”为主题的“三成”教育活动取得了良好的教育效果，提高了学校学生思想政治教育的水平。

密切了与学生联系的渠道。建立了学生约谈制度、联席会议制度，进一步深入了解学生思想动态，维护好学生利益，有效地沟通情况、解决了问题。

加强制度建设，强化育人力度，完善工作机制。按照教育部新颁布的《普通高等学校学生管理规定》，以体现育人为本、德育为先的原则，学校重新修订了《北京工业大学学生管理规定》、《北京工业大学本科学生学籍管理规定》、《北京工业大学研究生学籍管理规定》、《北京工业大学学生违纪处分条例》，并制定了《北京工业大学校内学生申诉制度管理规定》、《北京工业大学学生校园生活与课外活动管理规定》。

为特困学生开辟绿色通道，开展了以情系贫困大学生为主题，以“一帮一”结对子为活动载体的党支部与特困生手拉手的携手共建活动。开展了以“榜样的力量”为主题的学生党员论坛，以榜样的力量深化学生党员的表率作用，以点带面，从而带动全体同学，在校内形成良好的文明之风、学习之风。

2005年研究生德育工作以“健全研究生德育工作队伍、弘扬科学精神、营造浓郁学术氛围”为主线，通过研究生科技基金、研究生科技创新奖学金、研究生科技论坛等科技平台的建设，拓展思想政治教育的深度和广度。实行研究生工作组组长聘任制，建立起一支高素质、多层次的研究生德育工作队伍，形成校院两级研究生德育工作体系。以研究生创新素质的培养推动研究生全面素质的提升，以多元化的科技活动构建起研究生创新平台，研究生科技成果显著，创新能力不断增强。校庆期间以研究生科技论坛为载体，弘扬了科学精神，营造了良好的学术氛围。

4. 顺利完成“十五”“211工程”建设任务，全面推动学校科研和科技产业工作

2005年是北工大全面完成“十五”“211工程”建设的最后一年，各项建设任务进展顺利，成果突显。同时，在认真做好“十五”“211工程”建设总结的基础上，根据北京市教委“十一五”规划编制的指导思想，按照“稳定规模、调整结构、创新体制、突出特色、提高质量、服务首都”的发展方针，结合学校发展目标、建设内容、细化分解任务和落实责任措施的要求，着手编制完成《北京工业大学2006至2010年“十一五”发展建设总体规划》和专项规划初稿。

2005年，北工大学科和人才综合优势得到进一步发挥。科研经费总额超过3个亿，比2004年增长了16%。学校科研能力和水平进一步提高，获国家自然科学基金资助38项，资助金额共计1 231万元，比2004年增长17%；获北京市自然科学基金30项，国家教育部博士点基金6项。首次成为国家973重大项目第一承担单位；首次申请教育部重大项目培育基金项目，并获得批准资助。8月，由中国力学学会和北工大主办的“中国力学学会学术大会2005”隆重召开。这是新中国成立以来中国力学学会召开的首届一级学科大会。12月，“2005制造业发展高层论坛”在北工大召开。

完成了第十批学科点的申报工作。申报增列物理学和机械工程2个一级学科博士点和应用化学1个博士点；应用经济学、数学、仪器科学与技术、控制科学与工程、计算机科学与技术、化学工程与技术、信息与通信工程等7个一级学科硕士点；人口、资源与环境经济学，社会学，马克思主义中国化研究，高等教育学，生物化学与分子生物学，水利水电工程等6个硕士点。申报增列的2个一级学科博士点覆盖12个二级学科博士点，全校将实际增加9个博士点；7个一级学科硕士点覆盖32个二级学科硕士点，全校将实际增加29个硕士点。申报获准后，北工大将共有8个一级学科博士点、37个二级学科博士点和81个二级学科硕士点。

科研基地与创新团队建设成效显著。获教育部北京市共建重点实验室1个和国家工程研究中心1个；在北京市重点实验室建设中期检查验收中，获2个优秀、4个良好的好成绩；国家重点实验室培育基地交通工程重点实验室建设计划、教育部数字社区工程中心通过验收。

科技奖励成果显著。北工大教师2005年获北京市科技进步奖14项，这是北工大建校以来获奖数最多的一年。在国内发表论文720篇，148篇被SCIE收录，187篇被EI收录，101篇被ISTP收录。编写出版或参与编写学术专著26部。国际六大著名检索系统之一EI（Engineering Index，美国《工程索引》）自2005年1月开始收录《北京工业大学学报》为EI的核心刊源。

科技获奖的数量和质量不断提高，有很高的显示度。“十五”期间，北工大共获得国家级奖励7项、省部级奖52项。在2004年度国家科学技术奖励大会上，北工大共有3个项目获奖，其中1项国家技术发明二等奖是北工大首次独立作为完成单位获得的。2005年，张杰院士、杨宏教授等完成的

“生物固锰除锰机理与生物除铁除锰工程技术”获2005年度国家科技进步二等奖。据教育部科技发展中心统计，北工大在2004年国家自然科学奖、国家技术发明奖和国家科学技术进步奖获奖总数排名中位居全国高校第12名。

横向联合及技术成果转化和开发领域更加广泛。加强了技术合同管理、横向项目信息收集和跟踪调查，促进了成果推广和产学研合作。2005年度申请专利229项，比2004年增长58%，其中发明专利120项，实用新型专利109项。获得授权专利75项，其中发明专利37项，实用新型专利38项。申请计算机软件著作权49项，比2004年增长22.5%，获权47项。4月，传热强化与过程节能教育部重点实验室科研人员研制出世界上最长的恒温恒湿充氮的文物密封展柜，为《清明上河图》的展出“保驾护航”。9月，在第十五届全国发明展览会上，北工大参展的六项专利项目在“全国发明展览会奖”的评选中获得一金、二银、三铜的好成绩。12月15日，依托北京工业大学建设的先进制造北京市技术转移中心正式授牌。

2005年，北工大科技园通过评估，正式被国家科技部、教育部认定为国家大学科技园。北京工业大学和中关村科技园区管理委员会共建“北工大留学人员创业园”。

5. 继续实施人才强校战略，推进师资队伍和干部队伍建设

高素质师资队伍是学校发展的关键。2005年，学校人事工作继续贯彻人才强校的战略措施，以高层次人才队伍和创新团队建设为目标，推进校院两级管理和人事管理运行机制的改革，创造良好和谐的育才、选才、用才的可持续发展环境。统筹师资队伍建设的规模、结构、质量和效益，师资队伍有了较大的发展，为开创学校“十一五”建设新局面奠定了良好的基础。

大力选拔、引进、培养人才，人才队伍规模和层次均有较大提高。2005年引进82名具有博士学位的教师，占新增人员总数的46.6%；聘任郭柏灵、张在明、沈昌祥为北工大双聘院士。聘请兼职教授16人，客座教授8人，新聘特聘教授4人，截至2005年底，北工大在岗特聘教授11人。新进站博士后21人，在站博士后总数63人，1人被评为全国优秀博士后研究人员。专业技术职务聘任制继续实施评聘结合，强调按需设岗和按岗聘任，面向社会公开招聘。2005年共聘任235人，其中正高36人，副高69人。在做好聘任工作的同时，加强师资培训工作。2005年第一次进行了较大规模的新教师岗位培训，全校26个部门83名新教师参加包括学校概况、职业生涯辅导、老教师与新教师交流互动等内容的培训。培训效果评估调查结果显示，满意和很满意的达98.8%。创造条件鼓励中青年教师到国内外学习进修，录取攻读在职博士研究生的教师17人。22人取得博士学位，22人取得硕士学位。

学校认真贯彻“四个坚持、五个并重”的指导思想，完成“北京市属市管高等院校人才强教计划”，经过学校初审选拔和北京市评审，确定“学术创新团队”7支、“拔尖创新人才”11人、“中青年学术骨干”39人（其中教学类15人、科研类21人、德育类3人）。学校共入选“人才强教计划”中北京市特聘教授和讲座教授项目、人才引进资助项目、拔尖创新人才项目、学术创新团队项目、中青年骨干教师项目、访问学者研修项目、教师教育技能和实践技能培训项目、高校教师职业道德建设项目八个项目，获资助1 197万元。目前，北工大高层次人才队伍初现规模，1人获得教育部“长江学者”特聘教授岗位、22人获得北京市特聘教授岗位，3人获得“国家自然科学杰出青年基金”项目资助；5人入选北京市首批“新世纪百千万人才工程”，其中国家级1人；3人入选教育部“新世纪优秀人才支持计划”。学校将深化人事制度改革，继续推进“人才强校”战略，完善人才管理机制，在创新实践中发现人才、在创新活动中培育人才、在创新事业中凝聚人才，不断发展壮大师资队伍。

校党委以“三个代表”重要思想为指导，贯彻落实党的十六届三中、四中、五中全会精神，大力加强干部队伍建设，逐步完善干部选拔、聘任、考核、监督机制。2005年认真落实《党政领导干部选拔任用工作条例》，进一步加强和完善干部工作中的民主推荐、公开选拔、竞争上岗、轮岗交流、正处级干部党委常委会票决制、处级行政干部任期制和任职试用期制等改革措施，从整体上推进干部人事制度改革。处级干部任免48人次，其中任命33人次（新任或提任15人），免职15人次。校内交流干部4人（其中正处级1人，副处级3人）。公开选拔与竞争上岗5批13个副处级岗位，已上岗7人。对处级行政干部的任命全面实行任期制和试用期制，任期3年，其中第一年为试用期。加强校院两级领导班子和领导干部的思想政治建设，举办了新任及交流正处级干部培训班，并首次组织了赴英国伯明翰大学暑期处级干部境外培训班，结合保持共产党员先进性教育活动举办了党员领导干部研讨班。同时不断调整和完善处级干部的年度考核办法，不断探索建立健全干部监督制度。学校干部队伍依法办学、科学管理和民主管理的能力和水平不断提高。

6. 面向世界开放办学，大力加强国内外合作与

交流

经济全球化与教育国际化呼唤大学的现代与开放，“请进来，走出去”是开展国际交流与合作的重要方式。

2005年北京工业大学国际交流活跃，全年接待各国外宾及港、澳、台来宾90批次，509人次。来访人员层次明显提高，如韩国前总统金寿成、韩国大使金夏中、波兰前总理克沃的克夫、加拿大公使卡特（Carlter）等。诺贝尔经济奖得主詹姆斯·莫里斯（James Mirrlees）和“欧元之父”、诺贝尔奖获得者罗伯特·蒙代尔教授（Robert A. Mundell）相继访问北工大。校际交流继续扩大，因公出国团组127个，216人次。新签署或续签校际交流协议19个，与境外大学交换留学生51人。邀请短期科技专家45人次，举办或承办国际会议或双边研讨会4个，聘请长期外教、外国专家32人，招收长、短期留学生329人次，北工大第一位博士留学生毕业。

同时，学校主办或协办了多场在国内外有较大影响的学术交流活动，如“中国力学学会学术大会2005”、“2005制造业发展高层论坛”、“亚洲教育北京论坛”、“首届国际青年学生学术交流活动（IYAE）”、“杰出青年科学家论坛”和“中国建筑钢结构技术论坛”等，丰富了学校的学术文化内涵，增强了校园学术氛围，促进了跨学科的交流与合作，提高了学校在国内外的声誉。

7. 依法治校，民主管理，促进学校统筹、协调发展

科学管理，民主管理，依法管理，提高管理与服务效能对于建设国内一流大学至关重要。2005年，学校继续以推进依法治校为重点，规范学校管理、全面提升学校各项管理工作水平。

第九次党代会以来，推行了校务、党务公开。学校的决策、事务通过校园网络等途径面向教职工公开。学校以先进性教育为契机，加强党政领导班子建设，坚持常委会向全委会、党员代表会议报告工作和接受监督的制度，贯彻落实常委会、校长办公会议事决策制度，修订、完善校领导联系学院制度、校领导接待日制度、校领导会签制度，提高了决策水平、决策质量和效率。

2005年学校各项管理进一步规范化、制度化。人事管理、人才引进、教师职务聘任逐步实现校院两级管理的良性发展；财务管理进一步明确校院两级管理职责；国有资产管理逐步建章立制。下半年重点清理学校各项管理文件规章，修订本科生、研究生学籍管理规定，成立学生申诉委员会，建立学生约谈制等。学生管理制度和程序更加规范。先后制定了《北京工业大学校院两级人事管理办法》、《北京工业大学重点实验室建设管理办法》、《北京工业大学校院两级财务管理办法》、《北京工业大学收费管理办法》、《北京工业大学基建、修缮工程项目管理办法》和学生管理等规定。

广泛开展法律宣传和法律实践活动，专门在校两办成立法治法规室，开通校务公开网，推出“工大说法”网站，编印《校园法律咨询手册》。规范学校各项工作流程，清理、修订学校1985年以来的规章制度，通过《学校规章制度管理办法》，建立学生申诉、听证制度。发挥教代会的平台作用，继续完善和落实提案限期答复制度，加大监督和保证力度；坚持与民主党派、无党派群众的民主协商会、座谈会、形势政策学习会、情况通报会的例会制度和校领导班子成员与党外人士交朋友制度，努力建设和谐校园。

2005年，北工大被评为北京市“依法治校示范校”、“‘四五’普法宣传先进单位”，在北京市高校中首批进入依法治校示范校行列。同年，被教育部评为“依法治校示范学校”，并连续第四次荣获首都精神文明建设先进单位称号。校园安全稳定制度不断完善，学校获得“北京高校科技创安示范工程”荣誉称号，为建设安全、稳定、文明的和谐校园环境提供保障。

8. 以奥运场馆建设为契机，校园环境和文化建设进入新时期

2005年，校园环境建设以奥运场馆建设为契机，重中之重是加快东区建设和规划。根据国家和首都经济社会发展的形势，把握战略机遇，年底圆满完成了东区364亩新征地的全部征地拆迁工作，为北工大争得了未来发展空间。

奥运场馆建设进展顺利。6月30日，北京工业大学体育馆（2008年奥运羽毛球、艺术体操比赛馆）工程开工奠基仪式隆重举行，截至12月31日，一层钢筋混凝土结构建设完成，已进入第二层施工。同时，第三教学楼基本建成，总建筑面积18.9万平方米的新区学科楼建筑设计方案经公开招标已确定。北工大校园整体建设进入一个新时期，将为“十一五”构建学科建设平台，实现“新北京，新奥运，新工大”的战略构想奠定坚实的基础。

2005年，校园前期基本建设、绿化美化已见成效，公共服务体系逐渐建立与完善。“数字工大”提升了学校信息化和资源开放共享水平，为校园文化的建设搭建了网络平台。图书馆局域网络系统全面升级，实现了网络化服务，纸本资源稳定增长，电子资源跨越发展，高质量学术资源已呈规模。艺术设计学院的并入将为工大的校园文化带来新的艺术气息。后勤服务工作水平和技能不断提高，以加强

技能培训为创新点的后勤职工队伍建设取得新成效，为建设和谐校园起到保证作用。

10月14至16日，北京工业大学建校45周年系列庆典活动隆重举行。教育部、北京市各委办局及社会各界领导莅临庆祝大会。许嘉璐、韩启德、张榕明、沈淑济等领导人、社会名人、校友发来贺信、题词，近万名校友齐聚校园，五十余所国内外兄弟院校同仁到会祝贺。为期三天的校庆还举行了香港校友座谈会、学生课外优秀科技作品展、校史展开幕仪式、校园雕塑剪彩、文艺演出暨杰出青年校友颁奖晚会、亚洲教育北京论坛分论坛等丰富活动。学校特别安排了为北京工业大学第一任校长、85岁的李晨教授和百岁高龄的蒋璜教授举办生日寿宴。校庆浓缩了北工大建校45年来的风华，彰显了北工大人“不息为体，日新为道”的大学精神，学校的精神文明建设成果通过师生的面貌得到了充分体现。

截至2005年12月，北工大设16个二级学院和体育教学部、激光工程研究院、固体微结构与性能研究所、循环经济研究院。全校44个本科专业；55个硕士学位授权点和14个工程硕士授权培养领域；6个一级学科博士学位授权点，25个二级学科博士学位授权点；9个博士后科研流动站。设有光学、材料学2个国家级重点学科及8个北京市重点学科、11个北京市重点建设学科，新型功能材料、传热强化与过程节能2个教育部重点实验室，3个省部共建重点实验室，12个北京市级重点实验室或研究基地，以及精密超精密加工国家工程研究中心、国家级产学研激光加工中心和中德激光技术中心、教育部数字社区工程中心等。教职工3 351人，其中专任教师1 433人。教师中有两院院士8人，博士生导师150人，教授233人。2005年毕业生总数为8 446人，其中，全日制研究生798人（博士生64人、硕士生734人），在职研究生279人（硕士生279人），普通本专科生4 204人（本科生3 287人、专科生917人），成人教育本专科生2 898人（本科生1 132人、专科生1 766人），中等专业毕业生267人。招生8 270人，其中，全日制研究生1 309人（博士生157人、硕士生1 152人），在职研究生211人（硕士生211人），普通本专科生3 294人（本科生2 786人、专科生508人），成人教育本专科生3 456人（本科生1 470人、专科生1 986人）。在校生26 209人，其中，全日制研究生3 904人（博士生610人、硕士生3 294人），在职研究生753人（硕士生753人），普通本专科生13 640人（本科生11 723人、专科生1 917人），成人教育本专科生7 450人（本科生3 115人、专科生4 335人），中等专业生462人。留学生毕业65人，招生69人，在校生115人。2005年北工大北京地区录取线，本部：理科484分、文科490分；实验学院：理科470分、文科486分；艺术设计学院：高教录取分数线，艺术高职文科179分（不含数学），理科194分（含数学）；单考高职136分（不含数学）。

图书馆建筑面积24 450.21平方米，藏书总额111.68万册（其中社科类占52.1%，科技类占47.9%）。学校占地面积为801 235.98平方米，建筑面积627 787.04平方米。固定资产总值134 830.72万元，其中教科仪器设备资产值72 214.97万元。全年教育经费投入66 247.98万元，其中，国家拨款46 833.12万元，自筹经费19 414.86万元。2005年度，北京工业大学共获得科技活动经费30 664.5万元，其中研究与发展(R&D)经费达19 504.2万元。

北京工业大学将继续在北京市委、市政府的领导下，以邓小平理论和“三个代表”重要思想为指导，认真贯彻党的十六届五中全会、市委九届十一次全会精神和全国科技大会要求，总结“十五”期间取得的成就和经验，坚持“巩固、深化、提高、发展”的方针，以科学发展观统领学校事业发展全局，深化教育教学改革，着力提高育人质量，推进科技创新，着力提高学术水平和自主创新能力，实施人才强校战略，着力建设一支高素质的师资队伍，巩固和深化先进性教育成果，切实加强党的建设和大学生思想政治教育工作，全面做好“十五”“211工程”建设的总结验收，统筹规划，加快学校新区建设，为实现“十一五”学校新的发展、将北工大建设成国内高水平教学研究型大学打下坚实的基础。

（江飒英　赵凤琴）

·特 载 与 专 文·

北京市委副书记龙新民
在北京工业大学建校四十五周年庆典大会上的讲话

2005年10月15日

各位领导、各位来宾，老师们、同学们：

上午好！在这美好的金秋十月，北京工业大学迎来了建校四十五周年校庆。首先，我代表市委、市政府向学校全体师生员工及广大校友致以热烈的祝贺和诚挚的问候！

45年来，北京工业大学广大师生员工艰苦创业，开拓进取，在学科建设、科技创新、教育教学、管理体制改革、师资队伍建设和校园环境建设等各方面取得了显著成绩，为首都经济和社会发展培养了大批优秀人才。特别是近几年，作为国家“211工程”重点建设的北京市属高校，北京工业大学坚决贯彻党和国家的教育方针，积极探索适合学校发展的道路，形成了符合首都经济建设和社会发展要求的、具有鲜明地方大学特色的办学理念和思路，开创了学校改革、发展、稳定工作的新局面，办学实力大大增强，成为北京市高素质、高层次人才培养基地和科技创新与研发基地，为首都经济建设和社会进步，为首都高等教育的改革和发展作出了重要的贡献。

当前，树立和落实科学发展观，努力构建和谐社会，实现“新北京，新奥运”的战略构想，对首都教育提出了新的任务和更高的要求。教育的地位和作用越来越重要，人民群众接受良好教育的愿望越来越强烈。首都教育既面临着难得的发展机遇，也面临着严峻的挑战。因此，我们必须积极、主动适应这种要求，抓住机遇，克服困难，坚持“内涵发展、人才强教、资源统筹、开放创新”，以培养高素质人才为核心，以集成区域教育资源为优势，以优质、协调、开放、创新为特色，认真抓好首都教育工作，充分发挥教育在首都现代化建设中的特殊重要作用，全面实施首都教育发展战略。

北京工业大学作为北京市属高校的排头兵，正处在一个重要的历史发展时期。展望未来，任重道远。2008年北京市将举办第29届奥运会，北京工业大学体育馆作为奥运会羽毛球、艺术体操比赛用馆，也将迎来四海宾朋。希望北京工业大学全体师生员工在学校党政领导班子的带领下，坚持以邓小平理论和“三个代表”重要思想为指导，按照中央的要求，树立和落实科学发展观，全面贯彻党的教育方针，坚持正确的办学方向，特别要紧密贴近首都经济社会发展的实际，开展教育教学和科学研究工作；注重内涵式发展，注重提高办学水平和质量，多出成果，多出人才，将北京工业大学建设成为国内一流的教学研究型大学，为首都高等教育事业的发展，为服务国家和首都的现代化建设，作出新的更大的贡献！

市委、市政府历来十分重视北京工业大学的建设和发展，今后也将一如既往地支持北京工业大学的工作。我们相信，在国家教育部的关心支持下，在市委市政府的领导下，经过全校师生员工的不懈努力，北京工业大学的各项事业一定会不断取得新的成就。

祝全校师生员工和校友们身体健康，工作顺利，学习进步！谢谢！

（校两办 供稿）

北京市副市长、北京工业大学校长范伯元
在北京工业大学建校四十五周年庆典大会上的讲话

2005年10月15日

尊敬的各位领导，各位来宾；尊敬的校友们、老师们、同学们：

金风送爽，举校欢腾。在北京工业大学隆重庆祝建校四十五周年之际，请允许我代表全校师生员

工向出席庆典的领导同志们，北京工业大学的老领导和校友们，表示热烈的欢迎！向长期以来关心和支持北工大建设的各界人士，致以良好的祝愿！

北京工业大学在社会主义建设的征途上走过了45年。45年流金岁月，承载和见证了北工大人的光荣与梦想、艰辛与辉煌。

北京工业大学创建于1960年。诞生之日，北工大肩负的是为首都工业培养人才的重任，面临的是连续三年的国民经济困难时期。筹备处在东郊三里屯借用18间房子和6栋校舍。

北工大人在艰苦中奋起，在艰苦中跃进。过教学关，过师资关，过基建关，到上个世纪60年代中期，北工大已然成为一所初具规模、办学有序的高等学府。

改革开放的号角吹响，北工大迈上了新的征程。抢抓机遇，勇于创新，调整学科，引进名师，精抓教学，力推科研，加强国际交流，学校实力倍增。

北工大迅速崛起，不但成为北京市属重点大学，而且跻身“211工程”成为国家21世纪重点建设的百所大学之一。今天的北工大，已经成为以工科为主，理、工、经、管、文、法多学科协调发展，位居全国地方大学前列的综合性大学，正在成为北京市的人才培养基地和科技创新基地。

在过去的45年中，先后有6所院校整建制或部分并入北工大，它们是：北京土木建筑工程学院大学部、北京工商管理专科学校、北京联合大学经济管理学院、北京计算机学院、国家建材局管理干部学院、华北水利水电学院北京研究生部和北京水利水电函授学院。这些院校的并入，是北京市调整高等教育布局结构的重要举措，对北工大丰富学科、增强实力、加速发展具有十分重要的意义。

北京工业大学多年来深受国家教育部和北京市委、市政府的关怀和大力支持。从建校之初老一辈革命家彭真、刘仁、万里对北工大的关心和指导，到后来历届国家教育部领导与北京市委市政府领导同志亲临北工大现场办公和调研，充分体现了领导对这所大学始终如一的高度重视。

地处首都，是北工大的优势。首都政治文化中心和国际化大都市的功能，使北工大具有更高的立脚点和着眼点；首都高校云集，使北工大受益于浓厚的高等教育改革发展氛围；首都“新北京、新奥运”的战略构想，给予了北工大新的强力支撑和宝贵机遇。

在这个历史进程中，历经几代北工大人的铸就与传承，北京工业大学积淀和凝结了一种精神、一种风格、一种追求。概括起来就是两点：

第一，脚踏实地，自强不息。“踮起脚，够得着”，40多年前，老校长李晨形象地道出了这一精神的真谛。从建校初期为“在尽可能短的时间内赶上全国先进院校的水平”而奋斗，到“十五”期间“立足北京，服务北京，辐射全国，面向世界”的科学定位，在每一个发展阶段，北工大都有努力做大做强的切合实际的发展理念和奋斗目标。

第二，奋力前行，创新不止。从20世纪60年代组织学生深入工厂搞“真刀真枪的毕业设计”，80年代在高校中较早地开展内部管理改革，到“十五”以来教育教学、科技体制和人事制度等全方位的改革，彰显了北工大敏锐的改革意识、与时代同行的创新精神。以创新催动事业的飞跃，已经融入到北工大人的思想深处和血脉之中，已经延伸到全校工作的各个领域。

脚踏实地，自强不息；奋力前行，创新不止——这是北工大从小到大、由弱到强的精神内涵和思想底蕴。在前任校长左铁镛院士为学生题词的启发下，经过对历史的回顾与思考，经过全校范围内的征集和讨论，我们总结出北京工业大学的校训：“不息为体，日新为道”。

北工大人有着美好的梦想。20多年前，樊恭烋校长对北工大的梦想是“社会上欢迎、教育界赞扬、学术界重视、工程界称誉”，后来王浒校长又补充了一句“北京市满意”。今天，我们可以向各位老校长汇报：你们的梦想正在成为现实，并且将全部实现！

北京工业大学以历史性的跨越圆满完成了“十五”建设，“十一五”正在向我们走来。我们正在制定新的发展规划，努力实现新世纪的梦想。

我们要以“三个代表”重要思想为指导，牢固树立科学的发展观，坚持可持续发展，把全校各方面的工作做得更实、更细、更高、更好。让我们为满足北京市人民对高等教育的需求，为提高全民族的科学文化素质，为建设社会主义和谐社会和教育事业的腾飞，贡献新的智慧和力量！

谢谢大家！

（校两办 供稿）

北京市委副书记杜德印在北京工业大学保持共产党员先进性教育活动调研座谈会上的讲话

2005 年 11 月 16 日

我们今天来的目的很明确，一是了解北工大先进性教育搞得怎么样，特别是通过先进性教育如何搞好高校党的先进性建设，先进性教育和先进性建设如何保证和推动高校的建设和发展。二是先进性教育活动结束后，如何把先进性教育及时有效地转化到先进性建设的经常性工作中去，珍惜在先进性建设上取得的进展、积累的经验，保护好党组织和广大党员的政治热情，抓住机遇，乘势而上，毫不松懈地推进党的先进性建设。这两个问题大家当前比较关注，需要我们很好地研究和解决。

一、北工大的先进性教育活动有力地推进了党的先进性建设和学校的建设

听了校党委书记孙崇正同志的汇报和学院、教师、学生代表的介绍，我很受启发。北工大先进性教育活动搞得是很好的。搞得好不仅体现在校党委、院系党委、教工及学生党支部三层对先进性教育活动高度重视，周密细致的组织安排，广大党员高度的政治热情和参与，更为重要的是校党委坚持从学校的实际出发，在高等教育发展的大背景下，以学习实践“三个代表”重要思想、树立落实科学发展观为主线，把先进性教育和先进性建设融为一体，把先进性建设和学校的建设融为一体，这一点给我的印象很深。崇正同志讲了三个点：“落脚点、切入点和关键点”。“落脚点”就是把先进性教育和促进学校各项事业的发展联系起来；“切入点”是通过先进性教育推进基层党建工作创新，用创新的精神来开展好先进性教育，在先进性教育活动中推动基层党建工作创新；“关键点”是抓好领导班子、党员干部队伍、党组织建设。由于坚持了把先进性教育、先进性建设和学校的建设有机地联系起来，使先进性教育富有创新性和建设性，在党组织的建设上、学校发展建设上，为党员、群众、学生服务方面做了大量实事。工大党委抓先进性教育的路子是对的，工作是扎实的，效果也是明显的。这样抓先进性教育，它的效果不仅是当期的，一定会在今后的工作和发展中更加明显地显现出来。

二、巩固和发展先进性教育活动的成果，把先进性教育活动及时有效地转化到经常性的先进性建设中去

关于先进性教育活动，中央最近有一系列的部署和要求：要建立健全党员教育管理的长效机制；先进性教育要有三个成果，即实践成果、制度成果和理论成果；要开展好先进性教育与先进性建设的理论研讨；要在先进性教育中贯彻好十六届五中全会精神等。这说明中央正在考虑先进性教育和先进性建设的关系和转化问题，提出通过总结研讨推进党的先进性建设，推进党的先进性建设的理论创新和实践创新。全市各级党委要认真贯彻中央精神，在总结先进性教育经验成效的基础上，认真探讨和解决好这个问题。

中央明确了中国特色社会主义建设四位一体的格局，即经济建设、政治建设、文化建设、社会建设，也明确了党的建设新的伟大工程的布局，即加强党的先进性建设和党的执政能力建设。因此，我们在总结时，要进一步认识和把握好先进性教育、先进性建设、执政能力建设和小康社会建设的关系。一方面把伟大工程与伟大事业有机结合起来；另一方面要努力使党建的各项工作都紧紧围绕先进性建设和执政能力建设来抓。把握好这个问题，抓党的建设，才能更自觉、更有效，具体到学校建设就是把握好先进性建设和学校建设的关系。

先进性教育活动是一项阶段性的、集中性的教育活动，它的本质是推进先进性建设。教育活动要集中，也要结束；但是党的先进性建设不可能一蹴而就，而是一项长期任务，所有党的工作都要纳入先进性建设的整体格局中。高校的先进性建设抓什么？怎么抓？我认为一定要纳入学校事业发展的全局中。这样谈学校党组织的职能和履行职责的方式，谈党员先进性的具体体现，就有了一个基本的要求。也就是根据高校事业发展的实际，从党组织担负的职责和党员的岗位要求出发，明确先进性的具体要求和实践途径。比如刚才一位党员院长在谈到如何保持先进性问题时说，要作一个好人、好教师。这是对的。党员首先应该是一个好人，党员还要有一定的觉悟，就是接受党的纲领、主张，体现为对人类社会发展规律的认识。另外党员教师要有知识，作为党员领导干部还要有教学实施能力等等。所以合起来说，党员就应该是有觉悟、有知识、有能力、有作为的好人。

这样来谈先进性建设，我们就会打开视野，就会把党的建设提高到一个新的境界上来，就会找到党的建设的价值评价和学校建设价值评价的统一，找到党组织内部评价和社会对党组织评价的统一，党组织的工作和活动与学校建设事业、与人民群众利益的联系就会打通。我们要很好地思考和研究这个问题，按照这样的思路，认真、正确地总结我们先进性教育积累的一些新的认识、新的经验、新的做法，转化到经常的先进性建设中，把先进性建设、小康社会建设和学校建设有机地融和起来，使党组织的先进性成为保障学校事业发展的政治力量、推动力量。

三、继续推进基层党建工作创新

按照“三个代表”重要思想的要求，用改革的精神、创新的方法推进基层党组织建设，这是市委《推进基层党建工作创新》文件的要求。在社会主义市场经济和社会主义民主政治建设发展很快的情况下，保持党的先进性，就要大胆开拓和创新。党的先进性是历史的、具体的，是与时俱进不断发展的，而我们的基层党组织建设工作理论和实践都滞后于经济社会的发展、滞后于社会主义民主政治的推进，如果我们基层党建工作的理论、观念、思路、方式、方法还停留在计划经济时期，怎么来抓党的先进性建设呢?

创新就要讲两个结合方式，也就是在市场经济条件下，实践和探索基层党建工作与经济社会发展、与人民群众利益的结合方式。高校实行的是党委领导下的校长负责制，学校还有教代会，贯彻依法治校、民主治校、科学治校的精神。这种情况下基层党组织怎么建设? 怎么解决好与事业发展的结合方式、与群众利益的结合方式? 这是创新的核心问题。只要我们抓住核心问题，探讨党组织的工作职责和履行职责的方式，抓好党组织的自身建设，建立党员的教育、管理、保障、服务的长效机制，使党组织成为很有凝聚力、很有吸引力、很有亲和力、很有活力的，能够有效地吸收社会上的先进分子、精英参加的组织，党就有生命力。我们现在就要从这两个结合方式上，来解决基层党组织各个方面的创新问题。

把党的工作简单地说成好与差是不科学的，处在经济转轨、社会转型大的背景下，我们先进性建设的本质，是使我们党的建设如何适应时代的发展。大的格局很清楚，中央提出加强政治建设、经济建设、文化建设、社会建设，党提出了加强党的先进性建设和执政能力建设。我们是执政党，怎么来领导好这几项建设? 北工大党委工作平时不错，不仅是状态好，而且是有很多新的探索。希望在先进性教育的基础上，把先进性建设再往前推一步，走出一条符合时代要求的，符合学校发展的，有生机活力的党的建设的路子出来。

四、几项具体的工作要求

把先进性教育的一些探索和成效，转化到制度和机制建设上来，是新时期党的工作方式的创新，是我们加强党的先进性建设，推进党建工作创新的一个重要的方式。

1. 进一步明确党组织的职责和工作制度，使之与学校的治理模式有机地衔接起来。学校是党委领导下的校长负责制，制度比较健全。院系党委是政治核心，党支部是保证监督，也是政治核心。进一步弄清学校党委、院系党委、党支部的重点职责。我讲几个看法，一起探讨。

首先，党组织的领导体制应该体现为职责体制。在计划经济下党组织的领导表现在对资源的分配，是领导一切分配一切，是一种权力配置体系，而在社会主义市场经济条件下资源配置的方式发生变化，党组织的领导也一定要转为职责体系，权力只是履行职责的条件。作为个人来说首先不是做官，而是被赋予了职责，分管什么、负责什么，第一位的是责任。而且职责和权力都要有边界。干部管理体制要转向以职责管理为中心，给了权力、资源，就要有考核和评价，引入绩效管理的概念。

第二，应该制度化、程序化。可以搞几步工作法，第一步从主要领导的沟通开始，先有个书记、校长的共识，然后按照党的领导、人民群众当家做主、依法治国有机统一的要求，一步一步做下去，使重大问题决策和重要工作推进形成职责明确、统分结合、协调制约、运行有序、公开透明的程序。

第三，是人的因素。党委领导下的校长负责制，就需要与履行党委书记的职责相适应的人选。同样，校长的人选也需要与履行校长的职责相适应。在配人的问题上，不把书记、校长简单地当做为官位。以职责管理为中心，就要有每个职务的职责标准，再形成选人的制度。观念、责任体系、制度、程序体系、人的素质和能力，都要与履行的职责相适应。

2. 建立健全党员教育、管理、保障和服务的长效机制。这次先进性教育，党员的积极性很高，我们要十分珍惜、保护党员的政治热情，这是各级党组织的重大的政治责任。

党的领导机关工作与基层党组织脱节、党的组织和党员脱节、党员干部与群众脱节问题在相当一些单位还很严重。脱节不仅仅是作风问题，深层次是制度体制不适应新情况、新问题。必须改变脱节的状况，建立起党组织和党员、党组织和群众新的联系。党组织一定要把党员作为党的建设的主体，把党内民主作为党的生命，尊重每一位党员，维护和保障党员的基本权力，把教育、管理、服务、保障有机地统一起来。

3. 建立联系群众、服务群众的制度和机制。市委《关于基层党建工作创新》的文件，有一句很关键的话，就是“凝聚群众共同奋斗”。大家要很好地领会这句话。有两个关键词：一是凝聚，一是共同。凝聚讲的是方式，共同奋斗讲的是依靠群众，就是尊重知识、尊重劳动、尊重人才、尊重创造。在北工大，就是凝聚党员和群众共同来建设北工大。党组织要围绕这些方面来做工作。实现六个共同，即坚持共同理想，整合共同利益，引领共同目标，组织共同治理，动员共同创造，实现共同发展。通过“凝聚群众共同奋斗”，使党组织、党员和群众共同作用于事业的发展。

党组织联系群众，首先要了解群众的需求。当然，不是群众的所有需求基层党组织都能解决，但是基层党组织有责任把群众的需求反映到上面，通过多种方式解决群众的实际困难，这就是政党利益表达功能的基本要求。要通过制度和程序建设，把联系群众、服务群众的方式固定下来，这样才能提高党组织的威信。上级也要联系下级党组织，比如校党委就要建立起联系院系、基层支部的制度，经常了解他们的情况，形成信息反馈。这些都是党先进性建设的有益探索。我们任何的改革本质上是建立利益协调的机制，基层党建工作创新也是建立利益协调的机制。我们共产党之所以执政，因为他的纲领是代表、符合国家的利益和老百姓的利益的。

以科学发展观为指导，为全面实现“十五”建设目标而努力奋斗

——在北京工业大学第五次教职工代表大会第四次会议上的工作报告

2005 年 3 月 30 日

校长 范伯元

各位代表：

2004 年是北工大学习贯彻党的十六大和十六届三中、四中全会精神，按照“三个代表”重要思想的要求，落实北工大第九次党代会提出的奋斗目标和各项工作任务的开局之年。2005 年，将是学校全面完成“十五”建设任务、制定“十一五”规划的重要一年。认真总结和回顾过去一年的工作，进一步理清工作思路，找出差距，对于学校实现进一步持续协调发展具有重要的意义。这次教代会的主题是以科学发展观为指导，深化管理改革，盘活校内资源，提高办学质量，推进我校内涵式发展。下面，我向大会作工作报告，请各位代表审议。

报告的内容分为三部分：一、2004 年学校工作的简单回顾；二、我们面临的形势和任务；三、2005 年的主要工作。

一、2004 年学校工作的回顾

各位代表，2004 年是学校加快发展和建设的重要一年。在这一年里，我们坚持以邓小平理论和“三个代表”重要思想为指导，树立和落实以人为本、全面协调可持续的科学发展观，继续深化改革，学校各项工作保持良好发展势头，在教学、科研、管理、精神文明建设等方面取得了显著成绩。

（一）继续深化教育教学改革，大力提高人才培养质量

2004 年教育部正式公布北工大获得了本科教学工作水平评估优秀的成绩，这是我校振奋人心的大事。它为我校继续深化教育教学改革奠定了较为坚实的基础。学校以评估整改为契机，按照整改措施确定的主要目标和内容，积极推进名师、名专业、名课程和名教材“四名工程”建设；制定教学优秀奖评定和奖励办法，评选表彰优秀教学质量奖和教学优秀教师；2004 年精品课程建设取得新的进展，又有 4 门课程获得北京市精品课程称号，15 种（套）教材被评为北京市精品教材。学校针对基础课教学中存在的薄弱环节，加强基础课教师团队建设，注重发挥主讲教授的作用，明确责任，带好队伍，聘请校内外知名学者来校进行示范教学；加强了青年教师的培养和提高，实行了青年教师助教和辅导制度；完善了相关教学管理制度；各项整改措施进一步落实。教育资源进一步整合，原实验学院和高

职学院整合为新的实验学院，原继续教育学院和原分部整合为新的继续教育学院。

在实践教学方面，不断进行有利于学生创新思想与实践能力培养的“实践教学一条线”的探索，努力提高实践教学质量。2004 年我校学生在国际国内科技竞赛中全面开花结果，捷报频传。在全国大学生数学建模竞赛、北京市大学生电子设计竞赛、全国大学生电子设计竞赛——嵌入式系统专题邀请赛、全国高校第一届机械创新设计大赛、首届青年机电一体化竞赛中共获奖 39 项，其中全国一等奖 3 项、二等奖 6 项、三等奖 1 项；在美国大学生数学建模竞赛中获 2 个二等奖；在微软组织的 2004“创新杯”程序设计大赛渲染专题竞赛中，北工大学生设计的作品“中国龙”获全球总冠军。

学校还加大了对教育教学科研立项的资助力度，投入 60 万元用于校内教育教学改革研究。2004 年我校教育教学成果有 6 项获北京市一等奖，8 项获二等奖，这是我们在高等教育教学成果奖励方面取得最好成绩的一年。

2004 年研究生教育规模稳步扩大，培养质量不断提高。在校全日制硕士研究生 2 880 人，比上年增长 24%，博士生 528 人，比上年增长 31%。为加强研究生教育培养质量，学校继续实施研究生教育创新工程。开展了研究生教育教学创新研究；强化研究生开题、中期检查及毕业审检力度，建立学位论文抽检制度，规范导师年报制度。举办系列学术报告会；鼓励学生课外科技创新活动；实施研究生英语教学改革。

通过学习贯彻中央 16 号文件精神，认真落实育人为本、德育为先、全面发展的要求，努力发挥课堂教育教学的主导作用和思想政治理论课的主渠道作用，开展快乐成长、艰苦成才、携手成功的“三成”主题教育活动，建立定期与学生约谈的制度，丰富校园文化活动，加强网络阵地建设，关注和帮助特困学生群体，切实加强大学生思想政治教育。

（二）以“十五”“211 工程”中期检查为契机，推进“211 工程”建设

北工大“十五”“211 工程”建设在认真总结“九五”“211 工程”建设成就和经验的基础上，进一步凝练了学科方向，汇聚了学科队伍，构筑了学科基地，充分发挥高层次学科带头人作用，有力地推进了创新团队的建设。2004 年按照教育部的指示精神，学校组织对 9 个重点学科项目和 3 个公共服务体系项目进行中期检查工作，组织专家听取项目负责人的汇报和答辩，实地考察实验室及设备建设情况，评选出建设成效优秀项目 8 个和管理优秀项目 3 个，标志性成果显示度高。通过对“211 工程”建设项目进行中期检查，总结成绩，找出差距，促进整改，确保“十五”建设任务的完成。

经过“九五”、“十五”“211 工程”的连续支持，学校重点建设了新材料设计及其制备加工技术、激光与现代制造技术、城市抗震减灾与水环境恢复、新医药与生物工程、信息光电子技术与应用、智能交通技术与系统、环境与能源工程、计算机交互与智能软件、数字化和计量化的经济评价与管理咨询等 9 个学科项目，积极发展了金融、人文社会科学类学科，加强了基础类学科，建设了一个规模、层次、布局及结构合理，重点学科特色鲜明，符合新北京要求的高层次多学科体系，为将我校在全国地方大学率先建成国内一流教学研究型大学奠定了基础。

（三）科学研究和科技产业工作稳步前进，科技成果再创新高

2004 年，科技工作获得了长足的发展，科技创新成为学校发展，特别是内涵式发展的强大动力。科研条件有了明显改善，实力明显增强。全校教师科技创新意识进一步增强，投身科研的积极性大大提高，科技创新的机制逐步形成。学校充分利用各种渠道，加强信息沟通，加强校内跨学科、跨学院和校外广泛合作的协调和组织工作，鼓励广大教师争取项目，使我校科技工作服务经济社会的能力不断增强，科研水平继续提高。2004 年我校科研经费达到 2.55 亿元，申请国家自然科学基金项目 179 项，获得资助 35 项。863、973 项目、教育部项目和北京市自然科学基金项目、北京市教委项目等申报工作取得了好于往年的成绩，其中北京市自然科学基金项目获得批准 24 项。我校教师在核心期刊上发表论文 670 篇，SCIE、EI、ISTP 三大检索收录的论文 309 篇。科研成果获国家二等奖 2 项，省部级一等奖 1 项、二等奖 3 项、三等奖 3 项。在某些领域还实现了零的突破，李京文院士领导完成的《2003～2004 年北京市经济形势分析与预测》获北京市第八届哲学社科优秀成果奖二等奖，这是我校首次在社会科学领域获此奖励；周美玲教授等完成的《镧钼等热阴极材料及制备技术》获国家科技发明奖二等奖，这是我校首次获国家发明奖；曹万林教授作为第一完成人完成的《钢筋混凝土多层及高层异形柱框架结构成套技术》项目，获得国家科学技术进步二等奖。2004 年我校共申请专利 145 项，比上年增长 123%，获得授权 50 项；申请软件著作权 40 项，比上年增长 38%，获得授权 31 项；专利权转让 9 项，比上年增长 200%，申请商标实现零的突破，达到 54 项。科研基地建设有了新的进展，2004 年组织申报光电子技术教育部重点实验室并获

得批准，成立了北京现代制造业发展研究基地。

2004年学校的国内外学术交流日趋活跃。全年共举办各类学术报告410场（次）。学校成功主办或承办了一系列重要的国际国内学术会议，其中国家杰出青年科学家系列学术报告会、网络智能与智能体技术联合国际会议、第五届中国功能材料及其应用学术会议、中日水环境污染防治与修复学术研讨会、第二届中日建筑钢结构技术论坛等引起广泛关注，特别是国家杰出青年科学家系列学术报告以其主讲人水平高、报告内容精、组织方式新而受到学生欢迎。

随着学校科研实力的增强、优势的突显，学校鼓励发展具有自主知识产权的成果转化，已涌现了一些科技含量高、市场前景好的科研成果转化项目。2004年，学校还对参股控股企业进行了清理、整顿，出台了4个规范企业管理的文件，完成了企业部分产权权益的登记、工商注册、权益划转等事项；学校还加强科技产业的廉政建设，建立了相应的制度，完善管理规章，规范决策行为，严格财务管理。目前，全资及参控股企业已达24家，其中持股比例达20%的企业有17家，资产达1.65亿元。国家示范性软件园开始正式运行。我校大学科技园完成了前期的规划、申报工作，积极组织申请大学科技园项目孵化基金并取得了较好的成绩。

（四）实施人才强校战略，推进人才工程建设

2004年上半年，学校党委按照中央关于实施人才强国战略的精神，根据学校事业发展的需要，党委提出了以人才强校战略为主线，以高层次人才队伍和创新团队建设为目标，推进校院两级管理和人事管理运行机制的改革；以提高教育教学质量、学科建设水平、科技创新能力和办学效益为目标，坚持以人为本，全面加强我校教学、科研、管理、后勤队伍建设。改革和调整了人事分配制度，进一步完善人事管理体制。实施专业技术职务评聘结合的聘任制度，强调按需设岗和按岗聘任，突出强化激励和竞争机制，强化岗位职责的考核和管理，优化队伍结构，由身份管理向岗位管理转化。全校15个教学院（部）的聘任岗位全部面向社会公开招聘，共聘任正高级职务27人，副高级职务58人，其中校外招聘9人。在做好聘任工作的同时，加强师资培训工作，创造条件鼓励中青年教师到国内外学习进修。管理人员的敬业精神、工作水平和业务能力有了进一步提高。

（五）大力加强干部队伍建设，提高科学治校、民主治校和依法治校能力

学校党委认真学习十六届四中全会精神，按照科学执政、民主执政、依法执政的要求，努力建设一支“政治上靠得住、工作上有本事、作风上过得硬”的高素质干部队伍，不断提高依法办学、科学管理和民主管理的能力和水平。加强党的思想建设、组织建设和作风建设，逐步完善干部选拔、聘任、考核、监督机制，坚持处级干部校内轮岗交流制度，认真稳妥地做好学院领导班子换届工作，规范干部公开选拔、竞争上岗制度，加强后备干部培养，为优秀人才脱颖而出创造良好的环境。2004年，学校的领导班子进行了重大的调整，3名年轻同志走上副校长岗位，为学校的领导集体注入了新的活力。学校干部队伍的整体素质进一步提高，呈现出三个变化：一是干部队伍从改善结构转向以提高素质为主；二是干部队伍从年轻化、知识化转向注重加强革命化、专业化；三是一批年轻干部由准备接班的后备力量开始处于担当重任的主导位置。

（六）校园基本建设进步明显，后勤服务保障能力不断增强

2004年校园建设速度加快，南区面貌焕然一新。最令全校师生欢欣鼓舞的是奥运会羽毛球比赛场馆几经周折最终落户我校，并且新增了艺术体操比赛项目，场馆设计方案已经确定。完成了新征364亩地的居民拆迁和200名劳动力的安置工作。“数字工大”的物理平台已基本建成。能源楼已投入使用，第三教学楼已经结构封顶，南大门正式投入使用。后勤服务质量不断提高，投诉率下降。校园拆墙透绿，千米围栏，亮丽灯光，绿色环境，已经成为北京东南一抹亮丽的风景线。

深入做好校园安全保卫工作，不断完善校园安全稳定制度、体制，建立起校园安全稳定长效机制。强化对校园网的监管力度。制定处置突发事件预案和安全工作预案，明确责任，保证了校园的安全稳定，无一例重大事故发生。

学校还结合全国依法治校示范校创建活动的开展，大力推进我校依法治校工作，调整了学校依法治校领导小组，制定了学校章程，依法规范各类管理制度，逐步完善校务公开制度，加强法制宣传教育。开展党风廉政系列教育活动，处理违纪违法案件。国际交流活动在规模和层次上都有了较大发展和提高。学校还认真做好离退休人员工作，充分发挥工会、教代会和民主党派在办学治校过程中的作用，做好计划生育工作。2004年我校荣获“首都文明单位标兵”称号。

总结一年来的工作，我们也应清醒地看到，学校工作中还存在着不少困难和问题。一是教育教学质量还有待进一步提高，促进提高教育教学质量的措施还不够有力，全员育人观念还有待进一步确立。二是科技创新团队的建设缺乏有效的措施，科技工

作贡献社会的显示度还比较低，学术空气还不够浓厚。三是学科整合有待进一步加强，学科特色还不够明显，缺乏在全国有影响的知名学科，投入和产出效益不高。四是管理水平跟不上学校发展的需要，办事效率不高，有些关系师生切身利益的问题还没有得到根本解决。对于这些问题，我们要高度重视并继续采取措施加以解决。

二、我们面临的形势和任务

上世纪90年代末以来，随着科教兴国战略的全面实施，高等教育进入了积极快速发展的阶段。《面向21世纪教育振兴行动计划》的提出，招生规模的扩大，“211工程”、“985工程”等国家重点建设工程的启动，有力地推动了中国高等教育的快速发展，与此同时高等教育也受到社会各界前所未有的广泛关注和期待。党中央在十六大报告里审时度势地提出21世纪前20年是我们国家加快社会主义现代化建设进程的重要战略机遇期。全面建设小康社会，继续推进现代化建设，促进国家经济发展和社会进步，是摆在我国人民面前的伟大任务之一。北京将率先基本实现现代化和建设“新北京，新奥运”的伟大构想为我们学校的新发展带来了广泛的发展空间和机遇。当前，北京经济工作的重中之重是着力抓好结构调整和转变经济增长方式，推动经济社会可持续发展。如何通过深化高等教育改革，提高育人质量、科技创新和贡献服务首都北京的能力，是北京工业大学始终不渝的重任。

去年4月，首都教育大会进一步确定了大力实施科教兴国战略和人才强国战略，提出了“内涵发展、人才强教、资源统筹、开放创新”的首都教育发展战略，落实了教育优先发展的战略举措，明确了首都高等教育在人才培养、知识创新、社会服务等方面的重大作用。建设高水平大学和高水平学科成为首都高教战线的一项战略任务，而首都大教育概念的提出使学校事业发展所面临的外部环境正在发生变化。从现在起到2010年是首都现代化建设的关键时期，是北京教育实现新跨越的战略机遇期，也是实现我校第九次党代会提出的“建设国内一流教学研究型大学、跻身全国高校50强”的奋斗目标，实施三步走战略的重要时期。如何正确认识形势、把握机遇、迎接挑战、开拓进取是我们做好各项工作的基本态度。北京工业大学前几年实现了跨越式的发展，这是公认的事实。但是，面对新形势的要求，在办学实践过程中，我们还有许多方面不适应：一是在人才培养上和办好人民满意的教育还不相适应。这就需要进一步认识和处理规模、质量、结构和效益的关系，在稳定办学规模的前提下始终深化教育教学改革，把不断提高教育教学质量放在关系学校生存和发展的中心地位，使结构调整更加适应北京市经济和社会发展的需要，更加重视办学的社会效益。二是在发展方式上和科学发展观还不相适应。这就需要进一步认识和处理外延发展与内涵发展的关系，在外延适度发展的同时更加关注和重视内涵的发展，合理配置资源，提高资源使用效率，坚持以人为本，实现全面、协调、可持续发展。三是在服务社会的能力上和社会对我们的需求还不相适应。这就需要进一步加快科技体制改革和科技创新步伐，增强学科建设的特色及其与北京产业发展的关联水平，建立科技与经济社会紧密结合的长效机制，提高以服务求支持、以贡献求发展的能力，形成学校与社会的良性互动。四是在管理体制上和科学治校、民主治校、依法治校还不相适应。这就需要进一步深化管理体制改革，完善校院两级管理体制，创新运行机制，大力提高管理水平，激发办学活力，积极探索现代大学制度。

前不久，周济部长在教育部2005年度工作会议上强调要用科学发展观统领教育工作全局，并要求全国教育系统的同志们学习和贯彻科学发展观，提高认识，统一思想，坚决把工作重心从注重规模速度的发展转移到更加注重提高质量上来。面对新形势、机遇和挑战，迫切需要我们按照科学发展观的要求，落实以人为本，全面、协调、可持续地发展，认真完成学校第九次党代会提出的学校发展第一阶段的各项任务，即以“211工程”重点学科建设为龙头，构筑适合于高素质人才培养和科技创新的高层次学科体系；以奥运场馆建设为契机，带动整体校园建设；深化校内改革，建立适应教学研究型大学发展的管理体制和运行机制，确保完成“十五”“211工程”建设任务。

三、2005年的主要工作

2005年是北工大建校45周年，也是学校完成“十五”建设任务的最后一年。学校党委确定了今年工作的指导思想是：以科学发展观为指导，坚持“巩固、深化、提高、发展”的方针，按照以人为本，盘活资源，依法治校，加强管理，提高质量，内涵发展的工作思路，把科学发展观落实到教学、科研、管理、服务等学校改革和发展的各个方面，切实加强党的建设和大学生思想政治教育工作，全面推进育人质量的提高，全面完成“十五”“211工程”建设任务，着手制定“十一五”发展规划，为建设国内一流教学研究型大学打下坚实的基础。

2005年我们要重点做好以下几方面工作。

（一）认真贯彻党的教育方针，把人才培养作为学校的根本任务，在提高质量上下功夫，努力做到“三个突破”

1. 以科学发展观为指导，坚持两个为本，确立两个主体的办学理念，创造和谐发展的良好育人环境

以人为本、促进人的全面发展是科学发展观的本质和核心，是学校教育工作全面落实科学发展观的核心任务。贯彻落实科学发展观就是要确立教育以育人为本，以学生为主体，办学以人才为本，以教师为主体的办学思想，坚持把人才培养作为学校根本任务，坚持一切为了学生的成长成才。全校各部门都要强化为学生服务的思想，全体教职员工要为促进学生的全面发展发挥积极作用，围绕育人目标，培养有理想、有道德、有文化、有纪律的全面发展的社会主义事业合格建设者和可靠接班人。

教育大计，教师为本。要坚持教师是学校办学主体的理念，充分认识建设一支高素质、高水平的师资队伍是建设高水平大学、提高教育教学质量的关键；要进一步明确教师的主体地位，不断推进人事制度改革，制定和完善用人激励机制和约束机制；深化教育教学改革，提高教师的综合素质和创新能力；加强师德建设，增强教师的事业心和责任感，调动教师内在的积极性，尊师重教，营造和谐发展的良好育人环境。

2. 切实把教学工作作为关系学校生存和发展的生命线，大力提高育人质量，力争做到“三个突破”

2005 年要继续以落实本科教学评估整改计划为主线，全面推进教育教学质量的提高。大力推进“四名工程”建设；加强教育教学研究；启动学科专业和教学计划的调整工作；加强实践教学环节建设，完善实践教学基地，提高实践教学质量；深化学分制改革，加快选修课建设。

要继续抓好师资团队建设，加强青年教师培养和提高。切切实实落实和改进青年教师培训制度和助教制度；切切实实落实和改进教授、副教授为本科生上课制度。同时完善管理办法，健全规章制度，规范管理程序。修改完善本科学生奖励学分、学籍管理、实践教学、考试管理、优秀毕业设计（论文）评选、双语教学等相关规定和办法。制定教学经费合理分配方案，认真讨论制定教学优劣奖惩条例，完善各类奖励措施。

要加强研究生培养，开展教育研究探索，把好研究生培养质量关。要逐步扩大工程硕士等专业学位招生规模，加大博士生多种形式招生改革的力度，提高生源质量，规范招生录取的各个环节。继续推进课程体系建设，把好开题、中期检查、毕业论文、答辩等环节，实行目标管理与过程管理相结合。要抓好第十批学科点申报工作。实施研究生教育创新工程、博士育苗工程，加强国际合作。

在教育教学方面，2005 年要力争做到“三个突破”：一是力争在教育教学改革的思路和措施上有所突破，努力提高学校的教育教学水平和人才培养质量；二是要在教育教学基础建设上有所突破，真正经过三至五年的努力，在国家级、北京市级名师，高水平教材，全国有影响的名专业、名课程方面实现标志性的突破；三是加强实践教学，总结经验，在实践教学的创新上有所突破。

3. 落实“育人为本，德育为先”，切实加强大学生思想政治教育，构建全方位的大学生思想政治教育体系

要深入学习贯彻中央 16 号文件和胡锦涛总书记在中央工作会议上的讲话精神，抓好制度建设。落实育人为本、德育为先、全面发展的要求，充分发挥课堂教育教学的主导作用和思想政治理论课的主渠道作用；加强校园文化建设和网络阵地建设，弘扬主旋律，把握大学生思想成长规律，不断增强思想政治教育的针对性、实效性和吸引力、感染力。

要完善德育工作机制，构建全方位的大学生思想政治教育工作体系。一方面要强化全员德育意识。进一步在全体教师中倡导以育人为己任的风尚，大力表彰教书育人的典型人物和事例，要制定和颁布教书育人的相关条例和实施细则，将育人的效果和教师的业绩考核、职称晋升、岗位聘任直接挂钩。另一方面要加强学生工作干部、思想政治理论课和哲学社会科学课教师、辅导员和班主任三支队伍建设；加快推进思想政治理论课教学改革；不断充实力量，优化队伍结构，加强专业化培训，提升队伍综合素质；结合校庆 45 周年，继续开展“成长、成才、成功”主题教育；进一步加强学生党建工作；同时要关注特困学生群体，完善和修订各项规章制度，高度重视学生就业工作；尽可能为学生创造良好的学习和生活环境。

（二）抢抓机遇，融入北京，积极探索科技管理的新体制，推进科技创新，提高学术水平，全面高质量完成“十五”时期的各项建设任务，努力实现“三个提高”

1. 全面推进“211 工程”建设，高质量地完成“十五”时期的建设任务

2005 年我们必须全面、高质量地完成“十五”“211 工程”的建设任务。到年底，“211 工程”各个项目的学科建设、队伍建设、科学研究、人才培养、基地建设和标志性成果等方面必须实现立项目标，为迎接 2006 年国家对我校“十五”“211 工程”建设的全面验收作好准备。今年我们还要按照北京市政府批复的校园总体规划，开始大规模校园基本建设，第三教学楼和结构实验室扩建工程要在下半年

竣工，确保奥运羽毛球馆按时开工，启动中蓝大学生公寓二期工程，完成国际交流中心和三个学科楼的设计招标工作，为把我校建成北京东南区的亮点打下坚实基础。

2005年我校要完成“十一五”发展建设规划的编制工作，学校已经发布了“十一五”发展建设规划指南，要以科学的发展观为指导，广泛发动教职员工，认真组织讨论、调研，认真思考在“十一五”发展什么，怎么发展，达成共识，明确目标、分解任务、落实责任，把学校的未来规划好，建设好。

“十一五”是我校迎接建校50周年的重要建设期，更是实现新北京、新奥运、新工大战略构想的重大契机。我校要乘势而上，继续整体推进，重点突破，构建科技创新团队和资源共享平台，促进学科交叉与融合，全面融入北京，实现重点学科国内一流、具有鲜明特色和优势，把我校建设成为北京市高层次创新人才培养、高新技术研究和成果转化、高层次决策咨询和科教事业发展的重要基地，实现到2010年建成国内一流大学的奋斗目标！

2. 深入研究和探讨新形势下高校科技创新的新体制，推动科研创新团队的建设

科技体制是高校科技创新体系建设的基础。我校现行的以基层行政组织体系为主的科技管理体制及其运行机制存在严重的弊端，致使基层学术组织不健全、不活跃，未能发挥其应有的作用。我校应根据自身的学科优势和特点，在学校整体发展战略目标和规划指导下，积极推进科技体制向多元化转变，深入研究、探索科技体制和运行机制的创新，建立既能发挥高校学术环境宽松的优势同时又有利于学科交叉、队伍整合和资源共享的科技管理新体制和运行机制。按照整体跟进、重点跨越、分层建设的原则，做好科研团队建设规划，实施重点创新基地建设，制定和完善团队考核机制，促进学科交叉融合，构建学科共享平台，培养新的学科增长点。在有条件的学院和基地进行团队建设试点。在校院两级管理体制原则指导下，构建既有利于发挥学院在聚集人才、组织人才、发动人才方面的作用，又有利于科研基地在争取项目、组织项目和团结合作攻关完成项目方面发挥作用的新的运行机制。调整科技奖励政策，健全学术评价体系，充分调动教职工参与科技工作的积极性，促进获奖、专利成果的转化与开发。广泛开展科技宣传与学术交流活动，营造宽松、和谐、浓郁的学术氛围。要做好重大项目策划、组织、申报和投标各环节的组织和跟踪工作，加强项目的过程管理。

2005年，在科技工作和科技创新方面，我们要努力实现三个提高：一是学科建设基地和科研创新团队建设上要有新的突破，努力提高学科建设水平和科技创新能力；二是抓住机遇，积极参与，融入北京，提高为北京市社会和经济发展服务的能力；三是合理配置资源，突出重点，加强绩效考核，努力提高学校科技工作的管理水平。

要根据学校面向世界、建设开放式大学的目标，继续扩大和加强国际科技学术交流，不断提高层次，积极健康地发展中外合作办学，探索扩大留学生规模和层次的有效途径。

（三）深化改革，加强管理，盘活资源，统筹发展，努力提高教育资源的使用效益

资源是资财的来源，它是人力资源、财力资源和物力资源的总称。毋庸置疑，“九五”、“十五”期间，伴随我校“211工程”的建设和教育规模的扩大，资源投入的增加有力地促进了学校事业跨越式的发展，我们能够集中有限的资源办几件大事情。但是，我们也不可否认，在资源的配置、使用和效益上，还存在着结构不合理、效益不高、无偿使用甚至严重浪费的现象。因此，盘活人力、财力、物力资源，通过资源管理体制的改革促进它们合理有序流动，对于改变资源配置不合理，提高资源的使用效益，提升学校的办学活力，促进学校内涵发展非常必要。

1. 深化人事制度改革，盘活人力资源，全面调动教职工的积极性

截至2004年底，全校教职工3 062人，其中专业技术人员2 152人，占教职工总数的70%，专任教师1 244人，具有副高职以上职称的759人，占专任教师的61%。专任教师中博士学位的比例达30%。2004年获国家杰出青年基金1人，教育部长江学者计划1人；教育部新世纪优秀人才支持计划3人；新世纪百千万人才工程国家级人选1人，市级4人。我校现有全职院士6人，双聘院士17人；国家杰出青年基金2人，北京市特聘教授7人，兼职、客座教授96人，博士生导师152人，在站博士后31人。这些数据表明，学校人才从规模、质量有了新的提高，结构得到优化，初步形成了稳定的人才群体。

学校事业的全面发展，“211工程”的推进，十五规划的实施，为人才的引进和发展在环境特别是硬件条件上创造了一个良好的基础平台。但是，我们应当看到，当前全社会人才竞争加剧，人才市场的逐步规范，人才的理性流动的频度和速度放缓，引进难度加大。当前学校的人事制度还不能适应事业发展对人才的需求，人事人才工作中还存在着误区和盲区，重数量轻质量、重规模轻效益、重聚合

轻整合、重引“点”轻建“面”的现象不同程度地存在；优秀拔尖人才和高水平中青年学术骨干的数量还远不能适应学校发展的需要，高水平的学术学科带头人断档现象令人担忧。这将是我们在今后一段时期内要下大力气着重解决的问题。

2005年学校的人事人才工作将继续实施人才强校战略，以提高人事人才工作的规划和规范能力为重点，做好以下几项工作：一是要更新观念，提高对人事人才工作的认识程度。要树立以人为本的科学的人才发展观，以教师为办学主体，尊重教师劳动，尊重学术自由，尊重人才成长规律，给更多的人创造平等发展的条件和机会。关注校内各类人群的诉求，均衡利益关系，形成各尽所能、各得其所的人才“绿色生态”环境。二是要加强人事人才工作规律的研究，开展师资队伍现况的普查工作，对师资队伍的结构、分类和岗位的现状进行摸底，按照学校中长期建设规划和“十一五”学科建设规划的要求，编制《北京工业大学“十一五”人才事业发展规划》。三是优化人才发展环境，以高层次人才队伍和学术团队建设为核心，以师资队伍建设为重点，注重效益，形成特色，构建适应学校发展要求的人才“金字塔”。要继续发挥好院士在团队创新中的作用，用好教育部“长江学者”岗位和“北京市特聘教授”岗位等资源，吸引国内外拔尖人才和优秀学者来校工作；逐步改变教学、科研和教辅人员结构不合理的状况；提高对校内现有人才的重视程度，加强对拔尖人才特别是中青年优秀人才的培养和支持力度，制定《北京工业大学培养中青年学术骨干实施办法》，确保他们发挥更大的作用；加强基础型人才的建设，几年来我校引进了一大批高学历人员，要切实关注他们的成长，严格要求，帮助他们解决发展中的遇到的各种问题，使他们尽快地融入到各类团队中去，让其中的优秀者能够尽早地脱颖而出，成为骨干，真正发挥人才的基础性的支撑作用；要重视党政管理干部和各类人员的培养工作，提供更多的培训机会，使他们不断适应变化的要求，努力提高管理和服务水平。要积极探索学术团队建设规律，重点建设4、5个学术团队。四是要以机制建设为核心，以完善聘任制为重点，继续推进人事制度改革。要下大力气，逐步建立公平的竞争机制、多元的激励机制、自我的约束机制、以团队和岗位为核心的考核机制。

2. 健全校、院两级财务管理制度，盘活财力资源，提高财务资源的使用效益

2004年，在市教委、市财政的大力支持下，学校财务管理运行机制良好，校、院两级财务管理的构架已经形成。校、院两级的财力在学校办学规模的成长期中对教学、科研事业的发展需求，发挥了重要作用。

但是，我们也应当清醒地看到，目前国家对教育的经费投入，更侧重于教育的大概念，预计今后一个阶段，国拨经费将从快速增长期转入相对平稳期。而2005年又是我校实现“十五”“211工程”建设目标的最后一年，从资金的供给度分析，财务收入与支出的矛盾仍将十分突出。因此，我们必须更加重视财务资源的运用，更加重视财务管理的科学性和规范性。要进一步加强预算申报的计划性和监控经费使用的效益。同时制定《校、院两级财务管理制度》和《非财政性收入管理办法》，以进一步明确院级财务管理责任，依法积极组织创收活动，广开财源，建立完全成本核算意识，提升校院两级消化支出的能力。专款支出内容的安排要特别注意结合中、长期发展规划，注意前瞻性和严谨性，严防盲目性和随意性，使学校基层申报专款的工作更适应财政改革资金集中支付、政府采购工作的需要，使有限的资金供给真正促进学院的建设和发展。盘活学校财力资源，实行校院两级财务管理制度，重点是要使学院管好财、理好财、用好财，发挥财务资源的最大效益。

3. 加强国有资产管理，分步实施国有资产的有偿使用制度，逐步提高物质资源的使用效益

随着国家科教兴国战略的实施，我校以准确的定位、鲜明的办学思路和理念、多年的教育成果积淀，争取到“九五”“十五”两次“211工程”建设项目。在国家、北京市大量投入的前提下，经过学校全体教职工共同努力，我校固定资产（含教学、科研、办公用仪器设备，办公家具，图书，建筑物、构筑物等）有了极大的增加，1998年在账仪器设备总值6 700万元，2万台件，2000年底增至1.79亿元，4.22万台件，至2004年底达到5.98亿元，8.37万台件。包括建筑物、构筑物在内的总资产为13亿元，总值是1998年的9倍多，台件是1998年的4倍多。2001年至2004年教学科研设备投入每年以超过35%的速度增长。这些仪器设备在我校的人才培养、科技创新和社会服务方面发挥着重要作用。但是一些仪器设备特别是大型精密贵重仪器设备的利用率有待提高，对10万元以下仪器设备的管理还需要加强。

在房屋使用方面，通过1999年和2004年两次公用房调整，实现了最初提出的“划块集中，规划发展”的目标，为“211工程”建设总体目标的实现打下了良好的基础。但是，在公用房使用方面仍存在问题，主要表现在管理制度不健全，用房宽紧不同，效益管理还未落实。一些急需用房的单位和

项目由于缺少用房导致影响工作的开展，而有些单位却存在多占用房、利用率不高的现象。因此2005年要根据学校资产状况，制定出台《北京工业大学公用房管理办法》，改变现行公用房无偿分配使用和损坏、修补、改建、调整所需费用全部由学校承担的状况，严格执行“用好房屋资源、分类定额管理、有偿使用、超额收费”的管理原则，即通过向房屋使用单位收取定额外房屋资源占用费的办法，提高房地产资源的使用率和完好率，克服单纯依靠以行政手段调节用房的弊端，建立公用房使用的自我约束和调节机制，并为实施这一工作做好各方面的准备，不断提高国有资产的使用效益。

4. 依法治校，加强管理，坚持校务、党务公开制度，统筹协调发展

2005年要继续通过深化改革，积极探索精简、高效的校院两级管理体制和运行机制，大力提高学校管理水平；继续推进校务公开工作，实施校务公开细则；继续坚持每两周一次常委会、校长办公会例会制度；实行每月一次院长例会、分党委书记会制度，促进学校民主、科学管理。

各位代表，落实科学发展观，是教育改革与发展一次新的历史机遇。抢抓机遇，乘势而上，这是我们的一条重要经验。我们要按照教育发展规律的要求，根据高等教育发展面临的新形势和工作重心的变化，切实深化内部管理制度的改革，促进学校事业全面协调可持续发展，努力做到四个统筹：一是统筹外延和内涵发展，努力做到规模、质量、结构、效益的协调发展，在稳定规模的基础上提高质量；二是统筹教育教学、学科建设和科学研究三方面工作，坚持全面发展，以培养高素质创新人才为根本，在不断提高科学研究和学术水平新的层次上达到教学质量的新提高；三是统筹教师、管理干部、后勤职工三支队伍的建设，统一规划，统一建设，调动各方面积极性，形成合力；四是统筹学校物质文明和精神文明、政治文明建设，加强党的建设和学生思想道德教育，形成优美的校园环境和良好的育人环境。

各位代表，面对新的形势、新的任务，我们将继续贯彻落实党的十六大和十六届三中、四中全会精神，按照全国人才工作会议和首都教育大会要求，以“三个代表”重要思想为指导，全面落实人才强教、资源统筹、开放创新、内涵发展的方针。我相信，只要我们振奋精神，团结协作，扎实工作，锐意进取，就一定能够实现我校第九次党代会提出的建设国内一流教学研究型大学第一阶段的目标。让我们一起努力，共同创造北京工业大学的美好未来！

落实科学发展观，为建设国内一流教学研究型大学而奋斗

——在北京工业大学《教育研究通讯》编委会成立大会上的讲话

2005年1月14日

党委书记 孙崇正

各位老师大家好！高等教育研究对于我们学校改革和发展是一件很重要的事情。在高等学校诞生以来的几百年历史中，无论是大学的功能、培养人才的模式，还是学校和社会的联系、自身的组织机构等方面都发生了非常深刻的变化。因此，掌握高等教育规律，按照规律办事，适应我们国家现代化发展需要是十分必要的，也是我们办好工业大学的基础。

前几天参加了教育部直属高校第十五次工作咨询会。从1989年开始教育部每年召开一次教育部直属高校校长书记工作咨询会，实际上是研究这一年高等教育发展的一些主要动向。今年参加会议的有教育部所属72所高校的校长和党委书记，另外邀请了其他24所院校的校长或者书记参加，这24所高校中有8所国防科工委院校和中国科技大学、北京工业大学、上海大学、内蒙古大学、新疆大学等。陈至立说这次参加会议的是中国最有影响的96所院校，办好这96所院校就是办好了重点，是建设研究型大学的重要内容。会上陈至立和周济部长作了重要报告，14所大学校长和书记作了发言，会议信息量很大。今天我就结合学校的情况讲两个问题。

一、以科学发展观为指导，充分认识建设国内一流教学研究型大学所面临的机遇、形势和任务

这次会上陈至立同志作的报告，是站在推动国家发展和社会进步的高度上来认识建设高水平大学的重要性和紧迫性的。任何一个高等学校的发展，

一个大学的办学都离不开社会的进步。我们北京工业大学也是这样，如果我们把自己摆在国家整体经济建设的大局中间去，摆在北京市“新北京，新奥运”战略实施的大局中去，才能把学校建设好，脱离这个实际，我们这个学校肯定是办不好的。

（一）要适应我国全面建设小康社会和“新北京，新奥运”战略实施的需要，抓住学校发展的大好机遇。

胡锦涛同志在中央经济工作会议上，对我们国家现在的经济发展取得的成绩，遇到的问题、困难和矛盾，都作了实事求是的分析。他提出，我们现在经济发展中有四个刻不容缓要解决的问题，这也是高等教育发展的机遇。学校的工作就要为国家的经济发展和社会进步服务。陈至立同志讲话着重讲了高等教育特别是高水平大学建设的机遇和我们国家现在所面临的一些急需解决的问题。她提出了五个现在要特别值得注意的问题：

一是要解决制约我们国家经济发展的能源、资源、环境的瓶颈问题。建设节能型的可持续发展的经济，这是我们国家今后经济发展面临的一个问题。这和我们学校关系是很大的，资源、能源和环境学科我们学校都有，怎么为我们国家解决这个瓶颈问题服务是需要我们认真研究的。她举了一个很现实的例子，我们国家现在国民生产总值占世界国民生产总值的3%，但是我们的能源消耗是世界能源消耗的20%左右，是世界平均水平的6～7倍。我们的石油现在40%已经靠进口。如果到2020年我们国家要实现翻两番的经济发展目标，按照现在的能源消耗的状况，国家每年要消耗4.5亿～6亿吨的石油，现在年产才1亿多吨，而且我们的能源进口都要通过马六甲海峡，一旦国际风云变化，把马六甲一卡，那些国家愿意卖给你石油你也运不过来。

二是要保证我们国家的农业基础地位和粮食安全。从去年开始国家发了一号文件，要重视农业，支持粮食生产。同样粮食生产和农业发展也要靠科技。国家今后还要重点支持农、林、牧、矿、交通运输等这些专科大学的发展，所以农业也要靠技术进步，不是说跟我们学校没有关系。农业要水，现在我们国家每生产一公斤粮食要消耗一吨水，我们国家是一个水资源奇缺的国家，如果农业这样发展下去，就会资源短缺。所以农业发展也要靠高科技。

三是要加强国防安全和国家的公共安全。陈至立说，我们国家的武器军备装备落后于先进国家10～15年，关键就是技术。在现在世界大动荡的时期，一个国家如果没有自己的军事实力，要维护世界和平，要发展都是一句空话。

四是要加快国家在引进技术中的创新和引进技术的消化。我们国家20多年改革开放一直靠引进，引进了很多，但是真正自己引进一个就能消化一个、而且能在人家的基础上再往前走的很少。日本、韩国是很好的例子。我们国家发展的重要方面是核能，从德国、法国引进多套设备。韩国就引进了一套核电站技术，自己边研究边消化，在原来技术上自己再自主创新，在这个基础上搞出了自己一套核技术，现在甚至可以向其他国家出口。我们要增强自主创新的意识是很重要的。

五是关于国计民生问题。大型灾害、大型的疾病的防治和人民生活相关，事关国计民生。人民生活方面的一些重大问题现在也是制约我们国家发展的问题。陈至立举日本的例子说，日本也发生过大的海啸，日本在海上有检测系统，在海啸来之前，很快就通知海边的人迅速转移。而这次印度洋受灾的都是发展中国家，他们没有这些预测系统，所以损失就很严重。如果我们不关注这些问题，何谈为国家发展、为国民经济服务。

我们作为北京市的一所重点高校，也应该关注北京市发展过程中需要解决的问题。我们的全体干部和教师要关注这个问题。有些同志在报告里面说到加大调整力度，实现经济增长。第一条就是转变经济增长方式。这是我们国家现在要解决的经济发展中的重点问题。要加强科技的创新，国家最近把研究力量的重点和主体转到了企业。所以将来高校和企业的合作应该是更加密切的，这也是我们学校发展中的一个问题。第二是大力发展首都优势产业，大力发展高新技术产业、现代制造业和现代服务业。发展高端、高效、高辐射率的产业，积极发展微电子、光机电一体化，大力抓好中芯国际、液晶显示、奔驰汽车等重点项目建设，增强产业承接和生产配套能力，大力发展金融保险、现代物流、文化。第三就是要发展资源节约型的经济，节约使用一切资源。我们要关注国家经济发展中的一些重要的要解决的问题，来调整专业方向和我们科学研究的重点，调整人才培养的专业设置，适应社会发展的需要。

（二）要正确总结学校45年来的经验，树立信心，增强责任感。

这就要求我们加强教育研究，研究学校现在在全国高等教育中间究竟处在一个什么样的地位，在什么水平上，我们的优势是什么，我们的差距是什么，这些年经过教学评估，几次教学讨论，“211工程”的验收总结了很多，但是把握得还不是很准确。这次参加会议，听了十几所全国最好的研究型大学的发言，感到虽然我们自己进步很大，但是我们的差距实在太大了。要真正建设国内一流性的教学研究型大学并不是很容易的事情。我们了解比较多的是地方院校，但是真正和我们国家前50名的重点大学、高水平大学相比，我们真是差距很大，所以这方面还要努力。

（三）要坚定不移地为建立全国一流教学研究型大学目标而努力奋斗。

我们不要摆来摆去，更加坚定去年提出的学校奋斗目标，这是比较准确的。现在各个学校都在说找准自己的位置，做好定位，办出特色，但是究竟能不能做到，还是要靠我们自己的研究，靠我们的认识去把握。

二、结合学校实际，贯彻大会的精神，讲几点意见

（一）坚持正确的办学方向，牢固确立人才培养是高等学校的根本任务，牢固树立全面实现高等学校三项职能，坚持一个办学方向。这里面有两个问题。

一是要正确认识全面实现高等学校三项职能和牢固树立人才培养是学校根本任务这两者是相互统一的。20世纪后半期，大学和社会融合越来越密切，这样就产生了高等院校如何为社会服务的问题。现在大家比较一致的看法是高等学校应该有人才培养、创新、为社会服务的三大原则。实现这三项任务最终目标，教育的社会公益性事业和基础事业的地位并没有变，培养人才根本任务并没有变。去年曾庆红同志在第13次高教会议上讲话，第一个题目说高校最根本的任务还是培养人才。

二是要正确认识高等教育工作重心的转移。陈至立同志在会上也明确提出来，中国高等教育应该从前几年的规模发展转移到以提高质量、提高水平为重点的方向上来。

周济同志在讲话里特别提到，第一，前几年的规模发展是完全正确的，不是因为工作重心的转移就否定的前几年的规模发展。前几年的规模发展适应了我们国家经济发展的要求，也适应了老百姓接受高等教育的强烈要求和需要，也提高了我们国家高等教育的竞争力。因此前几年的规模型教育是正确的，才使得现在我们国家由规模高等教育转向提高质量的高等教育。如果没有前几年的成果，就不可能达到现在我们在校学生2 000多万，成为世界上在校学生最多的国家。第二，在扩招的同时，我们也注意了高等教育的质量。第三，由于扩招带来的办学问题和困难，使得我们现在应该头脑要比较清醒，在稳定发展的同时把重心转移到提高质量上来。周济同志比较全面地说明了怎么正确对待这次工作重心的转移。

一是要把握正确的方向。二是要坚持两个为本，确立两个主体的办学理念。坚持科学发展观就是以人为本，对于高等学校来说，贯彻科学发展观就是要确立教育以育人为本，学生是主体，办学以人才为本，教师是主体的思想。这也是高等学校落实科学发展观办好学校的一个重要理念。这是在思想上统一认识，对学校的工作至关重要的一点。学校办得好坏，关键是看培养的人才质量。以育人为本，把学生作为主体，它的含义是什么？一是坚持人才培养是学校根本任务，切实把教学工作放在学校各项工作中的中心地位。这也是2005年教育部工作重点中说的三个确立。教学工作是中心，要提高人才培养质量。以培养人为本，最重要的就是要教给学生最新的知识。

二是坚持教育的主体是学生，就要把是否有利于学生成才、成长作为衡量各项工作的标准。我们学生会提出了促进学生成才，为学生服务的理念口号。学校各个单位都应该树立这个理念，不管你做什么工作都是为了培养学生。学校的建设发展都是围绕着为学生服务，为学生创造好的条件。这几年，我最困惑的就是工大为学生创造的条件太差。一是学生活动的场所、学校的教学条件为学生提供的太少，我们没有真正树立学校的发展，学校的一切工作都是为了学生的成长的思想。最近华中理工大学盖了两栋教学大楼，全部是现代化的多媒体教室，学生宿舍区，学校的各种管理、后勤服务到位，食堂是全国高校里最多的，有26个大食堂。在这种理念下，不管你是做什么，当领导、教师，做后勤工作，是不是都是为学生着想了？

三是要调动学生内在的积极性，发挥学生主动性和创造性。我们不是靠管，管是要管的，但是光靠管是解决不了问题的。这两年我们也一直强调要调动学生内在积极性，怎么去调动？

四是要坚持育人为本，德育为先。努力引导学生成人、成才，提高全面素质，促进学生全面发展。这也是以学生为本的理念。中央一直非常重视大学生思想政治教育，去年发了16号文件，强调加强大学生思想道德建设。中央还要召开加强大学生思想政治建设的专门工作会议，这在我们国家建国以来是没有过的，胡锦涛同志要作一个重要讲话，中央领导都要去参加。这是我们国家新年之后第二次召开的大的工作会议。第一就是中央经济工作会议，第二个就是这个会议了。

（二）学校怎么以教师为办学主体，把这支队伍用好，这是我们面临的重要任务。讲三层意思。

第一，引进和培养高水平学术带头人，仍然是教师工作的重点工作。办好一个高水平大学，实际上就是看教师的水平。国外大学校长就是做好两件事，第一找钱，第二找人，能找来高水平大师，首先要有领军人物，这个学校就能上去，学科就能上去。这个理念我们学校现在很多人还是不太理解。

第二，要正确使用、协调行政和学术权力，树立教师是办好学校的决定力量的观念，加大教师治学的力度。这也是这次会议各个高校普遍关注的问题。如何正确贯彻中国高等教育法，克服官本位的思想，正确处理好学术和行政权力，发挥教授的作用，这是一个办学理念问题。在实现这个理念的方法上有不同看法。例如东北师范大学制定了一个条例，在学院一级实行教授会下的院长负责制，引起大多数高校的不同意意见。院长是代表学校主持学院工作，同时各个院长都是学科带头人和有名的教授。如果是教授会决策下的，这就很难了。大家一个普遍的看法是高等教育法规定中国高等学校实行党委领导下的校长负责制，党委领导，校长负责，教职工代表大会参与监督和管理，发挥校学术委员会作用。清华大学是按照每一个学院教授的人数推选学术委员会委员，由教授组成，学术委员会不能变成学术机构，而我们的学术委员会的行政色彩太浓。所以我们如何根据这个观念来落实教授治学的思想，这是要探讨的问题。但是无论如何办学需要教师，教师是办学的主要力量。

第三，全面贯彻四个深入方针，深化人事制度改革，全面调动教职工的积极性。这也是中央关于人才的理念，要形成人人都可以成才的良好的环境。我们也要强化四个尊重这种观念，不论在学校里从事什么工作，不论是直接从事培养学生的工作还是服务类工作，工作没有贵贱之分，没有高低之分，责任不同，岗位不同，不然这个学校就没有一个和谐的氛围，而是调动了一部分人的积极性，压制了另一部分人的积极性，这不行。教师既要发挥老教师作用，也要发挥中青年教师作用。别人为你服务是别人的责任，应该为你服务，但是不能说你觉得自己是老大，这个思想不行。特别是一些学位高、学历高、责任重的教师更应该重视这个问题。走上领导岗位的一些高水平的领导同志，更应该正确认识自己的责任和使命，尊重别人，这是我们办好学校的一个重要问题。

三、力争做好三个突破，实现三个提高

三个突破是：第一，力争在教育教学改革的思想和措施上能有所突破，努力提高学校的教育教学水平和人才培养质量。前几年也跟教务处的同志讨论过，特别是这几年有很大的进展。但是对我们这样的一个学校，在向教学研究型转变的过程里，还是要把教育教学工作放在非常重要的地位，而且争取在一些具体措施上有所突破。我们面面俱到都抓了，但是重点是什么？基础课教学还是一个重点，去年年初就讨论培养人的质量问题，强调的还是基础教学。我们基础课教学采取了措施，有了突破。

第二，在基础建设上，力争经过三五年的努力，能出几个全国名师，出一批北京市的名师，出一批高水平的教材，在全国有影响的有名专业，这是我们突破的一个标志。

第三，实践教学要有突破。最近大家看一些大大学都在研究教学，而且研究的重点不约而同地都集中于实践教学。这次会上重点发言的有浙江大学的校长。他重点说的是教育工作，他那个发言很好。他的教学思路非常清晰。我们的实践教学环节哪些是落实的，哪些是不落实的？实践教学仍然需要我们加强，这是我们工大的一个特色，也应该是我们的一个强项。

三个提高是：一是学科建设基地和科研创新团队建设上要有新的突破，努力提高学科建设水平和科技创新能力。

二是提高为北京市经济和地方发展服务的能力。我们重点要有所突破就是在学科建设水平上。我们学科建设硬件的投入不是说到头了，而是说有了一定的规模。工大通过这几年的投入，学科建设的投入和别人比没有什么差距了，但是我们的学科建设水平和别人差距还很大。所以我们要把科研团队建设放在重要位置，科技团队由学校的教学、科研、基层组织组成。大家都在探讨高校的基层组织究竟怎么设置，先是教研组，后来有的改称学科部、研究室等。现在大家都意识到随着科学技术的发展，信息更加发达，这种单兵作战、分散自发小型的科研和教学形式都已经不适应现代的发展，都必须组成团队，但是这个团队究竟怎么组织，团队的领导方式和考核方式等等都需要我们去探讨，这样才能真正提高我们的实力。

教育部在人才队伍建设上要组织创新团队，现在全国地方院校进入教育部科技团队建设的还是零。北京市的院校当然也是零。这说明地方院校科技团队的实力还远远无法和教育部重点院校相比。

三是加强学校资源的合理配制，努力提高学校的管理水平。校院两级管理，应该说现在各个高校模式基本上定了，个别院校是校、院、系三级管理。而院下一级教学研究型组织怎么组成、怎么落实要认真研究。现在阻碍高等院校提高管理水平和办学效率的是资源配置问题。我们学校的人力、物力、财力资源该如何配制？这个配制既要突出重点，又要形成比较完整、全面的学科发展。前几年北京工业大学在实现跨越式发展的阶段，重点支持了一些重点学科和重点基地以及一些重点学科带头人，这是完全正确的，我们不能否定前几年的工作，没有前几年的重点支持，就没有北京工业大学这几年的快速发展。但是如何合理地配制资源，形成学校比较合理的学科体系，既突出学科重点的特色，又建成比较完整的学科体系，实现资源的合理配制是很重要的。

四、坚持做好四个统筹，促进学校全面协调可持续发展

周济同志提出四个统筹，学校应该在哪些方面要做到统筹协调发展？一是统筹外延和内涵发展，努力做到质量、教育、效益的协调发展。对工大来说今后几年仍然是建设的高潮时期，而在人才培养规模上不会再有外延式的发展，基本上是在稳定规模的基础上提高质量。二是统筹教育教学工作、学科建设、科学研究三方面工作。要保持学校全面发展，努力做到人才培养、科技创新、为社会服务三大功能的实现。现在我们学校发展到这个阶段已经不是讨论这个问题的时候了，而是学校全面发展实践中贯彻落实的问题。讲提高教学质量，不是恢复到改革开放之前那种教学型的模式，而是在我们科学研究和科学水平新的层次上教学质量的新提高。没有科学研究能力教学水平怎么提高？现在不讨论关系问题，各个学院要明确要真正统筹好教学和科学研究以及学科建设工作，建立高水平科学研究和学科建设，必须和人才培养相结合，为人才培养服务。三是统筹教师、管理干部、后勤职工三支队伍的管理和建设。特别是要把教师队伍和管理干部一起规划和建设，要调动各方面积极性，形成合力。对于一个学校发展来说，学术队伍建设和管理队伍建设同等重要。我们这几年实际上一直是坚持这一观点的。管理队伍的基础是教师队伍建设，没有好的师资队伍就出不来好的管理队伍。四是统筹学校物质文明和精神文明建设，既要建设先进的设施，又要建设先进的文化，形成良好的环境。这也是我们这几年工作的重点，加强党的建设，加强思想道德工作，形成良好的育人环境，在硬件上要建设好的校园。

最后，希望北京工业大学《教育研究通讯》越办越好。谢谢大家。

（根据录音整理）

中共北京工业大学委员会九届三次会议综述

2005 年 2 月 22 日，中共北京工业大学委员会九届三次会议在科学楼 406 会议室召开。这次会议的主要任务是：学习贯彻胡锦涛总书记在加强和改进大学生思想政治教育工作会议上的讲话精神和周济部长在教育部直属高校工作咨询委员会第 15 次全体会议上的讲话精神，部署 2005 年工作。

出席大会的有校党委委员孙崇正、冯培、张毅刚、马志成、张爱林、卢振洋、蒋毅坚、赵凤琴、纪树兰、左铁镛、李四平、张革、杨建武、陈建新、王燕兴、张宝林、雷永平、薛素铎、金毓荃；副校长、校长助理、纪委委员和部分职能部处负责人共 71 人列席了会议。

校党委副书记张毅刚主持大会。校党委副书记冯培传达胡锦涛总书记在加强和改进大学生思想政治教育工作会议上的讲话、周济部长在教育部直属高校工作咨询委员会第 15 次全体会议上的讲话精神和北京市有关会议精神。校党委书记孙崇正代表校党委常委会作工作报告。

下午与会人员分组进行了研讨。

（王燕琪 赵凤琴）

中共北京工业大学委员会九届四次全会综述

2005 年 8 月 19 日，中共北京工业大学委员会九届四次会议在科学楼 423 会议室召开。这次会议的主要任务是：总结回顾第九届党代会两年来的各项工作，进一步学习贯彻党的十六大精神和“三个代表”重要思想，落实中央 2004 年 16 号文件精神，树立科学发展观，统一思想，振奋精神，开拓进取，大力提高育人质量，高质量完成“十五”“211 工程”建设的各项任务，全面做好“十五”总结，制定好“十一五”发展建设规划，明确下一阶段目标，努力做好党代会提出的第二阶段的各项工作。

校党委委员孙崇正、冯培、张毅刚、马志成、张爱林、卢振洋、蒋毅坚、赵凤琴、纪树兰、李四平、张革、杨建武、陈建新、王燕兴、张宝林出席了会议；副校长，校长助理，校纪委委员，各院级党委、党总支、直属党支部书记，党委部门负责人共29人列席了会议。

校党委副书记冯培主持大会。校党委书记孙崇正传达中央、北京市有关会议精神，对党委工作报告要点作有关说明。校党委副书记张毅刚对保持党员先进性教育活动方案作有关说明。

下午与会人员围绕党委工作报告和保持共产党员先进性教育活动方案进行了分组审议讨论。

（王燕琪　赵凤琴）

以科学发展观为指导，开创学校事业全面、协调、可持续发展的新局面

——在中共北京工业大学委员会九届三次全会上的报告

2005年2月22日

党委书记　孙崇正

同志们：

本次全会的任务是进一步学习贯彻十六大和十届三中、四中全会精神，学习贯彻中央关于加强大学生思想政治教育工作的工作会议和市委九届九次全会精神，落实教育部、市教育工委、市教委几次重要会议的部署，研究学校2005年的主要工作。

2005年是贯彻落实科学发展观，推动高等教育工作重心转移，落实育人是学校的根本任务，教育以学生为本，办学以教师为本的办学理念，提高教育教学质量的重要一年，是完成“十五”“211工程”建设目标的最后一年，是进行保持共产党员先进性教育，全面提高学校党组织的凝聚力、战斗力和感召力的关键一年，又是北工大建校45周年，做好2005年的工作对学校实现建设高水平教学研究型大学的奋斗目标，意义重大，非常重要。

2005年1月19日至21日，党委常委扩大会认真学习了中央和市委有关会议精神，总结了学校过去一年的工作，教务处、研究生部、科技处、人事处、财务处、国资处对学校教育、科技工作状况，人力、财力、物力资源的使用情况进行了认真分析，研究了今后工作的总体思路和要采取的重要措施，下面我根据常委会的精神对今年的工作讲几点意见。

一、关于落实育人是高等学校的根本任务，贯彻“教育以学生为本，学生是主体；办学以人才为本，教师是主体”的办学理念，努力提高教育教学质量

胡锦涛总书记在讲话中指出：办好高校，首先要解决好培养什么人、如何培养人这个根本问题。全国高校都要始终不渝地全面贯彻党的教育方针，坚持学校教育、育人为本，德智体美、德育为先，充分发挥大学生思想政治教育主阵地、主课堂、主渠道的作用，全方位推进大学生思想政治教育，多方面促进大学生全面发展，为培养造就一代新人作出贡献。

1. 当前高等教育的发展面临大好形势，学校发展也面临大好的机遇。高等教育工作重心的转移，使我们面临着更重要的任务。

2. 学校的一切工作都要为了学生的全面健康成长，要努力做好教学工作，提高教学质量和水平，这是基础，是学校的生命线，永远的中心工作。我们做了很多工作，重视基础课教学，抓“四名工程”建设，评选教学优秀教师，表彰先进。今后应该加强的工作是抓好三个环节：抓基础教学、抓实践环节、抓师德建设，提高教师的责任感。研究生教育要逐步实行导师资助和导师责任制。

3. 坚持育人为本，德育为先，求真务实，大力加强大学生思想政治教育，培养大学生健康成长的工作体系和优良环境。

按照胡锦涛总书记讲的大力营造良好的文化环境、舆论环境、校园周边环境。弘扬主旋律，为大学生思想政治教育工作创造良好的舆论环境，为大学生理想信念的树立、思想品德的培育、道德情操的培养、文明习惯的养成、美好心灵的塑造营造健康向上的良好社会环境。

发挥主渠道、主阵地作用，教书育人、管理育人、服务育人。各学院要高度重视学生工作队伍建设。按中央提出的要切实加强学校党政干部和共青团干部、思想政治理论课和哲学社会科学课教师、

辅导员和班主任二支队伍建设，特别是要采取有力措施，按照政治强、业务精、纪律严、作风正的要求，着力建设一支高水平的辅导员和班主任队伍，使他们在学生思想政治教育中发挥更大作用。辅导员、班主任队伍情况各院发展不平衡，各院院长要把这支队伍建设作为学院整体队伍建设的一个重要方面抓好，而不只是靠学院的书记抓。我们要从基础抓起，建设一支好的队伍，继承好的传统，使工作得到落实。

二、牢固树立“立足北京、融入北京”为地方经济建设和社会发展服务的思想，增强“以服务求支持，以贡献求发展”的意识，提高科技创新实力和学科建设水平，高质量地完成“十五”“211工程”建设任务，做好“十一五”规划

1. 学科建设是龙头，是学校水平的标志，加强学校建设，继续优化结构，提高学科水平是十分重要的。前几年学科建设的方向是正确的，要统一认识，进一步明确学科方向。今年要做好的几项工作：

第一，在去年中期检查的基础上，抓住薄弱环节，重点建设，高质量完成“十五”“211工程”建设任务。要对照建设项目一个学科一个项目地去落实，克服轻视存在问题的思想，避免盲目乐观。

第二，做好今年申报学位点及建立研究生院的工作，要关注形势的变化，积极采取应对措施。加强一级学科博士点的建设，打好基础，分析队伍状况，学科建设方向要和社会需求结合起来。

第三，做好“十一五”学科建设规划。

周济部长在教育部直属高校咨询工作会上的讲话中指出：发展靠实力，实力靠建设。前一个阶段，由于国家科教兴国战略的实施，以及国家教育主管部门对一流大学的政策倾斜，我国高水平大学的校园环境和办学条件有了很大改善，基本建设上了一个大台阶。这对我们增强实力、提高质量是非常必要的。在新的发展阶段，高水平大学要提高质量，还是要依靠建设增强实力，因此必须进一步统筹协调一流学科、一流队伍、一流基地三方面的建设任务。

在选择学科方向时要充分预见到学科发展的趋势，瞄准科学发展前沿和重大生产及社会实践问题，了解北京市建设发展的需求，这是规划好学科方向的必要性；要发挥比较优势，体现可能性；要大力推进学科的交叉和融合，培养新的增长点，体现创新性。

学科建设规划和学校整体建设规划，队伍建设规划是一个整体，要一起思考和研究，有好的规划才能建设好的队伍。做好规划是今年工作的重点，各院长、学科带头人要把制订规划放在重要位置去抓，要充分发动群众，要充分调查研究，做好“十五”的收尾和“十一五”规划论证工作。

2. 增强首都意识、服务意识和责任意识，提高科技创新能力，实现“以服务求支持，以贡献求发展”。

周济在讲话中说：高校面临着大好的发展机遇，在三大职能方面发挥了很好的作用。下一阶段要取得大发展，一个机遇就在于科技创新。要在科技创新和知识服务中搭建大平台，培育大团队，承接大项目，创造大成果。在关系国家利益的关键领域中取得重大突破，作出重大贡献。

为经济建设和社会进步服务的责任意识要增强，清醒认识首都现代化建设需要什么，我们能干什么。老的学科带头人要把精力从自己的课题中转向带好队伍。要支持重点学科，这是培养4 000多名研究生的基础。要开辟助管岗位。

加强基地建设。加强国家部委、市重点实验室、工程中心、研究中心建设。

加强团队建设，这是我们的薄弱环节。

组织大项目、大工程，出大成果。

三、依法治校，民主治校，以人为本，盘活资源，提高学校管理水平和办学效益

1. 为适应学校事业的发展，切实做好以人为本，盘活资源，加强管理，提高效益已成为一项迫切的重要任务。我们要在内涵式发展、提高办学水平和效益上下功夫。

盘活人力资源，仍是当务之急，重中之重的任务。校院两级都要重视，培养引进高水平学科带头人仍是关键。加大对中青年人才的支持力度。我们的师资增加不多，数量不适应学校的发展，要调整结构，调动内在积极性，体现办学以人才为本，教师是主体的思想。正确地行使行政和学术权力，不是以官本位为本，教授治学的实现方式是什么要研究。统筹规划，两级管理，聘约管理，加强考核。

盘活物力资源，大型设备和实验基地的开放、使用、管理要加强。现在我们有了好的基础。下一段提出几项任务：教学、实验、管理用房年内实行改革，在保证教学、实验、管理用房的基础上合理分配。3月份方案提交教代会讨论。水、电、气的有偿使用要制定政策，保证教学科研基本需要，做好基础工作，完善水电计量工具，下半年拿出成熟办法，先核算，明年正式实行。达到自主管理、降低成本、提高效益的目的。

盘活财力资源，一方面是建设资金短缺，一方面是资金利用不好。加强财务统一管理，开源节流，从管理体制上解决问题。建设好财务队伍，实行学院会计委派制，建立二级财务管理体系。

2. 落实科学治校、依法治校、民主治校，加强管理是学校事业发展的根本保证。

充分发挥教授治学的作用；

充分发挥教职工代表大会的民主管理作用；

充分发挥民主党派的参政议政作用。

建全规章制度，增强法治观念，全面推进校务公开。

四、学校基本建设和后勤保障工作

1. 近三年是学校建设关键的三年。做好规划，分步实施。奥运场馆建设方案已通过，要尽快启动配套设施建设。第三教学楼施工在校庆前一定要完工。基本建设要充实力量，加强管理，用两三年时间把学校基本建设搞上去，学院要支持，为学校整体工作开绿灯。

2. 后勤要增强服务意识、市场意识、竞争意识，提高服务质量，减轻学校负担，确保学校稳定。

五、以保持共产党员先进性教育工作为重点，加强学校党组织建设

1. 充分认识在新形势下加强党组织建设，增强学校党组织凝聚力、战斗力、感召力的重要性和紧迫性。

胡锦涛总书记说要把党的先进性建设作为党建工作的重大任务。要按照市委九次全会部署，下半年在高校开展先进性教育，这学期要做好准备工作。前几年我们取得了一些成绩，目前要充分认识高等教育规律，提高把握学校发展大局的能力；院级党委要发挥好政治核心作用；基层组织建设还存在一些薄弱环节。

2. 今年工作的重点：

加强校院两级领导班子建设，书记切实负起责任。院级领导班子建设、干部队伍建设和培训是几项重要工作，要在实践中不断总结如何做好院长、书记、部处长，提高能力和水平。上半年由组织部牵头，会同党委部门对书记院长进行培训。

贯彻中央十六号文件和中央工作会议精神，加强学生思想政治教育。要分层次要求，一是对全体大学生的要求；二是对一部分追求共产主义理想的大学生，要在马列主义、毛泽东思想、邓小平理论和“三个代表”重要思想指导下，做优秀青年优秀党员的要求。加强教育和培养工作，加强学生干部的配备，提高大学生入党的比例。

按照中央部署，做好党员先进性教育。本学期重点是作好党员、支部状况调研，以“七一”表彰为抓手，评建结合，上半年做好支部改选、调整，配备好支部书记，推进基层党组织的工作。

六、关于做好今年工作的几点要求

今年工作任务重，大家要集中精力做好工作。

1. 统筹兼顾，弹好钢琴，抓住重点，把握节奏，把工作做到实处。

2. 党政配合，分工负责，同心协力，相互支持。党委班子要对学院整体布局了解，工作有所侧重。院长要在“十五”基础上花大力气做好“十一五”规划，提高本科生教育质量，抓好质量工程建设；书记要抓好班子的协调运作，结合先进性教育抓好基层组织建设，抓好每一个支部工作的落实，抓好大学生思想政治教育，配备好队伍，院长也要配合做好这项工作。

3. 积极进取，求真务实，注重实效。

始终保持开拓进取、奋发有为的精神状态。各级干部特别是领导干部，要保持开拓进取、奋发有为的精神状态，增强责任感。在新老交替过程中，老同志要发挥作用，带好队伍；年青人要有责任感，尊重老教师，不能萎靡不振。

深入实际，调查研究，求真务实，踏实工作。要分析形势，明确任务。

力戒形式主义，注重实效。工作注意协调，把主要精力放在中心工作上，既要思想明确，又要扎实做好本职工作。教师要把精力放在教学科研上；机关要提供协调、服务、指导；后勤要保证服务，提高服务质量。既抓住重点，又有所突破，工作有序。大家要按照常委会精神，深入讨论学校工作，为学校发展提供好的基础。

以科学发展观为指导，促进学校事业全面、协调、可持续发展，为建设国内一流教学研究型大学而奋斗

——在中共北京工业大学党员代表会议上的工作报告

2005年8月22日

党委书记　孙崇正

各位代表，同志们：

2003年8月，在全校师生员工经历了抗击“非典”斗争的严峻考验，深入学习贯彻党的十六大精神和“三个代表”重要思想，全面落实我校中长期发展战略规划，加快学校“十五”中后期建设的关键时刻，我校成功召开了第九次党代会。两年来，学校党委坚持解放思想，实事求是，抢抓机遇，积极探索符合工大特点的发展道路；坚持党对学校工作的领导，凝聚一切有利于发展的力量；努力建设一支高水平的教学、科研和管理队伍，实现了北京工业大学快速、稳步、可持续发展，为全面建设国内一流教学研究型大学奠定了良好的基础。

这次会议是在学校全面完成“十五”各项建设任务，制定“十一五”发展建设规划的重要时期召开的。会议的主要任务是：总结回顾党代会两年来的各项工作，进一步学习贯彻党的十六大精神和“三个代表”重要思想，落实中央2004年16号文件精神，树立科学发展观，统一思想，振奋精神，开拓进取，大力提高育人质量，高质量完成“十五”“211工程”建设的各项任务，全面做好“十五”总结，制定好“十一五”发展建设规划，明确下一阶段目标，努力做好党代会提出的第二阶段的各项工作。

我受学校党委委托向大会报告工作，请审议。

一、两年来主要工作回顾

第九次党代会在全面总结了第八次党代会以来的各项工作，分析了我们所面临的形势的基础上，提出了从现在起到2010年的8年中，实施“三步走”战略，把北京工业大学初步建成国内一流教学研究型大学的奋斗目标。即：第一步，从2003年到2005年，以“211工程”重点学科建设为龙头，构筑适合于高素质人才培养和科技创新的高层次学科体系；以奥运场馆建设为契机，带动校园整体建设；深化校内改革，建立适应教学研究型大学发展的管理体制和运行机制，确保完成“十五”“211工程”建设任务。

第二步，从2006年到2008年，全面融入首都社会发展和现代化建设，重点学科达到国内一流水平；以奥运为契机，全面提升学校的国际声誉，为把2008年奥运会办成历史上最出色的一届奥运会作贡献；全面完成校园整体建设，建成有浓郁校园文化和大学精神的优美校园，成为展现市属高校发展建设成果的示范和窗口，实现北京工业大学发展的新跨越。

第三步，到2010年即建校五十周年，学校将在全国地方院校中率先建成国内一流教学研究型大学，跻身全国高校50强。

两年来，学校党委在中共北京市委、市政府的正确领导下，按照党代会确定的“高举邓小平理论伟大旗帜”，以“三个代表”重要思想为指导，以建设国内一流教学研究型大学为目标，以“新北京、新奥运”为契机，以育人为核心，教育创新为动力，以学科建设为龙头，师资队伍建设为关键，全面融入北京，抓住“十五”“211工程”建设和北京市率先基本实现现代化的机遇，搞好学科和校园整体建设，完成“从工科大学向以工为主，理、工、经、管、文、法相结合的多科性大学的转变和从教学型向教学研究型大学的转变，实现教育教学质量、科技创新能力、学校管理水平和办学效益的全面提高”的学校发展总体思路和工作重点，团结和带领全校师生员工学习、贯彻党的十六大精神，按照“三个代表”重要思想的要求，努力拼搏、勤奋工作，落实校党代会提出的奋斗目标和各项工作任务，取得了教育部本科教学水平评估优秀，示范性软件学院通过中期评估，荣获全国“模范职工之家”和首都文明标兵单位称号等显著成绩；“十五”“211工程”建设达到预期目标，教育教学质量不断提高，“四名工程”建设成果显著，科技创新实力和学科建设水平有了大幅度提高，基本实现了党代会提出的第一阶段奋斗目标，为在全国地方院校中率先建成国内一流教学研究型大学，跻身全国高校50强奠定了良好的基础。

（一）牢牢把握育人是学校的根本任务，大力推进教育创新，深化改革，教育教学和人才培养质量不断提高

学校党委坚持解放思想，实事求是，从高等教育发展的趋势和规律出发，根据首都经济建设和社会发展的需要，以“211工程”建设为契机，始终坚持“立足北京，融入北京，辐射全国，面向世界”的定位思想，坚持“科学定位，找准目标，发挥优势，办出特色”的办学方针，坚持以人才培养为根本，不断更新教育观念，推进教育体制、教育模式、教育手段以及教学内容、课程体系的改革和创新。

1. 以评促建，贯彻评建二十字方针，圆满完成教育部本科教学水平评估

迎接本科教学水平评估，大力提高教育教学质量，是学校一项重要工作。2003年全校师生战胜了“非典”带来的困难，经过共同努力以优秀的成绩通过了教育部本科教学水平评估。专家组认为：“学校以“211工程”一期建设为契机，抓住机遇、开拓进取，使近年来学校综合实力和办学水平显著提高，实现了跨越式健康发展，为全国地方大学向国内一流大学迈进起了带头和示范作用。”

这次本科教学工作水平评估是建校以来，尤其是近几年来对教学改革、教学建设、人才培养等整体状况的一次全面性检查和验收。在迎评过程中，校党委高度重视，坚持“以评促建、以评促改、以评促管、评建结合、重在建设”的二十字方针，以教学评估为契机，深入研讨办学理念，进一步明确了办学指导思想和办学方针，从办学方向、办学定位、发展目标、教育理念、办学特色等方面进行了一次全面的总结和科学的规划。特别是根据评估专家组意见，找准自身存在的问题和差距，明确整改方向，制定了整改计划，采取一系列措施，加强基础建设。

2. 以“四名工程”建设为核心，切实落实整改措施，推进教育创新

两年来，学校坚持以落实本科教学评估整改计划为主线，全面推进教育教学质量的提高。大力开展了“名师工程、名专业工程、精品教材、精品课程”建设，采取积极有效的措施，取得了可喜的成绩。

在精品课程建设方面，2003年获得5门北京市精品课程，2004年又有4门课程荣获北京市精品课程。2004年学校围绕教学理念、课程体系、教学内容、教学方式等方面的改革，主要抓了校院两级重点课程和课程群（必修的）、新办专业的课程建设，加大对重点课程和课程群建设的资助力度，2005年又有5门课程获得北京市精品课程，4门课程被推荐为国家级精品课程。

2004年学校在推进精品教材建设工作中，认真制定和落实师资、课程和教材建设规划，已出版47种教材。进一步健全和完善了校院两级教材的编写、评价和选用制度，健全和完善了校院两级精品教材规划和奖励制度，重点确定了3年内应出版的49种教材。2004年学校有15种（套）教材被评为北京市精品教材，取得了学校教材获奖数的历史最好成绩。

学校现有5名校级名师和2名北京市名师，2004年组织了“教学名师系列论坛”，聘请国家级教学名师和校内教学名师作报告，向广大教师传授教学名师的教学经验和教学艺术。

学校注重发挥各学院在学科专业调整和“名专业”建设中的主动性、积极性，进一步强化专业设置特色，鼓励探索跨学科建立交叉学科专业和目录外新专业，加大使用信息科学等现代科学技术来提升、改造传统学科专业的力度，挖掘和发挥传统专业和基础专业的潜力和优势，积极支持新专业如广告学、社会工作、生物医学工程等专业的建设。已规划并着手启动了“名专业”建设工程，目前已完成名专业指标体系的制定，有9个专业申报北京市品牌专业并全部获批准。

3. 以基础课教学改革为突破口，加强青年教师培养和提高，抓好师资团队建设

基础课教学改革一直是我学校教育教学改革中的难点和关键问题。按照高等教育培养人才的职能和从我校人才培养的目标及需要出发，2004年初，学校党委常委扩大会两次专题讨论和研究了如何改进和加强基础课教学工作，一是创新学生入学教育的形式和内容，设置以思想道德教育和基础理论专业知识教育为主要内容的学分课，加强对学生的教育和引导；二是加强基础课师资团队建设，发挥主讲教授的作用，明确责任，带好队伍，引导和组织团队开展教材建设、课程建设、队伍建设，加强对青年教师的培养、培训和指导，帮助青年教师改进教学方法，积累教学经验，提高教学水平。使我校在培养教学名师，建设精品课程，切实提高基础课教学质量和人才培养质量方面有所突破。

经过一年多的实践，在大学英语教学改革、双语教学改革、实施青年教师助教培训制度等基础课教学改革方面进行了有益的尝试，取得了良好效果，基础课教学质量有了稳步提高。

4. 深化“实践教学一条线”的教学改革，完善学生实践能力培养的体系与机制

在大力培养适应社会需要的高素质应用型人才过程中，学校始终把学生实践能力、创新能力的培

并置于教学工作的重要地位，不断深化“实践教学一条线”的实践教学理念，加快教学基础条件建设，加强实践教学环节研究，重新修订了03级实践教学计划，明确人才培养的方向和定位。加强开放实验室等教学基地建设，积极探索和推进本科生导师制，鼓励和引导高年级学生参加科研工作，从而把理论教学和实践教学较好地结合起来，使学生的认知能力、动手能力，尤其是实践创新能力明显增强。

学校投入2 000多万元重点建设了面向本科生的计算机基础与应用、公共基础教学、工程设计训练、机械基础实习、电子工艺实习、交通土建工程、材料工程、信息工程、环境与热能工程、经管学科等10个教学基地，2004年经过中期检查评审，整体建设情况良好，现已成为培养提高学生实践动手能力和综合能力素质的良好平台。

近年来，学校学生不仅在国际国内举行的大学生数学建模竞赛、计算机软件设计、电子设计竞赛等传统项目中连续获得好成绩，同时，组队参赛的覆盖面逐步扩大，层次有了新的提高。2003年学生在全国大学生英语竞赛、数学建模竞赛、电子设计竞赛中获全国特等奖1项、一等奖7项、二等奖10项。应用数理学院学生在国际大学生数学建模竞赛中，一队获二等奖、一队获三等奖。2004年在全国机械创新设计竞赛，第一届中国青年机电一体化竞赛，全国大学生英语竞赛，广告设计大赛，建筑设计大赛，结构设计竞赛，北京大学生电子设计、数学、物理竞赛国际国内重大赛事中均获得了优异成绩。全校共有575人参赛，获得全国一等奖7项、二等奖10项、三等奖9项；市级一等奖5项、二等奖13、三等奖13项；国际奖3项。

5. 加强教育教学研究，完善教学管理制度，教育教学水平和管理水平逐步提高

提高教学质量的关键是要重视教育教学研究，鼓励教师多出教学研究成果，特别是基础课教师要加强教育法、教学法的研究。近两年来，学校不断加大教育教学成果奖励力度，积极营造教学研究氛围，制定了《北京工业大学教育教学研究立项申报管理办法》、《北京工业大学教育教学研究项目经费使用与管理办法》和《北京工业大学教育教学奖励办法》，教育科研项目两年总计立项235项，2005年共资助经费233万元。2004获北京高等教育教学成果奖一等奖6项，二等奖8项，校级优秀教学质量一等奖16项，二等奖21项，这是我校几十年来高等教育教学成果奖取得的最好成绩。

广大教师教学研究的意识和积极性不断增强，教学研究水平和层次有了明显提高。2004～2005学年评选出校级“优秀教学质量奖”一等奖3项、二等奖9项、三等奖18项。近年“优秀教学质量奖”申报立项呈上升趋势，2004～2005学年“优秀教学质量奖”申报立项66个。加强本科教学工作，加重奖励教学一线的优秀教师，大力提高教学质量已逐步成为全校的共识。

进一步完善了学生学籍、实践教学、毕业设计、考试等管理办法，建立健全规章制度，规范教学管理程序，教学管理队伍建设进一步加强。今年按照教育部新修订颁布的《普通高等学校学生管理规定》的要求、修改内容和创新点，在深入研讨的基础上，学校重新讨论修订了《北京工业大学学生学籍管理规定》，依法管理，依法行政，教学管理更加规范，有利于树立良好的校风和学风。

6. 研究生教育积极稳步扩大规模，以培养创新人才为目标，不断提高研究生培养质量

近年来，学校按照统筹兼顾、协调发展的精神，统筹规模、效益、质量，在稳定本科生规模的基础上，逐步扩大研究生培养规模，目前在校博士、硕士和工程硕士研究生已达到4 645人。

研究生培养质量不断提高。研究生教育培养工作方针定位在“立足地方高校，科学定位，更新质量观念，保障和提高研究生培养质量”，“以创新的思路，建立创新的机制，构建创新的体系，培养创新的人才”为目标，积极推进教学改革，改进课程设置，增加学科宽度，扩大学科门类，加大一级学科申报力度；进行了学科、专业目录调整和修订培养方案，建立起研究生培养质量保障体系；进一步加强学科建设和导师队伍建设，推行研究生培养导师负责制和研究生助研、助教和助管制；建立和完善了研究生任课教师及研究生课程教学管理制度，实行学生约谈和接待制度，积极推进信息系统管理工作，有力地促进了研究生培养质量的提高和良好育人环境的建设。

大力推进研究生教育创新计划，引入国际化课程，大力扶持新兴专业课程，建立研究生创新激励机制，是近年来研究生教育培养工作的创新点并取得较大成效。在实行校级优秀硕士论文评选的基础上，2004年首次实行了优秀博士学位论文的评选，加快优秀博士论文育研基金启动；成立了“学生科技指导委员会”，规范、引导学生科技活动，推动学生创新能力培养机制的建立，研究生科技创新成果显著。2003年以来学校已获得两篇“全国优秀博士学位论文”。2004年研究生在SCI、EI收录期刊上发表论文194篇，申请国家发明专利22项，获省部级以上科技进步奖5项，出版著作12部。2004年共评出研究生科技创新奖一等奖209项，二等奖379项，追加奖励29项，科技创新奖的总体数量比

2003 年翻了一番。研究生与本科生联合组队参加 2004 微软“创新杯”软件开发大赛，获得 3D 渲染技术全球总冠军。

7. 国际交流更加活跃，国际合作办学不断取得新进展

进一步加强了与国际高水平大学的交流与合作，拓宽了国际交流和国际合作办学的思路，合作办学的层次有了较大提高，学术科技交流质量明显提高，承办了多场大型国际学术会议。

学校进一步规范了合作办学管理制度，积极探索建立包括本科层次的信息技术、工程学科学士学位课程，以及研究生层次的工程管理科学硕士学位课程，“3+1”等人才培养模式意向，为我校与国际高层次院校建立联系、开展实质性的交流合作开辟了新途径。

加强教师科学研究、交流和干部培训基地建设，利用现有条件积极开展了管理干部和双语教学培训工作，选派部分骨干教师和管理干部出国进修培训，派出的学习培训和国际交流的教师干部及学生都表现出了良好的素质和能力。

（二）以学科建设为龙头，提高科技创新能力，全面完成“十五”“211 工程”建设任务

2004、2005 年是学校全面落实中长期发展战略规划，高质量完成“十五”“211 工程”建设任务的关键两年，也是实现建设高水平教学研究型大学奋斗目标的最关键的两年。经过“九五”、“十五”的建设和发展，学科建设进一步凝练了学科方向，突出了重点，分清了层次。根据“立足北京、融入北京”的办学定位和服务“新北京，新奥运”，适应为首都率先实现现代化的需要，进一步确立了“十五”“211 工程”建设项目内容，学科建设水平和科技创新实力不断增强。

1. 进一步突显了学科建设在学校发展中的龙头地位，学科建设层次进一步得到提高，重点学科建设成效显著

按照“十五”学科建设要“主动适应新北京和建设国内一流大学，重点发展首都经济建设和社会发展急需的新材料、电子信息、光机电一体化、生物医药、城建交通、环境能源、经济管理等学科，促进新兴交叉学科，加强基础学科，重视发展人文社会科学类学科，建立一个规模、层次、布局及结构合理，重点学科方向特色鲜明，适应高层次人才培养要求的学科体系”的总体要求，学校确立了面向北京市经济建设和社会发展重大需求开展科学研究与学科建设的总体目标，优化了学科结构，促进了学科的交叉融合，重点学科建设的特色更加鲜明。完成了两批学位点申报工作，加宽了学科的覆盖面，学科结构更加合理。9 大重点学科建设项目和公共服务体系建设、师资队伍建设及配套基础设施建设项目成效显著，学科整体水平及教育教学水平、研究开发能力、科研装备数量和技术水平有了显著提高，一些学科方向的研究水平步入了国内领先、国际先进的行列，成为承担北京市重大科研任务和培养高层次创新人才的重要基地。

2004 年通过对全校重点学科建设绩效考核，取得良好的成果，受到北京市专款资助的重点学科获得 2 个一级学科博士点，6 个二级学科博士点，硕士点 1 个，博士后流动站 3 个，学科竞争力上了一个新台阶。2005 年“211 工程”学科建设专款加大资助力度，用于积极发展人文社会科学、金融、外国语言类学科，加强建设基础类学科，基本形成了一个规模、层次、布局及结构合理，重点学科特色鲜明，符合新北京、新奥运要求的高层次多学科体系。

学科建设取得了新的跨越式发展，“九五”和“十五”相比，一级学科博士点从 3 个增加到 6 个；二级学科博士点从 15 增加到 25 个；二级学科硕士点从 44 增加到 55 个；工程硕士授权从 7 个增加到 11 个；博士后流动站由 2 个增加到 9 个。

2. 统一思想，明确目标，科技创新意识进一步增强，科技创新的机制逐步形成，科技创新基地建设取得新进展

2003 年学校召开科技大会以来，全校教师统一了思想、明确了目标，科技创新意识进一步增强，投身科研的积极性大大提高。学校按照“强化科研意识，创新科技体制，扩大科技队伍，改进运行机制，营造学术环境，提高科技效益”的“十五”科技创新工作方针，在部分条件较为成熟的学院进行了科技体制改革的试点工作，构筑校、院、所三级管理体制，贯彻“学校建渠道、学院进行业、基层做项目”的管理模式，逐步实现了由校、院、学科部的教学型管理体制向校、院、研究所的教学研究型管理体制的转变。

科研基地建设是科技创新的基本保证。重点加强了重点实验室、工程中心、大型课题组三个层面的科研基地建设，并取得了有重大影响的科技成果。先后建立了 2 个教育部重点实验室，1 个教育部工程中心，2 个省部共建重点实验室，10 个北京市重点实验室；建立了跨学科培养高层次人才和承接重大科研项目的研究基地。2003 年底北京市教委专家组对我校 6 个北京市重点实验室进行了中期检查，已经取得了初步的建设成果。

3. 抓住机遇，融入北京，为地方经济建设服务的能力和科研实力不断增强，科学研究整体水平进

一步提高

学校始终坚持紧密围绕北京市重点发展的高新技术产业及其相关行业，抓住科技奥运和北京市产业调整的契机，发挥自身的优势，做好校内跨学科、跨学院和校外广泛合作的联合项目申报工作，加强协调、组织工作，鼓励广大教师争取项目。目前我校已经承担了北京市的地热利用示范工程、北京市交通规划、北京市大气质量分析与控制工程、北京市地铁应急系统控制工程、奥运场馆应急系统控制和北京市制造业年度报告等领域的重大项目，为北京市经济社会发展作出了重要贡献。

为满足2008年北京奥运会对计算机技术人才的需求，已经确定北京工业大学在2006年招收60名计算机应用技术专业硕士研究生，直接为奥运会服务。

2004年科技经费共计2.66亿元，与2003年相比增长了20.7%，已经接近“九五”期间科技经费的总和（2.77亿元），经费总额位居北京高校前列。2004年共有35个项目获得国家自然科学基金资助，资助总额突破1 000万，资助项目数和资助总额分别比“十五”初期（2001年）增长了1.7倍和2.5倍。2004年度北京工业大学共有12项科研成果获得各类省部级以上奖励。在2005年3月召开的国家科学技术奖励大会上，北京工业大学获得国家级科技奖励3项，其中国家科技发明奖二等奖是学校历史上首次独立作为完成单位获得国家级奖励。

4. 加快科技成果的转化和推广，进一步理顺和规范了科技产业管理体制，科技产业整顿初见成效

经过“九五”和“十五”初期的建设，学校科技工作获得了长足的发展，科技创新成为学校发展，特别是内涵式发展的强大动力。科研条件有了较大幅度的改善，科研实力明显增强，具有重大影响的科研项目和科技成果日益增多，横向经费总额稳中有升，横向合作与开发方面获得一些重大项目的支持，科技成果转化和推广成效显著。2004年申请专利145项，比2003年增长123%，申请专利数和获权专利数分别是“十五”初期（2001年）的6.9倍和4.1倍。有50项专利获得授权，申请软件著作权40项，比2003年增长38%，获得授权31项。专利权转让9项，专利转化项目到校经费约1 600万元。在教育部科技发展中心公布的2004年度高校获授权专利数前50位的排名中，北京工业大学名列第24位。

科技创新能力的增强为建立以高新技术研发为源头、成果转化孵化为依托、新兴产业化项目为主导的技术创新体系奠定了坚实的基础。结合学校大学科技园的建设，学校形成了科技研发、中试孵化、成果产业化、经营人才培养“四位一体”，研发区、孵化园、软件园、产业园“一区三园”的产学研发展构架与运行模式。一批市场前景好、科技含量高的产业化项目已通过孵化转化走向产业化阶段。

2004年学校明确了北京工大智源科技发展有限公司的职能与组织机构，重点进行了科技产业的产权清理。2005年召开了科技产业发展研讨会议，确立了学校科技企业积极发展、规范管理、突出优势、开拓创新的发展思路，积极探索规范校办科技企业管理体制的新路子，按照现代企业制度管理模式对我校的科技企业进行规范管理。目前学校正在进一步进行科技企业的产权清理，根据学校学科优势，研究制定科技成果转化奖励实施办法，鼓励教师、科技人员采取多种方式促进科技成果转化、创办高新技术企业，让科技成果走出实验室，创造社会效益，为经济建设服务。

（三）实施人才强校战略，推进校院两级管理和人事管理运行机制的改革，努力建设一支高素质的人才队伍

1. 学习、贯彻、落实全国人才工作会议等精神，增强对人才工作重要性和紧迫性的认识

2003年底以来，中央、教育部、北京市先后召开了人才工作会议，作出了《关于进一步加强人才工作的决定》，制定了一系列实施人才强国、人才强教措施。实施人才强国战略成为党和国家一项重大而紧迫的任务。

2004年上半年校党委常委会在深入学习中共中央关于实施人才强国战略文件和胡锦涛总书记的讲话基础上，专题研讨了我校实施人才强校战略的方针和思路，提出了以人才强校战略为主线，以高层次人才队伍和创新团队建设为目标，以培养教师的创新精神和创新能力为重点，加大人事改革力度，创新工作机制，推进校院两级管理和人事管理运行机制的改革，以提高教育教学质量、学科建设水平、科技创新能力和办学效益为目标，坚持以人为本，全面加强我校教学、科研、管理、后勤队伍建设，创造良好和谐的育才、选才、用才的可持续发展环境的发展思路和人才强校战略，并确定2004年为学校人才强校年。

按照这个精神，在今年4月份召开的学校第五届教职工代表大会第三次会议上，学校进一步明确了推动“两个转变”的实现，开创人才工作新局面的指导思想。即：树立科学的人才观，在培养人才方面，要以育人为本，以学生为主体，培养为中华民族伟大复兴而奋斗的一代新人；在汇聚人才方面，办学要以教师为本，以教师为主体，建设一支高水平高素质的教师队伍，创造宽松的学术环境，提高对优秀人才的吸引力和感召力，充分调动教师的积

极性和创造性，鼓励教师积极探索、勇于创新，争创一流业绩，促进人才干事业、支持人才干成事业，形成人才辈出、人尽其才的良好环境，开创学校人才队伍建设的新局面。

2. 以提高素质和能力为目标，建设适应教学研究型大学需要的师资队伍

在总结“九五”人才队伍建设经验的基础上，“十五”期间学校进一步明确了人才队伍建设目标，树立以人为本的可持续的人才发展观；以高层次人才队伍建设和学术团队建设为重点，注重效益，形成特色，坚持以“211工程”重点学科建设为龙头，以构筑适合于高素质人才培养和科技创新的高层次学科体系为依托，分层次大力引进和培养高层次学科带头人和学术骨干，重点引进基础性学科骨干和技术性人才，形成较为合理的人才梯队。引进的院士及双聘院士等一批高层次带头人，在学科建设、师资队伍建设中发挥了重要作用；学校还十分重视对青年教师的培养，积极创新科研机制和人才培养机制，加大对优秀人才的培养和资助力度。学校投入4 000万元，确立了“十五”“211工程”师资队伍建设项目，通过人才工程项目的资助，分层次、科学合理设岗，增强学校关键岗位对优秀人才的吸引。目前，全职在校院士8人，双聘院士12人；国家杰出青年基金2人，长江学者1人；新世纪优秀人才支持计划3人；新世纪百千万人才工程国家级人选1人，市级4人；北京市特聘教授7人，兼职、客座教授96人，博士生导师150人，在站博士后31人。

几年来，学校发展规模逐步扩大，专任教师队伍规模相对稳定，但队伍的结构发生了可喜变化。目前全校专任教师1 200余人，专任教师中博士学位的比例达30%，具有硕士学位的教师比例达到60%。初步建立起学历、职称、年龄结构合理的学术梯队，形成了较完善的人才培养质量保证体系。

3. 落实科学发展观，统筹协调发展，提高办学水平和办学效益

根据高等教育发展面临的新形势和工作重心的变化，校党委按照“加强管理，依法治校，盘活资源，统筹协调发展”的思路，以培养高素质创新人才为根本，统筹规模、质量、结构、效益的协调发展，努力提高办学水平和办学效益。

不断完善校院两级管理体制，制定了《北京工业大学校院两级人事管理办法》，进一步明确校、院两级人事管理体系，充分调动学院、教学部、研究院（所）办学的积极性，实现人力资源的合理配置。继续推进以“用人制度和分配制度”为核心的人事制度改革，进一步完善人事管理体制。率先完成了在北京市首次实行的全员聘用合同制工作，强化事业单位人员聘用制度；实施专业技术职务评聘结合的聘任制度，按岗位需求公开招聘；不断完善分配制度，提高教职工的收入；加强师资培训工作，创造条件鼓励中青年教师攻读在职博士、硕士研究生，师资队伍整体水平有了明显提高。管理干部队伍继续按照精简、高效的原则，实行岗位聘任制和校、院岗位轮岗制，强化岗位考核和管理，管理人员敬业精神、工作水平和业务能力有了进一步提高。

经过“九五”、“十五”的建设，学校办学条件有了很大改善，大型仪器设备等国有资产量迅速增长，加强学校固定资产的管理和财务管理，盘活学校财力、物力、人力资源，是提高办学水平和办学效益的重要环节。针对学校房屋、设备、资产管理中的问题，健全规章制度，加强了校内核算制度和有偿使用制度的研究。实行校院两级财务管理制度，制定了《北京工业大学校院两级财务管理办法》，充分调动院级办学主体相对独立地开展教学、科研活动的积极性、主动性、创造性，促进职责、权利、义务清晰的校、院两级管理体制建设。

（四）努力营造特色鲜明的大学文化，构建全方位的学生思想政治教育体系，建设和谐优美校园

1. 以“成长、成才、成功”主题教育活动为中心，加强学生思想政治教育，树立全方位育人意识

2004年下半年以来，学校党委深入学习贯彻中共中央《关于进一步加强和改进大学生思想政治教育的意见》，学生工作系统在“以学生发展为本”的总体工作理念指导下，努力探索做好青年学生德育工作的有效途径，从学生发展规律出发，确立了“成长、成才、成功”的教育主题，开展了青年校友论坛、学生辩论赛等系列主题教育活动；通过拓展大学生心理健康辅导和社区心理咨询工作，完善和创新了德育教育体系；同时继续巩固了以“三大典礼”、纪念抗战胜利60周年为代表的教育手段。

校团委坚持“建设、服务、创新、发展”的工作理念，通过在全校范围内开展“共青团核心价值观”的讨论，在青年学生中树立和强化团员意识；以实现素质教育为出发点，不断拓展大学生社会实践和青年志愿者活动领域，与社区、企业共建社会实践基地，获得了2004年度首都高校社会实践先进单位称号和大学生社会实践首都贡献奖；创新性地在学生组织和学生社区建立直属学生党支部，强化了我校学生组织的战斗力和凝聚力。

2. 完善德育工作机制，强化全员德育意识，加强队伍建设，发挥“两课”主渠道作用

2004年下半年以来，学校党委深入学习贯彻中共中央16号文件精神，充分发挥思想政治理论课对

人学生进行思想政治教育的主渠道作用。党委高度重视加强和改进思想政治理论课教育教学工作，探讨在新形势下不断增强思想政治理论课教育教学的针对性、实效性和说服力、感染力。几年来，“两课”教学在指导思想的确立、课程建设措施等方面取得较好效果，并形成特色。特别是在“两课”实践教学和多媒体等现代化教学手段方面，在北京市高校“两课”教学中有重要的影响。建立了“毛泽东思想”专题网站。同时注重把握教学内容、教学方法的改革，教学效果受到学生的肯定。2002年12月，我校率先被确定为“北京高等学校‘马克思主义理论课和思想品德课’重点建设示范单位”。2004年和2005年又有两门课被确定为北京市精品课程。

构建全方位的大学生思想政治教育工作体系重在加强队伍建设。学校党委按照《教育部关于加强高校学生辅导员、班主任队伍建设的意见》要求，重视学生工作干部、思想政治理论课和哲学社会科学课教师、辅导员和班主任三支队伍建设，在班主任、辅导员的招聘和培养模式上力求形式上创新，内容上突破，实行了面向社会公开招聘学生专职辅导员的新尝试，充实了力量，优化了结构，队伍素质有了较大提高，为提高学生全面素质，促进学生全面发展做好组织保障。

3. 搭建科技平台，拓展教育空间，提高学生综合素质和创新能力

多年来，我校德育工作以学生创新素质的培养推动全面素质教育的提高，以多元化的科技活动搭建学生创新平台。通过研究生科技基金、星火基金、科技创新奖学金、21世纪杯论文赛、科技文化节、科技论坛和创业计划大赛等学生课外科技活动，进一步构建和完善了涵盖博士生、硕士生和本科生的学生科技实践活动，拓展了思想政治教育的深度和广度，营造出浓郁的校院学术氛围；17个作品在2005年北京市“挑战杯”比赛中获得奖项，其中包括特等奖一项，同时两项作品入围全国“挑战杯”比赛。学生科技团队多次获得国际大赛重要奖项，素质教育在学生科技创新中获得显著成效。今年8月，学校参加2005年微软“创新杯”3个专题竞赛，再次获得渲染专题全球总冠军，软件设计专题竞赛获得全球季军，逻辑算法专题竞赛进入世界前六名。

4. 加快校园基本建设，后勤服务保障能力明显增强，精神文明建设成效显著

按照新调整后的校园整体建设方案，统筹协调，加快了建设速度，开通南校门，南区面貌焕然一新，第三教学楼加紧施工建设，高科技能源楼正式投入使用。完成了新征土地的拆迁工作，奥运羽毛球（艺术体操）馆建设顺利开工。

校园安全稳定工作深入扎实，不断完善校园安全稳定制度、体制，建立起校园安全稳定长效机制。后勤服务工作水平和技能不断提高，以加强技能培训为创新点的后勤职工队伍建设取得成效，后勤团队的凝聚力和战斗力不断增强，服务质量不断提高。

校医院加强了师生体质的检查和监测，积极争取扩大体检内容，增加心理疾病治疗项目；建立了部分教师的健康档案，开展了健康咨询等。

结合“全国依法治校示范校创建”活动的开展，大力推进我校依法治校工作，进一步加强了组织建设、制度建设和队伍建设，制定了学校章程，依法规范各类管理制度，完善校务公开制度，建立了“校务公开”网页，2004年学校被评为“北京市依法治校示范校”，2005年学校被评为“教育部依法治校示范学校”。

开展了以建设大学文化为重点的“靓丽工大”工程，实施校园统一标识，制作了规范统一的校园门、楼、路牌，校园环境焕然一新。结合学校中心工作，积极开展校内外新闻宣传。利用工大广场、工大新闻、工大视线、校报、广播加强新闻宣传。《人物聚焦》推出院士系列，评选出我校2002～2004学年度“三育人”先进集体5个、先进个人11名，2004年我校获得首都文明单位标兵称号。

（五）以基层党支部建设为重点，加强党的建设，提高党组织的凝聚力和战斗力

1. 加强各级领导班子思想政治建设、组织建设和队伍建设，提高领导干部的理论素养和工作水平

坚持校院两级中心组学习制度和干部培训制度，深入学习贯彻“三个代表”重要思想，联系学校实际，不断提高各级干部的理论水平和工作能力。开展了以提高领导班子执政能力建设为重点的学习、培训，完成了校级领导班子的新老交替和部分院级党政班子的换届调整；坚持民主集中制原则，进一步完善和规范工作制度及议事规则；不断完善干部教育、培养、选拔和考核机制，干部队伍建设的统筹规划进一步加强，干部队伍的结构大大改善，领导干部的思想政治水平、领导水平和业务能力有了明显提高。

深入开展党风廉政建设宣传教育，落实党风廉政建设责任制，推进党风廉政建设责任制向院部处延伸。重视“三重一大”制度的落实，明确领导干部“一岗双责”的要求，开展了职责性收费的清理整顿工作，严肃查处违法违纪案件，干部、党员反腐倡廉的自觉性不断增强。

2. 围绕开展保持党员先进性教育活动，大力做好基层党组织建设，提高基层党支部工作的活力

校党委围绕贯彻落实《北京普通高等学校党建和思想政治工作基本标准》，按照市委教育工委的部署，认真开展保持共产党员先进性教育活动准备工作，进行了两次党员状况和基层党支部专题调研，认真做好基层党支部改选、调整，配备好支部书记，推进基层党组织建设的工作。结合“七一”先进党支部、优秀党员的评比表彰，以评促建，健全组织生活制度，创新活动方式，基层党组织在学校建设发展中，紧紧围绕中心，服务大局，拓宽领域，不断增强党组织的凝聚力和战斗力，发挥了保证作用。

3. 加强学生党建工作，大力做好学生党员发展工作

深入学习贯彻《中共中央、国务院关于加强和改进大学生思想政治教育的意见》和胡锦涛总书记在中央工作会议上的讲话精神，落实育人为本、德育为先、全面发展的要求，抓好制度建设，进一步研究了加强学生党建工作的切实措施和办法，制定了《北京工业大学关于进一步加强和改进在我校学生中发展党员工作的意见》和《学生党员发展三年规划》，按照提高认识、转变观念、创新机制的要求，明确目标、落实责任，构建起新的学生党员发展工作框架，建立了党委统一领导，组织部门与学生工作部门联合部署和督促检查，院党委、党总支、直属党支部贯彻落实的学生党员发展工作机制。在保证党员发展质量的基础上，本科生党员比例有较大提高，目前已达到 9%，这支骨干力量在改进校风、学风，提高学生综合素质中发挥了重要作用。

4. 做好工会、统战、离退休人员工作，增强感召力

校党委坚持调动全校各方面积极性，做好学校各项工作。在校党委领导下，工会工作坚持“围绕学校中心工作、服务全局”的方针，充分发挥工会密切联系教职工的桥梁和纽带作用。结合校院两级管理体制的实施，推进二级教代会制度，完善了校、院两级校务公开网的建设和教代会提案制度、代表巡视制度，促进广大教职工积极参与学校民主管理、民主监督，为学校的发展献计献策。

注重发挥民主党派成员和无党派人士在校、院、部处的教学、科研、管理等岗位上的重要作用，坚持民主协商会、座谈会、形势学习会、情况通报会的例会制度和校领导班子成员与党外人士交朋友制度。以全面落实老干部领导工作责任制为重点，围绕学校发展稳定的大局，做好离退休人员工作。

二、以科学发展观为指导，做好学校“十一五”发展建设规划

今年是“十五”建设的最后一年，如何把握高等教育发展趋势，结合国家和北京市经济社会发展的需要以及学校发展的实际情况，认真思考学校在“十一五”期间发展什么、怎么发展，制定面向未来、对学校发展具有纲领性的建设规划，是学校 2005 年要完成的重要工作。

根据北京市教委“十一五”规划编制的指导思想，按照“稳定规模、调整结构、创新体制、突出特色、提高质量、服务首都”的发展方针，校党委坚持学校的定位指导思想和办学特色，从实际出发，统筹规划，着力把握好规模、结构、质量、效益的关系，从 2004 年底开始成立“十一五”发展建设规划编制组，着手编制并发布了《北京工业大学“十一五”发展建设规划指南》，按照学校发展目标、建设内容、细化分解任务和落实责任措施的要求，半年来，各学院对学科发展、队伍建设规划进行了充分讨论；学校召开了几次座谈会，听取对全校“十一五”发展建设规划的意见并指导各学院发展建设规划的制定，7 月完成了《北京工业大学 2006～2010 年“十一五”发展建设总体规划》和专项规划初稿。

7 月 20、21 日，学校专门召开了北京工业大学“十一五”规划与学校发展研讨会，13 位在职及双聘院士，全体校领导，相关院、部、处负责人参加了研讨会，学校认真听取了各位院士对学校发展建设的意见和建议。

（一）“十一五”学校发展建设面临的形势和任务

面对新世纪的挑战，党的十六大和十六届三中、四中全会提出了全面建设小康社会和完善社会主义市场经济的奋斗目标，确立了以人为本，全面、协调、可持续的科学发展观，在坚持实施科教兴国战略的基础上作出了实施人才强国战略的决定，从而对高等教育提出了更高的要求。

我国经济发展面临的国际环境仍然是机遇和挑战并存。胡锦涛同志在中央经济工作会议上，对我国经济发展取得的成绩，遇到的问题、困难和矛盾，都做了实事求是的分析，提出了“转变经济增长方式、加快经济结构调整、推进协调发展、加快完善体制机制”四个刻不容缓要解决的问题。高等教育的发展和学校的工作要紧紧抓住这一重要战略机遇期，为提高我国的综合国力，全面增强我国经济的整体竞争力，促进国家的经济发展和社会进步作出贡献。

当前高等教育也面临着进一步实施“985 工程”和“211 工程”，加快建设一批高水平大学和重点学科的大好时机。国家创新体系、国家科技平台和国家实验室的建设目前正进入一个新的阶段。正在制定的国家中长期科技发展规划，提出要建立国家科

技创新体系、科技创新团队和科技共享平台，这对于建设世界一流大学和高水平大学，特别是提高高等学校科技创新能力来说，是一个重要的机遇。

为充分发挥教育在首都全面建设小康社会、实现“新北京，新奥运”战略构想中的先导性、全局性、基础性作用，加快推进教育改革与发展，率先基本实现教育现代化，北京提出了实施首都教育发展战略，确定了到2010年在全国率先基本实现教育现代化的总目标，使首都高等教育得到更广阔的发展空间和更好的发展环境，为学校提供了良好的发展机遇。

北工大作为北京市属高校中唯一进入国家“211工程”建设的重点大学，如何通过深化高等教育改革，提高育人质量、科技创新和服务北京的能力，始终是学校责无旁贷的重任。回顾、总结“九五”、“十五”发展和建设，我们深切地感受到：学校建设国内一流高水平大学的工作虽然取得了显著成绩，但与国内一流大学相比，与“新北京，新奥运”的高标准要求相比，与市委、市政府和北京市人民的期望相比，在很多方面仍然存在着巨大的差距，如：教师队伍和学术团队的整体水平方面存在着较大的差距，缺少知名学科带头人和杰出创新团队；学校科技创新能力和学术竞争力还是比较弱，具有国际影响或区域经济社会影响的原创性重大科技成果还相当少；服务北京、服务奥运的重大项目、重大工程偏少；人才培养质量有待提高，博士生规模有待扩大，结构有待改善；校园发展空间和基础设施建设严重滞后，与学科层次和办学规模极不适应。

从现在起到2010年是首都现代化建设的关键时期，是北京教育实现新跨越的战略机遇期，也是我校实现第九次党代会提出的“建设国内一流教学研究型大学、跻身全国高校50强”奋斗目标，实施三步走战略的重要时期。我们一定要认清形势，坚定信心，深入思考：我校在“十一五”建设什么样的大学、建设什么样的学科、培养什么样的人才、怎样建设学校、怎样建设学科、怎样培养人才等问题，以高度的使命感、责任感和紧迫感，抢抓机遇，乘势而上，踏实工作，艰苦创业，实现北京工业大学事业的快速、稳步、可持续发展。

（二）学校“十一五”发展建设目标、指导思想和总体思路

2010年的发展建设目标：

全面融入首都社会发展和现代化经济建设，积极参与全国的经济建设，面向世界开放式办学，重点学科国内一流、具有鲜明特色和优势，使北京工业大学成为人才培养质量、科学技术水平及综合办学实力位居全国同类大学领先地位，建成有浓郁校园文化和大学精神的优美校园，真正成为北京市东南区的亮点，成为展现北京市属高校发展建设成果的示范和窗口，到2010年把我校建成为国内一流教学研究型大学，跻身全国高校50强行列。

指导思想：

在继续坚持“科学定位，找准目标，发挥优势，办出特色”的办学理念和“立足北京，融入北京，辐射全国，面向世界”的定位思想指导下，遵循高等教育发展规律，贯彻“内涵发展、人才强教、资源统筹、开放创新”方针，全面实施人才强校战略，加强学术和师资团队建设，推动学校“211工程”建设和教育教学改革，真正以突出的成果展现为首都经济建设和社会发展服务的能力和实力，继续多方位多层次开拓国际化办学，大力培养高质量高素质的人才，深化学校内部管理体制改革，推进现代大学制度建设，依法治校，提高管理效率和效益；加快校园整体规划建设，营造和培育大学精神与大学文化。

学校总体发展建设思路：

以科学发展观为指导，以建设国内一流教学研究型大学为目标，以新北京、新奥运为契机，以教育创新为动力，以学科建设为龙头，以师资队伍建设为关键，整体推进，重点建设，全面融入北京，抓好两个建设，实现四个提高。

抓好两个建设是：一手抓学科建设，即构筑适合于高素质人才培养和科技创新的高层次学科体系；一手抓校园整体建设，即以奥运场馆建设带动整体校园建设，营造有浓郁大学文化氛围的优美校园环境。实现四个提高是：提高人才培养质量，提高学科建设水平，提高科技创新能力，提高办学效益。

（三）学校“十一五”建设的具体目标

围绕建设国内一流教学研究型大学的目标，在学科发展、科学研究、服务社会和人才培养等大学的基本要素方面以扎实的工作成果提升学校整体水平和声誉。

在学科建设方面，综合考虑学科建设的长远目标与近期任务，整合资源，实现学科整体推进与重点建设的统一；既要坚持并深化已有的特色优势学科，凝练明确的学科建设方向，直至在全国确立公认的稳定的知名度和强大的竞争力，保持学科生命力，又要预见并抓住当代科技与首都经济社会发展的主流趋势，积极构建新兴学科和学科交叉融合，形成新的学科特色。到2010年，学位授权点涉及的学科门类应适度扩大，使3、4个二级学科成为国家重点学科，一级学科博士学位授权点达到11个以上，有3个一级学科综合实力进入全国同类学科前列（学科排名进入前15名）。

在师资队伍建设方面，以管理体制和运行机制创新为动力，在开放中引进人才，在竞争中选拔人才，在流动中稳定队伍，适度扩大队伍规模，在岗位设置和聘任中进一步优化师资队伍结构，为重点学科、重点实验室、重大科研项目、重点课程提供创新人才支撑，平稳实现学术带头人的新老交替，带动教师队伍整体水平的提高，使其居国内先进水平。到 2010 年，学校专任教师队伍达到 1 600 人，专职科研队伍达到 400 人，专任教师中具有博士学位人员的比例达到 60%，国家杰出青年科学基金获得者和长江学者特聘教授 8～10 人，博士生导师达 230 人，北京市教学名师 5 位，国家级教学名师 1、2 位。培育一支职业化、专家型、年龄结构合理、熟悉高等教育发展规律和国际规则的管理骨干队伍；建设一支稳定的结构合理、水平较高、一专多能的实验技术和设备管理队伍。

在科学研究方面，以科技创新和体制创新为主导，强化科研意识，创建优良学术氛围；构筑与教学研究型大学相适应的科技体制，建立科技发展基地；增强科技队伍，设置专职科研岗位。并以科技奥运和北京市产业调整为契机，把解决首都经济建设和城市发展的重大科技问题作为首要任务，努力提高承担国家、北京市重大科技项目和企业重大技术项目的能力，融入首都社会发展和科技进步大循环，提高科技成果质量，在应用研究和工程技术开发上产生一批标志性成果，使学校成为解决北京重大科技与决策问题的重要基地、国家重大科技项目的参与者、首都经济发展的重要创新源。“十一五”期间，科技经费总额达到 17 亿元。到 2010 年，年到校科技经费突破 4 亿元，科研经费结构得到明显改善，力争实现横向科研与纵向科研的经费结构比例为 3∶2。继续加强科研基地建设，并以科研基地为依托，形成能够承接重大技术项目或重大工程项目的群体。

大力推进科技成果转化和产业化，壮大科技产业。“十一五”期间科技产业产值达到 18 亿元。在技术转移方面，搭建技术成果与专利可视化平台，大幅度提高专利的实施率。通过成立技术转移中心、科技服务中心等机构，促进高新技术成果转化。

在人才培养方面，以培养适应新时期北京市和国家建设需要的“基础厚、口径宽、素质高、能力强”各类高素质创新人才为宗旨，继承并发扬“知行结合，重在创新的实践教学”特色，进一步深化其内涵和提升其质量，坚持育人为本，大力推进素质教育，增强学生创新能力，并注重学生思想素质、文化素质、业务素质和身心素质的培养，切实提高人才培养的质量和效益。在“十一五”期间，建成若干国家级的人才培养基地，稳定本科生培养规模，全日制在校本科生 12 000 人左右，扩大外地生源和留学生的比例。研究生培养规模略有增长，在校全日制研究生 4 600～5 000 人，其中硕士研究生 4 000～4 200 人、博士研究生 600～800 人；专业学位研究生 800～1 000 人；在有条件和特色的学科招收留学研究生 20～50 人，并在质量、结构、效益几方面大幅度提高和改善的基础上，建成研究生院，并在全国研究生院排行榜上名列前 50 名。使学校成为为北京市经济和社会建设各领域培养和造就 21 世纪高层次科技骨干和管理骨干的人才培养重要基地。

在国际交流与合作方面，从教育的国际化与高水平大学建设角度充分认识国际交流与合作的重要性，努力建立一支能够承担高水平的国际学术交流和教学科研交流合作的教师队伍；积极邀请国际知名专家学者来校任教、讲学；切实落实北京市“人才强教”战略，通过国际学术交流合作及境内外培训加快培养高素质师资和管理人才；逐步建立高层次中外合作办学项目和学生国际交流渠道，培养社会发展需求的国际复合型人才；积极创造教学、科研和接待条件，努力扩大留学生规模，着力高层次留学生的发展。在“十一五”期间，外籍教师每年以 20%左右的数量递增，至 2010 年，在校外籍教师达到 25 人左右；逐步增加在册学生出国学习的机会，每年 50 人次左右。学校留学生规模达到每年 500～600 人次。

在大学文化建设方面，体现“科技工大、人文工大、奥运工大、和谐工大”的理念和“不息为体、创新为道”的创业精神，突出学校特色，注重育人功能，形成积极的精神文化、浓厚的学术文化、优美的环境文化和鲜明的形象文化。通过“十一五”建设，使师生员工高度认同学校精神和办学理念，对学校有较强的归属感和认同感；营造出与国内一流教学研究型大学相适应的学术氛围浓厚、创新意识强烈、科学与人文精神融合的优良学术环境；建设一批在高校有影响力的、具有北工大特色的文化精品；建成环境优美、设施完善、功能齐全、特色鲜明的人文校园环境；完善学校整体形象设计系统，建设具有工大特色的形象文化；继续保持党建和首都精神文明建设先进单位称号，校园文化建设达到国内地方高校先进水平。

在公共服务体系建设方面，通过建设现代化的支持服务环境，促进教学科研及学校整体管理水平的提高。在“十一五”期间，继续加大对图书馆、校园网、数字化校园等项目的投资力度，并且建立以校园一卡通系统为主体的数字校园。

(1)“数字工大”：对羽毛球奥运会场馆、国际交流中心、校园东南侧规划待建的各个学科楼等新建楼宇进行综合布线；校园网络出口扩容（到>200Mb/s），计费系统升级改造；校园网络主干升级到万兆；提供VPN应用能力，实现校外各分院与校内的高速互通互联，全网实现基于接入层交换机的入网身份认证，提高数据的安全性和可靠性。在校内建立覆盖全校园的无线网络环境，建立一个分布式网络运行环境安全监控系统，完成各种应用系统的建设和与综合数据库的对接。

（2）图书馆：推进学校的文献资源一体化建设，建立以校图书馆为中心、以各学院资料室为分馆的全校统一的信息资源揭示与服务平台；进一步完善数字资源建设，有针对性地引进部分可弥补资源建设空白及对学科建设具有重要意义的高水准数字学术资源；建立网络资源访问的远程用户认证机制，实现图书馆的数字资源的异地访问；建立学科馆员制度，推进信息资源和服务的整合与深化，提升读者服务工作的层次。

三、以科学发展观为指导，全面做好新学年各项工作

2005年学校工作指导思想是：进一步深入学习贯彻十六大和十六届四中全会精神，以科学发展观为指导，贯彻落实《中共中央、国务院关于进一步加强和改进大学生思想政治教育的意见》和教育部《关于进一步加强高等学校本科教学工作的若干意见》，坚持“巩固、深化、提高、发展”的教育工作“八字方针”，坚持社会主义办学方向，牢固树立和全面实现高等学校三项职能，按照以人为本，盘活资源，依法治校，提高质量，内涵发展的工作思路，把科学发展观落实到教学、科研、管理、服务等学校改革和发展的各个方面，切实加强党的建设和大学生思想政治教育工作，全面推进育人质量的提高，高质量地全面完成“十五”“211工程”建设目标，为建设国内一流教学研究型大学打下坚实的基础。

2005年是我校“十五”“211工程”建设的最后一年，是能否很好地完成各项建设任务的关键一年。2005年学校要制定“十一五”发展建设规划，进一步统筹办学规模、质量、结构、效益，明确下一阶段发展目标；坚持内涵式发展、统筹协调的思路，大力提高人才培养质量和科技创新水平，不断深化人事制度改革，提高管理效益；全面加快校园整体规划建设，保证奥运场馆建设顺利进行；加强后勤安全保障，创造良好育人环境；切实加强党的基层组织建设，全面开展保持共产党员先进性教育活动，做好学校45周年校庆工作。

2005年要重点做好以下几方面工作。

（一）开展以实践“三个代表”重要思想为主要内容的保持共产党员先进性教育活动，全面做好党的建设各项工作

在全党开展保持共产党员先进性教育活动，是党中央在深入研究新世纪新阶段的形势、任务和党员队伍状况基础上，作出的一项重大决策。党的十六大作出了开展保持共产党员先进性教育活动的决定；十六届四中全会对开展先进性教育活动进一步提出了明确要求；2004年10月，胡锦涛总书记主持召开中央政治局常委会和政治局会议，对开展先进性教育活动进行了专题研究，中央下发了《关于在全党开展以学习实践“三个代表”重要思想为主要内容的保持共产党员先进性教育活动的意见》，根据北京市委教育工委的部署，学校保持共产党员先进性教育活动于9月10日正式启动，至12月中结束。活动分三个阶段进行：第一学习动员阶段；第二分析评议阶段；第三整改提高阶段。

开展先进性教育活动，是一项重大政治任务，是全体党员自我教育，提高素质，提高对新时期党的路线、方针、政策的理解和认识，增强基层党组织的凝聚力的一项十分重要的工作。全校基层党组织和全体党员，要以强烈的责任感、使命感和高度的政治热情切实开展好保持共产党员先进性教育活动。一是要认真贯彻中央、北京市有关部署，以学习实践“三个代表”重要思想为主线，结合学校工作实际，扎扎实实做好每个阶段工作；二是要明确指导思想，把握好落脚点，实事求是，讲求实效，切实解决各级党组织、党员中存在的问题，推动学校的工作；三是要通过先进性教育，切实发挥党员的先锋模范作用，增强基层党组织的凝聚力、战斗力，推动学校各项事业的发展。

2005年下半年重点要做好这项工作。为此，学校党委下发了《中共北京工业大学委员会关于开展保持党员先进性教育活动的通知》，提出了总体要求，健全了组织领导，制定了《中共北京工业大学委员会关于开展保持党员先进性教育活动的实施方案》，切实抓好各项工作的落实。

（二）以科学发展观为指导，坚持教育以育人为本，以学生为主体，办学以人才为本，以教师为主体的办学理念，把育人作为学校的根本任务，在提高质量上下功夫，力争在教育教学改革的思想和措施上、在教育教学基础建设上和在实践教学的创新上有所突破；全面落实“育人为本，德育为先”的精神，切实加强大学生思想政治教育，构建全方位的大学生思想政治教育体系，创造和谐发展的良好育人环境

深入贯彻中央16号文件和教育部本科教学工作会议精神，全面落实科学发展观，坚持把人才培养

作为学校根本任务，坚持一切为了学生的成长成才，着眼于调动学生的内在积极性和创造性。要坚持教师是学校办学主体的理念，充分认识建设一支高素质、高水平的师资队伍是建设高水平大学、提高教育教学质量的关键。大力提高育人质量，切实把教学工作放在学校各项工作的中心地位。2005 年要继续以落实本科教学评估整改计划为主线，全面推进教育教学质量的提高。加强研究生教育培养，开展教育研究探索，把好研究生培养质量关。做好第十批学科点的申报，力争实现建立研究生院的目标。

落实育人为本、德育为先、全面发展的要求，充分发挥课堂教育教学的主导作用和思想政治理论课的主渠道作用；加强校园文化建设和网络阵地建设，弘扬主旋律，把握大学生思想成长规律，不断增强思想政治教育的针对性、实效性和吸引力、感染力，为培养高素质人才打下坚实的思想基础。

要进一步完善德育工作机制，构建全方位的大学生思想政治教育工作体系，提高大学生法律意识和心理素质。强化全员德育意识，重点发挥“两课”主渠道作用。加强德育工作队伍建设和管理，建立规范的管理制度和有效的奖励机制。关注和重视学生中的特困群体，加大资助力度，大力推行优秀硕士生助管制度，尽可能为广大学生创造良好的学习和生活环境。

（三）以科学发展观为指导，抓住机遇，融入北京，高质量全面完成“十五”“211 工程”建设任务，努力提高学科建设水平和科技创新能力、提高为北京市经济建设和地方发展服务的能力以及学校管理水平

我们要坚定不移地为学校确立的建设国内一流教学研究型大学目标而努力奋斗，充分利用学校的人才资源、科技资源，在国家整体经济建设的大局和北京市实施的“新北京，新奥运”战略的大局中，抓住大好机遇，加快学校的发展。要积极关注北京市经济建设过程中需要解决的问题，调整学科专业方向、人才培养的专业设置和科学研究重点，加强高校和企业的密切合作，要把融入北京经济建设和社会发展作为基本理念在教师中贯彻，使北工大真正成为促进北京经济建设和高等教育发展的一个重要基地，为北京多作贡献。要深入研究和探讨在新形势下科技创新体制在基层组织的实施和落实，发挥科研创新团队组织的作用，推进科研体制向多元化转变，加强团队和学科整体建设。在校院两级管理体制原则指导下，学院要发挥聚集人才、组织人才、发动人才的作用；教学和科研基地要发挥争取项目、组织项目的作用。

今年是“十五”的最后一年，要扎实做好“十五”结束前的科技工作，组织好队伍，积累成果，做好“十五”“211 工程”的验收和总结，高质量地完成建设任务，突出重点学科的特色，建成比较完整、合理的学科体系。

（四）以科学发展观为指导，深化人事制度改革，加强队伍建设，全面调动教职工的积极性，提高学校统筹协调的能力，加强管理，依法治校，盘活资源，提高办学水平和办学效益，促进学校全面协调可持续发展

引进和培养高水平学术带头人，仍然是师资队伍建设的重点。要加大对青年学术骨干、学科带头人支持、培养和使用的力度，加强师资队伍建设规划。下半年继续实行评聘结合的教师职务聘任办法，要加大设岗环节中的工作力度，各院要按照师资队伍建设规划认真做好岗位设置，做到科学设岗、严格程序，调动广大教职工的积极性和创造性，12 月中旬完成。要正确处理和协调行政权力与学术权力的关系，积极发挥教授会的作用，加大教师治学的力度。

要根据高等教育发展面临的新形势和工作重心的变化，统筹外延和内涵发展，统筹规模、质量、结构、效益的协调发展，统筹教育教学工作、学科建设和科学研究三方面工作，统筹教师、管理干部、后勤职工三支队伍的建设，统筹学校物质文明和精神文明建设，加强党的建设和学生思想道德教育工作，发扬艰苦奋斗、勤俭节约的传统和作风，建设和谐优美校园和良好的育人环境。进一步加强学校国有资产的管理，调整职能，完善管理制度，做好基础性工作，下半年要积极推进学校水、电、房屋有偿使用、管理办法的制定工作，提高资源的利用率；要加强财务管理，盘活学校资源；加快校园基本建设项目的实施，统筹规划新征土地建设项目，10 月份完成第三教学楼的施工，年底交付使用。全力做好奥运场馆建设工作，完成场馆周边学科楼、实验楼等四个建筑项目和国际交流中心的规划设计，力争 2006 年上半年开工。抓好校管工程的施工、建设和验收，做好校园环境的整治和美化，创造良好、和谐、稳定的育人环境。

同志们，在学校发展的重要时期，我们面临的形势是严峻的，任务十分艰巨。全体党员、干部、教职员工，要坚持以“三个代表”重要思想为指导，深入贯彻党的十六大和十六届三中、四中全会精神，树立科学发展观，以强烈的责任感和使命感，努力拼搏，扎实工作，推进学校事业全面、协调、可持续发展，完成党代会提出的各项任务，为建设国内一流教学研究型大学而奋斗！

保持共产党员先进性教育专题

北京工业大学开展保持共产党员先进性教育活动综述

根据《中共中央关于在全党开展以实践“三个代表”重要思想为主要内容的保持共产党员先进性教育活动的意见》（中发〔2004〕20号）和《中共北京市委关于在全市党员中开展以实践“三个代表”重要思想为主要内容的保持共产党员先进性教育活动的实施意见》（京发〔2005〕2号）的总体部署和要求，按照市委教育工委的统一安排，北京工业大学自2005年9月10日到12月20日开展了保持共产党员先进性教育活动，整个活动分三个阶段进行，即：学习动员阶段、分析评议阶段、整改提高阶段，历时三个多月圆满结束。

一、学习动员阶段

自9月10日开始，到10月16日结束。在第一阶段的活动中，学校党委认真贯彻落实中央和市委的指导精神，按照市委教育工委先进性教育活动领导小组的工作部署与要求，结合学校实际情况，精心组织、周密部署，扎实、有效、深入地推进学习动员阶段的各项工作。

一是制订方案，明确责任，抓好骨干培训，做好组织保证。学校先后召开了书记办公会、全委会、常委会、党员代表会，对活动进行了认真的安排和部署。学校党委常委会和全委会把研究先进性教育活动作为重点内容进行了专题讨论，成立了学校保持共产党员先进性教育活动领导小组和办公室，制定了《中共北京工业大学委员会关于开展保持共产党员先进性教育活动的实施方案》、《北京工业大学保持共产党员先进性教育活动第一阶段计划安排》、《北京工业大学保持共产党员先进性教育活动联络指导组工作制度》、《北京工业大学保持共产党员先进性教育活动领导干部联系点制度》，对这次活动的开展提出了总体要求，明确了措施、任务和责任。

二是全面动员，搞好思想发动，层层抓落实，做好思想保证。9月10日学校召开先进性教育活动动员大会，动员会设立了一个主会场，七个分会场，分教职工党员、学生党员两场，采用网络视频直播，党员参会率高、热情高，尤其是一些年高体弱的老同志也坚持到大会现场听取动员报告，让大家很受感动。全校共有党员4 700人（不包括流动党员226人），参加动员会的党员有4 478人，缺席222人（其中包括离退休人员中的党员138人），陆续都进行了补课，党员实际参会率达到95.3%。动员会后，各院级党委、党总支、直属党支部也积极进行了分层全面动员部署，进一步贯彻大会精神，密切联系本单位工作实际，充分认识活动意义，切实把握指导思想和目标要求，达到了思想认识的统一。

三是精心组织，分类指导。在全体党员中，举行了富有特色的系列专题报告会、辅导会、座谈会、演讲会等形式的活动。主要有：中央党校张荣臣教授的《学习实践“三个代表”，始终保持共产党员的先进性》理论辅导报告，全国劳动模范、全国“五一”奖章获得者、青岛港（集团）有限公司明港公司桥吊队队长、党支部书记许振超同志的《保持本色，永创一流》的报告。在处级党员干部中，举行了保持共产党员先进性教育活动党委理论中心组学习扩大会议，邀请了学校第一任校长李晨同志为参加会议的全体同志作报告。举办了处级以上党员领导干部研讨班，主要有《保持共产党员先进性，做新时期合格共产党员》主题党课、北京市委组织部组织处处长郭玉良同志的《推进基层党建创新》专题报告，围绕学校基层组织工作和学校“十一五”发展建设规划开展了深入讨论。离退休人员的学习，根据离退休党员实际情况，区别对待，提出在教育活动中，老同志们要“保重身体、认真学习、了解情况、实事求是”的方针，既从实际出发，同时又保护了离退休老同志的学习积极性。针对出国人员、年老体弱人员、外出学习和外出实习的人员进行“网络学习”、“送学上门”、“寄学上门”。同时根据学生特点，有针对性地组织学习讨论。

四是丰富学习、主题活动内容，创新活动形式。大多数单位在第一阶段教育学习中，开展了丰富多彩的主题活动。党委研究生工作部、学生工作部在全校学生党员中开展以“榜样的力量”为主题的学生党员论坛。响应市委教育工委、市教委的号召，进一步体现学校“立足北京、依托北京、服务北京”的办学定位，把先进性教育活动与怀柔的对口支援活动结合起来，到怀柔送学上门，捐赠图书资料，请当地的干部讲党课，座谈交流。

大多数单位在第一阶段教育学习中，组织党员认真学习了《中共中央关于在全党开展以实践“三个代表”重要思想为主要内容的保持共产党员先进性教育活动意见》等重点学习材料，观看了《世界执政党兴衰史鉴》、《张思德》、《感动中国》、《爱的教育》等视频学习资料。而且很多单位组织了到西柏坡、抗日战争纪念馆、焦庄户地道战展览、辽沈战争纪念馆、唐山地震纪念馆等参观。各单位在学习动员工作的同时，牢记先进性教育活动的指导原则，坚持理论联系实际，务求实效，将理论学习与本单位、本部门的各项工作集合起来，同时又注重活动形式的创新。

五是明确了党员先进性具体要求。深入开展了新时期保持共产党员先进性具体要求大讨论。通过党委、总支、支部、党员层层讨论，按照个人思考、支部讨论、开展交流、总结提炼、形成共识、完善规范六个步骤进行，形成了北京工业大学党员领导干部、教师党员、职工党员、学生党员和离退休党员先进性具体要求，使每个党员在分析评议时有标尺，整改提高时有方向，日常学习工作生活中有准则。党委会研究，根据基层党支部意见提炼的具体要求再反馈到各基层党支部，在第二、第三个阶段的学习讨论中继续修改和完善，在先进性教育活动完成之后，根据基层党支部的修改意见，最后以学校党委文件下发，形成北京工业大学保持党员先进性具体要求，作为学校前几年制定的教师行为规范和学生行为规范的补充和完善。

六是加强宣传，营造氛围。学校党委充分运用校内广播、电视、报刊、标语、橱窗、板报等宣传阵地，广泛宣传先进性教育活动，宣传“三个代表”重要思想，宣传优秀共产党员的先进事迹。校先进性教育活动领导小组办公室根据学校特点，把校园网作为开展先进性教育活动的辅助载体，建立了“保持党员先进性教育活动专题网站”。专题网站设置了学习动态、理论辅导、榜样力量、时代先锋、历史丰碑、文献资料、视频学习、组织机构、学校文件、视频资料、工作简报等若干栏目。学校各单位在抓好党员先进性学习的同时，注意加强舆论宣传，通过悬挂横幅标语、布置宣传橱窗等方式积极营造学习氛围。有的学院自办了宣传网站，而且办得相当好。全校各单位共出版简报 519 期，在学校校园内形成了良好的舆论氛围。

二、分析评议阶段

自 10 月 17 日开始，到 11 月 16 日结束。学校按照保持共产党员先进性教育活动第二阶段计划安排，坚持把深入学习贯彻始终，在广泛征求意见、开展谈心活动中，紧紧围绕找准突出问题这个关键，扎扎实实做好七个环节的工作，取得了阶段性成果。

一是各级党组织高度重视，加强组织领导。第二阶段活动环节多、难度大。为了扎实搞好这一阶段各项工作，10 月 17 日，学校召开了先进性教育领导小组和党委常委扩大会，认真研究了第二阶段的工作方案和在工作中应注意把握的主要问题，并就学校领导班子征求意见工作作了具体部署。在全校转段动员会后，各院党委、党总支、直属党支部都及时召开了本单位全体党员的动员和工作部署大会，确保学校先进性教育活动分析评议阶段的整体安排得到有效的贯彻落实。各单位还结合实际认真制定具体工作方案，切实抓好落实，想方设法克服各种困难，从而确保了各项工作有条不紊地推进，按时按质按量完成。

二是坚持把学习贯彻始终，继续开展形式多样的学习教育活动。在第二阶段，校党委结合分析评议，重点学习了十六届五中全会公报和贺国强同志近期关于高校开展先进性教育活动的讲话精神，按照科学发展观的要求，深入剖析自己，查找党性、思想、组织、作风方面的不足。校领导分别在不同部门讲了党课。党员领导干部、部分教职工和学生党员还观看了电影《生死牛玉儒》。

三是坚持开门搞教育，广泛征求意见，开展谈心活动，切实找准存在的突出问题。学校各级党组织广开言路开门纳谏，采取座谈会、个别访谈、发放征求意见表、设立意见箱、开通热线电话、开设电子信箱等多种形式，多渠道地广泛征求意见和建议。党支部书记与党员之间、党员与党员之间、党员与群众之间，广泛开展谈心活动。全校党员共计谈心 16 912 人次，其中校级党员领导干部 82 人次，处级党员领导干部 1 020 人次。全校各级党组织召开座谈会 566 次，发放征求意见表 11 729 份。学校统一设置征求意见箱 35 个。校级党员领导干部分别主持召开了征求意见座谈会共计 15 个，征求分管部门、所联系单位党员和群众的意见，共有 191 名代表出席座谈会。座谈会上，发放征求意见表 191 份，收回 153 份。其中对党委、党员校领导个人及职能部处的意见和建议共 566 条，后经认真归纳整理合并汇总成 181 条。同时，校级党员干部普遍开展了个别征求意见和谈心活动，大家以对自己、对他人和对党组织高度负责的态度，坦诚相见，个别征求意见 167 人次。处级领导主持召开了党政领导、党外人士、学术带头人、教代会工会代表、教职工、机关干部、支部书记、入党积极分子、新引进人才等不同层面的座谈会共 151 个，发放征求意见表 1 915份，个别征求意见 947 人次，征求到对处级领导和处级领导班了的原始意见和建议 1 556 条，各单位对意见进行了及时的归纳总结，总结得到 237 条意见和建议。

四是严格把握政策，开好专题组织生活会和民主生活会。在广泛征求意见、认真开展谈心活动、深入查找问题和不足的基础上，广大党员认真撰写党性分析材料，对自己的理想信念、宗旨、作风、遵守纪律和立足本职发挥作用等方面存在的问题，从世界观、人生观、价值观上剖析思想根源。处以上党员领导干部还从坚持科学发展观和正确政绩观以及权力观、地位观、利益观等方面进行分析。校党委常委班子用了三个单元的时间召开专题民主生活会，同时还分别参加了基层党委领导班子的民主生活会和所属党支部的主题组织生活会。单位党支部认真组织召开了专题组织生活会。会上，每个党员都按照要求逐一进行了党性分析和对照检查，认真开展了批评与自我批评，收到了良好的效果。

三、整改提高阶段

自 11 月 17 日开始，至 12 月 16 日结束。整改提高阶段的主要内容是：制定整改措施和整改方案、认真进行集中整改和向群众公布整改情况三个环节。在此基础上做好群众满意度测评工作。

一是制定整改措施和整改方案。校院两级领导班子着重围绕党员和党组织存在的突出问题、群众反映强烈的党风行风方面的突出问题、影响本单位改革发展稳定的突出问题、涉及群众切身利益方面存在的突出问题制定了整改方案。特别是校党委进一步学习贯彻十六届五中全会、市委九届十次会议精神和中央经济工作会议精神，认真分析了学校面临的形势和任务，围绕如何抓住发展机遇，贯彻落实科学发展观，进一步凝练学科方向，汇集创新学科队伍，构筑高素质教师队伍，提高人才培养质量，营造良好育人环境，全面提升为首都经济发展服务能力这个主题，对学校“十一五”发展总体定位和发展目标等重大问题进行了较系统和深入的思考和研究。

二是进行集中整改和向群众公布整改情况。11 月 30 日，校党委常委会保持共产党员先进性教育整改方案在校内网公布，公开征求全校师生意见建议，12 月 2 日校党委常委会再次下发进一步征求整改方案意见的通知。随着校党委常委会整改提高方案的出台，学校保持共产党员先进性教育活动全面进入整改提高工作新阶段，在整改提高工作中，校党委把先进性教育与学校改革发展相结合，紧紧围绕“十一五”期间学校建设任务、目标和规划开展工作。一方面，学校切实解决师生普遍关注的一些热点问题，立足当前实际，放眼未来发展；另一方面，学校把开展先进性教育活动与党员管理教育及党建理论研究相结合，取得了一些制度和理论成果，学校各级党组织结合第一、二阶段的学习和评议情况，以及学校事业长远发展和本单位实际工作，积极探索、总结学校在先进性教育活动中基层党建工作的创新实践，改进基层党建工作的方式方法，增强基层党组织教育、评议、考核、服务的功能，健全群众利益表达和协调机制，构建学习型党支部、民主型党支部、服务型党支部、和谐型党支部。学校党委结合《中共北京市委关于推进基层党建工作创新的意见》精神和北京工业大学基层党建工作实际，以先进性教育活动整改提高为契机，制定了《中共北京工业大学党委关于推进基层党建工作创新的指导意见》，进一步明确基层党建工作创新的总体要求、主要任务和新时期基层党组织的工作职责。进一步完善《中共北京工业大学委员会院级单位党委、党总支、直属党支部委员会工作细则》，充分调动基层党组织的积极性和创造性。利用学校在先进性教育活动中对新时期党员的具体要求，制定和完善《北京工业大学教职工党员日常行为规范》和《北京工业大学学生党员日常行为规范》，增强党员意识，规范党员行为，体现党员先进性。先进性教育活动开展以来，各基层党支部努力在实践上、制度上、理论上积极探索，为学校保持共产党员先进性教育长效机制的建立提供了丰富的经验。

三是做好群众满意度测评工作。为确保先进性教育活动取得实效，真正成为群众满意工程，学校于 12 月 14 日下午在校礼堂举行了北京工业大学保持共产党员先进性教育活动整改情况通报暨群众满意度测评大会。全校处级以上领导干部、教师代表、党外代表、工会代表、教代会代表和学生代表共 465 人参加了大会。市委督导组李玉书同志、董宪同志也出席了大会。校党委副书记张毅刚主持了会议，党委书记孙崇正代表学校党委和校先进性教育活动领导小组通报了北京工业大学先进性教育活动的基本情况和整改的基本情况。按照北京市教育工委先进性教育活动的要求，全体到会人员认真填写了保持共产党员先进性教育活动满意度测评表。在市委督导组的监督下，经过认真统计共有 465 人参加了投票，其中 3 票不满意，一票弃权，一票作废，满意和基本满意率达到 99.14%。

先进性教育结束后，学校通过先进性教育活动，总结先进性教育的经验和收获，把先进性教育活动转化到党的先进性建设的经常性工作中来，把党的先进性建设与学校建设、党组织建设和教学、管理、学科建设有机融合起来，在认真整改提高的基础上，建立起党员教育、管理、保障和服务的长效机制，推动学校工作和党的事业全面发展，为实现学校第九次党代会提出的奋斗目标，把北京工业大学建成国内一流的教学研究型大学而共同奋斗。

（周洪芳　纪树兰）

在北京工业大学保持共产党员先进性教育活动动员大会上的讲话

2005年9月10日

党委书记　孙崇正

同志们：

中共中央《关于在全党开展以实践“三个代表”重要思想为主要内容的保持共产党员先进性教育活动的意见》（中发〔2004〕20号，以下简称《意见》）决定，根据党的十六大和十六届四中全会精神，为进一步加强党的执政能力建设，全面推进党的建设新的伟大工程，确保党始终走在时代前列，更好地肩负起历史使命，从2005年1月开始，用一年半左右的时间，在全党开展以实践“三个代表”重要思想为主要内容的保持共产党员先进性教育活动。按照中共北京市委和市教育工委的安排部署，我校作为第二批先进性教育活动参加单位，时间从2005年9月开始到12月中旬基本结束。根据中央和上级精神，学校党委制定了《中共北京工业大学委员会关于开展保持共产党员先进性教育活动的实施方案》，今天召开动员大会，标志着我校保持共产党员先进性教育活动正式全面展开。我代表学校党委和学校党员先进性教育活动领导小组就如何认识先进性教育活动的重大意义，明确指导思想和方法步骤，加强组织领导，搞好我校保持共产党员先进性教育活动，着重讲三个问题。

一、充分认识开展保持共产党员先进性教育活动的重大意义，增强责任感和使命感，以高度的政治热情搞好党员先进性教育活动

在全党开展以实践“三个代表”重要思想为主要内容的保持共产党员先进性教育活动，是党中央综合判断国际国内形势、深入分析我们党肩负的历史任务和党员队伍的现状、经过全面考虑作出的重大决策。

这一重大决策在党的十六大报告中提出，党的十六届四中全会再次提出“以提高党的执政能力为重点，全面推进党的建设新的伟大工程，在全党开展以实践‘三个代表’重要思想为主要内容的保持共产党员先进性教育活动，学习贯彻党章，坚定理想信念，坚持党的宗旨，增强党的观念，发扬优良传统，保持党员队伍的先进性和纯洁性”的要求；去年11月7日中央下发了《意见》（中发〔2004〕20号）；今年1月5日至6日，中央召开了保持共产党员先进性教育活动工作会议，对这项工作进行了部署；1月14日胡锦涛同志又在“新时期保持共产党员先进性专题报告会”上作了重要讲话，明确指出：先进性是马克思主义政党的根本特征，是马克思主义政党的生命所系、力量所在，党的先进性建设是马克思主义政党自身建设的根本任务。在新的历史条件下，继续保持党的先进性，关系党执政能力的提高和执政地位的巩固，关系党和人民事业的兴旺发达和国家的长治久安。搞好先进性教育活动，对于进一步贯彻落实“三个代表”重要思想，落实科学发展观，提高党员素质，加强党的基层组织建设，提高党的执政能力，全面建设小康社会，构建社会主义和谐社会，都具有十分重要的意义。

（一）开展保持共产党员先进性教育活动，是坚持用“三个代表”重要思想武装全党，确保党和国家长治久安的重大战略举措

中央提出在全党开展以实践“三个代表”重要思想为主要内容的保持共产党员先进性教育活动，是坚持用“三个代表”重要思想武装全党、提高党的执政能力、巩固党的执政基础、完成党的执政使命、实现全面建设小康社会宏伟目标、推进中国特色社会主义伟大事业的重要举措。

注重用马克思主义理论武装全党，是我们党在长期的革命、建设和改革开放实践中得到的宝贵经验。党的思想理论建设是党的各项建设的基础，是实现全党思想统一、坚持党的先进性的决定因素，是完成党的历史任务的思想保证。“三个代表”重要思想是对马克思列宁主义、毛泽东思想和邓小平理论的继承和发展，反映了当代世界和中国的发展变化对党和国家工作的新要求，是加强和改进党的建设、推进我国社会主义自我完善和发展的强大理论武器，是全党集体智慧的结晶。党的十六大把“三个代表”重要思想同马克思列宁主义、毛泽东思想、邓小平理论一道确立为党必须长期坚持的指导思想，

实现了党的指导思想的又一次与时俱进。始终做到“三个代表”，是我们党的立党之本、执政之基、力量之源。在新的历史时期，贯彻“三个代表”重要思想，核心在坚持党的先进性。

这次在全党开展以实践“三个代表”重要思想为主要内容的保持共产党员先进性教育活动，正是近年来全党学习实践“三个代表”重要思想的继续和深化。近年来，我们党开展了四项基本原则教育和以“三讲”为主要内容的党性党风教育，全党兴起了学习“三个代表”重要思想的热潮。这些教育活动为我们党在苏联、东欧剧变后复杂多变的国际环境中站稳脚跟，巩固执政地位奠定了重要的思想基础。贯彻“三个代表”重要思想，就是要坚持把发展作为党执政兴国的第一要务，把坚持党的先进性和发挥社会主义制度的优越性，落实到发展先进生产力、发展先进文化、实现最广大人民的根本利益上来，这是推动社会全面进步、不断巩固党的执政地位的根本措施和关键所在，是我们党执政的一条宝贵经验。

21世纪头20年，对我国来说，是一个必须紧紧抓住并且可以大有作为的重要战略机遇期。我们国家要在本世纪头20年，集中力量，全面建设惠及十几亿人口的更高水平的小康社会，使经济更加发展、民主更加健全、科教更加进步、文化更加繁荣、社会更加和谐、人民生活更加殷实。要实现我们的发展目标，迫切需要一个稳定的国内局势和良好的国际环境，保证党和人民事业的兴旺发达和国家的长治久安。这是摆在我们每一个人面前的大局，也是对广大共产党员提出的时代要求。

在全面建设小康社会，构建社会主义和谐社会的历史进程中，我们既面临着难得的发展机遇，也会遇到各种风险和挑战。推进全面建设小康社会进程，保持我国经济发展的良好势头，最充分最广泛地调动一切积极因素，构建社会主义和谐社会，提高党的执政能力，归根到底取决于我们党，取决于我们党的理论和路线方针政策能否正确制定并贯彻执行；取决于我们基层党组织能否把群众团结起来、组织起来、凝聚在一起为共同的目标而努力奋斗；取决于我们广大党员能否在本职岗位上充分发挥先锋模范作用，始终保持先进性。在新时期新阶段，开展保持共产党员先进性教育活动，就是要推进基层党组织建设创新，巩固执政的基础，促使广大党员自觉学习实践邓小平理论和“三个代表”重要思想，坚定共产主义理想和中国特色社会主义信念，提高科学认识和分析形势的能力，增强政治敏锐性和政治鉴别力，把思想认识统一到中央精神上来，加深对党的基本理论、基本路线、基本纲领的理解和把握，增强贯彻执行党的方针政策的自觉性和坚定性，增强责任感、使命感，激发积极性和创造力，把党员的先锋模范作用体现到全面建设小康社会，构建社会主义和谐社会和推动学校发展的各项工作中。

（二）开展保持共产党员先进性教育活动，是加强党的自身建设，提高党的执政能力，保持党的先进性的迫切需要

胡锦涛同志在新时期保持共产党员先进性专题报告会上的讲话中指出：党的先进性建设是关系马克思主义政党生存、发展的根本性问题，是我们党生存、发展、壮大的根本性建设。党的先进性是党的生命所系、力量所在。我们党章规定：中国共产党是中国工人阶级的先锋队，同时是中国人民和中华民族的先锋队。“先锋”者，即先进、先行、走在前列。惟其先进，才称得上是先锋队。所以，先进性是对党的性质的基本要求。中国共产党已经走过了84年的历程，这一历程，是党代表中国先进生产力的发展要求、代表中国先进文化的前进方向、代表中国最广大人民的根本利益的历程，是始终保持党的先进性的历程。80多年来，我们党之所以能够从革命党成为执政党，并不断创造辉煌的业绩，就是始终走在时代潮流的前列，发挥先锋模范作用，为着民族的大义和人民的利益，进行了英勇的斗争，作出了无私的奉献。为了保持党的先进性，80多年来，我们党也作出了不懈的努力和探索。在改革开放和发展社会主义市场经济的环境中，加强党的先进性建设也面临着新的要求和新的任务。

上个世纪80年代末、90年代初，世界上一批大党老党相继失去政权。当时的苏联是世界上第一个社会主义国家，却在一夜之间国家解体、政权垮台；当年的苏共是一个拥有88年历史、1 500万党员的大党，却被解散。苏联、东欧国家共产党丧失政权的惨痛教训给我们党以深刻启示。党的十六届四中全会《决定》中阐述的关于“我们党成为执政党固然不容易，长期执掌好政权更不容易，党的执政地位不是与生俱来的，也不是一劳永逸的”精辟论断，正是深刻汲取了包括苏联、东欧国家共产党在内的外国政党兴衰成败的经验教训，警示全党要警醒起来，居安思危，增强忧患意识和执政意识，切实加强党的执政能力建设，以改革的精神加强和完善党的建设，永葆党的先进性。

进入新世纪，国际局势发生了新的深刻的变化，世界多极化和经济全球化的趋势在曲折中发展，科技进步日新月异，综合国力竞争日趋激烈，各种文化思潮的相互冲击，各种矛盾交错复杂，西方敌对势力对我国进行西化、分化的图谋没有变。我们面

临着发达国家在经济、科技等方面占优势的压力，以及我国处在改革发展的关键时期，存在着社会利益关系的复杂化，新情况新问题的多样化的问题，也使我们党保持先进性、加强党的建设的任务更加迫切、更加艰巨。

党员是党的肌体的细胞和党的活动的主体，党的基层组织和党员队伍建设是党的执政能力建设的基础，党的先进性最终要靠党员的先进性来体现。改革开放以来，随着社会环境和社会条件的变化，我们党员队伍也发生了很大变化。从总体上看，我们党的基层组织是有战斗力的，党员队伍的主流是好的，涌现出了一大批好党员、好干部。但也出现了一些新情况新问题。胡锦涛同志指出："随着党和国家事业的发展，新党员、青年党员明显增加，老党员也面临着新形势、新任务、新环境的考验，党员的教育管理任务更加繁重、更加紧迫。党员队伍中还存在着与保持先进性的要求不相适应、不相符合的问题，有的还相当严重。主要表现在：一是有的党员理想信念不坚定，对建设中国特色社会主义信心不足，有的甚至存在'信仰危机'。二是有些党员忘记了全心全意为人民服务的宗旨。极少数党员一切以自我为中心，对个人名利斤斤计较，有的甚至跌入腐败的泥坑。三是一些党员组织纪律观念淡薄。有的不遵守党的政治纪律，对党的路线方针政策和中央已经作出决定的重大问题公开唱反调。有的不讲党性，不讲原则，热衷于讲交情、拉关系。有的缺乏组织观念，不参加甚至长期不过党的组织生活。四是有的党员对国家发展大局看不清，对一些现实问题认识模糊，精神萎靡不振。极少数党员甚至不想当党员。"这些问题，妨碍了党的路线方针政策和决策部署的贯彻执行，损害了党同人民群众的血肉联系，削弱了党的创造力、凝聚力和战斗力。

开展保持共产党员先进性教育活动，就是要不断加强党的自身建设，认真解决党组织和党员在思想、组织、作风以及工作上存在的突出问题，促进影响本部门本单位改革发展稳定、涉及群众切身利益的实际问题的解决，增强党员队伍和党组织的创造力、凝聚力和战斗力，切实发挥共产党员的先锋模范作用。

（三）开展保持共产党员先进性教育活动，是解决我校党组织和党员队伍中存在的突出问题，实现学校事业新发展的重要保证

高等教育事业在整个社会主义现代化建设中处于举足轻重的地位。高等学校承担着为国家培养高层次、高素质创新人才，推动先进生产力发展，传播先进文化的重要任务。在高校开展以实践"三个代表"重要思想为主要内容的保持共产党员先进性教育活动，对于进一步把"三个代表"重要思想贯彻到基层，落实科学发展观的要求，贯彻党的教育方针，提高党员素质，加强党的基层组织建设，努力争创一流的工作业绩，加快学校的建设和发展，都具有十分重要的意义。

当前，学校正处于十分重要的战略机遇期。从现在起到2010年是首都现代化建设的关键时期，是北京教育实现新跨越的战略机遇期，也是我校实现第九次党代会提出的"建设国内一流教学研究型大学、跻身全国高校50强"奋斗目标，实施三步走战略的重要时期。新世纪党提出的全面建设小康社会和完善社会主义市场经济的奋斗目标，我国经济发展面临的"转变经济增长方式、加快经济结构调整、推进协调发展、加快完善体制机制"的重要战略任务，国家科技创新体系、科技创新团队、科技共享平台的建设和首都率先实现教育现代化的教育发展战略目标，以及全国高水平大学和重点大学的加速发展和进步的形势，既为我校提供了很好的发展机遇，同时也给我们提出了新的更高的要求，我们将面临更加严峻的挑战，我们的任务将更加艰巨。冷静的分析和审视我们自身的改革和发展，明确定位，找准目标，认清差距，加快发展，是我们开展好保持共产党员先进性教育活动，并真正取得实效的关键。

多年来，学校党委大力加强和推进学校党的建设工作，积累了许多经验，取得了突出的成绩，基层党组织围绕学校中心工作，做了大量工作，发挥了重要作用。广大党员在各自的岗位上发挥了先锋模范作用。学生党员的整体素质较高，在学习、社会工作，校风、学风建设方面，能够起到先锋模范作用，受到广大同学的认可。包括研究生党员在内的全校学生党员在学校的科研、组织建设等方面发挥着重要的作用。但是党员队伍和基层党组织还存在着与"三个代表"重要思想对党组织党员的要求、与保持先进性的要求、与新形势新任务的要求以及学校实现建设国内一流教学研究型大学目标和任务的要求不相符合、不相适应的问题。我们的党员队伍中还存在着一些突出的问题：一些党员理想信念不坚定，党员意识不强，先锋模范作用不明显；一些党员的党性和组织观念不强；少数教师党员教书育人观念不强，对学生不负责任，课堂教学效果差；个别党员思想道德防线不牢固，违反党纪国法，在群众中造成不良影响；一些党员干部思想理论和政策水平不高，治校理教能力不强，解决复杂矛盾的本领不大；个别党员干部事业心和责任感不强，思想作风不端正，工作作风不扎实，不能正确处理管理工作与学术业务工作的关系；一些基层党支部凝

聚力、战斗力不强，党内民主生活制度坚持得不好，党的工作与本单位、本部门的业务工作结合不紧密，对党员教育管理不严格，对问题较多的党员缺乏有效的管理；一些党支部活动内容形式单一，主动性不够，针对性不强，缺乏活力；个别学生党支部规模较大，在发展党员工作中存在着重视数量、轻视质量、忽略对预备党员进行再教育的倾向。一些学生党员的理想信念、党性修养、特别是模范作用的发挥还有待进一步提升。学生党员的培养与发展工作与广大同学的入党热情还有差距。部分学生党建工作者，包括学生党支部中的主要干部在对党员发展问题上思想不够统一，认识不够深入；各学院学生党员发展不均衡。

我们各级干部的思想水平、工作能力、精神状态还不能适应新形势、新任务的要求；我们对新时期高等教育规律的认识和把握都很不够，对全面贯彻党的教育方针，加强全面素质教育，提高教育教学质量中存在的问题看得不够准、抓得不够有力；“211工程”建设中重硬件建设、轻软件建设的现象依然存在，学术水平亟待提高；我们的管理体制和运行机制还没有理顺，管理水平与高水平大学建设不相适应；我们的干部和教职工中艰苦创业的思想树立不牢固，爱岗敬业和埋头苦干的精神需要进一步弘扬。这些问题的存在影响和制约着学校各项事业的发展，也影响着党组织和广大党员在全校师生员工中的形象。

在学校发展的关键时期，如何抓住发展机遇，贯彻落实科学发展观，进一步凝练学科方向，创新学科队伍，构筑高素质教师队伍，提高人才培养质量，营造良好育人环境，全面提升为首都经济发展和社会服务的能力，是对学校各级党组织和全体共产党员的新考验新要求。

目前，全校党员总数 4 926 人，其中，教职工党员 2 359 人，其中在职教职工党员 1 502 人，占在职教职工总数的 45%，离退休党员 857 人。电控学院党委、环能学院党委、材料学院党委、机关党委、人文学院党总支、生命学院党总支、软件学院党总支、实验学院党总支和科技产业党总支的在职教职工的党员比例超过 60%。全校共有教工党支部（含直属党支部）170 个，其中在职教工党支部 127 个，离退休党支部 43 个。学生党员 2 341 人，占学生总数的 14%。研究生党员 1 599 人，党员比例为 50%；本科生党员 742 人，党员比例为 6%。95 个学生党支部，其中研究生党支部 65 个，本科生党支部 30 个。流动党员 226 人（组织关系在校、能够联系上的）。

这样一支规模宏大的党员队伍和基层党组织是推进我们学校建设和发展的骨干力量和重要基础。解决党员队伍中存在的突出问题，保持党员队伍的先进性，是实现学校事业新发展的重要保证。因此，全校各级党组织和全体党员一定要深刻认识开展先进性教育活动的重大意义，统一思想，提高认识，增强政治责任感和历史使命感，发挥主动性，激发创造性；广大党员要积极投身于活动中，努力在学习实践中增强党性，提高素质，树立新形象，作出新贡献。

二、全面准确领会中央精神，严格按照市委教育工委要求，密切结合学校实际，把握好党员先进性教育活动的指导思想、目标要求、指导原则和方法步骤

这次开展保持共产党员先进性教育活动，是一次全党为了完成新时期总任务的需要而进行的党员自我教育活动，是党的建设的需要，是保持党的先进性，提升党的战斗力的需要。全体党员必须联系工作实际，认真学习、深刻领会中央精神，抓好组织落实，注重教育取得实效。

首先，要明确这次教育活动的指导思想。

根据中央精神，开展保持共产党员先进性教育活动的指导思想是：以邓小平理论和“三个代表”重要思想为指导，认真贯彻党的十六大和十六届三中、四中全会精神，树立和落实科学发展观，按照立党为公、执政为民的要求，紧密联系学校改革发展工作实际和党员队伍现状，以学习实践“三个代表”重要思想为主线，以保持共产党员先进性为主题，以提高党的执政能力为着眼点，坚持党要管党、从严治党的方针，引导广大党员学习贯彻党章，坚定理想信念，坚持党的宗旨，增强党的观念，强化执政意识，提高执政本领，认真解决党员和党组织在思想、组织、作风以及工作方面存在的突出问题，促进影响学校和基层单位改革发展稳定、涉及群众切身利益的实际问题的解决，不断增强党员队伍和党组织的创造力、凝聚力和战斗力，推进学校党建工作创新，密切党组织和党员与广大师生员工的联系，为进一步实施科教兴国战略，实现我校建设国内一流教学研究型大学的宏伟目标，提供坚强的政治保证和组织保证。

对于指导思想的理解和把握，关键是抓住“四个一”的总体要求。即：抓住一条主线——学习贯彻“三个代表”重要思想；把握一个主题——保持党员的先进性；明确一个着眼点——提高党的执政能力；坚持一个方针——党要管党、从严治党的方针。要把联系实际贯穿于先进性教育活动全过程。一是联系和思考学校发展的实际；二是联系和思考本单位的工作实际；三是联系个人思想、工作和作风的实际，切实解决问题，确保先进性教育活动收到实效。

其次，要明确教育活动的目标要求。

这次保持共产党员先进性教育活动，中央提出了“四句话”的总体目标要求，即：

一是要切实提高党员素质。广大党员要充分认识当前党所处的环境、党所肩负的任务、党员队伍状况发生的重大变化，充分认识新形势新任务对党员先进性提出的新要求。因此，新时期开展保持党员先进性教育活动，提高党员素质就显得尤为重要，尤为紧迫。通过此次学习教育，要使党员进一步坚定理想信念；进一步增强学习实践“三个代表”重要思想的自觉性；进一步明确新时期保持党员先进性的基本要求；进一步发挥先锋模范作用；进一步增强事业心和责任感；进一步树立党员干部的科学发展观和正确政绩观；进一步增强紧密联系和服务师生员工的意识。

二是要切实加强基层组织建设。要使基层组织的凝聚力和战斗力进一步增强，领导核心和战斗堡垒作用得到进一步发挥；党组织紧密结合教学、科研、管理、服务等中心任务开展工作的能力得到进一步提高；党组织适应新形势和新任务，进一步丰富工作内容、创新工作机制、改进工作方式、完善组织设置，在成为贯彻“三个代表”重要思想的组织者、推动者和实践者上取得新进展，进一步巩固党执政的组织基础。

三是要更好地服务人民群众。党员全心全意为师生员工服务的意识要进一步增强；进一步改进工作作风和思想作风；组织群众、动员群众、教育群众和服务群众的本领进一步提高；进一步使党员干部树立和实践正确的权力观；一些群众反映的突出问题进一步得到解决；进一步密切党群、干群关系，真正做到为民、务实、清廉。

四是要切实促进各项工作。检验先进性教育活动的成效，主要的方面就在于促进各项工作。要立足于解决实际问题，特别是要广泛征求意见，找准党员和党组织存在的突出问题，深入进行剖析，认真加以解决。通过先进性教育，要使党的基本路线和教育方针进一步得到贯彻落实；影响学校长远发展的难点和重点问题进一步得到解决；学校改革发展稳定和各项工作不断取得新的进展。

胡锦涛同志特别强调了在新时期要深刻理解和准确把握共产党员保持先进性的六条基本要求，即“六个坚持”：

坚持理想信念，坚定不移地为建设中国特色社会主义而奋斗；坚持勤奋学习，扎扎实实地提高实践“三个代表”重要思想的本领；坚持党的根本宗旨，始终不渝地做到立党为公、执政为民；坚持勤奋工作，兢兢业业地创造一流的工作业绩；坚持遵守党的纪律，身体力行地维护党的团结统一；坚持“两个务必”，永葆共产党人的政治本色。

第三，要明确先进性教育活动的指导原则。

一是要坚持理论联系实际、务求实效的原则。各基层党组织和党员要大力弘扬求真务实精神，自觉将理论学习的成果运用到工作实践中去，把先进性教育活动与贯彻落实学校第九次党代会精神、全面落实“十一五”发展建设规划、进一步推动本单位、本部门的各项工作结合起来，与党员在教学、科研、管理、服务岗位上发挥先进性作用结合起来，不搞形式主义，不做表面文章，切实做到学习教育和推动工作两不误、两促进。

二是要坚持正面教育为主、认真开展批评与自我批评的原则。充分调动和发挥党员的主观能动性，引导党员自觉学习理论，提高思想理论水平，主动查找和解决自身存在的问题。通过树立和宣传先进典型、组织开展主题教育和实践活动，帮助党员解决实际困难等方式，激发党员积极向上的内在动力；正确运用批评与自我批评的武器，既要克服不讲原则、你好我好、一团和气，不开展批评的现象；也要防止不顾大局、发泄私愤、互相攻击，影响团结的错误倾向，真正做到围绕学校、学院、学科发展和部门工作，沟通思想，统一认识，在贯彻执行党的教育方针、共谋学校发展大业上达成共识，促进党员自我提高、自我完善、互相帮助、共同进步。

三是要坚持发扬党内民主、走群众路线的原则。尊重党员的民主权利，扩大党内民主，加强党内监督，认真听取党员的意见和建议，调动党员参加先进性教育活动的积极性；坚持群众路线，相信和依靠群众，正确组织和引导群众参与到活动中来，广泛听取群众意见，自觉接受群众的评议和监督。

四是要坚持领导干部带头、发挥表率作用的原则。领导干部要以普通党员的身份参加先进性教育活动，带头参加学习，带头查找问题，带头参加民主评议，带头开展批评与自我批评，带头制定和落实整改措施，认真负责地抓好本单位、本部门的党员先进性教育活动。

五是要坚持区别情况、分类指导的原则。学校各基层党组织要根据教学、科研、管理、服务等岗位不同的情况和特点，确定各自不同的重点学习内容和重点解决的问题，有针对性地动员讨论并提出党员保持先进性的具体要求。对流动人员中的党员和离退休教职工中的党员，要在坚持基本要求的前提下，采取切合实际的方式方法，开展有效的教育活动。

在先进性教育活动过程中，要坚持做到“三个结合”：坚持理论与实际相结合；坚持批评与自我批评相结合；坚持领导带头与党员普遍受教育相结合。正确认识和处理先进性教育活动和推进各项工作的关系，围绕学校、学院、党支部中心工作，统筹安排，精心组织，扎扎实实地推进先进性教育活动。

第四，开展先进性教育活动的总体安排和方法步骤。

根据中央《意见》精神，保持共产党员先进性教育活动分三批进行，每批半年左右时间，各单位集中学习教育的起止时间一般不得少于三个月。按照市委教育工委的部署，学校保持共产党员先进性教育活动从2005年9月开始到2005年12月结束，分为学习动员、分析评议、整改提高三个阶段进行。

第一阶段：学习动员（2005年9月10至10月16日）

（一）搞好动员部署。召开全校党员动员大会，把动员大会作为统一思想、提高认识的重要途径。根据我校基层党组织及党员分布相对集中的实际情况，动员报告采取主会场和分会场在同一时间集中形式进行（教师党员和学生党员分别动员）。通过动员部署，使全校党员明确开展保持共产党员先进性教育活动的重大意义、指导思想、目标要求、基本原则、总体安排和方法步骤。

（二）认真组织学习。各级党组织要根据本单位、本部门党员的实际情况，坚持区别情况和分类指导的原则，可采取集中学习与自学相结合、专题辅导与组织讨论相结合、上党课与主题活动相结合、学习理论与学习先进人物事迹相结合等多种形式学习。重点学习胡锦涛同志《在新时期保持共产党员先进性专题报告会上的讲话》、《中国共产党章程》，认真学习《保持共产党员先进性教育读本》等文件。各单位对不同群体、不同岗位的党员，应对学习重点、学习方式、集中学习的时间等提出不同的要求，并通过有效的管理手段和方式，确保党员参学率和学习效果。学习时间原则上不少于40学时。

（三）开展先进性具体要求大讨论。按照《中国共产党章程》和胡锦涛同志提出的新时期共产党员保持先进性的“六个坚持”的基本要求，紧密联系学校实际和不同群体党员的岗位实际，认真开展新时期保持共产党员先进性具体要求的大讨论。通过大讨论，各单位要形成既体现时代精神，又反映本单位不同群体和岗位实际的共产党员保持先进性的具体要求。在此基础上，总结归纳出北京工业大学党员干部、教职工党员和学生党员保持先进性的具体要求。

（四）撰写心得体会。在学习结束前要求有书写能力的党员在学习讨论的基础上，结合岗位职责和如何发挥先锋模范作用撰写心得体会，原则上一般党员不少于2 000字，处级党员干部不少于3 000字，校级党员干部不少于4 000字。每位党员所撰写的心得体会按照基层组织管理权限由各级党组织负责审阅。

（五）搞好阶段小结。学习动员阶段结束前，各单位要对学习动员阶段的全面情况、成功经验和存在问题进行认真梳理和小结。

第二阶段：分析评议（2005年10月17日至11月16日）

（一）广泛征求意见、开展谈心活动。各基层党组织要通过发放征求意见表、设置意见箱、召开座谈会、个别谈心等形式，广泛征求群众对党员、党支部、领导班子的意见；机关职能部处和党员领导干部要多渠道、多层次征求各方面意见；党员也要主动征求群众意见。将征求到的意见进行整理后按照组织程序进行反馈。在征求意见的同时，党员和党员之间、党员和领导干部之间、党员和群众之间要广泛开展谈心活动。谈心活动中要认真开展批评与自我批评，要坦诚相见，沟通思想，增进团结，找准问题，形成共识。

（二）撰写党性分析材料。在征求意见和谈心活动的基础上，每位党员要认真总结自己近年来思想、工作和作风等方面的情况，重点检查在理想信念、宗旨、作风、遵守纪律和发挥先锋模范作用等方面存在的问题，并从世界观、人生观、价值观上剖析思想根源；处级以上干部还要从权力观、政绩观、地位观、利益观等方面进行剖析；学生党员的党性分析材料应主要从学习、思想和日常行为表现等方面进行总结，找出存在的主要问题；对离退休党员可灵活掌握撰写党性分析材料的要求，可通过召开组织生活会的方式，开展批评和自我批评，进行思想交流。每位党员的党性分析材料要按照市委教育工委的规定要求由各级党组织进行审阅。校院两级党员干部和职能部处党员干部的党性分析材料要按干部管理权限上报。

（三）开好专题组织生活会、民主生活会。以基层党支部为单位，支部书记要组织党员开好专题组织生活会。会上每位党员要进行党性分析，开展批评与自我批评，并逐个进行评议；党员人数多的党支部，可以党小组为单位进行评议，但支委会应派委员参加；党员领导干部既要以普通党员身份参加所在党支部的组织生活会，又要参加领导班子的民主生活会。专题组织生活会和民主生活会记录的复印件要报上级党组织。

（四）提出并反馈评议意见。专题组织生活会后，党支部要召开支委会，根据党员个人讲评、党员互评，以及征求到的群众意见和党员的一贯表现，进行综合分析，实事求是、客观公正地对每个党员提出评议意见，包括肯定成绩、指出问题、提出努力方向三个方面。对党员领导干部的评议意见还要在坚持科学可持续发展观和正确政绩观，树立正确的权力观、地位观、利益观等方面进行评议。评议意见要在听取本人意见的基础上，以书面的形式向党员反馈。各单位要按照市委教育工委的规定要求对党员的评议意见进行审阅。校院两级党员干部的评议意见材料要按干部管理权限上报。分析评议基本结束后，学校党委和各院级党委、党总支、直属党支部要采取适当方式，在一定范围内向党员、群众通报民主评议党员的情况和校院两级领导班子专题民主生活会情况。各单位在第二阶段结束后，将阶段性小结以书面材料形式上报学校先进性教育领导小组。

第三阶段：整改提高（2005 年 11 月 17 日至 12 月 16 日）

（一）制定整改措施和整改方案。每位党员对照党性分析材料，结合民主评议的意见，针对存在的主要问题，明确整改重点，制定整改措施。有书写能力的党员，要形成书面整改措施。党支部组织召开专题生活会，交流党员个人的整改情况。校院两级领导班子和党组织要结合工作实际，针对党员和党组织存在的突出问题，把群众意见最大、最不满意的事情，群众最希望办、通过努力能够办好的事情作为整改工作的重点，制定整改方案，并落实整改责任部门、具体责任人和整改时限。

（二）公布整改方案。校院两级领导班子和党组织的整改方案形成后，用一周左右的时间，将制定整改措施和进行整改的情况，在一定范围内公布，充分听取群众意见，进行必要的修订，自觉接受群众监督。

（三）认真进行集中整改。对那些需要解决而又能够解决的突出问题，在限定的时间内，集中进行整改；对通过努力能够解决的问题要限期整改；对应该解决但受客观条件限制一时解决不了的问题要向群众说明白，积极采取措施逐步解决；对本单位难以解决的问题要向群众说明情况，取得群众的理解，并积极向上级组织反映情况，促进问题的解决。

（四）组织群众满意度测评。整改工作基本结束后，在一定范围内向群众通报党组织和领导班子的整改情况，由上级党组织对下一级组织的先进性教育活动进行群众满意度测评。多数群众不满意的，要及时“补课”，切实巩固和扩大整改成果。

根据中央精神，这次先进性教育活动，不单独安排组织处理阶段。对那些不履行党员义务、不具备党员条件的党员，要多做教育工作，使他们尽快转化为合格的共产党员。对经教育不改，仍不符合党员条件的，要根据党章和有关规定，按照正常的组织程序严肃处理。对违纪党员，要按照《中国共产党纪律处分条例》的规定，给予纪律处分。

三、高度重视，加强领导，精心组织，确保党员先进性教育活动积极稳妥开展，取得扎扎实实的成效

这次保持共产党员先进性教育活动，是改革开放以来我们党在全党范围内开展的一次人数最多、规模最大的集中教育活动。学校党委十分重视活动的组织和安排。

为了保证党员先进性教育活动顺利开展，校党委从 2004 年 4 月开始用一年多的时间，对我校基层党组织和党员队伍状况作了大量的调查研究，进行了全面细致的准备工作，召开了不同层面、不同层次的党内外座谈会，并就基层党支部工作状况和党支部书记队伍状况作了专门的调查分析，完成了基层党支部和支部书记的调整和补充。结合开展建党 84 周年纪念活动，从 2005 年 2 月份开始，通过以评促建，加强了基层党支部建设，进行了全校范围的先进党支部、优秀共产党员和党务工作者评选、表彰和宣传，作为先进性教育活动的一部分，营造了良好的氛围。

为搞好这次党员先进性教育活动，学校党委常委会和全委会把研究先进性教育活动作为重点内容进行了专题讨论。在此基础上，学校党委下发了《中共北京工业大学委员会关于开展保持共产党员先进性教育活动的通知》，对这项活动的开展提出了总体要求，成立了学校保持共产党员先进性教育活动领导小组和办公室，制定了《实施方案》和各阶段安排，进一步明确了以下几项措施：

一是落实领导责任制。学校党委全面负责保持共产党员先进性教育活动。党委书记是第一责任人，分管领导是主要责任人；二级单位党委（党总支、直属党支部）书记和基层党支部书记是直接责任人。二级单位党组织要成立相应的领导机构和工作机构，明确任务，落实责任，形成一级抓一级、层层抓落实的工作格局。

二是建立党员领导干部联系点制度。校院两级领导干部结合自己分管的工作确定了一个基层联系点。通过深入联系点调查研究、督促检查、具体指导，帮助基层找出工作差距，清理工作思路，解决实际问题，使联系点成为先进性教育活动的示范点。

三是建立联络员工作制度。为了解和掌握基层党组织开展保持党员先进性教育活动情况，及时提出指导意见和建议，促进先进性教育活动的顺利进行，校党委聘请了一部分政治责任心强、经验丰富的同志担任联络员，负责对各基层组织党员先进性教育活动的服务、督促和指导。

各单位要根据学校实施方案制定本单位党员先进性教育活动的具体实施办法，认真抓好三个阶段工作中的每个环节。在此，我代表学校党委和学校保持共产党员先进性教育活动领导小组对各院级党委（党总支、直属党支部）、基层党支部和全体党员提出以下几点要求：

第一，学校各级党组织和全体共产党员一定要从全局和战略的高度，深刻认识中央决策的重大意义，把思想统一到中央的决策和部署上来。在认真学习文件的基础上，深刻认识和理解在全党开展以实践“三个代表”重要思想为主要内容的保持党员先进性教育活动的时代背景和重大意义；深刻认识和理解“党的先进性建设是关系马克思主义政党生存发展的根本性问题”的重要论断，真正做到认识到位、措施到位、工作到位。要按照领导责任制要求，一级抓一级，层层抓落实。各院级党委（党总支、直属党支部）要结合本部门工作实际，做好进一步的动员部署，找准问题，制定出具体活动实施方案；各基层党支部要发挥主动性、创造性，找准工作的着力点，切实增强搞好此次教育活动的责任感，切实增强党员自我教育、自我完善、自我提高的自觉性，切实增强扎实推进、取得实效的信心。

第二，党员领导干部要以高度的政治责任感和使命感重视党员先进性教育活动，切实发挥好带头和表率作用。校级领导干部要学习在前，行动在前。校理论中心组和领导班子成员要提前集中时间学习，统一思想认识，深入研讨学校发展中的问题，同时要认真参加所在支部的学习活动，发挥好带头和引导作用。处级干部也要集中时间深入学习研讨，提高认识，解决问题，推进工作。

第三，全体党员要增强对开展保持共产党员先进性教育活动的重要性的认识，增强学习实践“三个代表”重要思想的自觉性，坚定正确的理想信念，深入进行党性分析，提高素质，切实解决在思想、组织、作风上存在的问题，做到在学习中受教育，在工作中见成效，在教书育人和师德建设中真正体现党员的先进性。

第四，加强宣传和信息情况的沟通、反馈，及时总结、交流、推广基层开展党员先进性教育活动的好经验、好典型和取得的成效，加强正面教育和自我教育，形成良好氛围，切实推进各项工作，实现学校发展的新跨越。

同志们，开展保持共产党员先进性教育活动是全党政治生活中的一件大事，无论对于老党员和新党员都是一次难得的严格党内组织生活的锻炼，是个人政治生命的一次很好的洗礼。在先进性教育活动过程中，我们要加强对党的教育方针的理解和贯彻，围绕人才培养的目标和任务，围绕学校的建设和发展，加强沟通，统一思想，解决问题，达成共识。

我们相信，在中共北京市委和市委教育工委直接领导下，在市委督导组的指导和帮助下，在学校党委和各级党组织的高度重视及全校党员的认真工作和努力下，我们一定能圆满完成党员先进性教育活动的各项任务，进一步提高学校党组织和党员队伍建设水平，实现学校事业的新发展，为北京经济建设和社会发展，为首都率先实现教育现代化作出新的贡献！

在北京工业大学保持共产党员先进性教育活动总结大会上的讲话

孙崇正

2005 年 12 月 21 日

同志们、老师们、同学们：

大家下午好！

刚才机电学院党委、电控学院党委、经管学院应用经济党支部、建工学院结构学生党支部的发言都很好，全面地汇报了他们进行保持共产党员先进性教育活动的总体情况：组织领导、活动特色、教育成果和经验总结，比较好地反映了全校保持共产党员先进性教育活动的基本情况以及全校共产党员和基层党组织的精神风貌。

我校先进性教育活动自 2005 年 9 月 10 日开始至 12 月 16 日基本结束，历经学习动员、分析评议和整改提高三个阶段。在 12 月 14 日的群众满意度测评大会上，465名党内外同志参会并投票，满意率高达99%。这充分说明我校的先进性教育活动获得群众的认可，在提高党员素质、加强基层组织、服务人民群众和促进各项工作四个方面取得了一定的实效。

下面我讲三个问题。

一、我们的主要收获和体会

一是唤醒党员意识，提高党员素质。

在先进性教育活动中，广大党员通过深入学习实践“三个代表”重要思想，更加充分地认识到开展先进性教育活动的重大意义，统一了思想，进一步增强了参加保持共产党员先进性教育活动的自觉性。广大党员主动学习的积极性高涨，更加坚定了共产主义理想信念；深入讨论党员在新时期保持共产党员先进性的具体要求，增强了党员的责任意识、大局意识和团结意识；开展广泛的谈心和民主评议活动，使每位党员明确了自身的努力方向；在整改提高阶段，党员在推进学校各项事业发展中发挥出了先锋模范作用。

二是加强基层党组织建设，增强战斗力和凝聚力。

克服党不管党、治党不严、软弱涣散的不良现象，切实加强基层党组织建设，在学校的建设发展中发挥战斗堡垒作用。党支部和广大党员的良好精神风貌，吸引更多的群众向党组织靠拢，进一步扩大了积极分子队伍。先进性教育活动期间，全校共有1 756人向党组织递交了入党申请书。1 200余名学生参加第三十九期学生入党积极分子培训班，参加教职工入党积极分子培训班的教职工有94人，比以往要求参加学习培训人数增加近3倍。新发展党员272人。

三是密切党群、干群关系，真正做到服务群众。

各级党委制定并实施领导干部联系点工作制度，使党员领导干部了解群众关心的热点和难点问题并有针对性地做工作。各级党员领导干部和广大党员在广泛征求意见的基础上，开展真诚的谈心活动，达到了听取意见、找准问题、沟通思想、互相帮助、形成共识、解决问题、增进团结、共同提高的目的。我们紧紧抓住“取得实效”这一关键，围绕“真正成为群众满意工程”这个要求深入开展实践活动，坚持边议边改、边查边改，真抓实干，扎实做好为师生服务的工作。

四是促进各项工作全面发展。

把先进性教育与推动学校教学、科研、服务和后勤保障等各项工作有机地结合起来。在先进性教育活动的三个阶段中，学校党委把开展党的先进性教育与促进学校的改革发展紧密联系起来，把广大党员、干部通过先进性教育活动焕发出来的高昂的政治热情和责任感落实到了推进学校发展的各项具体工作之中。积极引导基层党组织和广大党员围绕学校发展深入学习、围绕工作差距找准问题、围绕“十一五”发展规划明确整改目标，制定整改方案，全面推进学校事业的发展。

二、总结经验、巩固成果、把握规律、开拓创新，建立健全保持共产党员先进性教育的长效机制

贺国强同志在部分高校先进性教育活动座谈会上指出：“通过这次先进性教育活动，应当取得以下三方面的成果：一是解决一大批突出问题，取得实践成果，包括解决党组织和党的队伍中存在的问题、涉及群众切身利益的问题、影响改革发展稳定的问题；二是要建立健全保持共产党员先进性的长效机制，取得制度上的成果；三是围绕先进性教育活动与加强党的先进性建设开展理论研讨，取得理论成果。”《中共北京市委关于推进基层党建工作创新的意见》中也指出：“加强基层党组织建设，必须适应新的形势任务，以改革的精神推进基层党建工作创新。”这些精神为高校用先进性教育促进先进性建设，从而全面推进学校基层党建工作创新明确了方向。

建立健全高校保持共产党员先进性长效机制，是加强高校党的建设、巩固高校保持共产党员先进性的重要举措，也是积极推进高校基层党建工作创新的有效途径。通过长效机制的建立，将有助于更好地加强党对学校的领导，更好地贯彻党的教育方针，更好地推动学校的改革发展建设，更好地培养社会主义事业的建设者和接班人。这需要我们认真把握好高校党的先进性建设的规律，将工作中的实践、取得的成效、创造的经验转化为经常之举。建立健全保持共产党员先进性的长效机制，努力实践广大党员“长期受教育、永葆先进性”。

1. 建立健全党员日常学习教育机制，构建学习型党支部。加强党员的日常学习和教育，是党员坚定理想信念并在行动上与党中央保持一致和保持先进性的基础和前提，是提高党员素质的保证，要通过有效的制度把党员的学习教育落到实处。首先，制定系统的学习计划。着重围绕学习邓小平理论和“三个代表”重要思想、党的基本理论和知识，明确内容，明确时数，明确要求。其次，坚持党支部的专题学习和党员自学相结合。基层党支部认真按照学习计划组织安排党员的专题集中学习，在学习中，着重突出增强党员意识，提高党员的思想素质，坚定理想信念。同时提倡党员自学并做好笔记。第三，利用多种学习教育形式。可采用专题党课、形势政策报告、先进人物事迹报告会、主题实践和知识讲座等丰富的党员教育形式，提高学习教育效果。第四，努力营造良好的学习氛围。充分利用学习网站、校园闭路电视和报刊橱窗专栏，不定期宣传介绍基层党员的学习讨论情况。通过落实党员的学习教育制度，做到有计划、有内容、有安排、有要求，真正体现真学、真懂、真信、真用。

2. 建立健全党员激励机制，构建实践型党支部。对党员进行激励表彰，既是给予每个党员的荣誉，也是树立党员的学习榜样。在党支部的工作应紧密围绕学校教学、科研等中心工作开展的理念下，积极倡导并组织开展争优创先等实践活动。在教师党员中，大力进行师德师风建设，倡导在教书育人、管理育人和服务育人中更好地发挥先锋模范作用。在学生党员中，倡导努力学习，诚信做人。通过“成长、成才、成功”主题教育，让学生党员实践和体会，在同学中起到表率作用。在全校范围内形成“人人学先进、人人争先进”的良好氛围和勇于实践，发挥党员先进性的良好风貌。

3. 建立健全党员考评和党员权利保障机制，构建民主型党支部。通过开展民主评议与评估考核，逐步完善党支部与党员、党员与党员、党员与群众之间的双向交流。每个党员按照要求，必须认真参加基层党支部的民主生活会，在开展思想交流、批评与自我批评的同时，开展党员评议。党员评议主要围绕个人的理想信念、党员意识、遵守纪律和工作业绩等方面进行。通过党员评议，一方面促进党员之间相互学习、相互提高，另一方面，也是更好的鞭策和鼓励党员始终保持良好的精神状态。保障党员的合法权益，是维护党章赋予党员权利的基本体现，也是增强党员责任感和凝聚力，发扬党内民主的表现。保障党员的权利，主要是按照党章规定的党员权利，重点在落实好党员的知情权、参与权、监督权。一是建立党内情况通报制度，按类别和层次对广大党员进行党内情况通报；二是建立党内重大决策征求意见制度，对有关学校改革发展建设的重大措施在党内征求党员意见；三是建立党员信息反馈制度，通过设立意见箱和开设电子信箱等方式，受理党员提出的各类建议和意见。

4. 建立健全党员联系、服务群众机制，构建服务型党支部。党员联系、服务群众是保持共产党员先进性的重要途径，也是加强群众对党员监督的有效手段。通过制定党群谈心走访制度、意见交流与反馈制度，有效畅通群众利益表达和诉求的渠道。针对本单位、本部门的党外群众和有困难的特殊对象，完善党员联系群众责任制，固定联系群众、联系学生、联系帮扶对象。做到经常与群众谈心，交流思想。党员按照全心全意为人民服务的宗旨要求，主动为群众解决实际困难，帮助群众排忧解难，并将此作为一项经常性的任务，努力树立党员的良好形象。在先进性教育活动中，全校共走访困难群众487人次，慰问钱物价值270 403.13元，为群众办实事448件。

5. 建立健全关心帮助党员机制，构建和谐型党支部。一是各级党组织要努力为党员营造和谐、温馨的“党员之家”，在党员学习、工作和生活上，做到主动关心他们，关注他们的需求，为他们的成长和发展提供有力的支持，努力构建和谐型党支部。先进性教育活动中，基层党组织积极帮助党员解决在政治、工作、学习等方面遇到的问题和困难，全校共走访慰问有困难党员364人次，为有困难党员办实事298件。二是党组织和广大党员做到关心、服务群众，帮助他们解决实际困难，及时化解矛盾，共同构建和谐校园，从而推进学校各项工作的顺利开展。

三、用先进性教育促进先进性建设，用先进性建设促进学校事业发展的三点思考

高校如何用短暂的先进性教育活动，促进党组织自身长久的先进性建设，如何把这种先进性建设阶段性的实践成果，转化为基层党建持续性的制度成果，并在不断积累中形成相应的理论成果，是我校党委从整个教育活动伊始就一直高度关注、积极思考并努力探索的问题。在我们的思考与引导下，通过基层党组织和广大党员的广泛参与和共同实践，我们对如何用先进性教育促进先进性建设，逐渐形成了这样三点认识：

1. 先进性教育与先进性建设要互相依存

毫无疑问，在这次学校先进性教育活动中，无论是教职工党员，还是学生党员，无论是在职党员，还是离退休党员，参与面之广，热情度之高，自觉性之强，都是近年来少有的。先进性教育活动对党员角色的“唤醒”作用、对党员意识的“唤起”作用、对党员活力的“焕发”作用，更是显而易见的。短期的先进性教育为党长期的先进性建设，的确提供了非常重要的思想基础与发展平台。但我们认为，对于我们这样一个正在执政、并将长期执政的大党而言，通过阶段性的先进性教育活动，形成党员的政治认同、角色认知与自我归属，是十分重要的，但还不是教育的终极目标。在今天复杂的社会环境与多样的人生选择中，党员能否自觉地坚定理想信念并保持知行统一，能否自觉地将自身的党性修养与党的先进性建设融为一体并一以贯之，这既是教育的重点，也是建设的难点。因此，只有先进性教育与先进性建设互为平台，相互支撑，相互依存，才能在党员自身教育与党组织的自身发展之间形成良性循环。也就是说，先进性教育已为先进性建设提供了重要的思想基础和组织保证，而先进性建设则能以一种与时俱进的精神状态和长效机制，为先进性教育不断提供充足的思想源泉和持久的精神动力。不着眼于抓好先进性教育，先进性建设就无从谈起；而仅局限于抓好眼前的先进性教育，不注重着眼于长久的先进性建设，包括思想观念、组织构架、运行方式、功能定位、制度安排等等方面的组织自身建设，先进性教育不光成果不能保持，成效也难以衡量。

2. 先进性教育与先进性建设要立足创新

胡锦涛同志曾鲜明地指出：“三个代表”重要思想强调实践没有止境，创新也没有止境，党的全部理论和工作要体现时代性，把握规律性，富于创造性。我校党委认为：无论是先进性教育还是先进性建设，都是为了真正使基层党组织不断增强凝聚力、战斗力和创造力，发挥好党的政治优势、组织优势和密切联系群众的优势，真正成为实践“三个代表”重要思想的组织者、推动者和实践者。建设是一种制度化的教育，而教育是一种集约化的建设。面对今天党员队伍年龄结构、阅历背景、知识层次与思想意识的众多变化，面对党员自身多指向的利益需求，二者都必须在整体推进中注重创新。因为先进性教育只有通过创新形式、载体和方法才能有效，先进性建设只有通过创新制度、机制、途径才能巩固。我们在今天这样一个信息时代，固然应该继承传统去“一把钥匙开一把锁”，更应该与时俱进“用数码钥匙开电子锁”。只有立足创新，才能不断满足广大党员不断增长的精神需求与发展需求，使党组织评价与社会评价保持协调，使党的要求与党员的需求有机结合，进而产生党组织的凝聚力，形成党组织的战斗力和影响力。创新产生凝聚，凝聚推动创新。在全党要成为“学习型政党”，全民族要建设“创新型国家”的背景下，能否创新、怎样创新，实际上也是检验一个基层党组织是否具有永葆先进性能力的核心指标。

3. 用党组织的先进性建设促进学校事业的全面、协调和可持续发展

校党委组织广大党员进一步学习贯彻十六届五中全会、市委九届十次会议精神和中央经济工作会议精神，认真分析了学校面临的形势和任务，达成这样的共识：发展是硬道理。我校正处于发展的关键时期，如何抓住发展机遇，贯彻落实科学发展观，进一步凝练学科方向，汇集创新学科队伍，构筑高素质教师队伍，提高人才培养质量，营造良好育人环境，全面提升为首都经济发展的服务能力，科学规划学校“十一五”发展总体定位和发展目标，对我校而言至关重要。学校的发展必须做到科学发展、内涵发展、协调发展和可持续发展，在重提高教学、科研和人才培养质量上下功夫。广大党员要把先进性教育中焕发的热情投入到学校发展的事业中，为学校的建设贡献自己的力量。校党委号召广大教职工党员向孟二冬同志学习，学习他处处以共产党员的先进性标准要求自己，为党和人民的教育事业淡泊名利、无私奉献的精神；学习他爱岗敬业、为人师表，为教书育人恪尽职守、呕心沥血的精神；学习他甘于寂寞、严谨治学，为追求学术锲而不舍、求真务实的精神；学习他珍爱生活、自强不息，为克服困难坚忍不拔、乐观向上的精神。校党委号召广大学生向洪战辉同学学习，学习他自强自立、勇于进取的坚韧品格；学习他克服困难的坚强意志和战胜困难的顽强毅力；学习他面对困难不低头、面对挫折不放弃的奋斗精神；学习他刻苦学习、严于律己、诚实质朴的高尚品质；学习他乐观向上、积极进取的人生态度和高尚的思想品德。广大党员要用实际行动体现党员的先进性，成为学校事业发展的中坚。

党的先进性建设是一个长期艰巨的任务。我们绝对不能满足于先进性教育活动搞得轰轰烈烈，更重要的是需要我们全校各级党组织和广大党员，通过教育活动总结先进性教育的经验和收获，把先进性教育活动转化到党的先进性建设经常性工作中来，把党的先进性建设和学校建设，党组织建设和教学、管理、学科建设有机结合起来，推动学校工作和党的事业可持续发展。我们全校党员和全校师生要进一步团结起来，为实现学校第九次党代会提出的奋斗目标，把北京工业大学建成国内一流的教学研究型大学而共同奋斗。

北京工业大学党委常委会
保持共产党员先进性教育活动整改方案

在先进性教育活动中，校党委常委会按照市委、市教育工委先进性教育活动的总体部署，认真学习

了有关文件精神，围绕学校改革发展的各项工作进行了深入研讨。经过广泛征求各方面意见，常委会认真分析了学校发展中面临的突出矛盾和主要问题，查找了工作中存在的差距和不足，按照“三个代表”重要思想和落实科学发展观、加强党的执政能力建设和党的先进性建设的要求，围绕学校发展定位和“十一五”期间学校建设的任务、目标，立足于解决实际问题，促进各项工作和成为群众满意工程的指导思想，制定了整改方案。

主要在以下几方面进行重点整改提高：

一、着力提高党委常委会总揽全局、统筹协调的能力和水平

1. 切实加强学习，提高理论水平和总揽全局、统筹协调的能力。

党委常委要进一步加强理论学习，坚持用马列主义、毛泽东思想、邓小平理论和“三个代表”重要思想武装头脑，牢固树立马克思主义的世界观、人生观、价值观和正确的权力观、地位观、利益观。用科学发展观统领学校改革和发展的各项工作，自觉运用党的基本理论、基本路线、基本纲领、基本经验指导学校改革和发展的实践。

（逐步整改，长期坚持）

要继续完善学习制度。通过调整校理论中心组学习安排，充实学习内容，保证学习时间。适当增加集中学习时间，使大家围绕学校改革发展问题，潜心研究、思考问题，交流研讨；通过采取理论中心组、常委会、领导班子务虚会、专家辅导报告会、考察调研等多种学习形式，不断提高学习的实效性，增强领导集体的整体素质和理论政策水平，增强推进学校发展的统筹协调能力。

（逐步整改，长期坚持）

负责人：孙崇正　冯　培

落实部门：宣传部、校两办

2. 围绕学校“十一五”发展建设规划，加强对影响学校发展全局的重大问题的战略性、前瞻性研究和思考。

当前和今后一段时期，是我校研究制定好“十一五”发展建设规划，关系未来五年乃至今后学校可持续发展的重要时期。党委常委会要紧紧抓住这个契机，把握高等教育的发展趋势，加强对学校发展建设、学科建设、校园规划等宏观方面的研究。结合国家和北京市经济社会发展的需要以及学校发展的实际情况，全面、系统、准确地把握和分析学校发展面临的形势、存在的矛盾和困难，加强战略性、前瞻性问题的研究和思考。在下一步规划编制工作中，常委会要深刻领会中央提出的“十一五”发展的指导思想和重大原则，明确主要任务和建设思路，通过各个层面全面、深入、广泛地宣传讨论，集思广益，研究和制定好学校“十一五”发展建设规划。在全校上下进一步宣讲，明确学校发展的定位、总体目标和阶段性任务，把握全局、突出重点，推进各项工作的落实。

（马上整改，逐步深入）

负责人：孙崇正　张爱林　张　泽

落实部门：发展规划处

3. 坚持民主集中制原则，落实党委工作条例，完善会议制度，规范决策程序。

按照集体领导、分工负责，个别酝酿、民主集中的民主集中制原则，提高常委会决策水平、决策质量和效率。进一步落实学校党委工作条例、党委议事和决策制度，健全和完善常委会、校长办公会、书记办公会等各项会议制度。坚持常委会向全委会负责、报告工作和接受监督的制度。做到每学年常委会向全委会报告工作，全委会向党员代表会议报告工作。发挥书记办公会沟通情况、协调工作、研究酝酿提交常委会讨论决策重大议题的作用。发挥校长办公会重研究、议大事的行政决策作用。逐步实行领导分工负责会签制，提高行政决策效率。

（已经实行，进一步完善）

负责人：孙崇正　赵凤琴

落实部门：校两办

二、坚持内涵发展，着力解决好学校发展中的突出矛盾和问题，在提高办学能力和办学水平上下功夫

高等学校承担着培养人才、科技创新和服务社会的职能，提高教育教学质量、科学研究水平和建设高素质的师资队伍始终是校党委常委会工作重心和着力研究解决的问题。

4. 以育人为根本，坚持抓好教育教学质量的提高。

加强教师队伍建设。近期制定并颁布《北京工业大学教师本科教学工作规范》。（马上整改）

一年内落实教授、副教授为本科生上课制度和青年教师岗前培训、助课制度；不断加强对课堂教学的检查与指导。（限期整改：2006 年底）

提供优质教学资源。以“四名工程”建设为龙头，为学生提供一批优质教学资源，近期重点解决公共选修课资源不足问题；（马上整改）

一年内重新修订本科教学计划；两年内建成北京工业大学工程实训平台；半年内缓解教室资源紧张的局面。增强服务意识，提高管理水平，一年内建立科学、合理、方便的学生选课、查询等制度。

（限期整改：2006 年）

负责人：将毅坚

落实部门：教务处

5. 坚持科学发展观，努力提高学科建设水平和科技创新能力。

进一步强化科研意识，推动学术活动和学术交流，构筑良好学术氛围；建立科技创新特区，在条件成熟的局部实行团队整体考核机制；以光电子实验室为例，探讨高校科学研究攻关和科技成果转化的新体制、新政策、新思路。

（马上整改）

落实部门：科技处、人事处、电控学院

融入北京，为首都经济建设服务。与北京汽车控股集团、北京机床研究所、大兴区工业局等合作，承接重大工程项目；研讨科技政策的调整方案，调动教师、学院两个积极性。

（马上整改）

落实部门：科技处、校友会、机电学院、生命学院

调整科技管理政策，构筑良好科技环境。

（限期整改：2006 年 3 月底）

落实部门：科技处

研究落实科研编制政策，为长江学者、特聘教授、杰出青年基金获得者制定团队建设条例。

（限期整改：2006 年 6 月底）

落实部门：人事处、科技处

落实“立足北京、融入北京、辐射全国、面向世界”的指导思想，鼓励横向联合、与企业联合，增强做大项目、大工程的能力。重点落实几个学院在汽车、印刷、环境、交通、新医药及软科学等方面与北京的合作，2006 年取得实质进展。

（逐步整改）

落实部门：科技处、相关学院

进一步强化科研意识，推动学术活动和学术交流开展，构筑良好学术氛围；建立有效机制，推动人才、基地、团队、项目四位一体的协调发展。

（长期整改）

负责人：卢振洋

落实部门：科技处、校科协、“211 工程”办公室

6. 坚持以人为本，人才强校，着力建立一支高素质、高水平的师资队伍。

按照学校人才队伍建设目标，牢固树立以人为本的可持续的人才发展观，继续以高层次人才队伍建设和学术团队建设为重点，分层次大力引进高层次学科带头人、学术骨干和技术性人才，加大对优秀人才和青年教师培养和资助的力度。按照在开放中引进人才，在竞争中选拔人才，在流动中稳定队伍的指导思想，适度扩大队伍规模，在岗位设置和聘任中进一步优化师资队伍结构，不断完善和规范教师职务聘任制。实行校院两级人才队伍规划、建设责任制，学校负责强势学科和省、部级重点实验室的学科带头人的规划和引进，学院负责重点学科骨干人才的引进和培养，相关政策逐步出台完善。逐步建立人事工作队伍岗位培训和认证制度，提高人事工作人员的职业化、专业化水平。着手编制《北京工业大学“十一五”队伍建设规划》，按照编制和岗位要求，制定《北京工业大学各类人员编制和岗位核算办法》，制定北京工业大学人员分类管理的相关政策。进一步优化发展环境，建立“发现、发动和发展人才”的机制，调整吸引人才和人才有序流动政策。

（逐步整改）

负责人：孙崇正　张　泽

落实部门：人事处

三、推进依法治校，深化校院两级管理改革，在提高治校理教的能力上下功夫

7. 落实依法治校、依法行政、依法管理的各项制度。

进一步完善校务公开制度，发挥校务公开网的窗口作用，及时宣传、公布学校的决策事项，接受群众的监督；理顺党委领导、行政管理与学术管理的关系。

（已经实行，进一步完善）

落实部门：校两办

完善校领导接待日制度，增强接待工作的公开性。预告接待日程安排，公示信访结案率。

（马上整改）

落实部门：校两办

从下学期开始，实行校领导专项接待和综合接待制度，每周安排一次校领导专项接待，提高解决问题的实效性；每月安排一次党委书记、纪委书记综合接待。继续坚持校长信箱接待，公布校领导电子信箱，便捷沟通渠道。

（限期整改：2006 年 3 月）

落实部门：校两办

落实校领导联系学院制度。根据工作需要适时调整领导所联系的学院，进一步明确职责、要求，做到经常深入学院听取意见，了解情况，解决问题，促进工作。

（马上整改）

落实部门：各位校领导、校两办

充分发挥教代会的平台作用，继续完善和落实提案限期答复制度，加大监督和保证力度，使教职工反映的问题能够尽快落实、解决。

（已经实行，进一步完善）

落实部门：校工会

坚持与民主党派、无党派群众的民主协商会、座谈会、形势学习会、情况通报会的例会制度和校领导班子成员与党外人士交朋友制度。

（已经实行，进一步完善）

落实部门：统战部

负责人：张毅刚　卢振洋　赵凤琴

8. 进一步完善校院两级管理体制，提高管理水平和办学效益。

按照以人为本，盘活资源，依法治校，提高质量，内涵发展的工作思路，进一步完善和明确校院两级管理的职责、权限、要求，按照两级管理的原则，加强学院、研究所、重点实验室的人事聘任管理、资产设备管理、项目管理、财务账目管理等岗位及人员的调整、充实，保证工作的落实。

（限期整改：2006年底）

落实部门：人事处、财务处、国资处、有关学院

理顺机关职能部门的职责，明确权限，简化环节，加强岗位培训，提高人员素质，改进机关作风。

（限期整改：2006年6月，逐步完善）

落实部门：机关党委

逐步实行问责制、授权制，提高服务意识和服务水平。加强学校层面的统筹协调，尽快制定出台学校资源配置及使用效益考核实施办法，修订和完善资产设备日常管理、使用、考核、奖惩办法，进一步规范管理、强化责任，提高管理水平和办学效益。

（限期整改：2006年6月）

落实部门：国资处

负责人：卢振洋　张爱林

四、解决好关系群众切身利益的一些具体问题

9. 关于校园网络运行、使用的有关问题。

网络收费问题是近期学生、教师反映比较强烈的一个问题。随着学校的发展，为了使广大教师、学生充分利用和方便使用互联网，学校已经作出了调整网络收费标准的有关决定，目前正在抓紧设备的改造和完善，新的计费系统已进入实际应用测试阶段，并将于12月初开始新计费系统的试运行，同时开始执行新的收费管理办法，于2006年1月8日正式执行。

（马上整改）

落实部门：信息处

改进邮件服务系统，扩容邮箱；计划于2006年上半年提供学校在册人员在校外可访问校园网资源的服务；加快推进“数字工大”的建设，积极稳步地推进建立在“一卡通”平台和中央数据库平台基础上的各应用系统的建设，逐步实现学校各类信息资源的统一管理和开发利用，为学校的教学、科研、管理和后勤服务等提供保障。

（限期整改：2006年6月，逐步实施）

落实部门：信息处

负责人：冯　培

10. 关于提高教师待遇问题。

根据学校发展的实际情况，党委常委会正在着手研究在以下方面提高教职工的待遇：一是适当提高学校退休人员“改革成果共享费”；二是增加新到校工作的硕士毕业生和本科毕业生的住房补贴；三是根据北京市有关政策，逐步研究适当提高在职教职工住房公积金比例问题。

（限期整改：2006年6月）

落实部门：人事处、离退休人员管理处

负责人：孙崇正　张毅刚

11. 关于改善学生生活服务设施的问题。

抓紧研究解决中蓝社区学生生活服务的具体问题。增设北研楼饮水等生活服务设施；

（马上整改）

落实部门：后勤集团

分期分批逐步改善校园网第一、第二教学楼和学生宿舍1号楼、2号楼的网络布线及设备环境，解决学生宿舍10、11号楼学生上网难的问题。

（限期整改：2006年6月）

落实部门：信息处、后勤集团

负责人：马志成

12. 营造整洁、和谐、稳定的校园环境。

加强学校绿化与修缮工程的规划、计划与管理，确保资金合理利用；加强校园治安巡查、校园监控和校门的出入管理，改进工作态度，增强责任意识；加强校园车辆管理，调整完善机动车入校收费制度，加大校园自行车管理力度；研究通勤班车改革方案；进一步研究公费医疗报销问题，共同营造整洁、和谐、稳定的校园环境。

（限期整改：2006年6月）

落实部门：保卫处

负责人：马志成

五、进一步加强党的建设和思想政治工作

13. 加强校院两级领导班子和干部队伍建设。

建立常委会定期分析研究领导班子建设的制度。根据校、院工作需要，定期分析院级领导班子的工作、人员状况，及时解决问题，加强工作指导。

（马上整改）

落实部门：组织部

健全和完善处级干部选拔任用制度。坚持处级干部任用由党委常委会集体讨论决定的原则，逐步

改进处级正职干部任用由全委会无记名投票办法，完善任前公示和任职试用期制度。

（已经实行，进一步完善）

落实部门：组织部

逐步建立和完善处级领导岗位职责规范，实行领导职位说明书制度，探索建立以业绩为核心，包括德、能、勤、绩、廉等方面的考核评价体系。

（限期整改：2006年底）

落实部门：组织部

分别对后备干部和青年骨干教师、新任干部、在任干部制定相应的培训计划，在校机关设置非常设性副处级岗位，选拔青年骨干教师和后备干部挂职锻炼。

（限期整改：2006年6月）

落实部门：组织部

加强校、院两级领导班子、领导干部遵守政治纪律、廉洁自律，坚持民主集中制、领导干部述职述廉、个人重大事项报告和对党政领导干部选拔任用制度的监督；建立干部离任的工作交接制度。

（马上整改）

落实部门：组织部　纪委

负责人：冯　培　张毅刚　纪树兰

14. 进一步加强基层党组织建设，探索建立基层组织创新和党员保持先进性的长效机制。

巩固我校先进性教育成果，不断推进基层党建创新，坚持不懈地加强党的先进性建设，更好地发挥广大党员的先锋模范作用，增强各级党组织的创造力、凝聚力和战斗力。结合《中共北京市委关于推进基层党建工作创新的意见》精神和我校基层党建工作实际，以先进性教育活动为契机，制定《中共北京工业大学党委关于推进基层党建工作创新的指导意见》。

（马上整改）

落实部门：组织部

加强制度化建设，形成先进性教育的制度成果，建立先进性建设的长效机制。进一步完善《中共北京工业大学委员会院级单位党委、党总支、直属党支部委员会工作细则》，将先进性教育活动中有关党员学习、评议、整改等方面好的做法和程序固化下来，成为组织工作长效机制。

（限期整改：2006年底）

落实部门：组织部

利用我校在先进性教育活动中形成的新时期党员具体要求，制定和完善《北京工业大学教职工党员日常行为规范》和《北京工业大学学生党员日常行为规范》，增强党员意识、规范党员行为、体现党员先进性。

（马上整改）

落实部门：组织部

负责人：冯　培　纪树兰

15. 坚持做好日常思想政治教育工作，加强党风、校风、教风、学风建设，构建和谐校园。

建立和落实基层教职工尤其是教职工党员理论学习的制度和机制，确保党员日常学习教育制度化、规范化。建立理论学习网页，逐步形成教职工党员日常学习的指导机制。创新理论学习的方式，不定期以校院联合的方式组织理论学习报告会。

（限期整改：2006年6月）

落实部门：宣传部

努力营造学术气氛和人文氛围，形成良好校风。以贯彻中共中央《关于进一步加强和改进大学生思想政治教育的意见》为主线，大力宣传、贯彻“教育以学生为本，学生是主体；办学以人才为本，教师是主体”的办学理念。围绕落实育人为本、德育为先、全面发展的要求，大力加强大学生的思想政治教育。进一步完善辅导员队伍的建设，推广学生社区建设。继续以“三成”教育为主题，全面加强学生素质教育，树立良好学风。

（已经实行，进一步完善）

落实部门：学生部、研工部

从强化全员德育意识着眼，把树立良好师德师风、爱岗敬业精神和增强教师的爱心、事业心、责任感作为思想政治教育工作的主要内容，贯穿于日常宣传教育之中。

（马上整改）

落实部门：宣传部

负责人：冯　培　张毅刚

在学校发展的重要时期，我们面临的形势是严峻的，任务十分艰巨。校党委常委领导班子要坚持以“三个代表”重要思想为指导，深入贯彻党的十六大和十六届三中、四中、五中全会精神，树立科学发展观，以强烈的责任感和使命感，努力拼搏，扎实工作，推进学校事业全面、协调、可持续发展，完成党代会提出的各项任务，为建设国内一流教学研究型大学而奋斗！

以上整改意见是常委会深入分析了学校发展面临的形势和任务，以及全校教职工提出的意见和建议，经过认真讨论研究提出的。其中的问题有些在近期可以取得进展见到成效，有些还需要在一段时间内深入研究、制定具体落实方案，逐步加以解决。各项任务的负责人要按照整改方案确定的内容、时间，抓紧组织实施落实，切实解决学校发展中的主要问题和群众反映强烈的问题，使先进性教育活动真正取得实效，成为群众满意工程。

北京工业大学45周年校庆专题

盛世庆华诞，工大铸辉煌

——北京工业大学举行建校45周年系列庆典活动

2005年10月14至16日，北京工业大学隆重举行了建校45周年系列庆典活动。为期三天的校庆主要包括建校四十五周年庆典大会、学生课外优秀科技作品展、校史展开幕仪式、校园雕塑剪彩、文艺演出暨杰出青年校友颁奖晚会、亚洲教育北京论坛分论坛等活动。此外，学校还特别安排了分别由香港校友和蒋璜基金会承办的为北京工业大学第一任校长、85岁的李晨教授和百岁高龄的蒋璜教授举办生日寿宴，作为工大历史的见证人、作为工大发展的建设者，他们和北京工业大学一起度过这个难忘的生日。

一、精心组织与策划，做好大会各项准备工作

2004年12月9日，经第15次校长办公会议决定，2005年10月15日召开45周年校庆庆典。同日，成立北京工业大学45周年校庆工作筹备组。2005年1月17日，学校召开第一次校庆工作会，初步确定了校庆分工及各项工作的负责人。4月起，校庆筹备工作开始启动。

9月，校庆大型活动方案确定。充实调整校庆筹备组，正式组成北京工业大学45周年校庆组织委员会。校庆组织委员会负责校庆总体工作，是校庆组织与推进工作的领导与决策机构。校庆组委会下设办公室、宣传组、接待组、活动组、联络组、后勤组和安全组七个组。有关机构和要求经工大发2005年第29号文下发到各学院、职能部门。

为保证校庆工作的顺利进行，校庆组委会的各个组分别做了大量准备工作。校两办作为校庆办公室负责全校校庆工作的统一协调，制定校庆整体工作方案、会场组织与安排，贵宾和嘉宾联络邀请和接待工作及大会当天的应急预案工作。宣传部作为宣传组承担了校史展览馆建设、校庆光盘、校庆画册、校庆公告、校庆宣传、校庆庆典氛围营造等编辑、制作、组织工作。由学生处、校团委为主要负责部门的活动组承担了“榜样的力量”、“三成”教育等几个论坛，校庆大会、校庆文艺演出观众的组织以及校庆文艺晚会、十大杰出青年校友评选活动和校庆学生课外优秀科技作品展等工作的组织落实工作。联络组、接待组在后期调整为一个组，与校友会、离退休人员管理处、校两办共同承担了贵宾、嘉宾和知名校友的联络、接待、引导工作，为来宾做引导的大学生志愿者在校庆当天成为学校的一道靓丽的风景线。后勤组承担了校园环境建设与美化以及来校校友的吃、住、行等后勤保障工作，并承担了大量校庆用文件等的印制工作。安全组承担了校庆前后，特别是校庆期间学校的安全与保卫工作，学校保卫处还与周边的公安机关取得联系，做好防恐防爆工作，以及校庆期间车流、人流的疏导和校庆各个会场的安全保卫工作。

除学校统一安排的活动外，各学院、机关党委、后勤集团等单位还根据部门实际制定了校庆工作计划和日程安排，为迎接校友返校做了充分的准备工作。45周年校庆标志在校庆前公开征集并发布。

由于此前各组准备充分，安排有序，各部门统一协调，校庆当日，学校的各项大型活动有条不紊，校园环境秩序井然。

二、组织有条不紊，庆典大会系列活动同时举行

香港校友座谈会与李晨校长寿辰。14日上午，香港校友座谈会在第一餐厅举行。校党委书记孙崇正，党委副书记冯培、张毅刚，副校长马志成、张爱林、卢振洋，校党委常委、两办主任赵凤琴等领导出席了座谈会。孙崇正书记代表学校对香港校友的到来表示热烈欢迎。香港校友会会长赵春燕代表全体校友对母校45岁生日表示热烈祝贺。她说，45年前，归国的印尼华侨来工大深造，感谢工大的教诲，成就了他们的今天。同时，工大今天的成绩也给海内外校友很大的鼓舞。希望校庆50周年的时候工大更辉煌。会后举行了老校长李晨的寿宴。李晨老校长将他的著作《坦言集》以及《名师寄语学子》赠送给香港校友。

大学生科技展。14日下午，学生课外优秀科技作品展在逸夫图书馆南广场拉开帷幕，本次展览为期4天。校党委副书记冯培、张毅刚，副校长蒋毅坚、卢振洋等校领导出席开幕式并为科技展剪彩。此次展览以学生科技作品实物和展板展示为主，配合多媒体设备将学生科技作品的原理、科技含量等清晰地介绍给观者。

校庆晚会。14日晚，“灿烂阳光下”——校庆文艺演出暨杰出青年校友颁奖晚会在校礼堂举行。党委副书记冯培、副校长张泽、张爱林表演的诗朗诵《家园》，将晚会的气氛推向了高潮。2005年杰出青年校友评选结果现场揭晓。校党委书记孙崇正，副书记张毅刚、副校长马志成、侯义斌为获奖的11名校友颁发了奖杯。

45周年庆典大会。15日上午，在逸夫图书馆北广场隆重举行建校45周年庆祝大会。教育部副部长赵沁平，教育部科技司副司长雷潮滋，教育部教育研究发展研究中心主任张力，北京市委副书记龙新民，北京市委常委、教工委书记朱善璐，北京市副市长、北京工业大学校长范伯元出席庆祝大会，并在主席台前排就座。原中央军委办公楼工程指挥部总指挥刘克昌少将、原国家建设部副部长郑一军出席庆祝大会。出席大会的还有教育部、北京市教委、市财政局、市科委、市发改委、市教育工会、朝阳区、通州区、大兴区的主要领导，清华大学、中国人民大学等全国50余所兄弟院校领导。党委书记孙崇正、副书记冯培、张毅刚、副校长张泽、马志成、侯义斌、张爱林、蒋毅坚、卢振洋，学校老领导李晨、樊恭烋、王浒、陈明绍、周宣诚、蔡少甫，在校院士左铁镛、李京文、张杰、张在明等出席大会，来自海内外的嘉宾、校友及师生员工近万人参加了庆祝大会。庆祝大会由党委书记孙崇正主持。孙书记代表学校向出席庆祝大会的各位领导、嘉宾和校友表示热烈欢迎，向为学校发来贺电、贺信的单位及个人表示衷心的感谢。大会宣读了全国人大副委员长许嘉璐，全国人大副委员长韩启德，全国人大副委员长、全国政协副主席、校友张榕明的贺词及贺信，全国妇联副主席、校友沈淑济的贺信、题词。北京市副市长、北京工业大学校长范伯元在庆祝大会上发表庆典致辞。他表示在新的历史阶段，北京工业大学将以“三个代表”重要思想为指导，全面贯彻落实科学发展观，抓住机遇，扎实工作，与时俱进，开拓创新，在改革中求发展，在发展中创一流，努力为促进北京市高等教育事业的发展，为提高全民族的科学文化素质，为构建社会主义和谐社会，贡献北京工业大学的智慧与力量。北京市委副书记龙新民在庆祝大会上致辞。他首先代表市委、市政府向北京工业大学全体师生员工及广大校友致以最热烈的祝贺和最诚挚的问候。他说，北京市委、市政府将继续全力支持北京工业大学的建设和发展，希望北京工业大学全体师生员工按照全国人才工作会议和首都教育大会要求，以“三个代表”重要思想和科学发展观为指导，努力将北京工业大学建设成为国内一流的教学研究型大学，为首都教育事业特别是高等教育的大发展，为实现首都率先基本实现现代化的宏伟目标作出新的更大的贡献！上海大学党委书记于信汇代表兄弟院校在致辞中向工大45周年华诞表示热烈祝贺，同时表示将一如既往地和北京工业大学一起，互相学习、携手并进，为促进我国高等教育发展，培养高素质人才，为实现中华民族的伟大复兴而努力奋斗。北京工业大学6063班毕业生、中国工程院院士张在明在庆祝大会上发言。他为北工大建校伊始时的艰辛而激情的岁月感慨，为今天工大的成就感到由衷的骄傲和自豪，他代表工大7万名校友感谢母校的教导，并表示将尽最大的努力为母校的腾飞作出自己的贡献。此次大会的实况在新浪网上进行全程实时直播。学校共收到各类礼品25套（件），北京市教委、教工委等23家单位送来花篮和祝贺气球，48家单位发来贺信。收到来自兄弟院校和教工疗养院的礼金5.74万元。收到香港校友的捐款6万元，收到89201、89202班毕业生捐赠的铜鼎一座，价值1.23万元，收到在北京家电研究所工作的校友们捐赠的校牌两块。

地方院校座谈。庆祝大会前，左铁镛院士、党委书记孙崇正、党委副书记冯培、副校长张泽院士、蒋毅坚与上海大学党委书记于信汇等京外高校领导就地方高校的改革与发展座谈。孙崇正主持了座谈会，代表学校对各位兄弟院校领导在百忙之中出席学校校庆活动表示感谢和欢迎。左铁镛院士在会上介绍了目前教育部关于地方高校的改革与发展政策的最新动态。出席座谈会的各高校领导分别介绍了各自学校的发展情况，纷纷表示面对现在良好的发展机遇，很受鼓舞，将加强地方高校间的团结合作，共同推动地方高校的改革与发展。同时在科学楼举行了校史馆开馆仪式暨校庆四十五周年光盘画册、《无价的财富》、《往事回眸》、《六十年代》等书的发赠仪式。校党委副书记张毅刚主持仪式并讲话。

15日下午，校党委书记孙崇正、副校长侯义斌会见了参加母校四十五周年校庆庆典的日本校友会会长贺乃和。随后会见了应邀参加学校四十五周年校庆庆典活动的日本日立制作所和索浪集团公司代表。孙书记代表学校感谢日立公司对学校校庆的祝贺和支持。日立制作所与学校的合作由来已久，双方自2001年建立北工大——日立电子政府展览室、2003年成立北京日立北工大信息系统有限公司以来，在电子政务和信息安全等方面展开了全面合作。

日前，双方在数字工大、智能交通系统的合作已经进入了实质性的研究开发应用阶段。

亚洲教育论坛。16日上午，在校逸夫图书馆报告厅举行了亚洲教育论坛——跨国文化管理与培训国际经验回顾与展望研讨会，来自世界各地30多个著名学术机构的近百位代表出席。会议由副校长卢振洋主持。校党委书记孙崇正代表学校对各位嘉宾的到来表示感谢和欢迎。孙书记说，亚洲教育论坛为亚洲各国乃至世界各国的沟通和交流提供了一个良好的平台。如何开展跨国文化管理，提高跨国经济的教育已经成为各国在经济国际化进程中间和对外经济交往的过程中共同面对的疑虑和挑战。因此，跨国文化管理与培训对借鉴成功的跨国文化管理经验、理解各国的文化差异、探讨跨国文化管理的模式以及更好的实施跨国文化管理、提高企业的国际竞争力都具有十分重要的意义。随后，波兰前副总理兼财政部长、现任华沙企业管理学研究院转型经济与全球化研究所所长科沃德科先生和联合国国际交流协调与合作委员会副主席珍安妮温切斯特女士分别作了题为《经济转型的国际经验比较兼论跨国文化交流的作用》和《论教育和文化在全球经济化的作用与前景展望》的演讲。会上，德国柏林洪堡大学教授，原欧洲、德国跨文化教育与培训协会副主席韩友耿教授与学校党委书记孙崇正、北京外国语大学校领导代表各自学校互赠了礼物。

16日下午，2005亚洲教育北京论坛——经济国际化中的跨国文化管理与培训国际会议之国际青年学术交流活动在逸夫图书馆举行，100余位中外学生就加强现代学生跨国文化能力问题展开交流与讨论。此次国际青年学生学术交流会议由北京工业大学、北京外国语大学和德国洪堡大学共同主办。会议在北京市科协的大力支持下，为大学生搭建了一个展示才华、交流思想的平台，同时也强化了大学生理解文化差异，克服文化障碍，追求和谐发展的意识。交流结束后，举行了“2005亚洲教育北京论坛——经济国际化中的跨国文化管理与培训国际会议”闭幕式，洪堡大学汉兹教授被聘请为学校中国经济转型研究中心教授。

蒋璜基金设立。16日，蒋璜教授百岁寿辰在校第一餐厅举行。建工学院的800余名校友、学院各级领导、教师、学生自发地来为老人祝贺生日，校党委书记孙崇正、副书记张毅刚、副校长马志成、张爱林也热情地前来为老人祝寿。蒋先生学识广博精深，为人虚怀若谷，在他的精神感召下，建工学院教师发起建立了以帮助有杰出贡献的高龄老教师和优秀特困学生为目的的“蒋璜基金”，并在蒋先生百岁寿辰之际召开创建大会，这也是北工大第一个以个人名义命名的基金。

校庆期间，校园落成了三座雕塑。它们是：知新园门前的“汲”，高2.5米，上方的蓓蕾由汉白玉制成；逸夫图书馆北门前的“梦”，高6米，宽3.4米，由不锈钢制成；校运动场附近的“实”，高2.05米，长2.1米，宽1.3米，新落成的雕塑美化了校园文化环境。

校庆展示了学校四十五年建设成就。以团结全体校友、凝聚全体师生员工力量为目标的校庆45周年系列活动，再次展示了北工大的大学精神和校园文化。这些都极大地鼓舞了在校师生和广大校友。通过一系列活动，回顾了北工大艰苦创业、稳步发展、实现跨越的奋斗历程，总结了学校在培养人才、汇聚人才、学科建设、校园建设的成就，更加坚定了北工大“立足北京、服务北京”的办学定位和以“服务求支持，以贡献求发展”的指导思想。校庆浓缩了北工大建校45年来的风华，彰显了北工大人“不息为体，日新为道”的精神，学校的精神文明建设成果通过师生的面貌得到了充分体现。校庆总结了经验，进一步凝聚了力量，增强了全体师生努力朝着建设国内一流教学研究型大学目标迈进的信心和决心。

建校45周年系列庆典活动已圆满结束，北工大将以“新北京、新奥运”为契机，紧紧抓住2008年奥运羽毛球暨艺术体操比赛馆建设的难得机遇，全面融入首都经济社会，积极参与全国经济建设，面向世界开放式办学，努力将北京工业大学建设成为国内一流的教学研究型大学。

（朱　静　李士贵　赵凤琴）

北京工业大学建校45周年庆典大会致辞与发言

2005年10月16日

1. 北京市副市长、北京工业大学校长范伯元讲话（详见专文）

2. 中共北京市委副书记龙新民讲话（详见专文）

3. 兄弟院校代表——上海大学党委书记于信汇讲话

4. 校友代表——北京工业大学1965届工民建专业毕业生、中国工程院院士张在明讲话

5. 教师代表——2004年度国家科技进步奖一等奖获得者、北京工业大学环境与能源工程学院博士生导师彭永臻讲话

6. 学生代表——研究生会主席吕津燕讲话

兄弟院校代表致辞

上海大学党委书记　于信汇

尊敬的范伯元校长，
各位领导、老师们、同学们、朋友们：

金秋十月，北京工业大学迎来了建校45周年的庆典，我非常荣幸地应邀参加校庆活动。首先请允许我代表钱伟长校长，代表上海大学5万名学生及5千余名教职工，向北京工业大学的全体师生和校友表示最诚挚的问候和最热烈的祝贺。

北京工业大学自建校以来，一直处于全国地方工科院校的“领头羊”地位。尤其是“十五”以来，贵校以建设国内一流教学研究型大学为目标，以“新北京、新奥运”为契机，以育人为核心，教育创新为动力，学科建设为龙头，师资队伍建设为关键，全面融入北京，抓住“十五”“211工程”建设和北京市率先基本实现现代化的机遇，搞好学科和校园整体建设，完成了从工科大学向以工为主，理、工、经、管、文、法相结合的多科性大学的转变，完成了从教学型向教学研究型大学的转变。贵校创造性地开展了以名师工程、名专业工程、精品教材和精品课程为主要内容的“四名工程”建设，教育教学质量不断提高，科技创新实力和学科建设水平有了大幅度提高，实现了“教育教学质量、科技创新能力、学校管理水平和办学效益全面提高”的学校发展总体目标，为在全国率先建成国内一流教学研究型大学，跻身全国高校50强奠定了良好的基础。

上海大学和北京工业大学有着深厚的友谊和广泛的交流。从上世纪80年代起，两校就建立了双方校领导定期互访的交流关系。在20多年的密切交流中，我们互相共进，特别是“九五”以来，我校的各方面工作都得到了贵校领导的热忱指导。现在，我们都是国家“211工程”重点建设的地方院校，在努力为地方的经济和社会发展作出贡献的同时发展着自己。我们两校的目标定位也几近一致，即通过“十一五”的建设，建成国内一流的地方综合性高校，继续跻身全国高校的前50强。我们两校在改革和发展过程所面临的困难也有着相似之处。近几年来，我们两校干部和教师经常开展对口交流，共同商讨如何解决制约学校发展的瓶颈问题，通过交流，相互取长补短。两校的历任领导架设的这座友谊的桥梁，我们要精心加以维护，并继续巩固和拓宽。

国家要发展，教育需先行。为全面建设小康社会提供强有力的人才和智力支持，为人类社会进步和国家的可持续发展作出自己的贡献，是高等学校责无旁贷的历史使命。我们衷心祝愿北京工业大学在未来的发展道路上，弘扬优良传统，再创新的辉煌，早日实现建设成国内一流的教学研究型大学的这样一个奋斗目标。让我们携手同行，面向未来，锐意进取，求真务实，努力贯彻落实以人为本、全面协调的科学发展观，推进教育创新，深化教育改革，为促进我国高等教育发展，培养高素质人才，为实现中华民族的伟大复兴而努力奋斗！

校友代表发言

北工大6063班毕业生、中国工程院院士　张在明

尊敬的各位领导和来宾，尊敬的老师和同学们！

我是北京工业大学土木建筑系6063班的学生。1960年入学，当时的土木建筑系排行是六系，我在三班。5年的学习和生活仍然历历在目，猛然回首，离开母校已经整整40年了！不能不令人感慨青丝成霜。今天是母校的生日，首先请允许我代表北工大

培育出的千万学子，向北工大45周年华诞表示衷心的庆贺！

北工大的45年，是从无到有艰苦创业的45年，是发愤图强、蒸蒸日上的45年，也是耕耘收获、硕果累累的45年！

我们这一代毕业生，经历过各种风风雨雨，既有遭遇挫折的懊恼，也有不懈努力的激情。不管经历着什么样的艰辛，不管取得了什么样的成绩，我们的脑子里牢固铸就的信念始终是：祖国——母亲！工大——母校！这就是为什么，我们在不同的地方、不同的岗位时时像关注国家每一步进程那样，关注母校的每一点变化，由衷地为北工大今天的成就骄傲和自豪。

在这个美丽的校园里，在今天这样的隆重集会上，我情不自禁地回想起45年前创建伊始时的母校。我们这一届入学的时候正是北工大刚刚建校。如果描述当时的北工大，可能有几个特点：首先是学校新，设施不完备，一共才有6栋建筑。1至4号宿舍楼、食堂兼作礼堂，还有一栋教学楼。学校的医务室在4号宿舍楼，图书馆在2号宿舍楼。孤零零的6栋建筑，除此之外，举目四望，便是荒野；其次是师资新，当时的老师来源有：新毕业的助教、外校的教师和工程单位调来的工程师，基本上没有教授；最后，生源也有特点，大部分是北京市高中毕业生，还有小部分是因为当时有关国家排华而返回祖国的爱国华侨，还有就是部队代培的学生。不同的来源和组合，我们始终保持团结和友谊，用今天的话说叫团队精神，直至今日。还要提到的是我们就学期间，时值1960～1962年的“困难时期”，我们和祖国、和母校一起见证了食不果腹的岁月，我们和全国人民一起，靠团结、靠意志渡过了难关，同时也收获了信念。

一个新学校，两个关键词，那就是：“困难”和“简陋”。今天我们要感谢困难和简陋，因为困难磨砺斗志，简陋激发创新。

大学之道，在于明德。我们在工大，主要学了两件事，一是学做人，二是学做学问。这两件事的学习，在我们在校的5年中以及以后的40年中，相互渗透和依存，潜移默化地造就了一代代北工大人。

师之所存，道之所存。在我们回忆大学的收获时，总是情不自禁地和传道授业的老师联系起来。是我们的老师用他们的辛勤和钻研，弥补了经验的不足，用他们的刻苦带动了我们的发奋，用他们的敬业情怀，激励我们不懈地追寻。

教过我们的老师，有的今天在座。请允许我代表我们那批学生，向您汇报：我们永远不会忘记，不敢忘记您课上课下的言传身教；您教给我们的治学理念和知识，我们受用一生，至今铭记。今天我们看到了生龙活虎的年轻一代教师的成长成熟，由衷的欣慰。我们相信，他们一定能够青出于蓝而胜之，为首都、为国家培养出更多的杰出人才。

最近，有机会为母校尽一点绵薄之力，有幸了解了一点学校规划的内容，感到很受鼓舞。我们北京工业大学已经今非昔比，树立了“立足北京、融入北京、辐射全国、面向世界”的目标和理念，我相信，在市委市政府的领导和关怀下，在实现“新北京，新奥运”、率先建成现代化的大好机遇面前，通过我们大家的共同努力，北京工业大学一定会成为社会进步的基石，经济腾飞的翅膀，现代化建设人才的摇篮。北京工业大学一定会建成国内一流的多科性、教学研究型大学。

谢谢大家！

教师代表发言

环能学院教授、博士生导师　彭永臻

尊敬的各位领导、各位来宾、各位校友，亲爱的老师和同学们：

大家好！

今天，是北京工业大学的生日，也是我们全体北工大人的节日。

我十分荣幸代表全体教职员工热烈欢迎各位嘉宾和校友，能和我们全校的师生，在这里隆重地庆祝我们45周年校庆。同时向全校师生员工表示诚挚的节日祝贺！

回顾45年的历程，几代人艰苦创业、多少人默默奉献，铸就了北工大今天的辉煌！

四十五年了！北工大已经步入了她的不惑之年。在这45年的风雨历程中，北工大经历了建校、发展、挫折、再发展的过程。特别是列入“211工程”建设行列以来，北工大实现了跨越式发展，而且近年来的实践进一步表明，北工大的发展势头越来越好！

今年是人类历史进入新世纪的第五年，过去五年的无数事实已经表明，21世纪既是一个波澜壮阔，又是一个非常残酷、充满激烈竞争和挑战的时代，每个国家、每个民族都将在这个世纪里，最终排定自己的位置。

在我国高等教育界，“211工程”建设以来，高等学校之间的竞争才真正拉开序幕；进入21世纪，这种竞争日趋白热化。近年来高等学校的发展规律可以概括为：“逆水行舟、百舸争流，进慢则退、不进则亡。”因此，每所学校也将在这个世纪里最终排定自己的位置。

我们全校师生员工不敢有任何的豪言壮语和懈怠，我们只有勤勤恳恳地工作，兢兢业业地奉献，扎扎实实地前进。

45岁的北工大已经走向成熟，45岁的北工大任重而道远。我们全体教职员工有信心在校党委的领导下，勤奋工作，严谨治学，求实创新，全面实现我校“十一五”发展规划提出的各项任务，朝着建成国内一流、国际有广泛影响的大学的宏伟目标前进！

最后，我们衷心祝愿北京工业大学前程似锦，灿烂辉煌！祝愿全体教职工和广大校友事业成功，生活幸福！祝愿全体莘莘学子不断进步，早日成才！

谢谢大家！

学生代表发言

北京工业大学研究生会主席　吕津燕

尊敬的各位领导、各位来宾、各位校友、老师们、同学们：

大家好！

灿烂十月，金色年华。我们的母校迎来了她充满勃勃生机和无限活力的45岁华诞。今天我们相聚在这里，举行盛大的庆典，我谨代表全校同学向母校的生日表示诚挚的祝贺，并向出席今天庆典的各位领导、各位来宾、各位校友以及老师们致以崇高的敬意！

今天，深爱着母亲的孩子们回来了！从大洋彼岸，从北国崇山，从西部边陲，从潇湘秀水……曾经的学子归来了，他们，此刻就坐在台下，已成为专家、学者、教授、企业家、工程师……

四十五年，在历史的长河中只是弹指一挥间；但四十五年，却给北京工业大学这片充满生机与活力的土地带来了令世人为之惊叹、为之炫目的变化。

年轻的北京工业大学，在社会主义建设和改革开放的惠泽中，稳步发展，创造了辉煌璀璨的成就。45年风雨兼程，万名学子从这里迈向社会，奔赴祖国建设的各行各业。他们心系母校，胸怀祖国，建功立业，服务人民，在自己平凡而又光荣的工作岗位上挥洒着青春和激情。他们不仅是北京工业大学的光荣和骄傲，也是我们每个学友的光荣和骄傲。同时他们的成就也深深的激励着我们每一位在校的学子，成为我们学习的楷模，人生的榜样。

不断发展的北京工业大学，为我们的学习和生活创造了良好的条件。逸夫图书馆、科学楼的相继落成和校园整体改造的逐步完成，学校“十五”“211工程”建设的蓬勃开展，奥运场馆落户北工大……学校的变化日新月异，硬件设施和校园环境取得了极大的改善；同时，各学科迅速发展，博士、硕士点不断增加，科研经费逐年创下新高，学校的师资力量和科研能力得到了不断的提升。沐浴在良好的学习环境和学术气氛中，我们深切地感受到了一种力量。这种力量激励着我们主动地去学习、去钻研、去创造、去面对一切前进中的失败和阻力，激励我们勇往直前，不断攀登科学技术的高峰。过去的成绩已经成为历史，未来的辉煌需要我们来创造。站在新的起跑线上，我们任重而道远。

学校的发展更离不开辛勤耕耘的园丁，他们为北京工业大学这片肥沃的土壤洒下了辛勤的汗水，播撒了希望的种子，当然，还有学生餐厅里的服务人员、宿舍楼里的清洁工人、林荫道旁修剪花木的园丁……他们的辛勤劳动共同编织出了北工大的精神。

作为北京工业大学的在校学生，我们庆幸，因为我们赶上了百舸争流的时代；我们不敢懈怠，因为大旗已树，风雨同舟，兴邦任重。今后的日子里，我们也将遍布祖国山河，世界各地。想象着再过若干年，我们也会像今日在场的校友一样，重回心灵的故乡，凝望母校生日的盛装，感叹母校取得的辉煌。

大学时光是短暂的，也许就是因为它的转瞬即逝，我们曾走过的日子才显得弥足珍贵。感激母校，更感激命运让我们可以在工大度过大学的时光！在北京工业大学，我们走过了自己不能忘怀的青春岁月，它让我们相信，在今后的路上，无论崎岖还是坎坷，无论我们走得多远、飞得多高，北京工业大学永远是我们精神的家园、心灵的归宿！

对于一个学校，四十五年并不悠久，但她像一个朝气蓬勃，充满活力的年轻人，前进中蕴藏着巨大的潜力和发展。“不息为体，日新为道”，四十五年的积淀，让我们信心百倍地看到北京工业大学正以前所未有的速度和动力发展着。我们坚信，在各级领导的殷切期盼下，在全体师生的共同努力下，北京工业大学的明天一定会更加美好！

让我们衷心祝愿母校在未来的征程中取得更大的发展！

（朱　静　供稿）

题词与贺信（选）

1. 全国人大副委员长许嘉璐的题词
2. 全国人大副委员长韩启德的题词
3. 全国政协副主席、北京工业大学校友张榕明的贺信
4. 全国妇联副主席、北京工业大学校友沈淑济的贺信、题词
5. 老校长李晨的题词

身居首善东南隅
遍撒英才满中华
知命不遥从未惑
日新日日放新花
恭贺北京工业大学建校四十五周年
许嘉璐

贺北京工业大学建校四十五周年
科学定位找准目标
发挥优势办出特色
韩启德
二〇〇五年十月十日

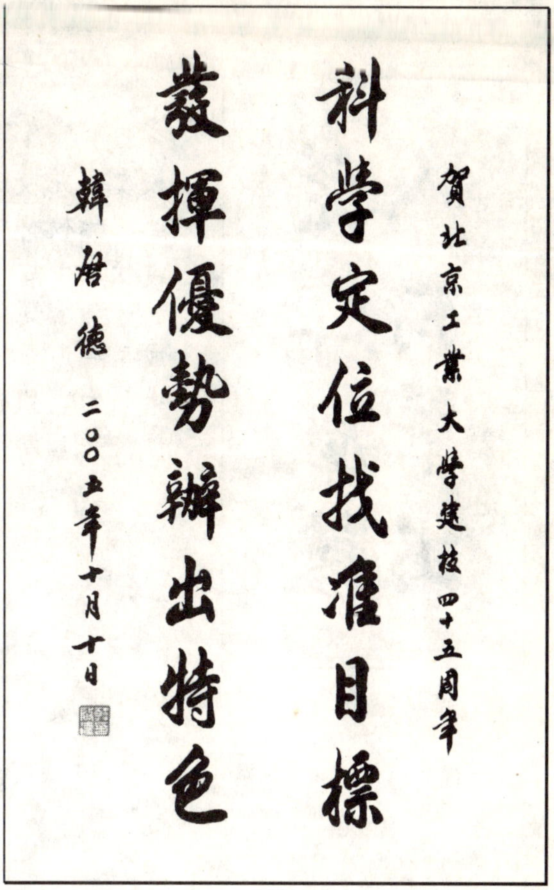

贺　信

北京工业大学：

欣闻母校将迎来建校四十五周年庆典，谨向全校师生员工致以热烈的祝贺和诚挚的问候，并预祝庆典活动取得圆满成功！

建校之初我就踏入了工大校园，大学生活是我人生中的一个重要阶段，在此感谢母校对我的培养和教导，感谢各位老师们的辛劳付出。历经四十五年的风雨，北工大已由一所工科性学校发展成为以工为主，理、工、经、管、文、法相结合的多科性市属重点大学，跻身国家二十一世纪重点建设的百所高校行列，正在成为北京市高素质、高层次人才培养基地及科技创新与研发基地。作为工大校友，我为母校的快速发展而感到自豪。

值此庆典时刻，衷心祝愿母校更加繁荣昌盛，滋兰树蕙，培德育才，为国家和首都培养更多人才，为科技创新做出更大贡献！祝愿敬爱的老师们身体健康！祝愿母校各项事业更加蓬勃发展，蒸蒸日上，再创辉煌！

二〇〇五年九月二十八日

贺　信

校友会并校庆办公室：

母校将举办45周年校庆的来函收悉，非常高兴。母校已走过了45年的光辉历程，45年来，在校领导和老师、同学们的共同努力下，北京工业大学已经建成了一所全国名校。作为一名学子，我为母校的发展感到由衷的骄傲和自豪，特奉上我衷心的祝福，祝愿母校兴旺发达，桃李满天下！

全国妇联　沈淑济

2005年9月8日

题　词

祝贺北京工业大学建校四十五周年

治 学 严 谨

人 才 辈 出

沈淑济

办好北工大，

服务新北京。

——庆祝建校45周年

李　晨

2005.9.16

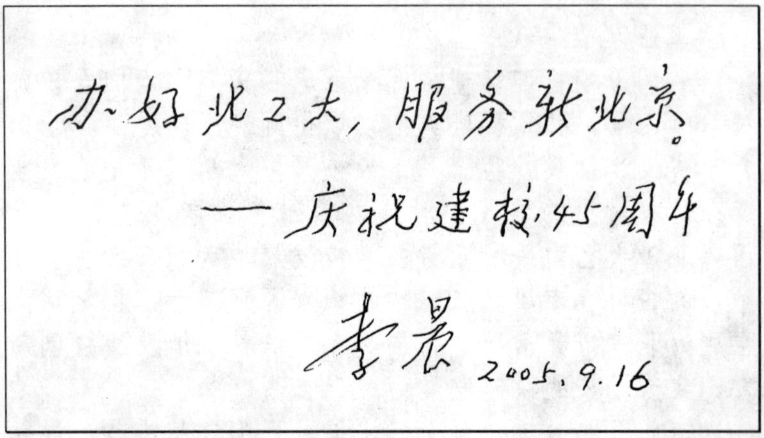

（朱　静　供稿）

北京工业大学纪念中国共产党成立84周年暨2005年“七一”表彰大会召开

为了认真贯彻落实“三个代表”重要思想和党的十六届四中全会精神，进一步加强北京工业大学基层党组织建设和思想政治工作，表彰广大党员和基层党支部在教学、科研、管理、服务和党建工作中做出的显著成绩，2005年7月1日，“榜样的力量”——北京工业大学纪念建党84周年暨2005年“七一”表彰大会隆重举行。经过严格的评审，在全校2269名教工党员和2630名学生党员（数据统计截止时间为2005年6月）中，共评选出107名优秀共产党员，12名优秀党务工作者，20名优秀共产党员标兵；在162个教工支部和90个学生支部中，经过申报答辩和评选，产生了25个先进党支部。本次评选活动始于2005年2月下旬，历时4个多月，整个评选过程得到了学校党委的高度重视。

一、工作部署

2月19日，校党委常委、组织部部长纪树兰在党建与思想政治工作研讨会上，就2005年学校评选表彰先进党支部、优秀党员和优秀党务工作者活动作了动员安排。要求把评选表彰活动与加强基层党组织建设、加强党员教育管理结合起来，与推进本单位各项工作开展和事业发展结合起来，与贯彻落实《北京普通高校党建和思想政治工作基本标准》结合起来。这次评选先进党支部是以基层党支部为申报主体。在申报过程中党支部不仅要总结近两年的工作特色，而且要参照《北京普通高校党建和思想政治工作基本标准》，对自身做得不够的地方加以改进，真正达到以评促建、重在建设的评优目的。通过评选活动，使先进党组织和优秀党员真正成为教职工、学生心目中的榜样，形成学先进、争先进的良好氛围，树立党组织的光辉形象，为2005年下半年开展的保持共产党员先进性教育活动打好基础。

二、先进党支部的评选

先进党支部评优在制度上进行了创新，变推荐制为申报制，实行各基层党支部直接向学校党委申报的办法。3月25日，校党委组织部组织专家对申报2005年教工先进党支部的34个支部进行了初期答辩评审。

申报支部按照评审中提出的支部建设努力方向，经过3个月的整改提高，于6月3日进行了最终答辩。校党委书记孙崇正、副书记冯培、有关部门负责人以及各院部处近百名教职工党支部书记参加了答辩会。答辩会由党委副书记冯培主持。32名教职工党支部书记就本支部的特色和所取得的成绩作了精彩的陈述和答辩。他们从各自工作的角度展示了教职工基层党支部在教书育人、服务管理等方面取得的累累硕果。答辩结束后，冯书记针对如何深化支部活动主题、使支部生活规范化、通过支部活动提升教师党员的育人意识、增强支部书记的感召力等方面提出了意见。此次答辩会为广大教职工基层党支部提供了一个良好的交流机会。许多党支部书记表示要把在此次答辩会中学到的经验传达给本支部党员，力求通过学习和总结进一步完善支部工作，为学校的各方面建设作出更大的贡献。通过答辩和评选，15个教工党支部荣获校级先进党支部。

校级学生先进党支部的评选由组织部、学生工作部和研究生工作部共同组织，按照校党委的统一安排，由评优小组经过层层答辩、优中选优产生。38个学生党支部经过激烈角逐，最终10个党支部当选。

三、优秀党员标兵和优秀党务工作者的评选

优秀党员标兵和优秀党务工作者的评选工作，首先由各院级党委、党总支、直属党支部推荐人选，由校评优工作领导小组实行差额评选的方式产生。6月1日，校党委副书记冯培、张毅刚，校两办、组织部、宣传部以及各基层党委负责人参加了教工优秀共产党员标兵和优秀党务工作者答辩会。各单位主管党建工作的领导分别介绍了本单位优秀共产党员标兵和优秀党务工作者候选人的先进事迹。各单位申报校级教工优秀共产党员标兵、优秀党务工作者候选人38名，他们之中既有主管学院工作的院级领导，也有在基层默默奉献的普通老师；既有在教学和科研一线辛勤耕耘的教师，也有从事后勤管理和服务工作的职工；既有德高望重、经验丰富的资深教授，也有朝气蓬勃、勇于创新的年轻教师。每一位候选人的事迹都令人深深感动，在他们身上体现了新时期共产党员的良好风貌，成为全校师生学习的楷模。学生优秀党员标兵的评选，由组织部会同学生工作部、研究生工作部共同组织展开。各学院推荐候选人36名，经过网上投票海选，其中10人当选。

四、表彰大会

表彰大会对以往传统表彰形式进行了创新。学校设立了表彰大会策划领导小组，党委副书记冯培任组长，组员由校两办、组织部、宣传部、学生处、校团委等部门领导组成。召开了专门的工作会议，对表彰大会进行了周密的策划和明确的分工。6月下旬，摄制组对获得表彰的校级先进党支部、优秀党员标兵和优秀党务工作者进行了采访，并制作了专题记录短片。

7月1日，“榜样的力量”——纪念中国共产党成立84周年暨2005年表彰大会召开。校党委副书记冯培，校党委常委、两办主任赵凤琴等主持大会。北京市委教育工委副书记刘健、校党委书记孙崇正，原校长左铁镛，党委副书记张毅刚，副校长张泽、马志成、张爱林、蒋毅坚等作为颁奖嘉宾为获此殊荣的个人和集体代表颁奖。大会播放了先进党支部、优秀共产党员标兵及优秀党务工作者专题片，集中展示了他们在平凡岗位上的不平凡事迹，彰显了身边榜样的力量。短片感染了在场的所有观众，不断赢来阵阵掌声。在颁奖过程中，获奖代表接受了主持人的现场采访。

材料学院教工党支部和学生党支部被评为先进党支部。教工党支部中左铁镛院士和周美玲教授已经有了40年的党龄，老党员在教学和做人上都做出了表率。

建工学院院长霍达教授、人事处处长张革作为优秀共产党员标兵，他们的人生格言耐人回味，发人深省：“做事当仁不让，拼搏进取；做人坚持三先（集体先、群众先、弱者先），知足常乐。”“做事，做好事，做成事。”身边榜样们对党的忠诚和对党务工作的不懈追求带给现场党员强烈的心灵震撼，使与会的党员受到了一次思想的洗礼。

最后，校党委书记孙崇正带领与会的全体党员面对鲜红的党旗庄严宣誓，重温誓词。孙书记在讲话中号召全校党员以身边的榜样为动力，用辛勤的工作迎接工大更加美好的明天。

（姚爱华　纪树兰）

北京工业大学“十五”“211工程”建设成就

“十五”期间，北京工业大学在北京市委、市政府的关心支持下，在学校党委的正确领导下，坚持社会主义办学方向，按照以人为本，盘活资源，依法治校，提高质量的指导思想，在教学、科研、管理、服务等学校改革和发展各项工作中取得了新成就。学校紧紧抓住“十五”“211工程”建设和奥运场馆建设两个重大机遇，按照“抓好两个建设，实现两个转变”的发展思路，不断深化内部管理改革，进一步加强了重点学科建设，加大了学科结构调整力度，支持发展了新兴和交叉学科，构建了适应首都经济和社会发展需要的学科体系，实现了重点跨越，形成了标志性成果，全面完成了国家下达的“十五”“211工程”建设的各项任务，实现了学校发展的新跨越，使学校的人才培养质量、科学研究水平、管理水平和办学效益跻身全国重点建设的高水平大学行列。

一、调整优化学科结构，重点建设学科特色更加鲜明，学术水平显著提高，学科授权点稳步增长，实现学科建设新跨越

“十五”期间，北京工业大学在推进学校全面建设和发展中，坚持以学科建设为核心，主动适应新北京、新奥运的要求，大力发展了信息类学科，积极发展了首都社会和经济发展急需的新材料、光机电一体化、生物医药、城市建设、交通、环境能源、经济与管理等学科，促进了新兴交叉学科的发展，加强了基础类学科的建设，同时重视发展人文社会科学类学科，建立起了一个规模、层次、布局及结构合理，重点学科特色鲜明，符合北京经济建设、社会发展需要的学科体系。

为了适应学校发展和学科建设的需要，学校不断调整学科结构，优化资源配置，在“九五”期间建成9大学院和1个研究院的基础上，又成立了生命科学与生物工程学院、外国语学院、建筑与城市规划学院、固体微结构与性能研究所、循环经济研究院，在管理体制上理顺了学科发展和建设的关系，促进了学科交叉和融合，实现了学科建设新跨越。2005年，北京艺术设计职业学院并入，成立北京工业大学艺术设计学院，在给校园文化带来艺术气息的同时，必将促进科学与艺术的融合。

在调整学科结构和布局、拓宽学科门类和覆盖面的同时，学校确立了面向学科前沿、融入北京市经济建设和社会需求开展学科建设与科学研究的发展方向，继续坚持重点建设、整体推进的原则，坚持遵循“有所为，有所不为，有所少为”的原则，分清层次，发挥比较优势。经过“十五”“211工程”建设项目的具体实施，做到了优势学科显优势，特色专业有特色，使重点建设的优势学科特色更加鲜明，学术水平显著提高，继续处于国内领先、国际知名的地位，已经成为学校在高层次人才培养、知识创新、成果转化方面的核心力量，在学校的发展中起到了领军、示范和辐射的作用。如：新材料设计及其制备加工技术建设项目在按特色和优势组合学科，走内涵式发展和可持续发展之路，突出"新、宽、交叉融合"特色，以壮大学科实力和影响力为目标的建设思想指导下，建设成绩显著。在人才培养方面有突出的标志性成果，获得了全国百篇优秀博士论文；科学研究成果丰硕，学术影响扩大，科研成果转化获得重大进展，已经带来明显的经济和社会效益，并于 2004 年获国家技术发明二等奖。城市抗震减灾与水环境恢复建设项目在为地方经济服务方面成效显著，编制了三个城市抗震减灾和建筑方面的国家规范（程），通过理论研究对北京市水环境恢复的整体思想，已经得到北京市政府的重视，成为北京市政府在北京市水环境方面的决策依据。在雨洪应用技术研究上，以北京城区东南部降雨与径流水质规律为依据的研究得到应用。并分别于 2004 年、2005 年获得国家科技进步二等奖二项。

学校还根据新北京、新奥运的需要，适应产业结构调整的新形势、新要求，强化拓展建设新兴学科与交叉学科，支持涵盖第三产业的学科，培育新的增长点，如新增了新医药与生物工程、数字化和计量化的经济评价与管理咨询及环境与能源工程三个项目作为"211 工程"重点建设学科项目，进行重点建设和发展。经过"十五"的重点支持和建设，这几个学科在人才培养、科学研究、基地建设等方面得到长足的发展，学科实力明显增强，尤其是在为社会和地方经济服务方面发挥了很大的作用。例如：新医药与生物工程学科、数字化和计量化的经济评价与管理咨询、环境与能源工程建设项目在 2003 年迅速开展了针对 SARS 的多方面联合科学研究，如抗 SARS 病毒研究、抑制 SARS 病毒传播的光催化空气净化器的研制、SARS 对北京市宏观经济的影响分析等，对抗击 SARS 病毒作出了贡献；在环境影响评价领域，学校已先后为北京市及周边区域的 200 多家企业做了环境检测评价报告，并针对企业生产环境和生产状况提出了合理化改造建议，为企业落实环保措施、保护当地生态环境、合理利用再生资源起到了积极的促进作用。

在保证重点建设学科项目的同时，学校还注重加强数学、物理、化学、人文、外语、经济、艺术等学科建设，基础学科获得长足发展，为工科可持续发展与原创性科技成果的产生提供坚实基础。

随着各学科研究领域的拓展和深入，现代化观察、计量和测试仪器设备在学科发展和科学研究中起着越来越重要的作用。学校致力于抓好整体学科平台建设，体现资源环境共享。在"十五""211 工程"建设中，学校整合资源，集中力量，投入约 2 800 万元，搭建了分析测试中心和生化分析测试中心学科共享平台，购置了材料、电子、能源、化学、生物等学科所需大型贵重、精密的测试分析仪器，增强了学校科学研究装备的总体实力，为吸引高层次学科带头人和学术梯队人员搭建了一个高水平的平台，为学校的可持续发展奠定了扎实的基础。利用这个学科共享平台，2004 年，学校整合了固体微结构与性能研究所、应用数理学院及校内其他相关单位的老师，成功申报了凝聚态物理学科二级博士点，2005 年在第十次学科授权审核中北京工业大学又获得物理学一级学科博士点。

在全国第九、第十次学科授权审核中，北京工业大学共获得 5 个一级学科博士学位授权点、25 个二级学科博士学位授权点、7 个一级学科硕士学位授权点、46 个二级学科硕士学位授权点、并新增 4 个培养领域的工程硕士学位授予权、7 个博士后流动站。在学科门类上实现了重大突破：首先，在一级学科博士点方面突破了理学门类；其次，在硕士学位方面突破了法学和教育学两个门类，并在经济学门类的一级学科中增加了理论经济学。北京工业大学已具有哲学、经济学、法学、教育学、文学、理学、工学、管理学共 8 个学科门类的学位授予权，共有 8 个一级学科博士学位授权点（机械工程、土木工程、环境科学与工程、物理学、材料科学与工程、管理科学与工程、生物医学工程和光学工程）、37 个二级学科博士学位授权点、7 个一级学科硕士学位授权点、81 个二级学科硕士学位授权点、9 个博士后科研流动站、14 个工程硕士授权培养领域，有光学、材料学两个国家级重点学科，机械设计及理论、光学工程、微电子学与固体电子学、计算机应用技术、结构工程、交通运输规划与管理、环境工程、管理科学与工程 8 个北京市重点学科以及 11 个北京市重点建设学科。

表 2-1　北京工业大学"九五"和"十五"期间学科建设发展情况一览表

年度 类别	1995	2000	2005
一级学科博士点	—	3	8
二级学科博士点	4	12	37

续表

年度 类别	1995	2000	2005
一级学科硕士点	—	—	7
二级学科硕士点	34	44	81
工程硕士培养领域	—	8	14
博士后流动站	—	2	9

二、优化人才发展环境，引进高层次学科带头人，汇集培养优秀人才，师资队伍建设取得新突破

高等学校既是培养大批高素质人才的基地，又是汇集优秀人才的高地。学校党政领导班子对引进高层次学科带头人和学科急需的高层次人才形成共识，坚持以人为本，人才强校，加强创新人才、创业人才的引进和现有人才的培养和使用。通过提升学科建设水平和创新基地建设，吸引高层次学科带头人；通过人才工程项目的资助，分层次、科学合理设岗，增强学校关键岗位对优秀人才的吸引；通过分配制度改革，实施优惠政策，吸引优秀人才，调动现有教师的积极性，形成了一支综合素质高、创新能力强的师资队伍。

学校投入“211 工程”建设经费约 3 000 万元，聘请中科院曾毅院士来校工作，组建北京工业大学生命科学与生物工程学院，确定了病毒学、抗艾滋病中草药及生物医学工程 3 个学科研究方向，创建了北京高校中唯一的 P3 实验室，使北京工业大学成为国内有影响的抗癌药、抗艾滋病药的研究基地和人才培养基地之一，学科建设取得重大突破，获得生物医学工程一级学科博士点。

数量经济学的创始人之一、原中国社科院数量经济所所长李京文先生来北京工业大学工作后，带动了经济与管理学科的大发展。在李院士的指导下，调整学科方向，改善队伍结构，成立了北京市经济社会发展研究院和人力资源研究中心，吸引了 36 名具有博士学位的高层次人才（其中留学归国人员 8 人）来此工作，组建起一支基础宽厚、具有创新能力、朝气蓬勃、结构合理的高素质团队，管理科学与工程获得了一级学科博士点及博士后流动站，并被评为北京市重点学科。

通过引进一批学术造诣深厚、富有创新意识和能力并能从事科研队伍管理的拔尖人才、学科带头人和学术骨干，带动学校学科结构调整和教育教学改革，师资队伍结构得到了明显的改善，整体水平明显提高。北京工业大学初步形成了数个结构比较合理、科研能力比较强的创新团队，承担了一批国家、北京市重大科研项目。

在推进人才工程建设中，北京工业大学坚持改革创新，努力建设适应教学研究型大学需要的师资队伍，在学校事业的发展中加强培养人才。学校注重发挥高水平学术人才的影响和带动作用，加强对青年教师素质和能力的培养，形成学术带头人爱护、培养、支持年轻人，年轻人尊重学科带头人的良好氛围。一批年轻的学术骨干在学科主方向、主梯队中发挥了重要作用，融入大科研、大工程中接受锻炼，已经成为学科带头人的主要助手和接班人。

学校有重点、有倾向地扩大学科带头人队伍，以此带动本学科群、本学科或本研究方向整体水平的提升，实现学术人才梯队结构的合理、完整，为最终培养和造就一批优秀中青年学术带头人和学术骨干奠定基础。学校通过实施全员聘用制度和分配制度改革，按责任大小设置不同的岗位和津贴，调动教师的积极性；通过优惠政策，如住房补贴、科研启动资助、安家补助等吸引优秀人才；通过出国培训、青年基地建设等措施，使广大青年教师尽快成长、脱颖而出。

“十五”期间，学校师资队伍规模和层次均有较大提高，高层次人才队伍初现规模。全校师资队伍的创新能力明显增强，增强了为北京市服务的能力和实力。截至 2005 年底，全校共有教职员工 3003 人，专任教师 1278 人；专任教师中，具有正高级专业技术职务 276 人，具有副高级专业技术职务 529 人，占教师总数 63%，具有博士学位的教师占专任教师的比例为 32.5%。学校现有两院院士 20 人（全职院士 8 人，双聘院士 12 人），博士生导师 152 人（含兼职），教育部“长江学者”特聘教授 1 人，北京市特聘教授 18 人、讲座教授 9 人，获得“国家自然科学杰出青年基金”项目资助 3 人；北京市教学名师 2 人；入选北京市首批“新世纪百千万人才工程”5 人，其中国家级 1 人；入选教育部创新团队 1 支，入选教育部“新世纪优秀人才支持计划”3 人；北京市人才强教计划拔尖人才 11 人、创新团队 7 支。出国培训双语教师达 100 多人次，从根本上推进了双语教学的发展，全校已有 25 个专业的 43 门课程在试行双语教学。

三、科研规模迅速扩大，科研层次与创新能力明显增强

学科布局的调整，促进了高素质人才培养和高层次学科体系的形成，推动了北京工业大学科技创新体制的改革和科技创新能力的提高。“十五”期间，北京工业大学科技创新工作遵循“强化科研意识，创新科技体制，扩大科技队伍，改进运行机制，营造学术环境，提高科技效益”基本方针，坚持以人为本，以体制创新、制度创新为主导，以科技奥运和北京市产业调整为契机，把解决首都经济建设和社会、城市发展的重大科技问题作为首要任务，努力提高承担国家、北京市重大科技项目和企业重大技术项目的能力，融入首都社会发展和科技进步大循环，做大项目，干大工程，出大成果。强化科技意识，创建优良学术氛围，构筑与教学研究型大学相适应的科技体制，建立科技发展基地，强化科技队伍建设，加强国际、国内科技交流，促进高水平人才培养。

坚持科技创新与人才培养相结合，科技创新与“211工程”建设相结合；自然科学与社会科学相结合，突出改革，大力推进观念、体制、机制创新；突出人才，加强人才培养，形成团队，特别是学科带头人；突出重点，有所为，有所不为，体现学校的优势和特色。

在科研基地建设方面，学校先后建立了1个国家工程研究中心——精密超精密加工国家工程研究中心，新型功能材料和传热强化与过程节能2个教育部重点实验室，1个教育部工程中心——数字社区工程中心，交通工程、光电子技术和城市与工程安全减灾3个省部共建重点实验室，以及水质科学与水环境恢复工程等7个北京市重点实验室；建立了跨学科培养高层次人才和承接重大科研项目的激光工程研究院、电子政府研究院、智能交通系统研究院、生命科学与生物工程研究院、北京经济社会发展研究院、循环经济研究院、北京现代制造业发展研究基地等；组建了网络信息技术工程、智能建筑、交通工程、环境工程、电动车技术、空间结构、室内环境检测、地震研究所、北京市焊接设备研究与开发中心等一批直接为社会发展和经济建设服务的研究所或工程中心。

2005年，北京工业大学科技园通过了评估，正式被国家科技部、教育部认定为国家大学科技园。同期，北京工业大学留学人员创业园建立。这必将有助于学校科研创新能力的进一步提升，有助于吸引更多优秀海外留学人员归国创业，有助于北京工业大学科研创新体系的建立和完善。学校以“一区三园”为特色的北京工业大学国家大学科技园以及先进制造北京市技术转移中心的建设已形成学校科技成果转移和产业化的新的平台，以软件开发、光电子技术、激光技术、焊接材料与设备技术等为优势的研发与产业化体系已初具规模。

通过加强科研基地建设、队伍建设，北京工业大学科技工作获得了长足发展，取得了令人瞩目的成绩。科研规模迅速扩大、科研水平大幅提高，科研实力明显增强，获得了一批具有标志性的科研成果。到校科研经费从2000年的9 605.7万元跃升到2005年的30 664.5万元，增长约2.2倍。“十五”期间到校科研经费累计达109 486.2万元，约是“九五”期间的4.6倍，年平均增长率为34.3%，实现了北京工业大学科研总体规模的快速、稳定增长。

在科研项目方面，特别是在一些标志着国家科研水平的项目中，如国家“863”计划、“973”计划、国家自然科学基金，北京工业大学承担项目的数量不断增加，层次不断提高。“十五”期间，北京工业大学承担国家“973”计划项目8项、“863”计划项目44项、国家杰出青年基金3项、国家重大国际合作项目1项、国家自然科学基金项目145项、北京市自然科学基金项目103项。2005年，北京工业大学首次成为国家“973”计划重大项目第一承担单位。在人文社科研究方面，北京工业大学共承担国家社科基金5项，合同总额30万元，承担北京市社科规划办课题11项，合同总额85.5万元。此外，还承担国家科技攻关计划子课题1项，科技部国家软科学计划项目1项，国家清史纂修工程项目1项。在军工项目方面，北京工业大学共承担各类军工项目19项，到校经费累计561.9万元。

在科技获奖方面，“十五”期间，北京工业大学共获得国家级奖励9项、省部级奖119项。获奖数量增加的同时，获奖质量也在不断提高。特别是在2004年，北京工业大学共有三项科研成果获得国家科技奖励。其中一项国家科技发明二等奖是北京工业大学首次作为独立完成单位获得的。2005年，北京工业大学又有一项科研成果获得国家科技奖励。据教育部科技发展中心提供的数据，北京工业大学在2004年国家自然科学奖、国家科技发明奖和国家科学技术进步奖获奖总数排名中位居全国高校第12名。

在知识产权方面，北京工业大学在“十五”“211工程”建设的过程中十分重视知识产权保护，把以专利申请为主的知识产权考核指标纳入对各学院和团队的绩效考核中。自2003年起，北京工业大学设立了专项知识产权资助基金，共投入120万元，用于鼓励学校知识产权保护工作。“十五”期间，学校共申请专利509项，获得授权专利173项，分别是“九五”期间的8.3倍和4倍，专利转让46项；申请软件著作权128项，获得授权126项，是“九五”期间的10倍。2004年，在全国高校中北京工业大学专利申请排名第27位，专利获权排名第24位；在北京地区高校中，专利申请及专利获权均排名第4位。

在论文与论著方面，共发表论文2 997篇，其中被SCI收录904篇，被EI收录1 444篇，被ISTP收录535篇。三大索引论文总数是“九五”期间的近5.9倍。出版专著93部。

“十五”期间，以学校雄厚的科技、人才优势为依托，依照产学研互动、技工贸结合模式，北京工业大学科技产业在产业规模、经济效益上实现了稳步、持续发展。截至2005年底，学校科技产业全资和参、控股企业24家，2005年学校科技型企业营业总额1.7亿元。

四、深化教育教学改革、提高人才培养质量和素质，构建地方大学多层次人才培养模式，高层次人才培养取得标志性成果

培养人才是学校建设和发展的根本任务。作为地方大学，北京工业大学担负着为北京地区经济建设培养人才的重任。“十五”期间，学校坚持教育以学生为本，办学以教师为本的办学理念，在稳定本科生规模的同时，积极发展研究生教育。通过系列教育教学改革，着力培养学生的综合素质和创新能力，提高培养质量，构建了地方大学多层次人才培养模式，重点建设教学基地和现代化教学中心，为培养和造就高素质、多层次、具有创新意识和实践能力的人才发挥了重要作用。

学校主动适应北京社会经济发展和“新北京、新奥运”的需要，改造传统专业，增设新专业，调整学科专业方向，改革课程设置，更新教学内容，提高教学质量。根据北京经济发展中支柱产业结构的调整，新增信息技术、生命科学与生物工程、光机电一体化等学科专业；适应我国加入WTO和“新北京、新奥运”以及大力发展第三产业的需要，加强对经管、外贸、法律、金融、外语、社会工作和广告学等专业的设置和调整；学校于2003年成立外国语学院，在原有外贸英语、外贸日语的基础上，增设了英语语言专业，为外语人才培养和全校本科生的外语能力培养创造了有利条件。目前新增专业占全校专业总数的29.5%。通过学科专业结构调整和新学科的设置，在新型服务业、医学工程、能源工程、建筑业、信息产业、金融、房地产、工商业等领域，北京工业大学都有相应的学科专业，使北京工业大学人才培养的质量、类型、层次能够更好的满足首都社会经济发展的要求。

在人才培养上，学校围绕“基础厚、口径宽、素质高、能力强”的整体培养目标，从知识、能力、素质三方面构筑培养面向21世纪科学技术发展的人才培养模式，着力培养学生实践创新能力。强调为终生教育打好基础，并按一级学科全面进行教学计划的修订，整合课程设置，改革教学内容与方法。为了保证整体实践教学环节的科学性与系统性，各专业依据培养目标，整体安排实践教学环节，单独制定实践教学计划、实践教学大纲，形成在培养过程中的“一条线”，同时兼顾理论教学计划的“一条线”，实现了北京工业大学“实践教学一条线”的教学改革思路。2003年11月，北京工业大学以优异成绩通过了教育部本科教学评估，北京工业大学“知行结合、重在创新的实践教学”的办学特色得到了教育部专家的肯定。

“十五”期间，学校加大对教学基地建设的投资力度，投入经费9 937.24万元。先后建立了计算机基础与应用实验教学基地、公共基础教学实验条件、工程设计训练基地、机械基础实习基地、现代化教学中心等40余个教学实践基地。电工电子实验教学中心被评为“北京高等学校实验教学示范中心”，极大地改善了办学条件，提高了办学效益。全面实行学分制管理，实施选课制、弹性学制、主辅修专业、双学位等项改革，为学生提供更多的学习和发展机会。积极探索和推进本科生导师制，加强实验室开放机制，鼓励和引导高年级学生参加科研工作，从而把理论教学和实践教学较好的结合起来，使学生的认知能力、动手能力，尤其是实践创新能力明显增强。实践证明，这套管理体制有利于学生全面发展和多样化培养。

学校坚持不懈地深化教育教学改革，大力推进以名课程、名教材、名专业、名师建设为核心的“四名工程”，积极发展双语教学，取得了突破性进展。教师的教学理念、教学水平不断提升。“十五”期间，学校共立项教育教学研究项目266项，投入经费475.4万，其中部级3项，北京市级8项，涵盖了全校各主要学科、专业和基础课程。“十五”期间，北京工业大学有19门课程被评为北京市精品课程，2005年北京工业大学“材料力学”、“机械设计”、“概率论与数理统计”和“水质工程学”4门课程被评为国家级精品课程，实现了历史上零的突破；北京工业大学教师共编著、出版教材136本，比“九五”增长70%，其中有15本（套）教材被评为北京市精品教材，10个专业获得北京市品牌专业建设立项，有2名教师被评为北京市教学名师。先后有28个专业的58门学科基础课和专业课进行了双语教学立项建设，其中25个专业的43门课程已实行双语教学。教学管理日趋规范。制定实施《北京工业大学教师本科教学工作规范》，进一步落实教授、副教授为本科生上课制度和青年教师岗前培训、助课制度。加强对课堂教学的检查与指导。

人才培养层次全面，规模逐步扩大，人才质量不断提高。经过“九五”、“十五”、“211 工程”的建设，北京工业大学已形成了兼有全日制本科教育，全日制硕士和博士教育及工程硕士、在职人员攻读学位等多层次、多方位的办学体系，在稳定本科生规模的同时，逐步提高研究生培养的规模和质量，在校研究生从 2000 年的 525 人发展到 2005 年的 4 067人，增加了约 6.7 倍。

表 2-2 北京工业大学“十五”期间在校学生情况一览表

类型＼年度	2001	2002	2003	2004	2005
博士	224	341	451	528	627
硕士	1 333	1 799	2 351	2 880	3 440
在职专业学位硕士研究生	256	556	760	1 156	925
本科	11 853	12 423	12 802	12 315	11 723
合计	15 667	17 121	18 367	18 883	19 129

本科生和研究生培养质量普遍提高，创新能力显著增强。北京工业大学索红莉博士、郭霞博士的学位论文分别被评选为 2003 年度、2005 年度全国优秀博士学位论文。从 2002 年开始，学校设立了校内优秀学位论文的评选和奖励制度，2004 年评选优秀硕士学位论文 47 篇，优秀博士学位论文 8 篇，2005 年评选优秀硕士学位论文 58 篇，优秀博士学位论文 9 篇。2005 年研究生发表 SCI 收录论文 86 篇、EI 收录论文 237 篇、核心期刊和 ISTP 检索论文 478 篇，取得国家发明专利授权 17 项、省部级以上科技奖 2 项，参与编写的专著、教材 10 部，入选全国博士生论坛论文 29 篇。2004～2005 年间共评出研究生科技创新奖一等奖 328 项，二等奖 546 项，追加奖励 29 项，比 2002～2003 年的数量增加了 2 倍。

“十五”期间，北京工业大学学生在校外科技活动中取得了突出的成绩。北京工业大学共有 269 队获省部级以上的奖项，获奖人数 585 人。其中：国家佳作奖 1 项，全国一等奖 22 项，二等奖 38 项，三等奖 35 项，北京市级一等奖 27 项，二等奖 51 项，三等奖 63 项。2003～2005 年间，北京工业大学参加在美国举行的大学生数学建模竞赛共获得二等奖 3 项，三等奖 4 项。2004 年、2005 年连续两年获微软“创新杯”软件开发大赛——渲染专题全球总冠军。在 2005 年“第六届计算机学会国际设计大赛”（CSIDC）中，北京工业大学参赛队进入全球前 10 名。在第三届“挑战杯”首都高校大学生创业计划竞赛中，北京工业大学研究生取得了优异的成绩，共有 6 个研究生代表队报名参赛，获得本次创业计划竞赛二等奖 1 项，三等奖 2 项。北京工业大学学生在全国大学生数学建模竞赛、全国大学生电子设计竞赛、北京高校机械设计竞赛等国际国内重大赛事中均获得优异成绩。

五、加强公共服务体系建设，以数字校园建设为核心，提升了学校信息化和资源开放共享水平

经过“十五”“211 工程”校园信息化的建设，进一步拓宽了网络功能，提高了网络运行的可靠性与稳定性，目前校园网络结构合理、设备先进，兼顾了中长期学校事业发展的需要，网络结构和主干设备均达到全国高校校园网的领先水平。

截至 2005 年 12 月，北京工业大学校园网累计用户超过 3 万人，校园网出口带宽经过多次扩容，已经达到 1 100M，是“九五”期间校园网出口带宽的 60 余倍。光缆连通全校 50 座建筑物，教学、科研、实验、行政办公及宿舍楼覆盖率达到 100%。结构化布线信息点从 3 000 多点增加到 11 600 点。为全校 20 000 多名师生提供了良好的网络应用与学习环境。经过对校园网结构的重新规划和设计，所有用户采用动态获取 IP 的方式上网，极大地简化了用户上网的设置。

在信息系统建设方面，北京工业大学建设了“数字工大”综合信息平台和丰富的网上应用与资源。综合信息平台的建设为整合原有的应用子系统，实现信息共享以及为学校的综合应用提供了统一的数据标准和交换平台。

图书文献保障体系建设初见成效，不仅引进了丰富的电子资源，同时自建了北京工业大学文库、北京工业大学学位论文库、教学参考书库、重点学科导航等具有北京工业大学特色的资源数据库，使图书馆的信息供给能力得到极大提高，纸质藏书量达 83 万册；同时辅以广泛的国际、国内和区域性的馆际资源共建共享网络和多种形式的信息检索与馆际互借服务，使图书馆已成为学校的文献信息服务中心，成为学校教学、科研和学科建设不可或缺的主要支撑平台之一。

“十五”期间，北京工业大学引进了大量高质量的网络学术资源，使图书馆建立了以网络数据库为主的数字资源体系。根据学校学科建设的需要，图书馆先后引进了SCI、IEL、SPIE、SDOS、DII、EI、INSPEC、ISTP、Proquest博硕士论文等国际公认的高学术价值数据库，引进的数据库资源已达55种，已较全面覆盖了北京工业大学学科建设范畴；同时，利用引进的数字资源加工与发布系统管理平台，自建了北京工业大学文库和北京工业大学学位论文库，以展示和保存北京工业大学教学科研的学术研究成果，同时自建了教学参考书库、重点学科导航等特色数据库，丰富了馆藏特色资源；其次，电子图书建设有了零的突破，引进了NetLibrary、Springer、Ebrary、方正等中外文电子图书12万余册。丰富的资源为北京工业大学师生构筑了良好的信息资源环境，资源利用率明显提高。经过对主要的数据库进行使用统计，年下载量在万篇以上，而“中国期刊网”等深受读者欢迎的数据库全文下载量更达到50万篇以上。

六、学术交流更加活跃，国际交流层次提高，提升了国际合作水平，推进了学校国际化进程

经济全球化与教育国际化呼唤大学的现代与开放，“请进来，走出去”是开展国际交流与合作的重要方式。“十五”期间，学校主办或协办了多场在国内外有较大影响的学术交流活动，如中美城市基础设施与公用建筑抵御地震及人为灾害技术研讨会、第五届中国功能材料及其应用学术会议、2004IEEE/WIC/ACM网络智能与智能体技术联合国际会议、中国力学学会学术大会2005’制造业发展高层论坛、亚洲教育北京论坛、首届国际青年学生学术交流活动（IYAE）、杰出青年科学家论坛和两届中国建筑钢结构技术论坛等，丰富了学校的学术文化内涵，浓厚了校园学术氛围，促进了跨学科的交流与合作，提高了学校在国内外的声誉。与“九五”期间比较，来校从事学术交流和访问的专家学者从年均40人次增至70人次；长期文教专家从年均10人次增至20多人次，参观访问来宾从年均200人次增至450人次，五年中，2 000多人次外宾来校访问。学校组织或资助的各类学术报告近1 560场，其中1/3为国际学术交流活动。各学院举办了多种形式的内部学术交流活动。学校及其他有关方面共投入120万元资金资助学术交流活动。

依据“扩大规模，提高层次，保证重点，增强效益”的原则，学校采取了国内外人才培养相结合的方式。五年中，学校先后派遣8个团组66名教师、管理干部分赴加、美、英等国接受培训。近200位优秀学生到日、法、英、荷、德、芬兰等国的学校交流学习或公司实习。

学校在高等教育国际化进程中，对留学生的发展给予了重视，留学生的数量和层次都有了较大提高。“十五”与“九五”期间相比较，长、短期学生人数从年均150人次到年均350多人次，其中60～80%是国外校际交流学校在校本科生或研究生。特别是学位留学生（国家政府奖学金生）明显增加，由“九五”期间的5人次增至“十五”期间的30多人次。

通过国际交流与合作，大大地促进了学校国际科技产业的发展，国际科技产业促进了学校的人才培养和科学研究。如学校与日本索浪集团合办的合资公司MKC每年接收大量毕业生到该公司实习，并每年派遣学校毕业生近40人直接赴日本就职，为学生提供了较好的就业机会；同时日本索浪集团董事长千年先生为学校设立了“北川奖学金”，每年近40名学生受益。

七、整合资源、集中力量，搭建学科共享平台，基础理论研究获得长足发展

北京工业大学“十五”“211工程”建设项目中重点学科建设项目投入资金27 211.86万元中，仪器设备购置固定资产19 328万元，占重点学科建设总投资的71%，其中，固定资产单价160万元以上的仪器设备12台（件），总值3 570.73万元；固定资产单价在40～159万元之间的大型仪器设备73台（件），总值4 534.9万元；固定资产单价在10～39万元之间的仪器设备共355台（件），总值6 480.21万元。单价10万元人民币以上仪器设备共440台（件），固定资产总值14 585.84万元，占设备总投资的75.5%。并且投入约2 900万元搭建了分析测试中心和生化分析测试中心，集中购置了支持材料、电子、能源、化学、生物等多学科发展所需大型、贵重、精密的测试分析仪器，是北京工业大学“十五”“211工程”建设最突出的特点。目前，学校分析测试中心已经建成了拥有2台高分辨率透射电子显微镜、2台扫描电子显微镜及X射线衍射仪等面向全校的高水平分析测试平台。加上学校其他平台上的材料合成与制备（大功率激光，薄膜生长等）设备，为开展高水平的研究打下坚实的基础。

通过学科共享平台的搭建和这些设备的投入使用，从根本上改善了实验室的装备条件，为学科建设构建了较为完善的科学研究基础实验平台，促进了学校凝聚态物理、化学、材料、纳米微机械等学科的发展，提高了相关学科的科研水平和教学质量，优化了“211 工程”建设的布局，并在 2003 年 12 月成立固体微结构与性能研究所，研究所不仅承担校内分析测试服务和教学工作，还结合先进的仪器手段，开展科学研究，承担重大基础性研究课题，并积极开展了面向北京地区的对校外的测试服务、技术交流与科研合作；在人才培养方面，面向全校本科生、研究生开设现代分析测试方法相关的课程，培训科研人员。

高水平的学科共享平台有力地促进了优秀拔尖人才的引进、培养和造就，从而建设面向全校、面向全国、测试和科研并重的、一流的开放型实验室。目前该学科平台在作好对校内外的测试服务、技术交流与科研合作的同时，还承担了国家“863”项目、“973”项目、国家自然科学基金重点项目等重大科研项目，在国内外重要学术期刊发表了大量高水平的学术论文。

八、搭建平台、支持团队、严格管理、滚动支持，青年基地项目的实施促进了学科建设的可持续发展

高质量实现“十五”“211 工程”目标的关键是人才，而青年教师队伍的建设尤其重要。在“十五”“211 工程”建设中，学校一方面突出了重点学科项目的建设，特别是加强相应学科方向、梯队、基地的建设，使之形成强势和特色，出标志性成果，使青年教师在其中迅速成长；另一方面，启动了青年基地项目建设，每个青年基地项目重点支持一个团队，搭建一个公共平台，通过 2 至 3 年滚动支持、严格考核，建设跨学科、有发展前途与潜力的青年学科基地。

青年基地项目申报及经费审批程序每年启动一次，学校每年聘请专家对各基地进行年度检查或抽查，在听取各基地汇报、实地考察的基础上，给出评价意见，作为滚动支持或终止的依据；同一个青年基地项目最多滚动支持三年，资助经费根据学科不同而异。并将青年基地建设项目作为北京工业大学“211 工程”重点学科建设项目的重要组成部分，以加强对暂时难以进入重点学科支持行列的青年教师队伍的培养，使一些研究方向明确，有潜力，能够团结、组织一支队伍的年轻教师脱颖而出，其研究领域成为学校新的学科生长点或成为学科发展的重要支撑方向。“十五”期间，每年度从“211 工程”重点学科建设经费中投入约 300 万元用于青年基地项目的建设，现已投入 1 000 多万元，支持了 30 个青年基地建设项目。实践证明，青年基地项目的实施，对于培育新兴、交叉学科方向，促进学科建设的可持续发展，培养具有潜在能力的青年学术带头人具有重要作用。

目前，青年基地项目总体实施情况良好，在凝聚青年人才力量、稳定青年教师队伍、明确学科建设方向、培养学术梯队、构建学科基地等方面发挥了积极的作用。虽然每个基地项目的投入力度都不大（平均 40 万元/年度），但在各个项目负责人的精打细算、悉心经营下，经过几年的建设，现已初见成效，建设了一批必要的学科平台，尤其是对一些弱势学科的发展有很大的推动作用，对促进青年教师的成长、促进青年学术带头人成长及其学科梯队的建设，对广泛开展学术交流与合作，提高青年教师的研究层次和学术影响发挥了很大的作用。在学科前沿方向上初步建立了有发展潜力的研究基地，争取了较多的科研项目，取得了可喜的成果，并获得了国家级的奖励，如：青年基地项目负责人尹宝才获 2002 年度国家科技进步二等奖，杜修力获得 2003 年度国家自然科学基金杰出青年基金项目，他所带领的团队入选 2005 年度北京市属市管高等学校学术创新团队；张伟获得 2004 年度国家自然科学基金杰出青年基金项目；尚德广、贾克斌、阮晓钢等入选 2005 年度北京市属市管高等学校拔尖创新人才；石勤、吴斌、吴水才等一批青年基地的项目负责人或团队骨干入选 2005 年度北京市属市管高等学校中青年骨干教师或进入北京市科技新星的培养计划。

在师资队伍与学科建设方面，有些基地项目的负责人或成员已在国家级的专业学会中担任重要的职务，蒋毅坚教授于 2001 年当选为中国物理学会光散射专业委员会副主任、2003 年当选为中国物理学会理事；张忠占教授于 2002 年 9 月当选为中国概率统计学会常务理事，2003 年 10 月当选为中国数学会理事；张忠占、薛留根教授于 2001 年 10 月当选为中国现场统计研究会第十届常务理事；李寿梅教授 2004 年入选首批国家新世纪百千万人才工程等。基地项目共培养在读博士生近 40 名，硕士生 100 多名；完成和承接国家 863、国家自然科学基金等大量的科研项目；开展了广泛的国内外学术交流。

九、抓住重大机遇，学校基本建设发生质的飞跃，办学条件明显改善

“十五”期间，校园的基本建设快速发展，学校在抓教学、科研的同时，抓住北京承办 2008 年奥运会的重大契机，加快了校园的整体规划建设，学校基本建设发生质的飞跃，办学条件得到明显改善。在新建建筑、环境绿化、基础设施、装饰改造等方面，学校加大了投入、加快了与公共服务体系相配套的基础设施建设速度，为营造有浓郁大学文化氛围的优美校园环境，实现学校整体跨越式发展，起到了重要的推动作用。

配合学校整体规划建设，以解决学校在扩招后教学、科研、生活用房困难为重点，新建了以科学楼、逸夫图书馆、大学生公寓、第三教学楼等15个重点项目，竣工面积达15.2万平方米；改善了学校教学科研、行政、会议、外事活动等办公条件；优化了在校学生的教学环境和生活居住条件，大大缓解了学校用房紧张的局面。

结合“211工程”学科建设和发展，在“十五”期间完成了激光中心实验楼、能源楼、建工学院大型结构实验室扩建等多个大型实验室建设项目，面积达14 819.23平方米，为学校科研上一个台阶奠定了坚实的基础。为解决扩招后学生住宿紧张问题，“十五”期间完成了校内外学生公寓5万平方米的建设任务，住宿条件基本上达到了国内大学生的中上等水平，同时还改造装修学生宿舍多处，并改善了周边环境。“十五”期间，完成绿化绿地建设14万平方米，同时完成校园南区、北区的道路改造、步道、雨水及污水、路灯、广播布线、围墙透绿，以及与工程相配套的各种管线改造等多个专项工程。

为了保持学校的可持续发展，使学校在未来十年内有一个更大的飞跃，经过“十五”期间的努力，学校完成了东区384亩地征地、拆迁的全部工作。这一项目的完成，为学校的未来发展打下了一个良好的基础。目前，2008年奥运会羽毛球与艺术体操比赛场馆（北京工业大学体育馆）正在新征地上建设。新一轮的建设任务正在校园东区规划启动，这将是学校基本建设新的里程碑。

十、理顺管理体制，深化内部管理改革，提高了管理水平和效益。

科学管理、民主管理、依法管理，提高管理与服务效能对于建设国内一流大学至关重要。“十五”期间，学校以推进依法治校为重点，规范学校管理、全面提升学校各项管理工作水平。

学校各项管理进一步规范化、制度化。人事管理、人才引进、教师职务聘任逐步实现了校院两级管理的良性发展；财务管理进一步明确了校院两级管理职责；国有资产管理逐步建章立制。先后制定了《北京工业大学校院两级人事管理办法》、《北京工业大学重点实验室建设管理办法》、《北京工业大学校院两级财务管理办法》、《北京工业大学收费管理办法》、《北京工业大学基建、修缮工程项目管理办法》和学生管理等规定。

从2000年起，学校实施了全员聘用合同制度。教师岗位聘任以专业技术职务聘任制度改革为重点，强化激励和竞争机制，由身份管理向岗位管理转化，进一步明确和强化“有限聘期、合约管理”的教师岗位聘任制度，优胜劣汰的教师选拔和流动机制逐步形成。改革校内分配制度，规范岗位津贴制度，实行“优劳优酬”，从注重单纯提高个人待遇向引导鼓励人才想干成事业、能干成事业转变，适当拉开收入差距，形成正确的利益导向，鼓励优秀人才取得合理回报，调动了教师的积极性。

学校推行了校务、党务公开，重大的决策、事务通过校园网络等途径面向教职工公开。学校党委坚持向全委会、党员代表会议报告工作和接受监督的制度，贯彻落实常委会议事决策制度，修订、完善校领导联系学院制度、校领导接待日制度、领导会签制度，提高了常委会决策水平、决策质量和效率。

广泛开展法律宣传和法律实践活动，专门在校两办成立了法治法规室，开通了校务公开网，推出“工大说法”网站，编印《校园法律咨询手册》。规范学校各项工作流程，清理、修订学校的规章制度，通过了《北京工业大学规章制度管理办法》。建立了学生申诉、听证制度。发挥教代会的平台作用，继续完善和落实提案限期答复制度，加大监督和保证力度；坚持与民主党派、无党派群众的民主协商会、座谈会、形势学习会、情况通报会的例会制度和校领导班子成员与党外人士交朋友制度，努力建设和谐校园。

2005年，北京工业大学被评为北京市“依法治校示范校”、“‘四五’普法宣传先进单位”，在北京市高校中首批进入依法治校示范校行列。

在“211工程”建设项目的管理中，为了加强“宏观决策科学化、规章制度规范化、工作程序标准化”，学校在总结“九五”“211工程”建设经验和不足的基础上，对北京工业大学的《“211工程”项目管理办法》作了修订和补充。“十五”“211工程”建设项目的管理进一步明确校、院、项目负责人三级管理的责、权、利；操作程序更加规范、有序；实施了经费匹配制度；经费计划、执行的时间周期更加明确，项目建设与建设绩效相结合，同时，注重年度抽查和中期检查；强调了“211工程”专项经费的专款专用和学院设立专人负责“211工程”的日常管理。

随着北京工业大学“211工程”建设的逐年深入，建设项目数量和投入经费累计逐年增长，购置仪器设备数量成级数增加，“211工程”办公室为了更好地对“211工程”项目进行管理，提高管理水平，保证建设资金发挥最大效益，充分利用学校数字化校园建设成果，与国资处、财务处合作共同设计开发了“211工程”项目管理系统软件。通过该软件的投入使用，实现了“211工程”建设项目从申请、审核到实施、验收全过程的顺利运作，实现了数据资源共享；加强了对“211 工程”建设资金的规范管理，明确了办事程序，使资金发挥最大效益；更好地调动了各职能部处、项目负责人的积极性，加强了校、院在建设过程中的调控作用；实现了“211 工程”办公室、国资处、财务处对“211 工程”项目建设的统一管理，保证了“211 工程”建设目标的实现；并且加强了各部门间的监督管理，提高了办事效率，加速了“211 工程”项目管理的信息化进程。

（张晓玲　王大勇）

以“四名工程”为核心，构筑本科教学平台，积极推进教育创新

育人是学校的根本任务。自 2003 年教育部对北京工业大学进行本科教学水平评估取得优秀的好成绩以来，学校进一步加强了本科教育教学建设，加强整改，强化教学地位；坚持以学生和教师两个为本，不断增强服务意识；更新教育教学观念，深化教育教学管理体制、人才培养模式、教育教学手段、教育教学内容和方法的改革，积极推进教育创新，教育教学和人才培养质量不断提高。

一、加强制度建设，促进教育教学管理的制度化和规范化

深入贯彻评估整改计划，深入贯彻落实教育部《关于进一步加强高等学校本科教学工作的若干意见》，召开教学管理培训暨教育教学研讨会，明确教学研究型大学的教改思想和人才培养目标；以本科教学水平评估标准为依据，完善各种教学管理文件，规范教学。近年来，学校进一步加强和完善各项教育教学制度建设。

为适应新形势，切实做到教育教学上以学生为本，学校在认真组织学习教育部新修订颁布的《普通高等学校学生管理规定》的基础上，制定颁布了《北京工业大学学生管理规定》、《北京工业大学本科学生学籍管理规定》等六项规章。新修订的文件更加规范、严谨，文字内容的表述及其体现出的“以人为本、依法建章、规范管理、加强监督”原则，受到了北京市教委及其组织的评审专家的一致好评，并在市属市管高校中予以示范宣传。

为规范课堂教学行为与教学秩序，保障教师权益，修订和完善了以《北京工业大学教师本科教学工作规范》、《教学事故认定及处理办法》为核心的系列规章，如北京工业大学《双语课程教学实施办法》、《关于双语课程教学的补充规定（试行）》、《关于对部分校开选修课实行课时补贴的规定（试行）》、《校选课新开课程申请注意事项》等多项规章制度。

为促进教育教学改革与研究，提高教学研究水平，学校制定和完善了《北京工业大学名牌专业建设指标体系》、《教育教学研究立项申报管理办法》、《教育教学研究项目经费使用与管理办法》、《教育教学奖励办法》、《“教学优秀奖”评定和奖励办法》等多项规章。

从 2005 年 6 月开始，大学英语四六级考试上升为教育部主管的国家级考试，由教育部高等教育司与教育部考试中心共同管理；试卷秘级上升为机密级，任何单位或个人不得泄露。为配合全国大学英语四六级考试改革，学校为此专门设立了试卷保密室，经国家保密局验收合格，符合教育部、中宣部、公安部、国家保密局印发的《国家教育考试考务安全保密工作规定》要求，可以过夜存放 CET 试卷；同时，学校进一步完善了保密室负责人制度和保密室值班巡逻制度。顺利保证了 2005 年两次国家级四六级考试的进行，提高了学校的声誉，保证了学生的利益。

为提高现代化办公水平，积极调研为更新升级办公自动化系统作准备。学校对各学院教务人员进行了培训。2005 年，北工大获得全国高等教育学历证书电子注册管理工作先进集体，获北京地区高等教育学历证书电子注册管理工作先进集体等荣誉称号。

二、加强教育教学研究，构建有效的教学激励机制

提高教学质量的关键是重视教育教学研究，鼓励教师多出教学研究成果、出高水平成果。近年来，学校积极营造教学研究氛围，组织研究队伍，加大教育教学研究立项及奖励力度。2005 年 1 月，组织成立了《教育研究通讯》编委会，增强办刊力量；组织召开“率先建成国内一流教学研究型大学”教育教学研讨会，积极开展教育教学理念研讨，构建教育教学改革与交流的平台。2005 年，学校在 2004 年立项 57 项的基础上，又扩大立项 178 项（重点项目 28 项，面上项目 150 项），全年资助经费达到 233 万元。在学校政策的积极引导下，广大教师教学研究的意识和积极性不断增强，教学研究水平和层次有了明显的提高。2004 年学校获北京市高等教育教

学成果一等奖6项，二等奖8项，取得了近几十年来高等教育教学成果奖励方面的最好成绩。在2005年校级立项的基础上，组织申报北京市教改项目11项，其中申报资助项目3项，自筹项目8项。经过北京市教委外聘专家评议，北工大共有6项被批准立项，其中市教委资助项目3项，学校自筹经费项目3项。对于此6项，学校均给予1∶1的配套经费（4万元）支持。根据学校整体教改与研究水平，学校还组织申报教育部高教司教改项目2项，高教司理工处教改项目3项，获理工处批准立项1项。在全国高等教育学会第六次优秀高教科研成果评选中，学校获优秀奖1项；在北京市高等教育学会第六次优秀高教科研成果评选中，学校获一等奖2项，二等奖3项。

加强本科教学工作，加重奖励教学一线的优秀教师，大力提高教学质量已成为全校的共识。近年“优秀教学质量奖”的申报立项呈上升趋势，2001～2002学年“优秀教学质量奖”申报立项数为27个，2002～2003学年“优秀教学质量奖”申报立项数为46个，2003～2004学年“优秀教学质量奖”申报立项数为38个，2004～2005学年“优秀教学质量奖”申报立项数上升到66个。在2004～2005学年的北工大“优秀教学质量奖”评选中，学校共评选出一等奖3项、二等奖9项、三等奖18项。2004和2005两年共有57名教师获得北工大“教学优秀奖”。根据学校制定的教育教学研究论文评选标准，2005年共评审选出符合条件的论文95篇，其中学校认可的《中国高教研究》、《学位与研究生教育》等核心期刊教育教学论文共8篇，其他公开刊物教育教学论文87篇。学校组织力量将公开发表的教育教学论文汇编成《北京工业大学教育教学论文汇编（2004年）》，分发到各学院和各主要职能部门处，供教师学习和参考。2005年，学校根据《北京工业大学教育教学研究奖励办法》，共投入39.85万元对自2003和2004两年中教师所取得的北京高等教育教学成果奖、北京市精品教材、北京市精品课程、北京市名师等重大成果以及2004年校级教育教学研究优秀成果、2004年教职员工在公开发行的期刊上发表的教育教学论文进行公开奖励和表彰。

表2-3　北京工业大学2004～2005年各类教育教学研究成果及获奖成果汇总表

类别	细目	获奖数
国家及市级教研成果	2004北京高等教育教学成果奖	一等奖6项
		二等奖8项
	2005年全国高等教育学会第六次优秀高教科研成果奖	优秀奖1项
	2005年北京高等教育学会第六次优秀高教科研成果奖	一等奖2项
		二等奖3项
校级教研成果	2004校优秀教育教学研究成果奖	一等奖16项
		二等奖21项
	2004教育教学研究论文	学校认定的核心期刊论文8篇
		公开发行期刊论文87篇

三、以“四名工程”建设为核心，积极推进教育改革与创新

近年来，学校采取积极有效的措施，大力开展了以名师、名专业、精品课程、精品教材“四名工程”为主要内容的教育教学建设与改革，制定相应的管理与奖励办法，通过专款加大对“四名工程”的建设力度，取得了可喜的成绩。

在名师建设方面，学校在现有5名校级教学名师和2名北京市教学名师的基础上，组织“教学名师系列论坛”，聘请国家级教学名师和校内教学名师做报告，向广大教师传授教学名师的教学经验和教学艺术。通过遴选，购买教育教学类图书，直接分发到各学院和教师手中，培养教师边教书边学习教育教学理论的习惯，更新教师教育观念。通过抓两头、促整体，加大对教学优秀教师的表彰和奖励，加强对教学效果差的课堂的整改，以此带动学校整体教学水平的提高；加强整改，强化教学地位，职称评比坚决执行教学一票否决制，强调教师是课堂教学第一责任人。

在名专业建设中，学校充分发挥各学院在学科专业调整和“名专业”建设中的积极性、主动性，进一步强化专业设置特色，鼓励探索跨学科建立交叉学科专业和目录外专业，加大使用信息科学等现代科学技术来提升、改造传统学科专业的力度，挖掘和发挥传统专业和基础专业的潜力，积极支持新专业如广告学、社会工作、生物医学工程等专业的建设。规划并启动了“名专业”建设工程，2005年已经完成名专业指标体系的制定，有9个专业获得北京市品牌专业建设立项。

在精品课程建设方面，围绕教学理念、课程体系、教学内容、教学方法等方面的改革，学校加大了对校院两级重点课程和课程群（必修的）、新办专业课程的建设，并加大了对重点课程和课程群建设的资助力度，2005年有5门课程被评为北京市精品课程，4门课程被评为国家级精品课程，实现了历史上零的突破。

在精品教材建设方面，学校进一步健全和完善了校院两级教材的编写、评价和选用制度，健全和完善校院两级精品教材规划和奖励制度。2004年学校有15本（套）教材被评为北京市精品教材，取得了学校教材获奖数的历史最好成绩。2005年，通过专款资助建设了50门校、市级精品课程，资助13个学院优秀教材（包括国家规划教材、近3年出版教材、面向21世纪教材）的样书库建设，以更好地推动学校教师选用高水平的教材。

表2-4 北京工业大学2003～2005年“四名工程”建设成果一览表

成果名称	成果等级	年份		
		2003	2004	2005
名师	北京市名师	2	—	—
名专业	北京市品牌专业	—	—	9
精品课程	北京市级	5	4	5
	国家精品课程	—	—	4
精品教材	北京市精品教材	—	15	—

在双语教学方面，进一步规范和提升双语教学的建设与管理。制定了《北京工业大学关于双语课程教学的补充规定》，明确双语课程的教学工作量按实际教学工作量的1.5倍计算，并根据教师从事双语教学的效果和质量，对双语教师进行经费和培训方面的持续性支持；增加双语教学立项。2005年扩大在学科基础课、专业课和校开选修课中组织进行本年度的双语课程教学立项，共有16门课程获准立项，积极鼓励教师承担并搞好双语教学。另外，进一步加强对双语教学的检查，全面掌握双语教学课程情况，组织专家对双语课程进行了全程跟踪听课，并分别组织了教师和学生座谈会。针对问题的解决，在教学管理上采取了有效的办法，在教师教学上提出了改进的建议。加强对双语教师的培训，除组织校内双语教师口语培训班外，选派了10名双语教师赴英国伯明翰大学参加双语教学培训，2名教师赴加拿大参加双语教学培训，取得很好效果。

在实践教学方面，在全面对“十五”教学基地进行总结验收的基础上，启动了“十一五”精品教学基地建设项目，在保持实践教学特色中促进实践教学的发展。2005年上学期，根据教育部和北京市有关精神，北工大启动了北京市实验教学示范中心评选工作的申报工作。实验教学示范中心应具有先进的教育理念和实验教学经验、先进的实验教学体系、内容和方法、先进的实验教学队伍建设模式和组织结构，建立有先进的实验教学运行机制和管理方式，并取得显著的实验教学效果及显明的特色，能够为全国高等学校实验教学改革提供示范经验，带动高等学校实验室的建设和发展。在学院与学校的密切配合下，电工电子实验教学中心被评为“北京高等学校实验教学示范中心”。

在教学质量监控方面，改原先的期中教学质量监控为全过程质量监控，实施“一主线，三阶段”新的教学检查模式。一条主线，即全过程质量控制。三个阶段：第一阶段为6～7周教学检查，第8周反馈信息，这样有利于教师改进后期教学工作；第二阶段为第13周“学生评教和教师评学、评管”，并及时反馈评估结果、质量状态分析和提高质量的建议；第三阶段为第18周进行的学院质量监控工作水平评估。校职能部门及专家到各学院进行质量监控工作水平考察评估。对毕业设计进行全过程监控，重点抓课堂教学、外语教学改革和双语教学的质量监控，全面与重点相结合，保证教学质量水平。同时，加强教学质量监控中的“导”的作用，一是开通了“督导之声”信箱，及时将专家听课的评语进行整理，并反馈给教师本人，以利于改进教学，同时也收集教师对督导工作的意见与建议，形成互动；二是开展了针对性的督导，组织专家小组与教学效果较差的教师，针对其存在的关键问题，不同的专家，从不同的角度，面对面进行交流，收效非常好，受到教师欢迎。通过组织专家指导和评审，在第五届全国多媒体课件大赛中，北工大获二等奖1项、三等奖3项、优秀奖9项，同时获得优秀组织奖。

四、以学生为本，增强服务意识，努力营造创新人才成长环境

针对人文艺术社科、经济管理、提高性外语、文献检索和现代教育技术五类校开选修课长期以来供不应求的问题，学校制订下发了《北京工业大学关于对部分校开选修课实行课时补贴的规定（试行）》（工大教发〔2005〕005号），明确对面向全校学生开设上述五类课程实行每课时50元的补贴。配合以上规定，为促进校开选修课的建设，方便新开课和开新课的教师申报校选课，制定了《北京工业大学校选课新开课程申请注意事项》，从申报教师的资格、申报课程的学时、课程在申报前的准备、申报的程序等多方面给予了明确说明。在实施课时补贴规定政策鼓励广大教师多开选修课的同时，又通过动员新并入的艺术学院教师积极申报课程、对教师申报校选课增加补报机会、对新上岗教师进行考核和培训等措施，使本学期校开选修课的申报数量大幅度增加。2006年第一学期，学校将为本科生开出五类校开选修课110门（125个课堂），是上学期41门课（48个课堂）的2.7倍。不仅从很大程度上改善了学校选修课资源不足的状况，而且对培养学生综合素质、促进学生个性发展具有重要意义。

针对经济和社会发展对人才实践能力要求的增强，学校在继续保持实践教学特色的基础上，深化对学生创新能力和实践能力的培养。通过教学基地建设，构建学校、北京市和国家三级立体式大学生科技竞赛网络，为学生提供特长展示和个性发展的平台。2005年，北工大学生在由教务处组织的各类大学生科技竞赛中获得佳绩，共获国际、国家及省部级科技竞赛奖86项（不包括学生处、校团委及学院组织参加的竞赛）。其中，国家及省部级奖83项，国际奖3项；全国一等奖4项、二等奖17项、三等奖19项；北京市一等奖9项、二等奖15项、三等奖19项；在2005年微软“创新杯”程序设计大赛中，北工大学生设计的作品《Squirrel Attack》在渲染专题竞赛中蝉联全球总冠军，《Fego社区》在软件设计专题竞赛中获得全球季军，计算机学院1名学生在逻辑算法专题竞赛中进入世界前六名。

表2-5　北京工业大学2005年学生科技竞赛获奖情况一览表

竞赛名称	主办单位	获奖级别							合计
		国际奖	全国			北京市			
			一	二	三	一	二	三	
美国大学生数学建模竞赛	美国工业与应用数学学会	2队3等	—	—	—	—	—	—	2
计算机学会国际设计大赛（CSIDC）	美国计算机学会	TOP TEN	—	—	—	—	—	—	1
全国大学生数学建模竞赛	教育部	—	1	6	—	3	1	—	11
全国大学生电子设计竞赛	教育部	—	1	4	—	6	8	7	26
全国大学生结构设计大赛	教育部	—	—	—	1	—	—	—	1
全国大学生广告艺术大赛	教育部	—	—	—	1	—	2	7	10
全国机器人足球锦标赛	中国人工智能学会	—	—	—	1	—	—	—	1
全国大学生英语竞赛	全国大学生英语研究会	—	2	7	16	—	—	—	25
北京市大学生物理竞赛	北京市物理学会	—	—	—	—	—	2	3	5
北京市大学生数学竞赛	北京市数学学会	—	—	—	—	—	2	2	4
合计		3	4	17	19	9	15	19	86

五、加强交流与合作，构建本科教改发展平台

2005年，为充分学习、交流高校教育教学改革成果与经验，充分展示和宣传学校，北工大加强了与兄弟院校的教育教学交流与合作。

经过学校的争取，北京市属市管高校教学管理研究会秘书处挂靠北工大，研究会经北京市教育委员会酝酿，由北京市教委高教处和市属市管高校发起，副校长蒋毅坚为理事长。经秘书处与北京市教委高教处相互配合，共同筹备，在北京工商大学召开研究会成立仪式暨第一次全体理事会议，研究会理事长蒋毅坚作了重要讲话。中国发明协会高校创造教育分会挂靠北工大，秘书处挂靠于学校教务处，副校长蒋毅坚当选为中国发明协会高校创造教育分会常务副理事长。在中国高等工程教育研究会2005年年会上，副校长蒋毅坚当选为中国高等工程教育研究会副理事长。

2005年，北工大作为组长单位，参加由河北工业大学筹办的地方工科院校教改协作组第13次年会。副校长蒋毅坚等参加了年会。年会在北工大与主办单位河北工业大学的密切配合下，达到了积极宣传学校的目的。同年，根据北京市教育委员会《关于建立北京地区高校学生管理工作研讨交流组的通知》有关精神，召集北京市高校学生管理工作研讨会，交流会由北工大主持，来自北京外国语大学、中国农业大学、北京林业大学、北京语言大学、中国青年政治学院、国际关系学院、首都医科大学、北京第二外国语学院、北京物资学院、北京农学院共11所学校的15位代表参加了研讨会。

（李庆丰　薛素铎　安　琳）

规范管理　提高质量　为申办研究生院创造条件

“十五”期间，北京工业大学的研究生教育在北京市教委的关怀和支持下获得了长足的发展，从理论研究、制度建设、机制建立、实际应用等研究生教育的全过程，积极探索地方研究生教育的发展和实践。

一、“十五”研究生教育发展概况

“十五”是北京工业大学研究生教育快速发展时期，具体表现在以下三方面：

1. 招生规模稳步扩大。

2. 学位授权点稳步增长。

表 2-6　北京工业大学 2000～2005 年研究生录取情况一览表

年度 / 类别	2000	2001	2002	2003	2004	2005
博士	78	120	118	166	155	169
硕士	444	617	809	1019	1200	1163
工程硕士	190	153	158	254	172	272
总计	712	890	1085	1439	1527	1604

表 2-7　北京工业大学 2000～2005 年学位授权点变化情况一览表

年度 / 类别	2000	2001	2002	2003	2004	2005
一级学科博士点	3	—	—	6	—	8
二级学科博士点	16	—	—	28	—	37
一级学科硕士点	—	—	—	—	—	7
二级学科硕士点	34	—	—	52	—	81
工程硕士领域	8	—	11		13	14

3. 研究生科研成果逐年增加。

2003年以来，北京工业大学2篇博士论文被评为全国优秀博士学位论文。2003年起，学校在校内设立了“研究生科技创新成果奖”。研究生在SCI、EI收录期刊上发表论文、获得国家专利、省部级以上科技进步奖以及出版著作的数量逐年递增，说明北京工业大学研究生培养质量在逐年提高。

二、立足地方高校，更新质量理念，科学定位

地方院校研究生教育有四方面的特点：一是起步较晚、基础相对薄弱；二是生源质量不够理想，考生的水平参差不齐，专业基础特别是实验基础薄弱；三是从校外引进的导师多、新导师多，在“培养什么样的研究生，怎样培养研究生”上思想不够统一；四是受资助于地方，就业面向地方，生源主要来自地方。学校经讨论认为：研究生教育的质量标准有共性也有特性，要根据社会需求的多样性、各类高校的不同定位，实事求是地制订，不应一刀切，而应有特色。即不仅要树立全面质量观，而且要树立相对质量观和发展质量观。不同类型的高校，其研究生教育的质量定位也对应于学校的教育质量定位。

“十五”期间，面对地方院校研究生教育基础相对薄弱、起步晚的特点，北京工业大学首先确立了地方院校研究生教育要面向地方经济建设和科技发展主战场的指导思想，强调“地方性”和“应用型”，从以下三方面系统地实现了地方院校研究生教育指导思想和质量观的转变。

1. 地方院校硕士研究生培养目标定位在培养高

层次的工程技术、应用型人才。2002年底，北京工业大学研究生部在学校研究生及导师中，就培养方式、课程教学、学位论文、研究生素质、导师、管理等七个大方面进行问卷调查，并对结果进行了统计分析，充分吸收了导师和研究生的意见。并在2004年修订培养方案的原则意见中，明确提出了学校研究生培养质量的目标定位："北京工业大学为北京市地方院校，正在实现由教学型向教学研究型大学的转变，人才的培养目标定位一方面要适应地方经济建设的需要，另一方面也应随学校的转型而有所调整。工科硕士研究生应立足于培养高层次的工程技术、应用型人才"。

2. 探索实用型、应用型的质量标准。在明确了地方院校研究生培养质量定位后，2004年初经过校学位评定委员会讨论，重新修订和颁布了《北京工业大学研究生在学期间取得研究成果的基本要求》，明确规定研究生申请专利、计算机软件著作权、建筑设计方案等实用性成果也是研究生培养的重要内容；研究生在学期间取得专利、计算机软件著作权等实用性成果与发表论文一样，也是创新性的具体体现，探索建立并开始实施实用型、应用型高层次人才的质量标准。该规定从2003级研究生开始执行。

3. 加强教学改革，建立应用型人才培养的课程体系。为了落实地方高校研究生培养目标定位和质量标准，改善学术型研究生培养的知识结构，根据人才培养目标、北京市高层次人才需求类型和学生生源的特点，经过广泛深入地研究和论证，一方面在培养方案的修订中，开设了一门必修课——工程技术基础课（60学时，3学分）。加开激光现代制造技术、现代检测技术、软件工程、生物工程与技术等工程技术基础课的目的，是打好工程技术基础，增强学生的工程技术实践能力，培养熟练掌握现代工程技术的高层次应用人才。另一方面，2004年3月，经过一年多的筹备，研究生部会同外语学院、教务处、国际交流合作处等相关部门一起，召开了研究生英语教学改革研讨会。决定从2004级研究生开始进行英语教学改革，突出英语听力、口语和科技写作能力的培养，将硕士研究生英语教学的改革重点定位在研究生外语应用能力的培养上。

4. 搭建应用型人才培养的工程实训平台。在北京市教委和学校的大力支持下，北京工业大学"研究生工程实训平台"项目获准列入"2005年教育部研究生教育创新计划项目"。建设研究生工程实训平台是北京工业大学适应学位与研究生教育发展战略、提高研究生培养质量的重要举措。通过搭建研究生科技创新平台，在研究生培养、尤其是提高研究生创新实践能力方面探索一条新路，同时通过研究生自我管理、自我实现的方式，实现研究生学习能力、创新能力、团队协作能力、组织协调能力与人际交往能力等全方位的培养。

三、制度创新，建立完备、规范的质量保障制度

有了明确清晰的"地方性"理念后，学校从导师、研究生、教学过程、学习氛围等关键环节入手，建立了一系列保证质量标准得以落实和实施的制度和措施。

1. 加强对导师队伍的建设和管理

研究生导师的素质和质量是提高研究生培养质量的关键。有鉴于此，北京工业大学进行了以下三项有特色的工作：

（1）导师年报制。从2002年开始，研究生部的导师年报与学校人事考核结合起来。导师年报包括上一学年的教学工作、科研项目、发表论文、专利成果的数量、指导研究生的情况等。所有导师的年报表都在校园网上公布，将合订本发给各学院院长、校学位委员会委员等。将每位导师的工作公布，但不作评价。同行之间比较，一目了然，这对导师有很大的促进作用。

（2）博士生导师学术交流与述职。2003年12月12日至14日，在校的91名博士生导师进行学术交流与述职。

（3）新导师培训。高水平的导师以及导师的尽职尽责是保证和提高研究生培养质量的基石。2004年遴选博导，申请人要在院级、校级的专家会上答辩。通过这个制度，严格保障导师质量。抓导师质量另一措施是对新增导师的培训。培训的内容包括四方面：一是北京工业大学学科建设简介；二是研究生培养的基本要求、主要环节和注意事项；三是老教师谈研究生培养的经验和体会；四是国内重点大学研究生培养的制度和经验。

2. 研究生教育督导组对培养全过程进行监控

从2002年开始，成立了研究生教育督导组，其主要职责有三方面：一是对研究生课程教学情况进行随堂听课检查，对课程教学中存在的问题及时提出批评，对课程教学有特点，教学方式先进、教学效果好的课程大力宣传和表彰；二是对研究生开题报告、中期考核、论文答辩等关键环节进行检查、监督和指导，保证各培养环节的质量要求能落实；三是对研究生教育发展过程中的重大问题提供咨询，如课程建设目标的定位、修订培养方案原则等都是经督导组专家多次开会研讨形成的。几年来，研究生教育督导组在保障和提高研究生教育质量上发挥了良好的作用。

3. 建立激励机制，营造浓厚氛围，鼓励研究生科技创新

建立激励机制，充分挖掘研究生创新潜力。

(1) 变助为奖，充分调动学生的积极性和主动性。2003年开始，设立了“研究生科技创新成果奖”。成果除了学术论文外，还包括发明专利、实用新型专利、计算机软件著作权等。学生通过提交专利证书等证明来申请奖励。这个奖是将以前的助学金变为奖学金，对高年级研究生有极大的促进作用。

(2) 设立“研究生科技创新基金”。学校拿出专款设立了研究生科技创新基金，激励研究生发现并进行工程设计类课题的研究。其特点是鼓励学生做小、快、灵、宽的课题。“小”就是小题目，有限目标，让学生练手；“快”是周期短，一般1年左右；“灵”指自选课题，非学位论文课题。“宽”是指课题组可以跨学科、跨学院自由组合。设立研究生科技创新基金最重要的目的，就是让学生大胆探索，不怕失败，充分发挥学生的聪明才智。通过两年的资助，部分课题已经在“挑战杯”首都高校大学生创业计划竞赛等科技竞赛中获奖。

(3) 增强校园学术氛围。2001年以来，为了弥补学校研究生生源质量上的不足，拓宽学生的视野，激发学生的创造力，每学期都为学生举行学科前沿系列讲座、院士论坛、人文社科系列报告等活动，以营造浓厚的学习氛围。2003～2004第一学期连续13周举办国家杰出青年科学家系列学术报告会，此次高层次系列学术讲座内容涵盖了先进材料、纳米科技、光微电子等凝聚态物理与化学诸国际学科前沿，主讲人都曾荣获国家杰出青年基金，并多次荣获国家及部委科技奖励，是我国该领域的杰出青年学术带头人。13次讲座场场爆满。

4. 理顺管理层次，提升管理水平和质量

研究生教育质量保障体系的建设和实践首先是个管理问题，为此，学校的研究生教育管理工作从2000年以来实现了以下转变：

(1) 规范化管理。随着学校研究生规模的逐步扩大，2000年开始推行研究生教育的校院两级管理。2002年修订校院两级管理制度并相继颁布《研究生教育管理手册》等近10本工作手册。这些工作手册详细列出了学校、学院两级研究生教育管理部门的工作职责和内容。建立起了较为完备的保障研究生教育质量的工作制度和体系。

(2) 信息化管理。2002年，开通北京工业大学研究生部的主页。此后，研发并陆续投入使用的有北京工业大学研究生招生网、博士研究生网上报名系统、研究生培养学位管理信息系统等一系列信息化管理手段，极大地提高了管理工作的效率，也使质量保障工作更有针对性。

(3) 校院两级管理。在提出科学的管理规范和标准的前提下，积极稳妥地推进研究生教育的校、院两级管理制度。对各项业务管理工作进行了整理、分析，在广泛征求意见和研讨的基础上，明确各个工作环节的两级职责分工，充分调动导师和学院的积极性。

(4) 研究型管理。北京工业大学研究生管理工作的最大特色是研究性地开展工作。目前承担的各种研究项目为10项，其中国家级教育研究项目1项。各种市级研究项目11项，其中全国教育科学“十五”重点课题“研究生教育质量保障体系问题研究”1项，市级研究生教育管理研究课题4项，近几年在校内外各类刊物发表研究论文20余篇，取得计算机著作权2项。同时，从2001年开始建立例会制度，两周或一个月开一次例会，一位同志就某一个专题作报告，大家围绕专题和报告内容进行讨论。《学位与研究生教育》2003年第5期曾以《北京工业大学研究生部坚持例会制度，加强自身建设》为题作过专门报道。

四、建设成果

1. 育人成果

通过“十五”的建设与实践，北京工业大学研究生培养质量普遍提高，创新能力显著增强。

(1) 在2003年、2005年全国优秀博士学位论文评选中，北京工业大学索红莉博士、郭霞博士的学位论文分别被评选为2003、2005年度全国优秀博士学位论文。从2002年开始，学校也开始了校内优秀学位论文的评选和奖励：2002年评选优秀硕士学位论文14篇；2003年评选优秀硕士学位论文29篇；2004年评选优秀硕士学位论文47篇，优秀博士学位论文8篇；2005年评选优秀硕士学位论文58篇，优秀博士学位论文9篇。

(2) 2003年11月，根据《北京工业大学“研究生科技创新奖”评选条例》，评选出一等奖成果76项，二等奖成果216项；其中研究生在SCI、EI收录期刊上发表论文63篇，获得国家发明专利授权3项、省部级以上科技进步奖3项，出版著作2部。截至2004年10月28日，2004年研究生在SCI、EI收录期刊上发表论文194篇，获得国家发明专利授权22项、省部级以上科技进步奖3项，出版著作12部。2005年研究生被SCI收录论文86篇，EI收录论文237篇，获得国家发明专利授权17项，省部级以上科技奖2项，参与编写的专著、教材10部；核心期刊、ISTP检索论文478篇，计算机软件著作权、实用新型专利、通过国家发明专利初审75项、厅局级科技奖3项，入选全国博士生论坛论文29

篇。共评出科技创新一等奖 328 项，二等奖 546 项，追加奖励 29 项。三项合计 903 项，比 2002～2003 年的数量增加了 2 倍。

(3) 在第三届“挑战杯”首都高校大学生创业计划竞赛中，北京工业大学研究生取得了优异的成绩。此次北京工业大学共有 6 个研究生代表队报名参赛，获得二等奖 1 项，三等奖 2 项。环能学院袁嵘等同学的“联科动力有限责任公司”参赛项目获得参加第四届“挑战杯”中国大学生创业计划竞赛的推荐作品资格。

(4) 在 2004 微软“创新杯（Imagine Cup）”软件开发大赛——3D 渲染技术专题中，由两名工程硕士参加的北京工业大学代表队获得全球总冠军。

2. 工作成果

近几年，研究生部在研究生教育的科学研究、管理探索、服务创新等几方面成绩突出，效果明显，取得了令人瞩目的成绩，先后获得“北京地区 1991～2000年高等教育学历证书工作先进集体”、“2003 年北京市招生工作先进集体”、2004 年北京工业大学“三育人”工作先进集体等荣誉称号。2004 年，教育科研成果“地方高校研究生教育质量保障体系的建设与实践”获北京优秀教学成果二等奖。

五、“十一五”研究生教育发展的目标和思路

北京工业大学“十一五”规划确立了研究生教育发展的“稳定规模，优化结构，提高质量，办出特色”的方针，建设重点在于两方面：一是走内涵式发展的道路，在提高研究生创新意识和创新能力上下功夫，切实提高培养质量；二是理顺管理机制，在规范化、信息化、人员结构化上下功夫，提高管理水平。鉴于学校研究生教育“十五”的发展成果以及学校“十一五”对研究生教育发展的要求，“十一五”期间研究生教育要完成以下三大步骤的工作。

第一，申办研究生院。研究生院是国家研究生教育基地，在我国地方高校已经占全国高校 90%以上的情况下，尚无一所地方高校拥有国家审核批准的研究生院。北京工业大学作为地方高校的排头兵，又地处首都，积极申办研究生院是地方高校研究生教育健康发展的重要一步。

第二，探索更适合地方经济建设和人才需求的培养模式和学位类型。随着首都社会、经济的发展，对高层次人才的需求日益多样化，学术型研究生的就业与来自用人单位应用型的人才需求之间呈现出越来越大的剪刀差。北京工业大学在“十五”期间就重新修订了研究生的培养目标，立足于应用型人才培养，并据此修订了研究生培养方案。“十一五”期间，随着研究生培养费用分担机制的逐步实施以及由此带来的硕士研究生学习年限缩短的压力，学校将进一步根据北京市的需求调整培养目标、培养方案、培养环节和培养年限，探索更切合北京高层次人才需求实际的培养模式和学位类型。

第三，研究生工程实训平台建设。构建工程实训平台，开设实训课程。既能充分利用学校先进实验条件和先进设备，开设培训课程，激发学生的创新潜能。同时加强实践环节和动手能力的培养，尤其是研究生自主发现问题，用所学的知识认识和分析问题，提出解决问题的技术步骤和方案，通过工程实训平台的设备和条件对技术步骤和方案进行实验、完善。工程实训平台的建设既是培养学生用所学知识分析问题、解决问题以及解决实际面临问题的综合能力的重要保障，更是探索更切合北京高层次人才需求实际的培养模式和学位类型的重要途径。

（肖　念　吴　斌）

不断提升创新能力　科技工作成绩喜人

北京工业大学在“十五”之初确定了科技创新的奋斗目标：以国家实施科教兴国战略和构建高校科技创新体系为契机，以新北京、新奥运和首都率先基本实现现代化为己任，面向北京经济建设和社会发展主战场，建成培养高层次、高素质创新人才和承担北京重大科技与决策问题的重要基地。2005 年是北工大全面完成“十五”“211 工程”建设的最后一年。在这一年里，北工大的科技工作按照学校党委的总体要求和统一部署，认真贯彻和落实科学发展观和“三个代表”重要思想，充分发挥北工大的学科和人才综合优势，积极推进科技体制改革，不断提升科技创新能力，在诸多方面取得了喜人的成绩，促进了学校科技工作的整体发展。

一、2005 年科技工作的主要成绩

1. 科研经费增长迅速。2005 年，北工大到校科研经费首次突破 3 亿元人民币。根据教育部统计口径，北工大 2005 年到校科研经费达到 30 664.5 万元。“十五”期间到校科研经费累计达 10.95 亿元，是“九五”期间的 4.6 倍。年平均增长率为 31.1%，实现了北工大科研总体规模的快速、稳定增长。

2. 承担项目层次不断提高。由于“973”计划项目“纳米尺度下材料性能（原位/外场下）的表征及科学问题研究”的第一承担单位由中科院物理研究所调整为北京工业大学，使北工大首次成为国家“973”计划项目的第一承担单位。北工大环境与能源工程学院彭永臻教授主持申报的国家自然科学基金国际重大合作研究项目——“污水脱氮除磷新理论、新工艺及过程控制”，已得到了国家自然科学基金委员会的正式批准。该项目是国家基金委在环境领域首次立项的重大国际合作研究项目，也是北工大首次承担的国家自然科学基金重大国际合作研究项目。

3. 科技成果成绩喜人。在2005年3月召开的全国科技奖励大会上，北工大共有3个项目分别获得国家科技发明二等奖和科技进步二等奖。其中由材料学院周美玲教授等人完成的“镧钼等热阴极材料及制备技术”项目获得国家科技发明二等奖，是北工大首次作为独立完成单位获得国家级奖励。在2005年北京市科技进步奖的评选中，北工大共有14个项目获奖，是北工大有史以来获奖数量最多的一年。传热强化与过程节能教育部重点实验室为故宫博物院珍藏的“中华第一神品”——《清明上河图》打造的高科技展柜受到北京多家新闻媒体关注和报道。在2005年举办的第十五届全国发明展览会上，北工大参展的六个专利项目在“全国发明展览会奖”的评选中获得了一金、二银、三铜的好成绩。

4. 基地建设成就突出。北工大新增国家工程研究中心1个——精密超精密加工国家工程研究中心，新增省部共建重点实验室1个——城市与重大工程安全减灾实验室。6个北京市重点实验室全部通过了由北京市教委和北京市科委组织的验收，其中工程抗震与结构诊治实验室和先进制造技术实验室被评为优秀，其余4个实验室被评为良好。数字社区教育部工程研究中心顺利通过教育部验收。

5. 青年学者快速成长。2005年，北工大材料学院聂祚仁教授获得国家杰出青年基金资助，这是继建工学院杜修力教授、机电学院张伟教授之后，北工大在“十五”期间第三位获得该基金资助的教授。材料学院张久兴教授被教育部聘为长江学者特聘教授。在继2003年首次获得全国百篇优秀博士论文后，由北工大电控学院沈光地教授指导的博士毕业生郭霞再次荣获该项荣誉。北工大材料学院张久兴教授所在的功能材料团队入选教育部创新团队，重大工程防灾减灾等7个团队入选首批北京市属市管高校“学术创新团队”。

6. 学术交流更加活跃。《北京工业大学学报》成为EI核心刊源，为全校师生提供更加广阔的展示科技成果的平台。第五届东亚物料及其应用学术讨论会在北工大举办。在北京工业大学45周年校庆期间，北工大联合德国柏林洪堡大学、北京外国语大学、中国关心下一代工作委员会教育发展中心等单位共同主办了“亚洲教育北京论坛—经济国际化中的跨国文化管理与培训国际会议”，为大学生直接参与国际学术交流活动提供了一个展现才学、交流思想的平台。

二、“十五”科技工作回顾与分析

回顾“十五”，北京工业大学之所以能在2005年取得如此众多的骄人成绩，并非一蹴而就。它是北工大在整个“十五”期间，不断积累、不断创新的结果。早在“十五”之初，北工大通过对当时形势及自身特点的认真分析，及时确立了“立足北京、融入北京、辐射全国、面向世界”的定位，同时也提出了“十五”期间科技创新的基本方针，即“强化科研意识，创新科技体制，扩大科技队伍，改进运行机制，营造学术环境，提高科技效益”，以及“十五”科技创新的指导思想：以人为本，以体制创新、制度创新为主导，以科技奥运和北京市产业调整为契机，把解决首都经济建设和社会、城市发展的重大科技问题作为首要任务，努力提高承担国家、北京市重大科技项目和企业重大技术项目的能力，融入首都社会发展和科技进步大循环，做大项目，干大工程，出大成果。强化科技意识，创建优良学术氛围，构筑与教学研究型大学相适应的科技体制，建立科技发展基地，强化科技队伍建设，加强国际、国内科技交流，促进高水平人才培养，为实现“两个转变”奠定坚实的基础。

1. 转变观念，增强科技创新意识。2002年国家科学技术部和国家教育部联合印发了《关于充分发挥高等学校科技创新作用的若干意见》，国家教育部成立了以陈至立部长为组长的高校科技创新领导小组。2003年，北工大召开了第五次科技工作会议。在大会的开幕式上，原北工大校长、中国工程院院士左铁镛作了题为《转变观念、抓住机遇、与时俱进、融入北京，全面开创北京工业大学科技创新工作新局面》的主题报告。会后，全校教师就如何增强科研意识、如何进行科技创新、如何创建科研团队、如何组织跨学科的合作与联合、如何建立与教学研究型大学相适应的科技政策等问题开展了深入而热烈的讨论。本次大会还成立了北工大科技创新领导小组。这次科技工作会议使全校教师统一了思想、明确了目标，科技创新意识明显增强，投身科研的积极性大大提高。

2. 创新科技体制，改革运行机制。学校首先选择部分条件较为成熟的学院进行科技体制改革的试点工作，构筑校、院、所三级管理体制，贯彻“学校建渠道、学院进行业、基层做项目”的管理模式。同时鼓励其他学院在有条件的学科进行科技体制改革，逐步实现由校、院、学科部的教学型管理体制向校、院、研究所的教学研究型管理体制的转变。同时为积极配合学校科技体制的转变，实现校院两级管理，学校修订和补充了一系列科技管理文件，如《北京工业大学纵向科技项目管理办法》、《北京工业大学青年科研基金项目管理办法》、《北京工业大学重点实验室建设管理办法》、《北京工业大学知识产权管理办法》、《北京工业大学科研创新重点基地建设暂行办法》等。这些科技管理文件的制订和完善为构建分工合理、权责明晰的科研管理新体制，创建运作有序、优质高效的科研管理新机制，起到了十分积极的推动作用。

3. 以人为本，加强科技创新队伍建设。学校大力实施“人才强校”战略，通过多种手段不断加大引进、选拔、培养学科带头人和学术骨干的力度。首先，引进了一批知名度高、学术造诣深的领军式大师级学科带头人，并且为其配备助手、搭建梯队，帮助他们建设基地或实验室。截至“十五”末期，北工大已经拥有全职工作的院士 8 人，双聘院士 12 人。此外，学校在发展的过程中还培养了一批自己的中青年学术骨干。这些学术骨干学历高，干劲足，有的已经在其所从事的领域取得重要成就，在国内外有一定影响。前述 3 位获得国家杰出青年基金资助和 1 位被教育部聘为长江学者特聘教授已经成长起来。

4. 强化融入北京。为北京服务是北工大科技创新的重头戏，这既是北京市的需要，也是北工大自身发展的需要。在科技工作中，北工大始终坚持紧密围绕北京市重点发展的高新技术产业及其相关行业，大力开展应用型、工程型的科学研究与技术开发，把为首都经济建设和社会发展服务作为学校科技工作的中心任务和首要目标。近年来，学校充分利用各种渠道，沟通多方信息，发挥自身的优势，做好校内跨学科、跨学院和校外广泛合作的联合项目申报工作，加强协调、组织工作，鼓励广大教师争取项目。同时学校的科研人员也积极瞄准北京市经济建设和社会发展的科技需求，以及奥运带来的前所未有的机遇，不断挖掘自身潜力，寻找与北京市的结合点和切入点，扩大已经进入北京发展的成果。如北工大北京市大气污染控制研究中心一举中标北京奥运重大项目“北京市空气质量达标战略研究”的第三个子课题“影响北京市大气质量的重要因素及环境容量研究”。交通工程研究中心以奥运为契机，全面解决北京奥运交通需求与北京面临严重交通问题的矛盾，填补了交通规划中奥运交通规划的理论空白，弥补了我国在公路通行能力研究领域的薄弱环节。并以此为基础，配合第 29 届奥林匹克运动会组织委员会的工作，先后完成了《奥运交通规划》和《奥运智能交通规划》等的制定工作。在环境影响评价领域，北工大已先后为北京市及周边区域的 200 多家企业做了环境检测评价报告，并针对企业生产环境和生产状况提出了合理化改造建议，为企业落实环保措施、保护当地生态环境、合理利用再生资源起到了积极的促进作用。

5. 加强基地建设。科研基地是最重要、最直接的科技资源，是科研项目、科研梯队的载体，是科技创新的基本保障。为了加强对北工大重点实验室建设和管理的指导，2005 年 3 月 1 日，经第三次校长办公会议决定，北工大重点实验室建设管理委员会正式成立。同时还制定了《北京工业大学重点实验室建设管理委员章程》和《北京工业大学重点实验室建设管理办法》。学校对于科研基地在人才引进、专业技术职务聘任、项目申报、岗位津贴、设备经费和使用校内大型仪器设备等方面给予一定的特殊优惠政策。同时，对基地根据科研项目的经费、规模、来源，论文数量、质量，获奖，专利，科技成果转化，人才培养和学科建设等情况，进行总体考核。建立有效的竞争机制，促使科研基地加快发展，为科技创新提供可靠保障和持久动力。

三、“十一五”科技工作的展望

展望未来，北京工业大学确立了“十一五”科技工作建设的指导思想和建设目标，即：立足北京、融入北京、辐射全国、面向世界，构建工大特色的科技创新体系，增强科技竞争能力，在基础和应用基础领域取得重大原创新成果，在应用研究和工程技术开发方面产生一批标志性成果。使学校成为解决北京重大科技与决策问题的重要基地、国家重大科技项目的参与者、首都经济发展的重要创新源。面对新的机遇和挑战，团结奋进、永不满足的北工大人必将在“不息为体，日新为道”的精神鼓舞下，以求真务实、开拓创新的精神面貌，全面推进学校科技工作的快速发展，使学校科技创新能力和综合办学实力进一步提升，为早日实现北京工业大学“十一五”的美好蓝图而努力奋斗。

（杨东升　杜修力）

北京工业大学科技园
正式被国家科技部、教育部认定为国家大学科技园

根据国家科技部、教育部国科发高字〔2005〕501号文件《关于认定北京科技大学科技园等8个大学科技园为国家大学科技园的通知》精神，国家科技部、教育部对2003年以来15家提出国家大学科技园认定申请的大学科技园进行了筛选和评估。北京工业大学科技园正式被认定为创新环境好、创新资源聚集、成果转化和科技企业孵化绩效显著的新增8家国家大学科技园之一。北工大科技园经国家科技部、教育部认定后，与北京科技大学科技园携手成为继北大科技园、清华科技园、北京理工大学科技园、北京航空航天大学科技园等七家科技园之后北京地区的另外两家国家大学科技园，同时也是作为北京地方高校首次进入国家大学科技园建设的行列。

北工大科技园成为国家大学科技园标志着北工大科技园建设与发展工作跃上了一个新的台阶，取得了突破性的进展，这是对北工大科技园建设工作的肯定与激励。同时，作为地方大学科技园，进入国家大学科技园行列意义十分重大。获得国家大学科技园的认定，为我校科技园的发展构筑起一个全新的平台。我校科技园将获得国家在大学科技园发展方面的专项政策与资金支持，科技园将有能力吸引更多的社会资金，拓展出更大的成长空间，同时，科技园也将能更好地集成校内外资源，以全新的姿态加速发展。

北工大从2000年开始设立并运作大学科技园。2001年5月，北工大科技园被北京市科委、市教委认定为北京市级大学科技园。经过5年多的建设，现已初具规模。北工大科技园占地总面积584.35亩，规划建筑面积63.77万平方米，已建面积20.2万平方米，孵化面积为10.24万平方米。

北工大科技园在建设中坚持硬件与软件环境并重的原则，统一规划，形成了一区三园的格局，即研发区、孵化园、软件园和创业园。研发区由北工大的58个研究机构共同构成，其中包括国家（部）级研究中心、重点实验室9个，省、市级研究中心、重点实验室21个；孵化园由校内企业孵化区、软件园企业孵化区和北内孵化基地、诺飞孵化器、崇熙孵化器等部分组成；软件园地处北京经济技术开发区中西部，占地面积31万平方米，是北京市软件产业基地的重要组成部分，以行业应用软件开发、软件加工出口、复合型软件人才培养为特色；创业园正积极发展条件，强化管理与服务，引入风险投资，为北工大的学生、教师以及社会相关人士提供创新创业的平台。

北工大科技园始终坚持依托学校的优势学科及人才资源，创建高新技术成果的孵育平台，不断完善科技园的管理体制，推进技术成果特别是大型高新技术项目的转化。目前，有光电子照明、新型清洁能源、智能交通、电子政务、先进焊接技术、稀土功能材料等一大批高新技术成果在园区内转化孵化。

科技园以软件园为基地，为入园企业创造良好的服务环境和孵化环境，园区企业技工贸收入逐年迅速增长，取得了较好的经济社会效益。2004年，北工大科技园入驻企业109家，实现企业销售收入3.8亿元。

党中央、国务院提出了增强自主创新能力、建设国家创新体系的战略举措，建立以企业为主体的技术创新体系将是国家技术创新战略中的重中之重，发展高新技术、促进科研成果转化将成为高等学校实现社会服务功能的重要形式。被认定为国家大学科技园，将使北工大科技园有更好的条件融入国家创新体系的建设之中。以高标准建设国家大学科技园将是我校发挥优势、整合资源、加快成果转化与产业化的良好契机。北工大科技园将进一步健全组织机构、增强中介服务能力，开拓进取，利用北工大的科研实力，整合社会资源，在3至5年时间内，将北工大科技园建设成为功能健全、发展规范，在国内外有重要影响的国家大学科技园。

（高艳青 张永安）

以人为本　依法治校　全面推进和谐校园建设

2005年，北京工业大学在深入贯彻学习教育部《关于加强依法治校工作的若干意见》的基础上，围绕学校全局工作，务实创新，把依法治校工作有机融入到学校教学和管理之中，规范办学行为，坚持校务民主化、校务法制化、管理科学化的工作方向，依法管理、依法育人，并积极采取多项措施，全面提高学校依法治校工作的整体水平，推进和谐校园建设。

一、形成共识，健全依法治校的工作机制

2005年3月29日，学校调整了依法治校领导小组，孙崇正任组长，张毅刚、卢振洋任副组长，赵凤琴任依法治校领导小组办公室主任，同时普法宣传办公室仍设在党委宣传部。至此，学校构建起了依法治校领导小组集中协调，学校各部门各司其职、紧密配合，精心组织的依法治校工作格局。

9月14日，校两办法治法规室成立，标志着北工大依法治校专门执行机构正式开展工作。校两办法治法规室是学校依法治校领导小组领导的、下设于校两办的负责学校综合法律事务和实施依法治校基本方略的科室，主要负责学校法律事务的组织、协调，承担学校相关法律文件、规章制度的制定、备案及涉法事务处理、法律咨询、法制宣传服务，推进依法治校相关工作等方面的职责和任务。成立法治法规室是深化学校治理结构与管理体制改革，稳步推进校务民主化、校务法制化、管理科学化的工作方针，积极探索现代大学的治理模式和管理方式的一个新举措。

二、依法完善学校章程，健全制度规范

（一）完善学校章程

2005年，北京工业大学依据《中华人民共和国教育法》、《中华人民共和国高等教育法》的规定，完善了2004年制定的《北京工业大学章程》，以章程的形式系统地规定了北工大办学的性质、宗旨、基本任务、政策制度和权责关系等。章程规定，学校各项规章制度的制定、修改和出台，除了要与上位法一致，与上级政策相配套，而且还要以学校章程为基本依据，努力体现出科学性、规范性、可行性；章程还对学校办学涉及的主要事项作出了规定，以此作为开展办学活动的总纲领。

（二）集中清理规章制度，出台《北京工业大学规章制度管理办法》，做到有章可循、照章办事，依靠制度管人、管事

1. 集中清理规章制度

2005年5月20日，学校印发了《关于清理规章制度工作安排的通知》（工大发〔2005〕15号），按照市教委文件精神提出了清理规章制度的基本原则，清理工作的主体、范围和内容，处理方式，以及具体的工作步骤，同时成立了清理规章制度工作小组。

清理规章制度工作小组由孙崇正任组长，蒋毅坚和赵凤琴任副组长，成员包括校纪委、党委组织部、党委宣传部、保卫处、人事处、教务处、学生处、研究生部、科技处、发展规划处、基建处、国有资产管理处、财务处、国际交流合作处、信息处、后勤管理处、审计处等学校党政职能部门的主要负责人，以及校两办部分工作人员。

5月下旬，孙崇正主持召开清理规章制度工作小组会议，传达了有关文件精神，明确了此次清理规章制度的范围是改革开放以来以学校名义发布的各项行政规章制度，强调清理工作的基本原则是以人为本、法制统一、科学管理。即：及时清理现有规章制度中可能侵犯师生合法权益的内容，与国家法律、法规、规章及政策相抵触的内容，不适应当前教育改革发展需要和学校实际的内容。会议明确了工作分工，确定了具体的工作进度。

在各职能部门进行全面清理并提出初步清理意见的基础上，6月底，孙崇正再次召开工作小组会议，对职能部门提出的清理意见和目录逐条进行分析和讨论。会议明确提出制定规章制度要坚持“少而精”的原则，属于部门内部或不具有普遍约束力的规章制度不以校发文件形式印发。会后各单位按照会议讨论的结果重新修订了清理目录。

经各职能部门清理，校两办汇总、编目，各主管校领导审阅，基本完成了规章制度清理工作。9月20日，学校2005年第13次校长办公会议审议并通过了清理结果：保留的规章制度92件；废止的规章制度30件；拟修改的规章制度54件；拟补充的规章制度15件，并以校发文件形式向全校公布了保留和废止的规章制度目录。

在清理规章制度的过程中，除确定了保留和废止的规章制度目录以外，需要修改和补充的规章制度也草拟了目录，并严格按照发文程序办理，每一个需要印发的规章制度均经过职能部门领导会签、校长办公会议讨论通过、主管校领导签发。

学校决定把现行规章制度分类汇编成册印发学校各职能部门，并每三年作一次清理及修订汇编工作。

2. 出台《北京工业大学规章制度管理办法》

11 月 1 日，2005 年第 15 次校长办公会议讨论通过了《北京工业大学规章制度管理办法（试行）》，试行期一年。

《北京工业大学规章制度管理办法（试行）》共 18 条，从规章制度的制定主体、制定内容、立项与起草、报请审核等方面对校发规章制度的制定、修改和废止作了相应的规定，使学校规章制度的制定、修改和废止活动的科学化、程序化、规范化有了制度上的保障。

三、健全和完善校务公开制度，自觉接受群众的评议和监督

北京工业大学党委历来高度重视校务公开工作，2005 年在自 2000 年开展校务公开以来的基础上，制定了一系列的政策和措施，不断拓展师生员工参与民主决策，加强民主管理和民主监督的有效渠道，丰富了依法治校的形式和途径。

（一）制度完善，履职有法可依。2005 年，为适应学校发展需要，学校相继制定、修订、审议通过了《北京工业大学校务公开实施细则》、《北京工业大学校务公开责任制》、《北京工业大学依法治校实施办法》等制度规定，为依法治校，校务公开，保持学校的稳定，促进学校管理科学化、决策民主化，促进学校的改革和发展提供了依据。

（二）组织调整，工作机构确定。2005 年 3 月，学校调整了校务公开领导小组和校务公开办公室。党委书记孙崇正任组长，副校长卢振洋和党委副书记张毅刚任副组长。校务公开工作领导小组下设校务公开办公室。办公室设在校两办，承担校务公开的协调管理工作。

（三）措施到位，信息公开透明，进一步明确了校务公开的领导体制和工作体制。校务公开实行坚持党委统一领导，学校行政为主体，教代会为主要载体，各院、职能部门各负其责，纪检监察部门协调监督、师生员工积极参与的领导体制和工作机制。根据校党委关于推进校务公开工作的具体要求，从 4 月开始，《校长办公会议纪要》以校园内网网上公开的形式向全校师生员工发布，进一步公开学校重大事件和决策，推进依法治校和民主管理、监督工作。

（四）校务公开内容广泛，职能部门任务分解明确。凡是与学校管理、教育改革密切相关和涉及师生员工切身利益的重要事项，除党和国家规定的保密事项外，原则上都在一定范围以适当方式和程序予以公开。并对教师、学生需要公开的事项逐条加以确定。为保证校务公开的统一规范，职责明确，提高效率，学校对实施校务公开作了进一步的任务分解，任务直接分解到 24 个职能部门，各司其职，互相配合；对于独立公开部门，如离退休人员管理处、图书馆、校医院、出版社等也建立公开机制，设立公开渠道，开展公开活动；各院、教学部等教学实体单位，按照《北京工业大学校务公开细则》的要求开展工作，并可参照校务公开的有关要求建立二级公开体系，以教代会代表组为主要载体开展院务公开，建立有效的二级院务公开渠道，以学科建设、人员聘任、职称评定、资金运行、津贴分配、对外办学等为主要内容开展院务公开工作。

（五）校务公开的形式进一步丰富，为依法治校提供了更多的途径。除教职工代表大会这一基本形式外，还通过各种会议形式，如校、院干部例会制度，信息通报会议，听证会，教代会代表与校领导的情况沟通与咨询会议，民主党派、校工会、团委、学生会、研究生会等组织召开的代表大会、工作会议和座谈会等会议形式公开校务；通过学生接待日、约谈会、学生服务信箱等形式公开校务；通过各种公文、规章制度等形式公开校务；通过校内多种传播媒体，如报刊、电台、电视台、校园网、宣传橱窗和办事手册等公开校务；学校建立了新闻发言人制度，定期或不定期在一定范围召开新闻发布会；学校继续实行校领导接待日、公开与信访等双向沟通形式，完善网上校长信箱，公布举报电话；7 月 4 日正式开通的北京工业大学校务公开网，为校务公开工作提供了一个便捷、有效的互动平台。

（六）校务公开的工作程序健全。学校校务公开工作，一般由学校相关部门提出内容和时间，并经主管校领导同意；对群众关心，但尚未公开的内容，可由群众向有关部门提出，并经主管校领导同意。学校重要事项由校务公开领导小组或办事机构对准备公开的内容进行审查并确定公开形式和范围；各职能部门日常规范公开的内容范围，经审查后由主管职能部门以适当方式在适当范围内发布；学校要求各相关部门要把校务公开工作纳入本单位工作计划，对于校务公开的监督、考核与奖惩办法专门作了说明；学校党政领导将推行校务公开制度纳入本届任期目标管理责任；纳入职能部门及干部个人的工作目标管理责任。校务公开工作领导小组下设监督办公室，监督办公室设在纪委，承担对推行校务公开的情况的监督工作；学校党委将对实施校务公开制度的情况列入中层领导班子和干部个人的考核指标体系。

北工大在法治的轨道上大力推进校务公开，这方便了广大师生更好地关心和了解学校的工作，增进各方面的交流沟通，积极、正确参与民主管理、民主监督，共同构建依法治校、以人为本的和谐校园，并为学校的改革与发展注入新的生机和活力。

四、积极维护和保障师生的合法权益，健全校内救济渠道

（一）修订了一系列维护师生权益的制度，健全了师生权利救济渠道。2005年，学校调整了人事争议仲裁调解委员会、学生工作指导委员会，设立了学生申诉处理委员会，明确了受理机构、受理范围、处理机构和程序等规范。处分实行公开告知程序，力求程序正当化、透明化，赋予教师、学生知情权，保障教师和学生的权益。

2005年7月，根据教育部颁布的《普通高等学校学生管理规定》（2005年9月1日起实行）的精神，本着"以人为本、依法建章、规范管理、加强监督"的原则，学校对学生管理规定进行了全面修订。

《北京工业大学学生管理规定》、《北京工业大学本科学生学籍管理规定》、《北京工业大学研究生学籍管理规定》、《北京工业大学学生违纪处分条例》、《北京工业大学校内学生申诉制度管理规定》、《北京工业大学学生校园生活与课外活动管理规定》，经2005年第10次校长办公会讨论通过，自2005年9月1日起施行。其中，《北京工业大学本科学生学籍管理规定》适用于2004级及其以后年级接受学历教育的本科生。

（二）完善了信访工作机制，建立了反映和维护广大师生员工合法权益的信息渠道。2005年是学校加快发展建设的一年，也是信访工作任务较重的一年。学校党委坚持"群众利益无小事"，用党的方针指导信访工作，用党的政策规范信访工作，为学校的改革与发展创造了良好的环境。

1. 领导重视，组织落实。依法信访、依法治访是依法治校的重要组成部分。学校党政领导高度重视信访工作，为使信访工作制度化，体现依法治校精神，学校将信访与校务公开结合，充分发挥工会、教代会作用，学校重大决策出台之前，通过工会、教代会听取教职工的意见，做到上下及时沟通。用党的方针指导信访工作，用党的政策规范信访工作。

2. 构建两级信访网络，畅通信访渠道。二级信访网络以二级学院和人事处、工会、学生处等单位为载体，把信访关口前移，有助于倾听群众呼声，搜集社情民意，及时发现问题，把握信访工作的主动权，把矛盾尽量化解在基层。学校发挥高校人员、技术与设施优势，利用网络确立了信息上报和反馈制度。在校两办网页上设立了校长信箱，由专人负责每天定时查收、备案、督办，通过电话或电子邮件及时回复；同时，在工大广场网页上设立了校领导接待直通车体系。

3. "首问负责制"。校两办是信访日常接待的窗口单位，办公室推行了"首问负责制"，要求办公室工作人员树立"信访工作无小事"思想，每一位同志都有接待来访的责任和义务，热情接待、认真记录，对群众反映的问题及时向有关领导汇报，做到快批阅、快查实、快答复。对不能解决的问题向群众说清楚、讲明白。

4. 规范工作程序，提高信访工作效率。学校要求信访工作人员要认真对待群众来信来访，严格按照"登记—批复—处理—回复"程序办信、办事，并选派责任心强、政策水平高、热心为群众服务的同志从事信访的记录、督办及回复工作，力争第一时间处理各种突发事件，确保学校的安全与稳定。

学校维护和保障师生权益的一系列措施，使广大学生和教职工在学校建设、规章制度的制定、学生违纪事件的处理等方面，具有充分的发言权和参与决策权，充分体现了"以人为本，程序公开，依法治校，按规办事"的原则。

五、加强法制宣传教育，努力培育师生的民主法治素养

2005年，学校根据北京市《开展法制宣传教育的第四个五年规划》和市人大常委会作出的《关于贯彻实施法制宣传教育第四个五年规划的决议》的要求，认真开展了法制宣传教育工作，不断营造强化法律观念、依法治校执教的良性运行环境和秩序。

（一）有计划、分层次地对学校师生进行法律知识培训。根据学校精神文明建设规划和改革开放总体目标的要求，深入开展了以《宪法》为核心，以《教育法》、《教师法》、《劳动法》、《行政诉讼法》等法律法规为重点的法律宣传教育工作，学校还先后组织了多场普法专场报告会。2005年12月4日是"四五"普法规划、决议贯彻实施最后一年的法制宣传日，12月5日，校两办、宣传部、学生处、研究生部、教务处、经管学院、人文学院联合开展了以"依法治校，建设和谐校园"为主题的法制宣传活动，并就有关依法治校、法律法规问题提供了咨询服务。活动发赠了2005年由校两办牵头编写的《北京工业大学校园法律咨询手册》。《北京工业大学校园法律咨询手册》以知识问答和案例导读的形式编写，介绍了与师生密切相关的法律知识，为广大师生了解法律知识提供了最直接、明了的途径，帮助师生了解和掌握与自己的生活、工作密切相关的法律基本知识，做到知法、守法、用法，依法维护自身的合法权益和自觉履行法定义务，是对广大师生最为直接的法律知识培训。

（二）深化教学改革，运用多种形式努力提高法制宣传教育的效果。学校针对在校大学生的情况，在已有的法学基础课程教学的基础上，深化教学改革提高法制教育效果。利用两课主渠道，开设法制教育课程。为使学生提高法律意识，具备必要的法律知识，学校积极尝试新的教学模式：组织法律开放课堂——庭审观摩；组织学生举办“学法体会作业”的大型展览，使学生在生动的学习过程中，强化知法、守法的观念；学校还组织模拟法庭，作为学生学法用法实践基地；学校还相继制定和广泛宣传了学生文明公约、学生文明行为准则、北工大学生入学须知等有关规范、在新生到校后首先进行法律法规、校规校级等入学教育。

（三）创新法制宣传教育的形式和载体，构建立体化覆盖的法律传播体系。学校在法治宣传教育中充分发挥广播、网络、校报、电视、宣传栏（橱窗）阵地作用，利用声像宣传作品、宣传橱窗、普法读物、知识竞赛、专题讲座等形式，紧密围绕学校中心工作和社会热点、难点问题大力开展法制宣传教育，针对性强、有一定的规模，效果好。如利用校园广播制作播放法治宣传教育的专题节目；开通了旨在服务学校，普及法律知识，传播法治理念，弘扬法治精神，推进依法治校进程的北京工业大学综合性的法律服务网站——工大说法网；利用网络视频宣传普及《消防法》、《道路交通安全法》等；利用校、院两级宣传橱窗专版宣传法规、校规、大学生学法、讲法、用法的体会汇报展览等。构建了立体化覆盖的法律传播体系，有效提高了法制宣传教育的效果。

10月27日，北京工业大学通过了北京市依法治市领导小组办公室组织的“四五”法制宣传教育工作考核验收。检查小组认为，北工大领导高度重视“四五”法制宣传教育工作，站在落实依法治国战略的高度，从高校培育人的根本任务出发，结合依法治校和学生德育工作的实践，形成了比较完善的领导体制和工作机制，普法工作取得显著成绩；针对干部、教师、职工、学生的不同需求，采取有力措施，把法制宣传工作的要求落到实处，成效明显；以青少年法制宣传教育为重点，不断创新法制宣传教育工作的内容、载体、途径和方法，切实提高青少年学生的法律意识和法律素养；发挥学校法制宣传教育资源优势，积极推动社会普法和法律援助工作，广泛开展“送法进社区”、“送法下乡”等活动，在社会上产生了积极影响。

2005年12月19日，北京工业大学被北京市教育委员会评选为第一批北京市依法治校示范校，标志着学校的和谐校园建设已经初步具备了良好的法治环境、规范保证和法律支持。

（余　立　冯爱玲　金　峰　赵凤琴）

“成长、成才、成功”主题教育系列活动

2005年，北京工业大学在深入学习贯彻中共中央《关于进一步加强和改进大学生思想政治教育的意见》的基础上，以庆祝建校45周年为契机，继续深入开展以“成长、成才、成功”为主题的系列教育活动，努力探讨做好青年学生思想政治教育工作的途径和方法。

“成长、成才、成功”教育系列活动由“成长、成才、成功”主题论坛和心理健康教育论坛、首届“争鸣杯”辩论赛、“成长、成才、成功”主题党日评选活动、社区“成长、成才、成功”主题活动、奖学金颁奖典礼等组成，活动内容丰富，旨在帮助和引导学生摆脱成长的烦恼，追求成才的价值，享受成功的喜悦，并且营造良好的校园文化氛围。党委学生工作部、研究生工作部和校团委三部门紧密配合，各有侧重又通力协作；同时采取了学院申报活动设计方案、学校择优采纳并给予支持的方式，激发了各学院的积极性。各学院不仅踊跃参加，发挥各自所长，而且活动方案设计内容丰富，形式新颖。最终“成长、成才、成功”主题论坛由建工学院、数理学院、计算机学院和经管学院共同承办，心理健康教育论坛由机电学院、环能学院、生命学院、建规学院、人文学院和大学生心理健康协会承办。

由于“成长、成才、成功”教育活动设计新颖、组织落实、学院积极参与，保证了活动实施阶段学生参与的广泛性和教育的有效性。

一、迎45周年校庆，举办青年校友论坛

青年校友论坛活动由学生工作部、研究生工作部、校团委联合主办，机电学院、电控学院、建工学院、环能学院、数理学院、材料学院、经管学院、建规学院承办。本活动旨在通过在校学生与青年校友的交流，用校友们成长、成才、成功的经历给在校学生以启迪，使之励志人生。

2005年4月至5月，学校分别邀请了中国航天

时代电子公司人力资源部副部长、机电学院94届精密仪器测控专业毕业生闫懿；《新浪之道》作者，新浪全球资深副总裁、总编辑、电控学院毕业生陈彤；中央电视台总编室宣传频道总编、电控学院2001届毕业生李雷；北京腾翼守业科技发展有限公司副总经理、建工学院91级学生杨光；《青年体育报》执行副总编、国内足球新闻圈较有影响的资深记者及足球节目主持人、1991届环境化学系（现环能学院）毕业生董路；曾在IBM公司有过非常出色业绩的77级物理系萧军；北京新豪世纪科技发展有限公司董事长、87级数学系毕业生王龙斌；中冶集团建筑研究总院钢结构建筑研究设计分院院长、中国京冶建设工程承包公司钢结构工程分公司总经理兼副总工程师、中冶集团焊接工程技术首席专家、中国钢结构协会常务理事、82届焊接专业毕业生苏平；《计算机世界》报、《IT经理世界》杂志的总编辑、经管学院94届双学位毕业生王超；新疆证券北京营业部副总经理、证券分析师、建规学院建筑学专业95届毕业生张海来等校友和学生畅谈对成长、成才、成功的感悟。直接到现场参与论坛的学生达2 000余人，每场论坛学校均进行了网上直播，满足了学生观看的需求。通过网上民意调查，学生们普遍感到收获颇丰，既开阔了眼界，也为自己的成长、成才、成功之路树立了更加坚定的信心。

二、围绕先进性教育活动，开展“榜样的力量”主题论坛

在保持共产党员先进性教育活动中，党委学生工作部、研究生工作部在全校学生党员中，开展了以“榜样的力量”为主题的学生党员论坛。

“榜样的力量”学生党员论坛从2005年9月19日至28日陆续进行，共开设10个分论坛。报告场次共计45场。各学院（机关）的学生党支部都参与其中。论坛突出学生党员的特点和特色，各学院学生党支部根据自身特点开展了举办不同形式的报告会、个人演讲、师生交流、论坛上发表不同看法等活动，使学生们在其中体会到作为一名共产党员的使命感与责任感。

最后，在学校礼堂举办了一场“榜样的力量”专场论坛。论坛的学生报告者部分来自上学年学校“七·一”大会上获表彰的优秀学生党员，他们通过对自己学习和工作历程以及取得成绩的回顾，使更多学生看到了生活在他们身边优秀党员的形象，勇于面对困难、踏实学习、工作和积极的人生态度。

“榜样的力量”学生党员论坛以点带面，通过论坛使学生党员在学生中的先锋模范作用得以深化，以榜样的力量促进了学生党员表率作用的发挥，从而带动了全体学生，在校园内形成了良好的文明之风、学习之风。它为各学生党支部自身建设的加强和工作水平的提高提供了互相学习与交流的平台。

本次论坛与学校正在开展的保持共产党员先进性教育活动第一阶段紧密联系，保证了在第一阶段中学生党员的学习效果，为第二阶段顺利开展打下一定基础。

三、“阳光之路”——杨澜专题论坛

4月7日晚，由学生工作部、研究生工作部、校团委联合主办，外国语学院承办的“阳光之路”——杨澜专题论坛在校礼堂隆重举行。杨澜女士在演讲中，介绍了她两次参加中国申奥的不同经历和她通过采访各界名人所总结出的成功经验，以全面的阐述、风趣的话语告诫当代大学生该如何面对挫折。现场气氛高潮迭起，掌声不断。作为当代大学生，与名人对话，聆听他们成长、成才、成功的经历，可以激发自身的竞争意识，增强自我鞭策力和规划力，成为求学之路中的一种动力。

四、“活出闪亮一生”——刘墉先生主题演讲会

5月16日晚，由中国盲文出版社、长江文艺出版社、新华书店首都发行所、北工大图书馆、北工大学生工作部、研究生工作部、校团委联合主办的刘墉先生“成功励志、助残公益”全国巡回演讲在礼堂激情开场，著名作家、画家、教育家刘墉先生给全校广大师生带来一场精彩的演讲——“活出闪亮的一生”。“人生是不断超越的过程，从出生到死亡，都是在超越。”刘墉先生精彩的演讲数次被台下观众的掌声打断，学生们也为刘墉先生讲述的一个个故事所吸引。演讲结束后，刘墉先生在礼堂进行了签售活动。

五、大学生心理健康宣传月活动和心理健康教育论坛

继2004年心理健康教育论坛收到良好效果后，为了更好地配合主题教育活动，2005年北工大心理咨询中心继续举办心理健康教育论坛暨第十二届大学生心理健康宣传月活动。该活动于2005年11月正式启动。

本届心理健康宣传月期间推出多项心理健康宣传活动：

建立05级班级心理委员网络。在2005—2006学年第二学期周二晚上开设专门《心理健康与人才发展》课堂；

开展小组心理活动辅导——“共同走过”。以大一新生适应大学教育为目标，在经管学院、机电学院、环能学院、建工学院分别开设了小组活动。在小组训练中，以参加过专门培训的心理辅导教师为主持人，设计了生活适应、建立目标、个人成长三个方面整套的活动方案，为探索新生教育新的途径提供了经验；

启动关注心情——写下自己身边的事情心理征文活动。经心理咨询中心组织专业评审，评出一、二、三等奖；

11月18日，由环能学院承办的北工大第十二届心理健康知识竞赛拉开帷幕。参加本次活动的有生命学院、人文学院、建工学院、机电学院、经管学院、环能学院。在各个学院负责心理工作的老师的协助下，共发放问卷870份，回收753份。回收率达到87%，很多同学表示从中受益匪浅，希望学校能多多举办类似的活动，让每一位学生都以健康的心理去面对人生，面对社会。

11月16日和23日，学生工作部（处）心理咨询中心与数理学院、心理协会联合举办了两场心理电影赏析活动，赏析《马语者》和《刺激1995》（又为《肖申克的救赎》）两部影片。

11月底，开设了题为《爱的智慧》心理讲座。由著名心理学家贺淑曼教授主讲，吸引了许多学生到场听讲。

（文　然　王秀彦）

2005年专职学生辅导员的聘任、培养及考核工作

校党委认真落实中共中央国务院《关于进一步加强和改进大学生思想政治教育的意见》，加强班主任、辅导员队伍的建设，力求形式上创新，内容上突破，在班主任、辅导员的招聘和培养模式上进行了大胆的尝试。

在社会上公开招聘学生专职辅导员。这是北工大学生工作系统首次大规模对外公开招聘教师。

一、专职学生辅导员的招聘工作

高校学生思想政治工作的特殊性要求基层辅导员必须具备较为全面的知识与技能。为此，北工大在招聘过程中安排了《基本能力素质测验》和《心理健康状况测试》两项笔试，以及计算机水平测试和情景面试。

此次招聘特别开发了学生工作系统教师上岗考试系统。在这套系统中，考试题目由学生工作部(处)、研究生工作部、校团委等部门提供，考题涵盖了学生管理、科技实践、社会实践、志愿服务、学生社区建设、勤工助学、心理辅导、学生军训等多方面业务内容，采用了让应聘人员通过计算机网络远程登录、远程答题的考试方式，简便、迅捷地实现了对学生工作系统教师业务素质的考核。

最终，在400余名应聘者中，有18位同志脱颖而出，成为北工大2005级新生专职辅导员。这18位同志来自全国15所重点院校，并且分别具有经济、管理、文学、法律、艺术、体育等硕士研究生学历。此外，新招聘的学生工作系统教师还包括11名作为优秀学生干部获得推荐免试攻读研究生资格的本校毕业生。他们在本科阶段都是各个学生组织中的骨干，并且都从事了3年以上的学生工作。

同时，学校对辅导员制定了详细的工作职责，明确提出了“十个一”工程：

平均每天找一名学生谈心；

每周对所带班级随堂听课一次；

每周到所带班级学生宿舍走访一次；

每周向学院主管学生工作的领导汇报一次本人所带班级的学生工作情况；

每周召开一次学生干部会议；

每周记一篇工作笔记；

每两周召开一次全体同学参加的班会；

每学期与学生家长联系一次；

每学期阅读一本有关学生工作的书籍；

每学年发表一篇有关学生工作的论文。

二、专职学生辅导员的培养工作

为了加强对辅导员队伍的建设，提高新上岗人员各方面的素质，使他们更快地适应教师岗位，更好地开展学生工作，北工大对新上岗人员进行了全方位的培训。

首先，明确学生工作的重要性。学校特别邀请了教育部社政司司长靳诺为学员作了主题报告。她结合16号文件精神，对高校教师“培养什么人、如何培养人”的问题进行了详细阐述，对新上岗的教师们提出了“要忠诚、要敬业”的要求；同时，学校还特地邀请了新华通讯社高级记者张崇防，就街头政治问题与新教师们进行了交流，并对大家提出的问题给予了细致的解答。为了使新上岗人员能够更快地适应工作环境，学校安排新上岗人员有计划、有针对性地参与到学生工作中去进行适应性训练。如：安排到不同的岗位进行适应性的训练；参与到学校毕业典礼、奥运场馆奠基仪式等活动。

其次，为了进一步加强新上岗人员的业务素质，使他们在今后的工作中能够得心应手，学校为新上岗人员组织了集中的业务培训。学校领导亲自为学员们作精彩的主题报告，其中包括：党委副书记冯培的《育人为本、德育为先——学生思想教育工作》

主题报告、副校长张爱林的《北京工业大学发展情况报告》、副校长蒋毅坚的关于《北京工业大学学籍管理规定》的主题报告等。

培训班组织了各学院主管学生工作的党委副书记经验交流会以及优秀辅导员工作经验交流会。为了提高学员们的综合素质与实际解决问题的能力，培养学员们的团队合作意识，培训班特意为学员们设置了素质拓展训练以及才艺展示活动。

经过集中培训和最终考核，培训班举行了隆重的结业仪式。党委书记孙崇正为学员们颁发了培训合格证书，并对所有新上岗的教师给予了殷切的期望。学员代表也表达了要在自己今后的工作岗位上做出成绩的决心。

训练结束后，每位学员对自己的学习进行了认真的总结，并撰写了学习体会。

9月26日至28日，为了进一步完善辅导员队伍的管理，学生处组织2005级新生辅导员进行心理学相关知识的培训辅导，辅导历时3天。心理咨询中心的4位教师分别进行了《自我成长与发展》、《心理知识与心理辅导》、《常见心理问题的辅导与技巧》、《心理危机的干预》专题讲座。通过培训学习使辅导员能够更加科学有效地发现并解决新生入校后出现的一些问题。

三、专职学生辅导员的考核工作

11月24日，学校召开了以2005级新生辅导员为主题的约谈会，参加这次约谈的学生主要是来自机电、电控、软件、环能、建规、经管、材料、数理、建工、计算机、生命、人文、外语学院的05级本科新生代表。学生工作部（处）负责人出席会议并解答了学生的问题。约谈会上，学生普遍反映，辅导员亲和力强，与学生打成一片，能够经常参加学生活动；关心外地学生生活，在节假日期间与外地学生进行交流并送去问候；关注学生学习情况，深入课堂进行点名，督促学习；对于考试不及格学生，主动了解情况，对症下药；针对高等数学等基础课程薄弱的问题，开展讲座帮助学生们提高学习兴趣和寻找正确的学习方法。同时，学生也对辅导员的不足之处提出了建议。

11月，学校对新招聘的辅导员进行了中期考核。考核方式通过个人自评、学院教师及所在班级学生考评两个方面进行。内容包括：乐于接受任务，服从工作安排，按时按质完成上级布置的各项任务；努力学习业务知识，不断提高组织管理能力；工作认真负责，及时查处班级学生出现的问题，处事公正、合理，不袒护本班学生；对学生进行经常性的思想教育工作；常与任课老师及学生家长联系，调动多种因素，做好学生的教育工作；指导班、团干部开展各项工作；关心学生的生活和身心健康，经常深入学生宿舍、教室了解情况；积极组织本班学生参加学校组织的各种文娱、体育活动以及其他有意义的活动。

12月7日，学生工作部（处）召开了新招聘辅导员专题座谈会，党委书记孙崇正、党委副书记冯培、学生工作系统相关负责人参加了座谈会。座谈会上，对北京工业大学新生辅导员情况作了介绍。新聘任的辅导员代表分别结合所在学院情况和自身工作特点作了相应的专题发言。党委书记孙崇正、党委副书记冯培先后发言，肯定了新聘任辅导员的工作成绩，指出2005级学生班集体凝聚力的增强与教师的工作是分不开的，同时随着工作的深入，辅导员在加强业务工作同时也要加强科学理论学习，进一步提高自身素质。面对工作中遇到的困难要正确对待，注重工作成效。发言结束后，校领导询问并记录了辅导员在工作及生活中遇到的困难和问题，鼓励大家发挥优势、克服困难，努力完成好辅导员的工作。

北京工业大学开招聘辅导员的工作在社会上引起了极大反响，《中国教育报》在2005年9月29日第5版上以整篇幅报道了北工大专职学生辅导员的招聘、培养与考核工作。在今后工作中，学校除了对专职学生辅导员在新生德育方面的教育管理进行考核外，还将加强辅导效果即辅导员所带班级学业情况的考核，将德育教育与智育教育结合起来，提高学生学习积极性，使学校辅导员队伍在对学生教育引导、管理服务等方面发挥更大的作用。

（袁 文 杜 峰 王秀彦）

北京工业大学体育馆（2008年奥运会羽毛球、艺术体操比赛馆）开工及新区学科楼建设

一、北京工业大学体育馆开工建设

北京工业大学体育馆作为2008年奥运会羽毛球、艺术体操比赛馆，位于校园东区，建筑设计方案面向全球公开征集，实施方案最终由华南理工大

学建筑设计研究院设计。该方案集中体现“绿色奥运、科技奥运、人文奥运”的理念，符合“新北京、新奥运、新工大”的时代要求，并和学校的校园整体规划相协调。在北工大体育馆（2008 年奥运会羽毛球、艺术体操比赛馆）的规划设计过程中，为了贯彻北京市委、市政府关于节俭办奥运的指示精神，北京市规划委员会组织相关部门进行审查，并经市长办公会议审议通过了体育馆的优化调整方案。

体育馆包括主馆和热身馆两部分，分为地下局部一层，地上四层，总建筑面积 24 383 平方米，建筑高度 25.95 米，设计观众坐席 7 508 个。主馆屋盖钢结构采用了先进的预应力张弦（弦支）穹顶钢结构，设计年限为 50 年。

参照《中华人民共和国招标投标法》、国家及北京市有关奥运场馆建设的政策、规定要求，为确保体育馆工程建设优质、高效和如期完成，2005 年 4 月 8 日，发布北工大体育馆（2008 年奥运会羽毛球、艺术体操比赛馆）工程施工招标代理机构征集公告，公开招聘具备代理大型体育场馆工程或大型公建项目的招标服务经验的机构。经过认真评选，最终确定北京科技园拍卖招标有限公司为北工大体育馆工程施工代理机构。

2005 年 5 月 17 日，学校举行体育馆工程施工及工程监理招标资格预审评审会。5 月 20 日，举行北工大体育馆工程施工总承包及工程监理招投标发标会。会上，北工大作为业主向 7 家施工投标单位和 4 家监理投标单位发送了招标文件。张爱林副校长介绍了北工大教育事业的基本情况及体育馆工程建设的相关情况，他希望参加体育馆投标的各施工、监理单位在保证安全、保证质量、保证工期的前提下，把体育馆建成符合国际标准的大型体育场馆。经过严格的甄选，确定该馆由北京建工集团有限责任公司总包建设，北京市远达建设监理有限责任公司为监理单位。

2005 年 6 月 30 日，北工大体育馆（2008 年奥运羽毛球、艺术体操比赛馆）工程开工奠基典礼隆重举行。北京市委常委、北京市委教育工委书记朱善璐，北京市副市长、北工大校长范伯元，北京市政府副秘书长张建东，国家体育总局乒羽中心党委书记刘凤岩，北京市奥组委体育部专家、国际羽联理事李玲蔚及 2008 工程建设指挥部办公室、市教委、市发改委、市规划委、市财政局、市园林局、朝阳区、北京科技大学、中国农业大学、北京建工集团等相关领导出席奠基仪式，北工大党委书记孙崇正，左铁镛院士，党委副书记冯培、张毅刚，副校长张泽、马志成、张爱林、蒋毅坚及职能部处、学院相关领导一同参加仪式，开工典礼由副校长张爱林主持。

朱善璐向北工大体育馆开工表示热烈祝贺。他说羽毛球和艺术体操比赛馆落户北工大体现了市委、市政府对北京高校的高度重视，体现了对北工大建设的高度重视。北工大要以“新北京、新奥运、新工大”战略构想为目标，要把奥运场馆建设当作实现这个战略构想的政治任务来抓。北工大、施工单位、监理单位要以高度的责任心和使命感，严格按照项目建设的法规和程序，科学管理，精心施工，抓住安全、质量、工期、功能、成本五大要素，把体育馆建设好。

范伯元代表学校讲话。他首先感谢党和国家领导同志把一批新建的体育馆放在高校的英明决策；其次，感谢市政府在北工大建立一所体育馆的英明决定；第三，要感谢中央各部门包括奥组委等部门对奥运场馆工程的大力支持，特别指出国家体育总局以科学的精神，坚定地支持在北工大建馆方案。范校长还感谢北京市各个部门对项目给予的支持和关注。最后，他表示北工大一定不辜负社会各界对学校的厚爱，建好场馆、办好学，为实现新北京、新奥运的战略构想，为把首都建设得更美好贡献自己的力量。

张建东宣布北工大体育馆暨 2008 年奥运会羽毛球、艺术体操比赛馆开工。在机器轰鸣声中，参会领导与特邀嘉宾共同为北工大体育馆（2008 年奥运会羽毛球、艺术体操比赛馆）奠基，标志着北工大校园文化建设登上新的台阶。学校将以奥运场馆为契机，落实“绿色奥运、人文奥运、科技奥运”三大理念，努力把学校建设成为北京市东南区的亮点。

2005 年 7 月 15 日，通过公开招标和专家组评审，确定北工大体育馆工程代建单位为北京希达建设监理有限责任公司。根据项目计划，体育馆工程将于 2007 年 8 月竣工。

二、校园总体规划与新区学科楼建筑方案设计

依据北京市教委和发改委关于编制校园总体规划的要求，2003 年 7 月，北工大委托北京市城市规划设计研究院与北工大建筑勘察设计院编制《北京工业大学校园总体规划》，经北京市规划委员会审查，并经北京市政府同意，该规划在 2004 年 1 月 6 日正式获得批准。

校园总体规划旨在体现“新北京、新奥运、新工大”的时代要求；体现“融入北京、辐射全国、面向世界”的定位和开放办学模式；体现“绿色校园、人文校园、科技校园”的设计理念；体现刘淇同志提出的“北京市东南区的亮点”的目标。

在体育馆的规划设计过程中，经北京市规委审批，对校园东区原规划作了局部调整。新规划的东区为新的教学区，相对比较集中，不仅满足了北工大高层次学科建设、高质量人才培养和高水平科技创新的需求，满足了突显国内一流高等学府的文化底蕴，营造有浓郁大学文化氛围的人文环境的需要，同时也满足了在北工大建设2008年奥运会羽毛球、艺术体操比赛馆，对校园环境和整体建设提出的更高要求。在学科楼的设计原则上，在考虑充分满足现代化教学、科研需求的同时，更加注重设计的时代感、艺术感和与周边区域的协调统一，通过建筑、景观、规划的一体化设计，为把北工大建成国内一流大学提供了高品质的发展空间和建筑基础。

东区学科楼总建筑面积23万平方米（含地下部分），地上部分包括：建筑人文外语学科楼、生命环能交通学科楼、工程训练中心、教学科研楼、国际交流中心等建筑及后勤交通服务中心、变电站等配套设施。

2005年9月，学校公开组织了新区学科楼建筑设计方案竞赛，专家组选取了8个独立的参赛设计单位。经过资格预审，最终确定的参赛设计单位为：上海同济大学建筑设计研究院、中国建筑设计研究院、清华大学建筑设计研究院、华南理工大学建筑设计研究院、哈尔滨工业大学建筑设计研究院、中元国际工程设计研究院、中建（北京）国际设计顾问有限公司、Rossetti建筑事务所（美国诺萨迪建筑事务所）。2005年10月，通过专家组评选，确定华南理工大学建筑设计研究院、同济大学建筑设计研究院、Rossetti建筑事务所（美国诺萨迪建筑事务所）3家设计单位提交的方案被评为优秀方案，分别获第一、第二、第三名。

北工大多次组织华南理工大学建筑设计研究院、同济大学建筑设计研究院2家单位对所设计的方案进行深化调整 。局部调整要点为，一是建筑布局重组。在保证原规划道路接口及走向基本不变的前提下，通过道路线行的调整，把建筑用地划分为近似方形，建筑单体均呈南北向布局，满足教学建筑的使用功能及北京地区的朝向要求。规划道路将东区划分为南北两组建筑用地，南片为工程训练中心及生命交通环能学院，呈三幢南北向条形布局，略带弧形。北片为教学楼及教学实验楼、教学科研楼、艺术设计学院，呈东西两组近似对称布局。南北两片围合出中心花园，花园东面与校园东面百米城市绿化带相通，西接运动区。二是绿化系统贯通。规划道路的调整形成的中心花园是校园东区的集中绿化空间，中心花园东面与校园东面百米城市绿化带相通，西接运动区体育绿化，形成了一道东西向的绿化景观轴。绿化系统同时与校园步行网络相叠合，形成了极具人性化的校园空间。三是步行系统连续。北片呈东西两组近似对称布局，两组之间为步行道，步行道向南延伸至中心花园。中心花园向南与工程训练中心、生命交通环能楼入口广场相接，整个东区形成连续的步行系统。四是与城市界面呼应。南片呈三幢南北向条形布局，略带弧形，与奥运羽毛球馆曲线造型相呼应，并共同构筑完整的城市道路界面。三幢微弧形建筑从四环路立交的视角呈现出良好的韵律感，并可满足多角度的观赏效果。

至2005年底，东区学科楼建设规划方案还在优化调整中。

（刘润先　张长春）

·文件与规章·

党 发 文 件

关于评选表彰北京工业大学2005年校级先进党支部、优秀共产党员和优秀党务工作者的通知

工大党发〔2005〕1号

各院（机关、后勤集团）党委、党总支、直属党支部：

为了认真贯彻落实“三个代表”重要思想和党的十六届四中全会精神，进一步加强我校基层党组织建设和思想政治工作，表彰广大党员和基层党支部在教学、科研、管理、服务和党建工作中做出的显著成绩，校党委研究决定，从2005年2月下旬至6月中旬，组织开展申报、评选2005年（2003.7～2005.7）校级先进党支部、优秀共产党员和优秀党务工作者的活动，并于庆祝中国共产党成立84周年前夕进行表彰。现将该活动的有关事项通知如下：

一、评选的基本条件

（一）先进党支部

1. 党支部在贯彻党的路线、方针、政策和上级党组织的决议过程中，能结合本单位的实际，创造性地开展党的工作，团结带领广大党员，发挥战斗堡垒作用，积极主动参与本单位重大问题的决策，把思想政治工作渗透到学科建设及教学、科研、管理、服务之中，在师德建设和人才培养方面成绩显著，党支部和本单位的整体工作业绩突出。

2. 坚持民主集中制，党政团结协作，公正廉洁，密切联系群众，党员先锋模范作用好，单位内部有团结奋进，积极向上的良好风气，党支部的凝聚力强。

3. 重视对教职工、青年教师和大学生入党积极分子的培养教育，支部有发展党员工作计划，思路明确，措施落实，成效显著，重视对党员的培养教育。

4. 认真加强支部自身建设，建立和坚持党支部学习和工作制度，有年度工作计划和总结，能定期召开委员会，交流思想，认真研究工作，党支部工作手册填写符合要求。

（二）优秀共产党员

1. 政治信念坚定，忠实实践“三个代表”重要思想，廉洁奉公，遵纪守法。

2. 积极参加“211工程”建设及各项改革工作，顾大局，讲奉献，讲协作，在本职岗位上发挥出先锋模范作用，业绩突出。

3. 党员意识强，自觉履行党员义务，关心集体，密切联系群众，在群众中有较高威信。

4. 在工作中，能够发挥共产党员的模范带头作用，勇挑重担，尽职尽责，创造性工作突出，展现出共产党员的政治本色和精神风貌。

（三）优秀党务工作者

1. 政治信念坚定，认真学习马列主义、毛泽东思想、邓小平理论，忠实实践“三个代表”重要思想。模范执行党的路线、方针、政策及法律、法规，在党建理论的学习与研究上有成果。

2. 热爱党的工作，有强烈的事业心和责任感，勇于开拓进取，工作深入扎实，能紧紧围绕学校的中心任务，创造性地开展党的工作和思想政治工作，并取得较突出的成绩。

3. 模范执行党的民主集中制原则，实事求是，坚持原则，顾全大局，廉洁奉公，密切联系群众，为群众办实事，受到党员和群众的信赖。

4. 在工作中，顾全大局，领导有力，恪尽职守，勇挑重担，为学校的发展作出突出贡献。

二、评选名额和范围

（一）评选名额

1. 评选教职工（含离退休职工党员）优秀共产党员70名左右，其中评选优秀党员标兵10名。教职工优秀共产党员按本单位正式党员3%的比例推荐人选，少于30名正式党员的单位，可推荐1名优秀共产党员。

2. 评选优秀党务工作者15名左右。

3. 评选教职工（含离退休职工党支部）先进党支部若干个。

先进党支部、优秀共产党员标兵、优秀党务工作者名额不分配比例，各单位可根据评选条件进行申报。

4. 学生（含研究生）先进党支部、优秀共产党员评选条件由校党委学生工作部和党委研究生工作部另行研究制定。评选学生优秀共产党员40名左右，其中评选学生优秀党员标兵10名。学生优秀党员按本单位正式党员2%的比例推荐人选，少于50名正式党员的单位，可推荐1名优秀党员。评选学生先进党支部若干个。

（二）评选范围

1. 先进党支部的评选范围：全校所有的基层党支部。

2. 优秀共产党员的评选范围：党的组织关系在我校的中共正式党员（不含较长时间在国外境外者）。

3. 优秀党务工作者的评选范围：任职2年以上、专职从事党务工作或以主要精力从事党务工作的党员，党委各部门的干部，院级党委、党总支和直属党支部的书记、副书记、党务干事、任职2年以上的党支部书记。

三、评选要求和工作步骤

（一）评选工作要求

1. 各党支部必须组织党员认真学习新《党章》、“三个代表”重要思想和十六届四中全会精神。在学习的基础上，结合开展“保持共产党员先进性”教育活动的准备工作以及在实际工作中的表现和业绩，按照评选条件，组织党员认真酝酿和提名。

2. 在评选过程中，要坚持群众路线，充分发扬民主，广泛听取基层党组织和党员群众的意见，注重工作实绩和群众公认。要坚持民主集中制原则，坚持高标准，好中选优。要实事求是，讲求实效，把评选表彰活动与加强基层党组织建设，加强党员教育管理结合起来；与推进本单位各项工作开展和事业发展结合起来。

（二）评选工作步骤

1. 校级先进党支部申报、评选

（1）3月10日前，以基层党支部为申报主体，填写《北京工业大学先进党支部申报表》（从校园网上下载），经院（机关、后勤集团）党委、党总支、直属党支部的审核和推荐后，向学校评优领导小组申报。

（2）学校评优领导小组根据申报先进党支部的情况，组织安排中期答辩，具体时间和地点另行通知。

（3）各党支部根据评选基本条件和《北京高校党建和思想政治工作基本标准（试行）》的要求，以评促建、以评促改、评建结合，切实加强党支部建设。

（4）6月15日前上报相关材料，由学校评优领导小组讨论评选，最后确定校级先进党支部表彰名单。

2. 校级优秀共产党员和优秀党务工作者评选

各单位汇总推荐的优秀共产党员（注明拟推荐的优秀共产党员标兵）名单和优秀党务工作者名单，填写相应表格加盖单位公章后，于5月20日前交到组织部。校评优工作领导小组实行差额评选的方式，评选出优秀共产党员标兵和优秀党务工作者。请各单位将所推荐的党员标兵和党务工作者的事迹材料整理成*.ppt格式的文档（每人介绍3分钟），具体时间和地点另行通知。

3. 主要事迹

主要事迹填写在相应的表格内（从校园网下载），事迹要详实过硬，重点突出。先进党支部的事迹材料约2 000字，优秀党员（含标兵）和优秀党务工作者的事迹材料约1 500字，材料正文建议用宋体、小四号字，单倍行距，打印一份交到组织部，同时以电子邮件方式，发至组织部信箱：zzhb@bjut.edu.cn。

4. 校党委常委会集体研究讨论，确定表彰名单，并于“七一”前夕对校级先进党支部、优秀共产党员和优秀党务工作者进行表彰。

四、评选和表彰的组织领导

（一）为了做好评选和表彰工作，校党委成立评优工作领导小组，评优工作领导小组办公室设在组织部。

（二）学校通过校园网络、宣传橱窗、广播等多种形式对先进党支部、优秀党员、优秀党务工作者的事迹进行大力宣传，使先进党组织和优秀党员真正成为教职工、学生心目中的榜样，形成学先进、争先进的良好氛围，树立党组织的光辉形象。

2005年2月21日

中共北京工业大学委员会关于2005年党风廉政建设和反腐败斗争主要任务分工的决定

工大党发〔2005〕2号

胡锦涛在中纪委第五次全体会议上讲话中指出

"我们一定要从中国特色社会主义事业兴衰成败、党的生死存亡和国家长治久安的战略高度，进一步认识做好反腐倡廉工作的极端重要性"，"必须深刻认识到，执政基础最容易因腐败而削弱，执政能力最容易因腐败而降低，执政地位最容易因腐败而动摇"。

根据中央精神，为加强执政能力建设，保障学校中心任务的顺利实施，制定2005年党风廉政建设和反腐败斗争主要任务分工：

一、坚持科学发展观，落实科学决策制度，进一步推进民主监督和依法治校

主要任务和要求：

1. 坚持"三重一大"决策制度；

2. 建立健全常委会向全委会负责、报告工作和接受监督的制度；

3. 建立健全党内情况通报、情况反映、重大决策征求意见等制度，逐步推进党务公开；

4. 健全校务公开制度，进一步规范化、制度化。

牵头单位：校两办

分管校领导：范伯元、孙崇正

完成时间：全年

二、落实领导班子党风廉政建设责任分工，坚持"谁分管，谁负责"的"一岗双责"制度

主要任务和要求：

1. 领导班子成员按照工作分工负责分管部门的党风廉政建设年度责任目标的落实：

范伯元、孙崇正：学校全面工作及人事处、财务处、统战部、校两办

张　泽：国际交流合作处、固体微结构与性能研究所

冯　培：组织部、学生处、招生就业处、团委

张毅刚：纪委、监察室、审计处、宣传部、工会、离退休人员管理处

马志成：后勤管理处、后勤服务集团、保卫处、校医院、计生委、产业办

侯义斌：信息处、智源公司、软件学院

张爱林：发展规划处、基建处、国资处

蒋毅坚：教务处、研究生部、实验学院

卢振洋：机关党委、科技处、继续教育学院、图书馆、出版社、校友（基金）会

2. 领导班子成员要了解所联系学院的党风廉政建设状况，参加学院领导班子党风廉政建设民主生活会。

牵头单位：党风廉政建设领导小组办公室（纪委办公室、组织部、党委办公室）

分管校领导：范伯元、孙崇正

完成时间：全年

三、落实全校各单位党风廉政建设责任分工，签订经济责任书

主要任务和要求：

1. 进一步落实院（部、处）级领导班子及其成员的责任分工，重点抓好责任主体到位和责任追究的落实；

2. 突出重点，落实各学院和人财物管理部门的党风廉政建设年度责任目标，签订经济责任书；

3. 抓好责任制执行情况的监督检查和考核工作。

牵头单位：党风廉政建设领导小组办公室（纪委办公室、组织部、党委办公室）

分管校领导：孙崇正、张毅刚

完成时间：全年

四、严格抓好领导干部廉洁自律工作

主要任务和要求：

1. 贯彻中纪委第五次全体会议精神，严格执行领导干部廉洁从政各项规定；

2. 加大组织处理力度，切实解决党风方面存在的突出问题，特别是对顶风违纪的领导干部，一定要严肃处理。

牵头单位：纪委、组织部

分管校领导：张毅刚、冯培

完成时间：全年

五、进一步加强党风廉政建设和反腐败斗争宣传教育工作

主要任务和要求：

1. 加大思想道德教育和法纪教育力度，使广大领导干部进一步牢记立党为公、执政为民的宗旨，"常修为政之德、常思贪欲之害、常怀律己之心"，增强党员、干部反腐倡廉的自觉性，切实做到勤政为民、廉洁从政；

2. 结合正处级干部培训，开展党风廉政宣传月活动，组织学习《建立健全教育、制度、监督并重的惩治和预防腐败体系实施纲要》，进行财经政策和财务管理等内容的培训；

3. 配合保持共产党员先进性教育活动进行领导干部廉洁从政各项规定教育。

牵头单位：纪委、组织部、宣传部

分管校领导：冯培、张毅刚

完成时间：全年

六、坚持从严治党，切实抓好领导干部经济责任审计工作，加大查办案件工作力度

主要任务和要求：

1. 突出重点，及时查处重点单位和部门的违反党纪、政纪的案件；

2. 认真贯彻执行《北京高等学校领导干部经济责任审计暂行规定实施细则》;

3. 纪监审加强配合，形成查办案件的整体合力。

牵头单位：纪委、监察室、审计处

分管校领导：张毅刚

完成时间：全年

七、进一步规范招生考试行为

主要任务和要求：

1. 严格遵守国家有关高校招生、考试的法律规范，严肃考风考纪，规范收费行为；

2. 加强对招生考试行为的监督检查。

牵头单位：招生就业处、研究生部、学生处、监察室

分管校领导：冯培、蒋毅坚

完成时间：全年

八、贯彻落实《招标投标法》，实行阳光工程

主要任务和要求：

1. 奥运等各项建设工程项目及其配套项目实行公开招标投标；

2. 校内修缮工程实行公开招标投标；

3. 设备、物资采购实行公开招标投标；

4. 规范教材、图书采购的管理；

5. 对招标投标落实情况进行监督检查。

牵头单位：基建处、后勤管理处、国资处、教务处、监察室

分管领导：马志成、张爱林、蒋毅坚

完成时间：全年

九、继续落实“收支两条线”规定，强化资金监督管理

主要任务和要求：

1. 完善预算管理体制，实行部门预算，预算要全面反映预算内、外资金收支情况；

2. 贯彻落实“收支两条线”的规定，对设立“小金库”、“账外账”，违规开设银行账户以及违反规定擅自设立行政事业性收费项目、提高标准等违规收费行为坚决予以查处；

3. 修订学校收费管理办法，规范校内收费行为；

4. 加强对执行情况的监督检查。

牵头单位：财务处、审计处

分管校领导：孙崇正

完成时间：全年

十、加强科研经费和“211工程”建设经费的管理

主要任务和要求：

1. 加强对科研经费的管理，严格执行北京工业大学科研项目经费开支审批办法，防止超范围开支；

2. 加强“211工程”建设经费的管理，进一步规范建设项目审批程序，建立健全项目决策咨询、评估、论证和集体审批制度，提高经费使用效益。

牵头单位：科技处、发展规划处、国资处

分管校领导：张爱林、卢振洋

完成时间：全年

十一、积极推进干部制度改革

主要任务和要求：

1. 选拔任用领导干部必须在规定范围内进行民主推荐和民主测评，逐步推行干部公开竞聘上岗，完善任期制和试用期制；

2. 规范领导干部在企业兼职的管理；

3. 加强对干部选拔任用工作的监督。

牵头单位：组织部、纪委

分管校领导：冯培、张毅刚

完成时间：全年

十二、加强对校办企业运行的监督管理

主要任务和要求：

1. 加强对后勤服务集团所管理企业的监管；

2. 加强对智源公司所管理企业的监管；

3. 加强对仍由产业办管理企业的监管；

4. 加强对其他企业的监管。

牵头单位：后勤服务集团、智源公司、产业办

分管校领导：马志成、侯义斌

完成时间：全年

2005年3月3日

关于印发《北京工业大学校务公开实施细则》《北京工业大学校务公开责任制》的通知

工大党发〔2005〕3号

各院（机关、后勤）党委，各党总支、直属党支部，各院、部、处、直属单位，后勤集团：

《北京工业大学校务公开实施细则》《北京工业大学校务公开责任制》经2005年3月22日校党委常委扩大会议讨论通过，现印发。同时废止《北京工业大学校务公开实施条例》（工大发〔2000〕131号）和《北京工业大学校务公开细则》（工大发〔2004〕4号）。

请遵照执行。

2005年3月22日

北京工业大学校务公开实施细则

第一章 总 则

第一条 实施校务公开是贯彻落实“三个代表”重要思想，树立和落实科学发展观，提高学校党的执政能力的重要内容；是依法治校的重要途径；是不断拓展教职工参与民主决策，加强民主管理和民主监督的有效渠道。根据上级有关精神和我校实际，特制定本细则。

第二条 校务公开是通过多种形式和一定的程序将学校工作的重点、难点，教职工、学生和社会关心的热点问题，除按规定必须保密的事项外均应让教职工参与和知道；该向社会公开的要向社会公开。在实施中不断拓展公开内容、创新公开形式、规范公开程序、完善公开机制。努力做到政策公开、过程公开、结果公开。

第三条 校务公开实行坚持党委统一领导，学校行政为主体，教代会为主要载体，各院、职能部门各负其责，纪检监察部门协调监督、师生员工积极参与的领导体制和工作机制。

第四条 实施校务公开应遵循“坚持党的领导，依法公开，突出重点、循序渐进”的基本原则。

第二章 校务公开的内容

第五条 凡是与学校管理、教育改革密切相关和涉及师生员工切身利益的重要事项，除党和国家规定的保密事项外原则上都要在一定范围以适当方式和程序予以公开。

第六条 根据不同内容在不同范围向本校教职工公开的事项有：

（一）基本校情，包括学校改革、建设、发展中取得的成就、存在的问题和困难，以及采取的对策、措施等；

（二）学校的办学思想和重要决策，发展规划，年度工作计划，各项改革方案及实施情况；

（三）学校教育、基建、科研经费收入、支出及使用管理情况；

（四）干部与教职工的聘任、考核、晋级、奖惩、专业技术职务评定、干部任免等有关情况；

（五）工程建设项目方案、招投标情况、工程验收结果及工程决算；大型设备、大宗物资的采购方案及使用情况；

（六）学校的教学、科研、管理、学生工作、产业、后勤等方面工作的基本情况和有关管理规定；

（七）领导干部廉洁从政各项规定及其执行情况，党风廉政建设责任制执行情况；

（八）购（建）教职工住房方案及情况 医疗改革情况、住房公积金、养老金，福利费和其他社会保障金等与教职工切身利益密切相关的事项。

第七条 向本校学生公开的事项有：

（一）课程设置、教学计划、教学规章；学籍学位管理办法，应届毕业生推荐免试攻读硕士学位研究生等教学管理规定和办法；

（二）与学生有关的部门的办事程序步骤、时限等程序、规定及部门的办公地点、负责人；

（三）学生宿舍、食堂、澡堂、商店、医院、治安交通等公共事务的管理办法；

（四）应届毕业生的就业指导和推荐操作规程；

（五）学生奖学金、助学金、贷学金政策、评定程序及结果；

（六）各类奖、助学金的额度、申请发放办法及发放情况；

（七）学生转学、转专业、休学、特长生和保送生的录取及实行情况；

（八）学生管理制度、办法及实行情况；

（九）向学生收费的项目、标准、依据、程序、时间和代收、代办的项目。

第八条 向社会公开的事项有：

（一）学校改革建设、发展中取得的成就及办学思想和发展规划；

（二）招生计划、程序、政策、考试的规程、纪律及录取结果；

（三）对外招聘人才信息；

（四）特长生、保送生、推荐生的推举程序、考核办法、标准、纪律及录取结果。学生的学籍管理、奖学金和助学金发放、学生转学、转专业、休学办法、毕业生分配等管理制度和办法；

（五）信访接待部门和监督检查部门的举报电话；

（六）收费的项目、标准和程序；

（七）其他需向社会公开的事项。

第三章 校务公开的形式

第九条 教职工代表大会（简称“教代会”）是学校民主管理和民主监督的基本组织形式和制度，是校务公开的基本形式。要将教代会的各项制度加以完善、规范并确定下来，充分发挥教代会在校务公开中的重要作用。

第十条 各种会议形式。主要有：校、院干部例会制度；信息通报会议；听证会；教代会代表与校领导的情况沟通与咨询会议；民主党派、校工会、团委、学生会、研究生会等组织召开的代表大会、工作会议和座谈会；学生接待日、约谈会、学生服务信箱等形式公开校务。

第十一条 各种公文、规章制度形式。学校以各种通知、通报、文件、公告等形式公开校务。

第十二条 校内多种传播媒体。通过报刊、电台、电视台、校园网、宣传橱窗和办事手册等公开校务。

第十三条 建立新闻发言人制度，定期或不定期在一定范围内召开新闻发布会。

第十四条 继续实行校领导接待日、公示与信访等双向沟通形式。完善网上校长信箱，公布举报电话，纪检委设立举报电话和信箱。

第十五条 建立学校校务公开网页及部门校务公开栏目，利用快捷、便利、互动方式开展校务公开。

第四章 校务公开的程序

第十六条 内容的提出。由学校相关部门提出内容和时间，并经主管校领导同意；对群众关心、但尚未公开的内容，可由群众向有关部门提出，并经主管校领导同意。

第十七条 审批及发布。学校重要事项由校务公开领导小组或其办事机构对准备公开的内容进行审查并确定公开形式和范围。各职能部门日常规范公开的内容范围，经审查后由主管职能部门以适当方式在适当范围内发布。

第五章 校务公开的时间

第十八条 不同的公开内容遵循不同的公开时间。学校的办学思路、重大决策、计划、规划、方案在实施前公开；结果等总结性内容在事后公开；过程等临时性内容随时公开。

第六章 校务公开的组织领导

第十九条 校务公开由党委统一领导，成立北京工业大学校务公开领导小组。校党委书记任组长，一名副校长和党委一名副书记任副组长；校有关领导和党、政有关职能部门负责人，纪检监察审计部门、校工会、教代会、团委等单位负责人为成员。

校务公开工作领导小组下设校务公开办公室，承担校务公开的协调管理工作。办公室设在校两办。

第二十条 校务公开领导小组的基本职责。

（一）研究确定校务公开的总体安排和重大事项；组织指导全面校务公开工作。

（二）将校务公开工作任务分解到各有关职能部门，指导和督促他们各负其责，制定和落实具体方案、措施并将其纳入部门行政管理程序，保证校务公开工作规范化；

（三）对各院、部处校务公开工作进行考察。

第七章 校务公开的监督、考核与奖惩办法

第二十一条 学校党政领导要将推行校务公开制度纳入本届任期目标管理责任；纳入职能部门及干部个人的工作目标管理责任。校务公开工作领导小组下设监督办公室，监督办公室设在纪委，承担对校务公开推行情况的监督工作；学校党委将把实施校务公开制度的情况列入中层领导班子和干部个人的考核指标体系。

第八章 附 则

第二十二条 全校各职能部门、各学院应根据本细则的精神，结合本部门、本单位实际制定切实可行的校务公开制度、程序及措施，并向广大师生公布。

第二十三条 本细则由校务公开领导小组负责解释，自发布之日起实行。

北京工业大学校务公开责任制

校务公开是新形势对高校民主政治建设提出的更高要求，是对高校现有管理工作的进一步拓展和延伸。经学校研究，为贯彻《北京工业大学校务公开实施细则》，在党委统一领导，学校行政主持，纪委（监察室）、工会协调监督，职能部门各负其责，师生员工积极参与的原则指导下，加强领导，统一规范，明确职责，提高效率，对实施校务公开做进一步的任务分解。分工如下：

北京工业大学校务公开内容分工

公开单位	公开范畴	协助单位
校两办	党委常委会工作情况；党委重大会议纪要报告；党的重要活动；学校基本情况；学校建设、发展的大政方针，重大决策、依法治校，年度工作计划，重大改革方案；重大情况通报。	
发展规划处	学校事业规划、学科建设规划，“211 工程”建设计划和执行情况，校园规划。	
组织部	民主评议领导干部情况；干部任免及招聘过程中的任职条件、职数、要求；任用或者聘用中的公示结果；干部考核要求、结果及明示；发展新党员的政策、程序；党费收缴、管理和使用情况；思想政治工作专业职称评审。	

续表

公开单位	公开范畴	协助单位
宣传部	学校重点工作、校务公开重要内容的宣传报道；学校改革发展成果，思想政治工作情况。	
人事处	专业技术人员聘任及晋升条件、程序；师资队伍建设办法及现状；机关管理人员聘任办法；专业技术人员延聘规定；教职工返聘管理办法；教职工工资晋级及考核管理办法；教职工专项奖励；教职工岗位津贴发放原则、执行标准、调整方案及管理办法；养老金、福利费管理办法。	
教务处	教育教学各项规章制度、管理办法；教育教学改革和教学检查、评改情况；专业设置、课程设置、教学计划；学籍、学位管理办法；学分制有关规定和管理办法；考务管理和考试纪律；特优毕业设计论文答辩与评审结果；应届毕业生推荐免试攻读硕士研究生情况；本科生转专业情况；本科生毕业情况及学位授予情况。	
研究生部	研究生招生、培养及学位授予制度及实施情况；研究生收费项目及奖学金发放情况。	
学生处、党委研究生工作部	学生教育管理的重要规章制度；各类奖学金和先进的评审条件、要求、评审过程及结果；勤工助学、困难学生资助工作情况；学生违纪处理情况；推荐优秀学生干部免试攻读硕士研究生的办法和结果；与学生有关的部门办事步骤、时限等程序规定及办公地点、负责人；学生宿舍管理办法；学生约谈会和接待日制度及学生服务信箱设立工作；各种与学生有关的收费项目。	
校工会	工会、民主党派、教代会工作及提案和处理情况；工会会费、活动费收支情况；职工捐助活动情况。	统战部
国际交流合作处	国际交流合作工作计划，年度工作要点和各项外事规章制度；国家和北京市外事政策、规定和精神的传达；重要外事活动；外国文教专家的聘任和使用；中外合作办学的管理方法、规定以及校内中外合作项目；在校学生出国项目及其相关费用；外国留学生的招生、日常和学籍管理办法、收费项目及奖学金评定和发放情况。	
招生就业处	招生政策、计划、指标、录取线、录取结果；特长生、保送生、推荐生及推举程序、考核办法；艺术专业招生考试规程、种类、录取情况；毕业生就业政策；用人信息；就业指导和就业情况。	
科技处	科研课题立项和信息；科技成果评奖申报和获奖情况；重大科研课题招标；科研经费的收支情况；科技产业运行情况；有关科技及其开发方面的各种规章、制度、要求。	
财务处	学校教育事业费年度预算及执行情况；基本建设项目经费年度计划；学校年度财务报告；学校重要的财务管理规定及规章制度；各类经费开支标准及报销规定；重大专项资金使用情况；公费医疗管理。	
国资处	学校资产情况；资产管理规章制度；政府采购及其他采购动态；物资和仪器设备使用、报废情况；学校公用房使用、调配情况。	
基建处	校内新建工程项目的施工及监理单位的招投标情况；项目建设过程及年度投资情况；工程项目的预算、造价及验收结果；重大项目的竣工决算情况。	
纪委审计处	党政领导干部廉洁从政各项规定和执行情况；党风廉正责任制的贯彻落实情况；重大违纪情况的查处情况；行政监督及重要规章制度及要求；重大行政失职、违规等问题的调查和处理；领导干部任期经济责任审计结果；审计要求和《审计法》、《审计规定》中的规章制度及审计事项；重点项目审计过程说明及审计结论。	
后勤处、后勤集团	水、暖、电、气等公共经费支出及管理情况；大型维修项目的招标及施工管理情况；维修服务收费标准；公房出租管理情况；校园绿化美化重大方案；餐饮成本核算；后勤产业运行情况。 教职工购（建）房方案；教职工住房改革及租售方案；住房公积金管理制度。	
保卫处	消防、治安等方面的重要制度和有关要求；消防治安重大问题的检查和查处情况。	
开发院、智源公司	科技产业发展规划和年度发展计划；学校科技产业范围内经营性资产情况、收益回报情况；科技企业经营状况、财务状况、对外投资、国有资产保值增值状况；企业改制方案、股权变更、董事监事派遣等重大问题；开发院、智源公司（包括中宇公司）年度财务预算及执行情况；公司对外投资、对外合作等；人事工作方面的管理政策、程序和结果。	

各相关部门要把校务公开工作纳入本单位工作计划。离退休人员管理处、图书馆、校医院、出版社，为独立公开部门，要建立公开机制，设立公开渠道，开展公开活动。各院、教学部等教学实体单位，要按照《北京工业大学校务公开细则》的要求开展工作，并可参照校务公开的有关要求建立二级公开体系，以教代会代表组为主要载体开展院务公开，建立有效的二级院务公开渠道，以学科建设、人员聘任、职称评定、资金运行、津贴分配、对外办学等为主要内容开展院务公开工作。

本责任制由校务公开领导小组负责解释，自发布之日起执行。

中共北京工业大学委员会转发校纪委　党委组织部　宣传部《关于组织开展 2005 年党风廉政建设宣传教育月活动的安排》的通知

工大党发〔2005〕4 号

各院（机关、后勤）党委，各党总支、直属党支部，各院、部、处、直属单位，后勤集团：

现转发中共北京工业大学纪律检查委员会、党委组织部、宣传部《关于组织开展 2005 年党风廉政建设宣传教育月活动的安排》（工大纪发〔2005〕04 号）。

请遵照执行。

2005 年 5 月 11 日

关于组织开展 2005 年党风廉政建设宣传教育月活动的安排

工大纪发〔2005〕04 号

为进一步深入贯彻党的十六届三中、四中全会和中纪委五次全会精神，落实北京市委提出的每年 5 月中旬至 6 月中旬开展全市党风廉政建设宣传教育月活动的决定和今年宣传教育月活动要与保持共产党员先进性教育紧密结合的要求，校纪委、党委组织部、宣传部对组织开展我校 2005 年党风廉政建设宣传教育月活动联合通知如下：

一、重点内容

重点学习胡锦涛同志在中纪委五次全会上的重要讲话精神和中共中央《建立健全教育、制度、监督并重的惩治和预防腐败体系实施纲要》（以下简称《惩防体系纲要》）。把学习宣传贯彻《惩防体系纲要》活动与即将开展的保持共产党员先进性教育结合起来，把反腐倡廉教育作为保持先进性教育的重要内容。按照党章和“两个务必”、“八个坚持，八个反对”的要求，着力解决党员和党组织在思想、组织、作风以及工作方面存在的突出问题，增强对各种消极腐败现象的免疫能力，进一步提高反腐倡廉宣传教育的实效性。结合我校 2005 年的工作，以科学发展观为指导，坚持“巩固、深化、提高、发展”的教育工作“八字方针”，坚持社会主义办学方向，牢固树立和全面实现高等学校三项职能，按照以人为本、盘活资源、依法治校、提高质量、内涵发展的工作思路，把科学发展观落实到教学、科研、管理、服务等学校改革和发展的各个方面。

二、主要安排

1. 继续推进党风廉政建设责任制向院处级延伸，修订党风廉政建设责任制实施办法，制定 2005 年主要任务分工，落实年度责任目标。按照纪委通知要求，未完成以上工作的院部处务必于 5 月份完成。

2. 认真组织学习贯彻《惩防体系纲要》，举办专题报告，进行领导干部廉洁从政各项规定的教育；在正处级干部培训中，增强财经知识、财经政策和财经管理的培训；签订“经济责任书”（6 月）。

3. 清查“小金库”。各单位要严格按照国家财经管理规定，认真自查、规范管理，如实上报有无私设“小金库”情况。对认真自查、及时上缴校财务的单位，不予追究；对未如实上报的单位，一经发现，将做重点审计，对主要领导和主要责任人进行违纪追究。

关于“小金库”的定义，见附件《财监字（1995）29 号文件》第二条，“凡违反国家法规及其他有关规定，侵占、截留国家和单位收入，未列入本单位财务会计部门账内或未纳入预算管理，私存私放的各类资金，均属‘小金库’”。

清理自查和上报时间为 5 月 10 日至 5 月 31 日。

4. 各院（机关、后勤集团）党委、各党总支（直属党支部）要开好一次专题民主生活会，要结合各自工作的实际，采取报告会、党课、警示教育、网络教育等各种形式，扎实、有效地开展宣传教育工作。

三、几点要求

1. 胡锦涛同志重要讲话精神和《惩防体系纲要》是当前和今后一个时期深入开展党风廉政建设和反腐败工作的纲领性、指导性文件。各院（机关、后勤集团）党委、各党总支（直属党支部）要从讲政治的高度，把学习胡锦涛同志重要讲话精神和学习《惩防体系纲要》，纳入单位学习计划，周密安排，精心部署，组织广大党员干部认真学习，充分认识贯彻落实《惩防体系纲要》的重要意义。通过多种形式，认真组织，努力形成学习贯彻《惩防体系纲要》的良好氛围，使广大党员干部领会和把握精神实质，推动各项工作的落实。

2. 各院（机关、后勤集团）党委、各党总支（直属党支部）要大力倡导和推进廉政文化建设，更好地发挥反腐倡廉大宣教工作平台的作用。要大力宣传本部门、本单位勤政廉政的先进典型，学习我校近年推选出的在不同岗位上表现突出的共产党员先进事迹，用身边事教育身边人；同时也要用反面典型案例加强警示教育，提高广大党员干部遵纪守法、廉洁奉公的自觉性。要把廉政文化建设作为校园文化建设的重要内容和反腐倡廉宣传教育工作的重要载体，促进我校树立以廉为荣、以贪为耻的良好风尚。

3. 各院（机关、后勤集团）党委、各党总支（直属党支部）要加强对党风廉政宣传教育活动的宣传报道，通过各种宣传渠道，展现各自的亮点和特色，切实做好宣传工作。纪委将对活动的开展情况进行评比表彰。

4. 宣传月结束后，各院（机关、后勤集团）党委、各党总支（直属党支部）于6月30日前将活动汇总表报校纪委。

2005年5月9日

中共北京工业大学委员会关于命名表彰先进党支部和优秀共产党员、优秀党务工作者的决定

工大党发〔2005〕5号

中国共产党已经走过了84年的光辉历程，正在领导全国各族人民为实现中华民族伟大复兴这一光荣神圣的历史使命而努力奋斗。在纪念党的生日之际，校党委决定对先进党支部、优秀党员进行表彰。经过严格的评审，在全校2 269名教工党员和2 630名学生党员中，共评选出107名优秀共产党员，12名优秀党务工作者，20名共产党员标兵；在162个教工支部和90个学生支部中，产生了25个先进党支部。他们坚持党的先进性的时代要求，胸怀党的理想，坚定党的信念，实践党的宗旨，在各自的岗位上做出了突出贡献。

校党委号召，全校各级党组织、广大共产党员和党员领导干部，向受到表彰的先进集体和个人学习，求真务实，开拓奋进，扎实工作，永葆党的先进性，永葆共产党人的政治本色，为党旗增添光彩，为我校实现国内一流教学研究型大学的目标而努力奋斗。

2005年7月1日

附件1

北京工业大学教工先进党支部名单（15个）

机关党委学生处党支部（同时荣获2005年北京高校先进基层党组织称号）

电子信息与控制工程学院电工电子中心党支部

建筑工程学院市政工程党支部

环境与能源工程学院环境科学与工程研究所党支部

应用数理学院概率统计党支部

材料科学与工程学院材料党支部

生命科学与生物工程学院教工第一党支部

经济与管理学院应用经济学科部党支部

建筑与城市规划学院教工第一党支部

机关党委保卫处党支部

机关党委宣传部党支部

后勤集团住宅物业服务中心党支部

图书馆流通党支部

校医院直属党支部

离休党总支第一党支部

附件2

北京工业大学学生先进党支部名单（10个）

机械工程与应用电子技术学院本科生党支部

机械工程与应用电子技术学院研究生03级第三党支部

电子信息与控制工程学院本科生02～04级通信微电子联合党支部

建筑工程学院本科生城建党支部

建筑工程学院本科生结构党支部

应用数理学院本科生党支部

计算机学院研究生02级党支部

材料科学与工程学院本科生低年级党支部

经济与管理学院研究生04级管理科学与工程党支部

建筑与城市规划学院本科生党支部

附件3

北京工业大学
教工优秀共产党员标兵名单（10人）

霍　达　建筑工程学院院长、教授、博导（同时荣获2005年北京高校优秀共产党员称号）
彭永臻　环境与能源工程学院环境工程研究所所长、教授、博导（同时荣获2005年北京高校优秀共产党员称号）
杨庆生　机械工程与应用电子技术学院教授
郭铁男　电子信息与控制工程学院电子工程党支部书记、高级工程师
彭见曙　生命科学与生物工程学院教授
张　革　机关党委人事处处长、副教授
孙根生　机关党委副书记、经济师
王殿兴　机关党委退休党支部书记
李　忠　后勤集团饮食服务中心副主任
胡　娟　图书馆信息咨询部主任、副研究馆员

附件4

北京工业大学
学生优秀共产党员标兵名单（10人）

余　义　机械工程与应用电子技术学院02级研究生第一党支部书记
潘克君　建筑工程学院结构党支部书记
郭　辉　应用数理学院基础党支部书记
徐尚悦　计算机学院研究生工作组组长
赵秋颖　材料科学与工程学院本科生党员
王　彤　经济与管理学院03级研究生管理党支部书记
韩　薇　建筑与城市规划学院本科生党支部书记
李　萌　实验学院01级学生党支部书记
季凌飞　激光工程研究院博士研究生党员
韩昀峰　机关党委学生社区党支部书记

附件5

北京工业大学
优秀党务工作者名单（12人）

付朝贵　后勤服务集团党委书记（同时荣获2005年北京高校优秀党务工作者称号）
党朝红　机械工程与应用电子技术学院党委副书记
刘秀兰　电子信息与控制工程学院党委副书记
金毓峑　原环境与能源工程学院常务副院长代党委书记
李宝富　应用数理学院党委书记
石　勤　计算机学院党委副书记
王丽梅　经济与管理学院学生工作办公室主任
夏海州　建筑与城市规划学院党总支副书记
杨　茹　人文社会科学学院党总支书记
郭　蓉　继续教育学院学生工作办公室干部
任立新　纪委副书记
王德珍　离退休人员管理处处长

附件6

北京工业大学优秀共产党员名单

教工（71人）：
机电学院：杨庆生　田　越　张　芳　赖三彦
电控学院：郭铁男　董利民　刘　红　李成敢
建工学院：霍　达　关宏志　刘金凤　唐纯熙
环能学院：彭永臻　亢锦洁　任　仁　郑菁英
数理学院：崔宝英　李贵斌
计算机学院：廖湖声　董淑芳　周小兵　刘椿年　张宏玲
软件学院：朱　青
材料学院：马　捷　常新安
生命学院：彭见曙
经管学院：翟东升　王　涛　于唤洲
建规学院：张　林
人文学院：胡　深　陈祖磊
外语学院：任永方
实验学院：郭允文　陈菊龄　郭力平　孙宝岐
继续教育学院：刘海田　种国慈
激光研究院：肖荣诗
机关党委：张　革　王殿兴　安　琳　阮维政　郝建国　张连宝　宋淑华　王　静　肖　念　康玉珍　吴福菊　何秀枝　宋　青　董天午
后勤服务集团：李　忠　宋建平　牛恒贵　冀春荔　翟日喜　闫永贵　高淑秀
离退休党总支：张敬臣　郭守良　回登昌

科技产业总支：工　年　郭庆栓
图书馆：胡　娟
体育部：陈建生
校医院：孙根生　陈秉忠
学生（36人）：
机电学院：余　义　魏　琦　周　煜　刘增华
电控学院：蒋炜靓　胡葛军　李晓光
建工学院：潘克君　张　东　傅彦青　吕津燕　赵长军
环能学院：尚会来　何文彪　赵志刚
数理学院：郭　辉　邱方奎
计算机学院：徐尚悦　佟　伟　李茂增
软件学院：王　娜
材料学院：赵秋颖　郜　枫　刘　丽
生命学院：沈龙珠
经管学院：王　彤　杨开元　王　雅　邓　杰
建规学院：韩　薇
外语学院：付欣辰
实验学院：李　萌
继续教育学院：宋远齐
激光研究院：季凌飞
机关党委学生社区党支部：韩昀峰
机关党委学生会、社团党支部：宗　喆

中共北京工业大学委员会关于建立健全二级单位教职工代表大会制度的意见

工大党发〔2005〕6号

学校二级单位教职工代表大会是广大教职工行使民主权力，参与民主决策、民主管理和民主监督的基本组织形式，是学校教职工代表大会制度的延伸和发展。建立健全二级单位教职工代表大会制度是完善教职工代表大会制度的需要，对于深化学校内部管理体制改革，加强民主政治建设，推进以人为本、依法治校，具有重要意义。依据《教师法》、《高等学校教职工代表大会暂行条例》，对建立健全本校二级单位教职工代表大会（以下简称二级教代会）制度，提出以下意见。

一、加强党的领导，推进二级教代会建设

建立健全二级教代会（非教学单位为职代会），是在各分党委（党总支、直属党支部）的领导下，党、政、工共同承担的一项重要工作。党的领导和重视，党、政、工的齐心协力、相互配合、共同推进，是做好二级教代会工作的重要保证。

（一）各分党委（党总支、直属党支部）对本单位教代会工作要切实加强领导，要把二级教代会工作列入年度工作计划，每年至少专题研究一次教代会工作；要为二级教代会参与民主决策提供必要条件和保证，把校、院两级党政工作的思路转化为广大教职工的实际行动；调动教职工的主人翁积极性和创造性，充分发挥基层党组织的政治核心作用和监督保证作用。

（二）二级单位的行政领导应当尊重和支持二级教代会在职权范围内参与民主决策、民主管理和民主监督；要定期向二级教代会报告工作，认真落实二级教代会的决议，及时答复、认真处理和落实二级教代会的各项提案；要善于通过二级教代会把行政主张转化为科学、民主决策，更好地为学校改革和发展服务；要自觉接受教代会的民主评议和监督；要为二级教代会开展工作提供人、财、物等方面的必要条件。院务会议或行政办公会议在研究本单位重大问题及涉及教职工切身利益的相关问题时，应安排工会主席和教代会负责人参加。

（三）二级教代会要尊重和支持行政领导行使指挥职权，教育教职工严格遵守各项规章制度，努力完成各项工作和任务，提高工作水平和工作效率。

（四）组建二级教代会应成立由分党委（党总支、直属党支部）书记牵头，分党委（党总支、直属党支部）、行政、工会三方面负责同志组成的领导小组，负责筹备与组织工作。党组织在确定中心议题、会议组织、协调关系、形成共识、民主评议干部等方面起领导作用。

（五）校党委将逐步把二级教代会工作纳入考核各分党委（党总支、直属党支部）工作的一项内容。

二、二级教代会组织制度

（一）二级教代会的规模和代表人数的比例，由单位党、政、工在听取教职工意见的基础上决定，应保证代表的广泛性和群众性。人数超过60人（含60人）的单位，应建立教职工代表大会制度，代表名额为本单位教职工人数的五分之一至三分之一（代表人数以30名左右为宜，不应少于20名）。学院教代会的组成，一线从事教学科研的教师代表比例不得小于百分之七十；非教学二级单位职代会的组成，一线职工代表比例不得低于百分之七十。人数少于50人的单位，应建立由全体教职工参加的教职工大会制度，同样严格履行教代会的程序和职权。

（二）二级教代会代表应具有较强的参政议政能力和奉献精神，办事公道正派，密切联系群众。代表的产生，由二级单位根据本单位人数及人员构成将代表名额下达至下属单位，下属单位按民主程序由全体教职工直接选举。各下属单位选举产生的代表分别组成代表组。代表实行常任制，可连选连任。

代表因工作调动或离退休，其代表资格自动终止，缺额代表由原选举单位补选。发现代表有违法乱纪或严重失职行为，经半数以上代表同意可以进行罢免或撤换。

（三）二级教代会三年为一届，届内建立年会制度，定期开会，每年至少召开一次。每次会议必须有三分之二以上代表参加才能召开。会议所形成的有关决议和涉及教职工切身利益的规章制度及有关方案，都应表决通过。会议表决倡导采用无记名投票方式，须经全体代表半数以上通过，方为有效。

（四）二级教代会的议题应当紧密结合本单位中心工作和群众关注的热点问题，在广泛听取教职工意见的基础上，由党、政、工协商决定。

（五）二级教代会代表有权按规定程序对本单位工作和教代会工作提出建议、意见和提案。因行使民主权力受到打击报复时，有权向有关部门申诉和控告。教代会代表应切实履行义务，认真做好本职工作，积极参加教代会工作，听取并反映群众的意见和要求，接受群众的监督。

（六）二级教代会应选举五至七人组成执行委员会。执行委员会主持召开代表会议，决定召开代表会议的内容与时间。

（七）执行委员会在同级党组织的领导下，做好大会的各项筹备工作和会务工作，征集提案并负责立案、交办和督促办理，督促检查二级教代会决议的贯彻执行。

（八）闭会期间由执行委员会履行二级教代会职权。

三、二级教代会行使下列职权

二级教代会作为教职工参与本单位民主决策、民主管理、民主监督的基本形式和基本制度，是二级单位管理体制的重要组成部分，作为单位政务公开工作的载体推进并监督政务公开工作。

（一）听取、审议行政负责人的工作报告，讨论本单位的发展规划、改革方案、教职工队伍建设、教学、科研、产业及年度经费收支情况等方面的重大问题，提出意见和建议。

（二）讨论通过本单位的岗位聘任办法、考核奖励办法以及其他有关教职工切身利益的重要规章制度。

（三）在党组织的安排部署下，监督和评议本单位领导干部，参与推举本单位行政主要负责人。

（四）选举学校教代会代表。

四、二级教代会要加强自身建设，提高工作水平

（一）注重提高代表素质，把有威信、有责任心、有决策能力、敢于和善于发表意见的同志选为代表。对选出的代表要认真培训，增强代表的使命感、责任感、大局意识和政治意识，提高代表履行职责的能力。

（二）选好教代会执行委员会，根据需要组建教代会专门工作小组，使二级教代会机构健全，形成工作网络。

（三）二级教代会干部要认真学习、贯彻党的方针政策，紧紧围绕学校和本单位的中心工作，以改革的精神搞好教代会工作。

（四）执行委员会要自觉接受同级党组织的领导，定期汇报工作，教育和引导教职工自觉维护学校和本单位的大局；要维护代表权利，尊重代表意见，做好意见收集、反映工作；要积极开展调查研究，不断创造新经验、新形式，促进二级教代会工作日臻完善。

（五）规范工作程序，使工作有章可循。坚持求真务实、发展创新，积极开展二级教代会理论与实践的研究，及时总结经验与教训，不断提升工作水平。

2005 年 7 月 5 日

中共北京工业大学委员会关于开展保持共产党员先进性教育活动的通知

工大党发〔2005〕7 号

各院（机关、后勤）党委，各党总支、直属党支部：

为进一步加强党的执政能力建设，全面推进党的建设新的伟大工程，确保党始终走在时代前列，更好地肩负起历史使命，中央决定，从 2005 年 1 月开始，用一年半左右的时间，在全党开展以实践“三个代表”重要思想为主要内容的保持共产党员先进性教育活动。根据《中共中央关于在全党开展以实践“三个代表”重要思想为主要内容的保持共产党员先进性教育活动的意见》（中发〔2004〕20 号）的要求，活动分三批进行。第二批先进性教育活动从 2005 年 7 月开始，到 2005 年 12 月基本结束。

按照北京市委教育工委的部署，经校党委第十九次常委扩大会议研究决定，现将我校保持党员先进性教育活动有关要求和部署通知如下：

一、总体要求

根据北京市委教育工委工作部署，我校保持党员先进性教育活动于 9 月 10 日正式启动（召开动员会），至 12 月中旬结束。活动分三个阶段进行：第一，学习动员阶段；第二，分析评议阶段；第三，整改提高阶段。每个阶段约一个月时间。

近期，学校党委重点抓好两件事：一是加强调研分析，充分掌握基层党支部和党员队伍的状况，并在此基础上，认真研究制订实施方案，有针对性地做好思想动员工作。二是集中9月2～3日两天，举办党支部书记和工作骨干培训班，保证工作顺利开展。

为了搞好先进性教育活动，校党委要求：

各院级党委、基层党支部要紧密结合本单位、本部门的实际，认真贯彻中发〔2004〕20号文件确定的指导思想、目标要求、指导原则和方法步骤，坚持正面教育、自我教育为主的原则，充分发扬党内民主，走群众路线，边学边议边整边改，把先进性教育活动与推动当前部门工作紧密结合起来，有力地促进校院各项事业的发展，确保先进性教育活动取得实效。

党员领导干部要发挥表率作用，认真参加先进性教育活动，要比普通党员深学一步，多学一点，严格要求。全体党员尤其是党员领导干部，要按照活动程序要求，在学习活动期间，严格控制各类外出活动。学校不再审批一般性的出国访问、考察、会议，凡因外出耽误的学习活动坚决做到缺多少补多少。处理好学习、工作关系，保证学习时间。

各院级党委要牢牢把握学习实践"三个代表"重要思想这条主线，组织广大党员认真学习邓小平理论和"三个代表"重要思想，教育引导广大党员坚定正确的理想信念，提高对党的先进性建设和执政能力建设的认识，增强学习实践"三个代表"重要思想的自觉性；根据本单位特点和党员的实际情况，采取灵活多样的学习方式，增强学习的吸引力，在取得实效上下工夫。

在先进性教育活动中，各院级党委要把加强基层党组织建设放到重要位置，按照围绕中心、服务大局、拓宽领域、强化功能的要求，建立健全党的基层组织，选配、培训好党支部书记，健全党的组织生活，把广大基层党组织真正建设成为贯彻"三个代表"重要思想的组织者、推动者和实践者。

广大党员要统一思想认识，提高思想政治素质，增强大局意识，从世界观、人生观、价值观上查找存在的问题和不足，进一步增强党的观念和党员意识，明确新时期保持先进性的具体要求，增强自我提高、自我完善和解决自身问题的内在动力，自觉保持先进性。

二、组织领导

为保证先进性教育活动顺利进行，认真落实领导责任制，根据工作需要，成立北京工业大学保持党员先进性教育活动领导小组和办公室。组成人员如下：

领导小组组长：孙崇正

副组长：范伯元　冯　培　张毅刚

成　员：张　泽　马志成　赵凤琴　纪树兰

李四平　任立新　王秀彦　王德轸

办公室主任：张毅刚（兼）

副主任：纪树兰　李四平　付朝贵　王燕琪

杜　锋

办公室下设秘书组、组织组、宣传组和后勤保障组，抽调相应人员组成。

根据活动要求，成立北京工业大学保持党员先进性教育活动督导组，成员由12至15人组成，分设四至五个小组。

各单位要积极支持配合，保证被抽调人员及时到位。

2005年7月23日

关于印发《中共北京工业大学委员会关于开展保持共产党员先进性教育活动的实施方案》的通知

工大党发〔2005〕8号

各单位党委（党总支、直属党支部），各院、部、处，直属单位：

现将《中共北京工业大学委员会关于开展保持共产党员先进性教育活动的实施方案》印发给你们，请结合本单位工作实际，认真贯彻落实。

2005年8月31日

中共北京工业大学委员会关于开展保持共产党员先进性教育活动的实施方案

根据《中共中央关于在全党开展以实践"三个代表"重要思想为主要内容的保持共产党员先进性教育活动的意见》（中发〔2004〕20号）和《中共北京市委关于在全市党员中开展以实践"三个代表"重要思想为主要内容的保持共产党员先进性教育活动的实施意见》（京发〔2005〕2号）的总体部署和要求，按照市委教育工委的统一安排，北京高校为第二批先进性教育活动参加单位，时间从2005年9月开始，到12月基本结束。为扎实搞好先进性教育活动，结合我校实际情况，现提出以下实施方案。

一、充分认识开展先进性教育活动的重大意义

在全党开展以实践"三个代表"重要思想为主要内容的保持共产党员先进性教育活动，是坚持用"三个代表"重要思想武装全党，巩固党的执政基础、提高党的执政能力、推进党的建设的新的伟大工程的一项基础工程，是实现全面建设小康社会宏伟目标，推动中国特色社会主义伟大事业的一项重要举措。我校各级党组织和全体共产党员一定要从全局和战略的高度，深刻认识中央决策的重大意义，把思想统一到中央的决策和部署上来。在认真学习文件的基础上，深刻认识和理解在全党开展先进性教育活动的时代背景；深刻认识和理解"党的先进性建设是关系马克思主义政党生存发展的根本性问题"的重要论断；深刻认识和理解首都搞好先进性教育活动是实现"新北京，新奥运"战略构想的重要保证；深刻认识和理解新时期高等院校党员保持先进性的基本要求、具体要求和实践途径。通过学习，切实增强搞好此次教育活动的责任感，切实增强自我教育、自我完善、自我提高的自觉性，切实增强扎实推进、取得实效的信心。

从现在起到2010年是北京教育实现新跨越的战略机遇期，也是我校实现第九次党代会提出的"建设国内一流教学研究型大学，跻身全国高校五十强"的奋斗目标，实现三步走战略的关键时期。如何抓住发展机遇，贯彻落实科学发展观，进一步凝练学科方向，汇集创新学科队伍，构筑高素质教师队伍，提高人才培养质量，营造良好育人环境，全面提升为首都经济发展服务的能力，是对我校各级党组织和全体共产党员的新考验。因此，我们要以先进性教育活动为契机，要按照胡锦涛总书记提出的"六个坚持"的基本要求，自觉学习实践邓小平理论和"三个代表"重要思想，自觉提高思想政治素质和业务能力素质，胸怀全局、心系群众、奋发进取、开拓创新、立足岗位、无私奉献，充分发挥党员先锋模范作用，团结带领广大群众前进，以高度的使命感、责任感和紧迫感，抓住机遇，迎接挑战，为在2010年把我校建设成国内一流教学研究型大学，暨在校庆50周年时跻身全国高校五十强行列作出新贡献。

为了搞好这次先进性教育活动，校党委从2004年4月开始，用一年多的时间，就我校基层党组织和党员队伍状况作了大量的调查研究，发放了1 000余份调查问卷，查阅了100多个党支部工作手册，召开了不同层面、不同层次的党内外座谈会，并就基层党支部工作状况和党支部书记队伍状况作了专门的调查分析。调查表明，我校广大党员能够坚持党的理论、路线、方针和政策，履行和实践党的宗旨，以立足本职、脚踏实地、求真务实、改革创新的精神，工作在教学、科研、管理和服务岗位上，发挥了共产党员的先锋模范作用。基层党支部能够紧密围绕学校的根本任务，结合自身实际开展党的活动，注重以党的光荣历史和优良传统教育党员，以党的先进榜样激励党员，以学校改革发展的事业凝聚党员，不断探索党建工作与中心工作相结合的工作载体，党的工作从单纯党务性向教学科研、学科建设、服务群众、改进工作等方面延伸和拓展，并在调整支部结构，扩展覆盖领域，创新工作机制，丰富活动内容上进行改革和创新。各级基层党组织在学校的改革发展稳定工作中，很好地发挥了政治核心和战斗堡垒作用。但是也要清醒地看到，我校党员队伍中还存在一些与保持先进性要求不相适应、不相符合的问题，主要表现有：一些党员理想信念不坚定，党员意识不强，先锋模范作用不明显，存在一般化的倾向；一些党员的党性和组织观念不强，不能按时参加组织活动，交纳党费不主动；个别党员思想道德防线不牢固，违反党纪党规，在群众中造成不良影响；一些党员干部思想理论和政策水平不高，治校理教能力不强，解决复杂矛盾的本领不大；个别党员干部事业心和责任感不强，思想作风不端正，工作作风不扎实，不能正确处理管理工作与学术业务工作的关系；一些基层党支部凝聚力、战斗力不强，党内生活制度坚持得不好，党的工作与本单位、本部门的业务工作结合不紧密；一些党支部对党员教育管理不严格，对问题较多的党员缺乏有效的管理；一些党支部活动内容形式单一，主动性不够，针对性不强，缺乏活力；一些教工党支部对发展党员工作重视不够，对在高级人才中发展党员有畏难情绪，个别党支部没有发展计划；个别学生党支部在发展工作中重视数量、轻视质量、忽略对预备党员的教育培养。这些问题的存在严重影响着党对高等学校的领导和学校各项事业的发展，也影响着党组织和广大党员在全校师生员工中的形象。因此，我校各级党组织和全体党员一定要深刻认识开展先进性教育活动的重大意义，统一思想，提高认识，切实增强做好这项工作的政治责任感和历史使命感，发挥主动性，激发创造性，切实抓紧抓好先进性教育活动。广大党员要积极投身于此次活动中，努力在学习实践中增强党性，提高素质，树立新形象，作出新贡献。

二、开展先进性教育活动的指导思想和目标要求

根据中央精神，开展保持共产党员先进性教育活动的指导思想是：以邓小平理论和"三个代表"重要思想为指导，认真贯彻党的十六大和十六届三中、四中全会精神，树立和落实科学发展观，按照立党为公、执政为民的要求，紧密联系学校改革建设发展的工作实际和党员队伍建设现状，以学习实践"三个代表"重要思想为主线，以保持共产党员先进性为主题，以提高党的执政能力为着眼点，坚持党要管党、从严治党的方针，引导广大党员学习贯彻党章，坚定理想信念，坚持党的宗旨，增强党的观念，强化执政意识，提高执政本领，认真解决党员和党组织在思想、组织、作风以及工作方面存在的突出问题，促进影响学校和基层单位改革发展稳定、涉及群众切身利益的实际问题的解决，不断增强党员队伍和党组织的创造力、凝聚力和战斗力，推进学校党建工作创新，密切党组织和党员与广大师生员工的联系，为进一步实施科教兴国战略，实现我校早日创建国内一流教学研究型大学的宏伟目标，提供坚强的政治保证和组织保证。

根据中共北京市委、市委教育工委的要求，我校开展党员先进性教育活动，要达到以下目标要求：

（一）要切实提高党员素质。广大党员要充分认识当前党所处的环境、党所肩负的任务、党员队伍状况发生的重大变化，充分认识新形势新任务对党员先进性提出的新要求。因此，新时期开展保持党员先进性教育活动，提高党员素质就显得尤为重要，尤为紧迫。通过此次学习教育，要使党员理想信念进一步坚定；学习实践"三个代表"重要思想的自觉性进一步增强；对新时期保持党员先进性的基本要求和具体要求进一步明确；先锋模范作用进一步发挥；事业心和责任感进一步增强；党员干部的科学发展观和正确政绩观进一步树立；紧密联系和服务师生员工的意识进一步增强。

（二）要切实加强基层组织建设。党的基层组织是党执政能力建设的基础，党的执政能力也是由各级党组织和党员干部的工作能力组成的。党的路线方针政策的制定和贯彻落实，要靠广大党员积极参与；党的战斗力的提高、党的组织的发展、党的群众基础的扩大，要靠党的基层组织和广大党员卓有成效的工作；党的良好形象，也要靠广大党员和基层组织去树立、去维护。因此，通过先进性教育，要使基层组织的凝聚力和战斗力进一步增强，领导核心和战斗堡垒作用得到进一步发挥；党组织紧密结合教学、科研、管理、服务等中心任务开展工作的能力得到进一步提高；党组织适应新形势和新任务，进一步丰富工作内容、创新工作机制、改进工作方式、完善组织设置，在成为贯彻"三个代表"重要思想的组织者、推动者和实践者方面取得新进展，党执政的组织基础进一步巩固。

（三）要更好地服务人民群众。全心全意为人民服务是党的根本宗旨。党的根基在人民，血脉在人民，力量在人民，能否坚持全心全意为人民服务是衡量一名党员是否合格的根本标尺。因此，通过先进性教育要使我校党员全心全意为师生员工服务的意识进一步增强；工作作风和思想作风进一步改进，组织群众、动员群众、教育群众和服务群众的本领进一步提高；党员干部树立和实践正确的权利观进一步得到增强；一些群众反映的突出问题进一步得到解决；党群、干群关系进一步密切，真正做到为民、务实、清廉。

（四）要切实促进各项工作。检验先进性教育活动的成效，主要的方面就在于对各项工作的促进。要立足于解决实际问题，特别是要广泛征求意见，找准党员和党组织存在的突出问题，深入进行剖析，认真加以解决。通过先进性教育，要使党的基本路线和教育方针进一步得到贯彻落实；学校工作的薄弱环节进一步得到加强；影响学校长远发展的难点问题进一步得到解决；学校改革发展稳定和各项工作不断取得新的进展。

三、开展先进性教育活动的指导原则

（一）坚持理论联系实际、务求实效的原则。各基层党组织和党员要大力弘扬求真务实精神，自觉将理论学习的成果运用到工作实践中去，把先进性教育活动与贯彻落实学校第九次党代会精神，全面落实"十一五"规划，进一步推动本单位、本部门的各项工作结合起来，与党员在教学、科研、管理、服务岗位上发挥先进性作用结合起来，不搞形式主义，不做表面文章，切实做到学习教育和推动工作两不误、两促进。

（二）坚持正面教育为主、认真开展批评与自我批评的原则。充分调动和发挥党员的主观能动性，引导党员自觉学习理论，提高思想理论水平，主动查找和解决自身存在的问题。通过树立和宣传先进典型、组织开展主题教育和实践活动、运用反面典型开展警示教育、帮助党员解决实际困难等方式，激发党员积极向上的内在动力，正确运用批评与自我批评的武器，促进党员自我提高、自我完善、互相帮助、共同进步。

（三）坚持发扬党内民主、走群众路线的原则。尊重党员的民主权利，扩大党内民主，加强党内监督，认真听取党员的意见和建议，调动党员参加先进性教育活动的积极性；坚持群众路线，相信和依靠群众，正确组织和引导群众参与到活动中来，广泛听取群众意见，自觉接受群众的评议和监督。

（四）坚持领导干部带头、发挥表率作用的原则。领导干部要以普通党员的身份参加先进性教育活动，带头参加学习，带头查找问题，带头参加民主评议，带头开展批评与自我批评，带头制定和落实整改措施，认真负责地抓好本单位、本部门的先进性教育活动。

（五）坚持区别情况、分类指导的原则。学校各基层党组织要根据教学、科研、管理、服务等岗位不同的情况和特点，确定各自不同的重点学习内容和需要重点解决的问题，有针对性地动员讨论并提出党员保持先进性的具体要求。对流动人员中的党员和离退休教职工中的党员等，要在坚持基本要求的前提下，采取切合实际的方式方法，开展有效的教育活动。

四、开展先进性教育活动的总体安排和方法步骤

根据中央《意见》精神，先进性教育活动分三批进行，每批为期半年左右，各单位集中学习教育的起止时间一般不得少于三个月。按照市委教育工委的部署，我校先进性教育活动从2005年9月开始到2005年12月结束，分为学习动员、分析评议、整改提高三个阶段进行。

第一阶段：学习动员（2005年9月10日至10月16日）

（一）搞好动员部署。精心组织召开全校党员动员大会，把动员大会作为统一思想、提高认识的重要途径。根据我校基层党组织及党员分布相对集中的实际情况，动员报告采取主会场和分会场在同一时间以集中形式进行（教师党员和学生党员分别动员）。通过动员部署，使全校党员明确开展保持共产党员先进性教育活动的重大意义、指导思想、目标要求、基本原则、总体安排和方法步骤。

（二）认真组织学习。各级党组织要根据本单位、本部门党员的实际情况，坚持区别情况和分类指导的原则，可采取集中学习与自学相结合、专题辅导与组织讨论相结合、上党课与主题活动相结合、学习理论与学习先进人物事迹相结合等多种形式进行学习。重点学习胡锦涛同志《在新时期保持共产党员先进性专题报告会上的讲话》、《中国共产党章程》，认真学习《保持共产党员先进性教育读本》。各单位对不同群体、不同岗位的党员，应对学习重点、学习方式、集中学习的时间等提出不同的要求，并通过有效管理手段和方式，确保党员参学率和学习效果。学习时间原则上不少于40学时。

（三）开展先进性具体要求大讨论。按照《中国共产党章程》和胡锦涛同志提出的新时期共产党员保持先进性的“六个坚持”的基本要求，紧密联系学校实际和不同群体党员的岗位实际，认真开展新时期保持共产党员先进性具体要求的大讨论。通过大讨论，各单位要形成既体现时代精神、又反映本单位不同群体和岗位实际的共产党员保持先进性的具体要求。在此基础上，总结归纳出北京工业大学党员干部、教职工党员和学生党员保持先进性的具体要求。

（四）撰写心得体会。在学习结束前要求有书写能力的党员在学习讨论的基础上，结合岗位职责和如何发挥先锋模范作用撰写心得体会，原则上一般党员不少于2 000字，处级党员干部不少于3 000字，校级党员干部不少于4 000字。每位党员所撰写的心得体会按照基层组织管理权限由各级党组织负责审阅。

（五）搞好阶段小结。学习动员阶段结束前，各单位要对学习动员阶段的全面情况、成功经验和存在问题进行认真梳理和小结。总结材料上报学校先进性教育领导小组。

第二阶段：分析评议（2005年10月17日至11月16日）

（一）广泛征求意见、开展谈心活动。各基层党组织要通过发放征求意见表、设置意见箱、召开座谈会、个别谈心等形式，广泛征求群众对党员、党支部、领导班子的意见。机关职能部处和党员领导干部要多渠道、多层次征求各方面意见，党员也要主动征求群众意见，并将征求到的意见进行整理后按照组织程序进行反馈。在征求意见的同时，党员和党员之间、党员和领导干部之间、党员和群众之间要广泛开展谈心活动。谈心活动中要认真开展批评与自我批评，要坦诚相见、沟通思想，增进团结、找准问题，形成共识。

（二）撰写党性分析材料。在征求意见和谈心活动的基础上，每位党员要认真总结自己近年来思想、工作和作风等方面的情况，重点检查在理想信念、宗旨、作风、遵守纪律和发挥先锋模范作用等方面存在的问题，并从世界观、人生观、价值观上剖析思想根源；处级以上干部还要从权利观、政绩观、地位观、利益观等方面进行剖析；学生党员的党性分析材料应主要从学习、思想和日常行为表现等方面进行总结，找出存在的主要问题；离退休党员可灵活掌握撰写党性分析材料的要求，可通过召开组织生活会的方式，开展批评和自我批评，进行思想交流。每位党员的党性分析材料要按照市委教育工委的规定要求由各级党组织进行审阅。校院两级党员干部和职能部处党员干部的党性分析材料要按干部管理权限上报。

（三）开好专题组织生活会、民主生活会。以基层党支部为单位，支部书记要组织党员开好专题组织生活会。会上每位党员要进行党性分析，开展批评与自我批评，并逐个进行评议；党员人数多的党支部，可以党小组为单位进行评议，但支委会应派委员参加；党员领导干部既要以普通党员身份参加所在党支部的组织生活会，又要参加领导班子的民主生活会。专题组织生活会和民主生活会记录的复印件要报上级党组织。

（四）提出并反馈评议意见。专题组织生活会后，党支部要召开支委会，根据党员个人讲评、党员互评，以及征求到的群众意见和党员的一贯表现，进行综合分析，实事求是、客观公正地对每个党员提出评议意见，包括肯定成绩、指出问题、提出努力方向三个方面。对党员领导干部的评议意见还要在坚持可续发展观和正确政绩观、树立正确的权力观、地位观、利益观等方面进行评议。评议意见要在听取本人意见的基础上，以书面的形式向党员反馈。各单位要按照市委教育工委的规定要求对党员的评议意见进行审阅。校院两级党员干部的评议意见材料要按干部管理权限上报。分析评议基本结束后，学校党委和各二级党组织要采取适当方式，在一定范围内向党员、群众通报民主评议党员的情况和校院两级领导班子专题民主生活会情况。各单位在第二阶段结束后，要将阶段性小结以书面材料形式上报学校先进性教育活动领导小组。

第三阶段：整改提高（2005 年 11 月 17 日至 12 月 16 日）

（一）制定整改措施和整改方案。每位党员对照党性分析材料，结合民主评议的意见，针对存在的主要问题，明确整改重点，制定整改措施。有书写能力的党员，要形成书面整改措施。党支部组织召开专题生活会，交流党员个人的整改情况。校院两级领导班子和党组织要结合工作实际，针对党员和党组织存在的突出问题，把群众意见最大、最不满意的事情，群众最希望办、通过努力能够办好的事情作为整改工作的重点，制定整改方案，并落实整改责任部门、具体责任人和整改时限。

（二）公布整改方案。校院两级领导班子和党组织的整改方案形成后，用一周左右的时间，将制定整改措施和进行整改的情况，在一定范围内公布，充分听取群众意见，进行必要的修订，自觉接受群众监督，并将整改方案上报学校先进性教育活动领导小组。

（三）认真进行集中整改。对那些需要解决而又能够解决的突出问题，在限定的时间内，集中进行整改；对通过努力能够解决的问题要限期整改；对应该解决但受客观条件限制一时解决不了的问题要向群众说明白，积极采取措施逐步解决；对本单位难以解决的问题要向群众说明情况，取得群众的理解，并积极向上级组织反映情况，促进问题的解决。

（四）组织群众满意度测评。整改工作基本结束后，在一定范围内向群众通报党组织和领导班子的整改情况，由上级党组织对下一级组织的先进性教育活动进行群众满意度测评。多数群众不满意的，要及时“补课”，切实巩固和扩大整改成果。各单位在完成群众满意度测评后，要及时总结本单位开展先进性教育活动的总体情况，形成书面总结材料上报学校先进性教育活动领导小组。

根据中央精神，这次先进性教育活动，不单独安排组织处理阶段。对那些不履行党员义务、不具备党员条件的党员，要多做教育工作，使他们尽快转化为合格的共产党员。对经教育不改、仍不符合党员条件的，要根据党章和有关规定，按照正常的组织程序严肃处理。对违纪党员，要按照《中国共产党纪律处分条例》的规定，给予纪律处分。

五、开展先进性教育活动的组织领导

（一）建立工作机构。为保证先进性教育活动顺利进行，认真落实领导责任制，根据工作需要，成立我校保持党员先进性教育活动领导小组和办公室。组成人员如下：

领导小组组长：孙崇正

副组长：范伯元　冯　培　张毅刚

成　员：张　泽　马志成　赵凤琴　纪树兰
李四平　任立新　王秀彦　王德珍

办公室主任：张毅刚（兼）

副主任：纪树兰　李四平　付朝贵　王燕琪
杜　锋

办公室下设秘书组、组织组、宣传组和后勤保障组。

秘书组：王燕琪（组长）　杜　锋　冯爱玲

主要任务是起草领导报告、会议讲话等，负责上级文件和学校先进性教育活动领导小组文件的收集、归档工作。

组织组：纪树兰（组长）　周洪芳　梁　爽
王立强

主要任务是起草先进性教育活动的实施方案、各阶段的实施计划及小结，负责先进性教育活动各种会议、会务的筹备工作，负责学校联络员的组织协调及与学校各基层党组织的联系沟通，负责与市委教育工委先进性教育活动工作办公室及督导组的沟通联系等。

宣传组：李四平（组长）　程晓琦　桂小春
王雪竹

主要任务是提供学习文件及汇编材料，负责先进性教育活动的宣传报道、简报编辑、接待新闻媒体及发布信息，提供会议音响设施等。

后勤保障组：付朝贵（组长）　李建平
张淑红　李振通

主要任务是负责市委督导组的后勤服务，提供先进性教育活动的场所、地点以及水、电、用车等条件保障。

（二）落实领导责任制。学校党委全面负责先进性教育活动，党委书记是第一责任人，分管领导是主要责任人，二级单位党委（党总支、直属党支部）书记和基层党支部书记是直接责任人。二级单位党组织要成立相应的领导机构和工作机构，落实职责，形成一级抓一级、层层抓落实的工作格局。

（三）建立党员领导干部联系点制度。校院两级领导干部要结合自己分管的工作确定一个基层联系点。通过深入联系点调查研究、督促检查、具体指导，帮助基层联系点找出工作差距，清理工作思路，解决实际问题，使联系点成为先进性教育活动的示范点。

（四）建立联络员工作制度。为了解和掌握各基层党组织开展先进性教育活动的情况，及时提出指导意见和建议，促进先进性教育活动的顺利进行，校党委决定聘请一部分政治责任心强、经验丰富的同志担任联络员，负责对各基层组织先进性教育活动的督促、指导。

各单位要根据本实施方案制定本单位先进性教育活动的具体实施办法，认真抓好三个阶段工作的每个环节，及时向学校先进性教育活动领导小组报送先进性教育活动的文件、简报等材料。先进性教育活动结束后，各单位要对活动情况进行全面总结，总结材料经联络指导组审定后，报送学校先进性教育活动领导小组。

关于印发孙崇正同志在中共北京工业大学党员代表会议上的工作报告的通知

工大党发〔2005〕9号

各院（机关、后勤党委），各党总支、直属党支部：

在2005年8月23日召开的中共北京工业大学党员代表会议上，校党委书记孙崇正作了《以科学发展观为指导，促进学校事业全面、协调、可持续发展，为建设一流教学研究型大学而奋斗》的工作报告。现将报告印发，请组织党员、群众认真学习。

2005年8月29日

（工作报告见“特载与专文”）

关于印发《北京工业大学2005～2006学年工作要点》的通知

工大党发〔2005〕10号

各院（机关、后勤）党委，各党总支、直属党支部，各院、部、处、直属单位，后勤集团：

现将《北京工业大学2005～2006学年工作要点》印发给你们，请遵照执行。

2005年9月5日

北京工业大学2005～2006学年工作要点

北京工业大学2005～2006学年总的工作指导思想是：进一步深入学习贯彻十六大和十六届四中全会精神，以科学发展观为指导，贯彻落实《中共中央、国务院关于进一步加强和改进大学生思想政治教育的意见》和教育部《关于进一步加强高等学校本科教学工作的若干意见》，坚持“巩固、深化、提高、发展”的教育工作“八字方针”，坚持社会主义办学方向，牢固树立和全面实现高等学校三项职能，按照以人为本、盘活资源、依法治校、提高质量、内涵发展的工作思路，把科学发展观落实到教学、科研、管理、服务等学校改革和发展的各个方面，切实加强党的建设和大学生思想政治教育工作，全面推进育人质量的提高，高质量地全面完成“十五”“211工程”建设目标，为建设国内一流教学研究型大学打下坚实的基础。

2005年是我校“十五”“211工程”建设的最后一年，是能否很好地完成各项建设任务的关键一年。2005年学校要制定“十一五”发展建设规划，进一步统筹办学规模、质量、结构、效益，明确下一阶段发展目标；坚持内涵式发展、统筹协调的思路，大力提高人才培养质量和科技创新水平，不断深化人事制度改革，提高管理效益；全面加快校园整体规划建设，保证奥运场馆建设任务顺利进行；加强后勤安全保障，创造良好育人环境；切实加强党的基层组织建设，全面开展保持党员先进性教育活动，做好学校四十五周年校庆工作。

2005年要重点做好以下几方面工作：

（一）开展以实践“三个代表”重要思想为主要内容的保持共产党员先进性教育活动，全面做好党的建设各项工作

在全党开展保持共产党员先进性教育活动，是党中央在深入研究新世纪新阶段的形势、任务和党员队伍状况基础上作出的一项重大决策。党的十六大作出了开展保持共产党员先进性教育活动的决定；十六届四中全会对开展先进性教育活动进一步提出了明确要求。2004年10月，胡锦涛总书记主持召开中央政治局常委会和政治局会议，对开展先进性教育活动进行了专题研究，中央下发了《关于在全党开展以学习实践“三个代表”重要思想为主要内容的保持共产党员先进性教育活动的意见》。根据北京市委教育工委的部署，我校保持党员先进性教育

活动于9月10日正式启动，至12月中旬结束。活动分三个阶段进行：第一，学习动员阶段；第二，分析评议阶段；第三，整改提高阶段。

开展先进性教育活动，是一项重大政治任务，是全体党员自我教育、提高素质、提高对新时期党的路线、方针、政策的理解和认识，增强基层党组织的凝聚力的一项十分重要的工作。全校基层党组织和全体党员，要以强烈的责任感、使命感和高度的政治热情切实开展好保持党员先进性教育活动。一是要认真贯彻中央、北京市有关部署，以学习实践“三个代表”重要思想为主线，结合学校工作实际，扎扎实实做好每个阶段工作；二是要明确指导思想，把握好落脚点，实事求是，讲求实效，切实解决各级党组织、党员中存在的问题，推动学校的工作；三是要通过先进性教育，切实发挥党员的先锋模范作用，增强基层党组织的凝聚力、战斗力，推动学校各项事业的发展。

2005年下半年重点要做好这项工作。为此，学校党委下发了《中共北京工业大学委员会关于开展保持党员先进性教育活动的通知》，提出了总体要求，健全了组织领导，制定了《中共北京工业大学委员会关于开展保持党员先进行教育活动的实施方案》，切实抓好各项工作的落实。

（二）以科学发展观为指导，坚持教育以育人为本，以学生为主体，办学以人才为本，以教师为主体的办学理念，把育人作为学校的根本任务，在提高质量上下工夫，力争在教育教学改革的思想和措施上、在教育教学基础建设上和在实践教学的创新上有所突破；全面落实“育人为本，德育为先”的精神，切实加强大学生思想政治教育，构建全方位的大学生思想政治教育体系，创造和谐发展的良好育人环境

深入贯彻中央16号文件和教育部本科教学工作会议精神，全面落实科学发展观，坚持把人才培养作为学校根本任务，坚持一切为了学生的成长成才，着眼于调动学生的内在积极性和创造性。要坚持教师是学校办学主体的理念，充分认识到建设一支高素质、高水平的师资队伍是建设高水平大学、提高教育教学质量的关键，大力提高育人质量，切实把教学工作放在学校各项工作的中心地位。2005年要继续以落实本科教学评估整改计划为主线，狠抓“四名工程”建设，全面推进教育教学质量的提高。加强研究生教育培养，开展教育研究探索，把好研究生培养质量关。做好第十批学科点的申报，力争实现建立研究生院的目标。

落实育人为本、德育为先、全面发展的要求，充分发挥课堂教育教学的主导作用和思想政治理论课的主渠道作用；加强校园文化建设和网络阵地建设，弘扬主旋律，把握大学生思想成长规律，不断增强思想政治教育的针对性、实效性和吸引力、感染力，为培养高素质人才打下坚实的思想基础。

要进一步完善德育工作机制，构建全方位的大学生思想政治教育工作体系，提高大学生法律意识和心理素质。强化全员德育意识，重点发挥“两课”主渠道作用。加强德育工作队伍建设和管理，建立规范的管理制度和有效的奖励机制。关注和重视学生中的特困群体，加大资助力度，大力推行优秀硕士生助管制度，尽可能为广大学生创造良好的学习和生活环境。

（三）以科学发展观为指导，抓住机遇，融入北京，高质量全面完成“十五”“211工程”建设任务，努力提高学科建设水平和科技创新能力，提高为北京市经济建设和地方发展服务的能力和学校管理水平

我们要坚定不移地为学校确立的建设国内一流教学研究型大学目标而努力奋斗，充分利用学校的人才资源、科技资源，在国家整体经济建设的大局和北京市实施的“新北京，新奥运”战略的大局中，抓住大好机遇，加快学校的发展。要积极关注北京市经济建设过程中需要解决的问题，调整学科专业方向、人才培养的专业设置和科学研究重点，加强高校和企业的密切合作，要把融入北京经济建设和社会发展作为基本理念在教师中贯彻，使北工大真正成为促进北京经济建设和高等教育发展的一个重要基地，为北京多作贡献。要深入研究和探讨在新形势下科技创新体制在基层组织的实施和落实，发挥科研创新团队组织的作用，推进科研体制向多元化转变，加强团队和学科整体建设。在校院两级管理体制原则指导下，学院要发挥聚集人才、组织人才、发动人才的作用；教学和科研基地要发挥争取项目、组织项目的作用。

今年是“十五”的最后一年，要扎实做好“十五”结束前的科技工作，组织好队伍，积累成果，作好“十五”“211工程”的验收和总结，高质量的完成建设任务，突出重点学科的特色，建成比较完整、合理的学科体系。

要根据北京市教委提出的“稳定规模、调整结构、创新体制、突出特色、提高质量、服务首都”的指导思想，以科学发展观为指导，在2005年上半年调查研究、深入讨论的基础上，进一步广泛征求意见，完成学校“十一五”发展建设规划的制订工作，提交2006年初的学校教代会通过。

（四）以科学发展观为指导，深化人事制度改革，加强队伍建设，全面调动教职工的积极性，提高学校统筹协调的能力，加强管理，依法治校，盘活资源，提高办学水平和办学效益，促进学校全面

协调可持续发展

引进和培养高水平学术带头人，仍然是师资队伍建设的重点。要加大对青年学术骨干、学科带头人支持、培养和使用的力度，加强师资队伍建设规划。下半年继续实行评聘结合的教师职务聘任办法，要加大设岗环节中的工作力度，各院要按照师资队伍建设规划认真做好岗位设置，做到科学设岗、严格程序，调动广大教职工的积极性和创造性，12 月中旬完成。要正确处理和协调行政权力和学术权力的关系，积极发挥教授会的作用，加大教师治学的力度。

要根据高等教育发展面临的新形势和工作重心的变化，统筹外延和内延发展，统筹规模、质量、结构、效益的协调发展，统筹教育教学工作、学科建设和科学研究三方面工作，统筹教师、管理干部、后勤职工三支队伍的建设，统筹学校物质文明和精神文明建设，加强党的建设和学生思想道德教育工作，发扬艰苦奋斗、勤俭节约的传统和作风，建设和谐优美校园和良好的育人环境。进一步加强学校国有资产的管理，调整职能，完善管理制度，做好基础性工作。下半年要积极推进学校水、电、房屋有偿使用、管理办法的制定工作，提高资源的利用率；要加强财务管理，盘活学校资源；加快校园基本建设项目的实施，统筹规划新征土地建设项目，10 月份完成第三教学楼的施工，年底交付使用。全力做好奥运场馆建设工作，完成场馆周边学科楼、实验楼等四个建筑项目和国际交流中心的规划设计，力争 2006 年上半年开工。抓好校管工程的施工、建设和验收，做好校园环境的整治和美化，创造良好、和谐、稳定的育人环境。

2005～2006 学年是学校发展的重要时期，我们面临的形势是严峻的，任务十分艰巨。全体党员、干部、教职员工，要坚持以“三个代表”重要思想为指导，深入贯彻党的十六大和十六届三中、四中全会精神，树立科学发展观，以强烈的责任感和使命感，努力拼搏，扎实工作。各学院、机关部、处、直属单位要紧紧围绕本学年学校工作的指导思想和中心工作，制定本单位、本部门工作计划，狠抓落实，认真开展各项工作，推进学校事业全面、协调、可持续发展。

关于修订《校领导联系学院制度》《校领导接待日制度》及印发《校领导会签制度》的通知

工大党发〔2005〕11 号

各院（机关、后勤集团）党委、党总支、直属党支部，各院、部、处、直属单位，后勤集团：

2005 年 11 月 25 日第 23 次校党委常委扩大会讨论修订了《校领导联系学院制度》《校领导接待日制度》，讨论通过了《校领导会签制度》。现予公布。

2005 年 11 月 25 日

校领导联系学院制度

校领导干部联系基层工作是贯彻领导干部建立长期联系点制度，加强领导班子建设，求真务实，改进作风，深入工作实际调查研究，解决问题的重要措施之一。

先进性教育活动开展以来，校领导按照联系学院制度的要求，深入各学院参加先进性教育活动、讲党课，了解基层工作开展情况，与学院领导班子共同研讨学院建设和发展。为落实校党委常委会保持共产党员先进性教育整改措施，进一步明确校领导联系学院的分工，深入基层，加强工作指导，提高工作效率，现调整完善校领导联系学院制度：

党委书记孙崇正联系环境与能源工程学院。

党委副书记冯培联系建筑工程学院、人文社会科学学院。

党委副书记张毅刚联系材料科学与工程学院、计算机学院。

副校长张泽联系机械工程与应用电子技术学院。

副校长马志成联系电子信息与控制工程学院、激光工程研究院。

副校长侯义斌联系软件学院。

副校长张爱林联系经济与管理学院、生命科学与生物工程学院、艺术设计学院。

副校长蒋毅坚联系应用数理学院、实验学院。

副校长卢振洋联系建筑与城市规划学院、外国语学院、继续教育学院。

以上规定列入校领导工作日程长期坚持，并根据学校的发展适时调整。校领导要根据学校总体工作部署，定期联系所指定的学院，坚持做到每月参加一两次基层会议或活动，及时掌握基层工作进展情况，了解、分析学院存在的困难和问题，特别是要针对实施涉及群众切身利益的改革措施，做好深入细致的调查研究，解决问题，提供决策依据，同时应把了解和掌握师生思想状况作为工作的一个重要方面。

校领导接待日制度

校领导接待日制度是校领导听取意见、联系群众的重要途径，是校领导班子建设的重要举措之一，也是信访工作中处理群众来信来访的重要形式。

为了尽快落实校党委常委会保持共产党员先进性教育整改方案，进一步加强学校的民主监督和民主管理，维护广大教职工和学生的合法权益，解决群众关注的重点问题，提高信访排查的力度，根据国家和北京市信访工作的有关规定并结合我校实际，现将校领导接待日的有关内容调整如下：

一、校领导接待日每周安排一次，每周三上午 8：30 至 11：30 为接待群众来访时间。

二、校领导接待日实行综合接待和专项接待相结合的形式，由一名校领导负责现场接待来访人员。

综合接待由校党委书记孙崇正和校党委副书记兼纪委书记张毅刚负责，每月安排一次；专项接待由各分管校领导按所分管的工作每学期轮流负责接待。

三、处理群众来访反映的问题要坚持实事求是、以人为本的原则，认真对待群众来访反映的问题，及时听取群众的反馈意见。

四、校领导对来访人员所提出的问题，如当时能够解决的应现场答复；如不能现场答复的，提出处理意见后，由校领导直接责成有关部门办理，或由校两办转呈有关部门办理。

五、各部门收到校领导接待日批转的办理意见后，须在两周内向来访人答复处理意见，同时向有关校领导报告，并报校两办备案。

六、解决、处理问题需要两个以上部门协调工作时，由主要承办部门主动协调，相关部门协同办理，或按解决、处理问题的先后顺序依次由有关部门办理。

七、校领导接待日处理的群众来访记录、答复和办理结果等相关材料由校两办存档。

八、校两办指定专人负责综合接待和专项接待的准备、记录、督办和汇总工作。

九、每学期公布一次信访接待事项的结案率。

十、本规定从 2006 年 3 月起试行。

校领导会签制度

为进一步加强协调沟通，提高决策效率，推进依法治校和决策的科学化、民主化，改革和完善决策的规则和程序，经党委常委会研究同意，建立北京工业大学领导会签制度。

一、会签范围

以学校名义下发或上报的文件和资料，以及校党政会议未列入议题的相关决定事项，均属领导会签制度执行范围。

二、会签程序

（一）按呈文程序由主管校领导提交或根据需要由校两办主任拟批会签。

（二）根据文件性质、业务内容，校两办以并行会签或串行会签的方式送相关校领导会签。校领导接到文件后原则上应在三个工作日内签署意见。

（三）校领导会签后，校两办汇总会签意见。意见一致通过的，由主管校领导签发文件或备存并落实办理，有不同意见的，转达主管校领导，并由其决定文稿修改方案。

（四）改动较大的文稿，经主管校领导签署意见后再次送相关校领导会签，待取得一致意见后按规定印制正式公文或备存并落实办理。

（五）意见分歧较大的文件不印发，由主管校领导负责协商。对有分歧意见无法协商解决的，可由主管校领导将分歧意见列出，连同文稿一并送党委书记、校长协调或裁定。

中共北京工业大学委员会转发《中共北京市委教育工作委员会北京市教育委员会关于表彰学习孟二冬同志的决定》的通知

工大党发〔2005〕12 号

各院（机关、后勤）党委、党总支、直属党支部：

现转发《中共北京市委教育工作委员会、北京市教育委员会关于表彰学习孟二冬同志的决定》（京教工〔2005〕56 号）。结合我校保持共产党员先进性教育活动的全面总结和不断深化，进一步抓紧各项整改措施的落实，校党委号召广大教职工党员向孟二冬同志学习，学习他处处以共产党员的先进性标准要求自己，为党和人民的教育事业淡泊名利、无私奉献的精神；学习他爱岗敬业、为人师表，为教书育人恪尽职守、呕心沥血的精神；学习他甘于寂寞、严谨治学，为追求学术锲而不舍、求真务实的精神；学习他珍爱生活、自强不息，为克服困难坚忍不拔、乐观向上的精神。各院级党委、党总支、直属党支部要认真组织党员学习孟二冬同志的事迹，全体教职工党员要把孟二冬同志潜心育人、专心学问、珍爱生活的高尚情操作为加强自身修养的榜样，切实提高自身师德水平，用实际行动体现党员的先进性，努力成为人民满意的教师和教育工作者，为党的教育事业的发展作出更大贡献！

2005 年 12 月 28 日

中共北京市委教育工作委员会北京市教育委员会关于表彰学习孟二冬同志的决定

京教工〔2005〕56 号

孟二冬同志，男，现年 48 岁，中共党员，文学博士，北京大学中国语言文学系教授，博士生导师。

多年来，他热爱教育事业，热爱学生，坚持不懈地教育学生追求真知，树立人生理想，成为学生健康成长的良师、高尚人格的楷模，被北京大学党委授予“优秀共产党员”和“优秀教师标兵”荣誉称号。孟二冬同志淡泊名利，甘于寂寞，潜心治学，出版了多部重要论著。他历时七年，经过大量艰苦的研究，完成了100多万字的《〈登科记考〉补正》。该书荣获北京市第八届哲学社会科学优秀成果一等奖以及北京大学第九届人文社会科学研究优秀成果奖，得到了我国文学界和史学界的高度评价。2004年，他还获得北京大学教学优秀奖。

为支援新疆高等教育事业的发展，孟二冬同志主动要求参加北京大学对口支援石河子大学的教学工作，从2004年3月起到石河子大学中文系支教。他非常珍惜支教的时光，努力把自己的全部知识奉献给石河子大学的师生们。到石河子大学的第二周，他就出现严重的嗓子喑哑症状，尽管每天打针、吃药，但他坚持为石河子大学中文系2002级四个班130余名学生每周授课10学时，同时还为中文系教师开设了“唐代科考”课程，利用业余时间积极主动与中文系教师座谈，交流教学工作经验，为中文系学科建设出谋划策，圆满完成了北京大学和石河子大学双方协议计划的支教任务。2004年4月26日，他在剧烈的咳嗽中，在同学们的掌声和感动中，坚持讲完《唐代文学》最后一节课，倒在讲台上，随后经医院诊断，他已患食管恶性肿瘤。近一年来，孟二冬同志在北京接受了三次大手术，但仍以顽强的毅力坦然面对病痛折磨，坚持课题研究和指导研究生的工作，积极筹备让自己的研究生去石河子大学为本科生开设讲座。

孟二冬同志是一名普通的共产党员，但是他用自己的思想认识和实际行动为共产党员先进性标准做出了生动注解。他的事迹之所以能够在北京大学和新疆石河子大学引起强烈反响，不仅是因为他的学术成就显著，更在于他师德高尚：在教书育人的平凡岗位上，能够为人师表、淡泊名利、无私奉献；在学术研究的过程中，能够甘于寂寞、锲而不舍、刻苦钻研；在面对病魔的斗争中，能够自强不息、坚韧不屈、乐观向上。孟二冬同志作为一名党员教师，不愧是北京大学先进分子的代表，不愧是首都教育系统的优秀代表。为了表彰孟二冬同志的先进模范事迹，中共北京市委教育工作委员会决定授予孟二冬同志“北京教育系统优秀共产党员”称号，并决定在全市教育系统开展向孟二冬同志学习的活动，号召广大教师和教育工作者向孟二冬同志学习，把孟二冬同志潜心育人、专心学问、珍爱生活的高尚情操作为加强自身修养的榜样，切实提高自身师德水平，努力成为人民满意的教师和教育工作者。

当前，全市教育系统保持共产党员先进性教育活动即将结束，通过整改提高展现教育战线的新形象、让群众见实效是当前的重要任务。全市教育系统各级党组织、各单位要认真组织开展向孟二冬同志学习的活动，把学习孟二冬同志的先进事迹与保持共产党员先进性教育活动的整改提高紧密结合起来，与加强师德建设的具体实践结合起来，引导广大教师和教育工作者不断提高思想道德水平和教书育人能力，为首都率先基本实现教育现代化、办好人民满意的教育而奋斗。

2005年12月15日

校 发 文 件

关于综合档案室更名为档案馆的通知

工大发〔2005〕1号

各院、部、处、直属单位，后勤集团：

根据教育部《普通高等学校档案管理办法》有关规定及北京工业大学发展的实际需要，为了更好地保存和利用本校档案资料，充分发挥档案的社会效益和经济效益，经2005年1月4日第1次校长办公会议批准，综合档案室更名为档案馆。

档案馆仍为副处级单位，挂靠党委办公室、校长办公室。

二〇〇五年一月五日

关于印发《北京工业大学中外合作办学管理办法》的通知

工大发〔2005〕4号

各学院：

《北京工业大学中外合作办学管理办法》经

2005年1月4日第1次校长办公会议讨论通过，现印发。请遵照执行。

二〇〇五年三月十五日

北京工业大学中外合作办学管理办法

随着我校“211工程”建设的不断深入，学校中外合作办学工作发展迅速，涉外教育教学活动更加活跃。为了贯彻落实《中华人民共和国中外合作办学条例》（国务院令第372号，以下简称“条例”）和《中华人民共和国中外合作办学条例实施办法》（教育部令第20号，以下简称“办法”），不断引进国外先进办学理念、优质教育资源，进一步推动我校中外合作办学健康发展，加强和规范管理，特制定本管理办法。

总 则

第一条 本办法所指“中外合作办学”的内容和范围包括：以北京工业大学或下属单位名义在中国境内建立的中外合作办学机构和项目，举办的各种以中国学生为招生对象的国际课程班、学位班、预科班、语言培训班等所有涉及学生培养的涉外教育教学活动。

第二条 学校的中外合作办学形式分为三类：

1. 中外合作办学机构——具有独立法人资格，具有办学资质和资格；由学校向市教委申报，经教育部批准。

2. 中外合作办学项目——不具有独立法人资格；由学校向市教委申报，经市教委或教育部批准。

3. 涉外教育教学活动——除以上两类的其他涉外教育教学活动；由主办单位向学校申报批准并备案。

第三条 学校中外合作办学工作的基本原则是：积极稳妥、规范管理、依法办学、共同发展。学校鼓励各学院根据国家中外合作办学原则和教育发展需求与实际，开展中外合作办学活动；鼓励针对国家、学校和社会急需的学科专业，引进国外优质教育资源，不断建立高水平、高层次，有利于学科建设、人才培养和学校发展的项目。

立项和审批

第四条 可行性论证：拟举办中外合作办学单位，必须对合作外方的背景、资质、意图、合作利益和风险进行充分的了解和分析，对项目的可行性进行充分论证。项目建立以前中外双方须经过细致认真的会谈，如必要可通过我驻外使、领馆深入了解合作外方的合法性、资质及办学情况。

第五条 立项：拟举办中外合作办学的单位向学校呈交申请报告和可行性论证报告申请立项，由国际交流合作处初审后报主管外事工作校长，经主管外事工作校长主持召开校中外合作办学工作领导小组讨论、批准。必要时，需提交校长办公会审定。可行性论证和立项阶段，中外双方的接触一般只在院、处级进行。

第六条 协议：立项批准后，中外合作双方在平等、友好、互惠、互利的基础上签署合作协议。协议是双方合作的法律依据，内容应符合“条例”和“办法”的要求，须对双方的权利和义务做出详尽的说明。协议由国际交流合作处初审后报主管外事工作校长审批，由校长或副校长签署。国际交流合作处代表学校管理并解释校级中外合作办学协议。中外合作办学单位与外方签署院级合作协议应在国际交流合作处备案。

第七条 申报：根据教育部、市教育主管部门有关中外合作办学机构和项目的文件要求准备申报材料，交由国际交流合作处初审并报主管外事工作校长审批后上报。机构和学位项目上报北京市教委和教育部审批，其他项目报北京市教委审批，并报教育部备案。学校每年分两次申报，申报时间分别为2月和8月。其中涉及上报材料的要求，详见“条例”、“办法”和北京市中外合作办学申请表和审核程序。

管 理

第八条 学校中外合作办学工作由主管外事工作校长负责。学校成立由主管外事工作校长为组长的校中外合作办学工作领导小组，其成员由负责学生、教学、财务和外事工作的校级领导及其部门主管人员组成。领导小组负责对学校中外合作办学中的主要工作进行研究审理和决策。重大问题提交校长办公会决定。

第九条 学校中外合作办学工作的归口管理部门为国际交流合作处。其主要职责是负责学校所有中外合作办学工作的日常管理，包括新项目的建立、有关政策咨询、办理申报手续、项目评估、综合协调等。

第十条 中外合作办学的实施主体为中外合作办学主办单位。其主要职责是负责所举办中外合作办学活动的具体管理和实施，保证教育教学质量，依法办学。中外合作办学主办单位应成立基层领导小组和工作小组，并在学校备案。基层中外合作办学领导小组组长由院、处级领导担任，对学校负责。

第十一条 中外合作办学机构应成立董事会，建立相应的章程。机构的法人代表、董事长、院长由学校委派。

第十二条 中外合作办学工作实行分类管理：中外合作办学机构和项目须接受学校、市教委和教育部的管理和监督，按其要求规范办学；涉外教育教学活动须接受学校的管理和监督。各中外合作办学主办单位应定期向国际交流合作处上报办学情况和信息。

第十三条 财务管理：中外合作办学机构可设立独立财务；中外合作办学项目的财务核算由学校财务处负责。中外合作办学机构和项目的财务收支活动均应接受中外合作办学双方的监督和审计。

第十四条 宣传：未经学校受理或未得到正式批复的机构和项目，一律不得以学校的名义进行任何形式的媒体宣传。机构和项目的日常宣传也要实事求是。凡以学校名义擅自宣传，或作虚假宣传的，一经发现，将追究责任人的责任。

学　　生

第十五条 中外合作办学的对象包括在校注册生、在读非注册生(包括以我校名义培训的校外学生)。

第十六条 中外合作办学主办单位须本着负责任的态度全面、充分、实事求是地宣传合作项目内容，宣传内容包括合作背景、各项要求、费用、学制、学位、学历等，使学生对项目有完整了解后自愿申请入学。学生正式入学前须与主办单位签订培养协议。

第十七条 中外合作办学主办单位应按照学校的有关规章制度和双方的约定对学生进行教育、教学、管理；凡受委托培训的学生，在完成协议规定的委托项目的同时，也要对其进行严格管理，维护学校的声誉。

第十八条 中外合作办学举办单位应与项目合作外方保持联系，及时了解在国外学习学生的学习、生活情况，协助他们解决困难。

教　　师

第十九条 对中外合作办学主办单位所聘中方教师，按照我校有关教师管理规定进行管理。

第二十条 对中外合作办学主办单位所聘外籍教师，按照中国聘请外国文教专家和外籍教师的有关规定，并结合北京市和我校有关规定进行管理。

第二十一条 中外合作办学机构所聘教师、职员的聘任、解聘、报酬、福利、社会保障等应依法通过聘任合同加以规定。

学历学位的授予

第二十二条 中外合作办学项目如涉及授予国内或国外学位、学历的，应经中国国家学位学历主管部门核准方可实施。

第二十三条 实施非学历教育或职业培训的中外合作办学项目，可以颁发国外合作方或国际承认的学业证书或相应的资格证书。

教育中介机构

第二十四条 中外合作办学项目如需通过教育中介机构办理或介入的，须提供教育中介机构资质，提出申请报学校批准。学校同意介入项目的教育中介机构须与项目所在学院签署协议，明确双方权利和职责，并在国际交流合作处备案。

关于学校资源的有偿使用

第二十五条 中外合作办学机构和项目凡使用学校无形资产、土地、房屋、设施或人力资源的，须根据学校财务管理规定交纳资源使用费。在中外合作办学机构和项目立项申请时，应对学校资源的有偿使用作如实说明，经主管部门和校领导审批，确定费用额度后备案、执行。

其　　他

第二十六条 本办法如有与“条例”或“办法”相抵触的，以“条例”和“办法”为准。

第二十七条 本办法的解释权在国际交流合作处。

关于印发《北京工业大学依法治校实施办法》的通知

工大发〔2005〕9号

各院、部、处、直属单位，后勤集团：

《北京工业大学依法治校实施办法》经2005年3月29日第5次校长办公会议通过，现印发。

请遵照执行。

二〇〇五年三月二十九日

北京工业大学依法治校实施办法

依法治国是我国社会主义法制建设的核心，依法治校是全面落实依法治国方略的重要组成部分。做好依法治校工作，对提升我校师生员工的法制素养，提高学校工作效率，依法保护广大师生员工合法权益，依法推进高校的改革和发展有重要意义。根据市委教育工委、市教委有关文件精神，制定本办法。

北京工业大学依法治校的指导思想是：以邓小平理论和“三个代表”重要思想为指导，按照“新北京，新奥运”的战略构想，认真落实《北京市依法治市工作规划（2003～2007年）》和“四五”普法规划的各项任务，加强组织建设、制度建设和队伍建设，深化法制宣传教育工作，进一步提高广大干部、教职员工和学生的法律意识和法律素质，依法治教，依法行政，依法管理，依法维权，依法办事，有力地推进依法治校工作的开展，为学校改革和发展提供法律保障。

一、深化法制宣传教育工作

（一）以宪法宣传为重点，在师生中进一步树立宪法意识，维护宪法尊严。积极组织引导广大师生员工学习宪法和全国人大新通过的宪法修正案，全面提高领导干部、全体师生员工的宪法意识和法制素养。以12月4日宪法纪念日宣传活动为重点，围绕主题，做好法制宣传工作。

（二）继续开展形式多样的法制宣传活动。各单位要采取多种形式，适时举办分层次的法制工作人员培训；组织开展法律知识竞赛、法制论坛、专家讲座等活动。

（三）以维护学校稳定为重心，结合开展“全国依法治校示范校创建”活动，将法制宣传与依法行政结合起来，大力宣传《高等教育法》、《教师法》等有关教育法律，使依法办事形成共识。

（四）坚持法制教育进课堂，充分发挥“两课”中法律课主渠道教育作用。加大《法律基础》课的改革和建设力度，加强法律类基础课程的讲授，使其主渠道的作用和角色更加明显。学生工作部门加强对新入学学生和毕业班学生的普法工作。组织各种专题讲座，使新生能够知法守法，加强对毕业生就业方面的政策法规的宣传，使毕业生能够在就业时维护好自己的合法权益。

二、依法规范各类管理制度

（一）根据《教育法》、《高等教育法》的规定制定学校章程。学校各项规章制度的制定、修改和出台，要与上位法一致，与上级政策相配套，努力体现科学性、规范性、可行性。

（二）提高依法管理意识，健全各项具体管理制度。把对校内教育教学、科研、财务、教师、学生、保卫、后勤、基建等各项管理制度的清理列入工作日程，实行责任制，依法规范校内各项管理制度，完善安全和伤害事故及突发事件的报告制度和处理制度。在维护学校利益的同时，保护好教职工和学生的合法权益。

（三）及时清理和废止与有关法律、法规相冲突的校内管理制度，做好依法治校建设工作。

三、进一步完善法制工作机制

（一）完善学校依法治校领导小组的工作机制。根据《教育部关于加强依法治校工作的若干意见》的规定，建立依法治校的各级组织机构，健全工作机制，各部门在学校党政领导下，紧密配合，精心组织，以法制化管理为目标，把法制教育与法制实践结合起来，为校园稳定和教学科研各项事业的发展创造良好的法制环境。

（二）建立和完善依法治校工作责任制，建立健全有效的监督和制约机制。对外签订合同、协议要把好审核关，其他颁布法规制度要严格审查；把法制工作的要求纳入到干部年度考核中，建立过错责任追究制度，对在职务中因故意或过失造成学校重大损失的人，追究其相应的法律责任。

（三）完善校务公开制度。对学校重大事务和涉及教职工、学生切身利益的事项，要明确学校重大事项议事、决策与监督程序，公开办事依据，公开办事程序，公开办事结果。采取灵活多样、便于操作、行之有效的的方式和途径，扩大校务公开的影响和作用。

（四）进一步完善信访工作制度。实行校内教职工和学生申诉制度，明确受理机构、受理范围、处理机构和程序等规范。

（五）健全工会、教代会工作制度，充分发挥工会、教代会在高校民主管理与监督中的作用。

（六）设置北京工业大学法治法规室，增设专职编制，负责全校法律事务的组织、协调工作，参与学校相关法律文件规章制度的制定。

（七）成立校法律顾问小组，明确工作职责和工作程序，对以学校名义对外签订的协议、合同等法律文件以及校内各种规章政策给予法律咨询，对涉及学校和师生合法权益、有关单位或部门认为有必要提起诉讼或应诉的事项提供意见、建议。同时加强学校与法院的沟通，运用司法程序解决各种教育纠纷，维护学校权益，保护教职工和学生的合法权益。

依法治校是关系到学校改革、发展、稳定大局的一件大事，也是学校管理水平的重要体现。我们要认真贯彻教育部和北京市有关文件精神，通过全校教职员工的共同努力，创造学校健康、稳定、安全的教育教学秩序和良好的育人环境。

关于调整退休人员公费医疗报销比例及收取检查费、治疗费的通知

工大发〔2005〕12号

各院、部、处、直属单位，后勤集团：

2005年4月26日第7次校长办公会议决定，适

当调整我校退休人员公费医疗报销比例并同时收取检查费、治疗费。现将调整比例及收取检查费、治疗费的标准通知如下：

一、退休人员于合同医院（包括按规定转其他专科医院的）门诊就诊个人负担比例由12%调整为10%；就近医院个人负担比例由25%调整为20%，在北工大医院门诊就诊个人负担比例不变。

二、退休人员门诊个人负担比例调整后，退休人员于北工大医院就诊，按10%比例收取检查费、治疗费。

三、以上规定自2005年5月1日起执行（即2005年5月1日以后就诊费用）。

四、上述标准调整后，我校公费医疗其他相关规定仍按原办法执行。

关于清理规章制度工作安排的通知
工大发〔2005〕15号

各有关单位：

遵照《北京市教育委员会关于清理学校规章制度工作的意见》（京教策〔2005〕4号），现将我校清理规章制度工作安排如下：

一、清理工作的基本原则

（一）以人为本的基本原则：对规章制度中不符合对学生进行全面素质教育的要求，以及可能侵犯师生合法权益的内容，要及时清理。

（二）法制统一原则：对规章制度中与国家法律、法规、规章及国家有关政策相抵触的内容，要及时清理。

（三）科学管理原则：对规章制度中不适应当前教育改革发展需要和学校实际，影响学校管理水平和效率的内容，要及时清理。

二、清理工作的主体、范围和内容

（一）任务分工

本次清理工作由学校牵头，各职能部门分别进行并提出清理目录和意见，校两办负责汇总并进行法规把关、公文制发，清理结果由校长办公会议审定。

（二）清理范围

本次清理规章制度的范围以改革开放以来学校制发的有关管理内容的文件为主。2004年11月，我校按照市教委的要求，经过初步清理，废止了1985年至1999年学校印发的部分行政规范性文件共122件（工大发〔2005〕37号文件），对这些文件不再进行清理。

（三）清理的主要内容

1. 制定主体。规章制度的制定主体是否明确，有无法定权限或管理权限。

2. 具体内容。规章制度的具体内容是否有明确的法律法规政策依据、是否与法律法规的规定相抵触、是否符合学校管理需要、是否有不当的内容、是否有互相冲突的内容，实施主体是否明确、实施程序是否清晰、实施结果是否有监督等。

3. 表现形式。规章制度的形式是否符合公文的形式要求，是否与内容相匹配、是否便于公开、是否便于师生理解等。

三、处理方式

（一）保留。认为文件符合现行国家有关法律法规及北京市有关地方性法规、规章和其他规范性文件的规定，与当前教育改革和发展的要求相一致，应当继续执行的，予以保留。

（二）修改。认为文件的部分内容需要进行修改，应依法修改，并完成重新制发工作。

（三）废止。认为文件的规定已经不符合教育改革和发展的形势要求，或者与现行的法律法规及文件精神不相符合，已经没有存在必要的，应当予以废止。

（四）补充。依据管理权限，结合学校实际情况，需要制定新的规章制度的，应当制定新的规章制度。

四、工作步骤

（一）成立校清理规章制度工作小组。

（二）各部门按照清理范围、原则和方式，按照保留、修改、废止、补充四方面分别汇总有关文件目录，提出初步清理意见，并于6月20日前报校两办。

（三）校清理规章制度工作小组于6月底审查、协调各部门的清理目录和意见，提出审查意见、建议。

（四）各部门按照清理工作小组的意见、建议于7月10日完成废止、修改工作。

（五）清理结果于7月中旬报校长办公会讨论通过后，将现行有效的规范性文件和废止的文件目录向全校公布，完成修订文件的制发。

（六）8月底至9月15日前，校两办协同各部门完成需要补充的文件的制发。

（七）校两办于9月15日将本校清理规章制度完成情况报送市教委。

（八）学校制定并实施《北京工业大学规章制度管理办法（试行）》，进一步规范全校制定、修改和废止规章制度的活动。

二〇〇五年五月二十日

转发教育部、国家发改委、财政部及市教委等关于做好2005年高等学校收费工作文件的通知

工大发〔2005〕16号

各院、部、处、直属单位，后勤集团：

现转发教育部、国家发改委、财政部及北京市教委、发改委、财政局关于做好2005年高等学校收费工作的文件。请各单位认真学习，领会精神，严格遵照执行，切实落实“一把手负责制”。

二〇〇五年六月十六日

印发《北京工业大学关于随团因公出访的规定》的通知

工大发〔2005〕18号

各院、部、处、直属单位，后勤集团：

《北京工业大学关于随团因公出访的规定》经2005年第9次校长办公会通过，现印发。请遵照执行。

二〇〇五年六月十四日

北京工业大学关于随团因公出访的规定

随着学校各项事业的发展，我校对外合作交流日益增多，因公出国（境）人员数量逐年增长。从总体来看，因公出国（境）的内容、目的和效果是好的，但对照中央及上级有关部门的要求和规定，尚存在一些问题，特别是随跨地区、跨部门出国团组（以下简称双跨团组）出访的问题较多。为进一步完善和加强随团因公出国（境）管理工作，特制定如下规定：

一、选择组团单位必须严格执行中央和北京市的有关规定。根据《中共中央办公厅、国务院办公厅关于严禁用公费变相出国（境）旅游的通知》（中办发〔1993〕16号）、《国务院办公厅印发关于跨地区跨部门因公出国（境）团组管理办法的通知》（国办发〔1997〕29号）和《关于严格控制因公出访团组的通知》（京外办发〔2003〕19号）三个文件精神，双跨团组的组团单位必须是党和国家机关各部门、各人民团体和具有出国任务审批权的各全国性社会团体，其他任何单位包括各类学会、协会、基金会、中心、公司、院校、办事处等均不得组织双跨团组。参团人员只限于与组团单位有直接领导或业务指导关系的部门和单位人员。拟出国人员应严格按照以上规定和要求，慎重选择有资质的组团单位。

二、参团出访必须目的明确、任务具体，出访任务要与参团人员所从事和负责的业务工作直接相关，不允许一般性质的考察和没有明确目的及实质性内容的出访活动。不得借考察等名义用公款变相出国（境）旅游，不得通过因私或旅游渠道出国从事公务活动。参团人员要少而精，不得擅自改变出访路线，不得增加出访国家和地区，不得延长在外停留时间。

三、要认真选择国（境）外邀请机构，确保邀请方具有良好的资信和接待能力，严禁将收费偏高、没有接待能力或背景情况复杂的中介机构作为邀请方或接待方。

四、报名的申报和审批手续的规定

（一）教职工在随团报名之前，首先要经本人所在部门的领导同意，落实经费，之后经由国际交流合作处上报主管外事工作的校领导审批同意；副处级、处级干部还需经部门主管校领导同意，之后经由国际交流合作处上报主管外事工作的校领导，并报校长或书记，审批同意后方可报名。

（二）组团单位需提供任务批件、任务通知书、参团人员名单表、费用预算、出访日程。参团人员持以上材料到国际交流合作处，按规定办理因公随团出国手续（具体办理程序详见校园网北京工业大学因公出国须知）。经学校审批同意后，上报北京市人民政府外事办公室，在得到任务确认件之后，对参团人员进行政审，上报北京市外办签证处制作护照。最后由参团人员本人将组团单位所要求签证材料送交组团单位，统一办理出国签证手续。

五、各单位要严格按照本规定要求，结合院、部、处实际情况，加强随团因公出访工作的统筹安排和具体管理。

六、随团出访要严格执行国家和北京市的财务规定，包括有关的外事预、决算规定。

关于印发《北京工业大学校院两级财务管理办法》的通知

工大发〔2005〕19号

各学院：

《北京工业大学校院两级财务管理办法》经2005年第9次校长办公会议讨论通过，现印发。请遵照执行。

二〇〇五年六月十四日

北京工业大学校院两级财务管理办法

一、校院两级财务管理的指导思想

为充分调动院级办学主体相对独立地开展教学、科研活动的积极性、主动性、创造性，促进职责、权利、义务清晰的校、院两级管理体制建设，在北京工业大学原有校院两级财务管理制度的基础上，拟定本办法。

二、实行院级财务管理的范围

承担各类教学、科研任务的学院、教学部、研究院等（以下简称“学院”）。

异地办学的二级单位实验学院、继续教育学院参照本办法执行。

三、校院两级财务管理的原则

（一）统一领导，财权下放，一级核算，两级管理。

（二）大收大支，自我平衡，超支不补，结余留用。

（三）基数分项计算，指标综合下达，支配使用自主，运行机制灵活。

四、校院两级财务管理的职责

（一）校级财务管理职责

1. 宣传贯彻党和国家的各项财经制度。

2. 研究学校财务管理问题和重大经济政策，制定学校财务管理制度。

3. 根据学校事业发展中、长期规划和年度工作计划，编制全校整体收支预算、年度决算。

4. 审核各院填报的基础数据，按照院综合定额标准，学生、教职工人数及相关因素，计算各院的预算，下达经学校批准的各院级预算总额。

5. 根据学校的有关制度和规定，复核各院预算的二次分配方案，组织统一的会计核算。负责审核各学院上报的各类报表。

6. 对院级预算执行进行宏观控制和监督，为校、院两级领导提供预算执行情况的信息。

7. 制定校院两级财务管理效益的考核、评价指标体系，并组织实施。

8. 对各院专、兼职财务人员进行业务培训和工作指导。

（二）院级财务管理职责

1. 学习贯彻党和国家的各项财经法规和学校制定的财务管理制度。

2. 按照学校有关规定，结合实际情况制定学院财务管理实施细则，并报校财务处审核、备案。

3. 根据学院事业发展中、长期计划和年度工作计划，结合学校确定的经费分类定额，编制院级财务收支预算方案。

4. 核对学院上年各项经费结余数并进行调整，对本年预算总额进行二次分配。

5. 依法多渠道筹集办学资金，负责落实、调整、监控学院年初制定的非财政收入计划，并及时结算各类收入。

6. 对学院各项日常经费开支进行审批和监控。

7. 对学院预算执行情况进行分析和自我评价考核。

8. 按校院两级会计报表制度的要求，完成学院应填报的各类报表。

9. 按财政部门、北京市教委和学校的具体要求，组织相关专款的申报工作。

10. 接受校级财务的业务培训和工作指导。

五、院级收入来源及组成

（一）学校按照各项分类定额标准计算下达给学院的经费。

（二）在学校分工授权的各主管部门指导下，开展各类人才培养、服务社会活动，按学校规定的比例结算给学院的收入。

（三）承担纵、横向科研工作，按学校规定结算给学院的科技发展基金。

（四）各种形式的社会捐赠。

六、院级财务管理的内容

（一）按分类定额学校已下达给各院的经费

1. 人员经费：人事处按工作量和编制核定给各学院的岗位津贴、院管退休人员活动费、职工福利费、研究生“三助”津贴、超课时津贴等。

2. 学生经费：院管本科生奖学金、学生活动费、毕业生分配专项经费，研究生奖学金等。

3. 教学业务费：实验业务费、生产实习费、毕业设计费（含毕业论文）、金工实习费、教改实习费、社会实践费、教学差旅费、图书资料费、师资培训费、研究生教学业务费和“两课”建设经费等。

4. 宣传经费：院、部报刊订阅费、思想政治工作二级管理费等。

（二）按学校的有关规定结算给二级单位的非财政收入经费

1. 自筹人员经费：自筹岗位津贴、工会活动费、节日补贴、特殊奖励等。

2. 自筹公用经费：设备、材料购置费、教学业务费及其他办公费等；

3. 各项非财政收入成本：办学讲课酬金、教室租金、工作人员劳务费等直接费用和付给合作方的费用等。

4. 院管研究生创新基金。

5. 院管科技发展基金。

（三）院级财务管理的各项内容，将随着校、院两级财务体制的不断完善，按照成熟一个、分解一个、下达一个的原则，逐步落实。

七、实施院级财务管理的要求

（一）为了推进校、院两级财务管理工作，自2005年起，财务处将设置院级财务管理岗位，从事对各院财务制度建设、预算编制和填报相关报表的指导工作，加强对院级财务的服务与联系。各院应设置财务管理的专门岗位，从事院级财务管理日常工作，协助院级主管领导执行财务管理职责。院级财务管理专职人员的任职条件、职责权限另文规定。

（二）学院财务管理要增强院务公开和民主理财意识。建立健全“院务会”管理体制。院级财务管理实施细则、年度收支预算方案、年度预算执行情况须经院务会讨论通过，以规范各项经费的开支范围、主管责任人和职责权限。各经费主管责任人要定期向院务会汇报所管经费的执行情况。通过分层次授权（包括兼职预算管理员）和校财务信息网上查询系统行使经济管理监督职能。

1. 学院在安排预算时，必须首先保障办学、开展科学研究的运行维护经费和人员经费，用剩余经费适度安排发展项目。预算实施过程中，各院有权在预算总额范围内自主调整各项目预算指标，允许按学校规定比例打通使用，主动发挥学院自主理财、自求平衡、提高办学效益的积极性和协调能力。

2. 学院在人力资源和设施资源的使用上，要首先保证完成国家计划任务和学历教育任务，充分挖掘内部潜力，积极开展非学历教育、教学辅助活动以及其他管理活动。

3. 学院要按照北京市教委和学校的统一要求，对本院主管经费的使用情况进行绩效考核自评。

4. 学院应积极建立与上级主管部门和社会各界的广泛联系，特别要加强与历届毕业生的联系工作，追踪其就职单位及工作业绩，发现和挖掘有潜质的校友资源，争取获得各种形式的社会捐助，逐步建立院、部自我发展的造血机能。

八、本办法自通过之日起执行。

九、本办法由财务处负责解释。

十、废止1998年2月《北京工业大学关于实行校、院系两级财务管理的暂行规定》和《关于校院两级财务管理的暂行规定》（工大校发〔2000〕42号）。

关于表彰2005届优秀硕士毕业生的决定

工大发〔2005〕20号

根据《北京工业大学优秀硕士毕业生评选条例》，校研究生奖学金评定领导小组决定，周华彬等41人为北京工业大学2005届优秀硕士毕业生，给予表彰和奖励。

优秀硕士毕业生名单如下：

机械工程与应用电子技术学院：周华彬、孟涛、陈祎、展雪萍。

电子信息与控制工程学院：孔潇、庄新月、白燕宁、朱佳辉、朱云华、杨贝贝。

建筑工程学院：何欢、潘旭亮、许晶、杨海燕、刘洪启、高辉。

环境与能源工程学院：李柯、班旻、常梦媛、杨志刚。

应用数理学院：翁景然、张莹、杨旭华。

计算机学院：沙志强、杨磊、窦宏臣、苏世前。

材料科学与工程学院：古昕、李瀛、周怀恩、刘丽。

经济与管理学院：吕盈盈、石丽君、饶华。

激光工程研究院：杜国军、朱效力。

建筑与城市规划学院：郑菲、张颖。

生命科学学院：顾海华。

工大分部：来海亮、宋远齐。

（二〇〇五年六月三十日）

关于表彰2005年优秀硕士学位论文作者及导师的决定

工大发〔2005〕21号

根据《北京工业大学优秀硕士学位论文评选和奖励办法》，经北京工业大学第八届校学位评定委员会第六次会议审核通过，马青宇等56名硕士研究生的硕士学位论文被评为2005年北京工业大学优秀硕士学位论文。学校决定，对马青宇等及指导教师予以表彰和奖励。

优秀硕士学位论文作者及指导教师名单

序号	所在学院名称	硕士生姓名	导师姓名	所在一级学科
1	机电学院	马青宇	张慧慧	机械工程
2		陈建华	尚德广	机械工程
3		吴光中	李剑锋	机械工程
4		黄惠茹	张亦良	力学

续表

序号	所在学院名称	硕士生姓名	导师姓名	所在一级学科
5	机电学院	孟　涛	吴　斌	机械工程
6		管长乐	费仁元	机械工程
7		么学宾	赵　京	机械工程
8		展雪萍	张　伟	机械工程
9	电控学院	余　颖	乔俊飞	控制科学与工程
10		王瑞霞	孙　亮	控制科学与工程
11		杨贝贝	阮晓钢	控制科学与工程
12		朱云华	阮晓钢	控制科学与工程
13		郭继业	王　普	控制科学与工程
14		庄新月	贾克斌	信息与通信工程
15		朱佳辉	吴武臣	电子科学与技术
16		孔　潇	沈兰荪	信息与通信工程
17		白燕宁	鲍长春	信息与通信工程
18		王贵平	鲍长春	信息与通信工程
19	建工学院	潘旭亮	张钦喜	土木工程
20		李学良	霍　达	土木工程
21		郎丰华	张毅刚	土木工程
22		杨兴民	曹万林	土木工程
23		凌和海	薛素铎	土木工程
24		许　晶	薛素铎	土木工程
25		霍守亮	吕　鑑	土木工程
26	环能学院	李　晶	刘中良	动力工程及工程热物理
27		何　曙	马重芳	动力工程及工程热物理
28		刘　青	夏国栋	动力工程及工程热物理
29		齐晓华	王小逸	环境科学与工程
30		袁　嵘	夏定国	环境科学与工程
31		李玉蓉	夏定国	环境科学与工程
32	数理学院	杨旭华	李寿梅	数学
33		翁景然	耿美英	数学
34		许方敏	薛留根	数学
35		张　莹	李子平	物理学
36		李留记	黄永畅	物理学
37		王　博	陶世荃	物理学
38	计算机学院	刘　洋	蒋代梅	计算机科学与技术
39		鲁　杰	毛国君	计算机科学与技术
40		廖　伟	廖湖声	计算机科学与技术
41		窦宏辰	张鸿宾	计算机科学与技术
42		郑红娟	张鸿宾	计算机科学与技术

续表

序号	所在学院名称	硕士生姓名	导师姓名	所在一级学科
43	材料学院	路朋献	朱满康	材料科学与工程
44		杜永胜	王 波	材料科学与工程
45		董 杰	周美玲	材料科学与工程
46		高金萍	张久兴	材料科学与工程
47		张 虹	吉 元	材料科学与工程
48		古 昕	周美玲	材料科学与工程
49		姬永成	张久兴	材料科学与工程
50		李 擘	史耀武	材料科学与工程
51	经管学院	江 剑	黄鲁成	管理科学与工程
52		李 阳	黄鲁成	管理科学与工程
53	激光院	张 麟	左铁钏	光学工程
54		王 菲	李 港	物理学
55	生命学院	刘春莉	王存新	力学
56	建规学院	郑 菲	王 珊	建筑学

二〇〇五年六月三十日

关于表彰2005年优秀博士学位论文作者及导师的决定

工大发〔2005〕22号

根据《北京工业大学优秀博士学位论文评选和奖励办法》，经北京工业大学第八届校学位评定委员会第六次会议评审通过，焦敬品等9名博士研究生的博士学位论文被评为2005年北京工业大学优秀博士学位论文，学校决定对焦敬品等及指导教师予以表彰和奖励。

优秀博士学位论文作者及指导教师名单

序号	作 者	导 师	学科、专业	论 文 题 目
1	焦敬品	费仁元	机械设计及理论	管道泄漏模态声发射检测技术研究
2	于乃功	阮晓钢	模式识别与智能系统	基于细胞自动机的抗生素发酵过程的建模与控制
3	黄选明	曹万林	结构工程	带暗支撑短肢剪力墙及筒体结构抗震性能试验及理论研究
4	李 冬	张 杰	环境工程	生物除铁除锰理论与工程应用技术研究
5	万玉红	陶世荃	光学	盘式体全息存储关键技术研究
6	张 帆	张鸿宾	计算机应用技术	图像数字水印容量研究
7	闫焉服	史耀武	材料加工工程	颗粒增强锡基复合钎料研究
8	季凌飞	蒋毅坚	光学工程	激光快速烧结技术制备高介电常数Ta_2O_5基陶瓷的研究
9	马晓慧	王存新	生物医学工程	分子对接方法及HIV整合酶抑制剂的设计研究

二〇〇五年六月三十日

关于表彰2005年本科特优毕业设计（论文）作者及导师的决定
工大发〔2005〕23号

根据《北京工业大学毕业设计（论文）管理条例》，在各学院推荐28篇优秀毕业设计（论文）的基础上，经学校专家组评审，曹美玲等10名本科生的毕业设计（论文）被评为2005年北京工业大学本科特优毕业设计（论文）。学校决定对曹美玲等及指导教师予以表彰和奖励。

2005年北京工业大学本科特优毕业设计（论文）作者及指导教师名单

姓 名	学 号	学 院	专 业	论 文 题 目	导 师
曹美玲	01024112	电控学院	通信工程	信息融合技术在中医舌象分析中的应用研究	沈兰荪
范 琳	01023106	电控学院	电子科学与技术	基于TigerX SoC的Uart设计	吴武臣
宋晶晶	01044103	建工学院	建筑环境与设备工程	尼泊尔国家电视台扩建工程空调系统设计	尚春鸽
杨 蕾	01041128	建工学院	土木工程	北京摩根中心高层钢结构设计	赵 均
张 超	01057126	环能学院	热能与动力工程（制冷）	大型公共建筑土壤源热泵系统的设计和运行分析	刘忠宝
宁 为	01070731	计算机学院	计算机科学与技术	东方化工城三维动画设计与实现	周小兵
胡婉铮	01061201	数理学院	应用物理学	Na_xTaS_2超导体光学性质研究	侯碧辉
孟 欣	00045208	建规学院	建筑学	北京工业大学学科楼建筑设计方案（一）	赵之枫
刘佳辉	01063102	生命学院	生物医学工程	HIV整合酶与多肽抑制剂分子的相互作用	王存新
虞小伟	01524332	实验学院	通信	消防报警现场总线网络深入研究与实现	吴 强

二〇〇五年七月五日

关于印发《北京工业大学校院两级人事管理办法》的通知
工大发〔2005〕24号

各学院、教学部、研究院（所）：

《北京工业大学校院两级人事管理办法》经2005年第10次校长办公会议（6月28日）讨论通过，现印发。请遵照执行。

二〇〇五年七月十二日

北京工业大学校院两级人事管理办法

为进一步明确校、院两级人事管理体系，充分调动学院、教学部、研究院（所）（以下简称学院）办学的积极性，实现人力资源的合理配置，特制定本办法。

一、目标

第一条 管理重心下移，在执行国家、北京市、学校总体政策的前提下，逐步加强学院在人事管理方面的自主权，促进学院创新发展、办出特色。

第二条 有利于人力资源的有效配置，有利于提高教学、科研水平和综合效益，有利于提高学院办学的主动适应能力。

二、原则

第三条 学校的人事管理工作重心下移至学院，学院实行实体化运作。学校通过目标规划、政策调控、统筹协调、监督、服务和重要问题的直接决策等方式对学院人事实施管理。在学校宏观调控下，学院是在人力资源方面承担明确责任、义务并享有相应权利的办学主体。

第四条 学院院长作为学校法定代表人的委托代理人，与学校法定代表人共同承担相应的人事管理责任与义务。

三、管理机构

第五条 校、院两级人事管理体制的管理机构由管理决策机构以及管理执行机构组成。

第六条 管理决策机构的层级为校长办公会、

院务会以及相应专项工作委员会（领导小组），管理执行机构的层级为人事处、学院行政机构。

第七条 校、院两级人事管理体制的管理决策机构和管理执行机构的组成依照有关规定执行。

四、校级管理机构的主要权限与责任

第八条 队伍规划和岗位聘任

（一）制定学校的整体人才发展和队伍建设战略与规划，制定学校的阶段性人才计划和发展目标并监督实施。审定学院人才发展和队伍建设规划以及阶段用人计划。

（二）确定学校包括学院在内的二级单位机构设置、人员编制总量、各类岗位职数。

（三）制定“长江学者奖励计划”特聘教授、北京市高等学校特聘教授岗位设置、聘任与考核方案。

（四）校专业技术职务聘任委员会负责正高级专业技术职务及学校发展所急需的高级专业技术职务的评聘工作。

（五）校专业技术职务聘任委员会对院专业技术职务聘任委员会权限或程序运用不当的副高、中级、初级职务聘任个案，有权要求重新审议。

第九条 分配和人事管理

（一）筹措办学经费。积极争取国家、地方和社会对学校办学在政策上和资金方面的支持。

（二）根据学校经费的筹措情况，制定岗位津贴、教职工培训费及职工福利费分配方案以及相应的发放管理政策。

（三）审批学院上报的须经学校批准的计划、方案等。

（四）人事处作为校级人事管理执行机构，负责学校各类人事管理相关政策的具体执行和校聘用合同及人事代理合同的签订，以及人事信息的收集、统计分析和学院上报文档的整理归档工作，为校院两级管理机构人事政策的制定和实施提供决策方案和依据。

五、院级管理机构的主要权限与责任

第十条 队伍规划和岗位聘任

（一）根据学校审定的学院发展定位和发展规模，自行制定学院人才发展战略与规划、制定阶段用人计划、岗位设置方案，报校管理机构批准。

（二）按照学校批准的岗位设置方案及任职要求，完成副高级及以下专业技术职务的评聘工作并报学校审查备案。

第十一条 分配和人事管理

（一）根据学校的有关政策，在学校核定的人员岗位津贴总额基础上，结合本单位非财政收入，确定本单位的具体分配方案及实施细则并报学校管理机构批准。

（二）将学校核拨的教职工培训费及职工福利费用于本单位教职工的学历教育、岗位培训及生活福利，并制定具体实施办法，报学校管理机构批准。

（三）制定学院人事管理细则，加强管理规范化建设。

（四）负责本单位聘任合同的具体签订工作，支付编制外用人的工资、各类社会保险，按规定收集各类人事信息和人员变动情况，并及时提出处理意见。

六、管理过程与监督

第十二条 校、院两级人事管理办法正式实施后，学校对学院的管理与监督由过程管理为主转变为以目标管理为主。学校主要依据校、院双方确定的目标责任对学院整体工作及其领导班子进行年度和任期考核，考核结果与本单位相关利益直接挂钩。

第十三条 推进校务公开、院务公开，充分发挥教代会的职能。

本办法自公布之日起执行，解释权归人事处。

关于印发《北京工业大学学生管理规定》等六个文件的通知

工大发〔2005〕25号

各院、部、处、直属单位，后勤集团：

根据教育部颁布的《普通高等学校学生管理规定》（2005年9月1日起实行）的精神，本着“以人为本、依法建章、规范管理、加强监督”的原则，学校对学生管理规定进行了全面修订。

《北京工业大学学生管理规定》、《北京工业大学本科学生学籍管理规定》、《北京工业大学研究生学籍管理规定》、《北京工业大学学生违纪处分条例》、《北京工业大学校内学生申诉制度管理规定》、《北京工业大学学生校园生活与课外活动管理规定》经2005年第10次校长办公会讨论通过，现予发布，自2005年9月1日起施行。

《北京工业大学学生管理规定》、《北京工业大学学生违纪处分条例》、《北京工业大学校内学生申诉制度管理规定》、《北京工业大学学生校园生活与课外活动管理规定》适用于全校学生；《北京工业大学研究生学籍管理规定》适用于全校接受学历教育的研究生；《北京工业大学本科学生学籍管理规定》适用于2004级及其以后年级接受学历教育的本科生，2002、2003级接受学历教育的本科生仍按原《北京工业大学本科学生学籍管理规定》执行。

二〇〇五年七月二十五日

北京工业大学学生管理规定

第一章 总 则

第一条 为维护学校正常的教育教学秩序和生活秩序，保障学生身心健康，促进学生德、智、体、美全面发展，依据《中华人民共和国教育法》、《中华人民共和国高等教育法》、教育部2005年发布的《普通高等学校学生管理规定》和《高等学校学生行为准则》，以及其他有关法律、法规，制定本规定。

第二条 本规定适用于在北京工业大学接受普通高等学历教育的研究生和本科、专科（高职）学生的管理。

第三条 北京工业大学以培养人才为中心，按照国家教育方针，遵循教育规律，不断提高教育质量；学校依法治校，从严管理，健全和完善管理制度，规范管理行为；学校将管理与加强教育相结合，不断提高管理水平，努力培养社会主义合格建设者和可靠接班人。学校坚持“立足北京，融入北京，辐射全国，面向世界”的定位指导思想，坚持“科学定位，找准目标，发挥优势，办出特色”的办学理念。

第四条 学生应当努力学习马克思列宁主义、毛泽东思想、邓小平理论和“三个代表”重要思想，确立在中国共产党领导下走中国特色社会主义道路、实现中华民族伟大复兴的共同理想和坚定信念；应当树立爱国主义思想，具有团结统一、爱好和平、勤劳勇敢、自强不息的精神；应当遵守宪法、法律、法规，遵守公民道德规范，遵守《高等学校学生行为准则》，遵守学校管理制度，具有良好的道德品质和行为习惯；应当刻苦学习，勇于探索，积极实践，努力掌握现代科学文化知识和专业技能；应当积极锻炼身体，具有健康体魄。

第二章 学生的权利与义务

第五条 学生在校期间依法享有下列权利：

（一）参加学校教育教学计划安排的各项活动，使用学校提供的教育教学资源；

（二）参加社会服务、勤工助学，在校组织、参加学生团体及文娱体育活动；

（三）申请奖学金、助学金及助学贷款；

（四）在思想品德、学业成绩等方面获得公正评价，完成学校规定学业后获得相应的学历证书、学位证书；

（五）对学校给予的处分或者处理有异议，向学校、教育行政部门提出申诉；对学校、教职员工侵犯其人身权、财产权等合法权益，提出申诉或者依法提起诉讼；

（六）法律、法规规定的其他权利。

第六条 学生在校期间依法履行下列义务：

（一）遵守宪法、法律、法规；

（二）遵守学校管理制度；

（三）努力学习，完成规定学业；

（四）按规定缴纳学费及有关费用，履行获得贷学金及助学金的相应义务；

（五）遵守学生行为规范，尊敬师长，养成良好的思想品德和行为习惯；

（六）法律、法规规定的其他义务。

第三章 学籍管理

第七条 按国家招生规定被录取的新生，持《北京工业大学录取通知书》及有关证件，按学校要求和录取通知书规定的期限到校办理入学手续。因故不能按期入学者，应事先向学校请假并提供有关证明，无故逾期两周不报到或请假逾期两周者，除因不可抗力等正当理由外，视为放弃入学资格。

第八条 新生入学后，学校在三个月内按照国家招生规定对其进行复查。复查合格者予以注册，取得学籍。复查不合格者，由学校区别情况，予以处理，处理办法按国家有关法律法规的规定执行。

凡属弄虚作假、徇私舞弊取得学籍者，一经查实，学校取消其学籍。情节恶劣的，请有关部门查究。

第九条 学生在校学习期间，应当遵守国家相关法律、法规及学校有关学籍管理的规定，具体规定参见《北京工业大学本科学生学籍管理规定》和《北京工业大学研究生学籍管理规定》。

第四章 校园秩序与课外活动

第十条 学校维护校园正常秩序，保障学生正常的学习和生活。

第十一条 学校建立和完善学生参与民主管理的组织形式，支持和保证学生依法参与学校民主管理。

第十二条 学生应当自觉遵守公民道德规范和学校的各项管理制度，创造和维护文明、整洁、优美、安全的学习和生活环境。

学生不得有酗酒、打架斗殴、赌博、吸毒，传播、复制、贩卖非法书刊和音像制品等违反治安管理规定的行为；不得参与非法传销和进行邪教、封建迷信活动；不得从事有损大学生形象、有损社会公德的活动。

第十三条 任何组织和个人不得在我校进行宗教活动。

第十四条 学生可以在校内组织、参加学生团体。学生成立团体，应当按照我校有关规定提出书面申请，报学校批准。

学校各学生团体应当在宪法、法律、法规和学校有关管理制度范围内活动，接受学校的领导和管理。

第十五条 学校提倡并支持学生及学生团体开展有益于身心健康的学术、科技、艺术、文娱、体育等活动。

学生进行课外活动，不得影响学校正常的教育教学秩序和生活秩序。学生课外活动的具体管理，按照《北京工业大学学生校园生活与课外活动管理规定》的有关规定执行。

第十六条 学校鼓励、支持和指导学生参加社会实践、社会服务和开展勤工助学活动，并根据实际情况给予必要帮助。

学生参加勤工助学活动，应当遵守国家有关法律、用人单位的管理制度，以及学校有关勤工助学的具体规定。

第十七条 学生使用计算机网络，应当遵守国家有关法律和我校关于网络使用的规定，不得登录非法网站、传播有害信息。

第十八条 学生应当遵守学校关于学生宿舍管理的有关规定。

第五章 奖励与处分

第十九条 学校对在德、智、体、美等方面全面发展或者在思想品德、学业成绩、科技创造、锻炼身体及社会服务等方面表现突出的学生，给予表彰和奖励。

第二十条 学校对学生的表彰和奖励，采取授予“三好学生”称号或者其他荣誉称号、颁发奖学金等多种形式，给予相应的精神鼓励或物质奖励。对学生奖励的具体办法，按学校相关规定执行。

第二十一条 对有违法、违规、违纪行为的学生，学校应当给予批评教育或纪律处分。

学校给予学生纪律处分的具体种类与程序，按照《北京工业大学学生违纪处分条例》的有关规定执行。

学生对处分决定有异议的，可以按照《北京工业大学学生校内申诉制度管理规定》，向学校学生申诉处理委员会提出书面申诉。

第六章 附 则

第二十二条 对在我校接受成人高等学历教育的学生、港澳台侨学生、留学生的管理，参照本规定实施。

第二十三条 本规定经校长办公会讨论通过，并报北京市教育委员会备案。

第二十四条 本规定自 2005 年 9 月 1 日起施行。学校其他有关文件规定与本规定不一致的，以本规定为准。

第二十五条 本规定由北京工业大学学生工作指导委员会负责解释。

北京工业大学本科学生学籍管理规定

第一章 总 则

第一条 为维护学校正常的教育教学秩序，促进本科学生德、智、体、美全面发展，依据《中华人民共和国教育法》、《中华人民共和国高等教育法》、教育部 2005 年发布的《普通高等学校学生管理规定》，以及国家其他有关法律、法规，结合我校实际，制定本规定。

第二条 本规定适用于学校按照国家招生政策、招生规定录取的接受普通高等学历教育的本科学生。

第二章 学 籍 管 理

第一节 入学与注册

第三条 按国家招生规定被录取的新生，持《北京工业大学录取通知书》及有关证件，按学校要求和录取通知书规定的期限到校办理入学手续。因故不能按期入学者，应事先向学校请假并提供有关证明，无故逾期两周不报到或请假逾期两周者，除因不可抗力等正当理由外，视为放弃入学资格。

第四条 新生入学后，学校在三个月内按照国家招生规定对其进行复查。复查合格者予以注册，取得学籍。复查不合格者，由学校区别情况，予以处理，直至取消入学资格。

凡属弄虚作假、徇私舞弊取得学籍者，一经查实，学校取消其学籍。情节恶劣的，请有关部门查究。

第五条 对患有疾病的新生，经学校指定的二级甲等及以上医院（下同）诊断不宜在校学习的，但在一年内治疗可达到学校入学体检要求的，由本人申请、学校批准，可保留入学资格一年。保留入学资格者不具有学籍。在保留入学资格期内经治疗康复，须在下一学年新生入学前向学校提出入学申请，经学校指定的医院诊断，符合学校的入学体检要求，经学校复查合格后，方可重新办理入学手续，取得学籍。对复查不合格或逾期不办理入学手续者，取消其入学资格。

第六条 每学期开学两周内，学生应当按学校要求办理注册手续。不能按期注册者，应当履行暂缓注册手续。每学期开学两周内未注册又无正当事由者，视为放弃学籍，按自动退学处理。

未按学校规定缴纳学费或其他不符合学校注册条件的不予注册。家庭经济困难的学生可申请贷款或其他形式资助，办理有关手续后注册。

第二节 学制与学分

第七条 北京工业大学在本科学生中实行学分制培养方案。

第八条 北京工业大学本科学生学制为四年（建筑学专业学制为五年）。学校允许优秀学生在达到毕业要求时申请提前毕业，也允许学生根据本人实际情况申请延迟毕业。无论何种原因，学生在校修业年限不得超过六年（建筑学专业不得超过七年）。

第九条 学生经注册、学习并参加课程的考核，成绩合格者可获得该门课程的相应学分。

第十条 学校利用“学分通过率”和“加权平均分”作为衡量学生在校期间学习质量的主要指标。例如：

$$\text{本学期学分通过率}=\frac{\text{本学期通过考核获得的课程学分总和}}{\text{本学期注册课程学分总和}}$$

$$\text{本学期加权平均分}=\frac{\sum\text{（本学期注册课程的学分}\times\text{课程考核成绩）}}{\text{本学期注册课程学分总和}}$$

辅修课程和第二课堂的学分和成绩不计入学分通过率和加权平均分的计算，但必须修满第二课堂的12学分。

第十一条 学生修业年限达到四年（建筑学专业五年）时，因所学课程学分不能达到毕业要求，应提前向所在学院提出延长修业年限的书面申请，填写《北京工业大学本科学生延长修业年限申请表》，经所在学院审核批准后，报教务处备案。延长修业年限申请的受理时间为每年6月。

第十二条 学生在延长修业年限期间按以下规定执行：

（一）学生应当遵守学校的各项规章制度，参加学校规定的教育教学活动；

（二）延长修业年限期满仍未达到毕业条件的学生，应主动向学校申请结业或肄业，逾期按自动退学处理；

（三）延长修业年限内是否享受在校学习学生待遇，按学校相关规定执行。

第三节 考核与成绩记载

第十三条 学生应当参加教育教学计划规定的课程和各种教育教学环节（以下统称课程）的考核，考核成绩记入成绩册，并归入本人档案。

第十四条 考核分为考试和考查两种。考核成绩按百分制记载。学生应当参加注册课程的考核，成绩合格方可获得该课程的学分。

第十五条 学生在校学习期间，如果一个学期学分通过率不足50%，将受到试读警告。受到试读警告的学生，若再次出现一个学期学分通过率不足50%的情况，将受到退学处理；若试读后某一个学期内注册的学籍学分不低于20学分，并通过了该学期注册课程的考核，且试读后没有作弊、违纪等不良行为，学生可申请解除试读警告。

第十六条 申请解除试读警告的学生，应于每学期的前三周内将书面申请递交所在学院，经学院审核，报教务处批准。

第十七条 学生入学后的第四个学期末，尚未完成指导性教学计划规定的前四个学期应得学分的70%者，应当先重修未通过的课程，达到应得学分的90%后，方可继续选修新课程。

第十八条 补考与重修

（一）必修课、本专业选修课和跨专业选修课程考核成绩不合格者，可选择重修，也可参加学校在下学期开学初组织的补考，补考不及格必须重修。上述每门课程考核不及格，只有一次补考机会。

（二）补考成绩不及格按补考实际成绩记载，及格及60分以上成绩按60分记载。补考成绩记入该课程学习所在学期学分通过率的计算。

（三）选修课程（计算机类、人文类、外语类、任意选修课程）考核不合格可选择重修或改选其他课程，学校不组织补考。

（四）重修课程的考试成绩按实际成绩记载，并加注“重修”字样，计入重修学期的学分通过率和加权平均分计算。

（五）重修课程要在该门课程开课前重新选课。

第十九条 学生因特殊情况不能参加考核，要在考核前向所在学院教务办公室申请缓考，并出示有关证明，经所在学院批准后可以不参加本次考核。

学生因特殊情况不能在考核前递交缓考申请，应及时通知所在学院教务办公室，经同意后可不参加考核，并在事后3日内及时补上相关证明。同一门课程只能申请一次缓考。

缓考学生应当参加学校在下学期开学初组织的课程补考，缓考课程的成绩计入上学期的学分通过率和加权平均分的计算。缓考课程不合格，必须重修。

第二十条 学生无故不参加考核被视为旷考，取消该门课程的补考资格，成绩以零分记载。学生必须重修该门课程，课程学分和成绩计入学分通过率和加权平均分的计算。

第二十一条 学生严重违反考核纪律或作弊的，该课程考核成绩记为零分，并由学校视其违纪或作弊情节，根据《北京工业大学学生违纪处分条例》，给予批评教育和相应的纪律处分。给予警告、严重警告、记过及留校察看处分的，经教育表现较好，在毕业前对该课程可以给予补考或重修机会。

第二十二条 成绩优秀、自学能力强或学有特长的学生，可以申请免修高年级的某门课程，直接参加考核。免修学生应在该门课程选课前，填写《免修课程申请表》。经学生所在学院批准、报教务处备案后，可免修该门课程并参加考核。免修课程必须注册。

学生免修课程须按任课教师要求按时完成作业，同时完成该门课程所必须的实践环节，并参加考试，方可获得该门课程的学分和成绩。考核成绩计入学分通过率和加权平均分的计算。

学生不得申请免修政治理论课、德育课、体育课、军事理论课、军事训练、各种实践性课程和课程的实践环节等。

第二十三条 学生可根据学校的有关规定，申请辅修其他专业或者选修其他专业课程。

经学校同意，学生可根据校际间协议跨校修读课程，课程成绩（学分）由学校审核后予以承认。

第二十四条 学生未经批准，不按时参加教育教学计划或培养方案规定的活动，给予批评教育；情节严重的，根据《北京工业大学学生违纪处分条例》给予相应的纪律处分。

第二十五条 学生要按照任课教师的要求，严格遵守课堂纪律，不得迟到、早退或无故缺席。任课教师有权将学生出勤、作业、小测验、实践环节等作为该课程考核内容的一部分。学生因超选课程等原因，致使不能按某门课程要求出勤时，应与该门课程任课教师办理相应的免听手续。

第二十六条 对学生思想品德的考核、鉴定，要以《高等学校学生行为准则》为主要依据，采取个人小结、师生民主评议等形式进行。

学生体育课的成绩应当根据考勤、课内教学和课外锻炼活动的情况综合评定。

第四节 转专业与转学

第二十七条 学生入学后，具有下列情况之一者可以按学校规定申请转专业：

（一）符合《北京工业大学本科学生转专业实施办法（试行）》条件者；

（二）具有某方面特殊才能，转专业更能发挥其特长者；

（三）由于身体原因经学校指定医疗单位证明不适合在原专业学习者；

（四）经学校审核并认可，学生确有某种特殊困难，不转专业则无法继续学习者。

第二十八条 学校根据社会对人才需求情况的发展变化，经学生同意，必要时可适当调整学生所学专业。

第二十九条 学生入学后一般应在本校完成学业，如患病或者确有特殊困难，无法在本校学习者，可申请转学。因病转学者，须附学校指定二级甲等及以上医疗单位的诊断证明。

第三十条 学生转学，须经两校同意，并由转出学校报所在地省级教育行政部门确认转学理由正当，方可办理转学手续；跨省转学者由转出地省级教育行政部门商转入地省级教育行政部门，按转学条件确认后办理转学手续。转学（出）者的户口必须转出我校。

第三十一条 对下列情况之一者，不予转学：

（一）入学未满一学期的；

（二）由招生时所在地的下一批次录取院校转入上一批次院校，由低学历层次转为高学历层次的；

（三）招生时确定为定向、委培生的；

（四）应作退学处理的；

（五）其他无正当理由的。

第三十二条 凡申请转专业、转学的学生，未经批准之前，应当在原专业学习并取得学分和成绩。

第五节 休学、保留学籍与复学

第三十三条 学生在学校规定的修学年限内，可分阶段完成学业。学生申请休学或学校认为应当休学者，由学校批准，可以休学，学校为其保留学籍。

第三十四条 休学以一个学期为时间单位。申请休学的学生应当在前一学期末或开学后一个月内填写休学申请表。

第三十五条 学生休学期间，不享受在校学习学生的待遇，不得参加学校组织的各种教育教学活动。休学学生的户口不变更。休学期间患病，其医疗费按学校规定处理。

第三十六条 学生在校期间自费出国留学，应当办理休学手续，经学校批准后，可在休学期内为其保留学籍。

第三十七条 学生应征参加中国人民解放军（含中国人民武装警察部队），应当办理休学手续，经学校批准后，为其保留学籍至退役后一年。

第三十八条 休学或保留学籍的学生（不含因参军而保留学籍者），应当在每学年第一学期按学校规定的时间缴纳相关费用。

第三十九条 学生休学或保留学籍期满，拟复学的学生应在复学的前一学期向学校提出复学申请，办理复学手续，经学校复查合格并批准后，方可办理注册和选课手续。

第四十条 因病休学的学生复学，应持有二级甲等及以上医疗单位的身体恢复健康证明，经学校复查合格方可复学。

第六节 退 学

第四十一条 学生有下列情况之一者，应予退学：

（一）受到试读警告的学生，再次出现一个学期学分通过率不足50%的；

（二）在学校规定年限内（含休学）未完成学业的；

（三）休学或保留学籍期满，在学校规定期限内未提出复学申请或者申请复学，经复查不合格的；

（四）经学校指定医院诊断，患有疾病或意外伤残无法继续在校学习的；

（五）未请假离校连续两周未参加学校规定的教学活动的；

（六）超过学校规定期限未注册而又无正当事由的；

（七）本人申请退学的。

第四十二条 对学生的退学处理，由校长会议研究决定。

对退学的学生，经学校审批，由学校出具退学决定书并送交本人，无法送交的在校内公告，同时报北京市教育委员会备案。

第四十三条 学生退学后的有关事项，按下列规定办理：

（一）退学的学生，按学校规定期限办理退学手续离校，档案、户口退回其家庭户籍所在地；

（二）经过学校指定医疗单位诊断，患有疾病或意外伤残无法继续在校学习的退学学生，由其家（亲）属协助办理退学手续离校。

第四十四条 取消学籍或退学的学生均不得申请复学。

第四十五条 学生对退学处理有异议的，参照《北京工业大学学生校内申诉制度管理规定》办理。

第七节 毕业、结业与肄业

第四十六条 学生在学校规定的修业年限内，修完教育教学计划规定的内容，成绩合格，德、智、体达到毕业要求，准予毕业，由学校发给毕业证书。

第四十七条 学生在学校规定的修业年限内，修完教育教学计划规定的内容，未达到毕业要求，准予结业，由学校发给其结业证书。学生结业后不可以补考、重修或者补作毕业设计（论文）、进行答辩，学校不再颁发毕业证书。

第四十八条 对获得毕业证书且符合学士学位授予条件者，学校授予其学士学位并颁发学位证书。

第四十九条 对学满一学年以上退学的学生，学校向其颁发肄业证书。

第五十条 学校执行高等教育学历证书电子注册管理制度。学校将每年颁发的毕（结）业证书信息报北京市教育委员会注册，并由北京市教育委员会报教育部备案。

第五十一条 学生在修学本专业课程的同时，可以辅修其他专业。对完成本专业学业同时辅修其他专业并达到该专业辅修要求者，由学校发给辅修专业证书。

第五十二条 对违反国家招生规定入学者，学校不发给任何形式的学历证书、学位证书。对已发的学历证书、学位证书，学校予以追回并宣布证书无效。

第五十三条 毕业、结业、肄业证书和学位证书遗失或者损坏，不予以补发。经本人申请，学校核实后出具相应的证明书。证明书与原证书具有同等效力。

第三章 附 则

第五十四条 本规定经校长办公会讨论通过，并报北京市教育委员会备案。

第五十五条 本规定自2005年9月1日起开始执行。原《北京工业大学本科学生学籍管理条例》同时废止。学校其他文件有关规定与本规定不一致的，以本规定为准。

第五十六条 本规定由北京工业大学教务处负责解释。

北京工业大学研究生学籍管理规定

第一章 总 则

第一条 为维护学校正常的教育教学秩序，促进研究生德、智、体、美全面发展，依据《中华人民共和国教育法》、《中华人民共和国高等教育法》、教育部2005年发布的《普通高等学校学生管理规定》，以及国家其他有关法律、法规，结合我校实际，制定本规定。

第二条 本规定适用于学校按照国家招生政策、招生规定录取的接受普通高等学历教育的硕士研究生和博士研究生。

第二章　入学与注册

第三条　按国家招生规定录取的研究生新生，凭《北京工业大学研究生录取通知书》及有关证件，按学校有关的要求和规定的期限到校办理入学手续。因故不能按期办理手续者，须事先向研究生招生办公室请假，并提供有关证明。无故逾期两周不报到或请假逾期两周者，除因不可抗力等正当事由外，视为放弃入学资格。

第四条　新生入学后三个月内,学校按照国家招生规定对其进行复查。复查合格者予以注册,取得学籍。复查不合格者,学校视具体情况予以处理,直至取消入学资格。

凡属弄虚作假、徇私舞弊取得学籍者,一经查实,学校取消其学籍。情节恶劣的,请有关部门查究。

第五条　对患有疾病的新生，经学校指定的二级甲等及以上医院诊断不宜在校学习、但在一年内治疗可达到学校入学体检要求的，经学校批准，可保留入学资格一年。保留入学资格者不具有学籍。保留入学资格的学生身体康复，须在下一学年新生入学前向学校申请入学，经学校指定的医疗单位诊断，符合学校的入学体检要求，经复查合格后，重新办理入学手续，取得学籍。对复查不合格或逾期不办理入学手续者，取消其入学资格。

第六条　每学期开学两周内，研究生须到所在学院办理注册手续。不能按期注册者，必须履行暂缓注册手续。未按学校规定缴纳培养费或者其他不符合注册条件的不予注册。家庭经济困难的学生可以申请贷款或者其他形式资助，办理有关手续后注册。开学两周内未注册又无正当事由者，视为放弃学籍，按自动退学处理。

第三章　课程考核与成绩记载

第七条　研究生根据所在专业研究生培养方案的要求，在导师指导下制定研究生培养计划，确定学期、学年所修课程及应修学分数。

第八条　经学校同意，研究生可根据校际间协议跨校修读课程。在他校修读的课程成绩（学分）由研究生部审核后予以承认。

第九条　研究生须参加培养计划规定的课程和各种教育教学环节（以下统称课程）的考核，考核成绩记入《北京工业大学硕士/博士研究生学业学籍手册》，并归入本人档案。

第十条　课程考核分为考试和考查两种。考核和成绩评定方式见《北京工业大学关于研究生任课教师及研究生课程教学的若干规定》。

研究生修满培养计划规定的学分，考核合格者，方可进入论文答辩环节。

研究生必修课程考试不及格，一律实行重修，重修手续须在下次该门课程开课前办理。重修课程考试成绩及格者，即取得该课程的学分，以唯一成绩记入其学业档案，并加注“重修”字样。重修课程考试不及格者，可在规定学习年限内申请再次重修。若研究生有一门必修课重修两次仍不及格，则取消其学位申请资格。

研究生选修课程考核不及格，可选择重修或根据所在学科培养方案的要求改选其他课程，一门课程改选或重修累计不得超过两次。

若按以上课程重修规定，研究生仍未达到培养计划规定的要求，则按本规定第二十四条第（一）款规定处理。

第十一条　研究生要按照任课教师的要求，严格遵守课堂纪律，不得迟到、早退或无故缺席。任课教师有权将研究生的出勤、作业、小测验、实践环节等作为该课程考核内容的一部分。

第十二条　研究生因特殊情况不能按时参加考核，须在考核前办理申请缓考手续。因病申请缓考必须持有本校医院的诊断证明，因事申请缓考须提供其他有效证明。

研究生持缓考申请和相关证明，经导师和所在学院同意并签署意见，报研究生部培养办公室备案。若因突发原因不能在考核前递交缓考申请者，应及时通知导师并报告所在学院研究生教学秘书，经同意后可不参加考核，但须在事后3日内及时携带相关证明一并补办缓考手续。所在学院应及时将缓考名单通知任课教师。缓考考试随下一学年度该课程考试一同进行。

研究生无故不参加考核被视为旷考，成绩以零分记载。

第十三条　研究生严重违反考核纪律或者作弊的，该课程考核成绩记为零分，并由学校视其违纪或者作弊情节，根据《北京工业大学学生违纪处分条例》，给予批评教育和相应的纪律处分。给予警告、严重警告、记过及留校察看处分的，经教育表现较好，对该课程可给予重修机会。

第十四条　研究生未经批准而不能按时参加研究生培养计划规定的活动，给予批评教育，情节严重的参照《北京工业大学学生违纪处分条例》给予相应的纪律处分。

第十五条　研究生思想品德的考核、鉴定，以《高等学校学生行为准则》为主要依据，采取个人小结、师生民主评议等形式进行。

第四章 转专业和转学

第十六条 研究生入学后，原则上不能转专业。特殊情况下，学校根据社会对人才需求情况的发展变化，经本人申请，导师、所在学院主管院长同意，可按北京市教育委员会和学校的规定申请调整专业。

第十七条 研究生入学后，一般应在本校完成学业。如患病或确有某种特殊困难，无法继续在本校学习确需转学的，特殊情况下，可申请转学。经两校同意，报北京市教育委员会办理转学认可手续。对跨省转学者须由转出地商转入地省级教育行政部门认可后办理转学手续。因病转学者，须附学校指定的二级甲等及以上医院诊断证明。转学（出）者的户口必须转出我校。

第十八条 研究生有下列情形之一，不得转学：

（一）入学未满一学期的；

（二）招生时确定为定向、委托培养的；

（三）应予退学的；

（四）其他无正当理由的。

第五章 休学、保留学籍与复学

第十九条 研究生在学校规定的修业年限内，可分阶段完成学业。研究生申请休学或学校认为须休学者，经导师、所在学院同意，由学校批准，可以休学，学校为其保留学籍。

因病申请休学者，依据学校指定的二级甲等及以上医院的诊断证明，经导师、所在学院同意，报研究生部审核批准后，可以休学。

研究生在校期间自费出国留学，可以办理休学手续，经导师、所在学院同意，学校批准后，可在休学期内为其保留学籍。

第二十条 休学以一个学期为时间单位，期满后仍不能复学的，可继续申请休学，但累计不得超过一学年。申请休学的学生应当在前一学期期末或开学后一个月内提出休学申请。

第二十一条 研究生应征参加中国人民解放军（含中国人民武装警察部队）的，可保留学籍至退役后一年。复学前，应事先向学校提出申请。

第二十二条 休学学生须办理休学手续离校。学生休学期间，不享受在校学习学生的待遇，不得参加学校组织的各种教育教学活动。休学学生的户口不变更。休学期间患病，其医疗费用的报销按学校有关规定处理。休学或保留学籍的学生（不含因参军而保留学籍者），应当在每学年第一学期按学校规定的时间缴纳相关费用。

第二十三条 学生休学或保留学籍期满，拟复学的学生应在复学学期的开学前向学校提出复学申请，办理复学手续，经学校复查合格并批准后，方可复学。因病休学的学生复学，应持有学校指定的二级甲等及以上医疗单位的身体康复证明。

第六章 退 学

第二十四条 研究生有下列情况之一者，应予退学：

（一）学业成绩未达到学校要求或在学校规定年限内（含休学）未完成学业的；

（二）休学或保留学籍期满，在学校规定期限内未提出复学申请或者申请复学经复查不合格的；

（三）经学校指定医院诊断，患有疾病或者意外伤残无法继续在校学习的；

（四）未请假离校连续两周未参加学校规定的教学活动的；

（五）超过学校规定期限未注册而又无正当事由的；

（六）本人申请退学的。

第二十五条 对研究生的退学处理，由校长办公会议研究决定。

对退学的研究生，由学校出具退学决定书并送交本人，无法送达本人的在校内公告，同时报北京市教育委员会备案。

第二十六条 退学的研究生按已有毕业学历和就业政策可以就业的，由学校报北京市教育委员会毕业生就业部门办理相关手续；在学校规定期限内没有聘用单位的，档案、户口退回其家庭户籍所在地。

第二十七条 取消学籍或退学的研究生均不得申请复学。

第二十八条 研究生对退学处理有异议的，参照《北京工业大学学生校内申诉制度管理规定》办理。

第七章 毕业、结业与肄业

第二十九条 北京工业大学硕士研究生的学习年限一般为三学年，全日制硕士研究生最长修业年限（含休学）为四学年，非全日制硕士研究生最长修业年限（含休学）为五学年。博士研究生的学习年限一般为四学年，全日制博士研究生最长修业年限（含休学）为五学年，非全日制博士研究生最长修业年限（含休学）为七学年。研究生在规定的最长修业年限内不能毕业者，按肄业或结业处理。

第三十条 学校允许优秀研究生在达到毕业要求时申请提前毕业，也允许因客观原因不能在规定学习年限内（硕士生：三学年；博士生：四学年）完成论文者，申请延期毕业，但最长修业年限不得超过本章第二十九条规定。

第三十一条　申请提前毕业的研究生（硕士生：少于2.5学年；博士生：少于3.5学年）需由本人提出申请，填写《研究生提前毕业审批表》，经导师及所在学院同意、报研究生部审批后，方可进入论文答辩程序。

第三十二条　申请延期毕业的研究生（硕士生：超过三学年；博士生：超过四学年）需由本人提出申请，填写《研究生延期毕业审批表》，经导师及所在学院批准，报研究生部备案。

研究生部受理提前或延期毕业申请的时间为每年3月和9月。

第三十三条　研究生在延长修业年限期间按以下规定执行：

（一）研究生应当遵守学校的各项规章制度，参加学校规定的教育教学活动；

（二）延长修业年限期满仍未达到毕业要求的研究生，须主动向学校申请结业或肄业，逾期按自动退学处理；

（三）延长修业年限内是否享受在校学习学生待遇，按学校相关规定执行。

第三十四条　在学校规定的修业年限内，修完研究生培养计划规定的内容，成绩合格，完成毕业论文并通过答辩，德、智、体达到毕业要求，准予毕业，发给毕业证书。

第三十五条　在学校规定的修业年限内，修完研究生培养计划规定的内容，成绩合格，未完成毕业论文或虽完成毕业论文但未通过答辩而未能达到毕业要求的或研究生本人申请结业的，准予结业，发给结业证书。对于已办理结业的研究生不再举行毕业论文答辩，不换发毕业证书。

第三十六条　对获得毕业证书且符合硕士（或博士）学位授予条件者，学校授予其相应的学位并发给学位证书。

第三十七条　对学满一学年以上退学的学生，学校颁发肄业证书。

第三十八条　学校严格按照招生时确定的办学类型和学习形式，填写、颁发学历证书、学位证书。

第三十九条　学校执行高等教育学历证书电子注册管理制度，每年将颁发的毕（结）业证书信息报北京市教育委员会注册，并由北京市教育委员会报教育部备案。

第四十条　对违反国家招生规定入学者，不颁发学历证书、学位证书；对已发的学历证书、学位证书，学校予以追回并报北京市教育委员会宣布证书无效。

第四十一条　毕业、结业、肄业证书和学位证书遗失或损坏，经研究生本人申请，学校核实后可出具相应的证明书。证明书与原证书具有同等效力。

第八章　附　　则

第四十三条　本规定中“所在学院”包含学校其他院级研究生培养单位。

第四十四条　本规定经校长办公会讨论通过，并报北京市教育委员会备案。

第四十五条　本规定自2005年9月1日起施行。原《北京工业大学研究生学籍管理实施细则》（工大发〔2004〕25号）同时废止。学校其他有关文件规定与本规定不一致的，以本规定为准。

第四十六条　本规定由北京工业大学研究生部负责解释。

北京工业大学学生违纪处分条例

第一章　总　　则

第一条　为维护学校正常的教育教学秩序和生活秩序，促进学生德、智、体、美全面发展，根据教育部2005年发布的《普通高等学校学生管理规定》和《高等学校学生行为准则》以及国家相关法律、法规，结合我校实际，特制定本条例。

第二条　本条例适用于在我校接受普通高等学历教育的研究生和本科、专科（高职）学生的管理。

第二章　学　生　处　分

第一节　学校纪律处分的原则与种类

第三条　学校在处分学生时，依法坚持公开、公平、公正的原则，做到事实清楚、证据充分、程序正当、依据准确、处分恰当。

第四条　对有违法、违纪行为的学生，学校应给予批评教育或纪律处分。学校给予学生的纪律处分，应当与学生违法、违纪行为的性质和过错的严重程度相适应。

第五条　违反学校纪律，有下列情形之一者，可以从轻处分：

（一）能主动承认错误，如实交待错误事实，检查认识深刻，确有悔改表现，可以从轻处分；

（二）由他人胁迫或诱骗而违反校纪的；

（三）其他可以从轻处分的情形。

第六条　违反学校纪律，有下列情形之一者，可以从重处分：

（一）违纪后拒不承认错误；

（二）对有关人员进行威胁，打击报复；

（二）勾结校外人员违纪，违反本条例相关规定；

（四）组织、策划违纪行为的首要人员；

（五）其他应予以从重处理的情形。

第七条 学校纪律处分的种类分为：

（一）警告；

（二）严重警告；

（三）记过；

（四）留校察看；

（五）开除学籍。

第二节 学生日常行为违纪处分

第八条 学生有下列情形之一的，学校可以给予开除学籍处分：

（一）违反宪法，反对四项基本原则，破坏安定团结，扰乱社会秩序的；

（二）触犯国家法律，构成刑事犯罪的；

（三）违反治安管理规定受到处罚，性质恶劣的；

（四）剽窃、抄袭他人研究成果，情节严重的；

（五）违反学校管理规定，严重影响学校教育教学秩序、生活秩序以及公共场所管理秩序，侵害其他个人、组织合法权益，造成严重后果的；

（六）屡次违反学校规定受到纪律处分，经教育不改的；

（七）其他应给予开除学籍处分的行为。

第九条 被开除学籍的学生由学校发给学习证明。学生应在 20 日内离校。档案、户口退回其家庭户籍所在地。

第十条 学生有下列情形之一的，学校可以给予留校察看处分：

（一）一学期累计旷课达 40 学时者；

（二）组织策划他人打架，构成打架事实的；

（三）在处理打架事件的过程中，故意提供虚假情况，妨碍调查处理工作的；

（四）故意毁坏公私财物的；

（五）在宿舍留宿异性的；

（六）组织赌博者；

（七）违反宿舍消防、用电的相关规定，引起火灾或造成严重后果者；

（八）对校园网及校内各部门网站进行恶意攻击，造成严重后果的；

（九）制作、销售、复制、出租或以其他方式传播淫秽物品的；

（十）调戏、侮辱或以其他方式严重骚扰他人者；

（十一）严重扰乱宿舍管理秩序，对其他人的正常学习工作造成影响；

（十二）侮辱、威胁或殴打教师及学校工作人员的；

（十三）其他应给予留校察看处分的行为。

第十一条 留校察看以一年为期。在留校察看期间，对错误有深刻认识并有进步表现，留校察看期解除，有立功表现或显著进步者可提前解除。

第十二条 学生有下列情形之一的，学校可以给予记过处分：

（一）一学期累计旷课达 30 学时者；

（二）策划、怂恿他人打架，未造成打架后果的；

（三）扰乱宿舍管理规定，影响宿舍正常管理秩序的；

（四）过失毁坏公私财物，价值在人民币 500 元以上的，除要求其赔偿损失外，给予记过处分；

（五）使用麻将、扑克及其他方式进行赌博或变相赌博者，一经发现，没收赌具和赌资，并视其情节，给予记过处分；

（六）收看淫秽书刊、网页、录像等淫秽物品；

（七）伪造我校颁发的证件及各类有价证券者；

（八）利用互联网对他人进行诋毁、散布谣言造成一定影响的；

（九）其他应给予记过处分的行为。

第十三条 学生有下列情形之一的，学校可以给予严重警告处分：

（一）一学期累计旷课达 20 学时者；

（二）未经批准，随便调换、私自占用学生宿舍或私自出租床位，给予严重警告处分；

（三）酒后在校内滋事，扰乱学校正常秩序的；

（四）拒绝、阻碍国家工作人员或学校管理人员依法或依学校规定执行公务者；

（五）损坏校园设施，破坏草坪，攀折花木的，除赔偿损失，视其情节，给予严重警告处分；

（六）侮辱谩骂他人，经教育不改者；

（七）因学习成绩评定、转专业、评奖、处分、毕业分配等原因，对有关人员寻衅滋事者；

（九）违反校医院有关规定，弄虚作假者；

（十）隐匿、毁弃或私拆他人信件造成不良影响或损失者；

（十一）违反学校勤工俭学的规定，情节严重的；

（十二）在学校建筑物及其他公共设施上违章张贴、乱涂乱划者；

（十三）故意毁坏学校图书馆藏书、或以旧换新、偷用他人证件借书者；

（十四）转借各种证件并产生不良后果者；

（十五）扰乱课堂、食堂、图书馆、礼堂、会议室、会场等公共场所秩序者；

（十六）其他应给予严重警告处分的行为。

第十四条 学生有下列情形之一的，学校可以给予警告处分：

（一）一学期累计旷课达10学时者；

（二）未经批准，擅自留宿非本宿舍成员；

（三）在教学区吸烟，给予全校通报批评，凡两次以上违纪者给予警告处分；

（四）在课堂、食堂、图书馆、礼堂、会议室、会场等公共场所乱扔废弃赃物，经劝告不改者；

（五）其他应给予警告处分的行为。

第三节 学生考核违纪处分

第十五条 学生严重违反考核纪律或者作弊的，该课程考核成绩记为零分，并由学校视其违纪或者作弊情节，给予批评教育和相应的纪律处分。

第十六条 由他人代替考试、替他人参加考试、组织作弊、使用通讯设备作弊及其他作弊行为严重的，学校可以给予开除学籍处分。

第十七条 学生有下列情形之一的，学校可以给予留校察看处分：

（一）利用信息储存工具预先储存并在考试中偷看或偷听与考试有关的内容；

（二）在考试过程中利用各种机会离开考场，在考场外查看与考试有关的材料或者与他人交谈考试内容，或返回考场中被发现携带与考试有关的材料；

（三）抢夺、窃取他人试卷、答卷或者强迫他人为自己抄袭提供方便的；

（四）考试中相互交换试卷，或相互核对试卷；

（五）抄袭或者协助他人抄袭试题答案或者与考试内容相关的资料的；

（六）交卷后再返回修改试卷或将试卷带出考场修改；

（七）为他人作弊提供条件并造成作弊事实；

（八）其他应给予留校察看处分的行为。

第十八条 对以下考试作弊行为，给予记过处分：

（一）考试开始后，书桌内、书桌上、座位旁、文具盒中及试卷下垫有与考试有关的内容（不论观看与否）；将通讯工具、信息存储工具等电子工具带进考场，不按要求放置；

（二）传递或接受答卷、纸条和其他与考试内容有关的物品，或者将答卷、纸条等移近相邻考生；

（三）考试中试图利用计算器、工具书、文具等方式传递、接受有关考试的内容；

（四）在考试过程中偷看他人试卷、交头接耳、互打暗号或者手势；

（五）预先将与考试内容有关的文字、公式等写在身上或桌椅上，或者其他可以看到的地方（不论观看与否）；

（六）未经监考教师同意，将试卷带出考场；

（七）其他应给予记过处分的行为。

第十九条 对以下考试违纪行为，根据情节轻重，给予严重警告处分：

（一）考试中未经监考教师允许，借用或者借给他人考试用具的；

（二）考试中未经监考教师同意擅自进入或离开考场的；

（三）未在规定座位参加考试的；

（四）在考场内喧哗，影响考场秩序的；

（五）发现桌面有他人书写的与考试有关的文字、公式等，而未及时向监考教师报告；

（六）他人强拿自己的试卷未加拒绝或未及时向监考教师报告；

（七）其他可以给予严重警告处分的行为。

第三章 处 分 程 序

第二十条 学校发现学生有违规或违纪行为时，应当查清事实、收集证据。

第二十一条 调查笔录应当写明调查人员、被调查人员的姓名、年龄、性别等基本情况，调查结束后，交被调查人核对。笔录中如有错误和遗漏，应当允许被调查人员进行更正或补充，并有被调查人员在更正或补充处签名或者盖章。

调查笔录经核对无误后，由被调查人逐页签名或盖章。被调查人拒绝签名或盖章的，调查人员应当在笔录上注明情况，并由两名以上调查人员签名或者盖章，注明日期。

学校应当保留调查笔录的原件。

第二十二条 当事人陈述事实的书面材料，应当写明当事人的姓名、年龄、性别、专业、学号、职业、住址等基本情况，由当事人签名或盖章并注明日期。

学校应当保留当事人书面陈述的原件。

第二十三条 学校查清事实后，对违法、违规或违纪学生进行处分的，应当依据上级机关和学校规范性文件的有关规定进行处理。

第二十四条 学校在对学生作出处分决定前，应当告知学生拟处分的事实、理由和依据，并告知学生有进行陈述和申辩的权利。

学校应当充分听取拟被处分学生或者其代理人的陈述和申辩。

第二十五条 对拟被处分学生陈述和申辩的事

实、理由和证据，学校相关职能部门应进行复核。拟被处分学生提出的事实、理由、证据成立的，应当采纳。

不得因拟被处分学生提出申辩而加重处分。

第二十六条 经过审查，违法、违规、违纪事实清楚、证据充分的，由学校相关职能部门依据上级机关和学校规范性文件的规定提出处分意见，报学校审查批准。

第二十七条 学校处分学生应当针对每个被处分的学生分别制作处分决定书，处分决定书应载明以下事项：

（一）被处分学生的姓名、性别、年龄、专业、学号、班级等基本情况；

（二）认定的违反规定的事实；

（三）适用处分的理由和根据；

（四）作出的处分决定；

（五）被处分学生提出申诉的权利和期限。

第二十八条 学校应当将处分决定书直接送达被处分学生本人。

第二十九条 直接送达处分决定书有困难的，可以采取以下方式送达：

（一）留置送达。

（二）邮寄送达。

（三）公告送达。

第三十条 学校对学生处以开除学籍处分时，应当书面告知拟被处分学生有要求听证的权利。拟被处分学生要求听证的，应当在学校规定的期限内提出书面申请，学校应在收到学生的申请后组织召开听证会。

拟被处分学生超过期限未提出听证要求的，视为放弃听证权利。

拟被处分学生明确提出放弃听证权利的，不得再次提出听证要求。

第三十一条 学校在举行听证前，应将听证的时间、地点、主持人等有关事项书面通知拟被处分学生，由拟被处分学生在通知书送达回证上签字。

除涉及个人隐私外，听证会应当公开举行。

第三十二条 拟被处分学生应当按时参加听证。未按时参加听证并且事先未说明理由的，视为放弃听证权利。

第三十三条 听证应当由非本事件调查人员主持，并应当由专人记录；拟被处分学生认为主持人与本事件有直接利害关系的，有权申请回避。主持人是否回避，由学校决定。

第三十四条 听证参加人包括拟被处分学生及其代理人，以及本事件调查人员。拟被处分学生可以亲自参加听证，也可以委托1～2人代理。拟被处分学生委托代理人参加听证的，须在举行听证前提交授权委托书。

第三十五条 拟被处分学生在听证中的权利和义务：

（一）有权对本人事件的有关情况进行陈述和申辩。

（二）有权对事件调查人员提出的证据进行质证并提出新的证据。

（三）如实陈述本人违法、违规或违纪事实和回答主持人的提问。

（四）遵守会场纪律，服从听证主持人的指挥。

第三十六条 听证会应当按下列程序进行：

（一）听证会记录人宣布听证纪律、拟被处分学生的权利和义务。听证会主持人介绍主持人和记录人，询问和核实听证参加人的身份，宣布听证开始。

（二）事件调查人员提出拟被处分学生违法、违规或违纪的事实、证据、处分依据以及处分建议。

（三）拟被处分学生就事件事实进行陈述和辩解，提出有关证据，对调查人员提出的证据进行质证。

（四）听证拟被处分学生的最后陈述。

（五）主持人宣布听证结束。听证笔录交拟被处分学生审核无误后签字或者盖章。听证主持人在听证中应当维护正常的听证秩序。

第三十七条 听证结束后，学校应当根据听证笔录，依据有关规定作出相应的决定。

第四章 学生申诉

第三十八条 学校依法成立学生申诉处理委员会，受理学生对取消入学资格、退学处理或者违规、违纪处分的申诉。

学生申诉处理委员会由我校负责人、职能部门负责人、教师代表、学生代表组成。

第三十九条 学生对学校的处分决定有异议的，在接到处分决定之日起五个工作日内，可以向学校学生申诉处理委员会提出书面申诉。

第四十条 学生申诉处理委员会对学生提出的申诉进行复查，并在接到书面申诉之日起十五个工作日内，作出复查结论并告知申诉人。需要改变原处分决定的，由学生申诉处理委员会提交学校重新研究决定。

第四十一条 学校学生申诉委员会的工作程序和组成，由《北京工业大学校内学生申诉制度管理规定》另行规定。

第四十二条 学生对复查决定有异议的，在接到学校复查决定之日起十五个工作日内，可以向北京市教育委员会提出书面申诉。

第五章　附　　则

第四十三条　被开除学籍的学生，由学校发给学习证明。学生按学校规定期限离校，档案、户口退回其家庭户籍所在地。

第四十四条　在接受成人高等学历教育的学生、港澳台侨学生、留学生的管理参照本条例实施。

第四十五条　本条例经校长办公会讨论通过，并报北京市教育委员会备案。

第四十六条　本条例自 2005 年 9 月 1 日起施行。原《北京工业大学学生违纪处分条例》同时废止。学校其他有关文件规定与本条例不一致的，以本条例为准。

第四十七条　本条例由北京工业大学学生工作指导委员会负责解释。

北京工业大学学生校内申诉制度管理规定

第一章　总　　则

第一条　为规范学生校内申诉制度，保证学校处理行为的客观、公正，保障学生的合法权益，根据国家有关法律法规和教育部 2005 年发布的《普通高等学校学生管理规定》，制定本规定。

第二条　学校为处理学生校内申诉，特设立学生申诉处理委员会。

学生申诉处理委员会在学生处设立办公室。

学生申诉处理委员会设委员 9 名，其成员分别由校领导、职能部门负责人、教师、学生代表组成。

第三条　申诉处理委员会受理学生对学校取消其入学资格、对其进行退学处理或者违规、违纪处分的申诉。

第四条　本规定适用于在我校接受普通高等学历教育的研究生和本科、高职学生。

第五条　学生按照依法、诚实的原则提出申诉；学校坚持公开、公平、公正的原则处理学生的申诉。

第六条　学生就同一事件向学校申诉以一次为限。

第二章　申诉的受理

第七条　学生对学校作出取消其入学资格、对其进行退学处理或者违规、违纪处分决定有异议的，须在接到学校决定书或公告之日起 5 个工作日内向学校提出申诉。

第八条　受理申诉的机关是学生申诉处理委员会办公室。

第九条　学生提出申诉时，应当向学生申诉处理委员会办公室递交申诉申请书，并附上学校作出的处理决定（复印件）。申诉书应当载明下列内容：

（一）申诉人的姓名、性别、学号、联系方式及其他基本情况；

（二）申诉的事项、理由及要求；

（三）相关文件和证据；

（四）申诉人签名和提出申诉的日期。

第三章　申诉的处理及撤销

第十条　学生申诉处理委员会在接到学生书面申诉之日起启动申诉的处理程序，对涉及学生申诉的事项，有权进行查询和调查。

第十一条　学生申诉处理委员会在接到学生书面申诉之日起 15 个工作日内，作出下列复查决定：

（一）原处理决定正确的，维持原处理决定。

（二）原处理决定依据不充分或者处理不当需要改变原处理决定的，由学生申诉处理委员会提交学校重新研究决定。

第十二条　受理申诉的机关要将申诉的复查决定以书面的形式及时送达申诉人。

第十三条　在申诉期间，原处理决定不停止执行。

第十四条　在未作出申诉复查决定前，学生可以撤回申诉。要求撤回申诉的，必须以书面形式提出。受理申诉的机关在接到关于撤回申诉的申请书后，可以停止受理工作。

第四章　附　　则

第十五条　本规定经校长办公会讨论通过，并报北京市教育委员会备案。

第十六条　本规定自 2005 年 9 月 1 日起施行。学校其他有关文件规定与本规定不一致的，以本规定为准。

第十七条　本规定由北京工业大学学生申诉处理委员会负责解释。

北京工业大学学生校园生活与课外活动管理规定

第一条　为维护学校正常的教育教学秩序和生活秩序，保障学生的合法权益，促进学生德、智、体、美全面发展，依据《中华人民共和国教育法》、《中华人民共和国高等教育法》、教育部 2005 年发布的《普通高等学校学生管理规定》和《高等学校学生行为准则》，以及国家其他有关法律、法规，制定本规定。

第二条　学校各级组织应健全管理制度，在维护校园正常秩序、保障学生的正常学习和生活的前提下支持学生开展积极向上的课外活动和实践活动。

学校支持学生参与学校民主管理，建立健全学校各项民主管理制度，支持和指导各级学生会开展工作。

第三条 学生应当自觉遵守公民道德规范，自觉遵守学校管理制度，共同创造和维护文明、整洁、优美、安全的学习和生活环境。

学生不得有酗酒、打架斗殴、赌博、吸毒，传播、复制、贩卖非法书刊和音像制品等违反治安管理规定的行为；不得参与非法传销和进行邪教、封建迷信活动；不得从事或者参与有损大学生形象、有损社会公德的活动。

第四条 任何组织和个人不得在学校进行宗教活动。

第五条 学生可以在校内组织、参加学生社团。学生成立学生社团，应依照《北京工业大学社团管理规定》向校团委社团管理部提出书面申请并附相关材料，报校团委批准并接受校团委的管理。

学生团体应在法律、法规、国家和学校的规章制度范围内活动，接受学校学生工作指导委员会的指导和管理。

各学生团体开展跨学院的活动需向学校（校团委）提出书面申请并获得批准。

第六条 学校提倡并支持学生及学生团体开展有益于身心健康的学术、科技、艺术、文娱、体育等活动。

学生进行课外活动不得影响学校正常的教育教学秩序和生活秩序。

第七条 学生举行活动，应做到：

（一）学生参加正常的教学活动应按照教务处的有关文件执行，学生出校参加学科科技竞赛应由校内的承办单位报学校有关部门审批。

（二）学生参加学院内部组织的不在公开场所进行或不跨学院进行的活动，以及学院内组织的外出活动按照各学院的有关规定执行。

（三）凡在校内公共场所进行面向全校学生开放的活动和跨学院活动，以及需要到校外参加的志愿服务活动和社会实践活动（含院级）及其他形式的活动须向学校统一申报，按照校团委、校安全办、保卫处的程序审批备案。

第八条 学校鼓励和支持学生参加社会实践、社会服务、志愿服务和开展勤工助学活动，并可根据实际情况给予必要帮助。

第九条 学生组织和参加社会实践、社会服务活动，须向学校提出申请并获得批准。

第十条 学生成立学生志愿服务团体，须向校团委和阳光志愿服务总团提出书面申请，并接受阳光志愿服务总团的管理。学生志愿服务团体开展志愿服务活动，须报阳光志愿服务总团备案。

第十一条 学生参加勤工助学活动必须遵守法律、法规、学校勤工俭学中心的各项管理条例以及用人单位的规章制度，履行勤工助学活动的有关协议。

第十二条 课外活动应在不影响学校正常的教育教学秩序和生活秩序下进行，并遵守学校《北京工业大学校园公共场所治安管理规定（试行）》、《北京工业大学关于举办大型活动安全管理规定（试行）》、《北京工业大学教室使用和管理规定》等相关制度。

第十三条 学生活动需要进入宿舍的，在宿舍内应当遵守《北京工业大学学生公寓管理制度》等相关制度，接受学校学生宿舍管理服务中心的管理。社区活动应当向学生社区党团工委申报。

第十四条 学生举行大型集会、游行、示威等活动，应当按法律程序和有关规定获得批准。对未获批准的，学校有权依法劝阻或者制止。

第十五条 学生使用计算机网络，应当遵循国家有关规定和《北京工业大学校园网用户责任承诺书》中的相关规定，不得登录非法网站、传播有害信息。

第十六条 本规定经校长办公会讨论通过，并报北京市教育委员会备案。

第十七条 本规定自2005年9月1日起施行。学校其他有关文件规定与本规定不一致的，以本规定为准。

第十八条 本规定由北京工业大学学生工作指导委员会负责解释。

关于成立学生体质健康标准测试、调研、监测工作领导小组的通知

工大发〔2005〕26号

各院、部、处、直属单位，后勤集团：

根据教育部等五部门《关于印发〈2005年全国学生体质健康调研实施方案〉的通知》（教体艺〔2004〕8号），教育部《关于开展2004年学生体质健康监测工作的通知》（教体艺函〔2004〕44号），教育部、国家体育总局《学生体质健康标准（试行方案）》（教体艺〔2002〕12号）的精神，为确保我校学生体质健康标准测试、调研和监测工作按时、顺利、保质、保量完成，2005年8月30日第12次校长办公会议决定，成立北京工业大学学生体质健康标准测试、调研、监测工作领导小组。名单如下：

组　长：蒋毅坚
副组长：冯　培　马志成
组　员：陈建生　王秀彦　田　莉　薛素铎
　　　　各学院主管学生工作副书记
办公室主任：赵桂生
办公室工作人员：梁进玲　宋　燕　文　然
　　　　　　　　安　琳

二〇〇五年八月三十一日

关于表彰2005年北京工业大学“教学优秀奖”获奖者的决定
工大发〔2005〕27号

根据《北京工业大学“教学优秀奖”评定和奖励办法》，在2001～2004年北京工业大学优秀毕业设计（论文）、2002～2004年校优秀硕士学位论文、优秀博士学位论文和2004年北京市精品教材评选结果基础上，王大康等32名教师获得2005年北京工业大学“教学优秀奖”，学校决定对这些教师予以表彰和奖励。

获奖名单如下：

王大康　机械工程与应用电子学院教授
余跃庆　机械工程与应用电子学院教授
刘德忠　机械工程与应用电子学院教授
张慧慧　机械工程与应用电子学院教授
沈兰荪　电子信息与控制工程学院教授
沈光地　电子信息与控制工程学院教授
亢宝位　电子信息与控制工程学院教授
贾克斌　电子信息与控制工程学院教授
吴　强　电子信息与控制工程学院讲师
吴武臣　电子信息与控制工程学院教授
方穗明　电子信息与控制工程学院副教授
薛素铎　建筑工程学院教授
曹万林　建筑工程学院教授
任　仁　环境与能源工程学院教授
程水源　环境与能源工程学院教授
王代殊　应用数理学院副教授
王松桂　应用数理学院教授
刘书田　应用数理学院副教授
蒋宗礼　计算机学院教授
张鸿宾　计算机学院教授
廖湖声　计算机学院教授
杨延双　计算机学院副教授
周美玲　材料科学与工程学院教授
严　辉　材料科学与工程学院教授
王存新　生命科学与生物工程学院教授
林福荣　经济与管理学院教授
栾甫贵　经济与管理学院教授
李艾芳　建筑与城市规划学院教授
吴宝晶　人文社会科学学院副教授
陈建生　体育部副教授
孙景琪　实验学院教授
周世峰　继续教育学院讲师

关于印发《北京工业大学重点实验室建设管理办法》的通知
工大发〔2005〕28号

各院、研究所：

现将《北京工业大学重点实验室建设管理办法》印发给你们。请遵照执行。

二〇〇五年九月七日

北京工业大学重点实验室建设管理办法

第一章　总　则

第一条　为规范和加强我校国家、省部级重点实验室（以下简称重点实验室）的建设和运行管理，推动我校科技创新体系的建设，提高科技创新水平和科技持续创新能力，培养和稳定优秀的科技人才，根据有关上级重点实验建设与管理暂行办法，特制定本办法。

第二条　重点实验室是国家和北京市科技创新体系的重要组成部分，是国家组织高水平基础研究和应用基础研究、聚集和培养优秀科学家、科技创新的重要基地。通过改善科研环境和实验条件，使重点实验室逐步发展成为能够代表相应学科学术水平、实验水平和管理水平的实验研究基地和学术交流中心。

第三条　重点实验室的任务是根据国家和北京市科技发展方针，面向国际科技前沿和我国现代化建设，围绕经济发展和社会发展等重大科技问题，开展创新性研究，培养创新性人才。其目标是获取原始创新成果和自主知识产权。

第四条　重点实验室建设实行项目管理。重点实验室要接受上级主管部门的检查监督和验收评估，优胜劣汰，动态发展。

第二章　管理职责

第五条　学校是重点实验室建设的依托单位，负责项目的具体实施和重点实验室的宏观管理，主要职责是：

（ ）成立重点实验室建设管理委员会，协调解决重点实验室发展中的重大问题，并提供其他配套条件和后勤保障。

（二）将重点实验室建设列入学科建设计划，支持相关学科优秀人才在实验室和院系间的流动。

（三）负责遴选、推荐重点实验室主任及学术委员会主任候选人，聘任重点实验室副主任、学术委员会副主任和学术委员会委员。

（四）对重点实验室进行年度考核，组织做好重点实验室验收与评估的相关工作。

（五）根据学术委员会建议，提出重点实验室研究方向和目标等重大调整意见报上级主管部门。

第三章 运行机制

第六条 重点实验室实行“开放、流动、联合、竞争”的运行机制。

第七条 重点实验室必须具备如下基本条件：

（一）明确的研究方向。主要研究方向应符合国家及北京市经济与科技发展战略目标，以应用基础研究为主，开展前沿、交叉领域的基础研究和应用基础研究。具备承担国家重大科研任务或工程项目、进行跨学科综合研究和培养高层次人才的能力，能够广泛开展国际学术交流与合作。

（二）合理的人才队伍。拥有学术水平高、学风严谨、开拓创新能力强的学术带头人。实验室主任应是本领域高水平学术带头人，有较强的组织管理和协调能力。有一支学术水平高、年龄与知识结构合理、勇于创新的研究群体。有良好的科研传统和学术氛围。

（三）具有上级主管部门规定的一定面积的研究场所和一定规模的研究实验手段。

（四）建立健全一系列实验室管理制度。

第八条 重点实验室实行学校领导下的主任负责制。

第九条 重点实验室主任负责实验室的全面工作。重点实验室必须设立一名专职副主任，负责实验室的日常管理。

第十条 重点实验室主任由学校推荐、聘任，上级主管部门审批或备案。重点实验室可根据工作需要报请学校重点实验室管委会设立名誉主任。重点实验室主任的任职条件是：（1）本领域国内外知名的学术带头人；（2）具有较强的组织协调能力和凝聚力；（3）具有较强的管理能力和水平；（4）身体健康，年龄一般不超过 60 岁，原则上任期与实验室建设周期同步，一般每年在实验室工作时间不少于 8 个月。

第十一条 重点实验室应有一定比例的固定人员编制，按照人事、财务要求的科研编制实行计划单列管理。日常管理及运行依托所在学院。重点实验室必须设立专职秘书，协助做好重点实验室的日常管理工作。

第十二条 重点实验室需明确实验室主要研究方向的学术带头人和学术骨干，并上报管委会。重点实验室必须建立有学术带头人参加的例会制度，讨论实验室研究方向、建设、管理等问题。

第十三条 重点实验室应当设立独立的学术委员会，经学校批准后，报上级主管部门备案。学术委员会作为实验室的学术领导机构，应在决定实验室研究方向、审定研究课题、监督经费使用、协调开放事宜、开展成果评价、促进学术交流等方面发挥重要作用。学术委员会成员总数一般不超过 11 人，本单位专家不应超过总人数的二分之一到三分之一，中青年委员不少于三分之一。学术委员会每半年至少召开一次全体会议。重点实验室主任要在会议上向学术委员会作实验室工作报告。学术委员会委员的年龄原则上不超过 70 岁，任期与实验室建设周期同步。

第十四条 重点实验室的建设经费要专款专用，单独建账，主要用于购置具有国际先进水平的仪器、设备、软件等，着力改善重点实验室的实验研究条件。大型仪器、设备、装置以及基本建设应采用招投标方式进行。重点实验室用房及水、电、气等配套条件，要尽量利用现有设施调剂解决。学校的配套经费主要用于实验室修缮改造、能源消耗、日常运行、人才引进以及补充实验室装备经费的不足等，配套经费应不低于财政专项拨款额度的一半。

第十五条 重点实验室在建设期间应重视信息化建设、建立重点实验室独立的网站或网页，有条件的重点实验室可以开展或参加“网上科研协作”活动，加强科技信息交流和学术交流，加强对外开放平台建设，鼓励利用现代信息技术，探索有利于科技创新的新型科研组织形式。

第十六条 重点实验室变更研究方向或进行结构调整、重组的，须由重点实验室主任提出书面报告，经学术委员会和相关学科专家的论证，方可进行调整、变更和重组，并报上级主管部门审批或备案。

第十七条 重点实验室是学术机构，不允许以其名义，从事或参加以营利为目的的商业活动。

第四章 考核

第十八条 学校每年对重点实验室工作进行考核。重点实验室应在每年 12 月 31 日前，向学校上报年度总结和下一年度工作计划。考核的主要内容和指标是：

（一）建设目标定位、研究特色的落实情况。包括实验室研究方向、近期中期研究目标是否明确，项目执行中是否紧紧围绕实验室的主要目标和方向，研究特色是否突出，实验室人员配备、学术委员会构成及学科配套是否得当。

（二）建设计划的执行情况。包括各项建设任务是否按计划完成，经过装备的实验室具备何种实验条件及水平，建设过程中承担的科研任务及其经费落实情况，取得的科研成果，实验室队伍建设成效、人才培养情况，开放研究课题计划的执行及其成效，学术活动的开展等。

（三）建设取得的标志性成果。包括承担国家及北京市重大、重点项目情况，获得省部级以上科技奖励情况，在国际著名的三大检索和国内核心期刊发表论文情况以及出版专著情况，专利申请及科技成果转化效益，实验室人员列入各级人才培养计划及获得各种奖励情况，在人才培养方面的突出成绩，在国际国内学术交流合作中取得重大影响的情况等。

（四）管理水平和学风评价。包括实验室机构和编制的落实情况，学校对实验室的管理措施是否到位，实验室各项管理制度是否健全、有效，实验室学术风气是否浓郁、学风是否端正等。

（五）重要仪器设备使用效益验收和建设经费决算审查。

（六）实验室对存在问题的解决办法和发展设想。

第十九条 考核结果分为优秀、良好、及格、不及格四个等级。对于取得优秀、良好成绩的实验室优先考虑下一年建设立项计划；对于及格实验室暂缓考虑下一年建设立项计划；对于存在严重问题并被评为不及格的实验室，责令实验室针对考核中提出的问题限期进行整改。

第五章 附 则

第二十条 教育部重点实验室统一命名为“××教育部重点实验室（北京工业大学）”，英文名称为 Key Laboratory of ××（Beijing University of Technology），Ministry of Education。

第二十一条 北京市重点实验室统一命名为“××北京市重点实验室（北京工业大学）”，英文名称为 Key Laboratory of ××（Beijing University of Technology），Beijing 。

第二十二条 其他省部共建实验室按照有关部门规定执行。

第二十三条 本办法未尽事宜，执行教育部印发的《高等学校重点实验室建设与管理暂行办法》和北京市教委印发的《北京市市属市管高校北京市重点实验室建设项目管理办法》。

第二十四条 本办法自公布之日起施行，解释权在北京工业大学重点实验室建设管理委员会。

关于印发《北京工业大学非财政拨款收入管理办法》《北京工业大学收费管理办法》《北京工业大学收费票据管理暂行办法》的通知

工大发〔2005〕30 号

各院、部、处、直属单位，后勤集团：

现印发《北京工业大学非财政拨款收入管理办法》《北京工业大学收费管理办法》《北京工业大学收费票据管理暂行办法》。请遵照执行。

二〇〇五年九月二十一日

北京工业大学非财政拨款收入管理办法

第一条 为了规范和加强我校非财政拨款收入的管理，调动校内各单位以及广大教职工依法多渠道筹措办学经费的积极性，集聚学校财力，进一步改善办学条件，为实现 2004 年 4 月北京教育大会提出的“首都教育”的战略部署，为到 2010 年北京率先基本实现教育现代化试验城市的目标作出应有的贡献，根据《高等学校财务制度》、《高等学校会计制度》和《北京工业大学校、院两级财务管理暂行办法》等有关规定，结合我校实际情况特制定本办法。

第二条 校内各单位开展非财政拨款收入活动必须符合国家法律、法规要求，兼顾经济效益和社会效益，保证各项服务的质量，维护学校声誉，不以营利为目的。

第三条 本办法所指的非财政拨款收入包括：办学收入、科研项目公共资源占用费收入、后勤服务收入、投资校办产业收益、其他收入等。不包括教育经费拨款、上级补助收入等。非财政拨款收入的财务管理和结算办法实施分类管理。收入总额的确认以我校开具票据总金额为基础计算。

第四条 学校各部门按照职责范围开展创收活动，各种非财政拨款收入的管理与核算要贯彻责、权、利相统一的原则，要正确处理学校、部门、个人三者的利益关系，既注重不断增强学校整体综合实力和宏观调控能力，又保障财务管理重心下移，增强主办单位安排必要的成本支出和自筹人员经费的能力，同时要考虑学校机关加强管理的相应成本。

第五条 组织非财政拨款收入的各部门要按规

定向学校上缴公共资源占用费。上缴公共资源占用费的方法按该项目占用学校名誉资源、设施资源、人力资源的程度，分别按不低于总收入的10%比例计算与控制。

第六条 各项收费须经立项审批后再收费，并按《北京工业大学收费管理办法》进行管理。

第七条 各部门在人力资源和设施资源上必须保证完成国家计划任务和学历教育任务，充分挖掘内部潜力，积极开展多层次办学、科研和服务社会活动。

第八条 学校的各项非财政拨款收入必须按财政“收支两条线”原则全部纳入学校综合财务预算，实行统一核算、统一管理。严禁私设“小金库”或截留公款私存。组织非财政拨款收入的主管部门，要在每年学校编报年度预算时，上报下一年度非财政拨款收入计划，当年收入计划有变动时要及时调整，并及时结算收入。

第九条 结算给各院（部）的非财政拨款收入经费，实行“核定收支，超支不补，结余留用”的理财机制，按《北京工业大学校、院两级财务管理暂行办法》（工大发〔2005〕19号）的规定执行，并接受学校和本部门的监督、检查。经费开支涉及到人员经费的，要根据国家税法规定缴纳个人所得税，由财务部门从个人支出中代扣代缴。

第十条 全日制计划内本、专科生学费收入的主管部门是校教务处；成人计划内本、专科学历教育办学收入、各类短训班教育的主管部门为继续教育学院；计划外研究生层次教育办学收入的主管部门为研究生部；自费留学生项目与中外合作办学收入的主管部门为国际交流合作处；校本部住宿费收入的主管部门为学生处学宿中心，异地办学点的学生住宿费收入，按学校预算管理规定确定相应主管部门；科研项目公共资源占用费的主管部门为科技处；后勤服务收入的主管部门为后勤服务集团；投资校办产业收益的主管部门分别为智源公司、后勤服务集团；其他收入按收入内容确定的主管部门分别管理。办学收入的结算办法见本文附件，其他收入的结算办法另行文规定。

第十一条 学校从当年上缴学校非财政拨款收入（不包括国家计划内全日制本、专科生学费、住宿费和研究生住宿费收入）中提取2%～3%作为校直机关行政管理成本，各主管部门（不含研究生部）的管理成本按所主管收入总额的5%结算，研究生部的管理成本按所主管收入总额的10%结算。

第十二条 组织非财政拨款收入的部门，不得将结算给本部门的自筹公用经费调为自筹人员经费。如因特殊情况，确需调整的，须经主管校领导签署意见，并报主管财经工作校领导批准后，方可调整。

第十三条 为了加强校、院两级的财务管理工作，从宏观上对结算给各部门的管理费和成本费用实施监督与控制，要求组织非财政拨款收入的部门按行政和学院两类，分别向校直机关事务管理办公室和监察处上报年度所结算收入的支出情况明细表（本办法附表略）。

第十四条 本办法未涉及的收费内容，由校收费领导小组参照本办法的管理原则审批后执行。

第十五条 本办法由财务处负责解释，本办法自2005年9月1日起执行。

第十六条 工大校发〔98〕39号《关于对各部门组织的职责性收费实行统一财务管理的规定（修改稿）》，工大校发〔99〕27号《职责性收费实行统一财务管理的实施细则》同时废止。

北京工业大学收费管理办法

第一章 总 则

第一条 为了加强收费管理，规范学校的收费行为，严格收费标准，确保学校收费的合法性，促进学校的廉政建设，根据《中华人民共和国价格法》、《北京市行政事业性收费管理条例》（1994年北京市第十届人民代表大会常务委员会第十次会议通过）、《违反行政事业性收费和罚没收入收支两条线管理规定行政处分暂行规定》（国务院令第281号）以及教育部、国家发改委和财政部《关于做好2005年高等学校收费工作有关问题的通知》（教财〔2005〕10号）等文件的规定，结合我校实际，特制定本办法。

第二条 学校的各项收费行为应当符合国家的现行政策、法规。事业性收费必须经政府有关部门批准，按北京市发改委颁发的北京工业大学《事业性收费许可证》规定的收费范围、收费项目、收费标准收取。校内管理性收费、服务性收费必须经过“北京工业大学收费管理领导小组”审核批准后方可执收。

第三条 事业性收费标准应严格遵照国家规定的标准执行，管理性收费和服务性收费的标准，应按照成本补偿的原则予以确定。

第二章 收费机构与人员

第四条 学校成立北京工业大学收费管理领导小组（以下简称“收费领导小组”），组长由主管财经工作的校领导担任。

第五条 收费领导小组负责对全校的收费工作进行指导和监督，负责学校收费政策、校内收费管理规范的制定，负责对收费项目的审批。

第六条 收费领导小组定期召开会议，对《北京工业大学收费项目立项申请表》进行审批，遇特殊情况可随时召开临时会议。

第七条 收费领导小组下设北京工业大学收费管理办公室（以下简称“收费管理办公室”），负责学校收费的日常管理工作。

第八条 各部门收费管理实行单位负责人负责制，各部门分管财务工作的领导为本部门收费管理工作的第一责任人，分管财务工作的领导和具体经办人员各负其责。各部门负责人都要充分认识规范收费行为的重要性，增强做好收费管理工作的责任感和使命感。

第九条 财务处负责领购市发改委核发的收费许可证，负责对收费票据、银钱收据、税务发票和内部结算票据等进行统一管理。财务处负责票据的购领，以及内部结算票据的印制、发放、登记、使用、保管、核销、检查、监督等工作。

第十条 学校的各种收费应由财务人员收取。因工作需要有收费行为而无财务人员的部门，收费工作由财务处安排财务人员办理或指定兼职收费员办理，兼职收费员由财务处按照内部控制的要求与收费单位商定。其他人员一律不得从事收费工作。

第十一条 财务处及相关单位对空白票据应妥善保管，不得遗失。

第三章 收费立项程序

第十二条 学校各种收费必须严格履行审批手续，各种收费的审批手续由财务处统一办理。校内各单位设立收费项目，都必须到财务处办理立项审批手续。严禁未经审批的收费行为。

第十三条 校内拟收费的部门应填写《北京工业大学收费项目立项申请表》交财务处财务管理办公室。申请内容包括：收费项目名称、收费标准、收费依据、收费期限、收费理由、相关领导及经办人员的签章。

第十四条 对初审认为具备立项条件的收费项目，属于市财政局、市教委、市发改委管理的收费，由财务处上报有关部门审批，办理有关手续；不属于市财政局、市教委、市发改委管理的收费，需报收费领导小组审批。

第十五条 对属于学校审批的收费，收费领导小组在对收费项目的政策依据、收费标准、成本测算等内容的合法、合理性进行审核后，将意见签署在《北京工业大学收费项目立项申请表》上。若不予批准，需说明理由；若予以批准，应注明结算比例、开具票据种类等。收费领导小组在审批收费立项时须认真听取执收单位或收费主管部门的意见。

第十六条 经批准同意收费的项目，由财务处予以立项，并在《北京工业大学部门收费登记表》上进行登记；登记内容包括收费项目名称、收费标准、收费期限、批准时间、使用票据类型等。

第十七条 收费时使用的票据应根据收费的性质予以确定。属于事业性收费应开具统一收费票据；属于学校内部单位之间银钱往来及学校代收性收费等使用统一银钱收据；属于服务性收费使用税务发票；属于内部结算等业务使用内部结算凭证。

第十八条 校内单位与校外单位签订协议，由校内单位受托代收的收费，须将协议及有关文件报财务处备案后方可收费。

第四章 日常收费管理

第十九条 经批准的收费项目若进行集中收费（如收取学费等），各收费主管部门应提前三周与财务处协商收款时间，并在收款前一周报送收费所需的名单等有关资料（包括电子版数据）。

第二十条 经批准的收费项目实施收费时，要在收费现场（或学校告示栏）将收费项目及收费标准予以公告。

第二十一条 各收费部门应严格按照收费审批表批准的使用票据类别开具有关票据，收费单位派兼职收费员到财务处领取所需票据，严禁自制、自购收费票据。

第二十二条 各收费单位使用完毕的票据应及时到财务处办理核销手续。没办理核销手续的，财务处不再为其领用新票据。

第二十三条 各单位的收费收入，纳入学校财务处统一核算、统一管理，不得截留、隐瞒、挪用、私存、私分或者坐支。

第二十四条 各单位的收费收入应及时上交财务处。对零星收费，收款金额累计不足1000元的，由收费单位妥善保管；收款金额累计超过1000元，应及时交财务处入账。

第二十五条 学校的各项收费应严格执行收支两条线管理，按学校有关财务规章制度核定收费部门的支出范围和支出数额，各项事业性收入、支出均列入学校的财务收支预算。

第五章 监督检查

第二十六条 学校对收费严格实行检查监督制度。纪检、监察、审计、财务等部门对收费管理实行分工负责，齐抓共管，建立规范与治理并重的监督检查机制。

第二十七条 学校各种收费接受学生、教师的监督。交费人有权向纪检、监察部门、审计处、财务处反映不合理收费，有权拒绝交纳不符合本办法规定的各项收费。

第二十八条 学校收费实行校内年度审验制度。财务处、审计处、监察处每年 3 月下旬对各单位的收费项目、收费标准、票据的使用等进行检查、审验。

第六章 责 任

第二十九条 各收费部门的领导和具体收费人员要加强法制观念，自觉遵守国家法规制度和财经纪律，同时接受学校有关部门的监督和检查，发现问题，及时纠正。

第三十条 实行责任追究制度，做到违纪必究，发现有擅自立项收费、提高收费标准或扩大收费范围、不按规定使用收费票据以及截留、坐支、挪用和私分所收资金等行为的单位和个人，应及时制止、限期纠正，并追究单位领导和有关人员的责任。

第三十一条 严禁个人以学校名义或利用学校资产、资源从事未经批准的经营、服务和举办各种类型的培训班等活动。一经发现，追究所属单位负责人和当事人的行政和经济责任。

第三十二条 学校各单位有下列情形之一的，属于乱收费行为：

未经学校批准，擅自立项收费或自定收费标准的；

不使用合法的收费票据，或者私自印刷、转让、转移、代开收费票据，或者不按规定范围使用票据的；

未经学校批准，扩大收费范围或调高收费标准的；

部门擅自收费及各单位代收代缴（付）收费不上交财务处而自行列支的；

受托收费未使用委托单位合法票据的；

其他不合规的收费行为。

对有以上乱收费行为之一者，学校将责令其立即停止收费，根据情况将所收款项退还原缴费者或予以没收。此外，学校将视情况对相关单位的负责人给予通报批评或行政处分。

第三十三条 收费人员有下列行为之一的，由纪检监察、审计部门根据性质确定处理方式。构成犯罪的，移交司法机关处理。

收费时不开具有关票据的；

收费后不入账或不上缴学校财务处的；

将收费收入私自或在部门领导人的授意下公款私存的。

第三十四条 收费人员及各收费部门因票据保管不善造成空白票据遗失的，要按照有关规定追究直接当事人和主要负责人的责任。

第七章 附 则

第三十五条 本办法适用于校内各单位的各类事业性收费、专项收费、代收代缴（付）收费及服务性收费等。独立核算、有独立法人资格的校办产业和经营实体，按国家有关经营性收费的规定执行。

第三十六条 本办法由财务处负责解释。

第三十七条 本办法自颁布之日起执行。

第三十八条 1995 年印发的《北京工业大学收费管理办法》（工大校发〔95〕63 号）同时废止。

北京工业大学收费票据管理暂行办法

为了规范我校的收费行为，加强收费票据管理，保证学校各项收入的安全、完整，根据《中华人民共和国发票管理办法》（财政部 1993 年 12 月 23 日发布）、财政部《行政事业收费和政府性基金票据管理规定》（财综字〔1998〕14 号）以及市教委转发财政局《关于印发北京市行政事业性收费票据管理办法的通知》（京财综〔94〕2676 号）的精神，结合我校实际情况，特制定本办法。

第一章 收费票据的种类及适用范围

第一条 我校收费票据共分四类：北京市统一收费票据、北京市专用收费票据（以下简称统一收费票据）；北京市统一银钱收据、北京市专用银钱收据（以下简称银钱收据）；北京市服务业、娱乐业、文化体育业专用发票（以下简称税务发票）；北京工业大学内部收费凭证（以下简称校内收费凭证）。

第二条 统一收费票据适用于经北京市教委、市发改委、市财政局批准并列入《北京市收费许可证》范围的收费项目。

第三条 银钱收据适用于单位内部、单位之间的银钱往来及经财政部门批准的其他收费项目。

第四条 税务发票适用于经学校批准的服务性收费项目。

第五条 校内收费凭证适用于学校内部部门与部门之间的资金结算。

第六条 收费经办部门严禁使用从商店购买的收据。

第二章 票据的购买和登记

第七条 统一收费票据、银钱收据由财务处财务管理办公室负责收费的工作人员（以下简称收费管理人员）持经批准的《北京市收费许可证》、《北京市收费票据购领证》和《北京市行政事业单位银钱票据购领证》到市财政局购买。

第八条 税务发票由财务处收费管理人员持《税务登记证》、《购领发票卡》到税务机关购买。

第九条 校内收费凭证由财务处统一印制或监制。

第十条 购回或印制的票据逐册顺序编号，按票据种类分别在登记簿上填写购买记录。

第十一条 行政事业性收费必须使用统一收费票据，票据由校财务处负责收费的主管会计、收费经办部门负责收费人员到财务管理办公室领取，并在票据登记簿上进行登记。

第十二条 纳入校财务处统一核算的各类收费需使用银钱收据的，由校财务处负责收费的主管会计、收费经办部门负责收费的人员到财务管理办公室领取，并在票据登记簿上进行登记。

第十三条 后勤服务集团及二级核算部门（含未独立核算的下属部门）需直接使用银钱收据的，由后勤集团、二级核算部门主管会计统一到财务管理办公室领取，并在票据登记簿上进行登记。

第十四条 经学校批准可以开展对外服务项目的单位，若业务量较少，可到财务处相关主管会计处直接开具税务票据；若业务量较大，可向财务处提出购买并安装税控装置的申请，到财务处收费管理人员处领用税务票据并进行登记。

第十五条 校内收费凭证由学校财务处主管会计、收费经办部门负责收费人员到财务管理办公室领取并进行登记；后勤服务集团及二级核算部门由主管会计统一到财务管理办公室购、领票据并进行登记。

第三章 票据使用、管理

第十六条 收费经办部门收费必须严格执行《北京工业大学收费管理办法》的规定，在收费项目经审核批准后方可填开收费票据。

第十七条 收费人员开具的票据必须要符合本文件第二至五条规定的各种票据的适用范围。

第十八条 票据填写内容必须符合“收费项目立项申请表”上审批后的收费项目名称、收费标准，严禁擅自增加收费项目、改变收费名称和提高收费标准。

第十九条 收费票据在启用前，收费人员应当检查票据是否有缺页、漏页、错印、重号等情况。发现问题及时向财务处收费管理人员反映。

第二十条 票据填写内容必须真实可靠、内容完整、字迹清楚、合乎规范、签章齐全。票据（发票）联必须加盖由学校统一刻制的“北京工业大学收款专用章”。任何部门不得以行政公章代替“收款专用章”。

第二十一条 收费人员在开具票据时，如填写错误，应另行填开。错填的票据应加盖“作废”戳记，或书写“作废”字样保存其各联备查，不得涂改、挖补、撕毁。

第二十二条 任何单位不得转借、转让、买卖、代开收费票据；不得跳号、单联开具票据；不得拆本使用、擅自毁损票据。

第二十三条 超出收费范围和收费标准的，学校将责令退还交款人；对无据收款或不使用规定票据收费的，没收非法所得；收入不入财务账的，视为“小金库”，除没收非法所得外，并按国家规定从重处罚。

第二十四条 收费经办部门领用的各类收费票据应妥善保管，注意安全。收费票据如有遗失、被盗、损毁，应立即书面报告校财务处，并报上级主管部门处理。

第二十五条 票据使用完毕，票据封底要填写票据实收总金额，注明其中作废张数及作废票据号码。

第二十六条 根据票据法规定，票据存根要按会计档案要求妥善保管。保存期为五年，期满销毁时，要报财政部门审批，对销毁情况进行记录，并保留销毁清册。

第四章 票据检查、报表制度

第二十七条 校财务处主管会计使用的票据在使用完毕交回存根时，由财务处收费管理人员进行检查。检查无误后，核销领用记录。

第二十八条 各收费经办部门负责收费的工作人员使用的票据，在票据使用完毕交回存根时，由校财务处相关主管会计负责进行检查，检查无误后，核销领用记录。

第二十九条 财务处定期对使用税控装置的部门进行检查，核对税控装置的开票金额与账目记录是否一致。使用税控装置的部门每月月末须向财务处报送“北京工业大学税务发票使用情况月报表”。

第三十条 校财务处和二级核算单位必须接受由市财政局、物价局组织的收费检查，及时填报有关报表。

第三十一条 本规定自 2005 年 9 月 1 日起执行，未尽事宜另行规定。

第三十二条 《北京工业大学关于行政事业性收费票据购领、使用的规定》（工大校发〔97〕81号）同时废止。

关于成立北京工业大学收费管理领导小组的通知

工大发〔2005〕31号

各院、部、处、直属单位，后勤集团：

学校决定成立北京工业大学收费管理领导小组并下设北京工业大学收费办公室。

一、北京工业大学收费管理领导小组

组长：孙崇正

成员：张毅刚　蒋毅坚　马利华　杨松令

宋淑华　刘建萍

职责：对全校的收费工作进行指导和监督，制定校内收费政策、收费管理规范；定期召开会议，审批《北京工业大学收费项目立项申请表》，遇特殊情况可随时召开临时会议。

二、北京工业大学收费管理办公室

主任：杨松令

成员：高　辉　张宗颉　许　奋

职责：在北京工业大学收费领导小组的领导下，负责全校各类收费的组织立项、报批和检查。

已立项费用的收取、结算、核算、报告和分析工作由财务处负责组织。

二〇〇五年九月二十一日

关于保留及废止行政规章制度的通知

工大发〔2005〕32号

各院、部、处、直属单位，后勤集团：

按照《北京市教育委员会关于清理学校规章制度工作的意见》（京教策〔2005〕4号），学校对改革开放以来的规章制度进行了全面清理，经2005年9月20日第13次校长办公会议审议通过，确定规章制度保留91件、拟修改54件、拟补充15件、废止30件。

现公布保留、废止的规章制度目录。2004年11月学校已经废止的部分行政规范性文件125件（《关于废止部分行政规范性文件及校行政职能部门清理2000年以来规范性文件的通知》工大发〔2004〕37号），不列入此次废止的规章制度目录。规章制度自废止之日起不再具有效力，在以往有效期内产生的效力不变。

二〇〇五年九月二十日

一、保留规章制度目录

（一）校务工作

关于印发《北京工业大学处置突发事件预案》的通知　工大发〔2004〕3号

关于印发《北京工业大学校务公开责任制》的通知　工大发〔2004〕4号

关于印发《北京工业大学人口与计划生育实施细则》的通知　工大发〔2004〕14号

（二）学生管理

关于印发《北京工业大学学生管理规定》等六个文件的通知　工大发〔2005〕25号

（北京工业大学学生管理规定、北京工业大学本科学生学籍管理规定、北京工业大学研究生学籍管理规定、北京工业大学学生违纪处分条例、北京工业大学校内学生申诉制度管理规定、北京工业大学学生校园生活与课外活动管理规定）

北京工业大学学生军训实施细则

北京工业大学德育实施大纲实施细则（修订讨论稿）　1996年5月

（三）本科生教学管理

北京工业大学毕业设计（论文）管理条例　2003年10月

北京工业大学授予本科生学士学位的规定　2004年7月

北京工业大学“教学优秀奖”评定和奖励办法　工大发〔2004〕26号

（四）研究生工作

北京工业大学研究生招生考试保密工作实施细则　工大发〔2003〕51号

北京工业大学关于博士生导师科研经费要求的暂行规定　工大发〔2003〕47号

北京工业大学关于研究生任课教师及研究生课程教学的若干规定　工大发〔2004〕1号

北京工业大学研究生出国（境）审批程序及管理暂行规定　工大发〔2003〕10号

北京工业大学关于修订研究生培养方案的意见　2004年3月

北京工业大学学位授予工作实施细则

北京工业大学优秀博士学位论文评选和奖励办法　2004年1月

北京工业大学优秀硕士学位论文评选和奖励办法　2003年1月

北京工业大学“研究生优良学风班”评选条例　2003年9月

北京工业大学“研究生科技创新奖”评选条例　2004年9月

北京工业大学研究生奖学金评定条例及特殊奖励办法 2005年6月

北京工业大学对研究生在学期间取得成果的基本要求

北京工业大学关于学位评定分委员会审核学位会议的程序的暂行规定

（五）科技管理

关于印发《北京工业大学重点实验室建设管理办法》的通知 工大发〔2005〕28号

（六）人事管理

关于印发《北京工业大学校办产业人事管理暂行条例》和《关于校办产业人事管理若干问题的实施办法》的通知 工大校发〔95〕144号

关于不再办理校内停薪留职的通知 工大校发〔98〕95号

关于我校贯彻执行国家工资制度改革若干问题的实施意见 工大校发〔94〕35号

关于我校退休人员享受补贴待遇的处理意见 工大校发〔95〕143号

关于停止发放副食补贴的通知 工大校发〔98〕076号

关于停止发放未参加1993年工资改革离退休职工副食补贴的通知 工大校发〔98〕084号

关于校办产业人员退休费及养老保险发放办法的规定 工大校发〔98〕101号

北京工业大学贯彻落实参加失业保险有关问题的实施意见 工大校发〔99〕48号

关于我校临时工（含农民合同工）缴纳养老保险金的实施意见 工大校发〔99〕73号

关于原建材局管理干部学院并入我校后有关工资衔接过渡办法 工大校发〔2000〕120号

关于发放房租补贴的暂行办法 工大校发〔2000〕44号

关于原水利水电管理干部学院并入我校后有关工资待遇衔接的具体规定 工大发〔2002〕49号

关于印发《北京工业大学校院两级人事管理办法》的通知 工大发〔2005〕24号

（七）国际交流与合作

北京工业大学计划外学生自费出国留学管理规定（试行） 工大发〔2001〕31号

关于印发《北京工业大学因公出国管理规定》的通知 工大发〔2003〕35号

关于印发《北京工业大学中外合作办学管理办法》的通知 工大发〔2005〕4号

关于印发《北京工业大学关于随团因公出访的规定》的通知 工大发〔2005〕18号

（八）财务管理

关于在职职工乘车月票费用报销与包干的办法 工大校发〔96〕16号

北京工业大学校内结算中心章程 工大校发〔97〕61号

北京工业大学关于定编汽车指标分配及管理的规定 工大校发〔97〕78号

关于对工作人员差旅费开支的补充规定 工大校发〔99〕11号

北京工业大学生产实习、毕业设计、教改实践经费实施细则 工大校发〔99〕29号

北京工业大学关于加强招待费管理的规定 工大校发〔99〕74号

关于后勤二级财务管理的暂行规定 工大校发〔2000〕52号

关于印发《北京工业大学关于加强会议费管理的规定》的通知 工大发〔2003〕5号

关于印发《北京工业大学关于组织专款申报工作的指导意见》的通知 工大发〔2003〕39号

北京工业大学校院两级财务管理办法 工大发〔2005〕19号

关于印发《北京工业大学非财政拨款收入管理办法》《北京工业大学收费管理办法》《北京工业大学收费票据管理暂行办法》的通知 工大发〔2005〕30号

（九）后勤管理

北京工业大学家属住宅管理办法 工大校发〔94〕69号

北京工业大学教职工购买望京住宅办法 工大发〔2001〕36号

北京工业大学校管工程管理办法 工大发〔2001〕130号

关于印发《关于空调器的安装使用管理规定》的通知 工大发〔2002〕59号

关于执行支付望京东区经济适用房供暖费暂行规定的通知 工大发〔2002〕76号

关于印发《〈北京工业大学校管工程管理办法〉补充规定》的通知 工大发〔2003〕1号

关于印发《北京工业大学部分引进人才购房办法》的通知 工大发〔2003〕20号

关于落实北京市引进优秀人才210楼（原9号楼）选购工作的通知 工大发〔2003〕40号

关于调整校内洗浴价格的通知 工大校办发〔2004〕1号

关于对校内筒子楼（集体宿舍）注册居住人员收缴水费的通知 工大校办发〔2004〕2号

关于印发《北京工业大学腾退校内青年公寓及发放腾退房补贴的实施办法》、《北京工业大学教职

工临时租借筒子楼住房管理办法》的通知 工大发〔2004〕6号

关于印发《北京工业大学置换校本部周转房售房实施方案》的通知 工大发〔2004〕18号

关于修改《北京工业大学置换校本部周转房售房实施方案》中选房计分办法的通知 工大发〔2004〕44号

关于在校内破土（架空）敷设管线必须履行登记手续的通知 工大发〔2004〕33号

北京工业大学教职工筹资购（建）房原则 2000年5月

北京工业大学教职工筹资购（建）房细则 2000年5月

工大家属住宅及集体宿舍调整房租实施办法 2000年5月

北京工业大学教职工已购公有住房上市出售管理暂行办法 2003年1月

北京工业大学教职工调补住房交纳筹资款的办法 2003年5月

北京工业大学望京210号楼租购房办法 2003年8月

北京工业大学分售翠城、美景东方部分住房办法 2005年4月

关于停发学校引进人才住房津贴及停发腾退房补贴有关工作的会议纪要 2005年7月

（十）审计工作

关于印发《北京工业大学预算执行和财务决算内部审计制度（试行）》的通知 工大发〔2003〕21号

北京工业大学预算执行和财务决算内部审计制度 工大发〔2003〕22号

北京工业大学基建、修缮工程项目审计暂行办法 工大发〔2004〕28号

（十一）“211工程”建设

关于印发《北京工业大学“211工程”项目建设管理办法》等文件的通知 工大发〔2003〕28号

（北京工业大学“211工程”项目建设管理办法、“211工程”建设项目设备购置与管理办法、北京工业大学“211工程”专项资金使用和管理实施细则、北京工业大学“211工程”经费匹配试行办法、北京工业大学青年研究基地项目管理办法、北京工业大学专著出版资助管理办法、附件2中附件一、四、五、七～十二）

二、废止规章制度目录

（一）学生管理

北京工业大学关于治理整顿校园政治环境的暂行规定 工大校发〔89〕75号

北京工业大学纠正学生违反校规工作操作程序

北京工业大学学生违纪处分报批程序的补充规定

北京工业大学人民奖学金试行条例（第二稿）

北京工业大学人民奖学金试行条例（第三稿）

北京工业大学奖学金评定条例（只适用于学分制班）

北京工业大学奖学金评定试行办法

关于组建我校党员校风学风督导队的决定

校风校纪督导员职责

（二）本科生教学管理

北京工业大学关于本科生留级、本转专和试读的补充暂行办法 工大校发〔92〕59号

（三）研究生教学管理

北京工业大学研究生学籍管理实施细则 工大发〔2004〕25号

北京工业大学关于研究生课程重修重考的规定（试行）工大发〔2001〕33号

（四）人事管理

关于调整工作餐等开支标准的通知 工大发〔2002〕62号

关于处理在编人员中未在校内工作的有关规定 工大校发〔94〕19号

北京工业大学待聘人员管理办法 工大校发〔99〕68号

北京工业大学引进人才的暂行规定 工大校发〔2000〕111号

北京工业大学博士后研究人员管理办法 工大校发〔1999〕76号

（五）财务管理

关于发放财会人员岗位补贴的暂行规定 工大校发〔91〕130号

北京工业大学购买专控商品管理细则 工大校发〔92〕5号

北京工业大学关于评选校级会计工作先进个人及先进集体的办法 工大校发〔92〕17号

北京工业大学收费管理办法 工大校发〔95〕63号

北京工业大学关于行政事业收费票据领购、使用的规定（修改稿） 工大校发〔97〕81号

北京工业大学校园网财务管理办法 工大校发〔98〕7号

清理预算外资金账户实施意见及组织财务核算的规定 工大校发〔98〕17号

关于对各部门组织的职责性收费实行统一财务管理的规定（修改稿） 工大校发〔98〕39号

职责性收费实行统一财务管理的实施细则 工

大校发〔99〕27 号

关于规范校有产业融资行为的规定　工大校发〔99〕67 号

关于校、院两级财务管理的暂行规定　工大校发〔2000〕42 号

校收费工作领导小组工作职责　工大校发〔2000〕82 号

（六）“211 工程”建设

《北京工业大学“211 工程”项目建设管理办法》等六个文件（工大发〔2003〕28 号）附件中的项目建设实施计划书（附件二）、拟购仪器设备计划书（附件三）、“211 工程”建设项目提前执行申请书（附件六）

关于转发《北京市教育系统内部审计工作实施办法》的通知

工大发〔2005〕35 号

各院、部、处、直属单位，后勤集团：

现转发《北京市教育委员会关于印发〈北京市教育系统内部审计工作实施办法〉的通知》（京教审〔2005〕2 号）。各单位领导干部应当学习、了解和贯彻执行《北京市教育系统内部审计工作实施办法》的有关规定，积极配合内部审计工作的开展。

二〇〇五年十一月一日

北京市教育委员会关于印发北京市教育系统内部审计工作实施办法的通知

（略）

关于公布《北京工业大学规章制度管理办法（试行）》的通知

工大发〔2005〕37 号

各院、部、处、直属单位，后勤集团：

《北京工业大学规章制度管理办法（试行）》经 2005 年 11 月 1 日第 15 次校长办公会议讨论通过，现予公布。

二〇〇五年十一月九日

北京工业大学规章制度管理办法（试行）

第一条　（目的和依据）为明确学校规章制度的制定程序，规范全校制定、修改和废止规章制度的活动，保障规章制度的合法性和合理性，推进依法治校，依据《中华人民共和国教育法》、《中华人民共和国高等教育法》，参照国务院《规章制定程序条例》和《北京市人民政府规章制定办法》的有关规定，结合我校实际情况，制定本办法。

第二条　（适用范围）在学校授权范围内，具有管理与服务职能的各职能部门、单位，制定、修改和废止规章制度，适用本办法。本办法所称规章制度，是指对学校各部门和单位、全体教职员工或学生具有普遍约束力、能反复适用的办事规程或行为准则。

各部门、单位，针对本部门、本单位，涉及内部工作制度、管理制度等的制定、修改和废止不适用本办法。

第三条　（规章制度制定原则）制定、修改和废止规章制度，应当遵循宪法、法律和国家方针、政策，贯彻学校总体工作思路和发展战略，体现改革精神，维护各部门和单位、教职员工、学生的合法权益，遵循公正、公开、统一和效能的原则。

第四条　（名称）规章制度的名称一般称“规定”、“办法”等。对某一项具体工作、问题提出带有约束性的措施，或者为贯彻执行上级某一项决定、规章，可以称“意见”、“通知”。

第五条　（体例和语言文字）规章制度可以用条文形式表述，也可以用段落形式表述。规章制度名称为“规定”、“办法”的，一般用条文形式表述。除内容复杂的外，规章制度一般不分章节。

规章制度的用语应当准确、简洁，文字和标点符号应当正确、规范。

第六条　（内容）规章制度的内容应当明确、具体、凝练，具有指导性、针对性和可操作性。法律、法规已经明确规定的内容，规章制度原则上不作重复规定；规章制度执行中有关程序、步骤等内容，可以“实施细则”的形式另行发布，亦不在规章制度中规定。

第七条　（制定主体）本规定所称能够制定规章制度的部门、单位，包括代表学校负责某一方面事务管理与服务的校机关职能部、处、室，学校授权管理某方面事务的校内群众、社会性团体组织，以及负责学校某一专项事务的机构。

涉及两个或两个以上部门或单位职权范围内的事项，应当联合制定规章制度，但须明确各自承担的职责。

学校为完成某个专项任务而设立的临时机构，根据工作需要设立的各类议事、协调机构，部门内设及派出机构，不得制定规章制度。

第八条　（制定程序）规章制度的制定程序包括立项、起草、审核、决定、公布、解释。其中，起草、审核、决定、公布是必经程序。

第九条 （立项与起草）校长办公会或党委常委会确认有必要制定规章制度的，可以授权相关职能部门、单位负责起草；职能部门、单位认为有必要制定规章制度的，应当向学校提出立项建议，对制定规章制度的必要性、所要解决的主要问题、拟确立的主要制度等作出说明，报党委办公室、校长办公室审核；立项审核通过且经主管校领导同意后，由有关职能部门、单位具体负责起草。

起草部门或单位应当就规章制度涉及的主要问题开展调查研究，对涉及其他部门或单位职责的，应当征求其他部门或单位的意见。起草部门或单位与其他部门或单位有不同意见的，应当充分协商；经过充分协商仍不能取得一致意见的，应当在上报规章制度草案时说明情况和理由。

第十条 （报请审核）规章制度起草工作完成后，起草部门或单位将规章制度草案和说明，以及有关材料，报党委办公室、校长办公室初审。

报请审核的规章制度草案由起草部门或单位主要负责人签署；几个部门或单位共同起草的，由几个部门或单位的主要负责人共同签署。

规章制度草案经初审通过后，由主管校领导主持，召开由起草部门或单位、有关专家、规章制度的管理服务对象代表等参加的专题办公会，对规章制度草案进行审议。

涉及全体教职员工和学生基本权利与义务的规章制度草案，应实行公示制，向全校公布，征求意见；必要时举行听证会。

第十一条 （审核的内容）规章制度审核的主要内容包括：

（一）是否遵循宪法、法律和国家的方针、政策；

（二）是否具有制定的必要性和可行性；

（三）是否符合本办法第二条至第十条的规定；

（四）是否超越授权范围；

（五）是否征求相关部门、单位和管理服务对象的意见；

（六）是否与学校现行的规章制度协调、衔接；

（七）需要审核的其他内容。

第十二条 （缓办或退回草案的情形）规章制度草案不符合本办法第十条所列情形之一的，以及虽经起草部门或单位与相关部门或单位充分协商，双方或几方仍未达成一致，且争议较大的，应当缓办或者退回起草部门或单位。

第十三条 （审定和签发）规章制度草案经审核后，应由主管校领导签署意见，报请校长或党委书记审阅同意后，提交校长办公会或党委常委会讨论。

第十四条 （公布与施行）经校长办公会或党委常委会讨论通过的规章制度，由党委办公室、校长办公室按照公文处理办法的有关规定印发文件，予以公布。

规章制度一般应当自颁布之日起 15 日后施行；但是，情况特殊、不立即施行将有碍工作进展和规章制度施行的，可以自颁布之日起施行。

第十五条 （解释）规章制度解释权由校长办公会或党委常委会统一行使。

校长办公会或党委常委会可以授权职能部门、单位对规章制度进行具体解释。

第十六条 （修改和废止）规章制度起草部门、单位应当经常对规章制度进行清理，并根据实际情况的变化，以及有关法律法规和国家方针、政策的调整情况，对已公布的规章制度及时修改或废止。

规章制度修改或废止后，应当及时公布新的规章制度，并在新的规章制度中明确原规章制度废止的时间。

修改和废止规章制度的程序，参照本办法相关规定执行。

第十七条 （备案）遵照《北京市行政规范性文件备案监督办法》（2006 年 1 月 1 日起施行）及北京市教育委员会的具体要求，将施行的有关规章制度送市教委备案。

第十八条 （生效日期）本办法自 2005 年 12 月 1 日起试行一年。

·党政重要会议·

2005年校党委常委会议（扩大会议）主要议题

时　间	会　　议	主　要　议　题
1月14日	九届党委第14次常委会	研究材料学院增补党委委员和成立固体微结构与性能研究所直属党支部事宜；研究干部工作
1月19日	九届党委第15次常委扩大会议	传达教育部直属高校咨询工作会议精神，学习、贯彻周济部长在教育部2005年度工作会议上的讲话和教育部《关于进一步加强高等学校本科教学工作的若干意见》的有关精神；听取六个职能部门工作汇报；讨论2005年学校整体工作
2月17日	九届党委第15次常委会	关于实验学院发展建设专题研究；部署学期工作
3月1日	九届党委第16次常委会	关于党总支改选工作；研究干部校外调研培训工作
3月9日	九届党委第16次常委扩大会议	学校党务工作专题研究，讨论宣传工作、学生工作、组织工作、纪检工作、统战工作、工会工作等学期工作重点；推荐北京市劳动模范人选
3月22日	九届党委第17次常委扩大会	师资队伍建设工作专题研究；审议校务公开实施细则；研究专职辅导员队伍建设和新任正处级干部培训工作
4月5日	九届党委第18次常委扩大会	关于实验学院发展定位的专题研究；研究推荐北京市高校优秀基层党组织和优秀共产党员；讨论正处级干部考核工作
5月10日	九届党委第18次常委会	通报学校近期安全稳定和学生思想政治教育情况；研究干部工作和校庆活动筹备工作
5月24日	九届党委第19次常委会	研究下半年开展保持党员先进性教育活动工作；研究与通州区委区政府合作办学事宜；研究院部处班子建设和干部工作
6月7日	九届党委第20次常委会	审议学校先进党支部、先进党务工作者、优秀共产党员和优秀共产党员标兵
6月28日	九届党委第21次常委会	审议二级教代会制度；听取“小金库”清查情况汇报
7月22日	九届党委第19次常委扩大会	部署先进性教育活动具体工作，审议先进性教育活动领导小组及办公室成员名单；研究教师职务聘任工作；讨论学校“十一五”基本建设工作；审议科技成果转化和科技公司管理办法
8月23日	九届党委第22次常委会	研究直属党支部设置调整和干部调整工作；研究成立循环经济研究院事宜；明确校领导先进性教育活动联系单位
9月28日	九届党委第20次常委扩大会	研究先进性教育活动第一阶段工作
10月17日	九届党委第21次常委扩大会	先进性教育活动专题研究，审议先进性教育活动第一阶段总结，讨论第二阶段活动安排

续表

时间	会议	主要议题
11月1日	九届党委第22次常委扩大会	先进性教育活动专题研究，听取先进性教育活动征求意见情况汇报，部署先进性教育活动民主生活会工作
11月8日	九届党委第23次常委扩大会	研究先进性教育活动，通报校领导班子民主生活会情况；研究艺术设计学院并转工作
11月25日	九届党委第24次常委扩大会	部署“十五”“211工程”验收准备工作；研究学校“十一五”发展规划及校园建设规划；研究校党委常委会先进性教育整改方案
12月15日	九届党委第25次常委扩大会	学习十六届五中全会精神；研究“十五”“211工程”验收工作；讨论教师职务聘任、续聘和考核工作；调整校务委员会成员

（王燕琪　赵凤琴）

2005年校长办公会议主要议题

时间	会议	主要议题
1月4日	第1次校长办公会议	审议《北京工业大学中外合作办学管理办法》；研究北京艺术设计职业学院合并工作
1月21日	第2次校长办公会议	人事任免；讨论北京艺术设计职业学院合并问题
3月1日	第3次校长办公会议	审议软件园研发培训区北京工业大学软件学院设计方案、北工大重点实验室建设管理委员会名单；讨论购建教职工住房及腾退筒子楼问题、2005年招生计划、干部任免
3月16日	第4次校长办公会议	讨论校两代会校长报告、教师职务聘任相关规定；审议2005年学校预算
3月29日	第5次校长办公会议	讨论学校“十一五”发展建设规划指南，审议北京工业大学“十一五”发展建设规划编制机构、依法治校实施办法和领导小组、劳动人事争议调解委员会名单
4月8日	第6次校长办公会议	研究成立北京工业大学循环经济研究院；审议北京工业大学奥运羽毛球馆建设领导小组、北京工业大学体育运动委员会名单；审议北京工业大学2005～2010年校历；讨论学生处分
4月26日	第7次校长办公会议	讨论北京工业大学翠城、美景东方部分住房分售办法、教职工周转房管理办法；审议北京工业大学住房补贴领导小组名单
5月16日	第8次校长办公会议	讨论干部工作
6月14日	第9次校长办公会议	讨论校院两级人事管理制度、财务管理制度；讨论软件公司改制事宜；审议随团因公出访规定
6月28日	第10次校长办公会议	通报2005年学生毕业和学位授予情况，研究招生工作；审议《北京工业大学学生违纪处分条例》、《北京工业大学校内学生申诉制度管理规定》、《北京工业大学学生校园生活与课外活动管理规定》、《北京工业大学研究生学籍管理规定》、《北京工业大学本科学生学籍管理规定》

续表

时间	会议	主要议题
7月12日	第11次校长办公会议	讨论校庆工作；审议《北京工业大学收费管理办法》、《北京工业大学收费票据管理暂行办法》、《北京工业大学非财政性补充收入管理办法》
8月30日	第12次校长办公会议	研究学期行政工作
9月20日	第13次校长办公会议	研究循环经济研究院相关问题；人事任免；研究校庆工作
10月11日	第14次校长办公会议	继续教育学院定位和体制问题专项研究
11月1日	第15次校长办公会议	审议《北京工业大学规章制度管理办法（试行）》；讨论2006年自筹类研究生收费问题
11月15日	第16次校长办公会议	研究讨论北京工业大学“十一五”发展规划
12月6日	第17次校长办公会议	研究接收北京艺术设计职业学院划转方案；讨论无偿献血转轨工作
12月20日	第18次校长办公会议	讨论教师专业技术职务聘任和离退休工作；研究2006年招生计划

（江飒英　赵凤琴）

·机构与队伍·

北京工业大学2005年校级领导干部

党委书记 孙崇正
校　　长 范伯元（兼）
党委副书记 冯　培　张毅刚（兼纪委书记）
副 校 长 张　泽　马志成　侯义斌　张爱林　蒋毅坚　卢振洋
校长助理 马利华　张长春　张载鸿（2005年4月免）

中共北京工业大学委员会

委员 （按姓氏笔画为序）
马志成（回）　王燕兴　左铁镛　卢振洋　冯　培　孙崇正　纪树兰（女）　李四平
杨建武　张　泽　张　革　张宝林　张爱林　张毅刚　范伯元　陈建新　金毓荃（满）
赵凤琴（女）　蒋毅坚　雷永平　薛素铎
常委 （按姓氏笔画为序）
马志成（回）　冯　培　孙崇正　纪树兰（女）　张　泽　张毅刚　范伯元　赵凤琴（女）

中共北京工业大学纪律检查委员会

委　员 （按姓氏笔画为序）
马利华（女）　付朝贵　任立新（女、满）　李士贵　李建平　张　蕾（女）
张秀华（女）　张毅刚　赵铁庄　骆云霞（女）　钟儒刚
书　记 张毅刚
副书记 任立新（女、满）

北京工业大学校务委员会
（工大发〔2005〕41号）

主　任 孙崇正
副主任 冯　培　张毅刚　侯义斌　周大森
委　员 余跃庆　陈建新　杜修力　高向宇　张延庆　唐　兢　李　静　金毓荃　邸瑞华
张久兴　李双杰　钱伟量　王存新　曹晓愉　邱晓飞　李　忠
校学生会主席　校研究生会主席

北京工业大学第七届学术委员会
（工大发〔2003〕29号）

主　　任 左铁镛

副主任 张　泽（常务） 周大森 周锡元 张　杰 曾　毅 李京文 陆学艺 王福祥
隋允康 马重芳 刘小明 侯义斌
秘书长 隋允康
副秘书长 张爱林
委　员 左铁镛 张　泽 孙崇正 周大森 刘小明 隋允康 卢振洋 张爱林
费仁元 余跃庆 沈光地 王　普 周锡元 马重芳 彭永臻 杨振海
陶世荃 张　杰 刘椿年 张久兴 蒋毅坚 聂祚仁 李京文 韩福荣
陆学艺 钱伟量 左铁钏 侯义斌 曾　毅 钟儒刚 王福祥

北京工业大学第八届学位评定委员会
（工大发〔2004〕46号）

主　任 张　泽
副主任 蒋毅坚 张　杰 沈兰荪 周美玲
委　员 张　泽 张　杰 沈兰荪 周美玲 杨建武 陈建新 霍　达 金毓崟 王松桂
张书杰 史耀武 黄鲁成 何泾沙 王存新 李东松 蒋毅坚 李艾芳 周俊英
张载鸿 阮晓钢 张毅刚 张忠占 吴　斌 薛素铎
秘书长 吴　斌
副秘书长 薛素铎

北京工业大学“211工程”建设领导小组
（工大发〔2005〕38号）

组　长 范伯元 孙崇正
副组长 张爱林
成　员 张　泽 冯　培 张毅刚 马志成 侯义斌 蒋毅坚 卢振洋 马利华 张长春
赵凤琴 纪树兰 王大勇

北京工业大学实验室规划建设委员会
（工大发〔2005〕39号）

主　任 张爱林
副主任 蒋毅坚
成　员 张连宝 张红光 王大勇 李国俊 张　革 段建民 霍　达 钟儒刚 刘中良
王　普 黄鲁成 钱伟量 栗卓新 郝　伟 杨文通 周竞学 林志远
秘　书 邵　强

北京工业大学重点实验室建设管理委员会
（工大发〔2005〕3号）

主　任 范伯元
副主任 卢振洋 张爱林
委　员 杜修力 张　革 李国俊 张连宝 吴　斌 王大勇 杨建武 王　普 霍　达
刘中良 张书杰 聂祚仁 左铁钏

北京工业大学学生工作指导委员会
（工大发〔2005〕34号）

主　任　冯　培
副主任　蒋毅坚
委　员　赵凤琴　王秀彦　薛素铎　吴　斌　党　杰　赵铁庄　张建国　刘建萍　邱晓飞
秘　书　李　敏

北京工业大学学籍指导委员会
（工大发〔2005〕42号）

主　任　蒋毅坚
副主任　冯　培
委　员　薛素铎　吴　斌　王秀彦　安　琳　李　娟　江飒英
秘　书　陶明法　纪登梅

北京工业大学学生申诉处理委员会
（工大发〔2005〕43号）

主　任　张　泽
副主任　张宝林　任　炜
委　员　靳晓东　冯爱玲　教师代表2人、学生代表2人
秘　书　梁　爽　李　敏

北京工业大学奥运教育工作领导小组
（工大发〔2005〕5号）

组　长　冯　培
副组长　张爱林
成　员　赵凤琴　张长春　薛素铎　王秀彦　李四平　曹晓愉　邱晓飞
办公室成员
主　任　王秀彦
成　员　程晓琦　董　亮　邱晓飞　杜　峰　任　炜

北京工业大学奥运羽毛球馆建设领导小组和奥运场馆工程监督领导小组
（工大发〔2005〕11号）

北京工业大学奥运羽毛球馆建设领导小组成员
组　长　范伯元　孙崇正
副组长　张爱林
成　员　冯　培　张毅刚　张　泽　马志成　侯义斌　蒋毅坚　卢振洋　马利华　张长春
赵凤琴　纪树兰
办公室成员
主　任　张爱林（兼）
副主任　张长春　涂　鸣

成 员 刘民强 董 亮 李国俊 陈建生 王秀彦

北京工业大学奥运场馆工程监督领导小组成员

组 长 张毅刚

成 员 马利华 宋淑华 任立新

北京工业大学体育运动委员会
（工大发〔2005〕10号）

主 任 蒋毅坚

副主任 赵凤琴 薛素铎 王秀彦 李四平 曹晓愉 陈建生 关佳亮 李 悦 周恕义

委 员 张秀华 安 琳 周洪芳 张建国 雷碧莲 安国平 王 锋 王海燕 石 勤 王梦然 王燕霞 郭 颖 郭 福 魏 爽 郑大威 刘海田 高春娣 夏海州 任永方 胡庆敏 邱晓飞 肖荣诗 田 莉 索艳军

办公室成员

主 任 童 胜

成 员 刘金兰 周洪波 韩新君 赵桂生

北京工业大学人口与计划生育委员会
（工大发〔2005〕36号）

主 任 马志成

副主任 赵凤琴 张 革 李四平 王秀彦 赵铁庄 李国俊 曹晓愉 付朝贵 胡秀荣（常务） 田 莉 邱晓飞

委 员 党朝红 刘秀兰 白玉华 李艾芳 宛小炜 钟儒刚 宋贵先 石 勤 雷永平 廖 玫 杨 茹 王梦然 冯志华 何岑成 李建平 肖荣诗 王爱国 魏育辉 孙根生 孙大芳 黄彦萍

北京工业大学依法治校领导小组
（工大发〔2005〕6号）

主 任 孙崇正

副主任 张毅刚 卢振洋

成 员 张 泽 冯 培 马志成 侯义斌 蒋毅坚 张爱林 赵凤琴 张长春 马利华 张 革 任立新 赵铁庄 张连宝 吴 斌 薛素铎 李四平 曹晓愉 王秀彦 宋淑华

办公室成员

主 任 赵凤琴

副主任 张宝林

成 员 李四平 薛素铎 王秀彦 宋淑华 王燕琪 毕东明 金 峰 江飒英

秘 书 金 峰

北京工业大学“十一五”发展建设规划编制领导小组及工作组
（工大发〔2005〕7号）

北京工业大学“十一五”发展建设规划编制领导小组

组 长 范伯元

副组长　孙崇止

成　员　冯　培　张毅刚　张　泽　马志成　侯义斌　张爱林　蒋毅坚　卢振洋　赵凤琴　纪树兰　马利华　张长春

北京工业大学“十一五”发展建设规划编制工作组

组　长　张爱林

副组长　蒋毅坚　卢振洋

组　员　王大勇　杜修力　吴　斌　张　革　薛素铎　费仁元　王　普　张晓玲　董　亮

北京工业大学劳动人事争议调解委员会

（工大发〔2005〕8号）

主　　任　张毅刚

委　　员　张　革　王燕兴　曹晓愉　张秀华　王燕琪　陈景忠　陈颖军　孙玉荣

办公室主任　张秀华

秘　　书　陈颖军

北京工业大学图书馆工作委员会

（工大发〔2005〕14号）

主　任　卢振洋

副主任　费仁元

成　员　魏育辉　邢永利　李国俊　王大勇　薛素铎　吴　斌　邵长城　栗卓新　高向宇　李贵斌　王鹏廷　吴国蔚　张延华　任　炜　朱　凡（学生）　吕津燕（学生）

秘书处成员

秘书长　魏育辉

成　员　刘俊武　林铁莉　刘　健　赵志刚　杜文慧　胡　娟

北京工业大学45周年校庆组织委员会

（工大发〔2005〕29号）

主　　任　范伯元　孙崇正

常务副主任　卢振洋　冯　培　张毅刚

副　主　任　张　泽　马志成　侯义斌　蒋毅坚　张爱林

成　　员　范伯元　孙崇正　张　泽　冯　培　张毅刚　马志成　侯义斌　蒋毅坚　张爱林　卢振洋　马利华　张长春　杨建武　王　普　陈建新　霍　达　张永祥　刘中良　程水源　张忠占　李宝富　沈昌祥　王燕兴　聂祚仁　雷永平　曾　毅　钟儒刚　何径沙　王梦然　戴　俭　李艾芳　李京文　黄鲁成　陆学艺　钱伟量　杨　茹　王福祥　周俊英　何岑成　左铁钏　孙　威　陈建生　周竞学　冯志华　李建平　赵凤琴　任立新　纪树兰　李四平　骆云霞　王秀彦　赵铁庄　王德珍　曹晓愉　邱晓飞　孙根生　薛素铎　杜修力　吴　斌　党　杰　张　革　王大勇　蔡祖南　邢永利　张宝林　张连宝　李国俊　涂　鸣　宋淑华　刘建萍　李士贵　张永安　宋　群　费仁元　邵长城　金　力　付朝贵　张建国　田　莉　米裕民

秘　书　长　赵凤琴

北京工业大学收费管理领导小组
（工大发〔2005〕31号）

组　长　孙崇正
成　员　张毅刚　蒋毅坚　马利华　杨松令　宋淑华　刘建萍

（校两办提供）

北京工业大学2005年党政组织机构设置及负责人

党　委　机　关

党委办公室	主任	赵凤琴
党委组织部	部长	纪树兰
党校	校长	孙崇正（兼）
党委宣传部	部长	李四平
党委统战部	部长	骆云霞
党委学生工作部	部长	王秀彦
党委研究生工作部	部长	王秀彦
保卫处（部）	处长	赵铁庄
离退休人员管理处	处长	王德珍
	党总支书记	回登昌
工会	主席	张毅刚（兼）
	常务副主席	曹晓愉
团委	书记	邱晓飞
机关党委	书记	卢振洋（兼）

行　政　机　关

校长办公室	主任	赵凤琴
教务处	处长	薛素铎
科技处	处长	杜修力
学生处	处长	王秀彦
研究生部	主任	吴　斌
招生就业处	处长	党　杰
人事处	处长	张　革
发展规划处	处长	张长春
“211工程”办公室	主任	王大勇
国际交流合作处	处长	蔡祖南
信息处	副处长（主持工作）	李　健（2005.3免）
	处长	邢永利（2005.3任）
国有资产管理处	处长	张连宝
财务处	总会计师	马利华
	处长	李国俊
基建处	处长	涂　鸣
后勤管理处	处长	刘建萍（2005.4任）
纪检监察室	主任	任立新
审计处	处长	宋淑华

校友会办公室	主任	李士贵
综合治理与突发事件处置办公室	主任	张宝林
机关事务办公室	主任	孙根生（2005.3任）
后勤集团	党委书记	付朝贵
	总经理	张建国

各院、部单位负责人

机械工程与应用电子技术学院	党委书记兼代理院长	杨建武
电子信息与控制工程学院	党委书记	陈建新
	院长	王　普
建筑工程学院	党委书记	张永祥
	院长	霍　达
环境与能源工程学院	党委书记	程水源
	院长	刘中良
应用数理学院	党委书记	李宝富
	院长	张忠占
计算机学院	党委书记	王燕兴
	院长	张书杰（2005.6免）
		沈昌祥（2005.6任）
材料科学与工程学院	党委书记	雷永平
	院长	聂祚仁
经济与管理学院	党委书记	黄鲁成
	院长	李京文
人文社会科学学院	党总支书记	杨　茹
	院长	陆学艺
	常务副院长	钱伟量
外国语学院	党总支书记	何岑成
	院长	王福祥
	常务副院长	周俊英
生命科学与生物工程学院	党总支书记兼常务副院长	钟儒刚
	院长	曾　毅
建筑与城市规划学院	党总支书记	李艾芳
	常务副院长	戴　俭
软件学院	院长	侯义斌（兼）
	直属党支部书记	王梦然（2005.8免）
	党总支副书记（主持工作）	王梦然（2005.8任）
实验学院	党委副书记（主持工作）	康　静（2005.3免）
	党委书记	冯志华（2005.3任）
	院长	周竞学（2005.3任）
	常务副院长	江宪庆（2005.3免）
高等职业教育学院（2004.5整合入实验学院）	院长	颜念祖（2005.7免）
继续教育学院	院长	卢振洋（兼）
	常务副院长	李建平
	党委书记	李建平（2005.5代）
激光工程研究院	直属党支部书记	肖荣诗（2005.8免）
	党总支副书记（主持工作）	肖荣诗（2005.8任）

	院长	左铁钏
固体微结构与性能研究所	所长	孙　威
	直属党支部书记	徐学东（2005.3任）
循环经济研究院（2005.9成立）	院长	左铁镛（2005.9任）
	常务副院长	程会强（2005.9任）
体育部	直属党支部书记	王爱国
	主任	陈建生
图书馆	直属党支部书记	邵长城（2005.3任期满）
	党总支书记	邵长城（2005.3改选）
	馆长	费仁元
校医院	直属党支部书记	田　莉
	院长	孙根生（2005.3免）
		田　莉（2005.3兼）
北京工大智源科技发展有限公司	总经理	张永安
	科技产业党总支副书记（主持工作）	孙大芳

（组织部　提供）

北京工业大学2005年专业技术职务聘任委员会

主任委员 范伯元
副主任委员 孙崇正
委　　员 （按姓氏笔画为序）
王　普　冯　培　卢振洋　左铁钏　左铁镛　刘中良　李京文　沈昌祥　张　泽　张爱林　何泾沙　陆学艺　杨建武　周俊英　周竞学　钟儒刚　聂祚仁　程曹宗　蒋毅坚　霍　达　戴　俭

北京工业大学2005年专业技术职务学科评议组

机械学科组　7人
组　长 杨建武
副组长 吴　斌
成　员 隋允康　殷树言　余跃庆　张　伟　李德胜
秘　书 朱宪宪
材料学科组　7人
组　长 周美玲
副组长 聂祚仁
成　员 张久兴　史耀武　严　辉　雷永平　杜文博
秘　书 张国建
计算机学科组　7人
组　长 沈昌祥
成　员 张书杰　刘椿年　张鸿宾　蔡建平　何泾沙　朱　青
秘　书 张铁桥
电子通讯、自动控制学科组　7人
组　长 陈建新
副组长 王　普
成　员 孙崇正　沈兰荪　沈光地　贾克斌　阮晓钢
秘　书 杨　根

建工学科组　7人

组　长　霍　达

副组长　周锡元

成　员　张　杰　陶连金　张在明　关宏志　赵耀华

秘　书　艾　蓉

建筑学学科组　5人

组　长　戴　俭

副组长　李艾芳

成　员　宛素春　王　珊　杨昌鸣

秘　书　王　欣

环境、热能学科组　7人

组　长　刘中良

副组长　彭永臻

成　员　马重芳　程水源　金毓崟　夏定国　周大森

秘　书　李　晶

生命学科组　5人

组　长　曾　毅

副组长　钟儒刚

成　员　王存新　罗述谦　刘有军

秘　书　徐　莲

数学、物理和激光学科组　9人

组　长　蒋毅坚

成　员　左铁钏　程曹宗　俞宽新　郝　伟　陶世荃　孙　威　薛　毅　薛留根

秘　书　耿　虹

经济与管理学科组　7人

组　长　李京文

副组长　黄鲁成

成　员　阮平南　吴国蔚　郑家亨　蒋国瑞　梁岩松

秘　书　李军英

人文、外语和体育学科组　7人

组　长　陆学艺

成　员　冯　培　钱伟量　李东松　谢伦立　周俊英　薛素铎

秘　书　陈祖磊

北京工业大学2005年学院（部）专业技术职务聘任委员会

机电学院专业技术职务聘任委员会　5人

主任　杨建武

成员　余跃庆　吴　斌　杨文通　李晓阳

电子信息与控制工程学院专业技术职务聘任委员会　5人

主任　王　普

成员　陈建新　乔俊飞　沈光地　贾克斌

环能学院专业技术职务聘任委员会　5人

主任　刘中良

成员　程水源　马重芳　夏定国　夏国栋

建工学院专业技术职务聘任委员会　5人

主任　霍　达

成员　周锡元　张永祥　李炎峰　关宏志

应用数理学院专业技术职务聘任委员会　5人

主任　程曹宗

成员　张忠占　李宝富　王松桂　郝　伟

计算机学院专业技术职务聘任委员会　5人

主任　沈昌祥

成员　王燕兴　刘椿年　蒋宗礼　肖创柏

材料学院专业技术职务聘任委员会　5人

主任　聂祚仁

成员　周美玲　雷永平　王金淑　栗卓新

生命科学与生物工程学院专业技术职务聘任委员会　3人

主任　曾　毅

成员　钟儒刚　王存新

软件学院专业技术职务聘任委员会　3人

主任　侯义斌

成员　何泾沙　王梦然

建筑与城市规划学院专业技术职务聘任委员会　5人

主任　戴　俭

成员　宛素春　李艾芳　陈　喆　王　珊

经济与管理学院专业技术职务聘任委员会　5人

主任　李京文

成员　黄鲁成　蒋国瑞　阮平南　廖　玫

人文社科学院专业技术职务聘任委员会　5人

主任　陆学艺

成员　冯　培　钱伟量　杨　茹　李东松

外语学院专业技术职务聘任委员会　5人

主任　王福祥

成员　周俊英　何岑成　闫岫峰　刘宇慧

激光学院专业技术职务聘任委员会　5人

主任　左铁钏

成员　蒋毅坚　肖荣诗　李　强　刘世炳

体育部专业技术职务聘任委员会　5人

主任　陈建生

成员　王爱国　索艳军　陈其林　谢伦立

实验学院专业技术职务聘任委员会　5人

主任　周竞学

成员　冯志华　房树福　祖占良　倪世琦

继续教育学院专业技术职务聘任委员会　3人

主任　李建平

成员　种国慈　吴涤非

固体微结构与性能研究所专业技术职务聘任委员会　3人

主任　孙　威

成员　金头男　徐学东

非教学单位专业技术职务聘任委员会　9人

主任　卢振洋

成员　费仁元　赵凤琴　纪树兰　张　革　孙根生　张建国　田　莉　张永安

（人事处　提供）

·教育教学·

本科教育

【概况】 全校本科教育教学管理主要由教务处承担，教务处下设教学研究办公室、高教研究室、教学运行办公室、学籍管理办公室、考试中心、实践教学办公室、教学质量管理办公室和处办公室。全处在编职人员20人，其中处长1人、副处长3人、中级岗6人、一般岗10人；正高2人、副高5人、中级职称9人、初级职称4人。2005年，在教育教学上，进一步落实本科教学工作水平评估整改计划，深入贯彻教育部《关于进一步加强高等学校本科教学工作的若干意见》(教育部2005年1号文件)。2005年，进一步明确了：一是教学常规工作是根本，要保证日常教育教学工作的正常运行，完善各项教学规章，以制度保障教学；二是教育教学改革与创新工作是方向，要大力推进教育教学改革，以质量求生存。确定教育教学工作的基本思路是：用几年时间，加强教学基本条件建设，夯实教学改革基础，每年集中解决一至两个主要问题，优先突破，整体推进。

在以上基本思路指导下，确定2005年本科教育教学工作思路：一是深入落实教育部2005年1号文件精神，狠抓教学质量。二是规范教师教学管理，加强教师教学考核制度的建设和落实。三是继续抓好“四名工程”建设，深入开展教育教学研究，加强教育教学科研立项；抓好教师教学，包括教授、副教授为本科生上课和青年教师助课制度的贯彻落实；继续做好精品课程、精品教材、品牌专业和骨干专业的建设。四是进一步加强实践教学环节建设，做好北京市实验教学示范中心的申报和组织工作。五是加强教学基础环境建设，启动“十五”教学基地建设的评估、验收，完善学生创新能力、个性潜能自主发展的平台。六是完善各类教学管理制度，建立和完善有效教学激励机制。七是深化学分制改革，加强选修课和双语教学建设。八是强化校院两级质量监控体系，进一步提高课堂教学质量。九是加强《教育研究通讯》办刊力量，提高办刊水平。十是做好教学管理软件的修改和升级，启动网上选课系统。

坚持以“四名工程”为核心，构筑本科教学平台，积极推进教育创新。主要工作措施如下：

加强制度建设，制订和完善了《北京工业大学学生管理规定》、《北京工业大学本科学生学籍管理规定》、《北京工业大学教学事故认定及处理办法》、《北京工业大学教育教学奖励办法》等规章制度，促进教育教学管理的制度化和规范化。

加强教育教学研究，组织成立《教育研究通讯》编委会，积极开展教育教学理念研讨，积极组织申报校级、省部级教育教学研究立项，立项项目较以往年度有较大数量的增加。

构建有效的教学激励机制，加重奖励教学一线的优秀教师，对2003年和2004年两年中教师所取得的北京高等教育教学成果奖、北京市精品教材、北京市精品课程、北京市名师等重大成果以及2004年北工大教育教学研究优秀成果、2004年教职员工在公开发行的期刊上发表的教育教学论文进行公开奖励和表彰。“优秀教学质量奖”的申报立项呈上升趋势。

以“四名工程”建设为核心，继续组织“教学名师系列论坛”，购买教育教学类图书，分发到教师手中，更新教师教育观念，抓两头、促整体，加大对教学优秀教师的表彰和奖励，加强对教学效果差的课堂的整改；充分发挥各学院在学科专业调整和“名专业”建设中的积极性、主动性，进一步强化专业设置特色，加强品牌专业建设；进一步健全和完善了校院两级教材的编写、评价和选用制度，健全和完善校院两级精品教材规划和奖励制度；进一步规范和提升双语教学的建设与管理；全面启动“十五”教学基地总结验收工作，启动“十一五”精品教学基地建设项目，组织电工电子实验中心申报北京市实验教学示范中心的评选；改革质量监控模式，实施“一主线，三阶段”的新教学检查模式，积极推进教育改革与创新。

以学生为本，增强服务意识，大力加强人文艺术社科、经济管理、提高性外语、文献检索和现代教育技术等五类校开选修课的建设；通过教学基地建设，构建学校、北京市和国家三级立体式大学生科技竞赛网络，深化对学生创新能力和实践能力的培养，努力营造创新人才成长环境，为学生提供特长展示和个性发展的平台，继续保持实践教学特色。

加强本科教育教学的交流与合作，北京市属市管高校教学管理研究会秘书处和中国发明协会高校创造教育分会挂靠北工大，蒋毅坚当选为中国高等工程教育研究会副理事长，薛素铎当选为中国高等工程教育研究会副秘书长；组织召开地方工科院校教改协作组第13次年会；召集北京市高校学生管理工作研讨会。

2005年，在“四名工程”建设方面，4门课程被评为国家级精品课程，实现北工大历史上零的突破；5门课程获得北京市精品课程；9个专业获得北京市品牌专业建设立项。在实践教学方面，电工电子实验教学中心被评为“北京高等学校实验教学示范中心”；学生在省部级科技竞赛中，共获国际、国家及省部级科技竞赛奖86项（不包括学生处、校团委及学院组织参加的竞赛）。在教育教学研究方面，2005年教育教学立项178项，资助经费233万元；2005年投入39.85万元用于对全校教师在“四名工程”建设、教育教学研究等各项成果的奖励；学校有6项教育教学研究项目获2005年北京市级教育教学改革立项，有1项获2005年教育部高教司“高等理工教育教学改革与实践项目”立项；在第六次北京市高等教育学会优秀高教科研成果评选中，学校获一等奖2项，二等奖共3项。在第五届全国多媒体课件大赛中，学校获二等奖1项、三等奖3项、优秀奖9项，同时获得优秀组织奖；大幅度增加本科生校开选修课，2006年上学期学校将为本科生开出五类急需校开选修课110门（125个课堂），是上学年同期41门课（48个课堂）的2.7倍。

（李庆丰　薛素铎）

【教学运行、学籍管理】 以教育部实行新的《普通高等学校学籍管理规定》为契机，进一步整合和规范教学运行、学籍管理工作。2月和8月分别制定《2004～2005学年第二学期教学运行、学籍管理工作计划》、《2005～2006学年第一学期教学运行、学籍管理工作计划》印发各学院和相关职能办公室，保障教学运行、学籍管理工作规范有序。

修订《北京工业大学本科学生学籍管理规定》。5月，教学工作会议召开，各学院教学院长、教务科长和教务处全体人员共40余人参加了会议，与会人员学习了教育部新修订颁布的《普通高等学校学生管理规定》，并据此研讨《北京工业大学本科学生学籍管理规定》（讨论稿），针对学校教学工作和学生管理工作实际，提出修改意见。7月25日，经北京工业大学2005年第10次校长办公会讨论通过，印发《北京工业大学学生管理规定》、《北京工业大学本科学生学籍管理规定》等六个文件，自2005年9月1日起施行。9月，《北京工业大学本科学生学籍管理规定》等新修订的规范性文件报送到北京市教委，新修订文件的规范性、严谨性，文字内容的表述及其体现出的“以人为本、依法建章、规范管理、加强监督”原则，受到北京市教委及其组织的评审专家好评，并在市属市管高校中予以示范宣传。9月，教务处制作和使用内容丰富翔实、样式生动活泼的多媒体课件，通过集中讲解和校园网发布的形式，在全校范围内就新修订的《北京工业大学本科学生学籍管理规定》内容及其实施后教学管理、学生管理、学生学习生活等可能发生的变化和需要注意的问题，先后组织04级、05级学生、各学院教学管理人员、学校相关职能部门进行了讲解和分析，以保障新规定的顺利实施。结合新修订的《北京工业大学本科学生学籍管理规定》，于10月25日发布实施《关于选修各类性质课程的规定》、《关于辅修专业学分的规定》、《关于学生通过国家大学英语四、六级考试不计入学分的规定》和《关于补考时间安排的通知》，进一步规范和完善考试、毕业生毕业资格审核工作。

普通高等教育学历证书电子注册。北工大教务处获得2005年“北京地区高等教育学历证书电子注册管理工作先进集体”和“全国高等教育学历证书电子注册管理工作先进集体”称号。1月和7月，学校共完成3 721名毕（结）业学生毕业资格审核、电子注册数据上报和毕（结）业证书签发、学士学位证书签发、学籍档案归档工作。

转专业和高等职业教育（专科层次）优秀应届毕业生进入本科阶段学习的招生工作。6月，完成04级本科学生转专业工作，转专业学生人数62人，占04级新生人数的2.47%，比03级本科学生转专业人数增加了23人。6月和12月，分别完成2005年秋季、2006年春季高等职业教育（专科层次）优秀应届毕业生进入本科阶段学习的招生录取工作，共有15名高职应届毕业生顺利通过北京市统一组织的考试，进入本科阶段学习。

国家大学英语四、六级考试工作。6月举行全国大学英语四、六级考试，同时大学英语四、六级考试上升为教育部主管的国家级考试，并改革记分方法和成绩记载方式。针对考试的改革，教务处制作了多媒体课件，通过集中学习和校园网发布的形式，组织外国语学院、考务工作人员进行集中培训。北工大报名参加2005年6月四、六级考试的考生共计7 887人，其中四级考试4 315人，六级考试3 572人；12月共有6 331人报名参加，其中3 697人报考四级、2 634人报考六级。考试分别在校本部和管庄校区两个地点同时进行。

（陶明法　安　琳）

【课程与教材建设】　2005年，学校继续以专款方式资助各学院课程建设规划申报的重点课程和课程群，落实2005～2007年学校制定的“北京市精品课程”建设计划。5月，学校组织申报2005年北京市精品课程和国家精品课程。9月，北京市精品课程评审结果正式公布，继2003年5门课程、2004年4门课程获北京市精品课程之后，2005年北工大又有5门课程荣获北京市精品课程称号。同时，2005年北工大有4门北京市精品课程被北京市教委推荐申报2005年国家精品课程。经教育部资格审查、网上初评、专家会议终审和对入选国家精品课程的教学大纲、教学内容、网络资源、授课录像等材料网上公示，最终4门课程均被评为国家精品课程。

为了在全校有计划、高水平地开展精品课程建设，加强科学指导，借鉴各校经验，10月，学校组织精品课程经验交流会，邀请教育部高教司理工处副处长林宇介绍国家精品课程建设的意义及其他院校课程建设经验，蒋毅坚主持会议并讲话，北工大获北京市精品课程的教师、各学院主管教学的副院长及教务处有关人员参加了会议。学校购买教育部高等教育司组织编写的《国家精品课程——2005》(上、下)、《国家精品课程建设工作经验选编(一)》、《第二次全国普通高等学校本科教学工作会议资料汇编》、《21世纪中国教育的走向》等书籍，分发至14门北京市精品课程、教学名师和各学院。这是学校继制定课程建设规划、加大课程建设投入和教学效果检查、开展教学名师系列论坛等各项措施后，在精品课程建设上采取的又一举措。

为保证高质量的教材进入课堂，引导教师选用精品教材，学校以专款方式资助建设各学院精品教材样书库，为教师进行教材比较研究和选用营造了良好的环境。10月，组织完成了国家和有关部委“十一五”规划教材的立项申报和2005年学校各门课程选用教材情况的统计工作。

表6-1　北京工业大学2005年获北京市精品课程名单

序　号	学　　院	课程名称	课程负责人	职　称
1	人文学院	思想道德修养	冯　培	教授
2	机电学院	机械原理	赵　京	教授
3	电控学院	数字电子技术	陈文楷	教授
4	环能学院	水质工程学	彭永臻	教授
5	数理学院	数学建模	薛　毅	教授

表6-2　北京工业大学2005年获国家精品课程名单

序　号	学　　院	课程名称	课程负责人	职　称
1	机电学院	材料力学	隋允康	教授
2	机电学院	机械设计	王大康	教授
3	数理学院	概率论与数理统计	王松桂	教授
4	环能学院	水质工程学	彭永臻	教授

（赵一夫　薛素铎）

【专业设置与建设】　启动北工大“品牌专业”建设工程。6月，学校向北京市教委申报立项建设北京市级品牌专业，经过专家评审，北工大有9个专业经北京市教委批准成为市级品牌专业立项建设专业，并得到市教委专项建设经费资助。为引导专业建设，根据市级品牌专业建设标准、学校定位和人才培养的要求，教务处起草《北京工业大学品牌专业立项项目管理办法》和《北京工业大学品牌专业建设指标体系》两个文件，制定品牌专业建设项目申报、检查、评估验收等方面的相关表格。10月，完成北京市级骨干专业立项建设项目的申报工作。

表 6-3 北京工业大学 2005 年获北京市级品牌专业立项建设名单

序 号	学 院	专业名称	专业负责人	职 称
1	机电学院	机械工程及自动化	李晓阳	教授
2	电控学院	自动化	乔俊飞	教授
3	电控学院	电子信息工程	张延华	教授
4	电控学院	电子科学与技术	张万荣	教授
5	建工学院	土木工程	霍 达	教授
6	环能学院	环境工程	彭永臻	教授
7	数理学院	应用物理学	郝 伟	教授
8	材料学院	材料科学与工程	王金淑	教授
9	计算机学院	计算机科学与技术	蒋宗礼	教授

根据社会发展需要，学校增设了“给水排水工程”、“城市规划”、“艺术设计”和“动画”四个新专业。10月，学校召开了校学术委员会新增专业评审工作会，根据新增专业论证报告和教学计划等方面的材料进行了论证，至此，北工大共有 44 个本科专业。北工大 2005 年本科专业设置一览表见《学校事业发展数据统计表》。

按照北工大关于加强专业建设的意见，从师资、办学条件、课程和教材建设方面积极支持广告学、社会工作、生物医学工程等新专业的建设。12月，根据北京市教委的要求，教务处组织完成学校 44 个专业目前状况及“十一五”发展规划情况的统计和上报工作。

（赵一夫 薛素铎）

【入选教育部高等学校教学指导委员会委员】 12月20日，教育部公布 2006～2010 年教育部高等学校有关科类教学指导委员会委员名单，北工大有 12 名教授入选，入选人数比往届增加较多。

教育部高等学校有关科类教学指导委员会是教育部领导的专家组织，其主要任务是：①组织和开展本学科教学领域的理论与实践研究；②指导高等学校的学科专业建设、教材建设、教学改革、实训基地建设、实验室建设等工作；③制定专业规范或教学质量标准；④接受委托承担专业评估任务；⑤接受委托承担本科专业设置的评审或高职高专专业设置的核定任务；⑥组织师资培训、教学研讨和信息交流等工作；⑦完成教育部委托的其他任务。

表 6-4 北京工业大学 2006～2010 年教育部有关科类教学指导委员会委员名单

序 号	委员会名称	姓 名	职 务
01	机械基础课程教学指导分委员会	余跃庆	委 员
02	力学基础课程教学指导分委员会	李晓阳	委 员
03	工程图学教学指导委员会	杨文通	委 员
04	自动化专业教学指导分委员会	王 普	委 员
05	环境科学与工程教学指导委员会 环境工程专业教学指导分委员会	程水源	委 员 委 员
06	热工基础课程教学指导分委员会 高职高专能源类专业教学指导委员会	刘中良	委 员 副主任委员
07	统计学专业教学指导分委员会	张忠占	委 员
08	计算机科学与技术专业教学指导分委员会	蒋宗礼	秘书长
09	物理学与天文学教学指导委员会 物理基础课程教学指导分委员会	蒋毅坚	委 员 副主任委员
10	计算机科学与技术教学指导委员会 软件工程专业教学指导分委员会	侯义斌	委 员 副主任委员
11	实验室建设指导委员会	左铁镛 张爱林	主任委员 秘书长

（赵一夫 薛素铎）

【双语教学】 1月，修订印发《北京工业大学关于在学科基础课和专业课中进行双语教学课程立项建设的规定》（工大教发〔2005〕002号），制定印发《北京工业大学双语课程教学实施办法》（工大教发〔2005〕003号）；2月，修订完善《北京工业大学双语教学专家听课评价表》；4月，制定印发《北京工业大学关于双语课程教学的补充规定（试行）》（工大教发〔2005〕006号），明确规定双语课程的教学工作量按实际教学工作量的1.5倍计算，学校根据教师从事双语教学的效果和质量，对双语教师进行经费和培训方面的持续性支持，经学校立项并获得学校经费、硬件设备、双语进修或培训等方面支持的教师，必须保证双语教学的连续性，不得随意停止或变更双语教学。

校督导专家对双语课程进行了全程跟踪听课，多次分别组织教师和学生的座谈会，组织期末双语教学总结会，对双语教学的现状、存在问题进行了全面深入的了解和通报，针对问题的解决，在教学管理上采取了相应的有效办法，在教师教学上提出了中肯的改进建议。

4月，在专业基础课和专业课中进行了第四批双语教学课程立项，共15门课程获学校立项经费支持。

9至12月，选派12名双语教师分赴加拿大和英国伯明翰大学进行英语培训。

表6-5 北京工业大学第四批“双语教学”课程立项名单一览表（2005年）

序号	课程名称	项目负责人	所属学院
1	光纤通讯原理	朱江森	电控学院
2	数字电子技术	江 捷	电控学院
3	建筑施工与项目管理	章慧蓉	建工学院
4	公路工程招投标	胡江碧	建工学院
5	土木工程概论	董宏英	建工学院
6	C语言程序设计	蔡越江	计算机学院
7	现代操作系统	金雪云	计算机学院
8	数字系统设计	贾熹滨	计算机学院
9	磁性材料	岳 明	材料学院
10	电子封装技术	郭 福	材料学院
11	专业社工经典导读	杨 荣	人文学院
12	社会福利思想	顾秀林	人文学院
13	建筑环境心理学	赵 睿	建规学院
14	公共建筑设计-C	王冰冰	建规学院
15	信息安全概论	何泾沙	软件学院

（兰劲华 薛素铎）

【校开选修课】 5月，印发《北京工业大学关于对部分校开选修课实行课时补贴的规定（试行）》（工大教发〔2005〕005号），明确学校对面向全校学生开设的人文、艺术、社科、经济管理、外语、文献检索和现代教育技术类课程实行每课时50元的补贴。11月，针对以上各类校开选修课长期以来的供不应求，在实施课时补贴规定政策鼓励广大教师多开选修课的同时，动员新划转到北工大艺术设计学院的教师积极申报课程、对教师申报校选课增加补报机会、对新上岗教师进行考核和培训等，使这几类校开选修课的申报数量大幅度增加，首次突破百门（申报门数达110门，申报课堂数为125个）。

（兰劲华 薛素铎）

【教学基地建设】 1至3月，组织2004年各教学基地建设项目填写《专款执行绩效分析表》，从设备购置、标志性成果、经济效益和社会效益等方面对2004年教学基地建设成效进行了总结与分析，并提交了2004年度教学基地建设绩效分析报告。

3至4月，根据北京市人大会议对2005年北工大所申报的教学基地建设项目的批准情况，教学基地建设进入“三上三下”阶段。3月24日，根据北京市及北工大财务工作的新精神，组织2005年立项的各教学基地主管院长和教学基地负责人召开2005

年教学基地建设国库集中支付“项目支出”分月用款计划填报工作会议，组织各教学基地建设项目填报教学基地建设项目分月用款计划并报送财务处。4月，组织2005年教学基地建设项目填报实施计划书及设备参数表。教学基地建设项目共批准16个项目，批准专款3 023.52万元，其中政府采购2 881.17万元，非政府采购142.35万元。5月，各项目进入专款执行阶段。

8月16至22日，教学基地建设开始2006年精品建设项目的申报与校内专家评审工作。校评审专家组依据各申报项目所提交的项目申报书，从申报理由、项目支出预算、项目的必要性与可行性等方面对各申报项目及其预算进行了评审。2006年教学基地精品建设项目的申报在“细化教改、建设精品、打造亮点”的“十一五”教学基地建设的总体思想及规划的指导下，共申报项目17项。10月至12月，2006年教学基地精品建设项目报北京市财政投资评审中心进行评审。

（李雨竹 张红光）

【“十五”教学基地验收】 9至11月，北工大组织校专家组多次讨论与修改“‘十五’期间教学基地建设验收指标体系”，并最终定稿。“‘十五’期间教学基地建设验收指标体系”的制定既考虑到北工大“十五”教学基地建设验收工作的顺利开展，又兼顾到北京市高等学校实验教学示范中心的选拔工作，使校内指标与国家及北京市实验教学示范中心标准基本一致，其目的是构建由学校、北京市和国家所构成的三级实验教学示范中心体系，形成实验教学改革的良性循环，提高实验教学水平，实现实践教学改革的可持续发展。

11月18至19日，组织各学院教学基地建设负责人参加“十五”期间教学基地建设验收指标体系的培训。培训会议由教务处、国资处组织召开，教务处张红光主持。各学院教学基地主管院长、部分教学基地建设项目负责人以及教务处、国资处、财务处和审计处的相关人员30余人参加了培训与研讨，蒋毅坚到会并讲话，原教学基地建设领导小组负责人周竞学对“‘十五’期间教学基地建设验收指标体系”进行解读。12月3日，“十五”期间教学基地建设验收工作会议在科学楼406会议室召开，各学院教学基地建设主管院长、各教学基地建设项目负责人及相关人员参加了会议。会议要求各学院及项目负责人要严格按照“十五”期间教学基地建设验收指标体系，做好验收前的准备工作。

12月26日，启动“十五”期间教学基地建设的验收工作。“十五”期间教学基地建设验收工作以校院两级管理为总体原则，以“北京工业大学‘十五’期间教学基地建设验收指标体系”为验收依据，由学院对各教学基地建设项目进行检查验收，学校对各学院进行整体验收。

（李雨竹 张红光）

【实验教学示范中心建设与申报】 4月23日，启动申报北京市实验教学示范中心评选工作。实验教学示范中心的建设目标是：树立以学生为本，知识、能力、素质全面协调发展的教育理念和以能力培养为核心的实验教学观念，建立有利于培养学生实践能力和创新能力的实验教学体系，建设满足现代实验教学需要的高素质实验教学队伍，建设仪器设备先进、资源共享、开放服务的实验教学环境，建立现代化的高效运行的管理机制，全面提高实验教学水平。实验教学示范中心应具有先进的教育理念、先进的实验教学体系、内容和方法，先进的实验教学队伍建设模式和组织结构，建立有先进的实验教学运行机制和管理方式，并取得显著的实验教学效果及有鲜明的特色，能够为全国高等学校实验教学改革提供示范经验，带动高等学校实验室的建设和发展。经学院自主申报、学校评审，确定电工电子实验教学中心参加北京市实验教学示范中心的申报与评审。

10月12日，北京市实验教学示范中心评审专家参观了电工电子实验教学中心的电子工程训练实验室、电子技术实验室、自主实践实验室、综合展示实验室、电工电路实验室、EDA实验室、电子工艺实习基地，并查阅了电工电子实验教学中心的相关支撑材料，从实验室管理、实验室建设、设备与环境、实验教学、文档材料建设等方面进行了综合考察。11月14日，经北京市教委组织专家评审论证，北工大电工电子实验教学中心被评为“北京高等学校实验教学示范中心”。

11月25至27日，教务处协同国资处主持召开了“北京工业大学实验教学示范中心申报总结及建设人员培训会”，表彰电工电子实验教学中心成功申报“北京高等学校实验教学示范中心”，总结申报经验，并在更大范围内进一步推进市级、国家级实验教学示范中心的申报工作。

（李雨竹 张红光）

【实践教学】 完成2003级实践教学大纲和2003级实验教学大纲的全部整理及编辑工作，印制成册并发放到各学院。2003级实践教学大纲和2003级实验教学大纲是执行实践教学计划、实现培养目标、指导实践教学的纲领性文件，是“十五”期间教学基地建设的主要内容与成果之一。

2005年，北工大参加毕业设

计（论文）的本科学生共计3 195人。学校要求各学院本着对学生、指导教师、学校负责的精神，严格把关、认真选拔，宁缺毋滥，公开、公正、公平地做好优秀毕业设计（论文）的评选工作。在获优秀成绩的毕业设计（论文）中共评出校级优秀论文90篇，6月29日经学校专家答辩委员会的二次答辩评审，从校级优秀论文中评选出10篇校级特优论文。9月，完成北工大《2005年优秀毕业设计论文摘要选编》的编辑、印刷工作并发放到各学院。

（李雨竹　张红光）

【大学生科技竞赛】 2005年，在全国大学生数学建模竞赛、全国大学生电子设计竞赛、全国大学生结构设计大赛、全国大学生广告艺术大赛、全国机器人足球锦标赛、全国大学生英语竞赛、美国大学生数学建模竞赛、计算机学会国际设计大赛（CSIDC）、北京市大学生物理竞赛、北京市大学生数学竞赛等赛事中，全校共有788人参加，共获国际、国家及省部级科技竞赛奖86项。其中，国家及省部级奖83项，国际奖3项；全国一等奖4项、二等奖17项、三等奖19项；北京市一等奖9项、二等奖15项、三等奖19项；在2005年微软"创新杯"程序设计大赛中，北工大学生设计的作品《Squirrel Attack》在渲染专题竞赛中蝉联全球总冠军，《Fego社区》在软件设计专题竞赛中获得全球季军，计算机学院01级本科生鲁小石在逻辑算法专题竞赛中进入世界前六名。在竞赛组织方面，电控学院王铁流荣获2005年全国大学生电子设计竞赛优秀组织工作者奖，实验学院严峰获2005年全国大学生电子设计竞赛优秀辅导教师奖。

表6-6　北京工业大学2005年度学生科技竞赛国家及省部级获奖情况汇总表

竞赛名称	主办单位	获奖级别							合计
		国际奖	全国一等奖	全国二等奖	全国三等奖	北京市一等奖	北京市二等奖	北京市三等奖	
美国大学生数学建模竞赛	美国工业与应用数学学会	2队3等	—	—	—	—	—	—	2
计算机学会国际设计大赛（CSIDC）	美国计算机学会	TOP TEN	—	—	—	—	—	—	1
全国大学生数学建模竞赛	教育部	—	1	6	—	3	1	—	11
全国大学生电子设计竞赛	教育部	—	1	4	—	6	8	7	26
全国大学生结构设计大赛	教育部	—	—	—	1	—	—	—	1
全国大学生广告艺术大赛	教育部	—	—	—	1	—	2	7	10
全国机器人足球锦标赛	中国人工智能学会	—	—	—	1	—	—	—	1
全国大学生英语竞赛	全国大学生英语研究会	—	2	7	16	—	—	—	25
北京市大学生物理竞赛	北京市物理学会	—	—	—	—	—	2	3	5
北京市大学生数学竞赛	北京市数学学会	—	—	—	—	—	2	2	4
合计		3	4	17	19	9	15	19	86

注：以上竞赛仅指由北京工业大学教务处组织或到教务处备案的竞赛，其他部门举办的竞赛不在此统计之列。

（李雨竹　张红光）

【购置和安装第三教学楼教学设备】 6月，确定第三教学楼需要购置教学设备的招标技术参数。9月8日，进行教学设备招标，确定中标厂家。9至10月，与中标厂家洽谈并签订教学设备购置合同。

（李雨竹　张红光）

【教学质量监控】 2005至2006学年第一学期开始，将原来的"期中教学检查"改为"学期教学质量监控"，推行了"一条主线、三个阶段"工作模式。一条主线：全程质量监控，提高教学质量。三个阶段：第一阶段，6周至7周教学检查，第8周反馈信息，有利于教师改进后期教学工作；第二阶段，第13周"学生评教、教师评学评管"；第三阶段，第18周校职能部门及专家到各学院进行教学质量监控工作水平考察评估。在学期教学质量监控过程中各学院设校督导专家联络小组。

（李振泉　曹万林）

【教学名师论坛】 5月24日，举办第五次"教学名师论坛"。全国教学名师、清华大学范钦珊教授作《理念·内容·方法·技术——兼谈课程教学的启发性与研究性》报告。他指出，教学内容重在学术深度，教学过程重在启发、引导与互动，课外学习重在研究，实验教学重在自主设计，考试重在刺激思维、鼓励创新，教育技术的应用重在与课程整合。教学上的投入、积累和创新体现在两方面：一要投入时间和精力不断深入研究和革新教学内容，为此必须长期坚持不懈地既从事教学、又从事科学研究；二要投入一定的时间和精力接触学生、了解学生，总结教学过程中的成功经验及失败教训，不断改进和完善教学过程，必须发挥团队力量，共同投入、积累和创新。

11月11日，举办第六次“教学名师论坛”。中国高教学会副秘书长、教育部教育发展研究中心副主任蔡克勇教授作《转变教育观念，培养创新人才》报告。他讲述了为什么要培养创新人才和怎样培养创新人才。报告会由蒋毅坚主持。

11月23日，举办了第七次“教学名师论坛”。北工大现代教育技术中心主任周恕义教授介绍了学校的网络教学与支持环境，分析了本校教师应用网络教学的现状。北工大教学名师、计算机学院陈文博教授作《应对轻轻走来的e-Learning——网络教学的实践与体会》报告。他讲述了吸取e-Learning的教学模式拓展BBS的功能与作用，在e-Learning中学生是以一种全新的方式进行学习，e-Learning是提高学生批判性思维和分析能力的重要途径，通过e-Learning提高学生的品位与素质、培养职业的忠诚，e-Learning与课堂教学的关系等，结合自己的教学实例讲授了网络教学的优势。

（李振泉　曹万林）

【教师工作规范】　《北京工业大学教师本科教学工作规范》是在原《北京工业大学教师工作条例》的基础上，参考了《教帅法》、《高等教育法》、《普通高等学校本科教学工作水平评估方案》及教育部2001年4号文和2005年1号文等，2005年底经教务处、人事处等相关人员共同讨论后修订完成的；并同研究生部共同制定了《北京工业大学教学事故认定及处理办法》（讨论稿）。

（李振泉　曹万林）

【考试试卷、毕业设计（论文）抽查】　2005年，教务处加大了对本科生考试试卷、毕业设计（论文）的监控力度，共抽查试卷37份，毕业设计（论文）193份，于11月25日送天津大学进行评审，为2008年教育部教学工作水平评估做好准备。

（李振泉　曹万林）

【教学评优】　在2001至2004年北工大优秀毕业设计（论文）、2002～2004年校优秀硕士学位论文、优秀博士学位论文和2004年北京市精品教材评选结果基础上，王大康等32名教师获得2005年北工大“教学优秀奖”。

7月7至8日，召开2004～2005学年“优秀教学质量奖”评审专家会议，评选出“优秀教学质量奖”一等奖3项、二等奖9项、三等奖18项。

（李振泉　曹万林）

【第五届全国多媒体课件大赛】　10月17日，教育部教育管理信息中心举办的“第五届全国多媒体课件大赛”在北京结束，北工大教师制作的课件分别获得二等奖1项、三等奖3项和优秀奖9项，同时学校获得优秀组织奖。为参加此次大赛，教务处组织专家对各学院申报的32个课件进行评审，其中13个课件参赛。

（李振泉　曹万林）

【教学督导专家工作】　10月12至15日，全国首届教学督导专家研讨会在江西井冈山召开，北工大教学督导组专家及教务处主要负责人参加会议，并介绍了题为《本科教学督导工作的架构与实践》的本科教学督导工作经验。11月25日，北工大教学督导专家组到天津大学、南开大学调研交流教学督导工作。

（李振泉　曹万林）

【教育科研立项】　2005年，根据《北京工业大学本科教学工作整改计划》（2004年），北工大进一步加强了对教育教学研究的支持力度：

（1）校级立项。1月，修订《北京工业大学教育教学研究立项申报管理办法》。1月18日至4月19日，在常规性两年一次立项的基础上，通过公开向全校征集教育教学研究课题，编辑研究课题指南，组织申报、初评、答辩复评等程序，从全校312项申报课题（其中：申报重点项目67项、面上项目245项）中评审批准了178项教育科研项目（其中重点项目28项，面上项目150项）。2004年、2005年两年总计立项235项（其中2004年57项），2005年共资助经费233万元（其中：2004年项目经费37万，2005年项目经费196万）。4月，修订并公布了《北京工业大学教育教学研究项目经费使用与管理办法》。

（2）省部级立项。5月26日至6月28日，根据《北京市教育委员会关于开展2005年市级高等学校教育教学改革立项工作的通知》（京教高〔2005〕14号），在2005年校级立项的基础上，组织申报北京市教改项目11项，其中申报资助项目3项，自筹项目8项。经过北京市教委外聘专家评议，北工大共有6项被批准立项，其中市教委资助项目3项，学校自筹经费项目3项。对于此6项，学校均给予1∶1的经费配套（4万元）支持。7月，根据

《北京工业人学教育教学奖励办法》的有关规定，配套资助北京市教育科学研究重点项目《扩招形式下高校如何保证和提高研究生培养质量》(项目负责人，蒋毅坚)4万元。

表 6-7 北京市高等学校 2005 年度教育教学改革立项项目北京工业大学获批立项名单

序号	所属单位	项目负责人	项目名称	立项类别
1	教务处	薛素铎	本科学科专业结构优化的研究与实践	资助
2	数理学院	程曹宗	工科数学系列课程建设研究	资助
3	现代教育技术中心	周恕义	基于校园网的直播和交互教学系统的研究与实现	资助
4	数理学院	唐 兢	调动学生学习积极性的大学数学“问题驱动”教学法的研究与实践	自筹
5	高教室	蒋毅坚	高等工程教育改革与发展的研究与实践	自筹
6	人文学院	李东松	工科院校人文社科类选修课体系的科学构建及实施方案研究	自筹

9月2日至10月10日，根据教育部高教司《关于申报“高等教育专题研究项目”的通知》(教高司函〔2005〕164号)精神，在全面整合北工大2005年校级重点立项的基础上，根据北工大的实际情况，组织申报了2项。

11月18日至12月6日，根据教育部高教司理工处《关于申报“高等理工教育教学改革与实践项目”的通知》精神，根据北工大的实际情况，组织申报项目3项。12月21日，教育部高教司下达了《关于批准高等教育理工教育教学改革与实践项目立项的通知》(教高司函〔2005〕246号)，北工大有1项获得批准立项，项目负责人薛素铎，项目名称是《地方理工科院校应用型人才培养的改革与实践》。

(李庆丰 薛素铎)

【教育教学成果奖励】 2月，制定《北京工业大学教育教学奖励办法》(工大教发〔2005〕004号)。学校决定于2005年开始，每年对北工大教职员工所取得的教育教学成果奖、精品课程、精品教材、名牌专业、教学名师、教育教学专著等重大教育教学成果以及在公开发行刊物上发表的教育教学论文进行奖励。7月，决定对2003～2004学年以来教师所获得的北京高等教育教学成果奖、北京市精品教材、北京市精品课程、北京市教学名师等重大成果，以及2004年北工大教育教学研究优秀成果、2004年教职员工在公开发行的期刊上发表的教育教学论文进行物质和精神奖励。

表 6-8 北京工业大学 2005 年各类教育教学成果奖励汇总表

类别	细目	获奖数	每项奖励金额(元)	总计(元)
省部级配套奖励	2004北京高等教育教学成果奖	一等奖6项	6 000	36 000
		二等奖8项	4 000	32 000
	2004北京市精品教材	15本	5 000	75 000
	北京市教学名师	2人	10 000	20 000
	北京市精品课程	2003年5门	10 000	50 000
		2004年4门	10 000	40 000
校级奖励	2004校优秀教育教学研究成果奖励	一等奖16项	3 000	48 000
		二等奖21项	2 000	42 000
	2004教育教学研究论文奖励	学校认定的核心期刊论文8篇	1 500	12 000
		公开发行期刊论文87篇	500	43 500
总计				398 500

(李庆丰 薛素铎)

【获中国高等教育学会第六次优秀高教科研成果奖】 3月14日至4月8日，组织申报“中国高等教育学会第六次优秀高教科研成果评选”，在全校申报的基础上，依据全国高教学会的评选办法，遴选了5篇优秀教育教学研究论文报送北京市高等教育学会。北工大王辉的《学校规则的合法性管窥》获优秀奖。

（李庆丰 薛素铎）

【获北京市高等教育学会第六次优秀高教科研成果奖】 8月23日至9月30日，组织学校教师申报、审核，送评北京市高等教育学会第六次优秀高教科研成果评选活动，共送评8份高等教育教学论文，共获一等奖2项，分别是：研究生部蒋毅坚的《扩招形势下保障和提高研究生教育质量的探索》、计算机学院蒋宗礼的《论计算机学科的形态与研究生培养的关系》；二等奖3项，分别是：研究生部肖念的《ISO9000与研究生教育质量保障体系》、机电学院隋允康的《重在演示创新过程，重在实施能力培养——提高研究生教学质量初探》、校两办赵凤琴的《对网络宣传思想工作的思考与实践》。

（李庆丰 薛素铎）

【汇编北京工业大学教育教学论文】 为了解和展示学校教师开展教育教学科研的情况，学校决定从2005年开始每年出一本教育教学论文汇编，将上一年度公开发表的论文汇编成册。3至7月，向全校征集2004年公开发表的教育教学论文，全校共申报论文116篇，评审选出符合条件的论文共95篇，其中学校认可的《中国高教研究》、《学位与研究生教育》等核心期刊教育教学论文共8篇，其他公开刊物教育教学论文87篇。7月，编辑、印刷《北京工业大学教育教学论文汇编（2004年）》，收录评审出的95篇论文，根据论文内容分为“理论·理念”、“学科·专业”、“课程·教材·教法”、“教学改革”、“研究生教育”、“实践教学”、“教育技术与网络教学”、“素质教育”、“政府采购与资产管理”等共10类。

（李庆丰 薛素铎）

【北京工业大学教育教学研究项目管理】 6至12月，根据北京市对专款开支及其进度要求，对2005年北工大教育教学研究项目共300万专款的执行情况进行管理、督促。8至12月，组织2006年“北工大教育教学研究项目”专款申报。

（李庆丰 薛素铎）

【教育研究通讯】 《教育研究通讯》是北工大教育科学研究期刊（季刊），创刊于1982年。其宗旨为：以马克思主义、毛泽东思想、邓小平理论和“三个代表”为指导，全面贯彻党的教育方针，紧密结合北工大的教育改革实践，探讨教育规律、开展学术讨论、反映研究成果、推动教育改革、促进校内外的信息交流。《教育研究通讯》到2005年止已出版刊物69期（不含增刊、专刊类），载文1 380余篇。2005年，《教育研究通讯》在规范办刊形式，提高办刊质量上进行了改革：

（1）组织成立《教育研究通讯》编委会。1月14日，《教育研究通讯》编委会成立大会在逸夫图书馆报告厅举行。蒋毅坚讲话指出：成立《教育研究通讯》编委会是贯彻教育部办公厅《关于进一步加强高等教育研究机构建设的意见》（教高会厅〔2004〕1号），落实教育部本科教学水平评估整改计划的重要举措，为此，学校在加大教育教学研究的立项数目和投入的力度、加强《教育研究通讯》的办刊力度、加强高教研究室的力量三个方面采取相应的措施。会上，冯培宣读了编委会成员名单，薛素铎宣读了编委会条例，并由学校领导向全体编委会成员颁发了聘书。

（2）组织召开“率先建成国内一流教学研究型大学”教育教学研讨会。1月14日，《教育研究通讯》编委会成立仪式后，在逸夫图书馆报告厅组织召开了“率先建成国内一流教学研究型大学”教育教学研讨会。各学院学科部正副主任、责任教授，各学院主要领导以及《教育研究通讯》编委会全体成员参加了会议。参加会议的学校领导有孙崇正、冯培、蒋毅坚。会议由蒋毅坚主持。会上，孙崇正作了题为《落实科学发展观，为建设国内一流教学研究型大学而奋斗》的主题报告，报告指出：第一，要以科学发展观为指导，充分认识到当前北工大建设国内一流研究型大学所面临的机遇、形势和任务；第二，要把人才培养作为北工大的根本任务，全面实现高校人才培养、科学研究和社会服务三项基本职能；第三，坚持教育以育人为本，办学要以教师为本，确立学生和教师两个主体的办学理念；第四，力争做好“三个突破”，实现“三个提高”；第五，坚持做好四个统筹，促进学校全面协调可持续发展。会后召开了第一次编委会全体大会，研究讨论编委会规章及2005年教育教学重要项目研究选题。

（3）规范办刊形式。请专家重新设计杂志封面，将封面每期刊登学校一幅不同图片的形式改变为固定图案形式，只改变每期的颜色，一年四期分别为墨绿、褚红、黄、天蓝四色；新增英文标题、摘要等部分，统一论文的格式等。10至11月，完成《教育研究通讯》出版资格审查。

（4）拓宽稿源，提高稿件质量。在正刊上开辟特稿专栏，向校内知名教授、各学院领导及校外有关方面的专家约稿。增加专刊，激励教师发表教育教学论文的积极性，2005年出版《教育研究通讯——教学质量监控专刊》、《教育研究通讯——评估整改专刊》两期专刊。积极保持和进一步拓宽与作者及兄弟院校的密切交流，提高刊物的校外影响力。

（李庆丰　薛素铎）

【编制北京工业大学本科人才培养“十一五”规划】　6至8月底，完成“北京工业大学本科人才培养‘十一五’规划”编制工作。规划内容包括人才培养规模、人才培养目标、人才培养特色与模式、重点建设内容与思路。其中重点建设内容与思路为：以“四名工程”建设为龙头，整体提高教育教学水平；突出教学中心地位，全面推进“质量工程”建设；主动适应社会对人才的需求，优化人才培养结构；建设高教研究队伍和研究基地，提高教育教学研究水平。

（李庆丰　薛素铎）

【本科教育教学交流与宣传】

（1）北京市属市管高校教学管理研究会秘书处挂靠北工大。3月，经北京市教育委员会酝酿，由北京市教委高教处和市属市管高校发起，倡导筹备成立北京市高等教育学会北京市属市管高校教学管理研究会。6月14日，北京市高等教育学会市属市管高校教学管理研究会筹备委员会召开，会议通过了由北工大教务处起草的研究会章程，会议推选北工大副校长蒋毅坚为理事长，教务处处长薛素铎为理事和秘书长，秘书处挂靠北工大。10月19日，研究会获北京市民政局的正式批准（京民社许准分字〔2005〕第326号）。12月6至7日，在北京工商大学召开研究会成立仪式暨第一次全体理事会议。会议由秘书长薛素铎主持，理事长蒋毅坚讲话。

（2）中国发明协会高校创造教育分会挂靠北工大。7月，中国发明协会高校创造教育分会第三次代表大会换届选举，中国发明协会高校创造教育分会正式挂靠北工大，秘书处挂靠于北工大教务处，蒋毅坚当选为中国发明协会高校创造教育分会常务副理事长。

（3）组织参加地方工科院校教改协作组第13次年会。7月16至21日，地方工科院校教改协作组第13次年会在河北工业大学召开，北工大作为组长单位，副校长蒋毅坚、教务处处长薛素铎等参加年会。

（4）召集北京市高校学生管理工作研讨会。7月26日，根据北京市教育委员会《关于建立北京地区高校学生管理工作研讨交流组的通知》精神，以北工大为召集学校的交流组学生管理工作研讨会召开。来自北京外国语大学、中国农业大学、北京林业大学、北京语言大学、中国青年政治学院、国际关系学院、首都医科大学、北京第二外国语学院、北京物资学院、北京农学院共11所学校的15位代表参加了研讨会。

（李庆丰　薛素铎）

现代教育技术

【概况】　北京工业大学现代教育技术中心成立于1978年12月，原名北京工业大学电教中心，1994年3月更名为现代教育技术中心。目前在岗人员31名，其中正高级专业技术职务1人，副高级专业技术职务5人，具有硕士学位7人。

现代教育技术中心的基本职能包括多媒体教学支持平台，网络教学支持平台，教学软件开发与制作平台，教育技术推动、培训平台的建设，并承担了本科生教学和硕士研究生的培养工作。

现代教育技术中心拥有教学支持、音像制作以及教育技术研发三个部门，下属教学软件制作室、非线性音视频编辑室、教育在线服务器机房和外语调频台及2004年落成的电视导播室和演播厅。中心现有800元以上固定资产达2 026件，合计约2 526万元、使用面积约1 000平方米。

2005年制作了包括精品课程、教学片、教学实验片、专题片等共计134部（集），其中有4门课程首次被评为国家级精品课程。在2005年11月北京市科协组织的第十二届北京科技声像作品“银河杯”评选中，现代教育技术中心提交的作品《显微硬度计的使用与操作》（郭煜等制作）获二等奖。这是北工大首次在此项评选活动中获奖，也是唯一获得二等奖项的高等学校。《国际建筑年会ISSA专题片》（李勇等制作）获三等奖。

（乔　虹　周恕义）

【多媒体教学】　现代教育技术中心现管理168个配置齐全的演示型多媒体教室、3个直播教室和9个语音教室，总座位数达15 930个。多媒体教室的数量占全校总教室数的65%，占总座位数的80%。多媒体教室配置了投影机、电动幕布、计算机、DVD、音响系统、视频展台等先进的教学设备，校管9个语音教室中有5个是数字化语音教室，全部与internet连通。

多媒体与音像软件制作。现代教育技术中心为学校制作了一批重点专题宣传片，对宣传学校“211工程”建设起到了重要作用。另外，现代教育技术中心还为各学院拍摄了多部教学专题片，如《物理化学实验演示》、《玻璃器皿的洗涤及使用方法》以及《大学英语改革与四六级考试访谈录》等一系列教学专题片，特别是上报北京市教委的《精品课程与学科介绍》为争取学校在北京市立项起到了重要作用，目前共有15门课程获得北京市教委精品课程立项批准。2005年申报的"材料力学"、"机械设计"、"水质工程学"、"概率论与数理统计"等四门课程被批准为国家级精品课程。由现代教育技术中心主持，学科教师共同参与制作的"简明物理学史"的课堂教学版和网络学习版已经由高等教育出版社出版，并且被列入新世纪网络课程向全国推广。同时制作了"简明数学史"、"计算机文化基础"、"商务英语"、"高等数学系题课"、"大学物理系题课"和"排球"等音像及网络课程。用自主研发的网络直播系统已经播出了大量的各类学术活动。其中"国家杰出青年科学家系列学术报告会"播出后反响强烈。2005年为应届毕业生提供就业前的各项指导与培训，完成了12场大学生就业指导讲座的录像以及近20场教学、讲座、论坛、网络直播的录制工作。以上活动都获得了较高的网络收视和点击率。

2005年现代教育技术中心为学校各种新闻活动、重大事件拍摄了600多场次的资料，刻录光盘3 000多张。现代教育技术中心同时还将部分资料转成了流媒体，通过"教育在线"，使得校园网络用户能够便捷地共享。

多媒体教学以及教育技术培训工作，切实提高了教师制作多媒体教学软件的水平。现代教育技术中心参与主办了多次促进多媒体教学的大型活动，如"青年教师技能大赛"、"北工大优秀教学媒体大赛"、"教育技术"的网上考试评卷等，并将其同"高等学校教师教育技术等级培训"相结合。

（乔　虹　周恕义）

【音视频资料媒体管理网络数据库】 2005年现代教育技术中心利用网络化、数字化技术，建立了全新的音视频资料媒体管理网络数据库，使音视频资料的查询检索工作更加便捷，管理更加规范、科学。

新的系统包含七个资料子系统，一个后台管理系统和一个留言板系统。子系统分别是：DVD资料库，收集了现代教育技术中心已拍摄的以DVD为存贮介质的节目，现有条目508条；VCD资料库，收集现代教育技术中心已拍摄的以VCD为存贮介质的节目，现有条目154条；MINIDVD资料库，收集现代教育技术中心已拍摄的以MINIDVD为存贮介质的节目，现有条目665条；旧磁带光盘库，收集现代教育技术中心2001年以前拍摄和购入的部分1/2磁带、3/4磁带和VCD光盘，共有条目1 429条。

（乔　虹　周恕义）

【教育技术培训】 现代教育技术中心是教育部教育技术协作委员会批准成立的"高等学校教育技术培训中心"，北工大也是北京市确定的本地区教育技术培训和考试的4个院校之一。教育技术培训是中共中央"新世纪高等教育改革工程"的组成部分，要求高校教师掌握必要的现代教育技术手段，提高教育信息化程度。北工大现代教育技术中心承担了北京市东部地区市属院校的教师教育技术培训和考试工作。

3月13日至5月15日，中心开办第二期教育技术等级培训，一级班1期，二级班2期（包括快班和慢班），培训总人数为109人，一级8人，二级101人，总课时为208学时。2005年6月1至5日进行了北京市的教育技术等级考试，共有校内外439人参加，其中一级为117人，二级考生为322人，考试分为13场次。在中心参加培训的教师中，取得合格证书的达到90.40%，高于北京市85%的合格率。9月11日，开办第三期培训班，共培训128人，其中一级16人、二级112人。12月16至18日，举行教育技术等级考试，校内外共382人参加，其中二级考生为282人，考试分为12场次。在本中心参加培训的教师中取得合格证书的达到91.32%，高于北京市86%的合格率。

（曹　茜　周恕义）

【教育在线】 现代教育技术中心自主研发的视听课堂自从2003年4月开始试运行以来，逐渐受到了教师和学生的关注，2004年4月视听课堂正式提供了流媒体服务。

2005年，共进行直播活动30次，内容包括"2005IT名家讲坛"、青年校友系列论坛、保持共产党员先进性教育报告会、校庆文艺晚会、青年教师基本功比赛等重大活动。视听课堂功能得到进一步的完善，并在网页中嵌入了反馈系统，可在第一时间掌握视听课堂点击情况。2005年全年视听课堂新增视频课件133部、276集，现有视频课件326部、599集，年点击次数为79 501次。教育在线累计点击次数为230万次。

2005年底完成了环能学院化学资源库的安装调试工作。

现代教育技术中心加大精品课程网站的建设力度，在完成了精品课程网站的改版工作后，使北工大的精品课程网站栏目划分更趋合理，为2005年申报"材料力学"、"机械设计"、"水质工程学"、"概率论与数理统计"等四门课程被批准为教育部精品课程发挥了积极作用。

2005年，在新建成的北工大第三教学楼内，建设了三个直播教室。

（曹　茜　周恕义）

【科学楼演播中心】 科学楼演播中心2004年底建成。项目总投资人民币800万元，建设内容包括演播室、控制室和后期制作设备。演播室总建筑面积约350平方米，演播拍摄区约280平方米。演播室灯光采用独具特色的行架管大密度布灯结构，其布光控制和照度完全达到中小型广播级演播室的照明水平，调光台、硅箱和一级调音台设在演播室二层的控制室。调光台是108路程控调光台，演播区内共有132个灯位，其中部分天幕灯采用并联控制。前期设备包括三台日立S3000演播室数字摄像机和一个10米摇臂。外拍摄备是两台Digital Betacam记录格式的BVW—709P和两台DVCAM记录格式的DSR—5700P以及三脚架等外围设备。总控室是4讯道演播控制室，包括配套的4个摄像机控制器、摄像机调整面板、DFS—700视频切换系统，以及配套的摄像机独立监视、节目播出预监视、附加信号源监视和播出信号监视等视频监视墙。音频信号分两级控制，前级在演播室二层，主要完成调音、处理、混合，合成信号送到主控室后可以进行二次混合和记录输出分配。记录设备可以在Digital Betacam格式、DVCAM格式和编辑器直接采集三种方式中任意组合选择。后期设备主要由5套大洋公司的X9000和分别配有两种记录格式的录像设备组成。满负荷运转可以满足北工大教学、科研等各种音视频的制作要求。

（曹春林　乔　虹）

学位与研究生教育

【概况】 北京工业大学研究生部（Graduate School of Beijing University of Technology）是学校研究生教育管理的归口负责部门。1984年3月学校开始独立设置研究生部，负责对研究生招生、培养、学位和学科建设进行管理，下设研究生招生办公室、研究生培养办公室、校学位办公室、行政办公室4个科室。2003年学校成立招生就业处后，研究生就业划归招生就业处归口管理。2004年1月，学校成立党委研究生工作部，负责研究生思想政治工作。

2005年，硕士研究生招生1 163人，博士研究生招生169人，工程硕士生招生266人，高校教师在职攻读硕士学位招生66人。至年底，在校全日制硕士研究生为3 294人，在校全日制博士研究生为610人，另有在学工程硕士生821人，在学高校教师在职攻读硕士学位85人。

学校自主划线的硕士点较2004年增加6个，各项指标均列地方高校前列。通过研究生优秀学位论文评审、研究生科技基金项目、研究生科技创新奖评审、研究生科技论坛的举行等多项举措，促进了研究生培养质量的提高。2005年，北工大又一次获得全国百篇博士学位论文，这一成绩并列全国高校第49位。研究生在SCI、EI收录期刊上发表论文194篇，国家发明专利22项，省部级以上科技进步奖3项，著作12部。研究生在国内外各种科技大赛中获得多项奖励。

研究生教育在推进信息化、规范化、校院二级管理模式上进行了有益的探索和实践。研究生招生网、培养学位管理系统的相继投入使用，党委研究生工作部管理信息系统的模块扩充，使北工大研究生教育的信息更加准确；研究生各项管理制度的修订、学位与研究生教育质量督导组的成立和深入工作、研究生入学教育、奖学金颁奖典礼和毕业典礼的规范有序等，提高了北工大研究生教育管理水平。

“研究生工程实训平台”项目列入教育部2005年“研究生教育创新计划”项目。2005年8月，与第29届奥林匹克运动会组织委员会签署了《2006年合作培养计算机应用专业硕士研究生备忘录》。备忘录主要内容是北工大专门招收、培养60名计算机应用技术专业硕士研究生，以满足2008年北京奥运会特别是第29届奥林匹克运动会组织委员会（北京奥组委）对计算机技术人才的需求。

（肖　念　吴　斌）

【研究生招生】 2005年全日制硕士研究生招生规模为1 200人，博士招生规模为169人。工程硕士招生规模对北工大不限制，高校教师在职攻读硕士学位招生规模为480人。

（1）硕士研究生招生。2005年，北工大共录取全日制硕士研究生1 163人，比2004年减少3%。其中录取推荐免试生186人、第一志愿考生866人、调剂考生297人。

（2）博士研究生招生。2005年北工大博士研究生招生分两次报名，两次考试，全国共有737人报考北工大博士研究生，其中有效报名289人。最后录取169人，其中提前攻博36人，委托培养50人。

（3）在职攻读硕士研究生招生。2005年有计算机技术、项目管理等14个工程领域可以招收工程硕士。报考北工大工程硕士考生共520人，最终录取工程硕士生266人。2005年有计算机应用技术、管理科学与工程等10个专业可招收高校教师在职攻读硕士学位，报名人数为66人，最后录取39人，全部具有本科学历。

2005年度研究生招生工作围绕扩大生源，提高生源质量，在宣传、命题、复试等方面采取了如下新的措施：①研招网投入使用。北工大开发的研究生招生网于2005年3月首次投入使用。北工大研招网同时具备服务和宣传两大功能，并分别与中国研究生招生信息网、考研网、中国教育科研网进行适时的文字链接，搭建了广大考生与学校信息沟通网络平台。②命题承诺。为做好命题保密工作，从2005年开始，北工大简化研究生入学考试的自命题试题交接程序，命题教师直接将考题交研招办，并签订命题责任承诺书。③英语听力复试统一考试。对05年所有复试考生在复试期间进行英语听力统一考试，并在考试当日为各学院提供英语听力成绩，为各学院复试选拔创造良好条件。

（张晓霞　吴　斌）

【研究生培养】（1）研究生学籍管理。根据2005年9月1日起执行的中华人民共和国教育部第21号令《中华人民共和国普通高等学校学生管理规定》，北工大制定了《研究生学籍管理规定》。该规定的制定模式和制定规范，作为范本通过北京市教委在北京地区推广。《研究生学籍管理规定》的修订引起原有的一些文件或细则的修改。通过广泛征求督导组专家、校学位委员会委员、各学院主管院长、秘书及部分导师的意见，历时1个半月、组织了4次全体讨论会，将《研究生手册》上原有的一些文件或细则共涉及约25个文件，参照新规定进行了修改、合并或废除后，形成11个文件，在修订文件的基础上修订了学籍管理、开题、中期及答辩的部分表格，使得在操作层面上达到细化管理的目的。

（2）研究生教育国际化交流合作项目资助条例。依托北京市教委的“研究生教育国际化交流合作项目”，北工大制定了《北工大研究生教育国际化交流合作项目资助条例》，给予硕士留学生的导师每年2万元、博士留学生的导师每年3万元的科研补贴，该条例的出台将极大促进北工大研究生教育国际化的进程。

（3）“培养与学位管理信息系统”的应用与开发。此系统包括学籍管理、教学管理、学位管理、导师管理、学科建设管理、学费管理、任务管理、系统管理九个模块，目前该系统已实现学籍管理、教学管理、学费管理、任务管理、系统管理等功能。在职研究生模块、学位模块、导师模块、学科模块正在建设中。“培养与学位管理信息系统”的开发，为理顺研究生培养管理流程，加强信息共享和综合利用能力，推动校院二级管理的步伐，起到了促进作用。

（4）研究生学历证书电子注册。学籍管理是高校管理工作的重要组成部分，电子注册则是高校学籍管理的延续，是传统学籍管理工作在新形势下的发展。2005年6月和9月，对北工大2005届（含春季及暑期）84名博士毕业生、729名硕士毕业生进行了学历证书电子注册及其补注工作。

（5）学位与研究生教育督导组。2005年4月21日，北工大举行了新一届“学位与研究生教育督导组聘任仪式”。新一届督导组有了更高层次的定位，即由学校聘任的，独立于学位评定委员会和行政部门的，在主管校长领导和研究生部的组织、配合下，对学位与研究生教育工作独立进行检查、督促、指导、评价和研究咨询的组织机构。督导组要充分发挥“指导团、检查团、智囊团”的作用：一是深入调查研究、积极思考、敢于谏言；二是到岗到位，大胆督导。本年度督导组开展了课程检查、开题报告检查、答辩检查等工作；对32门立项课程建设项目进行了中期检查：3门课程增加资助，3门课程减少资助，26门课程继续资助；召开了4次工作研讨会，专家们就工作和督导中发现的学位与研究生教育各环节的问题和经验进行了总结和深入探讨，提出了很多建设性的意见和建议。

（6）研究生教育创新工程。2005年2月15日，教育部在《关于北京工业大学申请“研究生工程实训平台”项目的复函》中同意北工大“研究生工程实训平台”列入研究生教育创新计划，北工大作为新增单位成为全国34家项目单位之一。北京市教委落实了150万的配套经费。学校领导及相关部门大力支持，密切配合，落实了场地，并组织专家组对设计方案进行了两次论证，落实了工程实训平台下一阶段建设的各单位职责和时间进度，明确了工作内容和步骤，为北工大实施研究生教育创新工程奠定了坚实的基础。12月23日，教育部在《关于批准2006年研究生教育创新计划项目的通知》中，同意在2005年研究生教育创新计划项目经费中安排30万元，用于实施“研究生工程实训平台建设”项目。

（纪登梅　刘永平　吴　斌）

【学位工作】　（1）学位授予。2005年1月、6月、11月，学校召开的第八届校学位评定委员会第五次会议、第六次会议和第七次会议审批决定共授予工学博士学位74人、理学博士学位4人、管理学博士学位8人；工学硕士学位614人、理学硕士学位61人、管理学硕士学位42人、经济学硕士学位30人，工程硕士专业学位252人。

(2) 学位论文抽检。2005年学位论文抽检的对象是北工大2005年已被授予学位的全部博士和学历硕士人员（即730名硕士、85名博士），抽检的比例：学历硕士为15%，共113篇，涉及的学科共21个；博士为85%，共72篇，涉及的学科共12个，抽检学位论文总数合计185篇。本次学位论文抽检是按一级学科进行的，本次抽检的学位论文全部送由校外的专家进行评审。评阅意见返回后，学位办将本次抽检的数据与被抽检者本人答辩前的评阅意见的数据，以及2003年、2004年抽检数据进行了对比，并且根据校内外专家的评审结果做了数据处理，最后，将抽检结果在第八届校学位评定委员会第八次会议上向校学位评定委员会委员做了汇报，并印制成册发给各院主管领导及所有研究生指导教师。

(3) 优秀学位论文评选。经过第八届校学位评定委员会第六次会议决定，评选出56位硕士研究生的学位论文为校优秀硕士学位论文，9位博士研究生的学位论文为校优秀博士学位论文，并给予校优秀博士学位论文获得者每人5万元的科研资助奖励。2005年北工大电控学院微电子学与固体电子学专业2003届博士毕业研究生郭霞的毕业论文被评为全国优秀博士学位论文。这是北工大获得的第二篇全国优秀博士学位论文。

(4) 全国博士生学术论坛。为了促进博士生之间的学术交流活动，营造浓厚的科研学术氛围，由国务院学位委员会办公室和教育部学位管理与研究生教育司主办，国家财政部资助，部分高校举办了“全国博士生学术论坛”。2005年全国博士生学术论坛分别由北京理工大学、北京交通大学、复旦大学、东南大学等八所大学分学科承办。北工大共有27位博士研究生的29篇论文分别被北京理工大学、北京交通大学、复旦大学、东南大学四所高校9个学科的分论坛收录。

(5) 第十批学位授权审核。2005年4月，国务院学位办组织进行第十次学位授权审核工作。北工大共申请增列博士学位授权一级学科点9个、博士学位授权学科点4个、硕士学位授权一级学科点7个和硕士学位授权学科点7个。另外，申请认定硕士学位授权一级学科点1个。

(6) 博士点定期评估。根据《关于开展对博士、硕士学位授权点定期评估工作的几点意见》，国务院学位委员会决定对1998年以前（含1998年）获得授权的博士学位授权点进行评估。本次评估采取自我评估、基本状态评价和博士学位论文抽查三个环节进行。在此基础上，由国务院学位委员会学科评议组最终确定评估结果。对于存在影响学位授予或研究生培养质量的问题或现象的，责令其限期整改，两年后重新参加评估，并建议有关部门在其整改期内暂停招生；对于学位授予和研究生培养方面存在严重问题，不能保证研究生培养质量的，撤销其博士学位授予权。2005年，北工大有流体力学、机械设计及理论、微电子学与固体电子学、交通运输规划与管理、计算机应用技术五个博士点参加首次博士点定期评估。

（罗 琳 吴联海 李 娟 吴 斌）

【研究生思想教育与科技活动】

(1) 体制改革。7月，撤销了研究生团总支，由研究生团总支指导的学生社团组织研究生会、研究生科学技术协会改由校团委直接指导。研究生团总支下设的学生组织——研究生通讯社仍由党委研究生工作部、研究生部直接指导。

(2) 研究生党建工作。9月至12月，保持共产党员先进性教育活动在全校广泛开展，分为学习动员、分析评议、整改提高三个阶段进行。学生党员开展了“榜样的力量”——学生党员论坛活动。

(3) 日常管理。结合《普通高等学校学生管理规定》和北工大相关规定的修订实施，对现有规章制度统一修改、定稿。出台《学生违纪处分条例》和《学生校内申诉制度》，梳理了学生校内申诉和违纪处分程序，规范了学生违纪处分的流程。调整了学生工作指导委员会、学籍指导委员会的人员组成，成立了学生申诉处理委员会。

(4) 研究生通讯社。《研究生通讯》是研究生自行编辑、出版的刊物，是联系学校与研究生的纽带，是传递政策信息的窗口，是反映研究生思想现状的渠道，是发布信息、扩大眼界、增长知识的载体。2005年，研究生通讯社共发行研究生通讯5期。《研究生通讯》现设有时事纵览、特别关注、班级风采、视点、科技漫谈、拾贝者等栏目。研究生通讯社社长：李德芬（2005年9月至今）。研究生通讯社2005年9月重新进行了部门设置，增设了办公室、信息部、宣传部三个部门，扩大了编辑部的规模。

(5) 科技基金。5月，第三届研究生科技基金项目进行中期考核，共有31个项目转为重点资助项目，其余62个项目全部通过中期考核，转入下一阶段研究。11月，经学生科技指导委员会考核认定，其中85项课题予以结题，6项课题予以中止，3项课题暂缓结题。94个项目全部准予结题，并评选出一等奖3项、二等奖5项、三等奖7项。第三届研究生科技基金共有66篇论文已经发表或被核心期刊录用，完成实物成果60项，申请专利及软件著作权2项，获得“挑战杯”首都大学生课外学术科技作品竞赛二等奖1项、三等奖2项。10月，第四届研究生科技基金启动，共接收课题申请305项。通过学院专家评审和学校专家评议，最终决定资助其中的150个项目。

（6）科技论坛。第四届研究生科技论坛举行。本届论坛以张在明院士的报告为开始，15个学院的分论坛为主体，左铁镛院士的访谈为结束，持续时间长达半个月。共组织学术报告57场，其中院士论坛2场，导师报告10场，博士生报告12场、硕士生报告33场。本届论坛历经策划、宣传、征稿、评审、大会宣读以及成果汇编6个阶段，历时4个月，累计听众9 000余人次，参与师生总量超过一万人次，内容涵盖北工大55个学科领域，涉及学科前沿、学术心得、科研方法、发展前景等多方面。研究生科技论坛由研究生部主办，各学院承办，研究生团总支、研究生会、研究生科协协办。

（7）校际学生科技交流。6月3日，台湾龙华科技大学师生一行30人来校访问，并与北工大学生开展学术交流观摩活动。副校长蒋毅坚、台湾龙华科技大学电资学院院长李守诚分别代表两校致辞。北工大机电学院、材料学院、电控学院的20多位同学和台来访学生在机械工程、化工材料、电机、电子等方面进行了学术交流。参加交流的各个项目还以展板的形式在科学楼一层大厅进行了展示。

（8）博硕士风采论坛。经过广泛调查，研究生学术论坛正式举行。学术沙龙的目的是增强北工大研究生学术交流，营造良好的学术氛围。4月、5月，学术沙龙共举办两期，分别就mat lab应用、循环经济理论与可持续发展等问题展开交流。该论坛由研究生部、党委研究生工作部主办，研究生团总支协办，研究生科协承办。

（9）研究生所获奖励与表彰。7月30日，机电学院2003级硕士研究生张玉文、张绍立在“新科导航杯”全国机器人大赛中，获四腿组比赛亚军并获大赛二等奖。电控学院2003级硕士研究生初旭新、张伟、张家旺在“西华大学生杯”第六届全国机器人足球锦标赛暨FIRA2005世界机器人足球大赛中国队选拔赛中获得仿真组5 vs. 5季军，并获得代表中国参加2005年12月31在新加坡举行的第十届FIRA世界杯比赛的资格。

在第三届“挑战杯”首都大学生课外学术科技作品竞赛中，数理学院2004级硕士研究生仲国强的“DNA芯片组技术在解决地图四着色问题中的应用”获得特等奖；电控学院2003级硕士研究生王家庆的“公交车安全拉手”、环能学院2002级硕士研究生李柯的“微胶囊技术在热能面膜研制中的应用”、材料学院2004级硕士研究生郃枫的“高校毕业生就业问题调查研究”、经管学院2003级硕士研究生姜秋的“政府与厂商在软件知识产权保护中的博弈分析”获得二等奖；机电学院2002年硕士研究生周峰的“智能灭火机器人”、经管学院2003级硕士研究生王彤的“北京制造业经济创造能力评价分析”获得三等奖。在2005年9月举行的第二届全国部分高校研究生数学建模竞赛中，北工大首次组织研究生参加，并有4队获奖，其中全国二等奖1队，全国三等奖3队。

在2005年的研究生科技创新奖的评定中，共评出科技创新奖一等奖328项，二等奖546项，追加奖励29项。三项合计903项，比2003年的数量增加了2倍。其中SCI收录论文86篇，EI收录论文237篇，取得国家发明专利授权17项，省部级以上科技奖2项，参与编写专著、教材10部；核心期刊、ISTP检索论文478篇，计算机软件著作权、实用新型专利、通过国家发明专利初审75项，厅局级科技奖3项，入选全国博士生论坛论文29篇。

10至11月，在研究生综合评定和奖学金评定中，最终评出优秀班集体4个、优良学风班6个；标兵团支部2个、优秀团支部8个；突出贡献奖5人，优秀研究生448人，研究生优秀学生干部133人，研究生社会工作优秀奖145人，科技竞赛奖11项，科技之星10人，奋进拼搏奖75人。推荐2个优秀班集体、5名优秀研究生和4名研究生干部申报北京市先进班集体、三好学生和优秀学生干部。11月29日，研究生奖学金颁奖典礼举行，表彰以上获奖集体和个人，中国科学院张在明院士应邀参加并为部分获奖同学颁奖。

（赵曙东 梁 爽 王秀彦）

招 生 就 业

【概况】 招生就业处成立于2003年4月，主要负责本科学生招生和本科生与研究生就业工作。招生就业处包括招生办公室和就业服务中心，主要职责是：制定招生政策和招生计划；毕业生的就业指导、调配、派遣、就业服务及追踪调查工作；为学科建设提供参考意见等。

2005年，招生就业处以抓基础建设、提高管理水平、专业水平和服务水平为重点，在工作中力求创新，在实践中谋求发展。在招生就业工作中始终围绕学生“成长、成才、成功”的教育主题，强化教育内涵，促进师生教育的互动、互补和互助，形成良好的沟通，实现“三成”教育目的。

招生工作着重总结经验、打好基础、明确职责、理顺程序、加强沟通、提高服务；就业工作以加强基础性建设，搭好三方就业互动平台，拓展就业服务新职能为重点，进一步深化就业课程指导体系建设，完善就业指导体制，通过就业服务的网络信息化建设，丰富毕业生的择业途径，提高就业信息的有效率，帮助毕业生丰富自我、正确择业。

【招生工作】 2005年本科计划招收2 868人，其中北京地区2 456人，外省市400人，内地新疆班12人。校本部京内计划招生2 036人，其中理工类1 833人，文史类203人；实验学院计划招收420人，其中理工类315人，文史类105人。

4月9日，北工大联合32所高校在校园成功地举办了北京市高校首场高招咨询大会，前来咨询的考生及家长大约5万人；2005年北工大在外省全部实现了统招，统招省份由原来的13个增加到20个，新增的省份有：黑龙江、吉林、安徽、甘肃、宁夏、贵州、新疆。实验学院本科一批次录取结束后，会计学和法学两个专业未录满，参加了北京市本科一批次的志愿调剂。

(1) 北京地区录取情况。

表6-9 2005年北京市投档线

批次	理科	文科
本科一批	470	486

表6-10 北京工业大学2005年录取分数线

		理科	文科
本部	一志愿	484	490
	二志愿	552	522
实验学院		470	486

表6-11 北京工业大学2005年本部北京地区理科各专业录取分数

专业	录取分数		
	最高分	最低分	平均分
机械工程及自动化	609	491	509.1
测控技术与仪器	557	489	504.4
自动化	602	489	522.0
电子信息工程	610	507	540.0
电子科学技术	609	496	533.4
通信工程	606	495	536.3
土木工程	598	484	498.5
水务工程	519	484	486.6
建筑环境与设备工程	565	484	493.6
交通工程	555	491	508.9
环境科学	561	492	510.1
应用化学	519	487	497.4
热能与动力工程	592	484	493.3
环境工程	595	498	528.2
应用物理学	607	486	509.8
信息与计算数学	602	487	507.9
计算机科学与技术实验班	616	515	578.6
计算机科学与技术	611	508	540.2

续表

专　　业	录 取 分 数		
	最高分	最低分	平均分
信息安全	613	511	538.0
软件工程	609	502	532.1
材料科学与工程	605	484	499.0
生物医学工程	615	486	536.0
信息管理与信息系统	605	505	533.5
工业工程	602	484	497.6
国际经济与贸易	600	509	539.4
市场营销	552	485	510.5
工商管理	590	502	528.6
会计学	586	512	542.9
法学	571	499	528.2
统计学	609	490	513.2
金融学	604	517	549.1
建筑学	605	489	529.3
工业设计	587	491	522.8
社会工作	516	488	499.3
广告学	605	489	511.1
外贸英语	608	502	547.5
外贸日语	559	501	527.4

表 6-12　北京工业大学 2005 年本部北京地区文科各专业录取分数

专　　业	录 取 分 数		
	最高分	最低分	平均分
会计学	541	492	512.9
法学	539	503	513.7
工业设计	542	495	508.8
社会工作	523	495	501.5
广告学	560	490	498.7
英语	555	490	504.2
外贸英语	594	490	530.6
外贸日语	565	502	520.6
日语	507	490	493.4

(2) 外省市录取情况。

表 6-13　北京工业大学 2005 年外省市理科录取分数

省　份	最高分	最低分	平均分	一本线
河　北	615	578	589.4	551
山　东	658	630	639.1	597
内蒙古	610	590	597.4	555

续表

省　份	最高分	最低分	平均分	一本线
辽　宁	572	530	540	530
吉　林	635	562	596.2	562
黑龙江	635	583	598.5	582
江　苏	597	581	586.1	560
浙　江	602	588	593.4	550
安　徽	575	544	556.2	541
福　建	614	543	573.2	542
江　西	591	562	572.8	545
山　西	589	575	580.1	532
湖　北	570	541	548.9	524
湖　南	608	545.1	583.6	544
四　川	631	602	622.6	536
贵　州	577	540	549.6	558
甘　肃	602	558	580.8	504
宁　夏	550	504	523.2	507
新　疆	565	510	539.4	553

(3) 高职升本科录取情况。

高职升本科春秋两季共录取20人。

（宋　青　党　杰）

【就业工作】 2005年，北工大共有4 532名毕业生通过毕业资格审查（含春季毕业生333人，9月份通过资审毕业生143人），其中本科、高职毕业生共有3 741人，本科生3 307人（含春季毕业生101人），高职学生434人（含春季毕业生212人）；研究生791人（含春季毕业生20人），其中博士毕业生67人，硕士毕业生724人。分布在机电学院、电控学院、建工学院、环能学院、数理学院、计算机学院、材料学院、经管学院、人文学院、软件学院、建规学院、实验学院、激光院和生命学院共14个学院。

毕业生中，出国184人，其中本科高职181人，研究生3人；升学278人，其中高职升本科9人，本科考上研究生和双学位235人，硕士毕业生考取博士34人。

除去考研、考双、接本和出国外，可派遣毕业生共计4 053人，其中高职413人，本科2 886人，研究生754人。实际就业人数3 018人，其中高职161人，本科2 140人，研究生717人。

截止到8月31日，北工大2005届毕业生一次全员就业率达到93.00%，其中研究生96.37%、本科生93.27%、高职生77.48%。

2005年，毕业生就业服务中心共举办校内各种专场招聘会54场，就业名家讲堂13场，通过毕业生就业服务网发布的用人招聘信息846条。

截至12月31日，北工大2005届毕业生年终全员就业率为92.02%，其中研究生96.37%、本科生91.64%、高职生82.43%。

表6-14　北京工业大学2005年毕业生分布一览

学　历		人　数		小　计
高　职	春　季	212	434	3 741
	暑　期	222		
	春　季	101	3 307	
	暑　期	3 206		
研究生	硕　士	724		791
	博　士	67		
合　计		4 532		

表 6-15　北京工业大学 2005 年各学院毕业生情况统计

学 院	学 历	人 数	学院小计	高职生总计	本科生总计	研究生总计
机电学院	本 科	201	280	434	3 307	791
	研究生	79				
电控学院	本 科	571	682			
	研究生	111				
建工学院	本 科	235	352			
	研究生	117				
建规学院	本 科	87	108			
	研究生	21				
环能学院	本 科	208	282			
	研究生	74				
数理学院	本 科	178	229			
	研究生	51				
计算机学院	本 科	384	496			
	研究生	112				
材料学院	本 科	89	177			
	研究生	88				
经管学院	本 科	365	419			
	研究生	54				
软件学院	研究生	32	32			
实验学院 本科	春 季	99	996			
	秋 季	867				
实验学院 高职	春 季	80	207			
	秋 季	127				
生命学院	本 科	23	31			
	研究生	8				
激光工程院	研究生	24	24			
原西区分部	春 季	132	247			
	秋 季	95				
	研究生	20				
合 计		4 532				

表 6-16　北京工业大学 2005 年一次就业率统计（截至 2005 年 8 月 31 日）

学 院	学 历	总 计	派 遣	待 分	就业率/%	本专科就业率	研究生就业率
材料学院	本 科	86	80	6	93.02		
	研究生	85	81	4	95.29		
材料学院 汇总		171	161	10	94.15		
建规学院	本 科	84	79	5	94.05		
	研究生	21	21	0	100.00		
建规学院 汇总		105	100	5	95.24		
电控学院	本 科	525	483	42	92.00		
	研究生	108	104	4	96.30		
电控学院 汇总		633	587	46	92.73		
原西区分部	高 职	95	48	47	50.53		
	研究生	20	20	0	100.00		
原西区分部 汇总		115	68	47	59.13		
环能学院	本 科	189	170	19	89.95		
	研究生	71	68	3	95.77		

续表

学　院	学　历	总　计	派　遣	待　分	就业率/%	本专科就业率/%	研究生就业率/%
环能学院 汇总		260	238	22	91.54	92.21	96.37
机电学院	本　科	186	176	10	94.62		
	研究生	77	75	2	97.40		
机电学院 汇总		263	251	12	95.44		
激光学院	研究生	24	24	0	100.00		
激光学院 汇总		24	24	0	100.00		
计算机学院	本　科	366	356	10	97.27		
	研究生	111	108	3	97.30		
计算机学院 汇总		477	464	13	97.27		
建工学院	本　科	222	210	12	94.59		
	研究生	112	107	5	95.54		
建工学院 汇总		334	317	17	94.91		
经管学院	本　科	351	315	36	89.74		
	研究生	52	48	4	92.31		
经管学院 汇总		403	363	40	90.07		
软件学院	研究生	32	32	0	100.00		
软件学院 汇总		32	32	0	100.00		
生命学院	本　科	20	18	2	90.00		
	研究生	7	7	0	100.00		
生命学院 汇总		27	25	2	92.59		
实验学院	本　科	867	818	49	94.35		
	高职	127	124	3	97.64		
实验学院 汇总		994	942	52	94.77		
数理学院	本　科	167	152	15	91.02		
	研究生	51	48	3	94.12		
数理学院 汇总		218	200	18	91.74		
总　　计		4 056	3 772	284	93.00%		

表 6-17　北京工业大学 2005 年年终就业率统计（截至 2005 年 12 月 31 日）

学　历	学　院	派遣人数	待分人数	总　人　数	就业率/%
本　科	机电学院	184	17	201	91.54
	电控学院	690	79	769	89.73
	建工学院	214	21	235	91.06
	环能学院	177	30	207	85.51
	数理学院	157	21	178	88.20
	计算机学院	364	21	385	94.55
	材料学院	79	8	87	90.80
	生命学院	19	4	23	82.61
	经管学院	333	32	365	91.23
	建规学院	82	5	87	94.25
	实验学院	638	31	669	95.37
高　职	原西区分部	59	36	95	62.11
	实验学院	124	3	127	97.64
研究生	硕　　士	693	26	719	96.38
	博　　士	50	2	52	96.15
总计（暑期毕业）		3 864	335	4 199	92.02

【2005年毕业生就业问卷调查】 2005年9月20日开始，毕业生就业服务中心组织了2005届毕业生就业问卷调查。本次调查范围涉及2005年毕业的博士、硕士、本科和高职四个层次，截止到数据统计时，共收回问卷1 154份，其中不合格问卷223份，合格问卷931份，合格率80.68%。合格问卷调查的人数占毕业生总数的23%，其中包括：研究生115人，占被调查人数的12.3%；本科生795人，占被调查人数的85.4%；高职生21人，占被调查人数的2.3%。被调查人员专业院系跨度较大，涉及机电学院、电控学院、建工学院、环能学院、建规学院、数理学院、计算机学院、材料学院、经管学院、软件学院和实验学院共11个学院。经过汇总整理，现已完成《北京工业大学2005届毕业生就业状况白皮书》。通过调研，进一步深化学校教育教学改革，加速北工大发展，为国家培养更多高素质的人才，给今后的毕业生提供准确、详尽的就业信息和服务，减少毕业生在就业中的盲目性。

【2005年招生就业工作总结会】 12月22至23日，北京工业大学2005年招生就业工作总结会举行。党委副书记冯培对北工大的学生工作和招生就业工作进行了分析，指出2006年工作的立足点和着眼点，同时作了题为《胜于无形——团队的构建与领导》报告。会议介绍了2005年招生就业工作的基本情况和存在问题，并对今后的工作重点进行了详尽分析。张毅刚及相关部处、学院主管招生就业工作的负责人和教师出席了会议。

（张彦军 党 杰）

·科研与开发·

科技工作

【概况】 科技处是负责全校科学研究、技术服务、学术交流、科技成果转化、知识产权、学报编辑等日常组织管理的工作机构。科技处设正处长1人、副处长3人。下设综合办公室、纵向项目管理办公室（科研计划室）、横向项目管理办公室（科技开发室）、知识产权办公室，另有校学术委员会办公室、校科协、北京工业大学学报编辑部三个挂靠单位。2005年科技处有干部职工26人。

根据教育部统计口径，北工大2005年科技经费突破3个亿，达到30 664.5万元，与2003年2.66亿元相比，增长了15.2%。获奖方面，学校在2005年共获得各类省部级以上科技奖励20项，其中北京市科技进步奖14项，这是学校有史以来获得北京市科技进步奖数量最多的一年。论文发表方面，根据中国科学技术信息研究所信息分析研究中心提供的检索报告，北工大2005年在中国科技论文与引文数据库（CSTPCD）统计源期刊中发表国内论文720篇，所发表论文在国内被引用869次。北工大在国内外发表的学术论文，有148篇被SCIE收录、187篇被EI收录、101篇被ISTP收录。北工大在国内外发表的学术论文，有61篇被国际学术界引用102次。科研基地建设方面，2005年学校新增省部共建重点实验室1个，新增国家工程研究中心1个，成立了北工大重点实验室管理委员会。

为了进一步规范学校科研管理工作，科技处组织对《北京工业大学纵向科技项目管理办法》、《北京工业大学科技工作奖励办法》、《北京工业大学知识产权管理办法》等科技管理政策文件进行多次修订。

学校在认真做好科技工作的同时，还不断加大宣传力度。与宣传部合作在《科技日报》发表题为《砥砺科研结硕果 助力首都促腾飞》的通讯；在校庆期间，与智源公司合作推出"北京工业大学十五科技成就展"大型橱窗展览，全面反映学校在"十五"期间，科技工作所取得的巨大成就。

【科研项目与科研经费】 2005年，北工大共获得科技活动经费30 664.5万元，其中研究与发展（R&D）经费达19 504.2万元。研究与发展经费主要包括主管部门专项经费1 400.59万元，国家改计委、科技部专项经费1 455.2万元，国家自然科学基金项目费1 324.0万元，国务院其他部门专项费330.5万元，省、市、自治区专项费2 100.7万元。

（1）国家自然科学基金。共获得资助38项，比去年增长3项。其中面上项目32项，科学部主任基金项目1项，联合资助基金项目2项，重大研究计划专项基金1项，重点项目1项，杰出青年基金1项。资助金额共计1 231万元，较2004年增长17%。材料学院聂祚仁教授获得国家杰出青年基金资助。重点项目由计算机学院尹宝才教授获得，项目名称"普适计算研究——手语无障碍信息服务的普适计算"，资助金额180万元。

（2）教育部项目。获得"教育部长江学者和创新团队发展计划"资助1项，团队带头人材料学院张久兴。获得"高等学校科技创新工程重大项目培育资金项目"1项，负责人材料学院张久兴。获得"高等学校全国优秀博士学位论文"1篇，获资助者电控学院郭霞。获得"高等学校博士学科点专项科研基金"6项，其中教育部全额资助4项，获资助者电控学院阮晓钢、电控学院段建民、材料学院张久兴、激光研究院刘世炳，教育部与北京市教委联合资助2项，获资助者建工学院张毅刚、建工学院李振宝。获得"留学回国人员科研启动基金"6项，获资助者分别为建工学院马华、建工学院张岩、环能学院戴洪兴、材料学院杜文博、生命学院常宇、生命学院曾程初。

（3）科技部项目。共获得973计划3项，合同金额2 996万元；863计划6项，合同金额285万元。其中由固体与微结构所张泽院士主持的973项目"纳米尺度下材料性能（原位/外场下）的表征及科学问题的研究"的第一承担单位在2005年由中科院物理研究所调整为北工大。这是首次由北工大作为第一承担单位承担的 073 项目。

（4）北京市自然科学基金。共获得批准 30 项，其中预探索项目 2 项，重点项目 4 项；提交项目进展报告 49 项，结题 22 项。获得重点项目的是佘远斌教授的“金属卟啉仿生催化剂的分子设计、合成及构效关系研究”，何洪教授的“天然气高效、低排放催化燃烧技术基础研究”，程水源教授的“北京及周边区域性大气污染影响因素识别与污染控制研究”，尹宝才教授的“情感计算研究”。

（5）北京市教委项目。共获得北京市教委项目资助 62 项，总资助金额 559 万。其中科技发展重点计划项目 4 项，科技发展面上项目 36 项，人文社科重点项目 2 项，人文社科面上项目 20 项。获得科技发展重点计划资助的分别是材料学院栗卓新教授、环能学院戴洪兴教授、建工学院张杰院士、软件学院何泾沙教授。获得人文社科重点计划资助的分别是经管学院蒋国瑞教授、黄海峰教授。

北京市教委于 2005 年首次进行推选北京市属市管高校“学术创新团队”工作。北工大上报的 7 个学术创新团队，全部通过了北京市教委组织的专家答辩并获得正式批准。这 7 个学术创新团队是：重大工程防灾减灾团队、先进材料的结构与性能表征团队、环境协调性新型功能材料团队、交通行为特征及应用团队、水污染控制与水资源可持续利用团队、北京市重大经济社会问题研究团队、微电子与固体电子学团队。

（6）北京市科技新星计划。共有 16 名教师申请北京市科技新星计划项目，最终有 7 名教师获得资助。其中 A 类计划项目 3 名，分别是电控学院郭霞、环能学院鹿院卫、生命学院李春华；B 类计划项目 4 名，分别是电控学院卓力、建工学院李悦、数理学院杨凯华、生命学院曾程初。另外 2005 年共办理新星计划 A 类项目结题 4 项、B 类项目结题 8 项，申请延期结题 1 项。

（7）北京市委组织部跨世纪优秀人才培养专项经费。2004 年北工大共有 23 位同志获得北京市市委组织部跨世纪优秀人才培养专项经费的资助，资助金额总计 39 万元。获得资助的有：机电学院焦敬品、乔爱科，电控学院郭霞，建工学院李俊梅、张岩，环能学院陈莎、吴玉庭、谢亚勃，数理学院邓金祥、李云章、王大勇，计算机学院杨新武，材料学院陈学安，经管学院曲宗洪、尚洪涛、谢永琴，人文学院艾国，建规学院胡斌、赵之枫，生命学院马雪梅，外语学院张俊梅，软件学院姚伟力，实验学院王卓峥。另外提交进展报告 38 项，结题报告 18 项，跟踪考核 12 项。

（8）人文社科项目。获得国家社科基金 1 项，负责人人文学院赵卫华，项目名称“农村新型合作医疗制度研究”。获得教育部人文科学研究一般项目 1 项，负责人人文学院张风帆，项目名称“全球化语境下的科技非政府组织研究”。获得北京市社科规划项目 1 项，负责人经管学院黄海峰，项目名称“北京市现代制造业从‘中国制造’向‘中国创造’的转型研究”。经管学院孙玉荣获北京市社科规划办优秀成果出版资助。科技处被评为北京市哲学社会科学“十五”规划“二级管理先进单位”。

（9）学校资助项目。全校共有 66 个项目申请校青年基金的资助，其中理工类 46 项，人文社科类 20 项，申请金额共计 147.1 万元，经各学院学术委员会推荐，科技处商定和主管校长批准，最终有 30 个项目获得资助，其中理工类 23 项，人文类 7 项，资助经费共计 72 万元。办理了 90 项青年基金的结题，31 个项目的中期检查。2005 全年，北工大共有 75 位具有博士学位的教师在科技处办理博士科研启动基金的立项手续，开始展开其科研工作，资助金额总计 134 万元。办理结题 21 项。

（10）横向科研项目。横向科研共签订项目合同 375 项，合同总额12 545.7万元。到校经费总额6 012.9万元，到校经费项目总数 544 项。自 2005 年 6 月起，北京市财政局开始对所有合同项目到款征收 5.5%的营业税。为了帮助学校教师了解技术合同签订的有关知识，最大限度地争取合同退税，科技处邀请有关专家举办“如何签订横向技术合同”讲座。截至 2005 年底，全校已通过审核的合同数 59 项，合同总额2 168.4万元，其中可退税 119.3 万元。

【科研基地建设】 获得批准教育部北京市共建重点实验室 1 个——城市与重大工程安全减灾实验室，获得批准国家工程研究中心 1 个——精密超精密加工国家工程研究中心。

1 月，北工大数字社区教育部工程研究中心顺利通过教育部验收。电控学院院长王普教授被聘为数字社区教育部工程研究中心第一届主任。数字社区教育部工程研究中心是专注于数字社区与智能建筑领域技术研究、标准规范制定、产品开发和工程示范的科研基地。三年来，工程研究中心发展迅速，累计到校科研经费 1 000 多万元，完成技术产品开发 8 项，工程项目 11 项，目前在研项目 15 项。

3 月 24 日，北工大重点实验室建设管理委员会第一次全体会议召开。会议由副校长卢振洋主持，管委会委员共11人出席了会议。会上，委员们对《北京工业大学重点实验室建设管理委员章程》、《北京工业大学重点实验室建设管理办法》的修改意见及北京市重点实验室验收自查工作等问题进行了讨论。该重点实验室建设管理委员会是2005年3月1日经第3次校长办公室决定成立的。

表7-1 各学院2005年度签订10万元以上横向科技项目合同情况一览表

（金额单位：万元）

单位	10万元以上的项目		其中					
			大于或等于100万元		50万元～100万元		大于10万元小于50万元	
	项目	合同额	项目	合同额	项目	合同额	项目	合同额
机电学院	26	812.5	2	283	2	149.8	22	379.7
电控学院	7	113.4	—	—	—	—	7	113.4
建工学院	39	1 364.7	2	450	6	346	32	568.7
环能学院	13	493.8	1	150	1	60	11	283.8
数理学院	1	60	—	—	1	60	—	—
计算机学院	21	1 340.3	3	1 050	—	—	17	290.3
材料学院	10	338.9	1	100	2	126.5	7	112.4
经管学院	5	75	—	—	—	—	5	75
激光研究院	6	349.5	2	281	—	—	4	68.5
生命学院	1	20	—	—	—	—	1	20
软件学院	3	43	—	—	—	—	3	43
建规学院	14	325.5	—	—	2	120	12	205.5
高职学院	1	20	—	—	—	—	1	20
科技处	2	60	—	—	—	—	2	60
其他	6	276	—	—	3	208	3	68
合计	155	5 692.6	11	2 314	17	1 070.3	127	2 308.3

5月，北京市教委联合北京市科委组织专家组分别对学校多媒体与智能软件技术、交通工程、先进制造技术、工程抗震与结构诊治、传热与能源利用、水质科学与水环境恢复工程等六个北京市重点实验室进行了验收。6个实验室全部通过验收，其中工程抗震与结构诊治实验室和先进制造技术实验室被评为优秀，其余4个实验室被评为良好。此前，学校还组织重点实验室管委会成员及其他有关部门负责人等组成的专家组对上述6个实验室进行了自查。

【科技成果与获奖】 获得各类科技奖励21项，其中国家科技进步二等奖1项，教育部提名二等奖1项，北京市科学技术奖一等奖2项、二等奖7项、三等奖5项，其他省市科技进步奖2项，其他奖励3项。以建工学院张杰院士、杨宏教授为主要研究人员开发的“生物固锰除锰机理与生物除铁除锰工程技术”荣获2005年度国家科技进步二等奖。

【召开年度科技奖励大会】 12月22日，2005年度科技奖励大会召开，表彰奖励2003～2004年度在学校科技工作中做出突出成绩的集体和个人。本次奖励首次设立突出贡献奖，其中一等奖1人，授予材料学院周美玲教授；二等奖3人，授予林平分、马重芳、彭永臻3位教授；三等奖7人，授予石学军、沈光地、左铁钏、沈兰荪、程水源、李京文、周小兵7位教授。本次大会还对以北工大为第一作者单位在国内外重要科技刊物上发表并且被SCI、EI、ISTP收录的科技论文（共计608篇），以北工大为第一作者单位在国内核心期刊上发表的自然科学类和人文社科类论文（共计1 525篇），以北工大为专利权人并获授权的专利（共计68项），计算机软件著作权登记项目（共计46件），由北工大教师出版或参与出版的科技著作（共计66部），获得教育部提名国家科学技术奖的教师2人（建工学院杜修力、数理学院李寿梅）给予表彰和奖励，奖励金额总计271.88万元。

【学术论文】 根据中国科学技术信息研究所信息分析研究中心提供的论文检索报告，北工大2004年度在中国科技论文与引文数据库（CSTPCD）统计源期刊中发表国内论文720篇，在全国科研院所和高等学校中排名第71位，所发表论文在国内被引用869次，在全国科研院所和高等学校中排名第84位。北工大在国内外发表的学术论文，有148篇被SCIE收录，在全国科研院所和高等学校中排名第52位；有187篇被EI收录，在全国科研院所和高等学校中排名第37位；有101篇被ISTP收录，在全国科研院所和高等学校中排名第44位。北工大国内外发表的学术论文，有61篇被国际学术界引用102次，在全国科研院所和高等学校中排名第58位。

【科技成果转化与推广】 为了进一步加大学校科技成果与科技人才对外宣传力度，科技处收集整理了《北京工业大学专家通讯录》，收录包括13个学院40多个学科部的252位专家的信息，编制了《北京工业大学科研成果推广项目汇编》、《北京工业大学专利及获奖项目汇编》。

参加了“第十届中国国际激光及光电子产品展览会”、“第八届科博会”、“深圳高交会”等17个全国范围内的技术交流、洽谈会。3月份，组织了北工大与北京医药集团的项目推介会，为北工大与北京医药集团建立战略合作伙伴关系，加强产学研合作，促进科技成果转化牵线搭桥。在9月召开的第十五届全国发明展览会上，北工大参展的6项专利项目共获得了一金、二银、三铜的好成绩，为学校争得了荣誉。在11月举办的第七届上海国际工业博览会上，北工大参展项目13项，有4个项目签约，拿到2.05亿元的交易额。其中高亮度大功率白光LED应用照明项目以1.2亿元的成交额居交易额之首，并获大会特等奖。地源热泵和抗癌新药两个项目获二等奖。

12月，依托北工大建设的先进制造北京市技术转移中心成为第一批由北京市教育委员会和北京市工业促进局认定的7个技术转移中心之一。技术转移中心的建立将大大改善北工大科技成果转化的内外部环境，对推进北京市先进制造业的产业发展和北京工业的持续发展有着重要的意义。

【知识产权】 2005年，学校知识产权工作采取重要举措，即设立与科研管理相结合的知识产权工作体系，以形成知识产权战略工作所需要的专利工作机制和由主管科技工作的校长亲自牵头的工作构架。

（1）知识产权申请和授权。截至2005年12月31日，2005年共申请专利229项，比2004年增长58%，其中发明120项，实用新型109项。获得授权专利75项，其中发明37项，实用新型38项。申请计算机软件著作权49项，比2004年增长22.5%，获权47项。

（2）知识产权资助金。2005年，北工大共收到由北京市教委拨入知识产权资助金50万元，用于资助专利申请的专项费用。截止到2005年12月31日，学校共资助专利申请274项，其中发明专利150项，实用新型专利124项。

（3）知识产权奖酬兑现。2005年，完成对2004年8月至2005年8月的114项获得授权专利及软件著作权项目的奖酬兑现工作，其中发明专利39项，实用新型专利29项，计算机软件著作权46项。

【北京工业大学学报】 北京工业大学自办学术刊物有《北京工业大学学报》和《北京工业大学学报（社会科学版）》。

《北京工业大学学报》于2005年1月起改为双月刊，每期112页，在国内外公开发行。本刊已入选为中国期刊方阵双效期刊，被评为中国高校优秀自然科学学报一等奖、北京市优秀科技期刊、华北地区优秀科技期刊，已被包括美国《工程索引》（EI）、英国《科学文摘》（INSPEC）、美国《化学文摘》（CA）、美国《数学评论》（MR）、美国《最新数学出版物》（CMP）、美国《剑桥科学文摘》（CSA）、俄罗斯《文摘杂志》（AJ）、德国《数学评论》（ZMATH）、TRANSPORT数据库、中文核心期刊、中国科技论文统计源期刊、中国科学引文数据库、中国学术期刊综合评价数据库、《万方数据系统科技期刊群》、《中国学术期刊（光盘版）》、《中国期刊网》等16种检索系统作为收录刊源。2005年，《北京工业大学学报》共完成6期期刊的编辑、出版工作，发文142篇。配合教代会出版青年教师优秀论文集增刊1期。

9月20日，《北京工业大学学报》编辑部接到美国工程信息公司中国信息部的正式通知，EI（Engineering Index，美国《工程索引》）自2005年1月开始收录《北京工业大学学报》为EI的核心刊源。截至2005年9月份（第5期），《北京工业大学学报》共发文118篇，其中被EI收录论文105篇。

《北京工业大学学报（社会科学版）》创刊于2001年，每期96页，在国内外公开发行。2005年，共完成4期期刊的编辑、出版工作，发文80篇。出版外语学院增刊1期。

2005年度，《北京工业大学学报》编辑部获得“高校科技期刊先进集体”；北京工业大学学报（社科版）获中国文科学报研究会理工农医院校社科版优秀学报。编辑部主任杨小玲获得“高校科技期刊优秀主编（主任）”、中国科技期刊编辑学会“金牛奖”、“中国文科学报研究会理工农医院校社科版学报优秀主编”奖。

【学术委员会】 组织专家召开专业评审会3次，项目评审会3次。

（1）专业评审会。1月4日，校学术委员会的7名学术委员从社会人才需求、学校总体发展规划、办学条件、人才培养方案等多方面，对实验学院新增土木工程（施工与管理）专业方向进行了详细的论证；10月9日，校学术委员会受教务处的委托，召开了评审拟新增的2006级本科专业的校学术委员会议，对拟新增的11个专业进行了审议；11月1日，校学术委员会再次召开了拟新增的2006级本科专业的评审会，主要针对新并入北工大艺术设计学院的2个专业进行了论证。

(2)项目评审会。3月15日，校学术委员会委员对13名申请2005霍英东教育基金会高校青年教师基金/青年教师奖的候选人进行评议，最终推荐材料学院宋晓艳等5位教师申报霍英东青年教师基金/青年教师奖；3月25日，校学术委员会召开2005年教育部博士点基金校内评审会，从校内申报的30项课题中选出了15项博士点基金课题和1项优秀年轻教师课题，报送到教育部；3月28日，校学术委员会对2005年度北京市科技新星计划B类申报项目进行评审，共有16位青年教师参加答辩，最终有8名教师作为B类新星计划候选人，报送北京市科委。

【学术交流活动】 举办各类学术报告446场次。详细目录见附录（以截至2005年12月31日的登录统计为准）。

表7-2　各学院2005年度举办学术报告情况一览表

组织单位	总次数	国外专家	院士	国内专家	校内人员
机电学院	36	20	0	16	0
电控学院	14	4	0	10	0
建工学院	53	17	7	19	10
环能学院	20	8	1	10	1
数理学院	89	23	2	61	3
计算机学院	8	7	0	1	0
材料学院	44	9	0	33	2
经管学院	24	3	0	16	5
人文学院	7	3	0	4	0
建规学院	42	22	0	20	0
生命学院	11	3	0	8	0
外语学院	8	0	0	8	0
固体所	12	1	1	10	0
研究生部	66	6	2	4	54
其他	12	0	0	12	0
总计	446	126	13	232	75

2005年主要学术交流活动有：

（1）1月6日，北京内燃机学会第五届代表大会在学校逸夫图书馆一层报告厅召开。会议由北京内燃机学会副理事长、北工大基金会会长周大森主持。大会选举产生了学会第五届理事成员36人，北京内燃机第五届理事会正式成立。北工大是学会发起单位之一，本届共有3人当选理事。

（2）3月17至18日，由北工大中国经济转型研究中心与经济日报论坛办、中美国际金融与世界经济发展研究会、中国欧美同学会商会共同主办的“2005企业跨国并购与海外上市高峰论坛”在北京长安戴斯大饭店举行。北工大中国经济转型研究中心黄海峰教授主持会议，并作为大会执行主席代表主办方主持大会闭幕式。

（3）4月26至29日，由应用数理学院承办的第五届东亚统计及其应用学术讨论会在北工大召开。来自中、日、韩三个国家学者的25篇最新研究成果以论文形式在会议上交流。

(4) 8月26日，由中国力学学会和北工大主办的“2005中国力学学会学术大会”在外研社国际会议中心隆重召开。这是建国以来中国力学学会召开的首届一级学科大会。副校长卢振洋到会讲话。本次大会共收到论文1 615篇，邀请学界专家做了8场学术报告，来自中科院、高等院校、研究院所和其他单位的全国各地代表1 200余人，参加了设在15个分会场的45个专题研讨会。

(5) 9月20日，由北工大承办的第八届国际青年计算机工作者会议（ICYCS）在京瑞温泉国际酒店隆重召开。本次大会的主题是新时代计算机技术的融合。来自世界各地的近200名青年计算机工作者云集北京，交流研究成果，启迪新思想，探讨未来的发展趋势。学校党委书记孙崇正到会并讲话，中国工程院倪光南院士、李幼平院士出席会议。

(6) 10月14至16日，由北工大、德国柏林洪堡大学、北京外国语大学、中国关心下一代工作委员会教育发展中心主办的亚洲教育北京论坛——经济国际化中的跨国文化管理与培训国际会议在北京举行。会议在秉承传统文化的基础上，以“交流、融合、创新”的主题诠释跨国文化管理概念。同时还组织了首届国际青年学生学术交流活动，70多篇国际国内大学生论文参会，其中北工大学生被选入大会交流论文达15篇。

(7) 10月21至22日，由人文社科学院主办的中加非政府组织与社区发展学术研讨会成功举行。加拿大大使馆文化教育参赞柏伊恩先生、负责此项目的官员、Carleton大学社会工作学院的院长和教授、中国民政部基层政权和社区建设司詹成副司长、北京大学、清华大学、上海大学、中国人民大学、中国社会科学院专家学者，以及相关的政府官员、业界人士出席了会议。

(8) 12月3至4日，2005制造业发展高层论坛在北工大逸夫馆隆重召开，来自政府、企业部门的领导与专家，高等院校、研究机构的专家学者近200人参加了本次论坛。会议紧密围绕“中国制造”与环境、能源、可持续发展、信息化、人才培养、市场化等一系列重大问题展开深入研究和探讨。

【科协与科普工作】 在科普工作方面，校科协组织学生科协积极参加暑期北京市科协科普调研活动，北工大获科普调研论文一等奖，获奖论文名称《借鉴国外科普经验发展我国科普事业——德国、法国科普调查报告》；在北京市2005年科技周活动中，通过科技教育服务体系，携手工大附中、和平里一中、南磨房中心小学等中小学，并同朝阳区企业合作开展环保节能科普教育展，较好地完成了北京市科协及朝阳区科协交办的科普任务；积极与学校计生办、校工会、校医院保健科合作，在校两办的大力支持下，面向全校开展科普健康活动；组织北工大代表团参加北京市“爱乳月”启动仪式。

在服务架桥方面，继2003、2004年“彩虹工程”取得成绩基础上，2005年又有三个项目获得项目服务优秀奖，同时北工大科协获得“突出贡献单位”称号。

【召开科技工作会议】 7月23至25日，2005年科技工作会议召开。本次大会的主题是“做好科技工作规划，增强科技创新能力”。校领导孙崇正、张毅刚、蒋毅坚、卢振洋，在校院士左铁镛、李京文、周锡元、沈昌祥，各学院院长、科研副院长、学科责任教授、长江学者、特聘教授以及各相关职能部处负责人等约80人参加了本次会议。

副校长卢振洋强调了强化科研意识的重要性，提出要在学校积极构建校园文化氛围，加强创新，要在体制上做文章，构筑科研基地，搭建创新平台，不断增强切实服务北京的能力和水平。“立足北京，融入北京”是工大的特色，也是工大的优势，更是工大的根本。

左铁镛院士回顾了自“九五”以来，学校通过两期“211工程”建设所发生的变化。左铁镛要求大家树立忧患意识和机遇意识，希望年轻人尊老、实干、团结。

科技处处长杜修力作《北京工业大学科技工作的回顾与展望》报告。报告全面回顾了北工大在“十五”期间，尤其是前四年在科研经费、项目层次、科技成果、基地建设、人才培养等方面取得的成绩，提出“十一五”科技工作要构建北工大特色的科技创新体系，增强科技竞争能力，在基础和应用基础领域取得重大原创新成果，在应用研究和工程技术开发方面产生一批标志性成果，使学校成为解决北京重大科技与决策问题的重要基地、国家重大科技项目的参与者、首都经济发展的重要创新源。

环能学院马重芳教授和材料学院栗卓新教授分别结合所在团队或学院的工作围绕如何建立科技创新团队、如何争取重大科技项目、如何更好地为北京市服务等问题介绍了各自的经验和体会。参会代表还紧密围绕“十一五”科技工作规划和科技创新团队建设两个主题分组展开讨论。

孙崇正作总结发言。他指出，应该科学认识和理解党中央提出的科学发展观的含义，研究学校所处的内部和外部环境，结合高等教育自身的发展规律，明确学校的定位。学校最根本、最潜在的优势仍然在于培养人才，科技创新也要为培养人才服务。他要求全校广大教师进一步理清教学与科研的关系，加强师德建设，增强责任意识、大局意识、育人意识，使科技工作为学校的总体发展服务。

（杨东升 杜修力）

科技产业

【概况】 2005年，北工大科技产业拥有全资、参控股企业24家，业务范围涉及信息技术、计算机软硬件、互联网、新材料、光机电一体化、激光技术、能源环境、生命科技、建筑勘查设计、路桥交通等高科技领域，实现销售收入1.7亿元，上缴税金近千万元。

北工大智源科技发展有限公司遵照教育部、市教委对高校产业工作的部署，对科技产业工作进行疏理，对智源公司职能进行定位。经过推进全资公司的股份制改造，完善智源公司及其所属公司的机制和制度建设。

以国家大学科技园评估为契机推进科技园规划与机制建设工作，北工大科技园的建设与发展取得质的突破，科技部、教育部认定北工大科技园等8家大学科技园为国家大学科技园。

组织学校多项优秀科研成果参加了京鲁经济技术洽谈会、第七届上海国际工业博览会，并在上海国际工业博览会上取得了良好成绩。充分发挥学校科技、人才资源优势，促进科技成果转化，组织、协调推进学校技术转移平台建设，构筑了学校与企业合作渠道，依托北工大建设的“先进制造北京市技术转移中心”正式成立。

（王建华 张永安）

【企业管理】 北工大智源科技发展有限公司作为北工大科技产业经营性国有资产投资管理机构，代表学校按照现代企业制度管理模式对学校的科技企业进行规范管理，对所属全资企业、控股企业、参股企业中由学校投资形成的国有资产和国有股权进行了产权登记和股份清理，启动了资产运营和资本运作等管理工作。

按照《教育部关于积极发展、规范管理高校科技产业的指导意见》（科技发〔2005〕2号），支持所属参控股企业的生产经营活动，积极稳妥地推进现代企业制度建设。

制定学校全资企业改制工作计划，启动北京工大计算机软件开发公司改制工作，成立改制领导和工作小组，制定改制方案，完成了资产审计和评估工作，人员安置方案基本完成。

继续加强并改进对所属企业的财务管理工作，落实财务报表报送和归档制度，协助企业作好产权登记和固定资产建账工作。

按照现代企业制度的要求，加强对校派董事的管理，提高其业务能力，通过以股东会、董事会、监事会“三会”为代表的企业法人治理结构实施对参控股企业的管理，既维护学校的权益，也促进所属参控股企业的发展。

配合电控学院半导体发光照明器件的产业化工作，协助完成成果推广、商务谈判、成果鉴定以及工商登记等。

协助所属企业补缴相关人员的“三险一金”以及协助北京工大计算机软件开发公司办理“四技合同”的认定与退税工作。

在内部管理方面，智源公司建立并落实了绩效管理和考评制度，加强员工业务学习和公司文化建设。

（张力澄 张永安）

【主要参控股企业】 (1) 北工大软件园发展有限责任公司。该公司由北工大和北京经济技术开发区合作建设，是北京软件产业基地的重要组成部分。公司于2001年12月28日注册成立，股东为北京工大智源科技发展有限公司、北京经开投资开发股份有限公司，公司注册资本4 000万元人民币，两股东各占50%股份。北工大软件园发展有限责任公司实行董事会领导下的总经理负责制，法定代表人魏刚。公司下设招商企划、企业管理、工程、财务、行政五大管理部门，同时外聘物业管理、餐饮服务等专业公司完善园区的服务。

作为北京市三大软件园区之一，北工大软件园以行业应用软件开发、软件加工出口、复合型软件人才培养为特色。软件园总占地面积为31万平方米，包括研发区、教育培训区、综合服务区等功能区，可为上万名软件研发人员提供优雅的工作、生活环境。

软件园一期工程（A区）面积近4万平方米，截至2005年底一期研发用楼出租、出售已达到92%，其中出租比例约占85%，出售比例约占15%。入驻企业包括TOM在线、美国应用材料（世界财富500强之一）、日本三井信息、中国数码等49家企业，从业员工1 700余人，主要涉及软件、集成电路、网络通信、企业信息化服务等行业。

2005年，北工大软件园与中国软件协会嵌入式系统分会一起，组织各入园企业参加了第八届中国北京国际科技产业博览会、第九届中国国际软件博览会、第三届中国国际集成电路产业展览会。

北工大软件园网络服务体系在市科委的大力支持下开始建设。该网络服务体系是在软件园现有网络基础上的网络平台完善，实现千兆主干网、百兆到桌面；建立网上综合服务平台，向入园企业提供业务咨询、信息发布、技术支持、物业管理、视频会议等服务；接入科教信息网，使入园企业方便地共享“三库四平台”。

软件园研发培训区（北工大软件学院）完成项目建设前期报批手续，经招投标确定建筑单位为中国第一冶金建设公司，监理单位为北京中联环建设工程管理有限公司。

（2）北京公达数码科技有限公司（以下简称公达数码）。其前身是北京工业大学电子厂，2000年公司经股份制改造，转制成为现代化高科技股份制公司。改制后，北工大投资400万元，占20%的股份。公达数码总部位于北京市经济技术开发区北工大软件园，在亚洲金融商业中心——香港和深圳蛇口工业区分别设有控股分公司，在北京、上海、深圳、广州均设有分公司及办事处。公司在国内组建全国性销售代理及服务体系，拥有代理商近30家，网点遍布全国25个省、市、自治区、直辖市，成为国内第一家实现本地化销售与服务的打印机厂家。公司在香港设有控股子公司负责海外市场销售，TP（r）品牌打印机出口五大洲二十多个国家和地区，通过了美国UL和德国TüV-GS认证，所有销往欧共体的产品均通过了欧共体的电磁兼容CE认证。

公达数码嵌入式软件事业部是公司旗下专注于嵌入式系统软件发展的独立事业部，与北京市嵌入式系统重点实验室保持紧密的合作关系。公达数码嵌入式软件事业部专注于复杂嵌入式软件和系统的研究和开发，包括数据通讯设备、交互式数字电视、智能终端产品及VOIP终端设备等。该事业部采用先进的基于“单份拷贝销售”的嵌入式软件营销模式，集软硬件产品研发、销售、技术支持和售后服务于一体，向网络设备供应商及OEM供应商提供智能交换机及智能交换路由器操作系统软件和产品的技术解决方案。

2005年，公达数码有员工281人，大专以上学历者占56%。公司销售收入1.3亿元，上缴税款452万元，税后净利润164万元。

（3）北京日立北工大信息系统有限公司（HBIS）。该公司是由北工大与日立制作所合资设立，经国家认定的“双软认证”企业和“软件出口”企业。公司于2003年9月成立，注册资本金为83.3万美元（北京工大智源科技发展有限公司持有40%的股份）。企业在组建之初就形成了由董事会（森内康浩、侯义斌分任正副董事长）决定经营的基本方针和总经理（郭庆栓、松崎胜彦分任正副经理）在董事会监督下灵活开展业务的企业管理体制，并通过加强合作，与日立集团的相关企业构筑起产生协同效果的紧密关系。目前，公司由系统开发部、系统集成部和行政部构成，现有员工100人。

2005年，与北工大相关院（系）合作，北京日立北工大信息系统有限公司在教育培训、智能交通、电子政务以及新技术应用领域推出了拥有自主知识产权的系列产品或技术，包括面向大学的网络教学支持平台、面向企业的远程培训学习平台与课件制作系统；道路交通流仿真系统、道路交通信息动态采集系统、物流管理系统；电子申请（电子柜台）平台、统一身份认证系统及微型芯片技术、数码笔技术和手指静脉识别技术等。

公司对外软件出口业务大幅度增长，通过对日软件外包形成了与国际接轨的软件工程管理、质量管理系统及软件人员培训体系和软件开发方法。2005年公司营业额达到1 190万，比2004年增长36.8%。

（4）北京工大计算机软件开发公司。由北工大出资30万元创办，是北工大全资软件企业，成立于1991年。主要从事对日软件出口和承接国内客户业务，在地理信息系统、物流系统、生产管理系统方面有十多年的研发经验。现有开发人员110人，大都具备大学本科以上学历，其中核心骨干人员均有在日本长期从事软件开发的经验。公司下设4个开发部（负责所有的开发任务）、管理部（负责公司人力资源、后勤保障、固定资产、设备管理等）及财务部、质量管理室（负责制订质量管理制度并监督检查）和技术管理室（负责推动公司的技术发展）。2005年营业额达到1 006万元。

2005年，与东芝医用公司的合作迅速扩大，开发的软件正式使用在其医疗设备上，产品质量优异。承担日本富士通集团FFC公司委托开发的数个大型物流系统。国内方面，承接了联想集团数个信息化系统的建设，与赛迪公司、微软公司合作开发远程教育网站。与北京市规划委下属的城市建设技术交流中心、中国城市规划设计研究院、中国建筑科学研究院物理所合作开发日照测算软件，在研发过程中，与北工大应用数理学院、建筑与城市规划学院、计算机学院的有关专家联合攻关，该项目2005年8月通过建设部评审。

（5）北京市东方宝龙电子新技术公司。注册资本30万元人民币，是北工大出资的全民所有制企业。主要从事与信息产业相关的技术开发、转让、咨询、培训等服务，销售开发计算机及外围设备、机械电器设备、电子元器件，同时承接计算机网络工程。公司从事IT技术服务业务10余年。2005年，公司有员工17名，设总经理办公室、财务部、服务质量管理部、运营部、市场部、技术支持与培训中心（包括Call Center支持中心和Internet网上技术支持中心），上缴学校利润5万元。

（6）SORUN北京株式会社。由北工大与日本SORUN株式会社、北京市国际经济贸易研究所于1989年在日本东京合资成立，注册资本金5 500万日元，北工大占股份24.5%。公司地址在日本东京港区三田3-11-24SORUN本社大厦内，有员工40余人，主要从事软件开发。

（7）北内孵化基地。成立于1999年8月，由北工大、北京高技术创业服务中心、望京新兴产业区综合开发公司、北内集团总公司共同组建，是全国第一家国有企业孵化器。2005年，基地在科技部支持下与清华大学国家CIMS工程技术研究中心合作，完成了国家高技术研究发展计划（863计划）子项目“异地协同产品开发ASP平台开发及应用”；在市科委支持下与北京机床研究所合作完成了“μ级工程”。

2005年，基地为所属的在孵企业落实了2004年财政税收支持政策。

（8）北京工大世通留学咨询服务中心。由北工大出资20万元人民币建立，有北工大事业编制工作人员2人，是通过教育部、公安部、国家工商管理局资格认定的北工大全资企业，以北工大学生为主要服务对象。2005年，中心上交学校利润10万元人民币，成立5年累计上缴利润93.8万元。

2005年，北京工大世通留学咨询服务中心与国外高校、教育机构合作，克服留学市场不景气的严重影响，向英国、丹麦、荷兰、德国、俄罗斯等国送签校际合作留学生和社会留学学生共84人，82人获得签证，签证成功率为97%，校际合作留学项目签证率为100%。促成北工大与韩国仁荷大学签订友好北工大协议。

（9）北京金太阳药芯焊丝有限公司。该公司是北工大与房山工业总公司组建的股份制企业。2005年3月，公司的药芯焊丝班组被评为北京市优秀班组；9月，通过美国ABS、英国LR、中国CCS、德国GL、挪威DNV、日本NK六个国际船级社的认可复检；12月，通过ISO9000、ISO14000、ISO18000认证。2005年12月，公司产品月产量突破200吨纪录。全年共生产焊丝1 800吨，实现产值2 000万元。

（10）北京工大天工机电技术有限公司。公司成立于2002年4月，北京工大智源科技发展有限公司投资25.5万，占51%股份。公司以北工大牌模块节能锅炉制造业务为主，开发研制出高效能节电柜。2005年有职工10人，销售额83.7万元。

（11）北京工大宏远焊接技术有限公司。注册资本80万元，北工大占25%的股份。公司依托北工大的科研优势，进行焊接技术的开发与转让，同时销售相关的材料和设备。2005年销售额800多万元，北工大获投资回报3万元。

（张力澄　张永安）

【大学科技园】　北工大自2000年起设立并运作大学科技园。北工大科技园2001年5月被北京市科委、市教委认定为北京市级大学科技园，2005年12月被科技部、教育部认定为国家大学科技园。占地总面积38.96万平方米，规划建筑面积63.77万平方米，已建面积20.2万平方米，孵化面积为10.24万平方米。

北工大科技园在建设中坚持硬件与软件环境并重的原则，统一规划，形成了一区三园的格局，即研发区、孵化园、软件园和创业园。研发区由北工大的58个研究机构共同构成；孵化园由校内企业孵化区、软件园企业孵化区和北内孵化基地、诺飞孵化器、崇熙孵化器等部分组成。软件园地处北京经济技术开发区中西部，是北京市软件产业基地的重要组成部分，以行业应用软件开发、软件加工出口、复合型软件人才培养为特色。

科技园依托学校优势学科及人才资源，创建高新技术成果的孵育平台，推进科研成果特别是大型高新技术项目的转化，有光电子照明、新型清洁能源、智能交通、电子政务、先进焊接技术、稀土功能材料等众多高新技术成果在园区内转化孵化。在2004年入驻企业109家、企业销售收入3.8亿元基础上，2005年入驻企业数及销售收入均有新的增长。

（高艳青　张晓凌）

【技术转移】　2005年，学校技术转移工作以先进制造北京市技术转移中心成立为标志，在项目申报、平台搭建、成果展示、转移实施等方面取得了较大进展。

11月4至9日，北工大科技园发展中心、北工大科技处、北京工大智源科技发展有限公司共同组团参加了在上海新国际展览中心举行的第七届上海国际工业博览会。北工大参展团共组织了13名教师的23个高科技产品或成果参展此次工博会。通过工博会这一窗口，参展团积极向社会各界介绍北工大的科研成果，分别与权峰机电国际有限公司、Topmost Semicon & Lighting Ltd.、上海荣润科技发展有限公司就地源热泵系统及其应用、药芯焊丝生产技术及装备、RFID 技术开发合作以及北工大国家大学科技园常熟产业园投资合作等项目签署了合作意向书。

11 月，北京工大智源科技发展有限公司联合学校科技处对 2005 年获得北京市教育委员会孵化专项资金资助的数字化弧焊逆变电源项目、颅骨修复体的数字化设计与制造项目、镍钴复合正极材料中试研究项目、不锈钢药芯焊丝生产线及软件配方项目、高亮度大功率 LED 照明灯具系统的开发和产业化研究项目进行了中期检查。

12 月，北京市教育委员会、北京市工业促进局联合认定了七家北京市技术转移中心，先进制造北京市技术转移中心依托北工大建设。北工大还作为共建单位参与电子信息、新材料和车辆等三家技术转移中心的建设。

12 月，北京工大智源科技发展有限公司会同学校科技处联合起草了《北京工业大学科技孵化项目管理办法（试行）》。

1 至 12 月，北京工大智源科技发展有限公司、北京工大中宇信息系统工程中心共签订合同 30 份，合同金额 560 万元。其中工程合同 1 份，技术服务、技术开发合同 11 份，销售合同 18 份，到校金额合计1 368万元，其中北京工大智源科技发展有限公司到校金额 731 万元，北京工大中宇信息系统工程中心到校金额 637 万元。

（高艳青 张永安）

【科技产业党总支】 科技产业党总支在科技产业建设定位、发展方向、群众工作等方面发挥了政治核心作用。

（1）党建工作。2005 年科技产业党总支在册党员 72 名，根据所属单位党员分散、地点分散的实际情况，调整了部分支部的党员构成；根据工作调动情况，选举更换了 1 名支部书记，仍然保持 8 个支部的组织架构。全年发展党员 2 人，3 名预备党员转正，6 名入党积极分子参加了党校学习，取得毕业证书。

（2）保持共产党员先进性教育活动。组织全体党员参加学习教育活动，按时完成了各阶段工作任务，达到了预期目的。2005 年 12 月 15 日科技产业党总支组织召开的党内外群众满意度测评结果，对科技产业党总支保持共产党员先进性教育活动和整改情况满意的占 81.4%，基本满意的占 18.6%，满意率达到 100%。

（3）宣传思想工作。2005 年加强了宣传工作信息员和宣传员队伍建设和培训，制作了宣传工作手册，进一步明确了组织机构、工作计划和相关管理规定。编辑《科技产业工作简报》13 期，结合重大事件，编辑了保持共产党员先进性教育专版、校庆专版和大学科技园专版，并在年底整理装订了《2005 年度北工大科技产业工作简报合订本》。2005 年，为《北京工业大学每周信息》、“工大新闻网”、《北京工业大学保持共产党员先进性教育活动简报》等提供信息 20 余次，为宣传部在新浪网、科技日报等媒体报道提供素材 6 次。制作了科技产业宣传画册、大学科技园宣传画册、技术转移中心宣传画册。大学科技园通讯创刊。在学校 45 周年校庆活动中做了汇报展览专版并协助校办、宣传部做了校庆的部分宣传工作。

（4）党风廉政建设工作。企业具有独立法人和独立财务权力，根据企业工作的特点，科技产业党总支重点加强了党风廉政建设工作。制度建设方面，修订和完善《科技产业党总支党风廉政建设责任制》、《科技产业党总支实施“三重一大”制度的细则》、《科技产业党总支党风廉政建设具体分工》等。在年初结合企业走访，检查了各企业在党风廉政建设方面的制度建设情况，督促制度不健全的企业完善健全各项管理制度，尤其是财务管理、资金运作方面的制度。组织建设方面，一是结合科技产业的实际情况，建立了党风廉政建设责任制领导小组，明确了具体分工和组织体系；明确了一岗双责制度，党总支领导对本单位的党风廉政建设工作负全面领导责任；行政领导对行政部门党风廉政建设工作负总责，对下级行政领导干部的党风廉政建设工作负领导责任；明确了党总支委员、支部书记、企业负责人、校派董事、监事的责任。协助党政领导班子贯彻落实党风廉政建设责任制，在各自分管范围内开展党风廉政建设教育和反腐工作，坚持“标本兼治，综合治理”的方针。二是贯彻落实党政齐抓共管，坚持谁主管谁负责，一级抓一级，层层抓落实的原则，把党风廉政建设纳入各级领导班子、领导干部任期目标，与各部门的工作同步部署、同步落实、同步检查、同步考核。三是在总支、各基层支部和企业明确了党风廉政建设监督员，根据科技企业地点分散的特点，充分发挥基层党支部和退休职工的作用。宣传教育活动方面，上半年开展科技产业党总支党风廉政建设宣传教育系列活动，召开科技产业党总支党风廉政建设系列活动动员报告会，校党委副书记张毅刚、副校长侯义斌到会并讲话；组织多次总支和企业、支部两个层面的学习、宣传教育活动；开办反腐倡廉宣传教育板报，并在《科技产业工作简报》中加大党风廉政建设的宣传力度；组织党员、入党积极分子、企业负责人和财务人员到中华世纪坛观看了由市委检查局、市人民检察院、北京市国资委主办的“北京市反腐倡廉警示教育展”。

(5) 离退休工作。科技产业有56名退休职工，两个退休支部。组织老干部参加多次丰富多彩、有益于身心健康的活动，如文艺表演、运动会、舞蹈比赛、春秋游活动、北戴河和平谷教工休养院休养、老教协活动、参观学习、两个《纲要》知识答题、时事政治学习等。党总支和支部书记走访慰问退休老领导、民主党派退休老干部、特困户、住院病人和患重病的老同志几十人次。为3名退休职工申请发放了困难补助，发放了45周年校庆纪念品。

（朱　红　孙大芳）

【大事记】 1月20至24日，北京工大智源科技发展有限公司、北工大科技产业党总支组成考核小组，对学校全资、控股和主要参股企业特别是学校事业编制企业经理进行了走访和考核。

2月，北京工大智源科技发展有限公司完成了国有资产产权登记工作。

3月19至20日，北京工大智源科技发展有限公司召开了北京工业大学科技产业发展研讨会暨第一届产学研联谊会。参加会议的人员有北工大参控股企业负责人、相关学院项目组负责人，会议还聘请了北京市教委、北京市工业促进局、北京市科委等相关部门上级领导，部分校领导和相关职能部处负责人及江苏长电科技股份有限公司和泰安鲁润股份有限公司等企业领导参加。

4月1日，科技产业党总支、校团委、招生就业处共同举办了北工大控、参股科技企业联合招聘会。

5月11日，北京市科委刘振刚副主任及市科委高新技术处、政策法规处、软科学处、北京高技术创业服务中心、北京技术市场管理办公室、北京技术交易促进中心的负责人到北工大软件园调研。侯义斌、卢振洋及智源公司、软件园公司的负责人参加了会议。

5月23至27日，第八届中国北京国际科技产业博览会在中国国际展览中心举行。北工大软件园、北京公达数码科技有限公司、北京日立北工大信息系统有限公司等三家北工大参控股科技企业携自己的高科技产品参加了科博会。

10月14至16日，北工大科技企业参加北工大建校45周年庆典，举办了汇报展览，并对学校的校庆活动提供了资金及物质方面的赞助。

10月15日，孙崇正、侯义斌在科学楼410会议室会见了日立（中国）有限公司长野史总经理、日立信息系统（上海）有限公司董事长森内康浩、株式会社日立制作所统括部长苅田祥史一行。

10月21日，科技部、教育部组织专家对北工大科技园进行了评估。国家大学科技园评估专家，科技部、教育部有关领导，北京市教委、科委领导，学校领导及北工大科技园管理委员会成员出席了评估会议。侯义斌代表学校对科技园建设管理工作作汇报。评估组专家听取了科技园发展汇报和由入园企业、中介服务机构、园区创业师生代表所作的介绍，考察了园区的部分入驻企业，一致同意北工大科技园通过评估，并建议科技部、教育部认定为国家大学科技园。

11月12日，北京市教育委员会、北京市工业促进局组织专家在新兴宾馆对依托北工大建设的“北京先进制造技术转移中心”进行了专家论证。专家组听取了北工大副校长侯义斌关于技术转移中心的建设汇报，并现场质询及查阅相关资料，认为依托北工大建设的北京先进制造业技术转移中心功能定位明确、协作单位组成结构合理、优势突出，转移中心的体制、机制设置符合专业性转移中心的要求，同意依托北工大进行“北京先进制造业转移中心”建设。

12月14日，科技部、教育部正式发文认定北工大科技园为创新环境好、创新资源聚集、成果转化和科技企业孵化绩效显著的新增8家国家大学科技园之一。北工大科技园经科技部、教育部认定后，与北京科技大学科技园成为继北大科技园、清华科技园等七家科技园之后北京地区的另外两家国家大学科技园，同时也使北京地方高校首次进入国家大学科技园建设的行列。

12月15日，北京市教育委员会、北京市工业促进局正式授牌新成立七家北京市技术转移中心，其中，先进制造北京市技术转移中心依托北工大建设，协作单位包括北京理工大学、北京航空航天大学、时代集团、北人集团、北汽福田汽车股份有限公司。北工大还作为协作单位参与电子信息、新材料和车辆等其他三个北京市技术转移中心的建设。

12月21日，北工大科技园发展中心、科技处在科学楼418会议室组织召开了北工大“上海工博会”总结表彰会。副校长侯义斌、北京市教委校产中心领导、校科技处领导、部分参展项目负责人以及科技园发展中心的工作人员参加会议。

（王建华　张永安）

·学科建设与“211 工程”·

学科建设

【概况】 北京工业大学在“十五”期间确立了面向学科前沿，融入北京市经济建设和社会发展，开展学科建设与科学研究的发展方向，继续坚持重点建设、整体推进的原则，以九个“211 工程”重点建设学科项目为龙头，调整优化学科结构，促进了学科的交叉融合。在保证重点建设学科的同时，注重加强数学、物理、化学、人文、外语、经济、艺术等学科建设，基础学科获得长足发展，为工科可持续发展与原创性科技成果的产生奠定了基础。截至2005年底，学校已具有工学、理学、哲学、经济学、法学、教育学、文学、管理学8个学科门类的学位授予权；共有8个一级学科博士点、37个二级学科博士点、7个一级学科硕士点、81个二级学科硕士点、9个博士后科研流动站、14个工程硕士授权培养领域；有2个国家级重点学科、8个北京市重点学科、11个北京市重点建设学科。

（张晓玲　王大勇）

【学科结构调整】 “十五”期间，为了适应学校发展和学科建设的需要，学校不断调整优化学科结构，优化资源配置，在“九五”期间建成9个学院和1个研究院的基础上，又成立了生命科学与生物工程学院、外国语学院、建筑与城市规划学院、艺术设计学院、固体微结构与性能研究所、循环经济研究院，为学科的发展和建设在管理体制上理顺了关系。

（张晓玲　王大勇）

【学科点建设】 在2005年全国第十批新增学位授权点评审中，共获得物理学和机械工程2个一级学科博士点和应用化学1个二级博士点，应用经济学、数学、仪器科学与技术、控制科学与工程、计算机科学与技术、化学工程与技术、信息与通信工程等7个一级学科硕士点；人口、资源与环境经济学、社会学、马克思主义中国化研究、高等教育学、生物化学与分子生物学、水利水电工程等6个硕士点。

北工大“九五”与“十五”期间学科授权点增长情况见表8-1。

表 8-1　北京工业大学“九五”至“十五”学位授权点变化情况

类别＼年度	1995	2000	2005
一级学科博士点	—	3	8
二级学科博士点	4	16	37
博士后流动站	—	2	9
一级学科硕士点	—	—	7
二级学科硕士点	34	44	81
工程硕士领域	—	8	14

另外，在国家首次开展的博士点定期评估中，北工大参评的流体力学、机械设计及理论、微电子学与固体电子学、计算机应用技术和交通运输规划与管理等5个博士点全部通过定期评估。

（张晓玲　王大勇）

【重点学科项目建设】 在学科建设中，学校一贯坚持以重点学科建设为核心，主动适应新北京和建设国内一流大学的要求，大力发展信息类学科，积极发展首都社会发展和经济建设急需的新材料、光机电一体化、生物医药、城市建设、交通、环境与能源、经济与管理等学科，促进新兴交叉学科，加强建设基础类学科，重视发展人文社会科学类学科，重点建设新材料设计及其制备加工技术、激光与现代制造技术、城市抗震减灾与水环境恢复、新医药与生物工程、信息光电子技术与应用、智能交通技术与系统、环境与能源工程、计算机交互与智能软件、数字化和计量化的经济评价与管理咨询9个重点学科建设项目，加强学科布局结构调整和交叉渗透，构建适应新世纪学科发展趋势，优势突出、特色鲜明、结构优化、协调发展，符合新北京要求的学科体系。

（张晓玲　王大勇）

“211 工 程”

【概况】 1996年12月，北工大通过“211工程”部门预审，正式进入国家21世纪重点建设的百所高校行列。2001年6月以优异成绩通过国家“211工程”一期建设验收。2002年10月，在市政府的主持和领导下，通过了北工大“十五”“211工程”建设项目可行性研究报告的论证。2004年1月，国家发展和改革委员会发文正式批复北工大“211工程”建设项目可行性研究报告。根据国家文件要求，北工大在2005年12月对“十五”“211工程”建设项目的总体验收进行了部署。

（张晓玲　王大勇）

【项目建设情况】 北工大2005年着重进行了“十五”“211工程”建设中期检查的整改工作；完成了北工大“十一五”发展建设规划的编制工作；完成了2005年度青年基地建设项目申报评审、2003～2004年度“211工程”青年研究基地项目检查和交流、专著出版项目及2006年“211工程”建设专款的申报组织工作；完成了教育部对“211工程”学校进行中期抽查的准备工作；完成了“211工程”项目管理软件的升级改造研制工作，并通过了专家组验收；对“十五”“211工程”建设项目的总体验收进行了部署，并编制了《北京工业大学“十五”“211工程”验收工作指南》。

（张晓玲　王大勇）

【青年研究基地建设】 青年研究基地建设项目是北工大“211工程”重点学科建设项目的重要组成部分。从1999年至今，已投资建设了30个青年基地项目。“211工程”办公室于9月22日组织召开了2003～2004年度“211工程”青年研究基地项目检查和交流会。会议由副校长张爱林主持，由蒋毅坚等11位教授组成的专家组，相关职能部处负责人参加了会议。项目负责人向专家组汇报了项目的执行情况，专家组成员和项目负责人还深入到各个实验室实地考察了项目的建设情况。

青年基地项目总体实施情况良好，在凝聚青年人才力量、稳定青年教师队伍、明确学科建设方向、培养学术梯队、构建学科基地等方面发挥了积极的作用，尤其是对一些弱势学科的发展有很大的推动作用；对促进青年教师的成长、促进青年学术带头人成长及其学科梯队的建设，对广泛开展学术交流与合作，提高青年教师的研究层次和学术影响发挥了很大的作用；在学科前沿方向上初步建立了有发展潜力的研究基地，争取了较多的科研项目，取得了可喜的成果。

（张晓玲　王大勇）

【专著出版资助】 为鼓励北工大教师和科研人员将更多的科研成果写成专著，学校2003年开始从“211工程”建设经费中设专款，拟出版50至100本专著，重点资助纳入“211工程”重点建设项目和有重大、重点科研项目的教师、科研人员和管理人员，以增强“211工程”建设项目科技成果的显示度。截至2005年底，专著项目共立项37部，其中，2003年立项11部，2004年立项15部，2005年立项11部；已在科学出版社或其他一级出版社正式出版11部书。

（张晓玲　王大勇）

【经费情况】 按照《北京市教育委员会关于编制2005年度部门预算的通知》要求，北工大2005年“211工程”学科建设专款项目预算申报工作于7月正式启动。全校共申报100多项，经过专家评审，8月底将预算申报材料上报北京市教委审批。

（丁凤梅　王大勇）

【信息化管理】 为了进一步加强“211工程”项目管理的信息化进程，为“十五”“211工程”验收做好准备，由“211工程”办公室组织，与国资处、财务处共同对“211工程”项目管理软件做了升级改造工作，该项目改造包含两个子系统：原有系统功能升级和条形码系统设计。通过软件的升级，更好地为“十五”“211工程”验收做好了条件准备工作。“211工程”办公室、国资处、财务处通过“211工程”项目管理软件不但顺利完成2005年度“211工程”专款购置仪器设备的录入、审批、购置工作，而且完成了对2001年度至2003年度“211工程”专款计划购置仪器设备的补录工作。“211工程”项目管理软件成功地配合了各学院和项目负责人完成了“十五”“211工程”子项目验收的自查工作。在经过一年多的软件试运行后，2005年12月，发展规划处“211工程”办公室组织了以刘椿年教授为组长的专家组对“211工程”项目管理软件进行了验收，相关职能部处有关工作人员参加了验收会。本软件为“211工程”建设项目的过程管理提供了网络化办公手段，提高了办事效率，搭建了一个数据共享的项目管理平台。

（赵　勇　王大勇）

【学科建设规划工作】 发展规划

处"211工程"办公室在对有关兄弟院校进行调研及查阅大量数据资料对北工大学科建设情况进行研究和分析的基础上，于2004年12月完成了《北京工业大学"十一五"学科建设规划指南》的编写工作。"211工程"办公室在对北工大"九五"、"十五""211工程"学科建设全面总结的基础上，分析了北工大"十一五"学科建设面临的形势、任务及已有的基础，提出了北工大"十一五"学科建设的整体思路，并完成了北工大学科建设规划的编制工作。其基本思路和原则是：综合考虑学科建设的长远目标与近期任务，整合资源，实现学科整体推进与重点建设的统一；既要坚持并深化已有的特色优势学科，凝练明确的学科建设方向，直至在全国确立公认的知名度和强大的竞争力；保持学科生命力，又要预见并抓住当代科技与首都经济社会发展的主流趋势，积极构建新兴学科和学科交叉融合，形成新的学科特色；学科建设要整体推进，突出重点，分层建设。

学校将着力建设材料科学与工程、光学/光学工程、土木工程、电子科学与技术、计算机应用技术、交通运输工程、环境科学与工程、动力工程及工程热物理、生物医学工程和管理科学与工程学科，其中2～3个二级学科成为国家重点学科，一级学科博士学位授权点达到11个以上，有3个一级学科综合实力进入全国同类学科前列。

学校将建设机械工程、控制科学与工程信号与信息处理、市政工程、凝聚态物理、概率论与数理统计、社会学等潜在的优势与特色学科。

学校将着力建设力学、测试计量技术及仪器、通信与信息系统、应用化学、物理化学、应用数学、运筹学与控制学、计算机软件与理论、工商管理、国际贸易学、建筑设计及其理论、城市规划与设计、理论物理、外国语言学及应用语言学、科学技术哲学等基础性和支撑性学科。

（张晓玲　王大勇）

·国际交流与合作·

【概况】 国际交流合作处是北工大开展国际和港澳台地区交流与合作的归口负责部门，兼有行政管理和外事服务功能。主要职责：①管理、指导和协调学校的对外交往和国际、港澳台交流活动。②接待来学校访问的重要外宾。③为因公出国人员和利用校际关系自费出国留学人员（含部分学生）提供出国咨询和服务，办理出国手续、管理因公护照。④外国文教科技专家的聘请和管理。⑤中外合作研究机构、中外合作办学项目的申报和管理。⑥负责留学生（含港澳台学生）的招生、教育、管理等工作。⑦为学校对外交流工作的决策提出意见和建议，制定学校国际交流工作的政策和规定。

2005 年，接待各国外宾及港澳台来宾 90 批次、509 人次。来访人员层次明显提高，如韩国前总统金寿成、韩国大使金夏中，波兰前总理克沃的克夫、加拿大公使卡尔维特（Carlter)、诺贝尔经济奖得主詹姆斯·莫里斯（James Mirrlees）和罗伯特·蒙代尔（Robert Mundell)，以及世界各地二十多所大学的校长来学校讲学或访问。因公出国团组共 127 个，216 人次，其中出国参加国际会议 90 人次，校级出访团组 3 个，集中境外培训组团 3 个，24 名管理人员、双语教师和外语教师分三批赴境外接受了培训，参加国际教育展 2 个。校际交流继续扩大，新签署或续签校际交流协议 19 个；派出在校学生赴境外大学交换留学 51 人；邀请短期科技专家 45 人次；举办或承办国际会议或双边研讨会 4 次；聘请长期外教、外专 32 人，其中外籍留学归国人员 5 人；招收长、短期留学生 329 人次，其中 80% 为国外在校大学生。北工大第一位博士留学生毕业。

（吴文英　蔡祖南）

【校际交流】 北工大重视并加强与国外及港澳台高等院校之间的交流与合作。2005 年，学校签订校际交流协议和意向书 19 个，其中新签订协议 8 个，分别为：与美国阿拉斯加安克雷奇大学工程学院协议意向书、与法国图尔大学工程师学校及法中经济文化协会合作协议书、与意大利米兰工业大学协议书、与瑞典 GAVLE 大学协议计划书、与日本前桥工科大学交流合作备忘录、与韩国启明大学友好交流协议书、与日本熊本大学工学院及自然科学研究生院学生交流协议及学术交流协议书、与韩国汉阳大学学术交流协议；续签协议和备忘录 11 个，分别为：与美国城市大学项目合作协议，与英国伯明翰大学谅解备忘录，与法国信息管理工程师学院（EFREI）合作协议，与德国格尔森基辛大学协议备忘录，与德国纽伦堡大学协议意向书，与俄罗斯圣彼得堡国立信息技术、机械和光学大学协议补充条例，与澳大利亚国立大学工程与信息技术学院学生交流项目合作协议书，与澳大利亚国立大学经济与商业学院学生交流项目协议，与澳大利亚詹姆斯·库克大学学生交流协议，与日本金泽大学交流合作协议书、北京工业大学关于设立第 2 期“北川奖学金”的备忘录。

2005 年，国外及港澳台高等院校及政府、企业代表团来访频繁。学校共接待国外及港澳台来访 90 批次、509 人次。其中主要来访包括：诺贝尔经济学奖获得者詹姆斯·莫里斯来访并为全校师生作演讲，范伯元、孙崇正等校领导会见莫里斯并为莫里斯颁发北京工业大学名誉教授聘书；诺贝尔经济学奖得主罗伯特·蒙代尔来访，范伯元、孙崇正等校领导会见蒙代尔，并一起参加了北京工业大学企业家商学院揭牌仪式；韩国前总统金寿成、韩国大使金夏中、波兰前总理克沃的克夫参加在北工大举办的“2005 年中国首届跨国文化管理国际论坛”，孙崇正、卢振洋分别会见了客人；加拿大公使卡尔维特博士来访，与张泽就中国与加拿大日益密切的政治、经济关系进行交流，卡尔维特为师生作有关加拿大概况和中加两国关系报告；韩国国会议员金才允来访，与张爱林就加强中韩大学间的交流交换了意见，并出席研讨会；美国工程索引（EI）总裁埃里斯来访，与孙崇正、张泽和卢振洋交流了双方加强合作、将《北京工业大学学报》收录至 EI 信息库等问题；美国明尼苏达大学校长代表团来访，与张泽交流了双方的教育体制、学校概况等问题；美国托莱多大学校长约翰逊教授来访，与张泽交流两校开展合作的意向；韩国启明大学校长申镇雨教授来访，与孙崇正探讨了两校在学生培养、合作培养等方面交流合作的可能性，并签订了两校友好交流协议书；美国国会议院教育和劳工委员会众议员代表团到访，卢振洋向代表团介绍了学校的财务、产学研合作、学生实习与就业、知识产权保护和留学生状况；瑞士吉博力集团总裁本尼先生来访，与张泽、张爱林就双方继续扩大合作交换了意见；丹麦奥登斯工程大学校长安德森教授来访，与张泽探讨建立两校学生、教师交流关系等问题；加拿大滑铁卢大学副校长恰克玛教授来访，与卢振洋商讨双方在教授互访、教学合作和学生交流等方面的合作情况；日本东京大学常务副校长渡边浩教授来访，与孙崇正、卢振洋及北工大留日归国教师代表交流，希望通过新成立的东京大学驻北京联络处推动两校合作；日本索浪公司社长来访，与卢振洋交流探讨北京索浪计算机公司的运营情况和发展规划；日本荣光株式会社社长北山雅史先生来访，张泽与其商谈了留学生合作项目；荷兰乌得勒支应用大学校长邦霍夫教授来访，张泽与其探讨了学生交流项目；德国格尔森基辛大学副校长普兰尼兹-宾诺女士来访，与张泽探讨了两校交流合作的领域，并续签了两校交流协议；美国阿拉斯加大学安克雷奇分校副校长多曼博士来访，与张泽探讨合作研究、学生交流的可能性，并签订两校合作协议；俄罗斯哈巴罗夫斯克工业大学副校长古本科教授来访，与冯培探讨两校开展学生交流和合作研究的可能性；匈牙利米什科尔克大学副校长那吉教授来访，与蒋毅坚探讨两校合作领域；美国夏威夷大学副校长纽鲍尔教授来访，与冯培探讨双方高等教育国际化等问题；美国城市大学副校长卡西亚教授来访，与张泽交流两校合作情况；西班牙卡塔卢那工业大学副校长克洛斯女士来访，与卢振洋商讨学生交流项目；印度尼西亚布拉维查亚大学校长穆宁先生来校考察基础设施建设。

2005年，共有9个国外及港澳台高校学生团组来校参观访问。6月3日，台湾龙华科技大学副校长严文方教授率该校师生来校参加两校学生学术成果观摩交流会，双方学生按机械工程、化工材料、电子等专业分组相互交流了学术论文。7月11至16日，台北大学、台湾龙华科技大学、台北科技大学师生30人访问北工大，与北工大师生交流，并参加北京市海峡两岸大学生联欢活动。此外还有美国东北大学学生代表团、美国圣荷塞州立大学电气工程学院大学生代表团、荷兰乌得勒支应用大学工业工程系学生代表团、日本仓吉综合产业高校学生代表团、荷兰萨克逊大学学生代表团、马来西亚大学生代表团、马来西亚科学技术大学院学生代表团等。

（廖　坤　吴文英　蔡祖南）

【学术、科技交流合作】 2005年，3个短期外国专家聘请项目得到北京市外国专家局专项支持，外籍专家参与和指导的学校科研和教学工作分别为：建工学院李跃副教授申请的绿色混凝土材料与北京奥运项目；北京市嵌入式系统重点实验室林平分教授申请的802.11g无线局域网芯片组设计；软件学院侯义斌教授申请的BO-HKNET多国联合教学项目。

2005年，学校共召开4次国际会议，分别为：4月26至29日，北工大与北京大学、东京大学、汉城大学在北工大共同主办北京第五届东亚统计研讨会；7月27至29日，北工大与日本下水道协会等在日本东京举办2005中日水环境研究会学术会议；9月20至22日，北工大与中国计算机学会在北工大共同举办第八届国际青年计算机工作者会议；10月，北工大与中国国际公共关系协会、德国洪堡大学共同举办2005年中国首届跨国文化管理国际论坛。

（吉晓喆　廖　坤　吴文英）

【外国专家工作】 2005年，北工大共聘请外籍长期专家32人次，其中包括长期海外归国留学人员5人。长期外籍教师以经济类、英语和日语教师为主，从以本科教学为主逐渐转移到师资培训、研究生教学上。学校利用外教资源开设了面对学校各级领导干部近20人的培训班，外籍教师的教学，特别是对西方文化、西方价值观的介绍，使许多领导干部在国际交流活动中直接受益。暑期聘请外籍教师为30名中青年骨干教师开设为期一个月的英语强化培训班；开设专业英语教师培训班1个、双语教师培训班4个，200余名教师的英语能力，特别是听说能力显著提高。

2005年，北工大共聘请45名短期科技专家来校讲学、科研合作或指导培养研究生。主要有：诺贝尔经济学奖获得者詹姆斯·莫里斯（James Mirrlees），国际著名土力学家、世界公认的非饱和土力学的创始人之一、加拿大萨斯喀彻温大学（Saskatchewan）教授德文·弗莱德郎待（Delwye G. Fredlund）博士，日本大阪大学教授大野义照，世界知名水处理专家、日本熊本大学古川宪治教授，英国牛津大学终身教师和院士由衷教授、英国帝国理工大学金融系张（H. Zhang）博士等。

（吉晓喆　吴文英　蔡祖南）

【中外合作办学】 1月4日，2005年第1次校长办公会议讨论通过《北京工业大学中外合作办学管理办法》，并把它作为学校中外合作办学的指导性文件。

3月，北工大向市教委和教育部申报两个新办合作办学项目，包括：机电学院与加拿大瑞尔森大学合作中加机电专业学士学位项目，数理学院与俄罗斯圣彼得堡国立信息技术、机械及光学大学合作中俄计算机科学与技术学士学位项目。

在2004年11月北工大参加教育部中外合作办学机构和项目复核工作的基础上，2005年10至11月，学校中外合作办学机构和项目复核工作领导小组对校内中外合作办学机构、项目及涉外教育教学活动进行实地考查，进一步了解和掌握了相关情况。

截至2005年底，北工大在办的中外合作办学和涉外教育教学项目4个：计算机学院与澳大利亚詹姆斯·库克（James Cook）大学合办信息技术学士学位项目；继续教育学院与美国管理技术大学合办管理科学与工程研究生课程进修班项目；数理学院与俄罗斯圣彼得堡国立信息技术、机械及光学大学合办计算机科学与技术学士学位项目；环能学院与澳大利亚迪肯大学合作2＋2本科项目。中外合作办学机构1个：北京中加工商专修学院。已停办的中外合作办学项目1个：经管学院与英国东伦敦大学工商管理硕士项目。

（*廖　坤　吴文英　蔡祖南*）

【因公出国派遣工作】 2005年，制定了《北京工业大学关于随团因公出访的规定》。全年共派出127个团组216人次，其中临时出访（半年以下）204人次，参加国际会议90人，访问、考察60人，讲学、合作研究20人，培训、进修34人；长期出访（半年以上）12人次，其中国家公派6人次，长期出国6人次。

校级领导出访情况：4月15至26日，党委书记孙崇正应英国伯明翰大学、法国信息管理工程师学院（EFREI）的邀请，率团赴英国伯明翰大学访问、考察，落实学校教师和管理干部到该校培训、进修以及建立校际交流项目等事宜；赴法国信息管理工程学院洽谈建立和发展两校互派学生、交流等事宜。纪树兰、薛素铎、吴文英等随行。

4月30日至5月13日，副校长马志成随教育部组团赴美国参加“21世纪中国教育展（2005美国）”，王大勇、李娟、吉晓喆等随行。

8月24日至9月3日，党委副书记张毅刚应澳大利亚国立大学（ANU）、澳大利亚詹姆斯·库克大学（JCU）的邀请，率团赴澳大利亚访问两校，探讨开展双方教师和学生交流项目，了解两校教学设施和科研环境，商讨与澳大利亚国立大学合作协议的具体细节以及与詹姆斯·库克大学合作办学项目的下一步进展，与两校签订交流合作协议或备忘录，还与詹姆斯·库克大学建立了本科合作办学项目。何泾沙、肖创柏、杨文通、廖坤等随行。

学校教师、管理干部集中境外培训情况：6月10日至8月28日，外语学院4名中青年骨干教师赴加拿大麦迪森海特学院参加为期11周的双语教学英语培训；7月16日至8月19日，10名管理干部赴英国伯明翰大学考察、学习世界著名大学的先进管理经验，研修相关专业的教育及人才培养的方法和经验；9月24日至12月18日，8个学院的10名中青年骨干教师赴英国伯明翰大学参加双语教学培训，考察、观摩、参与相关专业课程的教学和实践。

表9-1　北京工业大学2005年出国情况统计表　　单位：人

单　位	临时出访（半年以下）				长期出访（半年以上）		合计
	国际会议	访问考察	讲学合作研究	培训进修	国家公派	长期出国	
机电学院	14	2	2	2	1	1	22
电控学院	4	—	—	3	—	—	9
建工学院	12	1	—	2	—	—	15
环能学院	13	2	1	3	—	2	21
数理学院	6	1	3	1	4	—	15
计算机学院	—	4	1	2	—	—	7
材料学院	7	2	—	2	—	—	12
经管学院	6	2	1	2	—	—	11

续表

单位	临时出访（半年以下）				长期出访（半年以上）		合计
	国际会议	访问考察	讲学合作研究	培训进修	国家公派	长期出国	
人文学院	—	2	2	4	—	1	9
建规学院	2	—	—	3	—	—	5
生命学院	4	—	—	1	—	—	5
外语学院	—	3	4	—	—	2	9
软件学院	—	1	1	1	—	—	3
激光学院	—	2	—	—	—	—	2
固体所	4	—	—	—	—	—	4
机关	11	30	3	5	1	—	50
其他	4	8	2	3	—	—	17
总计	9	6	2	34	6	6	216

（周　园　蔡祖南）

【在校生出国留学】 根据校际交流协议，2005年度派出在校学生29人赴国外大学学习。派往的学校分别为英国伯明翰大学，日本名古屋大学、金泽大学、佐贺大学、新泻经营大学，荷兰萨克逊大学和芬兰米盖力工业大学，法国信息管理工程师学院（EFREI）。其中，机电学院1人，电控学院6人，建工学院2人，环能学院2人，计算机学院8人，经管学院7人，建规学院1人，生命学院1人，软件学院1人。其中建规学院、生命学院、软件学院都是第一次派遣学生赴国外交流学习。

（吉晓喆　吴文英　蔡祖南）

【来华留学生工作】 2005年，共有长短期留学生329人次，其中短期生155人；各类高层次学生30人（政府奖学金生13人，亚洲留学奖学金生1人、自费研究生8人、自费本科生8人）。校际交流学校学生中，荷兰鹿特丹商学院（Business School）派遣了12名学生到北工大经管学院学习经济汉语课程，该课程全部用英文授课；韩国青云大学三、四年级在校的9名学生参加了该校与北工大人文学院合作的“3＋1”课程；法国信息管理工程师学院（EFREI）7名学生在北工大计算机学院和电控学院参与课题研究；西班牙马德里工学院17名学生参加了暑期的经济汉语课程班。

2005年，共有政府奖学金生13人，其中普通进修生1人、本科生6人、硕士生4人、博士生2人。另有亚洲留学奖学金生1人。7月，北工大第一位博士留学生从经管学院管理科学与工程专业毕业；3至8月，北工大相继为来自韩国、美国、法国、荷兰和西班牙等国家的155名短期生举办汉语培训。

2005年，共开设汉语教学班19个，短期班10个。为奖学金学生开设了科技汉语课程，组织了“汉语日”、作文比赛、作文展、“小外写汉字”、百词测验、“我心目中的北京”演讲比赛（北京市外国留学生管理学会、北京市教委主办）等教学活动。北工大在由北京市外办主办的“我眼中的北京”征文活动中获优秀组织奖。对外汉语教研室编辑出版北工大留学生作文选（第一册）。外聘教师奖励条例开始实施，留学生的教学条件进一步得到改善，已建成多媒体教室3个。

（郝庆华　张秀婷　蔡祖南）

·管理与服务·

发展规划

【概况】 发展规划处是对学校的发展规划进行研究、组织论证、编制规划和组织落实的职能部门，是学校重大问题和决策的论证组织部门。它的主要职责是：研究、论证学校和编制中长期发展规划和阶段性发展规划；参与国家和北京市事业规划、学科规划方面某些项目的研究工作；参与校园总体规划，负责奥运会羽毛球馆、新区学科楼等重点工程项目的建设规划、论证、招标方案和施工前的准备工作；对校园建设项目和工程进行审核和监督管理，对学校重要建设工程的可行性方案和具体设计方案进行审核和一定程序的论证，对基本建设过程中可能出现的问题向学校提出建议和改进措施；负责研究国内外高水平大学的发展规律和最新动态，结合学校实际提出发展思路和发展战略的建议；组织编制“211工程”建设规划，组织对“211工程”建设项目立项论证与申报，以及“211工程”建设项目的检查、考核评估和验收等日常管理工作；对各单位提交的《关于校园建设项目的立项申请》进行一定程序的论证，并提出初审意见，报学校审议；撰写《发展规划处简报》。

（刘润先　王大勇　张长春）

【编制“十一五”学校事业发展规划】 发展规划处“211工程”办公室于2005年3月完成《北京工业大学“十一五”发展建设规划指南》的发布工作。学校成立了以范伯元校长为组长、孙崇正书记为副组长的北京工业大学“十一五”发展建设规划编制的领导小组；以张爱林副校长为组长，蒋毅坚、卢振洋副校长为副组长的北京工业大学“十一五”发展建设规划编制工作组。

3月4日，2005年第一次院长例会召开，会议讨论确定北工大“十一五”发展建设规划编制的思路和方针。会议认为，制定“十一五”规划要深入探讨和思索发展什么和怎样发展的两个问题，要坚持科学发展观，以内涵式发展为主旨，以学科建设、队伍建设为主要内容。学科建设要以国家、北京市对人才培养、科技发展的需求为导向，认真分析现有物质条件和人力资源状况，有的放矢地提出发展目标和措施，同时正确处理软件建设与硬件建设的关系、学科整体建设与个别学科方向的关系、学科方向与学科带头人的关系、强势学科与新兴交叉学科的关系、工科学科与理科、人文、经管等学科的关系。师资队伍建设要把发展规模和合理的人员结构、搭配相结合。要把学科建设和队伍建设结合起来。要打破人员的单位所有制，促进学科的交叉融合。孙崇正主持会议并作总结发言，张爱林介绍了部分高校制定“十一五”发展规划的思路、做法和经验。

4月25日，2005年第二次院长例会召开，研讨学校“十一五”发展建设规划的编制工作。电控学院院长王普、材料学院院长聂祚仁、环能学院院长刘中良先后汇报了本院启动编制“十一五”规划的具体做法和规划的基本框架、初步方案。与会人员对如何制订校、院“十一五”规划进行了深入讨论。孙崇正对各学院编制“十一五”规划提出要求：第一，认真研究国家和北京市经济建设对北工大的需求；第二，认清本学院在学校发展中的作用和地位，从全校的角度思考如何制订切实可行的规划；第三，“十一五”规划的目标、指标要比较高，要能够全面、综合地反映学院的发展。

6月3日，学校组织召开“十一五”发展建设规划编制工作组第三次工作会议。张爱林、蒋毅坚及“十一五”发展建设规划编制工作组的全体成员参加会议。孙崇正对前一阶段北工大的“十一五”发展建设规划编制工作做全面总结，并指出编制各个专项建设规划的重点内容和应注意的问题。张爱林对下一步“十一五”建设规划编制工作的安排做了说明和部署。

7月15至16日，发展规划处“211工程”办公室组织召开北京工业大学“十一五”发展建设规划编制工作研讨会。蒋毅坚、卢振洋及在京的校学术委员会委员及相关职能部处领导对学校“十一五”发展建设规划及各个专项规划和各院的“十一五”发展建设规划进行了研讨，并从各学科制定规划的背景、对学科现状的分析、发展目标、建设内容和具体指标、具体的保障措施及改革创新管理机制及经费计划等方面提出了修改和完善的具体要求。

7月20至21日，学校组织召开“十一五”规划与学校发展研讨会。张爱林介绍了北工大“十一五”发展建设总体规划、学科建设专项规划要点及规划编制过程。北工大“十一五”发展建设总体规划主要包括“十一五”发展建设目标、定位指导思想、发展建设思路、主要建设内容、考核指标、保障措施及各个专项规划等。在制定“十一五”发展建设规划的过程中，北工大全面调研了“十一五”所面临的国情、市情和校情问题，按照国家中长期科技发展规划、教育部关于科技创新团队和提高人才培养质量的文件精神以及北京市关于制定“十一五”规划的指导意见，总结了“九五”、“十五”、“211工程”建设取得的成绩，并分析了北工大与国内一流大学相比，与新北京、新奥运的高标准要求相比，与市委、市政府和北京市人民的期望相比，在很多方面存在的明显差距。卢振洋、张革分别汇报了科技工作专项规划、师资队伍建设专项规划，建工学院张永祥、材料学院聂祚仁、环能学院刘中良分别汇报了本学院的“十一五”发展规划。学校在职及双聘院士张泽、李京文、周锡元、曾毅、张在明、李衍达、周炳琨、过增元、倪维斗、陆汝钤、蔡鹤皋、杨芙清、沈昌祥以及全体校领导、相关院、部、处负责人参加了本次研讨会。与会院士对北工大“十一五”发展建设规划给予了较高的评价。

8至10月中旬，各学院及学科根据专家的反馈意见，对学院和学科的“十一五”发展建设规划做进一步的修改和完善。之后，发展规划处“211工程”办公室进一步修改和完善《北京工业大学“十一五”发展建设规划》。

11月18至19日，发展规划处“211工程”办公室组织召开青年学者与“十一五”发展规划研讨会。孙崇正、张爱林、卢振洋及相关职能部处领导、部分院领导和学科带头人、青年学者40余人参加会议。

（张晓玲　王大勇）

【校园总体规划】　北工大校园整体规划设计的依据包括：《北京市区中心地区控制性详细规划》、《普通高等学校建筑规划面积指标》（建设部、国家计委、国家教委1992年）、《创建国内一流大学中长期发展战略规划》（北京工业大学）、《北京市规划委员会控规调整通知书及北京工业大学校园总体规划》（规控审字〔2004〕0002号）、北京市规划委员会关于《北京工业大学校园总体规划局部调整的函》、《北京工业大学新区学科楼建筑设计竞赛方案》（北京工业大学）。

由于北工大现有的用地规模有限，不能满足全部的教学、科研和生活需要，因此在规划中重点安排教学、科研和文体活动区的用地和建筑布局，适当留出学科和技术发展用地，生活和后勤用地在原有基础上不再扩大规模，拟进行局部的就地改造，不足部分在校园外解决。根据北工大用地情况现状，结合未来发展需要，按照发展战略规划和建设指标的要求，用地分区规划，总规划范围81.10万平方米，其中校园用地总计66.94万平方米，扣除生活、后勤和预留的学科和技术发展用地后，其余校舍和体育、绿化用地面积为51.36万平方米，比指标用地面积少8.22万平方米，其中校舍用地中的行政教学区用地为36.48万平方米，比指标用地面积多5.70万平方米，体育和绿化用地14.88万平方米，比指标用地少13.92万平方米。总用地指标基本达标而分项不平衡的情况，是因为行政教学中留有较多片的大面积绿地和广场，将一些绿地指标分散到了教学区中。另外，在学科和技术发展用地中，含有一定的科研项目。

功能分区：①行政教学区。在已有的北区、西区和南区西部的基础上，在南区东部规划一片集中的教学用地，既与老的教学区有联系，又形成一块相对独立的区域，完全打破了原有的建筑格局。总体上使得教学区比较集中，且在用地中占有较大比重。②文体活动区。在现有的大操场南侧，即南区的用地内，与原有体育用地相连，规划新的体育运动区。在体育活动区中，安排体育馆，使该体育活动区和绿化隔离带成为校园的开放空间。③学生生活区。保留北区北部和南区中部的现有学生宿舍楼和食堂，原地进行适当的改建。④教工生活区。保留西区的教工住宅区，校内不再扩大规模。⑤后勤服务区。保留西区的熙园、北区东北角的校医院及规划浴室等用地。⑥学科与技术发展用地。作为学校科研发展预留用地，分为两个区域，在北区的东南部和西区南侧。规划用地如表10-1所示。

表 10-1 北京工业大学用地分类一览表

序号	用地分类	用地面积（万平方米）	占总用地百分比（%）
1	行政教学区	36.48	54.50
2	学生生活区	6.74	10.07
3	教工生活区	1.85	2.76
4	文体活动区	14.88	22.23
5	后勤服务区	2.71	4.04
6	学科与技术发展用地	4.28	6.40
7	校园总用地	66.94	100.00
8	城市道路代征地	11.35	—
9	城市绿化代征地	2.81	—
10	规划总用地	81.10	—

【北京工业大学新区学科楼】 北京工业大学新区学科楼总建筑面积 23 万平方米，地上部分包括：建筑人文外语学科楼、生命环能交通学科楼、工程训练中心、教学科研楼、国际交流中心等建筑及后勤交通服务中心、变电站等配套设施。

大事记：

8月1日，北工大发布学科楼建筑设计方案竞赛活动公告，公开邀请具有大学校园整体设计、教学及科研建筑设施设计经验的设计单位前来参加设计方案竞赛活动，经过资格预审，从中选取了8个独立的参赛设计单位。

9月5日，北工大举行新区学科楼建筑设计方案竞赛开标会。张爱林代表学校就该项目背景及本次方案设计竞赛的相关要求向各应征单位作了详细介绍。北京科技园拍卖招标有限公司作为此次竞赛代理机构主持了开标会，并介绍了本次竞赛的组织情况。

11月12日，北工大新区学科楼建筑设计方案竞赛结果揭晓。由齐康院士、彭一刚院士等国内建筑、规划、结构专业的9位专家组成评审委员会，对参赛设计方案的多媒体演示文件、图册、展板、模型以及应征人提交的应征文件及方案模型进行评审，以无记名投票的方式选出本次竞赛的3个优秀方案并进行排序。

11月14至22日，北工大举行新区学科楼设计方案展览及网上投票活动。活动期间，三个优秀方案的参赛模型接受全校师生员工的参观，并在网上设立投票系统。

12月31日，北工大新区学科楼建筑设计方案竞赛投票统计结果揭晓。参与网上投票的人数为735人次，在科学楼展览区现场投票并写下意见的为264人次。从总投票结果来看，上海同济大学建筑设计研究院设计的B01方案得票总数为495票，占总投票数的49.6%；华南理工大学建筑设计研究院设计的B04方案得票总数为311票，占总投票数的31.1%；美国 Rossetti 建筑事务所设计的B08方案为193票，占总投票数的19.3%。（北京工业大学南区新规划教学、文体及后勤用房建筑面积一览见表10-2）

表 10-2 北京工业大学南区新规划教学、文体及后勤用房建筑面积一览表

序号	名称	面积（万平方米）	
		地上	地下
1	国际交流中心	3.1	1
2	建筑人文外语楼	3.0	1
3	工程培训中心	2.0	0.3
4	生命交通环能学院	2.1	0.4
5	教学楼及教学实验楼	5.0	0.5
6	教学科研楼	2.1	0.4
7	艺术设计学院	2.0	0.3
8	体育场看台	0.23	—
9	奥运羽毛球馆	2.4	—
10	印刷厂及交通服务中心	0.25	—
11	食堂	0.52	—
12	变电站	0.4	—
	合计	23.1	3.9

【北京工业大学体育馆（2008年奥运会羽毛球、艺术体操比赛馆）】 4月8日，公开发布北工大体育馆（2008年奥运会羽毛球、艺术体操比赛馆）工程招标代理机构征集公告。

4月18日，北工大参加奥运经济市场推介会奥运场馆建设运营国际论坛。

5月17日，北工大举行体育馆工程施工及监理招标资格预审评审会。

5月20日，举行北工大体育馆（2008年奥运会羽毛球、艺术体操比赛馆）工程施工总承包及监理招投标发标会。

6月30日，举行北工大体育馆（2008年奥运会羽毛球、艺术体操比赛馆）开工奠基典礼。

7月15日，通过公开招标和专家组评审，确定北工大体育馆工程代建单位为北京希达建设监理有限责任公司。

12月8日，北工大召开奥运场馆拆迁调度会。朝阳区区长陈刚、副区长宋连娣，政府办、建委（房管）、管委、法制办、规划分局、国土分局、城管监察大队、南磨房乡政府等相关人员及北工大领导参加了会议。

12月20日，国际体操联合会主席布鲁诺·甘地（Bruno Grandi）先生、秘书长安德鲁·是斯弗勒（Andre Gueisbuhler）先生考察北工大体育馆（2008年奥运会羽毛球、艺术体操比赛馆）的建设情况，并登上脚手架施工平台参观了工地现场。党委书记孙崇正陪同参观，副校长张爱林简要介绍了北工大新区校园规划和奥运场馆施工建设情况。

（刘润先　张长春）

【北京工业大学364亩土地征用过程】 4月28日，北京市副市长、北工大校长范伯元、朝阳区人民政府区长陈刚、南磨房乡书记张德亮分别代表三方签订了《北京工业大学新征地拆迁协议》。

6月14日，朝阳区法院、国土局、法制办、信访办及拆迁公司，共同对新征地范围内拒不执行搬迁的一户执行行政强行拆迁。

12月19日，北京市发改委大项目稽察办来北工大就364亩新征地进行程序化审计、稽查。

12月31日，举行364亩新征地交接仪式，张爱林副校长将非居农民拆迁款余额转交南磨房乡。至此，北工大圆满完成东南区364亩新征地的全部征地拆迁工作。

（刘润先　张长春）

学校管理

【校务管理与服务】 校两办是学校党委和行政综合办事机构，2003年4月由党委办公室、校长办公室合并成立，承担着承上启下、协调左右、联系内外的作用，具有研究政策、传递信息、服务领导决策、服务大局和服务基层的职能。校两办下设综合事务室、文书机要室、秘书外联室、法治法规室，学校综合治理与突发事件处置办公室、计划生育办公室、档案馆、印刷服务中心等单位挂靠校两办。

（1）重要会议和活动的组织协调。2005年，学校先后召开中共北京工业大学委员会九届三次、四次全会，第五届教代会第四次会议，学校党委常委会（常委扩大会）21次，校长办公会18次，开展保持共产党员先进性教育活动；主办或协办德国柏林洪堡大学校友学术交流部成立会，“庆祝2005世界物理年”、“推动人类文明与进步的物理学”系列报告会，中国力学学会学术大会2005；承办第八届国际青年计算机工作者会议（ICYCS）、中美大型公共建筑多灾种综合防御策略与监测技术专题研讨会、2005制造业发展高层论坛等重要国际国内学术会议；接待杜德印、朱善璐一行调研保持共产党员先进性教育活动开展情况，诺贝尔经济学奖获得者詹姆斯·莫里斯来校演讲，“欧元之父”、诺贝尔奖获得者罗伯特·蒙代尔教授（Robert Mundell）访问北工大，国家羽毛球队访问北工大，以及中国计量学院等校际交流；举行2005年学校新春团拜会、北工大与北京市通州区人民政府合作举办北工大实验学院签字仪式、高效高亮度发光二级管扩建项目奠基开工仪式、北工大体育馆（2008年奥运羽毛球、艺术体操比赛馆）工程开工奠基仪式、榜样的力量——北京工业大学纪念建党84周年暨2005年“七一”表彰大会、2005届学生毕业典礼、“十一五规划”和学校发展研讨会、2005届新生开学典礼、特困生中秋晚会、北工大和中关村管委会共同建设北工大留学人员创业园签字揭牌仪式、北京工业大学艺术设计学院成立大会、北京市技术转移中心项目签约仪式、东区364亩新征地交接仪式等一系列重要活动，接受北京高校科技创安评优专家组检查、国家科技部和教育部国家大学科技园评估验收。按照学校要求，校两办与有关部门配合，拟定工作方案，落实相关责任，充分发挥综合协调功能，确保各项重要会议和活动的圆满成功。

（2）公文的编发处理。2005年度编辑印发文件707件（编号文件463件），其中：党委发文77件，行政发文688件。登记编号收文590余件，其中：上级机关及外单位来文330件，校内来文160件。办理不登记编号的信函、请柬、会议通知等130余件。2005年收发机要文件2 487件，送领导传阅文件385次，老干部阅文269件，校内发文3 457件，回收2004年文件3 930件，退市委回收文件79件，销毁2004年机要文件3 875件。复印、打印校内外普发性文件58 000余页。完成2004年度行政文件立卷归档49卷1 089件，其中：一般文件44卷，共1 028件、6 792页；机要文件5卷，共61件；实物15件。

（3）信息收集汇总。及时准确地作好《简报》和《情况反映》的起草报送工作，收集、整理、加工校内信息。全年采编《每周信息》42期、《简报》31期、《情况反映》30期，及时向上级有关单位汇报情况。《简报》侧重于教学科研育人一线重大成果、工作进展、经验总结，《情况反映》准确及时，重大事件、突发事件反馈及时、畅通，无漏报、蛮报。报送《北京教育年鉴》条目71条，25 000余字，新闻图片19幅。

（4）学校年鉴编辑出版。2004年成立的《北京工业大学年鉴》编辑部办公室设在校两办秘书外联室。2005年相继出版《北京工业大学年鉴（2004）》（全书40万字，新闻图片68张）、《北京工业大学年鉴（2005）》（全书77万字，新闻图片96张）。年鉴囊括了北京工业大学概况、特载与专文、党政重要会议与活动、机构与队伍、文件与规章、教育教学、科研与开发、学科建设与"211工程"、国际交流与合作、管理与服务、党建和思想政治工作、学院与教学部、大事记、人物、毕业生名单、奖励与表彰、媒体报道等内容。年鉴全面系统地记录了前一年学校事业发展及重大活动的基本情况，部分内容依实际情况前后略有延伸。同时在编辑两卷年鉴的基础上总结经验，修订了较为详细的编辑手册，明确编辑部工作职责，规范年鉴编辑的体例、内容、流程，加强编辑部成员和基层撰稿人员的业务培训，努力提高年鉴的编辑质量。

（5）信访接待。构建校院两级信访网络，坚持校领导接待日制度，实行"首问负责制"，做好群众来信、来访工作。2005年安排校领导接待39次，共接待来访人员700多人次；收到群众来信60封；接到市委、市政府和市教委转来的群众来信6封；并接听、处理了大量反映问题或对学校改革与建设提出建议的来电。

（6）无偿献血工作。2005年献血工作分别在5月、11月展开。学校成立以校党委副书记冯培、副校长马志成为组长，校两办、学生处、校医院、教务处、研究生部、工会、后勤集团饮食服务中心及各学院学生工作负责人参加的校献血工作领导小组，抓好周密部署、广泛动员、课程调整、现场服务、制定应急预案等各项工作环节，以当天查体、采血"一条龙"的方式进行，历时8天，全校共有14个学院的4 200名师生参加查体，2 082名学生、29名教工参加献血，圆满完成了2005年献血任务。学校献血工作领导小组研究决定从2006年起，学校献血组织工作由校两办转由校医院和校团委具体负责。

（7）综合管理服务。加强领导值班及重要敏感日值班制度，认真做好印信管理、出国政审、会议安排、会务服务等日常工作。2005年用印108 700次；完成因公出国政审65份；开具校外介绍信182份；办理赴边境地区申请表9份。表彰全校30年教龄人员76人。完成学校教职工子女上工大附中的统计、政策宣讲、考试组织工作以及学校教职工子女报考北工大的登记、统计工作。全面修订校内各单位电话表，两次制作、修订校内党政干部通讯簿。在保持共产党员先进性教育活动中，校两办本着以人为本、提高效率的原则推出"一站式办理"的工作方式，设立综合服务窗口，接办包括公文上报、下发、会议筹备、政审、印章、礼品准备、开介绍信、信访接待、值班等11项工作，工作人员从综合事务室和各科室抽调组成，每天轮流值班，挂牌上岗，热情服务，校两办主任、副主任也轮流在第一线服务。"一站式办理"实行首问负责制，不能马上解决的要在3天内给予答复；同时简化和明示工作流程，制作服务事项告知卡，降低服务柜台高度，设置咨询触摸屏和礼品展示柜，方便师生办事。

（8）校务公开、依法治校工作。2005年调整校务公开领导小组，相继制定、修订、审议通过《北京工业大学校务公开实施细则》、《北京工业大学校务公开责任制》、《北京工业大学依法治校实施办法》。7月，北工大校务公开网正式开通。3月，学校调整依法治校工作领导小组，党委书记孙崇正任组长，党委副书记张毅刚、副校长卢振洋任副组长，领导小组下设办公室。9月，北工大依法治校专职执行机构——校两办法治法规室成立，负责全校法律事务的组织、协调，承担全校性相关法律文件、规章制度的制定、审查、备案及涉法事务处理、法制宣传服务等方面的职责和任务。完善《北京工业大学章程》，集中清理规章制度，出台《北京工业大学规章制度管理办法》。加强法律知识宣传，编写《北京工业大学校园法律咨询手册》，开通法律服务综合网站

《工大说法》网，明确“校园法律咨询日”时间，为师生提供法律服务。10月7日，学校通过北京市依法治市领导小组办公室组织的“四五”法制宣传教育工作考核验收。12月19日，北工大被北京市教委评为依法治校示范校。

（9）学校标识标牌。按照北工大关于统一学校标识、坚持以人为本、规范校内管理、美化校园文化环境的部署要求，2005年，校两办完成了校内门牌、水牌、楼牌和道路指示牌、校园平面图的制作安装任务。先后设计、制作、安装1 000余块校内办公室、实验室门牌和楼层水牌，明确主要建筑的楼名，制作统一的楼牌。在新学年开始前完成了校南门、西门学校平面图指示牌的安装工作，为师生员工的工作、学习、生活提供了方便。

（10）校庆活动组织。在北京工业大学45周年校庆活动中，校两办作为主要承办部门，承担了大量的筹划准备、协调组织和服务工作。校两办主任、校庆组委会秘书长赵凤琴统筹安排校庆组织委员会的组成、下设各组织机构的负责人选和任务分工、大型活动（项目）的分工和协调。从工作预案的制定、庆祝大会议程的策划、大会嘉宾的联络邀请到文稿的起草、校庆用品的设计制作、大会的会务组织和全程监控、校领导每日活动的安排、校内各部门的总协调，校两办周密策划，精益求精，明确分工，责任到人。共起草文稿近万字；设计与分发邮寄邀请函400余件；设计与制作请柬5 000张、证件500张（车证、工作证）、各类胸卡4 500余张（贵宾卡、嘉宾卡、来宾卡、校长胸卡）；制作、统计、分发校庆纪念品（领带、笔筒、保温杯、校庆纪念徽、礼品袋等共计5大类24 000件）；接收、展出大型礼品四件（套）。许嘉璐、韩启德、张榕明、沈淑济发来题词、贺信，邀请赵沁平、龙新民、朱善璐等出席庆祝大会；全国50余所兄弟院校发来贺信；清华大学、中国人民大学等国内外50余所兄弟院校领导、海内外300多位嘉宾、近万名校友及师生员工参加了庆祝大会。此外，校两办还积极与校庆组委会各组、各院（部）之间加强联络与沟通，参与蒋璜教授百岁寿辰和亚洲教育论坛活动等的组织和协助。

（11）业务研究交流。2005年继续强调规范化管理、规范化服务，保证学校日常工作的高效运转，先后派出34人次参加北工大保持共产党员先进性教育活动支部书记培训、党员领导干部先进性教育活动研讨班、纪检委干部培训、全国地方高校办公室主任培训班、高等学校教育技术等级培训、高等院校教师岗前培训、年鉴编辑工作培训、计划生育培训、南磨房地区《政策、法规》培训、女工干部培训、兼职档案员培训班、安全评价和事故应急救援研修班等。

（江飒英　赵凤琴）

【综合治理与突发事件处置】 综合治理与突发事件处置办公室（简称综突办）于2004年6月成立，主要职责是负责学校突发事件处置、制定和审议各类应急预案，校内举办大型活动预案的审定和参与组织活动，开展校园综合治理工作，协调上级有关部门、属地办事处及社区检查工作的接待和处置工作。

（1）突发事件处置。妥善解决了奥运场馆征地工作因个别住户拖延导致强制拆迁及拆迁户上访闹事的接待工作；协调解决了继续教育学院（西区）因拆迁2号学生楼引起租住此楼的外校学生不满、引发媒体报道等问题；应急预案处置了因“美景东方家园”房地产开发商与承建施工方矛盾造成的群访事件。

（2）预案制定工作。4月9日北京发生抗议日本申请加入联合国常任理事国游行活动，为预防事态扩大，学校根据上级要求制定“4·15”假日、“五一”长假防范反日游行应急预案并付诸实施。完成市教委布置暑期迎峰度夏电网安全隐患排查工作，后勤集团有关部门制定相应应急预案，建立安全隐患台帐。制定预防“禽流感”应急预案并开展相应工作。配合国资处制定有毒有害物质排放和放射性危害防范的应急预案。

（3）大型活动协调工作。学校45年校庆的联络接待工作、奥运场馆奠基仪式、校园开放日的招生咨询、新生入校与就业招聘会、校运动会、国家级考试（大学英语四、六级考试、社会公共英语级别考试、研究生入学考试）等数千人、以至近万人参加的活动，均由主办方提出活动预案、保卫处做安全保卫预案上报市有关局、属地有关部门并付诸实施，完成各项大型活动，未出纰漏。

（4）综合治理。完成了机动车进校停放治理整顿工作，认真开展了冬季防火安全的重点区域检查、抽查，与学宿中心协调组织举办消防知识讲座和消防运动会等。

（张宝林　赵凤琴）

【档案馆概况】 1984年3月，学校成立文书科技档案室，1990年改名为综合档案室，2005年1月更名为档案馆。现有专职人员9人，其中研究生学历3人，大学学历4人，高级职称2人，中级职称3人。档案用房660平方米，设有档案库房、办公室、借阅室、计算机房、装订室，密集架长度4 500米。2005年，被评为北京高校档案先进集体，北京工业大学荣获第29届奥运会组织委员会颁发的“2005年度奥运工程档案工作先进集体奖”。

（赵　明　李会征）

【档案库藏】 北京工业大学档案馆库藏有四个全宗：

（1）北京工业大学全宗（1960年至目前）：共有文书档案、科技档案、声像档案、财会档案、实物档案和学生档案88 773卷，照片档案14 273张。

（2）北京联合大学经济管理学院全宗：其中，1978年至1985年为中国人民大学一分校，1985年至1990年为北京联合大学经济管理学院，该学院共有文书档案2 240卷，1990年并入北京工业大学。

（3）北京外贸学院分院全宗（1979年至1983年）：1983年北京外贸分院并入中国人民大学一分校，该学院共有档案133卷。

（4）北京计算机学院全宗：其中1978年至1985年为北京工业大学二分校，1985年至1993年为北京计算机学院，该学院共有档案4 013卷，1993年并入北京工业大学。

（赵　明　李会征）

【年度档案收集利用统计】 2005年度，档案馆收集各类档案5 746卷、3 060件（含照片482张，光盘53张），接收学生档案4 221卷，发送学生档案4 729卷。来馆利用档案1 152人次，6 700卷（件）次。

表10-3　档案利用分类统计表

类　别	人　次	卷(件)次
党政管理	349	1 380
基建工程	92	481
科技档案	351	1 839
照片档案	59	1 718
会计档案	84	766
实物档案	25	324
学生档案	192	192
总　计	1 152	6 700

（赵　明　李会征）

【档案信息化建设与档案信息开发利用】 完善档案信息网络平台整合。首次实现全校网上预立卷归档方式。对6 190张基建图纸做数字化处理。上网档案数据有案卷级目录75 645条，文件级目录55 515条，档案全文1 095条。举办网络环境下兼职档案员培训班，转变观念，培训技能，各院部处61名兼职档案员参加培训。建立2000年以来学生档案发送数据库，首次实现由计算机取代人工书写。

在《北京工大报》开辟“历史回眸”专栏，连载北工大历史上每个月发生的大事。参与筹备《北工大校史馆》展览，征集史料88件。编辑《北工大档案利用100例》。

（赵　明　李会征）

【计划生育】 计划生育办公室（简称计生办）主要职责：宣传、贯彻、落实党和国家计划生育法律、法规，起草和落实学校计划生育文件，完成上级下达的各项计划生育指标；负责计划生育家庭各项奖励的落实；组织开展优生、优育、优教及健康保健知识的宣传，为育龄群众提供咨询和服务，促进家庭幸福和谐，不断提高教职工生活和生命质量，促进学校精神文明建设的发展；抓好计生干部培训，指导基层单位规范管理，以多种形式开展计生宣传，为教职工提供优质服务；负责考核、交流及奖励兑现。

（1）加强日常管理和服务工作。2005年，召开计划生育工作会，与基层单位党政领导签订《2005年计划生育责任书》、《流动人口计划生育责任书》。全年落实独生子女奖励费、婴幼儿托幼补贴、奶费补贴、独生子女父母退休时“一次性”奖励费计32.98万元。对不同年龄段女职工采取避孕措施、计划生育手术及近年结婚人数及孕检费用等开展调查摸底工作，为解决婚检费用和计划生育手术费自费部分报销问题提供依据。同时把流动人口计划生育工作正式纳入计划生育管理和考核中，逐步实现流动人口与户籍人口“同管理、同宣传、同服务”。制作有关计划生育事项须知卡，多次组织计生干部培训，并邀请心理咨询中心的教师为计生干部讲心理健康课，办好“图书角”，向新婚及怀孕的职工赠送优生优育及保健书籍。近年来北工大出生婴儿缺陷率一直保持零指标。

（2）多渠道多形式开展系列宣传活动。结合“三八”、“六一”、第十六个世界人口日、世界艾滋病日等，计生办与有关部门联合组织开展系列庆祝、宣传活动，如“展文明礼仪风采，树工大教工形象”专题系列活动、慰问独生子女家庭、300余名家长和孩子参加的北京教学植物园“植物与健康”科普娱乐活动、防治艾滋病大型宣传活动、“科学健康，防治肿瘤”专题讲座等。基层单位开展了诸如“国策在我心中”、“孩子，你真棒”征文及丰富多彩的活动。

（3）创新大学生生殖健康教育。在学生中开展生殖健康教育是北工大计生工作新的重点。计生办在女大学生中继续开展“生殖健康与幸福”专题讲座，在各学院已婚研究生中设立计划生育宣传员。1月10日，举办《对青少年是否应当主动地进行性健康教育》辩论赛，旨在让更多的人关心关注青少年性健康教育，使青少年在良好的道德教育、人格教育中顺利渡过青春期。正反方的8名辩手由教师、机关干部、本科生、研究生、博士生组成。师生联合，准备充分，宣传了健康性教育观念。

（胡秀荣　赵凤琴）

【校两办主管工作获奖情况】

2005年,北工大获北京市依法治校示范校、北京市2004年度献血先进单位、北京高校档案先进集体、2005年度奥运工程档案工作先进集体奖、北京市人口与计划生育工作红旗单位、市教委系统人口和计划生育工作先进集体、朝阳区人口与计划生育工作先进单位、南磨房地区人口与计划生育工作示范单位、南磨房地区计划生育工作先进单位。

（江飒英　赵凤琴）

【北京工业大学办公室工作优秀个人奖】 为表彰在2004～2005学年中办公室工作优秀个人，经过评审，最终评出信访工作、值班和突发事件处置、公文机要、信息、年鉴、大型活动六个单项，共20人。并专门设立了“办公室工作贡献奖”，表彰在办公室连续工作五年以上的办公室主任和主管领导（即将退休或离任），共4人。名单如下：

2004～2005学年办公室工作单项优秀个人奖（20人）：

张长春　张　革　石　勤
王秀彦　李军英　杨润敏
杨春友　柴雨莉　韩彩玲
李毅玲　张义泉　于　微
顾　萍　姚爱华　王燕兴
安　琳　杜　峰　白玉华
雷碧莲　任　炜

2004～2005学年办公室工作贡献奖（4人）：

张　维　党朝红　任立新
安玉琴

（江飒英　赵凤琴）

机关事务

【概况】 2005年3月16日，经第四次校长办公会研究决定，成立机关事务办公室，与机关党委合署办公。机关党委副书记孙根生兼任办公室主任。此前机关事务由机关党委统一办理。

机关事务办公室主要负责26个职能部门的人事组织及工会事务的日常管理工作。26个职能部门为校两办（含综合治理与突发事件处置办公室、计划生育办公室、档案馆、印刷服务中心）、组织部（含党校）、宣传部（含新闻中心）、机关党委、统战部、保卫处、财务处、国有资产管理处、后勤管理处、基建处、国际交流合作处、教务处（含现代教育技术中心、高教研究室）、学生处（含学宿管理中心）、研究生部、招生就业处、科技处（含学报）、发展规划处、人事处（含人才交流中心）、团委、工会、审计处、纪委、信息处、离退休人员管理处、校友会、出版社。

2005年，机关在职干部、职工554人，其中校级领导10人，正处级干部27人，副处级干部38人，退休职工227人。

主要职责有：①计划生育工作：制定机关计划生育工作计划，拟制计划生育工作信息简报、工作总结，与学校签定计划生育工作协议书及流动人口管理协议书，参加学校年度计划生育工作考核，组织机关计划生育宣传教育、日常管理统计、育龄人员慰问、流动人口管理等工作，争创达标示范单位，组织落实相关工作及活动。②退休人员管理：制定机关退休党支部活动计划，组织开展退休支部活动，退休党支部日常管理；慰问看望生病住院及生活困难的退休人员；组织退休女职工妇科体检；统计办理退休人员计划生育一次性奖励相关工作；组织退休人员文体活动；编写报送退休人员活动信息简报；管理使用机关退休人员活动经费；完成学校离退休人员管理处下达的统计报表及各项任务，协助组织落实相关活动。③人事工作：办理机关人员教师资格认证申报；机关职工在岗情况月报表的收集汇总；办理退休人员手续；签订职工聘用合同；组织机关教职工职称评审工作；每年3％奖励升级工作的组织落实汇总；职工年度考核的组织落实汇总，人事统计报表及人事处下达的相关工作。④机关福利经费管理和发放。⑤选民工作。⑥文书档案的整理立卷移交。⑦机关各部门工会换届改选。⑧职工住房工作。⑨义务献血工作。⑩协助学校工会组织机关各部门完成年度为困难职工送温暖活动及其他相关工作。

【2005年完成的主要工作】 3月，组织落实机关职工升级奖励（3％）评选上报。4月，组织落实机关在职及退休职工认购翠城、美景东方住房18套。5月，组织落实机关职工无偿献血（24人）。6月，组织落实机关部分职工岗位津贴的调整兑现。6月，组织机关退休人员参加学校纪念抗战胜利60周年文艺汇演。组织评选申报机关退休人员“老有所为”先进个人（共9人）。全年两次为22人办理退休手续。组织机关职工春、秋两次专业技术职务的评审聘任工作和教师资格认证工作。组织机关计划生育宣教活动：庆“三八”座谈会、外来务工人员调查、父亲节《父爱如山》男性健康知识问答、“六一儿童节”系列慰问活动、纪念“9.25公开信”发表25周年《国策在我心中》征文及演讲活动等。全年慰问孕产妇、生病住院以及生活困难职工共计96人次。组织落实机关职工年度考核及期末一次性奖励工作。

2005年，机关党委获北京市教委计划生育工作先进集体，阮维政获北京市教委计划生育工作先进个人。

11月29日，为促进机关人员交流，增强凝聚力，举办了第七届“凝聚力”趣味运动会。比赛项目有：拔河、趣味接力。共有8支代表队、近200名选手参赛。通过比赛，促进了团结。

10月15日，组织机关近40名正处级退休人员参加了包括校庆庆典、参观校史展、举办座谈会在内的45周年校庆系列活动。

（阮维政 孙根生）

人事管理

【概况】 人事处负责全校人员经费的预算与使用，人力资源配置与人员聘用，人员数量的宏观编制规划与管理，人事信息与数据的收集、管理与发布，全校教职工政策性工资调整、岗位津贴管理、福利费利用，缴纳各种社会保险金，教师队伍的规划、建设与培训，专业技术职务的评审与聘任，博士后工作管理，学校《北京市事业单位聘用合同书》的签订、续订、解除、终止及相关管理，为人事代理及离岗待聘人员提供服务以及全校教职工人事档案的管理利用等工作。2005年底，共有工作人员16名。

2005年，学校人事工作继续贯彻人才强校的战略措施，创造良好和谐的育才、选才、用才的可持续发展环境，统筹师资队伍建设的规模、结构、质量和效益，师资队伍有了较大的发展。完成了《北京市属市管高等院校人才强教计划》，为学校“十一五”建设奠定了基础。

2005年，人事处荣获北京市人事局授予的“北京市人事系统先进集体”称号。

（曲海粟 张 欣）

【教职工队伍状况】 截至2005年底，全校在职教职工总数为3 066人（不含艺术设计学院），行政管理及专业技术人员2 437人，工勤人员629人。全校专任教师（教学、科研）1 278人；在职教职工中具有博士学位的469人，具有硕士学位的561人。在校全职工作的院士8人，双聘院士12人，长江学者1人，国家杰出青年基金3人，北京市高校特聘教授18人，北京市讲座教授9人。正高级专业技术职务人员255人（教授215人），副高级专业技术职务人员677人（副教授411人）。博士生导师152人（正高级职务114人）。

（晁明乙 张 欣）

【北京市属市管高等院校人才强教计划】 2005年，北京市教育委员会设立《北京市属市管高等院校人才强教计划》（简称“人才强教计划”），旨在加大高校师资队伍建设力度。“人才强教计划”分为“人才引进计划”、“创新人才选拔计划”、“人才培训计划”三个层次的九个项目，分别是北京市特聘教授和讲座教授项目、人才引进资助项目、拔尖创新人才项目、学术创新团队项目、中青年骨干教师项目、访问学者研修项目、教师教育技能和实践技能培训项目、高校教师职业道德建设项目、高级管理人才培养项目。

学校在实施过程中认真贯彻“四个坚持五个并重”的指导思想，即“坚持高校人事制度改革与人才队伍建设并重，建立符合现代高等教育规律和人力资源管理理念、体现以人为本精神的高校人才管理制度和政策环境；坚持教学、科研、管理人才队伍建设并重，自然科学、工程技术、人文社会科学人才队伍建设并重，重视大学生思想政治工作队伍建设，统筹兼顾，保证重点；坚持人才引进与人才培养并重，人力引进国内外高层次教学科研与管理人才，大力培养适应现代高等教育发展需要的高素质人才，优化人才队伍结构，大力提升高校人才知识创新能力、教育教学能力、服务社会能力；坚持提高人才知识能力业务水平与提高人才思想道德水平并重，切实加强思想素质与职业道德建设，努力建设一支道德高尚、业务精湛、规模合理、结构优化、充满活力的教育人才队伍”。

初审选拔严格按照个人申报、学院推荐、校院两级学术委员会评审的程序。经北京市评审，确定“学术创新团队”7支，“拔尖创新人才”10名（另有：艺术设计学院1名），“中青年学术骨干”37名（其中教学类13名，科研类21名，德育类3名）（另：艺术设计学院2名，均为教学类）。

北工大已入选“人才强教计划”中北京市特聘教授和讲座教授项目、人才引进资助项目、拔尖创新人才项目、学术创新团队项目、中青年骨干教师项目、访问学者研修项目、教师教育技能和实践技能培训项目、高校教师职业道德建设项目等八个项目，获得资助1 197万元（另：艺术设计学院61万元）。

附：北京工业大学“北京市属市管高等学校人才强教计划”入选团队与个人

1.“学术创新团队”

重大工程防灾减灾团队
团队负责人 杜修力
先进材料的结构与性能表征团队
团队负责人 张 泽
环境协调性新型功能材料团队
团队负责人 张久兴
交通行为特征及应用团队
团队负责人 刘小明
水污染控制与水资源可持续利用团队
团队负责人 彭永臻

北京市重大经济社会问题研究团队
团队负责人 李京文
微电子与固体电子学团队
团队负责人 沈光地

2.“拔尖创新人才计划”人选

尚德广 余跃庆 贾克斌
阮晓钢 曹万林 戴洪兴
聂祚仁 严 辉 钟儒刚
冯 培（艺术设计学院：林志远）

3.“中青年骨干教师培养计划”人选

教学类：江 捷 曾 薇
彭良雪 刘建丽
毛倩瑾 吴宝晶
孙 颖 陈晓明
张婉如 彭一江
白 晶 韩新君
胡 娟（艺术设计学院：廖伟 巫峡）

科研类：杨庆生 吴 斌
张万荣 卓 力
邓宗才 李炎锋
李 悦 夏国栋
郭 航 刘有明
江竹青 肖创柏
夏志东 王 波
程兰芳 张 建
李晓琴 吴水才
陈继民 朱 青
金头男

德育类：王秀彦 石 勤
杨 茹

（冀雅儒 张 欣）

【新增人员情况】 2005 年，学校新增人员 176 人。（1）按学位划分：具有博士学位的 82 人，占总数的 46.6%；具有硕士学位的 73 人，占总数的 41.5%；具有学士学位的 21 人，占总数的 11.9%。

（2）按来源划分：①应届毕业生 117 人，占总数的 66.5%。其中博士 46 人，硕士 59 人，学士 11 人。②录用归国人员 13 人，占总数的 7.4%。其中博士 9 人，硕士 4 人。③其他单位调人 21 人，占总数的 11.9%。④博士后出站到校工作的 11 人，占总数的 6.3%。⑤进站博士后 10 人，占总数的 5.7%。⑥军队转业干部 2 人，占总数的 1.1%。⑦随调人员 2 人，占总数的 1.1%。（北京工业大学 2005 年各单位新增人员情况见表 10-4）

表 10-4 北京工业大学 2005 年各单位新增人员一览表 单位：人

单 位	博 士	硕 士	本 科	小 计
机电学院	6	4	1	11
电控学院	15	7	1	23
建工学院	7	2	0	9
环能学院	3	8	0	11
数理学院	5	3	2	10
计算机学院	8	6	0	14
材料学院	9	4	2	15
生命学院	5	1	1	7
软件学院	6	0	1	7
建规学院	3	2	0	5
经管学院	6	2	0	8
人文学院	1	2	1	4
外语学院	1	5	2	8
激光研究院	5	0	0	5
体育部	0	1	0	1
固体所	2	0	0	2
实验学院	0	0	1	1
其他部门	0	26	9	35
合 计	82	73	21	176

（骆 琪 张 欣）

【调出人员情况】 2005年，调出教工29人，其中正高级专业技术职务2人，副高级专业技术职务5人，中级及以下专业技术职务22人（2005年调离人员专业技术职务分布情况见表10-5，调离人员学历分布情况见表10-6）。

表10-5 2005年调离人员专业技术职务分布情况 单位：人

合计	正高	副高	中级及以下
29	2	5	22

表10-6 2005年调离人员学历分布情况 单位：人

合计	博士	硕士	本科
29	10	5	14

（骆琪 张欣）

【获奖情况】 （1）王金淑教授入选2005年度教育部新世纪优秀人才支持计划。“新世纪优秀人才支持计划”是教育部实施的“高层次创造性人才计划”的第二个层次，旨在培养、支持学术基础扎实、具有突出的创新能力和发展潜力的优秀学术带头人。

（2）李寿梅教授、杜修力教授、薛素铎教授在2005年被评为北京市享受政府特殊津贴专家。

（3）2005年度北京工业大学共有7位教师获得不同层次的留学回国人员科技活动择优资助：

杜文博 人事部高层次留学人才回国资助人选

王术 人事部留学回国人员科技活动资助重点类项目

黄海峰 人事部留学回国人员科技活动资助优秀类项目

孙继红 人事部留学回国人员科技活动资助启动类项目

李悦 北京市留学人员科技活动择优资助市优秀项目

宋晓艳 北京市留学人员科技活动择优资助市启动项目

李振宝 北京市留学人员科技活动择优资助市启动项目

（4）电控学院吕长志获得第二届北京市留学人员创业奖。

（龚钰淋 张欣）

【高层次人才聘任与考核】 （1）院士聘任。2005年，先后聘任郭柏灵院士、张在明院士、沈昌祥院士三位院士。

（2）特聘教授招聘与考核。5月10日，聘任建工学院赵耀华、李康宁、人文学院邹农俭为特聘教授；9月1日，聘任材料学院索红莉为特聘教授。

12月28日，学校按合同确定的岗位职责对受聘教授进行考核。聘任期满的李德胜、崔平远，聘期满二年的孙小端、黄海峰、何泾沙、孙威、杜文博做工作汇报，经评议投票，7位特聘教授均通过考核。

（3）兼职（客座）教授聘任。为加强学科建设和课程建设，促进学术思想交流，合作指导研究生，开展科研及指导培养青年教师，2005年聘请兼职教授16人，客座教授8人。首次聘期为两年。

兼职教授：巩水利 王江民
戴龙基 王梦恕
娄宇 陈邦柱
田雪原 张人为
范恒山 甘智和
林树枝 李引擎
冯仲科 陈文放
胡海岩 丁庆新

客座教授：今井哲夫
雷腾梅尔
(M. Rettenmayr)
赵力东 王锦燧
肖辉乾 Jamie Standing
古川宪治 Fredund

（晁明乙 罗之冰 张欣）

【培训工作】 （1）新教师岗位培训。9月1至4日，学校首次举办新教师岗位培训。全校26个部门83名新教师参加培训。培训内容包括学校概况、职业生涯辅导、老教师与新教师交流互动等。培训结束，颁发了新教师岗位培训合格证书。《北京工业大学2005年新教师岗位培训效果评估调查问卷》显示，对培训感到满意和很满意的达98.8%，为今后新教师培训奠定了良好的基础。通过培训旨在加强师资队伍建设，提高教师的师德和业务素质，使新教师尽快转换角色，适应教师岗位，成为合格的高等学校教师，

（2）继续教育。2005年，学校教师取得博士学位22人，取得硕士学位22人，取得学士学位2人；本科毕业7人；党校在职大学17人；党校在职大专6人。

表10-6 北京工业大学2005年度专业技术人员继续教育统计表

项目	专业技术人员总数	年内参加继续教育学习人数	年内学习时间累计达72学时的人数	参加学习情况（人次数）				参加继续教育学习的比率（%）	学习时间累计达72学时的比率（%）
				四新教育	任职晋职培训	骨干、学科带头人培训	其他		
高级专业技术人员	687	600	547	584	91	75	364	87.34	79.62

续表

项目	专业技术人员总数	年内参加继续教育学习人数	年内学习时间累计达72学时的人数	参加学习情况（人次数）				参加继续教育学习的比率(%)	学习时间累计达72学时的比率(%)
				四新教育	任职晋职培训	骨干、学科带头人培训	其他		
中级专业技术人员	614	528	468	427	81	30	304	85.99	76.22
初级专业技术人员	236	195	165	62	24	4	105	82.63	69.92
总计	1 537	1 323	1 180	1 073	196	109	773	86.08	76.77

（罗之冰 李春佳 张 欣）

【专业技术职务聘任】 (1) 常规时间专业技术职务聘任。10月18日至12月31日，按照重新修订的《北京工业大学教师职务聘任实施办法》、《北京工业大学专业技术职务聘任基本标准》，进行每年一度的专业技术职务聘任。全校18个教学院（部）、所设置的50个正高职岗位和63个副高职岗位继续面向全校社会公开招聘。教育管理研究系列副高以上职务经校内专业技术职务聘任委员会评审，报送北京市教育委员会。工程技术、图书资料、经济、会计、统计、审计、翻译、出版、卫生等系列需参加社会化评审取得任职资格证书，由校专业技术职务聘任委员会聘任。学校有评聘权的高等学校教师、自然及社会科学研究、实验技术系列经学校教授会和学科评议组通过、校长办公会审核后，进行公示。申报副高级及以下专业技术职务的由所在学院（部、处）聘任；申报正高级专业技术职务的由校专业技术职务聘任委员会表决通过，学院（部、处）方可聘任。

(2) 非常规时间专业技术职务聘任。根据《北京工业大学非常规时间专业技术职务聘任的办法》，每年3月、6月、9月接受不具有专业技术职务的留学归国优秀人员，学术学科带头人，校长提名的优秀人才对教学、科研系列正高级专业技术职务的申报。学院按照人才队伍建设规划，将拟聘人选、岗位设置和岗位职责以书面形式提交学校审核，校专业技术职务聘任委员会定期审核批准。学科组评议和学校专业技术职务聘任委员会审定允许采用函评方式。对已有专业技术职务的人员，根据北京市人事局和北京市教委对人员进京的规定，必须先进行专业技术职务聘任，方可办理进校手续。

2005年聘任专业技术职务235人，正高职务36人，副高职务69人，中级职务103人，初级职务27人。其中非常规时间聘任专业技术职务18人，正高职1人，副高职11人，中级职务6人。

（晁明乙 张 欣）

【年度考核】 2005年度考核工作仍按照《北京工业大学教职工考核办法》组织实施。①考核内容：各类人员履行岗位职责中思想品质、职业道德、业务水平和工作成绩等情况。对到校超过半年的新入校人员，按照聘任合同考核；到校不满半年的，考核不定档次。②考核以分党委（党总支）或直属支部为单位，各考核小组具体实施。考核结果分为优秀、良好、合格、不合格四个等级。③考核结果通知本人并作为校内聘任、岗位津贴发放和工资晋级的依据。优秀等级的比例不超过本单位在职人数（含副处级）的15%，并在学校公布。

2005年，参加考核3 026人，其中优秀456人，良好2 208人，合格256人，考核不定档96人，不合格10人。

（晁明乙 张 欣）

【教师资格认定】 教师资格制度是国家法定的职业许可制度。2005年北京工业大学春季教师资格认定37人，秋季教师资格认定36人。

（罗之冰 张 欣）

【博士后管理工作】 2005年，北京工业大学有机械工程、材料科学与工程、数学、光学工程、电子科学与技术、计算机科学与技术、土木工程、环境科学与技术、管理科学与工程9个一级学科博士后科研流动站。新增博士后公寓23套。

新进站博士后21人，其中：国家资助7人，自筹经费14人。在站博士后总数63人。出站博士后6人（北京工业大学2005年进、出站博士后情况见表10-7、10-8）。

2005年是我国建立博士后制

度20周年，人事部和全国博士后管委会组织进行了博士后工作评估和推荐优秀博士后研究人员工作。1月至5月对北京工业大学机械工程和材料科学与工程两个博士后科研流动站进行评估，评估侧重科研绩效、人才培养及使用情况。学校对其他7个博士后科研流动站进行了自查自评。

2005年6月，经单位推荐和博士后研究人员自荐，并上报北京市评优，建工学院杜修力教授被评为全国优秀博士后研究人员。

（田晓兰 张 欣）

表10-7 2005年北京工业大学博士后进站情况一览表 单位：人

年 度	进站人数	国家资助	自筹经费	留学回国	企业博士后
2005	21	7	14	0	0

表10-8 2005年北京工业大学博士后出站情况一览表 单位：人

年度	出站人数	留 校	其他高校	科研机构	其他单位	企 业
2005	6	2	3	0	1	0

【各类合同管理】 （1）根据《国务院办公厅转发人事部关于在事业单位试行人员聘用制度意见的通知》（国办发〔2002〕35号）和《北京市人民政府办公厅关于印发北京市事业单位聘用合同制试行办法的通知》（京政办发〔2002〕50号）文件规定，北工大2002年12月26日发布通知，在全校首次实行聘用合同制。2005年72人签订《北京市事业单位聘用合同书》。

（2）自2000年9月1日起不具备硕士学位和正高级专业技术职务的人员与北京市人才服务中心签订《二级人事代理协议书附件——保存人事档案关系合同书》，2005年94人签订该合同书。

（3）完全人事代理是聘用人员的人事档案和工资关系、社会保险关系存于北京市各级人才服务中心，被聘人员与学校签定合同建立劳动关系。学校制定薪酬标准，缴纳社会保险。

2005年聘用完全人事代理人员90人，其中软件学院5人，实验学院43人，北京市嵌入式重点系统实验室12人，其他部门30人。转出完全人事代理人员档案20份，其中北京市嵌入式重点系统实验室2人，实验学院5人，其他部门13人。

（4）续订《北京市事业单位聘用合同书》工作根据《国务院办公厅转发人事部关于在事业单位试行人员聘用制度意见的通知》（国办发〔2002〕35号）及《北京市人民政府办公厅关于印发北京市事业单位聘用合同制试行办法的通知》（京政办发〔2002〕50号）等文件规定和《北京工业大学首次实行聘用合同制的实施要点》，北京工业大学与全校教职工在2003年1月1日首次签订的《北京市事业单位聘用合同书》，至2005年12月31日有1 151人合同到期，需要续签。

为确保续签聘用合同工作稳妥、顺利进行，2005年11月15日，人事处向各基层单位聘用工作领导小组布置了续订合同工作。根据学校有关规定，聘用工作领导小组具体负责本单位签订《聘用合同续订书》的考核以及续聘、解聘工作。强调在工作中要严格按照国家人事部、北京市人民政府文件规定和学校的政策要求，做好签订《聘用合同续订书》工作。

2005年12月完成签订《聘用合同续订书》工作。续订聘用合同1 041人，其中签订无固定期限合同232人，签订三年聘期合同799人，签订短期合同10人。终止合同5人；退休105人。

（田晓兰 李建生 张 欣）

【应届大学本科毕业生实行完全人事代理】 自2005年1月1日起，学校对聘用在各级行政管理岗位的应届大学本科毕业生实行完全人事代理。6月至7月先后为12名应届毕业生办理了完全人事代理手续。其中北京市嵌入式系统重点实验室3人，人事处1人，宣传部1人，材料学院1人，环能学院1人，现代教育技术中心3人，生命学院1人，规划处1人。

（李建生 张 欣）

【北京高级专家数据库信息采集】 10月至11月，根据京人发〔2003〕98号文件“关于做好北京高级专家数据库信息采集工作的通知”精神，采集306名正高级专业技术职务的专家信息。

（李建生 张 欣）

【待聘人员管理】 2005年人才交流中心有待聘人员75人。其中安排到临时性岗位工作2人，离岗退养1人，重新上岗5人（其中1人被正式聘用，人事关系转出人才交流中心）；有67人无岗待聘。

（李建生 张 欣）

【工资与福利】 2005年，全年职工工资总额14 169.05万元，其中正式职工工资13 590.06万元，临时工工资236.69万元。根据北京市教委通知，2004年继续发放年终一次性奖励工资（第13个月工资），2005年4月兑现了2004年度年终一次性奖励工资（第13个月工资）。

根据2005年3月9日市教委关于升级奖励和提前越级或晋升

职务工资档次工作的通知，2004年度北京工业大学获升级奖励人员共91人，提前越级或晋升职务工资档次人员91人。人事处劳资办公室于2005年7月兑现上述奖励人员的工资。

2004年度北京工业大学获升级奖励人员名单：

李晓阳　张从国　吴风岩
任永方　史　薇　刘云青
付　铮　王申光　赵健磊
李维铭　方　方　李永芳
刘红英　吴宣洁　张　芳
孙　颖　朱满康　王智勇
绳秀君　黄俊岐　段建民
尹淑梅　康天放　魏　琪
赵桂生　马玉平　梁春有
郝旭文　余跃庆　夏国栋
李　耳　翟日喜　张晓凌
柏　茹　兰劲华　运文秀
吴玉兰　吴菲菲　周世峰
郭庆栓　林　力　霍爱书
刘纪菲　王　丽　杨　艳
谢　彬　吴秋意　董立冬
董闽红　赵岗金　祝孝正
赵书华　甄小航　徐翠欣
张彦军　张　维　韩　军
吕　春　李　佩　钱晓辉
毕如海　申小龙　刘　燕
纪宝伦　张义泉　丁　云
郭晓珍　陈秋芳　文　然
郝庆华　陈福盛　方　娟
姜　惠　温海燕　陈志荣
王春明　吴　斌　王奎仁
石　勤　闫岫峰　梁多加
谢兰红　满　磊　马利华
王绍英　包振山　刘宇慧
董晓梅　张通顺　江飒英
王德珍

2004年度北京工业大学获提前越级或晋升职务工资档次人员名单：

董克强　李　军　邝劲筠
李　晋　邵欣欣　齐宝华
胡瑞祥　程咏梅　曹丽虹
肖创柏　白燕萍　林　琳
贾永明　杨东升　伍良生
赵之枫　王金淑　刘世炳
刘　姚　陈庆国　胡长顺
张亦良　何　洪　臧竞存
童　胜　刘晓萍　戴凤超
刘文皋　赵　京　刘燕行
王志宏　刘克冰　李爱民
金秀敏　祝永卫　徐　晨
余远斌　薛怀英　王学良
曹　炜　郭玉环　任启财
贾克斌　李寿梅　赵爱琴
杨　影　陈振山　杜秀珍
闫润淑　刘慧英　薛　毅
李世温　西　明　宋　红
田晓兰　李祝兰　许怡生
刘有明　单晓红　赵玉权
宗雅全　桂小春　刘继丹
刘静惠　范周田　顾秀林
袁　宁　沐大春　秦世新
张晓玲　苏经宇　吴有仙
李志强　孙英建　白世海
马忠涛　李士贵　赵建成
蒋宗礼　盖爱平　董　文
杜福来　赵燕玲　赵铁庄
荣　建　郑庆亚　刘晓燕
朱　青　朱　梅　张秀凯
任立新

2005年修订了《北京工业大学教职工福利费管理使用规定》。2005年度福利费使用情况见表10-9。

表10-9　2005年福利费收入与支出情况表

项目			金额（万元）	百分比（%）
1	上年结转		239.59	
2	当年收入	当年收入合计	105.72	100
		其中：福利费提取额	102.17	96.64
		统筹费收入	3.55	3.36
3	当年支出	当年支出合计	122.30	100
		其中：定期补助	0.00	0
		职工临时困难补助	20.49	16.75
		职工特殊困难补助	19.05	15.58
		慰问有病职工	5.37	4.39
		统筹费支出	42.82	35.01
		其他支出	34.57	28.27
结余＝1＋2－3			223.01	

（刘　四　张　欣）

【社会保险】 2004年北京市职工年社会平均工资为28 344元（注：当年社会保险费缴纳是以上一年度北京市职工年社会平均工资为基数的），月平均工资为2 362元，2005年度参加社会保险的缴费基数上限为7 087元，最低缴费基数为545元。

北京工业大学教职工2005年失业保险全年缴费2 249 877.00元（含单位缴费、个人缴费）。合同制工人和临时工2005年养老保险全年缴费2 337 093.70元（含单位缴费、个人缴费）。

（刘　四　张　欣）

【离退休管理】 2005年，学校分2次为116人在校内办理了退休手续，通过朝阳区劳动局、社会保险基金管理中心为8名2003年9月入校的农转工人员办理了养老手续。

2005年完成离休人员收入规范工作。

北京工业大学2005年2月退休人员名单（64人）：

撖复振　黄振侃　张玉华
朱惠英　王秀梅　梁东兰
张载鸿　韩金茹　常金钢
于清凤　刘秉义　谢诒成
魏培华　李彩云　亢宝位
宫喜林　王树明　张爱琴
桑敬民　李振学　颜念祖
安廷慧　朱庆凤　柴首宪
李春如　苏学荔　冯锡春
江宪庆　尹占蕊　朱金桂
吴艳华　康玉珍　杨松华
李珊珊　左　钧　任福田
赵桂半　高淑丽　赵启震
王玉珍　吴京易　高卫清
王桂华　门淑贵　邱凤珍
陈丽平　薛翠萍　王学忠
张玉祥　方昭权　康　静
张善昌　李双芬　杨炳吉
宋俊芳　吴秀云　冯慧军
孙玉军　王育勤　秦世萍
张桂玉　赵素玲　张玉琴
苏　倩

北京工业大学2005年8月退休人员名单（52人）：

褚景凤　张宏玲　菅洪萍
樊春富　杜慧文　霍爱书
武少华　黄德芳　王永顺
谢长春　周小春　杨桂春
李佩珩　耿兰凤　石庆林
杨绪金　张淑玲　赵世云
贾　衡　徐若莲　耿迎元
刘锦湘　孙兰英　杨振海
曾衍钧　于淑芬　陈振刚
杜铁成　张秀英　孙正馥
杜惠英　梁多加　贺春耕
张　江　闫润书　张连芝
叶宝瑞　张　伟　刘吉祥
卞淑清　杨素兰　张志勇
杨荣坤　李凤云　王金声
康素霞　杨桂香　崔兰芬
亢锦洁　程展良　董克琳
于志敏

北京工业大学2005年退休农转工人员（8人）：

杨继波　李祝兰　张文水
王祝清　于贵华　王学仁
王秀英　杜淑玲

（刘　四　张　欣）

【人事信息系统建设】 2005年，人事信息系统建设完成了工资模块的需求分析、开发和初步测试以及离退休模块和调配模块的需求调研任务。与原有的工资管理系统相比，新的工资管理系统引入了财务的帐套概念，数据结构与业务逻辑处理设计更为方便，数据维护和业务流程处理得到有效改进。共向新数据库导入工资和岗位津贴历史数据记录283 086条。

（冀雅儒　张　欣）

【研究生“三助”工作】 为增强研究生实际工作能力，全面培养研究生的综合素质，加强师资队伍建设，提高办学效益，根据教育部有关文件精神，结合北京工业大学实际情况，2002年3月“工大人发〔2002〕3号”文件下发了《北京工业大学关于聘任研究生兼任教学、科研、管理工作的管理办法》（以下简称“三助”）。“三助”工作的适用范围是全日制在校硕士研究生和博士研究生，每个研究生只能申请一个“三助”岗位。聘任“三助”的基本原则是“按需设岗、按岗定酬、公开招聘、平等竞争、择优聘任”，学校鼓励各学院及校职能部门积极聘用研究生兼任助教、助研和助管（每周工作10小时），在工作中加强对研究生的指导和考核。全校公共基础课助教的聘任审批工作由教务处负责。研究生“三助”经费来源主要有：国家规定的研究生教育事业费应划拨的部分、校院部分岗位津贴和科研经费。2005年校聘助教、助管544人次。其中助教331人次，助管213人次。

（曲海粟　张　欣）

【人事档案管理】 人事档案室负责全校在职及退休人员档案管理与利用工作。截至2005年底，管理人事档案6 108份。其中在职人员档案3 071份（不含学校局级领导档案），产业编制人员档案65份，原实验学院人员档案23份，退休人员档案1 730份，离休人员档案139份，自动离职人员档案725份，死亡人员档案337份，其他档案18份。

2005年，接收档案178份，转出档案66份（包括实验学院、产业编制人员及自动离职人员）。

（单秀香　张　欣）

离退休管理工作

【概况】 离退休人员管理处的前身为北京工业大学老干部处，由北京工业大学人事处老干部科独立出来，1986年成立了老干部处。1998年更名为离退休人员管理处，现有工作人员5人。离退休人员管理处对离休人员实行一级管理，对退休人员实行校院二级管理。截至2005年12月31日共有离退休人员1 842人。其中离休人员139人，平均年龄78岁，退休人员1 703人。2005年全年去世23人，其中离休人员4人，退休人员19人。

北京老教育工作者协会北京工业大学分会挂靠在离退休人员管理处，是经北京社团管理办公室核准注册登记的北京老教育工作者协会的下属组织，是由北京工业大学离退休的老教育工作者自愿组成的群众团体，截至2005年12月底共有会员749人。

2005年8月31日，北京工业大学老干部纪念抗战胜利60周年座谈会召开。校领导为30位抗战时期参加革命的老干部佩带了由中共中央、国务院、中央军委颁发的抗战胜利60周年纪念章。为纪念建校45周年，由离退休人员管理处组织编写的《往事回眸》一书10月15日出版发行。《往事回眸》收录了北京工业大学130余位老同志撰写的回忆文章。校长范伯元和党委书记孙崇正分别为此书写序和题词。12月22日，离退休人员管理处召开表彰大会，表彰了26名80岁以上的“健康老人”、62名“老有所为先进个人”、10名“离退休管理服务工作先进个人”和6个“离退休管理服务工作先进集体”。

（马忠涛　王德珍）

财务管理

【概况】 财务处作为全校的财务管理职能部门，是学校唯一的一级财务机构，依法组织和领导全校会计核算和财务管理工作。依据《事业单位财务规则》和《高等学校财务制度》的有关规定，实行“统一领导，分级管理”的财务管理原则，校党委书记孙崇正主管财经工作，马利华任总会计师。2005年5月1日学校基建财务并入财务处，财务处下设机构中增加基建经费核算办公室。西区分部财务调整为继续教育学院核算办公室。调整后，财务处下设9个办公室：财务管理办公室、会计核算办公室、科研核算办公室、基建核算办公室、公费医疗办公室、代管账户核算办公室、校内结算中心、继续教育学院办公室、实验学院核算办公室，共有工作人员42人。

【财务收支状况】 2005年，学校收入总额为61 725万元，比2004年的61 693万元增加了32万元，增长幅度为0.05%。2005年学校支出总额65 549万元，比2004年的56 826万元增加了8 723万元，增长幅度为15.35%。2005年年末固定资产总额为124 081万元，比2004年的108 072万元增加了16 009万元，增长幅度为14.81%。学校基本建设经费2004年年末结余资金为16 947万元，2005年收入总额为3 928万元，支出总额为17 587万元。学校财务收支状况详见表10-10和表10-11。

表10-10　北京工业大学总收入增长对比分析表

收入项目	2004		2005		2005年比2004年增减额（万元）	2005年比2004年增长比率（%）
	金额（万元）	比重（%）	金额（万元）	比重（%）		
财政补助收入	43 863.37	71.10%	43 715.12	70.82	－148.25	－0.34
自筹非财政收入	17 830.03	28.90	18 009.92	29.18	179.89	1.01
总收入	61 693.40	100.00	61 725.04	100.00	31.64	0.05

表10-11　北京工业大学总支出增长对比分析表

支出项目	2004		2005		2005年比2004年增减额（万元）	2005年比2004年增长比率（%）
	金额（万元）	比重（%）	金额（万元）	比重（%）		
财政补助支出	45 472.76	80.02	51 205.31	78.12	5 732.55	12.61
自筹非财政支出	11 353.34	19.98	14 344.06	21.88	2 990.72	26.34
总收入	56 826.10	100.00	65 549.37	100.00	8 723.27	15.35

【实施国库集中支付制度】 根据市财政局的统一要求，北京工业大学财政经费拨款账户2005年4月1日开始实施国库集中支付。国库集中支付制度是国家财政支出制度的一项重要改革，是行政

事业单位财务管理和会计核算的新生事物。从零余额账户的开立、国库支付系统的使用、支付令的下达等，财务处做了大量的准备和协调工作，保证了国库集中支付制度的实施和学校经济活动运转的正常开展。

【落实收费管理制度】 9月20日，学校召开2005年度教育收费检查工作会议，全校44个院、部、处主管财经工作的领导参加了会议。会上传达了国家发改委、教育部、国务院纠风办、监察部、财政部、审计署、新闻出版署等七部委和北京市七个委办局《关于开展全国教育收费专项检查的通知》精神，布置了全校收费自查工作并下发了“非财政拨款收入管理办法”等管理文件。针对学生收费中存在的问题，组织教务处、学生处、招就处、研究生部等部门召开会议，制定整改方案，落实整改措施。2005年10月接受了由北京市教委、北京市物价检查所对学校的联合检查。2005年北京市高校票据开始使用税务票据，票据的管理分为：银钱收据、收费票据、税务票据三类。财务处与其他高校联合向北京市教委、北京市财政局、北京市发改委等上级主管部门反映票据管理的现状和存在的问题，参与讨论，制定切实有效的管理细则。

【基建财务并入财务处】 随着学校基建规模的不断扩大，逸夫图书馆、科学楼、教学楼、奥运羽毛球场馆等工程依次落成和开工。为了更好地监督基建经费的使用和核算，根据学校安排，基建财务从2005年5月1日起由基建处并入财务处，结束了基建财务独立运行的历史。基建财务的并入，使得各项基建款项更加清晰、透明，保证学校领导及时掌握有关信息，使财务信息更加全面。同时，使基建用款计划与基建拨款、自筹用款的筹集得以有效组织、安排和落实。

【财务信息化建设】 财务信息化是提高财务核算手段、加强财务数据分析、公开财务信息的重要技术支持。2005年财务处继续加强系统建设工作。财务处主页的重新建设工作基本完成，主页的建设在向全校师生进行财务信息查询、财务规章制度宣传、业务工作流程介绍等方面发挥了重要作用。在财务核算上，财务处继续使用上海天翼财务软件，组织了对项目编码规范原则的制定工作，并运用于2006年的项目体系。完成了位于管庄实验学院校区和花园村继续教育学院校区财务网络的连接工作。

【开展业务交流与研讨】 财务处多年来始终注重与全国各兄弟院校进行业务交流，探讨高校财务管理工作存在的问题，找出存在的差距和不足，以不断提升会计人员业务素质，提升财务处的财务管理水平。2005年财务处作为东道主举办了全国地方工科院校成立大会及第一届年会，来自全国的23所院校参加了会议。与会人员完成了北京市教委组织的统一会计核算软件的研讨和调研工作，参与了国家教育部高等学校学生均培养成本核算制度的制定工作，参加了北京市发改委组织的高校收费工作座谈会、结算中心工作研讨大额资金风险防范的研讨等活动。

【推进服务意识提高】 在党员先进性教育活动中，财务处通过学习促工作，结合自身情况，在听取广大教职工意见的基础上，党支部与处行政齐动手，将提高服务意识的宗旨付诸在行动上：在财务处大厅左右两侧摆放了用于整理、填写报销单据的桌椅，为大家准备了原始凭证的填写样本、粘贴样本和老花镜等；对日常报销中最常用、最紧要的报销须知制作成了宣传展板和宣传单；财务处的每一名工作人员都实行了挂牌服务，工作岗位、工作职责、联系电话、服务格言一目了然。组织全处范围的文件修订、业务流程的梳理，编辑出《财务管理文件汇编》发放给全校各院部处，方便了广大师生员工，促进了财务处整体服务水平和服务意识的提高。

（赵晓梅　李国俊）

审计工作

【概况】 审计处成立于2003年。2003年4月15日，学校撤消原监察审计处，把审计处设置为独立的管理部门，恢复监察室与纪委合署办公的体制，强化审计机制和行政监督职能。审计处是学校的内部审计工作、依法治校的重要保证。审计处下设综合审计办公室和工程审计办公室。主要职责是对财务管理、经济运行、基本建设等方面进行审计。

2005年，学校的内部审计工作以《北京市教育系统2005年审计工作要点》的通知精神为指导，紧密围绕学校的中心工作和热点、重点、难点问题开展，在充分发挥内审的监督和服务职能、为学校领导提供决策依据、促进学校党风廉政建设等方面作出了积极的努力。

2005年审计处全年共完成各项审计、审签项目180余项，其中领导干部任期经济责任审计16项，基建、修缮工程审计13项，财务收支审计（收费后续审计）1项，专项资金审计1项，科研经费结题审签112项，基建、修缮工程开竣工备案37项。审计涉及金额达11.83亿元，发现和处理有问题资金263.05万元，提出意见、建议被接收采纳80

多条，通过审计促进部门增收节支 514.48 万元，促进部门完善制度建设 6 项，协助纪委开展案件调查和处理案件 3 件。

（宋淑华）

【**收费后续审计**】 2005 年 4 月至 5 月，审计处组织开展了收费后续审计工作。收费后续审计工作领导小组由学校 2004 年治理教育乱收费和收费审计工作领导小组继续履行职责，审计处负责具体检查和审计。审计重点为 2004 年治理教育乱收费和收费审计工作中发现的问题。经审计，进一步清理和落实了重考重修费、毕业生违约金、统一订购卧具、代收代管学生教材款、图书馆图书折扣的审查以及研究生考前辅导班收费等。

（宋淑华）

【**荣获北京市内部审计先进单位称号**】 2005 年 6 月 29 日，北京市审计局在北京展览馆报告厅举行“双先”表彰大会，表彰 2002 至 2004 年度北京市内部审计先进单位及先进工作者，北工大荣获北京市内部审计先进单位荣誉称号。

（宋淑华）

【**经济责任审计**】 2005 年确定领导干部离任经济责任审计 18 项，至年底完成 16 项，尚有 2 项在进行中。已完成的经济责任审计项目包括科技处、基建处、发展规划处、教务处、学生处、人事处、211 办公室、环能学院、电控学院、材料学院、计算机学院、后勤管理处、信息处等 13 个部门、16 名领导干部的换届及离任审计。审计涉及金额合计 92 263.15万元，纠正有问题资金 263.05 万元。针对各方面存在的不同问题，提出的审计意见和建议被接收采纳 60 多条。在学校开展保持共产党员先进性教育活动的整改阶段，审计处将审计过程中发现的学校经济管理工作中存在的问题汇总成文，提供给学校领导，分析了学校在内控制度建设、财务收支、经济合同、固定资产管理、收费管理等五个方面的 24 个问题。

（宋淑华）

【**基建、修缮工程审计**】 基建审计是学校审计工作多年来的薄弱环节，2005 年审计处将基建、修缮工程审计列为年度工作的重点。制定了一系列的工作底稿、审计表格，研制了基建审计数据库软件，实行委托审计联系人负责制，自审项目审计组长负责制，审计处召开了有关部门参加的研讨会，按照比较高的要求、比较规范的程序开展这项审计工作。

截至 12 月，完成基建、修缮工程审计项目 13 项，审计涉及金额 26 080.64 万元，审减 52.41 万元。完成的审计项目有：基建处处长离任审计中审核 7 项工程，委托审计事务所和审计处审计 6 项工程，含：能源楼、科学楼南广场、研究生楼消防改造、体育场配电房、中瑞建筑实验室改造、自行车架改造等。完成了 37 个项目的开工、竣工审签备案。

（张宗顿）

【**奥运场馆(北工大体育馆)审计**】 北工大体育馆工程属于奥运场馆建设项目之一，实行“代建制”管理模式。2005 年 6 月，主管校领导将规划处、基建处“关于对北工大体育馆工程建设全过程跟踪审计”的请示批复转给审计处，要求做出具体审计方案。审计处经过与“2008 办”、奥运场馆监察办公室、市审计局、市教委等上级主管部门联系，确认奥运场馆建设项目的审计由市审计局统一安排。

审计处多次与市审计局联系，并以书面形式向市审计局提交了《关于进一步明确北京工业大学体育馆建设项目审计办法的请示》及设计的《北京工业大学体育馆项目建设进展情况汇总表》。10 月 13 日，审计处又邀请市审计局的同志来学校组织召开了有发展规划处、基建处、财务处、代建单位及审计处全体同志参加的体育馆跟踪审计审前调查联席会。最后市审计局与学校审计处协商确定，审计处指定专人配合市审计局作项目跟踪审计的协调工作，并于每月 10 日向市审计局报送“北京工业大学体育馆项目建设进展情况汇总表”。

（张宗顿）

【**审计队伍与制度建设**】 2005 年，审计处共有 6 名工作人员。5 月，学校聘任一名审计处副处长，负责基建、修缮审计工作。

7 至 9 月，配合学校清理规章制度、依法治校工作的开展，审计处修改与完善原有的规章制度，修订了《北京工业大学领导干部经济责任审计办法》、《北京工业大学内部审计工作实施办法》、《北京工业大学固定资产管理监督审计制度》、《北京工业大学聘请兼职审计员的暂行办法》、《北京工业大学审计档案管理办法》等 5 项制度，补充制定了《北京工业大学基建、修缮工程项目审计实施细则》。

（宋淑华）

【**培训与交流**】 审计处采取自学、派出培训、请进讲课、集中研讨等各种方式，促进学习和人员素质的提高，以适应新形势对审计工作的要求。工作人员分 4 次参加了中国教育审计学会和北京市内部审计协会、北京市教委审计处举办的审计业务培训班。处内有会计资格证书的人员，分 2 次参加了会计人员继续教育培训班，参加国库集中支付知识培训，完成继续教育培训规定的学时。组织有关人员到首都师范大学、对外经济贸易大学、华中师范大学、湖北经济学院等高校，学习基建、修缮工程审计经验。请金马威工程咨询有限公司、中天恒工程造价咨询公司等技术人员来审计处进行基建修缮审计的业务知识培训。接待了首都经贸大学、北京工业职业技术学院、信息职业技术学院等院校的来访与交流。

（宋淑华）

【参编《北京教育审计二十年》】 2005年是北京市教育系统内部审计工作开展二十周年，市教委审计处决定组织编印《北京教育审计二十年》一书，委托北京工业大学担任市属市管高校工作组组长，负责所有市属市管高校稿件的征集、审阅、修改工作，并负责对通过初审的论文组织专家评审复核。审计处落实专人与各高校联系，催交稿件，提供范文，组织专家改稿，组织会议评审，共收集、修改工作总结21篇、论文35篇、诗歌散文15篇，圆满完成了市教委交办的任务。同时，审计处积极参与此书的投稿，提交二十年工作回顾1篇、大事记1篇，提交论文3篇、散文和诗歌2篇。

（宋淑华）

【基建审计联审互查】 2005年9月，审计处作为组长单位，组织了高校第四片组的基建、修缮审计自查和互查工作。组员共有八个单位：北京工业大学、首都经贸大学、北京第二外国语学院、北京青年政治学院、北京物资学院、北京艺术设计学院、北京电子科技职业学院、北京财贸职业学院。自查和互查的内容为：基建修缮审计制度建设情况、年度工作计划落实情况、基建修缮审计项目完成情况。检查采取各校自查、集中互查和实地审查等方法，查阅了各高校的自查报告，管理制度和开展基建、修缮工程审计的相关资料。最后确认：八个高校全部建立了基建、修缮工程审计制度，部分高校在2005年又对相关文件进行了修改与完善；八个高校全部开展了基建、修缮工程的项目审计工作。

（宋淑华）

【档案工作】 随着审计业务量的大幅度增长，审计档案归档的工作量也大幅度增加。兼职档案员积极落实校档案馆各项工作要求和改革措施，规范处内审计档案归档工作，在完成各项审计业务的间隙，抓紧作好审计档案归档工作。2005年，共上缴各类业务、文书档案30多卷。

（宋淑华）

【重要事件】 2005年审计处积极加强与各有关部门的联系和沟通，组织召开各种会议，包括：修订基建修缮审计制度的座谈会、招聘社会审计机构的招标会、奥运场馆审前调查座谈会、基建修缮审计工作联席会以及收费审计、经济责任审计涉及事项的座谈会等会议，推动了审计工作的开展。

2005年，配合学校的相关工作，完成了一些临时性审计项目。如对饮食服务中心饭卡资金管理情况的审计、对工会经费收支情况的审计以及对科研经费结题的审签等。

5月，在学校组织的新任处级干部培训班上，审计处作了“明确经济责任、规范干部行为、防范经济风险、促进廉政建设”的宣讲，宣传和解释了内部审计工作和领导干部履职期间应负的经济责任。

11月，中国教育审计学会第三届理事会变更理事和常务理事，北工大仍为理事单位。

审计处积极参与教育审计学术研究活动，2005年向中国教育审计学会申请科研课题立项，课题题目为《“代建制”体制下基建工程审计实施策略与方法》，该课题获得批准，并首次获得3 000元资助。

（宋淑华）

资产管理

【概况】 国有资产管理处现设有国有资产及实验室条件保障办公室、设备计划与执行办公室和实验室建设规划管理办公室。基本职能为：依照有关条文、法规，管好全校固定资产；盘活资产，为学校逐步建立自我积累机制做出贡献；为学校理财节流，提高资金投入的效益，为教学、科研提供可靠的技术后勤保障。

截至2005年12月31日，学校在账固定资产总额11.02亿元，其中仪器设备价值7.45亿元，建筑物构筑物价值3.57亿元。

（张文斌　邵　强　张连宝）

【2000～2005年仪器设备增长概况】 随着国家和北京市政府对北京工业大学“211工程”建设的投入，学校用于购置教学、科研仪器设备的经费和仪器设备总量均有很大增长，这为学校教学、科研及管理工作的全面发展起到了基础保障作用。2000～2005年经费投入及仪器设备增长情况如表10-12所示。

（张文斌　邵　强　张连宝）

【实验室规划、建设与管理】 (1) 为了更科学、高效地管理好学校资产，国有资产管理处在学校原有仪器设备管理系统的基础上，研究开发了升级版的WEB软件系统和条形码管理系统。2005年12月26至27日，对全校124名设备员进行了专项培训，培训内容包括：仪器设备购置、调拨、报废、丢失等工作流程，系统网络结构，设备的建帐、浏览、查询及打印等。通过培训，设备员基本掌握了操作技能，提高了学校资产管理水平，同时为“十五”“211”验收打下了良好的基础。

（2）完成 2004～2005 学年 10 万元以上（含 10 万元）大型设备效益评价考核工作。此次参加考核的单位有 20 个，10 万元以上大型设备共 449 台，其中考核优秀的 18 台，良好的 113 台，合格的 255 台，不合格的 63 台，合格率为 [illegible].07%。

（3）2004～2005 年北京市高等教育学会技术物资研究会第八次学术年会收录北京工业大学实验室人员论文 16 篇，作者 54 人次。获得一等奖 20 人次，二等奖 23 人次，三等奖 11 人次。本次年会北京工业大学被评为优秀组织奖。

表 10-12 2000～2005 年经费投入及仪器设备情况

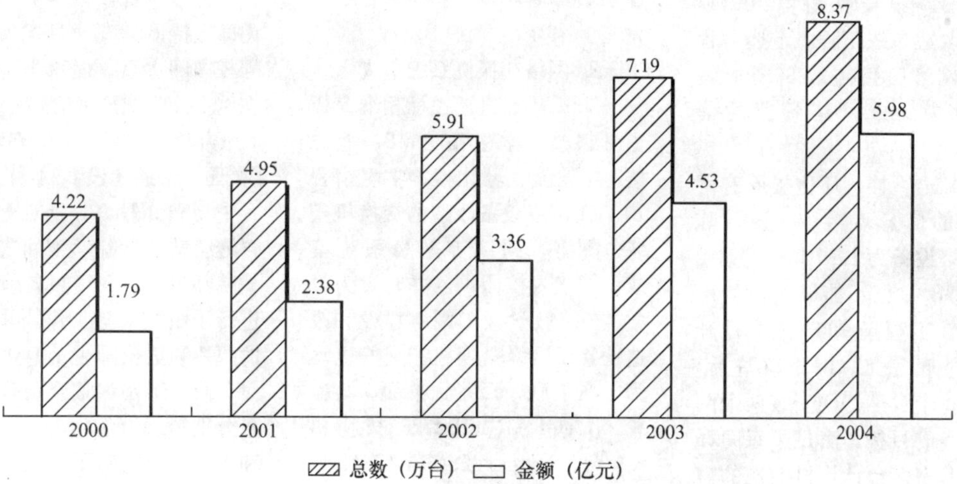

（4）2005 年 4 月完成《实验室安全手册》的编辑工作，内容包括实验室防火安全、实验室用电安全、压力气瓶的安全使用、起重机械的使用安全、有毒化学药品的使用规定、剧毒药品的安全使用、有毒和有害化学废弃物的贮存及处理、放射源基本常识、放射性防护安全知识及学生实验守则等 10 个方面的基本知识。《实验室安全手册》下发实验室全体人员、本科生、研究生等共6 260册。通过宣传和普及安全知识，使教师和学生在实验过程中具备基本的安全常识，一旦发生事故时，能通过正确途径快速排除各种危险，同时自觉遵守学校和实验室的各项规章制度、操作规程，知法守法，确保教学和科研工作的顺利进行。

（5）2003～2004 年先进实验室及优秀设备员表彰大会于 2005 年 5 月 18 日在科学楼召开，会上国资处处长介绍了先进实验室、优秀设备员的评选过程并宣布了评选结果。共评出先进实验室 7 个，优秀设备员 8 人。先进实验室代表分别做经验介绍。张爱林副校长在会上讲话。

（张文斌 邵 强 张连宝）

【设备采购】 2005 年，实际采购到校并已建账仪器设备 25 097 台件，涉及金额 11 740.91 万元。其中，小于 10 万元的设备 24 935 台件，金额 5 062.86 万元；大于 10 万元小于 40 万元的设备 122 台件，金额 2 448.49 万元；大于 40 万元小于 160 万元的设备 35 台件，金额 2 617.16 万元；大于 160 万元的设备 5 台件，金额 1 612.39 万元。在上述实际到校并已建账设备总量中，通过政府采购的设备 18 012 台件，涉及金额 6 797.04 万元。其中，小于 10 万元的设备 17 915 台件，金额 3 220.40万元；大于 10 万元小于 40 万元的设备 77 台件，金额 1 537.76万元；大于 40 万元小于 160 万元的设备 18 台件，金额 1 256.33万元；大于 160 万元的设备 2 台件，金额 782.55 万元。

（张文斌 邵 强 张连宝）

信息网络

【概况】 信息处成立于 2002 年 9 月，主要职责是校园信息化建设的规划与实施。信息处下设网络中心和信息中心，分别负责校园网网络的建设、运行和校内信息服务。2005 年，信息网络建设的主要内容是依据“数字工大”的总体建设目标，在 2004 年建设的基础上，继续进行“一网、一库、一卡”三个平台的重点建设。

【网络建设与改造】

1. 网络布线工程

2005 年完成了熙园宾馆、幼

儿园的网络布线工程，安装网络信息点 83 个。工程于 2005 年 1 月开始，3 月完成施工，并接入校园网。

2005 年通过招投标完成了经管楼、环化楼网络改造布线工程；北研楼（原筒子楼）网络改造布线工程；学生宿舍 10、11 的网络改造布线工程。上述工程共安装网络信息点 2 889 个。其中包含为无线网络预留的信息点。

(1) 经管楼、环化楼原有网络原有的信息点数少、设备陈旧，网络设备为 10M 共享式集线器（HUB），已不能够满足使用的需要。工程于 2005 年 7 月开始，9 月底完工。网络改造后，实现了每个自然房间安装两个网络信息点的目标，满足了每间办公、实验室多台计算机上网的需求。网络设备均为千兆上联，百兆到桌面交换式网络交换机。用户接入速率由 10M 共享提升到 100M 交换，部分区域 1 000M 接入。

(2) 北研楼楼内一直没有修建网络设施，结合土建装修和房间改造，修建网络设施。工程于 2005 年 7 月开始施工，8 月底完工。网络建成后，实现了每间宿舍安装两个网络信息点的目标。

(3) 学生宿舍 10、11 原网络线路约有 80%不能使用，致使学生无法正常使用网络。为了使学生能够正常地使用网络学习，2005 年 11 月开始施工，12 月 18 日完工。网络改造后，每间宿舍安装了两个网络信息点。

网络布线工程均采用美国康普 SYSTIMAX ®Solutions 超五类双绞线、超五类端接产品，传输带宽最高可达到 1 000 Base-T 的要求。

2005 年，通过招投标完成了校园一卡通及部分楼宇的光缆布线敷设工程。敷设符合万兆传输的单模光缆 76.29 芯 · km，连接了校园网到第一、二食堂，第三、四、五食堂，第六、七食堂，回民食堂，学生宿舍 1、2、3，教学楼 1、2，后勤集团平房小院，地震测试小院的光缆。工程于 2005 年 11 月开始，12 月完工。

2. 网络交换机系统集成

2005 年通过招投标相继完成了材料楼、学生宿舍 12、能源楼、经管楼、环化楼、学生宿舍 10、11 网络设备改造的交换机安装、配置、调试等网络系统集成，并接入校园网。并且，为教学楼 3、教学楼 1 网络建设和改造购置了网络交换机。交换机均为千兆上联，百兆到桌面。共配置 NETGEAR FSM726 交换机 223 台、Netgaer FSM7352PS4 台、Netgaer 无线（AP） WAG302 34 台、Cisco Catalyst 3750G-24 3 台，用户的接入速率为 100M 交换，部分区域接入速率为 1 000M 交换机。

3. 数字工大网络测试设备

购置了网络运行维护必需的分析、测试设备，为今后更好、更快地解决网络运行中出现的各种故障提供了必备的分析、测试手段；为网络更稳定、更安全地运行，奠定了基础；为全校教学、科研使用网络，提供了更好的服务。

4. 邮件系统升级

增加到 5 万用户数，安装了新的邮件反病毒网关，目前超过 90%的垃圾信和病毒信会被直接过滤，不会进入邮件系统。

5. 校园网计费系统更新

完成了校园网新计费系统招标选型与安装调试的工作。新的计费系统为基于用户的计费系统，系统具有按流量阶梯计费以及实时、准确、高速、统计功能齐全和防止透支的特点。

6. 校园网出口带宽升级

教育网出口由 10M 升级为 1 000M 直接接入教育网北邮核心节点，使北工大校园网总出口带宽达到 1 100M。

7. 实现与分校区联网

通过光缆实现了与西区继续教育学院和管庄实验学院联网。在与艺术设计学院合并后，一周内即支持该学院通过代理方式访问校内网主页，使该学院能迅速在网上接收到校内通知。

（郝绪文　刘　亢　邢永利）

【校园一卡通建设】 4 月中旬、6 月中旬和 9 月，分批对全校（不含继续教育学院学生和艺术设计学院师生）近 21 000 名师生员工进行了照相采集工作。并对采集的照片和全校师生信息进行了核对，修正了错误信息。采集的信息分别提供给学生处、研究生部和人事处，完善了北工大师生员工的信息，对北工大人员信息的管理起到了积极的作用。

6 月，对校园一卡通的密钥管理系统进行验收，由校党委书记孙崇正和副校长侯义斌植入密钥种子，依此形成北工大校园一卡通密钥管理机制，标志着北工大校园卡的安全运行机制得到了保证。

9 月 12 日，北京工业大学与北京捷德智能卡系统有限公司签定了《北京工业大学校园卡个性化项目合同》。使北工大的校园卡卡面彩色照片和文字的印刷工作以及 IC 芯片个性化进入实施阶段。

12 月 5 日，北京工业大学与北京创讯世纪软件技术有限公司签定了《现代电子化图书馆信息网络系统一卡通接口合同》，与广东智慧电子信息产业公司正式签定了《北京工业大学校园一卡通图书馆应用管理系统合同书》，对现在的图书借阅系统进行升级改造，持校园卡便能进行图书借阅。同时，与广东智慧电子信息产业公司签定了《北京工业大学校园一卡通校医院应用管理系统合同书》，开发建设一卡通医院管理系统。

12月5至25日，对卡务管理平台和结算平台进行压力测试，其中卡务管理平台发卡、补卡、卡注册、卡注销和结算平台帐目管理已顺利通过压力测试。卡务管理平台和结算平台的建成，为北工大“一卡通”全面应用打下了坚实的基础。

（刘金伟　孙炎珺　邢永利）

【综合信息平台与应用信息系统】 通过几年的建设，综合信息平台、统一身份认证系统，2005年，信息处组织相关部门及专家对上述开发建设项目先后进行了验收。这些系统均已通过验收并得到了有关用户和验收专家的认同。

（1）综合信息平台于2005年底通过专家组验收，它是本期“数字工大”建设的重要组成部分。该系统基于J2EE的架构和B/S模式，应用Servlet和JSP技术开发，系统所使用的数据库为IBM DB2V8.2，是一个运行速度快、易操作的大型数据库系统。该系统的验收为解决现有各应用系统间存在的“信息孤岛”问题、建立以综合信息库为依托的学校信息数据标准、为数据的综合应用提供了一个及时、准确的信息交换平台。目前已按立项要求将人事及教务系统的数据上传。

（2）统一身份认证系统于2005年12月16日通过验收。该项目实现了单点登录、与用户相关的权限和登录信息由统一身份认证平台管理的水平，并通过统一门户网站的MY PAGE页面，为用户提供个性化、多功能的工作环境设置，通过该系统已链接了邮件系统、教育在线学生成绩查询、图书馆读者借阅查询系统、网关计费系统等，方便了校园网用户。

（3）2005年1月，在原有的视频系统上增加了工大电视台节目点播与组播功能，为工大电视台录制节目的播放提供了一个新的渠道，也为广大师生了解学校最新动态提供了一个窗口。

（4）2005年，新立项开发建设的项目有毕业生就业服务系统和国资系统。毕业生就业服务系统为北工大本科生、研究生招生就业提供了一个良好的信息发布平台，加大了北工大招生就业面向社会、宣传学校和服务学生的职能。国资系统主要包括仪器设备管理、实验室管理、公用房管理等功能模块，系统是B/S结构，使内容的更新与管理更加方便灵活，提高了工作效率。

（柯冬香　贾瑞新　邢永利）

图　书　馆

【概况】 2005年，图书馆拥有馆藏85万册，其中图书75万册，期刊合订本10万余册。此外，还有大量电子视听资料。初步建立起有学校特色的研究生教参数据库。图书馆采用藏借阅一体的全开放服务模式，南北两馆可异地还书。图书馆采取多种方式积极开展对外交流与合作，并与国内外图书馆及图书馆界协作组织建立了良好的合作关系。图书馆有正式在岗工作人员83人，其中：硕士18人，学士28人，大专20人；高级职称9人，中级职称26人。2005年新分配到馆硕士毕业生5名。1名教师入选北京市“人才强教计划”中的“中青年骨干教师培养计划”。

图书馆共有采编部、技术部、信息咨询部、流通阅览部、数字资源应用研究室、综合办公室等6个部门。采编部承担着全馆图书期刊、电子出版物和数据库等所有馆藏的采购和编目，同时参加高校图书馆联机编目数据库的建设。技术部负责计算机网络平台和数据库系统的正常运行以及首都图书馆北京工业大学分馆借阅系统的管理及维护。信息咨询部负责信息咨询以及馆藏电子资源和网上学术信息的整合利用，承担全校文献检索课教学和图书馆用户培训工作。流通阅览部负责提供馆藏各类书刊的流通和阅览服务。数字资源应用研究室主要负责馆员培训和馆际合作与学术交流工作。综合办公室承担行政性工作并为日常开馆提供各种基本保障。

2005年，图书馆资源建设经费达到1 163.61万元，其中电子资源建设经费539.95万元。2005年投入近13万元继续进行图书馆人文环境的建设与改造。推出了手机短信提醒、远程访问等服务项目，提高了服务水平。

（刘俊武　邵长城）

【文献资源建设】 2005年，图书馆进一步规范和完善了中西文纸质图书采购工作，首次采取公开招标方式确定中西文图书的采购单位，加强了采购的科学管理和廉政建设。

中西文图书采购继续采取学院参与采购图书的模式，并决定每年春秋两次的定期采购。增加了人文社科图书的比例，补充了年鉴的种类和数量。对流通中的续借和预约图书作了统计，对需求大的图书进行了针对性的补充，对利用率较高的计算机和语言类图书增加了订购复本数量。采购中文图书15 380种、46 859册，花费170万元。采购外文原版图书1 586种、1 804册，花费128万元。配合双语教学选购外文教材39种、591册花费，29万元。期刊方面完成了2006年期刊报纸的订购，其中中文期刊1 259种、1 288 册、14.5 万元，外文期刊 346 种册、266 万元，中文报纸 69 种、89 份、14 100元，外文报纸 4 种、4 份、25 000元。电子资源方面新增加了5种数据库，购买11 946种中文电子教参书，共使用经费550万元。

完成北工大文库电子数据库的发布，部分图书实现了数字化，正式通过图书馆主页提供服务。在校庆期间组织了馆藏工大文库展，发布了征集文库图书的通告，接受工大文库赠书115册。

在资源组织方面，书目数据数量增长显著，完成中文图书编目19 586种、58 078册，外文图书编目 1 850 种，光盘 222 种，向 CALIS 提交原编书目数据2 000余种。

2005年，共收集博硕士纸质和电子版论文1 059篇。

（刘　健　邵长城）

【读者服务】 2005年，全年读者到馆借阅 28 万人次，网络资源访问 68 万次，开馆时间延长到每周 99.5 小时。2005 年 9 月，样本书书库进行重新调整。第五阅览室、第六阅览室、五层书库、六层书库均被调整为样本图书书库。机床所 1 万多册赠刊整理上架后，放到第七阅览室。

图书馆利用多媒体电子显示屏和展板开展宣传和导读，全年共计17期，制作展板188块，幻灯280多张，内容为国内外时事传播，学校、图书馆大事的宣传报道，新书、新刊介绍等。4 月，图书馆承办两次展览“绿色家园”大型图片展和“地球的呼唤”环境保护展。

2005年，图书馆开始免费提供馆际互借与文献传递服务，并开始提供北三环一学院路地区高校图书馆联合体馆际互借服务，以便更好地为广大师生的教学和科研服务。

9月，为学校2005级残疾学生提供特殊服务，办理爱心卡。

10月24日至12月4日，图书馆配合 ISI 公司开展了为期 6 周的 SCI 数据库答题竞赛活动。在本次活动中，生命学院学生卢艳艳和倪成良分别获得500元和3 000元的奖金，学校图书馆获得优胜团体奖。

（胡　娟　杜文慧　邵长城）

【交流合作】 2005 年，图书馆的对外交流与合作工作又有了进一步的发展，图书馆加入了北京科技情报学会，并成为新成立的北京科技情报学会高等院校科技情报专业委员会常务委员馆。该委员会是面向北京市高校图书馆科技情报工作的专业学术团体，是北京市科技情报学会的下属专业委员会。

图书馆承办了由北京高校图书馆信息服务研究会（原名为北京高校情报资料研究会）理科分会主办的第八届北京高校图书馆信息服务学术年会的筹备工作，并完成了年会论文的征集和评审工作。此次征文共收到稿件 85 篇，其中专家稿件 3 篇。经研究会理事会评审，最终有 69 篇稿件入选年会论文集，并评选出一等奖论文4篇、二等奖论文6篇、三等奖论文12篇。

10月20日，北京大学图书馆馆长戴龙基、书记高倬贤、副馆长朱强、武振江以及相关业务部门主任一行 10 人来到北工大图书馆，与图书馆的相关人员探讨与交流图书馆的管理、队伍建设、业务发展、读者服务和数字图书馆建设等问题。

（魏育辉　邵长城）

【图书自动化系统的建设与管理】 2005年，图书馆新购 SAN 存储 9.6T、NAS存储 8T、DAS存储 3.5T，磁带库备份 4.4T，使用设备购置费 237 万元，使总的存储能力达到 30T。

新增“万方数据资源系统”和“网上报告厅”镜像站点，重庆维普电子期刊全文数据库更新数据，数据量增加到2T，图书馆镜像数字资源总量达 7.2T。

图书馆购买“短信通”短信发送与管理设备，开发了该系统与图书馆自动化管理系统的接口，研制了图书馆短信服务系统；购买 EZPROXY 代理服务器软件，开发了图书馆校外访问系统。

（赵志刚　邵长城）

【党建工作】 1月18日，经校党委批准成立了图书馆党总支委员会。党总支下设 4 个党支部，党员总数为 52 人。其中，在职党员 29 人，退休党员 23 人；正式党员 50 人，预备党员 2 人。

7月，图书馆第一党支部被评为校优秀党支部。

9至12月，按照校党委的部署，图书馆党总支开展了保持共产党员先进性教育活动，29 名在职党员和 17 名退休党员参加了先进性教育活动，圆满完成了学习动员、分析评议、整改提高三个阶段的任务。在先进性教育活动期间，图书馆建立了先进性教育活动网站，举办了“本色不变、永褒先进——优秀共产党员先进事迹展”、“永褒先进——先进性教育中文期刊展”等特色宣传活动。党员共征求意见 178 条，制定整改措施 133 条，12 月12 日进行的满意度测评，满意和基本满意率达 100%。

（邵长城）

【大事记】 5月10日，北京工业大学图书馆工作委员会成立，7月14日召开第一次工作委员会。

5月24日，在北京机床研究所举行赠刊仪式，完成了机床研究所向北京工业大学图书馆9 500册中外文期刊的移交。

图书馆建立了古籍阅览室，入藏线装书、影印书文献报刊在内的各类书籍20 971册，1911 年以前出版的古籍书 108 册。

8 月 30 日，图书馆召开“工大图书馆的发展与我们的责任”研讨会。

9 月，图书馆推出了图书借阅到期手机短信免费提醒服务，2005 年2 047人在图书馆网页上登记注册使用该项服务。

12 月，图书馆资源校外访问系统开始试运行，学校的读者可免费注册使用，读者在遵守《合理使用图书馆电子资源承诺书》的承诺下，在校外任何地方、任何时间均可使用图书馆购买的电子资源。

自 2002 年开始的馆藏书目数据清理回溯工作全部完成，共回溯图书 56 万册，中、西文期刊4 000余册，提高了书目数据的准确性和完整性。

图书馆编制了《北京工业大学图书馆制度汇编》，首次将各项规章制度进行收集、整理、修改，并汇编成册，促进了图书馆工作的标准化和规范化。

魏育辉被评为中国图书馆学会优秀会员，费仁元、林铁莉、王月荣被评为华北地区高校图书馆先进个人。

（柴雨莉　邵长城）

基 本 建 设

【概况】 基建处成立于 1984 年，1996 年更名为基建修缮处；2001 年底“修缮部分”划为后勤集团管理，根据学校基本建设规模的需要，名称又改为基建处。2003 年基建处“前期工程部分”由发展规划处管理。2005 年基建处下设：办公室、合同预算部、工程监理部。根据学校 2005 年 9 月的部门调整，基建财务划转学校财务处管理。全处人员 16 人（内退 1 人）。

（赵兰英　涂　鸣）

【交付使用工程】 （1）土建实验楼扩建工程。该工程 4 月 28 日启动，12 月举行完工交接仪式。该工程位于学校西区南侧建工学院实验室大厅西侧，东侧与实验大厅及原实验室相接。占地面积 995.00 平方米，总建筑面积 2 535.26平方米；层高共 8 层，地上 7 层、地下 1 层；其中 1～2 层为实验室用房，3～5 层为科技创新基地“工程抗震与城市减灾”科研用房。施工单位为北京京西建设集团有限责任公司，监理单位为北京和平诚信工程建设监理有限公司，设计单位为北京工业大学建筑勘察设计院。

（2）建工学院“中瑞实验楼”工程。该工程 2004 年 12 月 20 日开工，2005 年 4 月 30 日竣工，位于学校西区西南角，建工学院西侧、环能学院南侧。建筑面积 289.16 平方米，为三层框架结构。施工单位为田华建筑集团。该工程是“中－瑞建筑给水排水教学实验基地”的配套工程。

（3）东区道路改造工程。该工程 8 月 29 日开工，工期 40 天。主、次道路共六条，主路长近 200 米、宽 6 米，次路长近 300 米、宽 4.5 米。新增雨水管线 200 米，为能源楼铺设消防高压供水管两条，新建 600 平方米停车场。

（4）学校北围墙改造工程。该工程 9 月 15 日开工，工期 30 天。全长 600 米左右，高 2.3 米，墙体为砖混，外墙抹灰，压花涂料，配有墙灯，预留监控装置管线。

（5）高压线移位工程。该工程 5 月 3 日施工，10 月 11 日完工，是北京市供电局所属的施工项目。高压线移出校内，横跨四环主、辅路，共改建 2 座铁塔、新建 6 座 24 米高的八级铁塔，架高压线东起华侨城，西至北工大第三教学楼，长约 2 千米。

（6）游泳池池底改造工程。该工程 7 月 20 日开工，8 月 25 日投入使用。工程包括：剔除原池内瓷砖，做“水泥基渗透结晶型防水涂料”处理，面积为1 800 平方米；池内粘贴新瓷砖1 900平方米；深水区部分为适应教学需要做了局部抬高，设置分隔栏。

（赵兰英　涂　鸣　刘民强）

【基建财务、审计、统计】 （1）基建审计。共完成自审项目 8 项：大学生公寓结算工程、能源楼工程结算、东南区高压线迁移工程、激光水气路改造工程、东区道路改造工程、北围墙改造工程、中瑞实验室结算工程、南大门围墙结算工程。审计金额总计 6 400万元，审减金额1 100万元，审减比例为 17%。

配合有关审计单位完成：科学楼工程决算审计（北京市财政评审中心、北京市审计局）、东南区征地审计（北京市发改委大项目稽查处、北京市审计局）、中瑞实验室结算审计（学校审计处）。工程审计使竣工项目更加规范、廉洁、高效，受到北京市财政局、市审计局、市教委的好评。

（2）征地拆迁结算工作。完成东南校区新征地拆迁结算、183 个拆迁户发放存折的核对工作，配合拆迁公司整理、复印协议书及征地拆迁资料并移交。

（3）工程统计月报。完成朝阳区统计局对在施、新开工程固定资产投资统计（科学楼、新征地、大学生公寓、体育场馆等 9 项工程）的月报工作。

（赵兰英　涂　鸣）

【基建档案】 完成科学楼、中蓝大学生公寓工程以及 2003～2005

年11个工程（其中9个工程已竣工）的竣工档案、地热示范工程和东南校区征地工作的档案、基建文件档案的整理、编制、录入工作并向校档案馆移交，共计完成15个工程档案的整理、编制、录入工作。案卷共114卷（盒），文件1 600多份，页数21 000页。基建档案工作获2005年全校档案工作考核评比二等奖。

（赵兰英 涂 鸣）

【重要事件】 （1）党支部开展党员先进性教育活动。2005年，党支部带领全体党员，按照校党委的部署认真开展保持共产党员先进性教育活动。在这次教育活动中，经过研究制定了10项整改措施：在思想建设方面，制定党支部委员会议规定，党员学习规定、设立“党员先进性教育月”规定。在组织建设方面，制定党员纪律要求规定、加强党费收缴规定、建立党员责任区规定、积极分子培养教育规定。在党员管理方面，制定组织生活会及民主生活会规定、全体党员会议规定、党员监督管理规定。

（2）行政工作整改措施。在开展党员先进性教育活动中，行政工作征求意见共归纳出7条，其中对学校3条、处内4条。基建处整改措施：近期整改目标完成4项；中期整改目标5项；长期整改目标分两大类：坚持管理服务思想理念，增强管理服务意识2项，提高管理服务能力和服务水平、在四个提高上下工夫4项。

（3）完善落实规章制度。完成修订基建处规章制度共6部分、31项；新增9项，起草7项，收集十年工程照片并装订成册。

（4）网上公示工作。对教学楼3板式换热气、冷却塔、新风机组、变压器、高压柜等设备的招标、开标、答疑、评标工作进行网上公示。

（5）宣传工作。宣传报道重点是用文字和图片表述工程进展状况，及时反映党员先进性教育活动的过程与内容，撰写稿件28篇（党员先进性教育简报13篇），橱窗板报更换4期。更新基建处网页，从机构设置、基建新闻、工程公示、建设成果、政策法规5个方面反映基建工作状况，内容精练简洁，突出特色与重点。

（6）组织有关仪式。①1月24日，举行教学楼3结构封顶仪式。②10月12日，举行北京工业大学接受博瑞公司捐赠“网络中央空调设备”签字仪式。③12月29日，举行北京工业大学建工学院实验楼完工交付仪式。

（赵兰英 涂 鸣）

后勤服务

【概况】 后勤管理处下设计划管理部、综合管理部和房屋管理部。具有代表学校行使制定后勤规划、经费预算、组织项目招标、签订合同等管理职能。协同后勤服务集团对后勤服务质量、收费价格及合同项目实施检查与监督。

2005年，后勤管理处坚持以教学、科研、师生服务为宗旨，以优化学校发展环境、加强校园环境综合整治为工作重点，加大基础设施修缮改造的力度，维护和改善学校办学条件。认真贯彻国家住房制度改革和学校引进人才住房保障“两手抓”的方针，积极开展节能工作。抓制度建设促规范管理，抓观念转变促优质服务，抓素质培养促整体形象提高。强化和落实后勤管理处与后勤服务集团甲乙方的功能，与后勤集团积极协调，共同做好学校的后勤保障工作。

（李毅玲 刘建萍）

【开展保持共产党员先进性教育活动】 9月10日至12月16日，在开展保持共产党员先进性教育活动中，后勤管理处开设宣传橱窗专栏，撰写活动简报12期。组织党员学习《胡锦涛同志在新时期保持共产党员先进性专题报告会上的讲话》、《中国共产党章程》、《三个代表重要思想学习纲要》，观看《世界执政党兴衰史史鉴》录像和电影《张思德》，参观卢沟桥抗日战争纪念馆，举行向党旗宣誓仪式。走访慰问生活困难的退休职工，与研究生特困生开展“手拉手”帮困活动。结合学校“十一五”规划目标和后勤管理处面临的艰巨任务，制定整改方案，把重点放在提高后勤服务质量和保障能力上，加强了党支部组织建设，促进了后勤管理处整体工作，有2名同志在活动中重新提出入党要求。

（李毅玲 王连仲）

【计划管理】 围绕学校“十一五”建设规划要求，认真做好校管工程管理、验收、结算工作。完成2005年《北京普通高等学校校园环境整治与建设项目台帐》、《北京高校环境整治与建设完成项目统计表》、《学校校园环境整治与建设项目台帐汇总表》和2006年学校基础设施修缮改造项目专款的立项、论证、可行性分析及预算申报，并以招投标等方式完成已批准的各项工程的具体实施。

（郑玉伦 刘建萍）

【2005年北京市财政专款项目工程】 （1）筒子楼改造工程。京发招标公司代理招标，中国新兴建设开发总公司中标。北京冠亚伟业民用建筑设计公司设计，北京和平诚信监理公司监理。该工程7月初开工，8月底完工。建筑面积5 672.5平方米，主要工作

内容有：粉刷所有内墙面、楼顶板，修饰损坏的楼、地面和楼梯踏步，所有钢窗全部换成中空玻璃铝合金窗，外门均换成不锈钢门，内门全部更换、所有宿舍门一律改成防盗门，卫生间、盥洗室改造，更换消防水管、消火栓、采暖管线、铸铁暖气片及照明灯具，各楼层配电箱全部更新，电线铝线换成铜线，所有走道顶棚做吊顶，走道墙面做木墙裙，并完成校园网线和电话线安装工程。

（2）西区配电室、数理楼低压柜更新及西区电缆改造工程。京发招标公司代理招标，分低压柜设备及施工工程，分别由浙江宁波天安（集团）有限责任公司和中国新兴建设开发总公司中标。北京工业大学建筑勘察设计院设计。该工程 7 月底开工，8 月底完工。主要工作内容有：西区配电室更新低压配电柜 11 面，数理楼更新低压配电柜 24 面。将西区内原架空电线全部改为地埋电缆，安装路灯照明灯具 12 套、派接箱 7 台。保证了配电柜的安全运行和地埋电缆用电安全。

（3）南大门两侧等环境工程。京发招标公司代理招标，广东棕榈园林工程有限责任公司北京分公司中标。北京京华园林工程设计所设计，北京和平诚信监理公司监理。主要工作内容有：南大门两侧绿化栽种银杏树 122 株、新铺草坪5 851平方米；校医院南侧绿化改造栽种花灌木 51 株、改造草坪 320 平方米、做花架 1 个；运动场东侧三角地环境整治改造草坪3 951平方米，其他处铺草坪1 424平方米；西大门北侧停车场铺装面积 899 平方米，车位 23 个；机电楼东侧建停车场铺装面积 573 平方米，车位 22 个；西区局部道路拓宽、运动场北侧做步行道等铺装面积1 093平方米；数理楼东侧安装羽毛球架 9 幅、座椅 18 个。

（4）校园自行车停放工程。北京工业大学后勤管理处负责招标，北京亿锋君业贸易有限公司中标。该工程 7 月底开工，8 月底完工。安装螺旋式不锈钢自行车架总长度1 471米，并将以前安装的马鞍形自行车架重新除锈、喷塑安装在学校中蓝学生公寓。

（5）西区家属院停车场工程。北京工业大学后勤管理处负责招标，中国新兴建设开发总公司中标。该项目铺设灰色透水地砖，占地面积 2 258 平方米，车位 87 个。

（6）环化楼等屋面防水工程。2005 年专款申报中有两项屋面防水工程，分别为后勤管理处申报的土建楼、环化楼屋面防水工程和校医院申报的校医院太阳能热水系统及屋面防水工程。实施中将两项屋面防水工程合成一个项目。北京工业大学后勤管理处负责招标，北京中建建友防水施工有限公司中标。该工程 5 月底开工，6 月底完工。该工程使用 SBS 防水材料，厚度 3 毫米二层。建工楼和校医院所做防水部位为上人屋面，按原做法分别铺水泥砖和缸砖。环化楼所做防水部位局部为上人屋面，铺防滑地砖。

（7）外墙粉刷工程。北京工业大学后勤管理处负责招标，北京第六建筑公司中标。该工程 8 月中旬开工，10 月上旬完工。主要工作内容有：学生宿舍 2 号、4 号楼、北研楼和教学楼 2 外墙粉刷。学生宿舍 2 号、4 号楼粉刷面积9 638平方米，北研楼粉刷面积1 584平方米，清洗清水墙面积3 100平方米。教学楼 2 粉刷面积6 150平方米。

（8）锅炉房节能改造工程。中国电子进出口总公司代理招标，北京三一兴和科技发展有限公司中标。该项目 8 月底开工，11 月中旬基本完工。校管锅炉房全部实行计算机管理，加装电动三通阀、自立式平衡阀，安装气候补偿器、烟气回收装置，采用分区、分时、分温控制等节能措施。项目完成后计划使学校锅炉燃气量由前两年每年每建筑平方米消耗煤气 22 立方米，降低到 18 立方米左右。校管锅炉房供暖面积 13 万多平方米，预计每年节约煤气 50 多万立方米。该项目各建筑室温的信号采集，通过学校校园网传输。

（9）校内节水、节电改造前期工程。北京工业大学后勤管理处负责招标，北京市建筑装饰公司中标。该工程 8 月中旬开工，10 月上旬完工。校园内各教学楼、实验楼内加装水、电表，解决分楼计量问题，必要部位进行局部管路、线路改造等。

（10）家属区高层楼二次供水工程。北京工业大学后勤管理处负责招标，北京乾顺经贸有限公司中标。该工程 9 月中旬开工，11 月下旬完工。学校家属宿舍农光南里 27 楼、28 楼、29 楼及武圣东里 50 楼 5 层以上的生活供水系统改造为高压变频定压直接供水，加装供水消毒设备，安装制作不锈钢水箱，部分室外管道重新铺设，改造消防控制系统等。改造后，减少了高层住宅二次供水可能带来的污染环节，确保居民饮用水的安全卫生。

（郑玉伦　刘建萍）

【建校 45 周年校庆工程】（1）西大门改造工程。该工程 2005 年 7 月中旬开工，8 月底完工。原西大门白色面砖部分脱落，大部分出现裂缝，改造后的西大门外墙采用铝塑板贴面，临街立面利用墙面的凹凸，做出水平划分，形成外立面的水平线条，凹槽内镶有带灯。警卫室做成玻璃幕墙，与铝塑板形成虚实对比。

施工图设计单位是平谷建筑设计所，施工单位是北京广源发建筑工程有限责任公司。

(2) 科学楼、逸夫馆夜景照明工程。北京工业大学后勤管理处负责招标，中泰照明集团世纪中泰照明工程有限公司中标。该工程8月中旬开工，10月上旬完工。利用点光源、带状光源、泛光照明、投光灯照明、彩色照明等各种形式组成优美造型，镶挂在科学楼南侧13层顶处。灯具采用节能荧光灯、冷阴极、LED、钠灯、金卤灯等。照明控制系统采用智能照明控制器，对电源及其他系统进行总体控制、分区控制、定时控制、场景控制、远程控制，并带手动控制方式。为节约用电，场景模式分为：平日、一般节日、重大节日三种，不同季节可分别定时控制。

(3) 雕塑安装工程。校庆前夕，校园新增三座雕塑，知新园西侧雕塑“汲”、逸夫馆北侧雕塑“梦”和校运动场西侧雕塑“实”。三座雕塑均由北京世纪盛典文化艺术有限公司设计，后勤管理处协助后勤集团动力修缮服务中心承接安装。

（郑玉伦　刘建萍）

【非本年度专款项目工程】 电教楼周边环境工程、材料楼南侧绿地改造工程、西大门南侧绿地改造工程、数理楼东南侧道路铺装工程，共新植草坪面积1 275平方米，改造绿地4 442平方米；新种植乔木100株，灌木1 515株，花卉610株；新铺装面积1 060平方米，改造铺装面积2 098平方米；栽道牙1 363米，安装座椅13个。西大门南侧停车场工程铺装面积1 639平方米，停车位59个。以上工程施工单位是北京广源园林绿化工程有限公司。逸夫馆北广场树木移植、新种植乔木130株，灌木90株，由北京福盛源花卉种植农场负责施工。顺义基地各类可移植果树303株移植校本部，116株移植校西区分部，基地保留174株。学校围墙外214株桧柏、9棵法桐、1棵云松在市政道路西大望路改扩建中被伐后，全部移植到校南大门内东西两侧。

（郑玉伦　刘建萍）

【住房管理】 2005年，完成筒子楼教职工周转房的腾退及住房安置，并完成200余户教职工产权证办理和职工住房管理与售房、房改房补及公积金管理等工作，同时，积极解决引进人才和教职工的住房困难。

1. 售房与办理产权证

1月18至20日，完成校本部周转房教职工在翠城、美景东方的售房工作。参加选房排队308人，选房234人，弃权74人。学校于4月29日将翠城、美景东方剩余111套住房按人员比例分配到各单位，参加选房排队111人，选房104人，弃权7人，7月2日完成翠城、美景东方部分住房的售房工作。6月，经校房管部协助组织，由北京市教委高校房地产开发公司承办向教工个人销售朝阳区梵谷水郡住房，学校6名教职工购买了住房。11月，完成2名院士、1名特聘教授的住房售房安置及建筑工程学院蒋璜教授在翠城住房的安置工作。12月16日，学校对115户教职工出售了自管公有住房，收售房款569.99万元，个人维修基金21.28万元，筹资款341.12万元，印花税535元，工本费2 327元，合计收款932.68万元。

2005年，房管部与北京高校房地产开发公司协作，为学校望京花园东区213号楼的7户及与北京住总房地产开发公司协作购买学校翠城经济适用房的54户教职工发放了房屋产权证。完成了学校1996年购置的康居房校产权办理工作。

2. 腾退安置住房

5至9月，实施筒子楼改建工程，将该楼部分住房用做研究生宿舍和校内教职工临时周转用房。5月31日顺利完成156人的腾退房工作。

3. 供暖费收缴与发放

10至12月，向学校662户教职工发放供暖费408.09万元，向206户教职工发放煤火费3.93万元。收取60户供暖费15万元，房租13万元。2005年新增供暖用户184户并签定供暖协议。11月3日，学校住房领导小组研究报校长办公会通过《北京工业大学关于支付望京东区210楼教职工住房供暖费的暂行办法》，2005年11月15日起执行。

4. 住房维修基金管理

按“专户存储，专款专用，按幢设账，核算到户”的原则，完成了交存在朝阳区资金中心1 354万元维修基金款，设账平移分配到校本部住房25座楼、1 541户的工作；完成交存海淀区资金中心4.1万元维修基金款，设账平移分配到西三环北路56号院的4座楼、106户的工作。

5. 房改房补工作

(1) 完成学校无房新老职工869人的住房补贴审核及经费预算工作，预算经费4 042万元（其中退休无房职工104人，申请房补金额727万元；无房老职工546人，申请房补金额3 084万元；无房新职工219人，申请房补金额231万元）。

(2) 完成2003年上报无房新职工141人住房补贴开户建账的前期准备工作。建立学校无房新老职工及离退教职工的住房档案。

6. 公积金管理

(1) 将三月办理一次的公积金支取业务改为每月办理一次，方便了教职工购房用款需求。

2005年6月，完成全校2 877人次的公积金汇交清册工作。

（2）1至12月，住房公积金新增开户205人，启封11人，封存172人，补交26人，购房支取和退休销户394人。向东城部管理分中心交存住房公积金1 349.57万元，补交8.77万元，买房职工支取和退休销户支取674.83万元。转入职工8人，转入金额4.84万元，转出职工16人，转出金额13.54万元。12月，完成个人交存比例调整考查测算工作。新办公积金交行太平洋支取卡180张，计算机数据维护190人。完成学校14个产业部门70人全年按月公积金单位交存额额度的核定。

7. 计算机管理与网络建设

（1）2005年11月，完成学校住房补贴预算系统软件和住房补贴归集软件升级工作，保证教职工住房信息日常的维护。运用现代化计算机多媒体技术，全年分3次对后勤管理处网站进行更新改版，提供了信息化管理搭建网络办公的平台，开发了公积金帐户查询、住房补贴网上注册、网上查询及公积金网上开户功能，2005年底网站访问量达1.76万人次。

（2）开发研制分售房及供暖费应用管理软件，提高办公效率，确保了分售房工作的顺利实施。

（申小龙　王连仲）

【节能工作】 认真履行校节能办公室工作职责，贯彻能源管理的法规和制度，制定学校能源管理规划和节能设施改造方案，检查能源使用情况，完善管理，做好收费工作。

（1）2005年，校本部（含中蓝学生公寓）全年用水83.8万吨，支付水费388万元；年用电量2 248.22万度，支付电费1 398.03万元；年开水房、浴室用煤气104.7万立方米，支付煤气费126.6万元。2005年校北区教学及校北区家属住宅取暖用煤气259.6万立方米，支出煤气费311.51万元（煤气），支付中蓝学生公寓取暖费97.11万元（煤气），支付校本部南区、西区取暖费355.38万元（燃煤）。

（2）2005年节约用水25.69万吨，并回收校内住宅、在校施工企业、有偿经营实体、产业部门等水电费280万元。

（3）5月15至21日，开展“节约用水，保护水资源，爱护水环境”主题节水宣传周活动。利用校园网、横幅、板报、组织征集节水稿件等多种形式，广泛宣传节约用水的重要意义和紧迫性，介绍学校近年用水、节水情况及现状。与学生社团自然爱好者协会合编《节水小常识》宣传册，向师生印发《北京市节水法》和节水宣传册3 000份，征集节水宣传稿件6篇。学校各部门出节水宣传板报15块。很多教师对学校节水工作提出宝贵意见和建议，在全校形成节约用水的良好氛围。

（4）加强校内基础设施的维修改造，节约水电资源。配合校院两级管理和计量考核，安装电表180块、配电箱140个、水表400块。为教学楼2卫生间安装红外线节水器34台，为教学楼、实验楼、办公楼等15座楼宇中所有卫生间墩布池安装延时自闭节水龙头200个。

（史　鹏　刘建萍）

【综合管理】（1）治理校园环境。6月，后勤管理处与后勤集团协调完成学校北区污水管道拉膛工作，保证了汛期安全及污水排放的畅通。12月，完成校北区所有化粪池清底工作。

（2）避雷测控工作。配合朝阳区避雷装置安全检测站，7月，完成校本部避雷系统普查工作，11月，完成避雷系统改造方案并上报2006年专款。

（3）开通翠城小区班车。后勤管理处积极与北京公交公司客运五公司协商并达成协议，2005年12月14日开设了翠城小区至学校的往返交通车，解决了居住翠城小区教职工上下班的交通问题。

（4）固定资产管理。后勤管理处对后勤集团固定资产进行统一管理，明确管理细则，强化监督力度，不定期地对集团资产帐目进行统计核实，确保资产的安全性和利用性。2005年，协助学校审计处对后勤管理处一万元以上资产进行抽检，进一步理清了各项资产的详细情况。盘核了后勤集团顺义基地2002年至2005年购置的固定资产，做到帐实相符，做好基地顺利转租的前期工作。2005年后勤管理处新增资产累计6.51万元。

（5）2005年后勤管理处向校档案馆移交后勤获市级、市高教局（现改为北京市教委）颁发的各类奖杯、奖牌及证书等实物档案29件；移交2004年后勤管理处文书档案14卷210件，校管工程基建档案8卷67件，照片档案1卷12张。

（史　鹏　刘建萍）

【完成市教委及朝阳区地方政府工作】 2005年4月，马志成主持召开后勤管理处和后勤集团负责人会议，总结自1999年国务院召开第一次全国高校后勤社会化改革会议以来后勤社会化改革的总体思路、改革措施和做法以及改革取得的成效，完成《北京工业大学后勤社会化改革的探索与实践》总结材料，上报北京市教育委员会。

5月，完成《北京工业大学防汛重点部位安全大检查的情况报告》，上报市教委防汛办。

6月，后勤管理处派绿化管

理人员参加潘家园街道和南磨房地区办事处组织的绿化普查培训班，并与后勤集团校园环境管理服务中心组成绿化普查小组，对校内绿化工作展开全面普查。7月1日，完成《北京市城市园林绿地基本情况表》、《北京市实有树木调查表》等填报工作。

7月12日，按朝阳区人防办公室要求，后勤管理处与机电学院、国资处、继续教育学院、校园环境中心等使用学校人防工程的单位签定《北京工业大学人防工程使用协议书》。

9月12日，落实市教委《关于进行建设工程安全大检查的通知》，与后勤集团组成检查组，全面检查校内后勤维修改造工程，切实做到组织领导、宣传教育、监督管理、督促检查四到位。

（李毅玲　刘建萍）

【获全国高等院校后勤工作先进集体称号】 12月3至5日，中国高等教育学会后勤管理分会成立二十周年庆祝大会在北京召开，会议研究讨论了高校后勤发展战略、实务操作、政策法规等问题，并进行了换届选举工作。马志成当选中国高等教育学会后勤管理分会第九届理事会理事，北京工业大学获“全国高等院校后勤工作先进集体”称号。

（李毅玲　刘建萍）

【后勤基地建设】 11月22日，后勤管理处与承包方代表签订《北京工业大学后勤管理处顺义基地租赁合同》，合同有效期8年，自2006年1月1日起至2013年12月31日止，完成了北京工业大学后勤顺义基地的转租工作，将过去学校每年为顺义基地投入20余万元，转变为顺义基地每年上缴学校10余万元。

（李毅玲　刘建萍）

【后勤服务集团概况】 后勤服务集团于2000年12月经北京市教育委员会批准正式成立，2001年12月31日正式挂牌。后勤服务集团设立董事会、监事会，实行董事会领导下的总经理负责制。

后勤服务集团下设9个中心、1个分部、6个经营实体。9个中心是饮食服务中心、校园环境服务中心、动力修缮服务中心、住宅物业服务中心、交通服务中心、通讯服务中心、幼儿教育中心、供应服务中心、文印服务中心（2005成立）；1个分部为后勤服务集团西区分部；6个经营实体是北京熙园宾馆、北工大京天驾校、北工大京天加油站、北工大金天物资公司、北工大通联科技有限公司及北工大汽车配件公司。

2005年，根据后勤服务集团章程规定，后勤服务集团第二届董事会成员冯志华、薛际明因工作变动于2005年12月调出董事会，并增补刘建萍为董事。根据学校第14次校长办公会决定，2005年10月撤销后勤服务集团西区分部。

截至2005年底，后勤服务集团共有事业编制人员446人，产业编制人员18人，非事业编制合同制工人558人。2005年5月10日开始，分两个阶段进行了首次全员聘任工作。第一阶段为中级岗聘任，共设23个岗位，5月23日聘任结束。第二阶段为集团机关和各中心班组长及一般岗聘任，一般岗招聘343人，未聘人员11人。招聘工作于7月15日结束。

2005年12月30日，后勤服务集团召开两年一次的第二次总结表彰大会。张建国总经理就后勤服务集团两年来的各项工作做了全面的总结，并提出了2006年度的工作目标，同时表彰奖励了先进集体5个、先进个人44名。

（张建国　付朝贵）

【党建工作】 2005年9至12月，在开展党员先进性教育活动中，后勤服务集团党委始终坚持两个确保、一个重点和五个结合。两个确保：党员参与面和教育的活动效果；一个重点：难点支部的转化；五个结合：先进性教育与为师生优质服务相结合，与提高党员素质相结合，与加强党支部建设相结合，与提高职工专业技能相结合，与人性化管理相结合。通过先进性教育活动，后勤保障的各项工作得到了全面促进，达到了预期目的。

后勤服务集团党委在组织党员和职工的政治学习中，摘编了《中共中央关于加强党的执政能力建设的决定》，重新摘编印发了《邓小平关于后勤工作论述》等学习材料，发给全体党员。举办了三次党支部书记培训班。采取多种形式组织党员、职工学习政治理论，并落实在实际工作中，党员和职工的政治素质普遍得到提高。

2005年，住宅物业中心被评为学校先进党支部。后勤服务集团现有14个党支部，2005年有10个党支部到届进行了换届选举。2005年发展党员7名，党员转正6名，参加党校培训24名。2005年12月，后勤服务集团西区分部党支部转至继续教育学院，原产业临时党支部撤销。

后勤服务集团在开展以“争当敬业爱岗的榜样”为主题、以“文明用语、提高职工业务技能”为切入点的两次大型主题教育活动中，积极推进党建工作，总结出“文明用语＋业务技能＝优质服务”的后勤服务公式。

职工技术协会工作。后勤服务集团职工技术协会是职工队伍建设的重要载体。“党支部＋技协”是后勤服务集团党建工作创新的新模式。2005年开展职业道德培训、专业技能培训和岗前培训等系列教育活动。住宅物业中心投资20余万元，建立后勤服务集团第一个职工培训基地和阅览室。职工技术协会活动的开展为建设学习和技能型后勤服务集团奠定了重要基础。

抓好宣传工作。2005年后勤服务集团在校园网发布各类信息88篇，校报刊登稿件10篇。校广播台播发多期后勤服务集团撰写的稿件。后勤服务集团党委将先进性教育活动整体情况编印了3本综合汇编。2005年在《北京高校后勤研究》上发表了题为《以人为本与高校后勤工作》、《优质服务提高餐饮质量》、《建设学习和技能型后勤集团》等论文3篇。多次应邀到北京航空航天大学、中国传媒大学、第二外国语学院等高校交流党建工作。2005年6月，北工大后勤服务集团的党建工作在北京市高校后勤思想政治研究会上进行了专题交流。

工会、教代会工作。充分发挥集团工会、教代会的作用，调动职工民主参与、民主管理和参政议政的积极性，结合后勤实际开展了适合后勤职工特点的文体活动。2005年底，经过换届选举，产生了后勤服务集团第二届工会委员会。2005年对14名子女考上大学的职工给予奖励。年终慰问43名生活困难、重病号职工及80岁以上的后勤服务集团退休职工，全年支出困补和慰问金额4.3万元。2005年后勤服务集团工会获学校"模范教工之家"称号。

离退休党支部活动丰富多彩。后勤服务集团退休党支部是按照居住地建立的，现有退休支部3个，退休党员60人。后勤服务集团退休党支部成立四年来，开展了大量形式新颖、内容丰富、适合老同志特点的党建活动。2005年组建后勤服务集团"夕阳红"老年合唱团，制定了活动制度，丰富了党组织生活，带动了社区群众。

（高 蕾 付朝贵）

【人事管理】 2005年5月至9月，经过集团全员招聘、补充招聘，截至2005年底，事业编制职工446人（其中干部63人，学历：研究生2人、大学17人、大专23人、高中5人、中专13人、初中3人；职称：副高3人、中级26人、初级17人；工人383人；学历：大学1人、大专26人、高中93人、初中及以下263人；技术状况：高级技工59人、中级技工137人、初级技工115人、普工72人、合同制职工165人）。产业编制职工18人，务工人员558人。

2005年后勤服务集团事业编制职工有22人退休（其中：上半年9人、下半年13人）。

为318名务工人员办理了养老及失业保险。

（邵 健 付朝贵）

【财务资产管理】 2005年7月正式建立后勤财务银行账号，并在学校结算中心建立后勤财务账号。

2005年筹措11.3万元资金购置固定资产，扶持各中心，同时筹措7.5万元资金扶持校园管理服务中心。筹措11.4万元直接用于校庆活动。

（王家桐 付朝贵）

【饮食服务中心】 饮食服务中心负责全校师生员工的餐饮工作。有9个餐厅，3个部门，共有员工398人，其中正式职工128人，临时工270人，其中有管理人员17人。拥有专业技术等级证书的141人，其中烹饪技师1名，特一、二、三级高级烹调师23人，中级烹调师72人，初级烹调师37人，其他专业技术人员8人。餐厅面积13 292.16平方米，固定资产8 882 195.86元。餐饮类型包括大众餐、接待餐、风味小吃、清真食品、宴席、大排档、自助等多种餐饮服务形式，能为各类消费档次的师生提供服务。

（1）伙食管理。2005年继续坚持规范化管理，以行业标准带动各项管理工作的开展。重视回收率，重视投诉率，促使中心整体工作不断向前推进。中心利用双休日，全年组织90名餐厅一线厨师到社会和其他高校学习烹饪技术。9月份为全体员工发放了饮食服务中心员工手册。对62名新员工进行岗前培训，对师生关注的大锅菜推出"352价格体系"。全年回收率增长17.56%。餐饮投诉率明显下降。2005年把原来各餐厅的伙食监督员升格为餐厅副经理，加大了学生参与食堂管理的力度。2005年饮食服务中心被评为后勤集团先进集体。

（2）队伍建设。2005年3月中心选派6人参加北京市委党校工商行政管理大专班学习。11月选派8人参加高级营养配餐培训，取得了国家劳动保障部核发的证书。选派2人参加了食品雕刻和高级烹调培训。2005年对300余名员工进行了职业道德专题培训。两位农民工加入中国共产党。利用48个休息日为各餐厅厨师进行技术培训。对5名经理的岗位进行了调整，使管理队伍更加年轻化。

（3）设备设施。2005年中心自筹资金，固定资产投入496 968元。2005年9月中心自筹87 701元，为第六餐厅增建了自选式冷荤间，为餐厅更换了170套餐桌椅，各餐厅的设备设施和餐具得到了改善。自筹资金为北区餐厅员工修建了专用厕所，解决了炊事员如厕难的问题。

（4）员工生活。2005年，装修改造炊事员男职工宿舍，为每间宿舍配齐了衣柜、窗帘和电话，为南区女职工宿舍安装了电视、电话和空调。2005年组织了春季拔河比赛、郊区春游、趣味运动会、春节联欢晚会等活动。

（李 忠 付朝贵）

【校园环境服务中心】 校园环境服务中心下设保洁、绿化等9个班组，主要职责是负责全校室内外保洁、教室管理、绿化养护、自行车摆放、垃圾清运及校内有关单位交办的临时性工作任务。校园环境服务中心现有正式职工67人、临时工126人、离退休职工43人。承担着全校248 364平方米（包括道路、绿地）的室外保洁绿化工作和648 43.6平方米的室内保洁任务。

（1）教学服务。2005年为职工配发了工作服。为迎接全国四、六级英语考试搬运课桌5 000套。捡拾物品3 000件，价值6万元。

（2）室内保洁。3月，增加了能源楼保洁工作，为能源楼配备了垃圾桶、便篓、榨水车，并做开荒保洁。10月，对教学楼1和数理楼的部分厕所做清碱处理，安装了止臭膜。12月，购置清洗机2台、沙发清洗机1台、翻新机1台、高压清洗机1台、大型吸尘器1台。

（3）室外保洁。校庆期间，室外环境清扫面积每日达到17万平方米、垃圾60吨、小广告80平方米，插挂彩旗60余面。9月，新组建了自行车保洁班。12月，各班组添置了防滑垫、警示牌、雪铲、大扫把。

（4）绿化养护。2005年校园绿化面积为115 950平方米。6月，新增加了信息楼至保卫处西侧、信息楼北侧、工大南路中段、中蓝公寓等处6 714平方米的绿化养护任务。自1984年起，学校连续21年被评为北京市绿化先进单位。

（5）完善制度。完善了扫雪应急预案、临时工管理和临时工劳动合同制度。

（6）技能培训 2005年结合校园中心实际开展了技术培训和岗位练兵。3月，开展了计算机多媒体知识培训；4月，组织班组长到北大、清华参观学习；10月，选派2名同志到奥美林公司学习保洁技术；11月，请专家作关于绿化养护专题讲座，邀请本田公司技术人员讲解草坪修剪机的使用和维护常识。

（7）科学楼二次供水。2005年7月，完成了科学楼二次供水定期检疫、卫生许可证办理工作。

（张福林 付朝贵）

【动力修缮服务中心】 2005年动力修缮服务中心完成了职工岗位招聘工作。按照后勤社会化改革的要求，各技术工作岗位人员都有专业等级上岗证书或操作证书，达到了维修队伍专业化管理的要求。

（1）设备改造。学生宿舍9、10号楼，由于阳台保暖性不强影响供暖温度，动力修缮服务中心与有关部门协调，提出了可行性改造方案，并承担了学生宿舍阳台封窗的施工任务。既解决了供暖保温问题，又不使建筑物外形形成差异。对于学校礼堂冬季室内温度低的问题，在技术人员的指导下由空调班自行连续开机调试，使改造后的礼堂供风系统能正常提供热风。对运行老化的4台燃炉本体进行更新改造，使浴室设备平稳运行。为解决学校冬季供暖燃炉燃气使用浪费问题，加装三台煤气燃炉的节能设施。

（2）研究生宿舍楼改造。2005年将筒子楼改造成为研究生宿舍楼，是综合改造的中心项目。共完成150个房间的铝合金窗、防盗门的更换，房间的粉刷，地砖、楼道吊顶和墙裙的铺设与安装，对48个卫生间、盥洗室以及楼内的暖气设施、电设施进行改造等。动力中心主动与工程技术监理公司配合，做好施工组织设计。通过这次改造项目的实施，多工种协调能力得到增强，所做的施工技术资料和检验记录就达百余份。

（3）其他工程。改造工程还有安装学校各楼安全通道指示牌2 180个，应急照明灯1 707套。对学校西区配电室的11台低压电柜、数理楼的24台低压电柜进行了更新。为学校水、电节能设备安装电表434块、水表321块。学校西区将原有茶炉平房拆除，新建停车场2 400平方米。校医院新建彩板结构传染病房88平方米。对学校东区原有的科技开发小楼477.6平方米进行了改造、装修。配合学校东区围墙建设，拆除原回民食堂操作间、食堂机修、物资库房、修缮仓库，并新建彩板房临时食堂操作间67平方米，物资库房132平方米，修缮仓库232平方米。

（李振通 付朝贵）

【住宅物业服务中心】 住宅物业中心下设：办公室、财务室、技术工程部、电梯维保部、锅炉房、电工维修组、水暖维修组、家委会和代管楼。中心负责学校及代管17万平方米住宅楼的物业管理工作。有正式职工50人，临时工70人。

（1）创建学习型中心。重视职工队伍培训，2005年中心投资20余万元，建立了设备比较齐全的职工培训基地和阅览室，为普及和提高职工的专业技能和文化水平，在硬件上提供了保证。中心对电梯司机、司炉工、电工等50余人次进行岗前培训，10人参加了继续教育培训，3人参加了物业管理师的资格考试。

（2）基础设施改造。年初，对农光南路27楼、28楼、武圣东里50楼、松榆东里42楼共5部电梯加以更新。对学校北院家属宿舍院内绿地和路面改造，绿化面积为760平方米。武圣东里小区改造门球场，铺了渗水砖，周边种上了花草，做到了“黄土不露天”。学校西区家属宿舍院扩建露天停车场1 500多平方米，使西区家属宿舍固定车位增至123个，缓解了西区居民停车难的问题。为双龙206楼装修地下存车处，清理了楼内杂物，使楼道卫生和环境得到彻底改善。对农光南路27楼、28楼、29楼和武圣东里50楼进行了二次供水的改造，更新外管线300米，更换水箱33立方米，更新5台高压水泵和两面变频控制柜，并通过了朝阳区防疫部门的验收。2005年底，中心所管辖区塔楼的二供水系统改造工程全部完成。更换西区1号楼6～11单元的暖气，将原钢串片暖气改为散热较好的四柱铸铁型暖气，提高了室内温度。以慈云寺50楼为试点，配合社区在院内创办了超市配送箱工程，解决居民购物难问题。对农光南路27楼、28楼、武圣东里50楼的电梯控制系统进行了改造，安装了网络远程控制系统，建立了电梯控制室并试运行。

(3) 日常维修。保障住宅楼供电、供水、供暖及住宅楼、教学楼、办公楼等40余台电梯的正常运行。电工组在确保近3 000户居民用电设备安全使用的情况下，做到出现问题随叫随到，不拖延、不过夜。对电梯每日巡查、每周保养、每月检查，出现故障及时排除，认真填写维修报表，确保电梯的正常运行。2005年40部电梯通过了技术监督局年检。水暖维修组在保障二次供水的同时，还负责所管辖区居民的上、下水维修，为住户厕所、厨房渗漏维修600余人次。加固阳台120人次，修理更换雨水管线60余人次，为居民修锁140人次，制作安全防护栏220平方米，自制污水井盖40个，为松榆东里42楼院内制作晾衣架40多米，协助锅炉房50人次抢修暖气管线等工作。水、电维修组晚上为居民上门服务600余人次。2005年物业中心被评为北工大后勤集团先进集体。

(4) 锅炉房运行。武圣东里锅炉房负责武圣东里小区15万平方米、2 600多户居民的供暖任务，2005年被评为2004～2005年度北京市供暖先进单位。2005年锅炉房加大了收费力度，2005年底收费率达到60%。坚持保证供暖质量与节约能源相结合的原则，更换旧管线300多米，杜绝了跑、漏现象，全年避免了1万多吨水的流失。煤改气后，供暖期每月节约原料、电及燃气各种费用近26万元。

(5) 家委会工作。家委会工作涵盖了社区党建以及小区卫生、楼道文化、民事调解、治安防范、防火防灾、计划生育、照顾空巢老人、社会公益，组织为灾区、贫困地区捐款捐物等工作。2005年家委会工作人员进行岗位调整，并大胆起用农转非人员，将他们安置在重要岗位。为预防禽流感疫情，各家委会做好预防宣传工作，对居民家中养鸡、养鸽的情况进行摸底调查。组织居民积极参加社区活动，组织居民社区合唱队、舞蹈队比赛，组织居民春游、秋游及参加社区举办的运动会。在协调化解居民内部矛盾特别是对法轮功监控工作和维护社会安定团结方面做了大量工作。

(刘文斌　付朝贵)

【交通服务中心】 交通服务中心隶属于北京工业大学后勤服务集团。共有职工25人，各种类型车辆45部。交通服务中心实行经费承包岗位责任制，在保证完成学校各项任务的前提下，面向社会开展预算外创收，为交通中心的进一步建设与发展积累物质基础。

(1) 管理工作。交通服务中心各种规章制度健全、完善，坚持为学校教学、科研及广大师生员工全方位服务的方向，贯彻服务育人、管理育人的工作方针，不断强化中心内部各环节的管理。

(2) 日常工作。交通服务中心现有大班车线路7条，通勤车9部，年发车量4 000余次，行程20余万千米。为了保证车辆准点运行，无论司机还是修理人员，每天坚持维修保养车辆，确保车辆随时随地处于完好状态，通勤班车的准点运行率保持在99.9%以上。交通服务中心还承担学校领导、教学、科研、行政、外事、学生实习、体育比赛等运输任务。2005年交通服务中心共计出车20 000余次，行程90余万千米。节假日加班2 500余人次，夜间值班1 300余人次，超时工作15 000小时。2005年交通服务中心在完成了学校正常运输任务的同时，还圆满完成了学校45周年校庆等大型活动的用车任务。

(3) 安全工作。鉴于新交通法规的实施和北京市目前的交通状况，全体司机驾驶人员在执行任务的过程中，自觉认真遵守各种交通法规，恪守职业道德，本着安全第一、任务第二的原则，从未发生过大的交通事故。

(刘振启　付朝贵)

【通讯服务中心】 通讯服务中心现有正式职工14名。受中国网通北京分公司七区局委托，负责6739局电话的安装、维修和管道维护。承担全校所有报刊、杂志和机要件的收发、征订等服务工作。

(1) 电话管理。由4名正式职工负责全校6739局近7千部电话的管理、维修、查号、传真、业务咨询等服务工作。2005年装、移机近300部，维修电话1 300余部，完成校内研究生楼改造、新装201电话148部，南区饮食中心女工宿舍新装201电话15部及数理楼改造电话电缆重新布线（1至6层）等三项通讯工程。2005年回收电话费45万余元。

（2）邮政发行。完成了47万余份报纸、杂志的分发和征订。收发平信、平刷、挂号、快递等26万余封，研究生入学考试试卷（机要件）555件（3 000余份），征订各类报刊近1 500份。自2000年开始的送报上门服务坚持了五年，并逐步扩大范围。

（刘文杰 付朝贵）

【幼儿教育中心】 2005年，幼儿教育中心正式在编教工25人，外聘教工16人，其中：幼儿高级教师11人，大学本科学历13人，大学专科学历5人。在园儿童259名，按年龄段分为大、中、小、托9个教学班。

（1）创新办园模式。努力探索新的办园新模式，创一流，促发展，提高园所知名度。2005年1月幼儿教育中心与王四营地区中心幼儿园签订合作办学协议书。

（2）办园特色。向特色教育、社区服务延伸，不断扩大服务范围。开办各种兴趣班、亲子班，既突出了幼儿园的办园特色，又提高了教育资源的利用率。

（3）队伍建设。用专款为教师购置电脑6台，建立了多媒体电化教育系统，努力实现建设适应现代化教育需要的人才队伍的办园目标。

（4）工作成果。5月，幼儿教育中心参加了平乐园社区第二届全民健身趣味运动会，并荣获“最佳表现奖”。6月，幼儿教育中心申报早期教育基地并通过验收，获“朝阳区彩虹伞早教基地”称号。2005年幼儿教育中心被中华爱国工程联合会、全国妇联“心系好儿童”系列教育活动组、全国关心下一代工作委员会授予“全国示范幼儿园”称号。经过多年的探索和实践，总结出蒙台梭利教育经验，编纂蒙台梭利实用教材一套。7月，被评为朝阳区2004～2005年度中小学婴幼儿住院医疗互助金工作先进单位。2005年幼儿教育中心被后勤服务集团评为先进集体。

（王秀梅 付朝贵）

【供应服务中心】 供应服务中心现有正式职工12人，临时工4人。主要负责保障学校教学、科研所需的消耗性材料和师生日常生活用品的供应。

（1）完善岗位职责。经过逐级招聘，择优上岗，完成了全员招聘工作。

（2）敬业爱岗服务大局。根据学校规划，学校北院墙的改造工程需将供应服务中心的库房拆除，库房物资的存放，库房的拆除与回迁是一项较大工程。中心职工24小时值班监控，确保物资的供应和安全。

（3）增加服务内容和方式。为教学、科研和广大师生提供优质服务始终是供应服务中心的服务宗旨。在热情、周到的服务中，积极开展送货上门业务。供应服务中心2005年的销售额为91.78万元，采购额为93.75万元。

（冯淑敏 付朝贵）

【文印服务中心】 2005年3月文印服务中心成立。现有在编正式职工4人，临时工7人。2005年新增固定资产有：彩色复印机、刻字机、电脑、胶装机、压痕机、固板机、冷表机、拷贝机等12台套。新增固定资产总额为80 500元。新增服务项目有：彩色复印、打印、喷绘、展板制作、标识横幅制作和CAD工程图。

在北京工业大学45周年校庆期间，文印服务中心制作各类卡4 511张（贵宾卡、嘉宾卡、来宾卡、校长胸卡），证件500张（车证、工作证），请柬5 000张（嘉宾、来宾），“校庆”字样4套，晚会节目单2 600张，制作展板58块。

（褚艳兵 付朝贵）

【北京熙园宾馆】 熙园宾馆占地面积3 850平方米，建筑面积3 720平方米。共有客房标准间及套间59间。设有附属餐厅、会议室，可同时接待118人住宿、餐饮及召开会议。

2005年加强对监控环节的管理，将客房门锁全部更新为电脑管理型电子锁。

2005年受周边新开业宾馆的影响，住宿率明显下降。熙园宾馆积极采取应对措施，如粉刷客房、更新客房硬件设施，努力提高服务水平。调整房屋使用结构，加大办公房出租比例。投入资金将原简易平房更新改造为办公用房出租，使宾馆除客房以外的全部房屋得到了有效利用，形成了办公房出租与客房出租经营互补的格局。在住宿率下降的情况下，利润未受到明显影响。

2005年，实现销售收入312.5万元、纯利润77万元，成本、费用总额163.75万元。与2004年同期相比利润增长了22万元，成本费用降低了40.2万元，净资产增长了62.5万元。

2005年，熙园宾馆上交学校利润30万元，偿还借款40万元，上缴国家利税28.44万元，新增固定资产41万元，投入改造资金23万元。

（周莉莉 付朝贵）

【北工大京天驾校】 京天驾校有职工22人（其中校管3人，企管19人），各种车辆36部（其中：

教练车31部，公务车5部）。2005年在北京市机动车培训市场下滑、招生出现困难的情况下，京天驾校组织全体职工应对市场竞争，积极组织生产经营，扩大招生宣传，制作展板，张贴车身广告，制定优惠办法，增加招生人数，加强企业管理，提高服务水平，确保培训质量。经过全体职工努力，完成了预定的生产任务。2005年营业收入115万元，招生410人，毕业320人，基本上实现了生产目标。

（陈宏双　付朝贵）

【北工大京天加油站】 加油站有产编职工3人，合同工9人。加油机3台，地下储油罐4个。2005年加油站进行部分改造，占地面积由400平方米增加到1 000平方米，建筑面积由70平方米增加到400平方米，投资35万元购建大型电脑洗车设备。

2005年10月，完成北京市政府规定汽、柴油执行京标·B标准的置换工作。2005年接受北京市技术监督局抽查检测油品质量，各项指标全部达标。加油站确立了"主动、热情、周到、细心"的服务宗旨。2005年实现销售收入760万余元，上缴利润30万元。制定了安全生产管理的完整体系，根据需要编写突发事件应急预案，及时做到应急预案根据变化随时更新。

（王桂红　付朝贵）

【北工大金天物资公司】 金天物资公司自成立以来，始终把为学校建设提供优质服务作为中心任务。配合保卫处对全校教学楼和宿舍楼进行消防改造。配合学校改建宽带网，解决师生上网难的问题。在公司内部做了财务调整、明确了岗位责任制，严格遵守会计制度要求。支持出纳人员参加会计资格培训。在费用成本方面，规范库存材料核算管理，严格控制材料库存的合理储备，减少资金占用。建立材料领用制度。细化成本费用管理，加强运输费用项目管理。

（金小强　付朝贵）

【北工大通联科技有限公司】 通联科技有限公司属后勤服务集团经营型实体。企业类型为有限责任法人单位，注册资本金50万元。经营范围有科技产品的技术开发、技术转让、技术咨询、技术培训、技术服务、网络技术服务、安装调试计算机，销售五金交电、电子计算机、软硬件、及电器设备等。

（刘长清　付朝贵）

【建设"党支部＋技协"精品项目范本】 北京工业大学后勤服务集团党委是学校以职工为主体的基层党组织。针对科学技术的进步和后勤社会化改革的不断深入，学校后勤的许多服务项目逐步纳入市场化运作，对后勤服务的质量和水平要求越来越高，而后勤职工的服务技能还不能适应新形势的要求。后勤集团提出强化职工队伍建设的新思路，提出建设学习和技能型后勤服务集团的目标。切入点是以职工技术协会为载体，通过技术学习、技术培训、技术交流和岗位练兵，使职工掌握过硬技术，更好地为教学、科研和师生提供优质服务。组织形式是集团党委领导、行政支持、工会协助。具体作法是采取集团和所属中心实体两条腿走路的办法，调动两个积极性。工作特色是"党支部＋技协"，充分发挥党支部在技术协会活动中的组织协调作用，使党支部工作增添了新内容，提高了党支部的工作活力，使党支部工作在做深、做实和做出成效上取得了明显效果。工作要求：开展技术协会活动必须坚持与学校中心任务相结合，与提高职工整体素质相结合，与为师生优质服务相结合。经费支持：凡是符合以上要求的，均给了经费支持。

优化了干部队伍。后勤集团党政工形成合力，任务明确，责任落实，从干部培训入手，力求做出特色。针对集团和中心实体两级机关办公效率低的问题，聘请专业教师，举办党务、行政、人事、财务干部参加的办公自动化电脑培训班，提升了两级机关干部的办公效率和工作水平，为集团实现整体办公自动化搭建了平台。举办了企业质量管理和劳动法政策培训班，提高中层干部的政策和管理水平。举办宣传骨干培训班和计划生育知识大赛。

职工的服务技能普遍提高。中心实体技术协会小组活动丰富多彩。基层党支部把技术协会活动列入支部工作重点，与行政密切配合。饮食中心举办了3期烹饪技术取证班，57名农民工和农转工取得了国家认定的中、初级技能证书。举办了餐饮职业道德全员培训。利用48个休息日到社会和其他高校学习，改进后推出近百种大锅菜花色品种。住宅中心投资20万元建立起职工培训基地和读书室。校园中心举办了全员多媒体教室管理技能培训，拓展了服务职能，教室管理员都能为教师做好多媒体教学的课前准备。幼教中心举办了"启迪孩子心灵，儿童营养配餐"系列讲座。住宅、动力中心选派技术骨干取得施工、监理、节能、安全资质证书，武圣锅炉房煤改气后，2004、2005年比2003年节约经费100万元。

以人为本，人性化管理。把关心职工学习、工作和生活放在同等重要位置。饮食中心对农民工宿舍实行规范化管理，定期组织趣味性文体活动。住宅中心投资10万多元为农民工修建了9间夫妻探亲房。倡导"五必"做法："职工有病必去、职工手术必在、职工家有大事必管、对特困户必帮、职工子女上大学必奖”，创造了团结和谐的氛围，极大地调动了职工的积极性。

（付朝贵）

出版印刷

【北工大出版社概况】 出版社是学校直属单位，实行事业单位企业化管理。2005年，该社有职工53人。出版图书231种，共125万册，生产码洋3 721.94万元，销售收入1 511万元。进一步实施精品战略，在继续抓好科技图书、学术专著、经济管理类图书的基础上，加大教材出版力度。全年教材出版占年出版总量70%以上。图书品种结构进一步优化，并出现了一批精品教材。

【出版《新形势下大学生思想政治教育探索》】 1月，配合“全国加强和改进大学生思想政治教育工作会议”的召开，出版《新形势下大学生思想政治教育探索》。该书由国内十余名专家、学者撰写。全书以中共中央、国务院《关于进一步加强和改进大学生思想政治教育的意见》为依据，着重从新形势下“如何坚持、加强”和“如何改进”大学生思想政治教育两个方面进行了阐述和探讨。在系统讨论与总结过去大学生思想政治教育的理论和实践经验的基础上，重点对如何系统地加强和改进大学生思想政治教育的方法、途径、保障机制、评价与奖惩机制等方面进行了探索。

【出版《微纳加工中的精密工件台技术》】 1月，出版《微纳加工中的精密工件台技术》。该书为北京市重点图书“电子束、离子束、光子束微纳加工技术系列专著”中的一册，由中国科学院电工研究所资深专家撰写。全书适应集成电路、数字控制等技术发展对精密工件台精度和运行速度要求越来越高的需要，重点研究讨论应用在光刻机中的精密工件台，围绕着如何提高工件台的精度、运行速度、行程等方面展开论述，其中重点讲述精密工件台的结构、原理以及通过精密工件台提高加工精度和生产效率的有效方法，同时介绍了精密工件台在微电子产业、精密测量、生物芯片技术、纳米表面形貌测量和纳米加工设备中的具体应用和发展前景。

【举办《奥运北京》丛书出版工作研讨会】 1月22日，北工大出版社召开《奥运北京》丛书出版工作研讨会。该丛书为“现代北京地理科普丛书”第一辑，已列入北京市重点图书出版规划。为迎接2008年北京举办第29届奥运会，该丛书拟从人文地理和自然地理结合的视角，反映北京在发掘文化遗产，传承古都文明，建设现代化、国际化大都市，绿化美化环境，开发旅游资源，改造城市设施，发展高科技产业方面取得的巨大成就，以及北京人从“硬件”建设和“软件”开发上迎奥运的空前热情。丛书共8册，包括：《古都北京》、《人文北京》、《生态北京》、《奥运北京》、《园林北京》、《山水北京》、《现代北京》、《数字北京》。

【出版《21世纪高职高专计算机系列规划教材》】 6月，由北工大出版社组织国内高等职业教育专家和一线教师编写的《21世纪高职高专计算机系列规划教材》出版。全套教材共21册。教材的编写紧密围绕培养技术应用型专门人才展开，内容上理论联系实际，强化应用，突出实践技能和动手能力的培养，并注意突出本专业领域的新知识、新技术、新软件，尽可能实现专业教学基础性与先进性的统一。

【举办市属出版社校对工作研讨会】 6月24日，受北京市出版工作者协会的委托，北工大出版社举办北京市属出版社校对工作研讨会。参会人员就学习贯彻新闻出版总署新修订的《图书质量管理规定》和中国出版工作者协会发布的《图书校对工作基本规程》进行了研讨，并就各社如何加强图书编校质量管理，加强校对队伍建设交流了经验。参加研讨会的市属出版社领导和各社图书编校质量管理负责人及校对骨干共20人，市新闻出版局有关领导参加了会议。

（米裕民　刘学宽）

【北工大印刷服务中心概况】 印刷服务中心是学校两办挂靠单位。2005年在编职工16人，下属排版、胶印、装订三个班组，现有固定资产72万元，在用设备20余台件。主要为学校教学、科研及行政办公服务。

2005年，中心注重内部管理，完善岗位责任制，尤其加强了试题印刷环节的保密教育和制度的完善，以保证在试题印刷过程中不出现任何纰漏和事故。

2005年，在完成学校各类文件、试题、讲义印刷任务中，用纸1 200余令，下达印刷任务书3 100余件。

（杨宝坤　赵凤琴）

医疗服务

【概况】 北京工业大学医院（以下简称校医院）是一级甲等综合医院，北京市医疗保险定点医院及社区卫生服务中心。2005年，校医院总建筑面积3 235平方米，固定资产总值716万元，万元以上医疗设备80余件，编制床位50张，开放床位30张。有医护人员、干部职工61人，其中卫生技术人员53人（包括副主任医师10人，主治医师、主管护师28人，医师、护师15人），行政后勤人员8人。设内、外、妇、儿、口腔、眼、耳鼻喉、中医8个普通门诊，设护理、医技、保健等7个业务科室。学校外设海淀门诊分部1个，管庄分部医务室1个。

【医疗工作】 2005年，校医院门诊10.28万人次，急诊2 132人次，健康查体1.47万人次（入校、毕业体检9 590人次，教工体检2 557人次，门诊体检1 020人次，游泳证体检1 551人次）。教工体检由二年一次改为一年一次，体检时间由两天改为四天。预防接种7 700人次，2005级本科生结核菌素接种试验约2 700人。

校医院计算机网络升级HIS系统，增加医生工作站，与挂号、划价、收费、取药形成一体化。妇科检查室分为健康人群检查室、患者检查室，避免了院内感染。药房准备了一次性药袋，增加了药品种类。临床科室的诊断床安装了隔离拉帘，保护了病人的隐私。化验室增加2项检查项目，提高了疾病诊断率。2005年12月，校医院化验室在年度室间质量评价活动中被北京市临床检验中心评为优秀实验室。内科对全校职工的高血压、糖尿病等慢性疾病进行归档分类，对患病率进行统计，建立健康档案约100份。以上工作受到北京市朝阳区卫生局的好评。

全国某些地方出现禽流感后，校医院成立了以院长为组长的“防治禽流感”领导小组，制订了防治“禽流感”工作预案，建立了传染病接诊室。参加了北京市卫生局“防治禽流感”的卫生技术人员医疗培训，考核通过率100%。

为方便职工、节约能源，医院安装了太阳能热水器。学校拨款新建了传染病接诊室，面积约74平方米。

【护理工作】 4月18日，在一楼大厅设立了导医进行分诊服务工作。输液室与护理中心之间安装了呼叫器，方便了输液患者。护理中心购买了一次性纸杯，为就诊患者提供饮水服务。注射室为方便病人打针准备了注射凳。护理中心还为老年人、残疾人准备了坐便器、轮椅等辅助工具。在各科废弃物管理上，把医疗与普通废弃物分开放置，每天设专人集中收集医疗废弃物并用专车运送。

【医学教育】 2005年，全院有53人参加中华医学会、中华护理学会组织的继续教育课程，并全部通过年终审核注册。多次在院内组织传染病、急救知识等培训，培训近百人次。在健康知识宣传工作中，发放健康宣传资料1万余份，制作健康教育展板16块。2005年下半年校医院网页（xyy. bjut. edu. cn）正式开通，拓宽了医院的业务服务手段，为师生提供了新的交流平台。

【体制改革与管理】 按照北京工业大学人事制度改革的要求，对聘任上岗职工进行了岗位考核，在个人总结、小组评比的基础上评选出优秀职工9人。医院工会被校工会评为“模范之家”称号。在安全保卫工作中，未发生违法案件；在消防工作中，获校消防比赛个人、集体一等奖。计划生育工作获得北京市教育系统先进集体的荣誉。

【党建工作】 校医院党支部组织党员在2005年9月至12月开展了保持共产党员先进性教育活动。此次活动统一了医院职工的思想，明确了责任，推动了各项工作的顺利进行。在活动中共出简报28期，并建立了“开展保持共产党员先进性教育活动”网页。43名党员参加活动，满意度测评率98%。评选出2名优秀共产党员，党支部被学校党委评为“优秀党支部”。

（田　莉）

校友联络

【概况】 北京工业大学校友总会（Beijing University of Technology Alumni Association 简称 BJUTAA）会址设在校内，1992年6月经北京市社团办批准正式成立。校友总会的宗旨是：加强校友之间、校友与母校之间的联系和团结，发扬北工大的优良传统，为母校与校友事业的共同发展，为社会的发展贡献力量。凡是北工大的毕业生、结业生、进修生及曾在北工大任教、任职的教职工均为北工大校友。北工大现有校友6万余名，每年新增3 000余名。2005年，北工大校友总会、北工大教育基金会工作的指导方针是：宣传学校成果、联络校友感情、为学校与校友搭建共同发展的桥梁，为筹集教育资源做好前期铺垫工作。2005年，召开了北京地区校友分会会议，完成了北京地区校友分会新老班子换届的工作。通过与校友的广泛交流，宣传了北工大，扩大了学校的影响，为学校教育事业的发展做了一些实事，如与校友的科技合作、拓展招生渠道等。

【召开会议】 （1）1月8至9日，召开北京地区校友分会负责人会议，主要内容是新老班子换届。

（2）1月27日，组织新春校友团拜会，邀请了34名各届知名校友参加，范伯元校长、孙崇正书记出席并讲话。

（3）8月17至19日，随同

副校长卢振洋、两办主任赵凤琴赴香港参加香港校友校庆筹备大会，并随访了香港理工大学和香港科技大学。

【出版刊物】 编辑、出版《无价的财富（二）》一书。组织采访、组稿、编辑、校对50余份校友稿件，其中由校友会直接派人带着教师、学生记者采访了15名校友。此书最终定稿45篇。编辑、印制《60年代》一书。书中收录450余名20世纪60年代毕业于北工大的校友生平简历及照片，组织收稿、编辑和校对稿件1千余件。印制了第十三、十四期《校友通讯》。

【组织教育基金会、校友总会年检】 北工大教育基金会注册资金由原来的50万元增至200万元，章程也按国家新的章程范本做了相应的修改。2005年通过年检。2005年4月7日，在中国建设银行北京市分行开设单位银行结算账户。

按照《社会团体登记管理条例》和《北京市社会团体年检办法》，组织总结财务报告、监事会工作报告，校友总会于2005年5月9日通过年检。

【校庆组织活动】 (1) 促成校庆捐赠4项。89201、89202班校友捐赠铜鼎一尊，价值1万余元；香港校友捐款6万元用于校园雕塑建设；中国家电研究院捐赠校牌两块；设立蒋璜基金，收到26万余元捐款。

(2)更换2000年设立的捐赠铜牌。2005年9月，更换新的铜牌，新铜牌补刻24名捐款人姓名。

(3)从9月25日至10月19日校友会安排并接待香港校友一行94人参加校庆各项活动。

(4)与香港校友共同筹划落实了香港校友为李晨老校长85寿辰祝寿的活动。

(5) 协助建工学院组织蒋璜教授百岁祝寿活动。

(6) 与其他部门的合作。校庆前协助校办联系邀请知名校友100余名。协助学生工作部、团委举办"成长、成功、成才"报告会。为报告会推荐并邀请董路等知名校友6人。协助学生会、团委评选十佳杰出校友，推荐45岁以下知名校友36人。

【校友信息录入】 北工大毕业生目前已逾7万，建立7万毕业生的信息库，最大限度地联络校友是校友会的工作内容之一。2005年，已经完成数据库的结构、数据显示、检索部分的设计与使用。完成了2000至2003级原始数据录入，部分完成1997至1999级、2004级原始数据录入。完成了40周年校庆联系方式的资料录入，部分完成45周年校庆联系方式的资料录入。

【科技合作】 发挥北工大科研优势，利用大兴的校友资源，由校友会牵头，科技处、环能学院、生命学院已和大兴区工业促进局局长、大兴生物医药基地洽谈两次，并就建设中试基地问题达成一致性意见。

（张维东　李士贵）

·党建与思想政治工作·

组织工作

【概况】 党委组织部是党委在组织工作和干部工作方面的主管部门，主要职责是：加强党的基层组织建设，认真研究基层组织工作状况，制定开展组织工作的计划和实施措施，推动计划与措施的落实；抓好全校党员教育、管理工作，会同有关部门开展党员思想教育、党风党纪检查工作；认真做好党员发展工作；认真贯彻落实《党政领导干部选拔任用工作条例》，做好处级干部选拔聘任、教育培训、使用与考核工作；积极探索后备干部培养锻炼、跟踪考察及滚动管理的机制，建立校、院（部、处）两级后备干部人才库，培养德才兼备的高素质的后备干部队伍；抓好党建研究会工作；接待并处理外调来函及来访工作。

2005年，组织工作的总体思路是：以邓小平理论和“三个代表”重要思想为指导，贯彻落实党的十六届三中、四中和五中全会精神，紧紧围绕学校中心工作，以思想政治建设和党的执政能力建设为重点，进一步加强领导班子和干部队伍建设；以党员先进性教育和党员民主评议工作为契机，进一步提高基层党组织的战斗力、凝聚力和创造力；以提高党员质量和推动学校事业发展为目标，进一步做好在青年教工和青年学生中发展党员的工作，为推进学校的改革、发展提供组织保证。

党建工作方面，一是调整基层党组织，认真做好开展保持党员先进性教育活动的组织准备工作。二是开展两年一度的校级“先进党支部、优秀共产党员、优秀党务工作者”的评比工作，召开主题为“榜样的力量”——“七一”表彰大会。三是根据中央和北京市委的总体部署和要求，开展保持共产党员先进性教育活动，努力实践基层党组织建设的创新。四是深入贯彻落实《中共中央组织部关于进一步做好新形势下发展党员工作的意见》的文件精神，举办基层党委组织委员培训班和党务干事、组织员培训班。五是积极开展党建与思想政治工作理论研究。召开了2005年党建与思想政治工作研讨会，完成了2004～2005年党建课题中期答辩和结题工作。

干部工作方面，一是加强校院两级领导班子和领导干部的思想政治建设。举办了新任及交流正处级干部培训班；首次组织了赴英国伯明翰大学暑期处级干部境外培训班；结合保持共产党员先进性教育活动举办了党员领导干部研讨班。二是认真落实《党政领导干部选拔任用工作条例》，不断深化干部人事制度改革。进一步加强和完善了干部工作中的民主推荐、公开选拔、竞争上岗、轮岗交流、正处级干部党委全委会票决制、处级行政干部任期制和任职试用期制等改革措施，从整体上推进干部人事制度改革。三是不断调整和完善处级干部的年度考核办法。四是不断探索建立健全干部监督制度。

党校工作方面，举办了北京工业大学党校第13期教工入党积极分子培训班和第36、37期学生入党积极分子培训班。

（白志强　纪树兰）

【党组织基本状况】 截至2005年底，北京工业大学共有基层党委13个，党总支9个，直属党支部3个，基层党支部306个，其中在职教职工党支部147个，学生党支部115个，离退休党支部44个。

学校共有党员5 552人，占全校总人数的23.65%，其中，副处级以上干部党员157名，占副处级以上干部总数的89.71%，教师党员914人，占教师总数的63.87%；其中有管理人员党员555人，占管理人员总数的81.30%；工人党员158人，占工人总数的22.31%；学生党员3 009人，占学生总数的16.45%，其中研究生党员1 691人，占研究生总数的43.06%，本专科生党员1 316人，占本专科生总数的9.16%；离退休人员党员834人；长期在国外的党员22人。

2005年，共发展党员1 237人，其中教职工42人，学生1 195人。

（王立强 纪树兰）

【党建工作】 （1）基层党组织调整。2005年1月，图书馆总支部委员会选举产生新一届总支部委员会。2005年1月，成立固体微结构与性能研究所直属党支部；3月，选举产生第一届支部委员会。2005年3月，成立继续教育学院党委；5月，继续教育学院党委第一次全体委员会议进行了委员分工。2005年8月，成立激光工程研究院总支部委员会和软件学院总支部委员会，撤消原激光工程研究院直属党支部和软件学院直属党支部。

(2)“七一”评比表彰活动。学校党委在2005年的先进党支部评选中变推荐制为申报制。校党委不再给基层党委分配名额，而是公布全校评优总数，由各基层党支部直接向学校申报。学校为基层支部搭建展示风采的舞台，经过初答辩会、支部整改提高、复答辩会的考验最终选出先进支部。最终，15个教工支部和10个学生支部当选为校级先进党支部。另外，学校共选出107名优秀共产党员，12名优秀党务工作者，20名共产党员标兵。学校在“榜样的力量”——“七一”表彰大会上进行了隆重的表彰。

(3)开展保持共产党员先进性教育活动。根据《中共中央关于在全党开展以实践“三个代表”重要思想为主要内容的保持共产党员先进性教育活动的意见》(中发〔2004〕20号)和《中共北京市委关于在全市党员中开展以实践“三个代表”重要思想为主要内容的保持共产党员先进性教育活动的实施意见》(京发〔2005〕2号)的总体部署和要求，按照市委教育工委的统一安排，北京工业大学自2005年9月10日到12月20日，开展了保持共产党员先进性教育活动，活动分三个阶段进行，即：学习动员阶段、分析评议阶段、整改提高阶段，历时三个月圆满结束。在群众满意度测评中，满意率达99%。

在先进性教育活动中，学校努力实践基层党组织建设的四个创新。

一是党员教育形式创新。通过开展切合实际、内容丰富的主题活动，创新党支部的学习教育形式，提高党员素质，加强基层党组织建设。

北工大在全体党员中重点开展以弘扬身边榜样为主题的“榜样的力量”党员先进事迹报告会；开展与怀柔对口支援活动，有关学院、部处分别赴怀柔与对口单位座谈、考察，在支援怀柔提高义务教育水平、开展农民培训、科研成果转化、建立大学生社会实践基地等方面形成初步协议；在全体党员中，举行系列专题报告会、辅导会、座谈会等多种形式的教育活动。邀请中央党校张荣臣教授作《学习实践“三个代表”，始终保持共产党员的先进性》的理论辅导报告，请全国劳动模范、全国五一劳动奖章获得者许振超同志作《保持本色，永创一流》的报告。组织党员收看了《世界执政党兴衰史鉴》、《张思德》、《感动中国》、《爱的教育》、《生死牛玉儒》等影片。

二是支部工作角度创新。开展以情系贫困大学生为主题，以“一帮一”结对子为活动载体的党支部与特困生手拉手携手共建活动，把关爱和帮助特困大学生作为深入开展先进性教育活动的重要内容。学校18个教工党支部、30个学生党支部和特困生结成对子。

三是支部组织设置创新。学校党委在对基层党组织和党员队伍状况调查研究的基础上，调整和完善党支部组织设置，按照学科部、研究所（中心）、科研团队组建基层党支部。

学生党支部在整合支部设置、减小支部规模、保证有效开展支部活动的基础上，进一步拓展学生基层党组织建设空间，成立学生社（区）团党支部，并发展了新党员。学生社区党支部以先进性教育为契机，开展了“永葆先进本色，营造和谐社区”承诺活动，搭建起社区工作新平台。

四是支部激励机制创新。2005年3月以来，在先进性教育活动准备工作阶段，校党委结合“七一”先进党支部、优秀党员的表彰，在全校教工、学生党支部中首次实行党支部评优由推荐制转变为申报制。利用四个多月的时间，通过党支部的自评、申报、答辩、互评、整改等环节，激活基层党支部活力，提升工作责任感，加大竞争意识，推进基层党支部建设上了一个新台阶。

为了把阶段性的党的先进性教育转化为经常性的党的先进性建设，学校党委召开了基层党支部工作创新研讨会，着重讨论了《北京工业大学教工、学生党支部工作细则》，探索基层党建工作的长效机制。

学校在总结先进性教育活动中基层党建工作创新实践的基础上，提出了构建学习型党支部、实践型党支部、民主型党支部、服务型党支部、和谐型党支部的工作新思路。即：建立健全党员日常学习教育机制，构建学习型党支部；建立健全党员激励机制，构建实践型党支部；建立健全党员分析评议考核评估机制，构建民主型党支部；建立健全党员联系服务群众机制，构建服务型党支部；建立健全关心帮助党员机制，构建和谐型党支部。

(4)基层党委组织委员培训班。3月11至12日，举办了以“提高认识，加强引导，努力做好新形势下青年教师发展党员工作”为主题的2005年基层党委组织委员培训班，全校23个基层党委、党总支、直属党支部的组织委员参加了培训。培训班上，校党委常委、组织部部长纪树兰做了《北京工业大学教职工党员发展工作的总结报告》。

（5）党务干事、组织员培训班。5月12日，举办2005年党务干事、组织员培训班。培训内容主要包括：党员发展工作流程、转移组织关系流程及注意事项、入党志愿书和《党支部工作手册》的填写规范、党费收缴流程、党员档案管理、党员库管理等内容。

党委组织部对各单位发展党员的材料归档统一要求，并制作了《北京工业大学发展党员材料》档案袋。

（周洪芳 纪树兰）

【干部工作】 （1）处级干部队伍状况。截至2005年底，处级干部共计163人，其中正处级干部62人。处级干部中45岁以下比例为44.2%；具有研究生学历的比例为55.2%，其中博士25.2%，硕士24.5%；具有高级职称的比例为84.7%，其中具有正高级专业职称人员41.7%；平均年龄46.3岁。

（2）处级干部任免。本年度处级干部任免共48人次，其中任命33人次（新任或提任15人），免职15人次，校内交流干部4人（其中正处级1人，副处级3人）。公开选拔与竞争上岗5批13个副处级岗位，38人次参加竞聘，已上岗7人。2005年对处级行政干部的任命全面实行任期制和试用期制，任期3年，其中第1年为试用期。

（3）干部培训。2005年，张泽、马志成2位校领导参加了中共北京市委党校组织的区县局级干部进修班，蒋毅坚参加了中共北京市委教育工委组织的高校领导干部研修班，卢振洋参加了由国家教育部和国家外国专家局共同组织的赴澳大利亚高校校长培训考察。

3至5月，组织28名处级干部参加新任及交流正处级干部培训班。培训班首先组织了以校党委书记孙崇正为团长，党委副书记冯培、副校长蒋毅坚、卢振洋和部分院、部（处）领导以及部分参加培训班学员组成的考察团赴上海大学、上海交通大学学习考察。上海大学党委书记、常务副校长方明伦和上海交通大学党委书记马德秀接待了考察团。考察团听取了上海大学、上海交通大学两所学校的改革发展情况介绍，上海大学理学院、影视学院、生命学院，上海交通大学电子信息学院、法学院和经济管理学院等六个学院分别做了经验介绍。考察团一行还参观了上海大学美术学院、图书馆、工程训练中心、分析测试中心和上海交大闵行校区。5月20日，培训班举行结业式，由党委副书记张毅刚主持。参加学习的部分学员分别结合自己的工作介绍了自己参加学习的心得和体会。党委副书记冯培到会并讲话。党委书记孙崇正做总结发言，希望处级干部应从以下五个方面努力提高自己：高度的责任感和事业心，饱满的政治热情和进取精神，严谨的工作态度和勇于开拓的意志品质，团结大局的意识和宽广的胸怀，朴实无华的工作作风和勤政廉政的道德风尚。

7月16日至8月20日，组织赴英国伯明翰大学暑期处级干部境外培训班，目的是借鉴国外高等教育先进的办学理念和国际一流高等学校的管理经验，主要内容包括：语言课程、大学管理组织机构设置、人力资源开发与管理、高等教育管理学等。10名处级干部在境外培训考察期间，通过参加集中授课、专题讲座、与英方管理人员的交流研讨以及到管理部门的实习等方式，比较系统地了解了当代英国一流大学的组织结构、日常运转、人员管理、财政收支、教学与科研等各方面的详细情况，学习了大量有借鉴意义的经验和做法。回国后，在培训总结汇报会上，培训团团长、电控学院院长王普介绍了为期5周的学习访问内容，访问团成员各自汇报了学习访问的心得体会。副校长张泽院士肯定了处级干部境外培训在更新观念、拓宽视野和促进高素质干部队伍建设等方面取得的显著成果。学校将不断加强和改进干部教育培训工作，积极探索与境外大学开展管理干部培训模式，形成多层次、多渠道、多形式、大规模的干部教育培训工作格局。党委副书记冯培勉励大家把在培训中获得的好的经验和做法贯彻到一点一滴的工作实践中，为学校的全局工作发挥更多更大的作用。

9月23至24日，结合保持共产党员先进性教育活动举办了党员领导干部研讨班。全校副处级以上党员领导干部160余人参加了研讨。党委书记孙崇正做了题为《保持共产党员先进性，做新时期合格共产党员》的主题党课；北京市委组织部组织处处长郭玉良结合《中共北京市委关于推进基层党建工作创新的意见》，就推进基层党建创新问题作了专题报告。党员领导干部保持共产党员先进性教育活动研讨班以小组分组讨论的形式，针对新时期基层党组织建设如何创新、不断增强其活力与凝聚力和在高等教育战线上的党员尤其是党员领导干部如何做到保持先进性等问题进行了深入研讨和交流。

（4）干部考核。2005年底，对全校处级干部进行年度考核。考核内容为年度个人岗位履职情况，重点考核工作绩效。考核程序为首先由处级干部本人填写年度考核登记表，各单位根据人员范围和人数规定组织民主评议，评议结果封存后上交党委组织部。正处级干部的考核结果由学校党委常委会结合民主评议情况研究确定；副处级干部的民主测评情况由党委组织部汇总后反馈给各单位，由各单位负责人确定考核等级。12 名正处级干部和 35 名副处级干部考核结果确定为优秀，其他为良好。

(5) 干部监督。2005 年，在干部监督工作中的主要举措：提请对 6 名离任的处级干部进行离任经济责任审计；与财务处合作，规范和完善干部收入申报制度等。

(6) 政工职评。根据工作需要，2005 年，对北京工业大学思想政治工作中级专业职务任职资格评审委员会成员做了适当调整，主任委员孙崇正，委员由冯培、张毅刚、纪树兰、张革、尹金玉、李宝富组成。在学校任职资格评审委员会的统一领导下，根据市委教育工委的工作部署，组织部进行了 2005 年政工系列任职资格评审工作。在评审过程中，本着公平、公正、公开的原则，认真做好任职资格、评审程序、评审表决、评审复议、评审结果公示等环节的工作。经北京工业大学思想政治工作中级专业职务任职资格评审委员会和北京市思想政治工作高级专业职务任职资格评审委员会评审：3 名同志取得高级政工师任职资格，2 名同志取得政工师任职资格，2 名同志取得助理政工师任职资格。

（白志强 纪树兰）

【党校工作】 北京工业大学党校成立于 1997 年 3 月。2005 年，举办了北京工业大学党校第 13 期教工入党积极分子培训班和第 36、37 期学生入党积极分子培训班。

(1) 第 13 期教工入党积极分子培训班。10 月 26 日至 11 月 23 日，来自教学科研第一线、机关、后勤各个层面的 94 名教职工积极分子参加了为期五周的集中培训，89 名学员顺利通过考核，获得结业证书，6 名学员被评为“积极分子之星”。本期培训安排了专题党课、分组讨论、参观学习、观看优秀录像资料这四个环节。专题党课环节，校党委书记孙崇正、副书记冯培、组织部部长纪树兰、人文学院钱伟量等分别作了“树立马克思主义价值观，保持共产党员的先进性”、“坚定理想信念，做忠诚的马克思主义者”、“党的性质、指导思想和任务”、“科学社会主义的历史与未来”四个专题党课报告。分组讨论环节，主要围绕入党动机、党员的先锋模范作用如何发挥，党的先进性和党员先进性的具体体现等问题展开，特别邀请了 2005 年获得校级优秀共产党员标兵、优秀党务工作者、先进党支部书记代表参加讨论，以激励学员们用实际行动向党组织靠拢。参观学习环节，党校组织全体学员赴天津参观平津战役纪念馆和周恩来邓颖超纪念馆。11 月 23 日，党委副书记冯培、张毅刚、组织部长纪树兰为学员们颁发了结业证书和“积极分子之星”荣誉证书。冯培副书记作总结讲话。

(2) 第 38、39 期学生入党积极分子培训班。4 月至 6 月，党校举办了第 38 期学生入党积极分子培训班。培训班在传统集中授课的基础上，组织全体学员围绕“服务工大，奉献社会，为党旗增辉”的主题开展了“奉献日”活动，整个活动历时两个月，得到了各院党委的大力支持，各院分党委书记，负责学生党建工作的组织员参加了“奉献日”成果汇报。10 月至 11 月，第 39 期学生入党积极分子培训班举行。党委副书记冯培、中国人民大学王向明、北工大党校原常务副校长周秀梅做专题党课报告，校师德标兵、人文学院退休教师桑敬民以“一个共产党员的追求”为题给学员上了一堂生动的党课。2005 年 10 月 30 日，北京教育系统“五老报告团”系列报告第一讲落户北工大，全国政协常委、中国科协副主席、中国工程院院士、北工大前任校长左铁镛为全体学员作题为“贯彻科学发展观，发展循环经济，构建资源节约型和环境友好型社会”的报告。北京市关心下一代委员会主任陈大白，北京市委教育工委老干部处副处长田莉亲自到会听报告，北工大关心下一代委员会主任、原党委书记周宣诚主持报告会。学员们还参加了“榜样的力量——学生系列论坛”优秀事迹汇报会，并组织开展了“走访身边的优秀共产党员活动”。采访活动中，学员们分成近 90 个小组分别采访了教学、科研、管理一线的优秀教职工党员、优秀学生党员、优秀离退休党员。结业式上，来自全校 17 个基层单位的学员代表进行了优秀事迹汇报演出。

【党建研究会】 (1) 2 月 19 日，学校召开了 2005 年党建与思想政治工作研讨会，学校党建研究会理事会全体成员、各院分管学生党建工作的副书记和相关职能部处负责人近 70 人参加研讨会，党委副书记冯培和张毅刚主持会议。研讨会上，党委学生工作部、研究生工作部部长王秀彦针对学生党建工作作主题汇报。2004 年学生党建工作积极探索党建新模式，拓展党建工作理念和工作空间，把党的基础知识教育纳入新生入学教育，丰富主题党日活动的内容和形式，拓展党建工作新载体，规范党员管理，提高党员素质，树立党员新形象，增强党支部的凝聚力和战斗力，学生党员队伍不断壮大，开创了学生党建的新局面。

2004年学生党建研究重点课题的负责人分别汇报了课题研究进展情况，这四项重点课题涉及研究生德育工作、学生党建工作制度创新与方法创新、“两课”建设角度的思想政治工作教育的创新研究等方面。

表11-1 北京工业大学党校2005年各类培训班一览表 单位：人

时 间	培 训 班 名 称	学 生	教 工
2月	党建与思想政治工作研讨会	—	53
3月	基层党委组织委员培训班	—	28
3至5月	2005年新任及交流正处级干部培训班	—	28
4至6月	第38期学生入党积极分子培训班	902	
5月	党务干事、组织员培训班	—	35
7至8月	暑期处级干部境外培训班	—	10
9月	副处级以上党员领导干部研讨班	—	160
10至11月	第39期学生入党积极分子培训班	1 041	
10至11月	第13期教工入党积极分子培训班	—	89
	合 计	1 943	403

（姚爱华 纪树兰）

党委常委、党委组织部部长纪树兰在研讨会上，就2005年学校评选表彰先进党支部、优秀党员和优秀党务工作者活动做了动员安排。党委书记孙崇正在总结讲话中对学校党建与思想政治工作提出了要求和目标，他强调上半年党建工作的重点，一是要做好基层党组织和党员状况的调查研究，为下半年开展的保持党员先进性教育打好基础。二是要贯彻落实中央16号文件精神，采取切实有效的措施，要收到实效，要树立全员德育意识，加强学生工作队伍建设，抓紧研究解决学生工作队伍的选拔、培养、使用和出路问题。

（2）4月11日，校党建研究会组织专家对2004～2005学年党建与思想政治工作课题立项研究中期答辩。各课题组负责人汇报了课题的进展情况，课题进展状况总体顺利。

（3）7至9月，2004～2005学年党建研究课题结题。25项立项课题中21项按时结题，提交论文31篇，其中公开发表论文12篇，获得教育部全国多媒体课件大赛（高校组）优秀奖1项，北京市统战系统调查研究成果评比一等奖1项，北京市高教学会研究生教育研究会论文二等奖1项，北京工业大学优秀教学质量二等奖1项，北京工业大学第三届青年教师学术交流优秀奖1项。

（姚爱华 纪树兰）

宣传工作

【概况】 党委宣传部是学校党委负责全校思想政治教育工作和对内对外宣传工作的职能部门。机构设置有宣传部办公室和新闻中心。新闻中心设有工大广场网站、北京工大报、电视台、广播台和摄影室。现挂靠在宣传部的机构有北京工业大学精神文明建设领导小组办公室和法制宣传办公室。主要职能是：制定学校宣传思想工作计划，负责指导、协调及归口落实全校宣传思想工作。协助学校党委做好全校教职员工政治理论学习和形势政策教育的组织工作，组织全校大型理论报告和形势政策报告会。管理、指导新闻中心认真做好对内对外新闻宣传报道工作。定期制作播出学校电视、广播节目，主办《北京工大报》，建设、维护、管理好宣教网站工大广场和校园网之工大新闻、工大视线和人物聚焦等栏目，发挥摄影图片的宣传报道作用。认真做好校精神文明建设领导小组办公室的各项工作，协调有关单位积极开展精神文明建设活动，努力营造健康向上、文明和谐的校园文化氛围。加强宣传部门自身的队伍、阵地和栏目的建设和管理，搞好业务培训，提高宣传思想工作的效果。负责全校党报党刊以及有关学习、宣传资料的订阅工作。完成学校党委行政下达的其他工作任务。

2005年，学校的宣传工作在校党委的领导下，以邓小平理论、“三个代表”重要思想和科学发展观为指导，统一思想，凝聚人心，振奋精神，积极组织开展保持共产党员先进性教育活动，着眼于增强党员干部的执政能力和治校理教能力，着眼于增强宣传教育工作的育人功能，着眼于增强新闻宣传的效果，进一步提升学校文化建设的渗透力和影响力，为学校改革的稳定发展，提供有力的思想保证和舆论支持。

理论学习注重增强实效。组织党员干部和师生员工深入学习“三个代表”重要思想，学习十六届四中、五中全会精神，结合学校发展的实际，有针对性地开展理论武装工作，推动理论学习的不断深化。

新闻宣传围绕学校教学、科研和人才培养的中心工作，积极主动开展与报纸、杂志、网络、电视、电台等社会媒体广泛联系，通过加强新闻中心自身内部建设，内外宣传联动，宣传力度进一步加大。

（程晓琦　李四平）

【理论教育工作】 以提高执政能力和治校理教能力为重点，认真落实党委理论中心组学习制度，深化校院两级领导干部理论学习工作。学校校、院两级党委理论学习中心组和党员干部，围绕学习宣传贯彻“三个代表”重要思想和十六届三中、四中全会精神，树立科学发展观，在武装头脑、指导实践、推动工作上不断探索。校党委中心组坚持理论联系实际，定期开展理论学习，全年共组织了20次学习和研讨。

深化教职工理论教育工作。结合教师的思想实际，把理论学习与学校发展结合起来，调动教师的学习积极性与主动性。学校党委结合先进性教育活动，邀请了学校第一任校长李晨为全校处级以上领导干部作报告；请全国劳模许振超为全校党员作报告；请中央党校张荣臣为全校党员作保持先进性教育活动理论辅导报告；请建设部部长汪光焘为全校师生作城乡统筹与城市发展的报告；请国家发展改革委员会综合体改司副司长李海岩作经济体制改革形势报告；请北京市发改委委员卢映川、北京市科委委员李石柱作有关北京经济社会发展规划和科技发展重点及规划的报告。通过认真学习中央《关于在全党开展以实践“三个代表”重要思想为主要内容的保持共产党员先进性教育活动的意见》和胡锦涛同志在新时期保持共产党员先进性教育活动专题报告会上的讲话等一系列文件精神，进一步加深了广大党员对“三个代表”重要思想的理解，提高了党员的理论素养。同时，充分发挥网络优势，建设方便快捷覆盖面广的先进性教育专题网站。2005年，学校调整和丰富了理论学习网页，新增设了学习园地、专家视点、探索思考等栏目，增加了信息量，增强了互动性。人文学院在充分整合有关资料的基础上，开通了“毛泽东思想专题网站”，为广大学生提供了学习研究毛泽东思想的丰富资源和网上交流平台。

（程晓琦　李四平）

【宣传思想工作】 2005年，学校宣传思想工作围绕学校的中心工作，以45周年校庆为契机，大力加强学校文化建设和精神文明建设，进一步加强师德建设和教师思想政治工作，宣传思想工作在学校改革发展中的作用与功能得到进一步强化。

（1）弘扬主旋律，树立爱岗敬业尊师重教的良好校风。9月10日教师节举行学校首届“良师益友”奖和第三届“我爱我师”奖的颁奖仪式，经过学生投票评选产生的获奖教师代表走上舞台，接受学生送上的鲜花和奖状。

（2）“七一”表彰会上，利用电视多媒体技术，真实生动地展示了先进党支部、优秀共产党员标兵及优秀党务工作者在平凡岗位上的不平凡事迹，对党的忠诚和对党务工作的不懈追求带给现场党员强烈的心灵震撼，使与会的党员受到了一次思想的洗礼，彰显了身边榜样的力量。

（3）利用校报、网站、广播、橱窗开展师德典型的经常性宣传，弘扬科学精神和人文精神，营造人才强校和人才、事业共生的校园氛围。校报开辟《风采》专栏，在近一年的时间内连续报道学校在“三育人”方面的先进个人和集体的事迹，树立典型；为营造育人氛围，网站通过《人物聚焦》、《我爱我师》等栏目集中介绍学校优秀教师的典型代表。配合保持党员先进性教育，组织了由教工先进党员和先进党支部为主的宣讲团，宣传学校在教学、管理、后勤岗位奉献育人的师德楷模，进一步提升学校师德建设的水平。

（4）大力宣传学校改革发展建设的成就，弘扬“不息为体，日新为道”的工大精神，发掘整理学校45年发展的历史资料，筹建了校史馆。校史馆于2005年10月15日正式开馆。第一次比较系统地将学校建设发展的历史足迹展现。由离退休管理处编辑出版的《往事回眸》一书，是由100多位离退休老同志撰写的回忆文章汇集而成，反映了学校45年办学的艰苦创业历程，蕴含着丰富的优良传统和作风，是学校的一笔宝贵的精神财富。由校友会编辑出版的《六十年代》一书，集中反映了400多位六十年代的毕业生在祖国的建设和发展中做出的出色成绩，既是对学校教育成就的肯定，也为今天的学生树立了刻苦学习报效祖国的榜样。

积极营造庆祝建校45周年的氛围。在《光明日报》、《中国教育报》、《科技日报》、《中国高等教育》等主流媒体，宣传学校教育教学、科研、人才培养、人才强校及校园建设方面的成果；制作了校庆光盘、画册；制作并开通了校庆专题网页；和新浪网合作，实现了对学校45周年校庆庆典活动的全程直播；在校园环境布置上，设置了拱形门和升空彩球、摆设花坛、悬挂大红灯笼、庆典舞台等，营造了隆重热烈向上和谐的氛围。

（5）在保持共产党员先进性教育活动中，编发活动简报50期，其中2期被北京市委采用，7期被市委教育工委直接采用，在北京市高校中产生了良好的影响。通过专题网页、宣传横幅，举办《党旗下》专题宣传橱窗展映活动，校报、广播台制作编发了保持先进性教育活动专题栏目，为学校开展保持先进性教育活动营造了良好的舆论氛围。

（程晓琦　李四平）

【精神文明建设】 学校群众性精神文明创建活动丰富多彩，师生的精神面貌呈现出和谐有为团结向上的新气象。年初为东南亚地震海啸灾民捐款；年末为广西、安徽灾区捐献过冬棉衣被活动，全校师生积极响应；为挽救建工学院患重病的研究生韩兵兵而发起的“让生命之火重燃”的捐款活动，在全校引起强烈反响。校党委组织的题为“榜样的力量”——庆“七一”表彰大会，离退休管理处为纪念“抗战胜利60周年和红军长征胜利70周年”组织的文艺演出，校团委主办、环能学院承办的为纪念“一二·九”运动70周年“乘着歌声的翅膀，重温动人的音符”团歌合唱大赛等，都使师生感受到了浓厚的文化氛围和高雅艺术的熏陶。校园安全宣传周、防控艾滋病知识宣传、法制宣传日等活动体现了以人为本的理念。2005年12月1日是第18个“世界艾滋病日”，学校举办了以“遏制艾滋、履行承诺”为主题的艾滋病预防宣传活动，不少师生在写有宣传口号的长卷上签名，表达了“远离艾滋、珍重生命”的承诺，展现了师生追求健康文明生活的精神风貌。

（程晓琦　李四平）

【校园文化建设】 营造积极健康的校园文化氛围，以人为本构建和谐校园。校训、校歌是学校精神的集中体现，在评选推出校标、校徽、校色的基础上，又开展了校训和校歌的征集和评选活动。在全校师生的关注和支持下，校训和校歌的评选工作已进入确认阶段。由文化部科教司、市委教育工委主办的2005年文化名人进校园系列活动之“文化名人事迹展”，举办纪念冼星海诞辰100周年和纪念约翰·施特劳斯诞辰180周年专题交响音乐会，为庆祝建校45周年而举行的“灿烂阳光下”文艺晚会等都是校园重要的文化活动；2005年学校新建了三座校园雕塑，为校园增添了文化气息。

（程晓琦　李四平）

【新闻宣传】 学校新闻宣传工作紧密围绕学校教学、科研中心工作，内外宣传力度进一步加大。在校内新闻宣传方面，校报、网站、广播、电视、橱窗各媒体优势互补，新闻宣传的作用增强；策划制作并推出新闻网，全方位报道学校各方面的新闻，提高了新闻报道的时效性；调动了师生主动开展新闻宣传的积极性，充实了学生新闻记者队伍；围绕学校45周年校庆和保持共产党员先进性教育活动，及时进行宣传报道，积极营造舆论氛围。

作为学校对外窗口，新闻中心加强与社会媒体合作，通过策划组织媒体联谊会、媒体见面会等多种形式主动开展对外宣传，进一步加强与《光明日报》、《中国教育报》、《北京日报》、《科技日报》、新华网、千龙网、中国教育电视台、北京电视台等主流媒体的合作；重点开发新闻宣传新渠道，加强与新浪网、搜狐网、中教科研网等门户网站的友好合作关系。与新浪网合作，实现了对学校45周年校庆的全程直播；结合学校需求，与多家媒体结成互补共赢的新闻宣传新局面，成为十多家新闻媒体的特约记者和特约通讯员单位；针对校庆、科技工作、辅导员队伍建设、学生科技、研究生教育、保持共产党员先进性教育等题材组织撰写、编发新闻报道200余篇，合计10万余字。编辑印发《北京工业大学45周年校庆对外宣传文字资料汇编》和《2005年媒体视角中的北京工业大学》两本学校对外宣传资料。

（王　锋　李四平）

【北京工大报】 北京工大报认真贯彻上级宣传思想工作的有关精神，努力服务于学校改革发展稳定的大局，2005年，全年出版校报15期（494—508期），其中包括3期专刊。

配合45周年校庆工作，校报和学校档案馆联合开辟了贯穿一年的栏目——《四十五周年回眸》，展示学校发展建设中的大事。策划制作了两期校庆专刊。一期专刊从教育教学、人才培养、师资队伍、学科建设、科技创新、党建与思想政治工作和校园建设等方面回顾总结建校45周年取得的建设成果，以图文并茂的形式回顾历史，展望未来；另外一期专刊是对校庆活动的全面总结。从校庆庆典大会、校庆晚会、校史馆开幕、校园雕塑揭幕、亚洲教育论坛到校友举行的大型活动，多角度、多侧面集中展示了校庆活动。配合保持共产党员先进性教育活动的开展，校报用四期报纸的版面连续宣传报道。除报道学校层面开展先进性教育的重大活动之外，还开辟了《身边的楷模》和《本色》专栏，宣传身边的共产党员和基层党组织的先进事迹，介绍学校在“七一”表彰中荣获先进党支部称号和优秀共产党员标兵称号的党组织和先进教师、学生的事迹。针对保持共产党员先进性教育活动三个阶段不同的学习要求，本着挖典型、树典型的目的，深入基层采写基层党组织在先进性教育活动中的做法，以“边学边促，成果显著”、“基层党建焕生机”、“探索基层党建的长效机制”以及“整改见成效”等主题，多方位、多角度报道了基层组织在保持党员先进性教育活动中取得的成果。

配合学校“十一五”发展建设规划的编制工作，开设《热点聚焦——十一五发展规划访谈录》专栏，选取不同学科的代表，以专访院长和主管校长的方式，总结“十五”成果，展望“十一五”的美好前景；加大对重点实验室、科研团队和科技成果转化的报道力度，对周美玲教授荣获国家技术发明二等奖的事迹进行深入采访，并刊发《坚毅开垦稀土新材料》的长篇通讯；校报记者深入到各学院和重点实验室采写新闻稿件，积极宣传各院系在教学科研工作中的具体举措和相关改革思路，编发了《我们正步入光子时代——走进国家产学研激光技术中心》、《清明上河图特制展柜技术创文物保护领域世界之最》、《诺奖得主工大行》、《奥运场馆奠基开工》等报道。

配合学校强化“全员德育意识”的系统工程，校报开辟《风采》专栏，在近一年的时间内连续报道学校在“三育人”方面的先进个人和集体的事迹，树立典型；同时就师德师风建设在师生中展开讨论，为强化育人氛围造势。

结合依法治校、校务公开工作，四版加强了贴近性、服务性栏目的建设。就二级学院教代会成立、职能部门向教代会代表实时反馈等题材重点报道，加强沟通栏目的报道力度，增强校报的亲和力和感染力。约请人文学院的教师在四版开设专栏，就治学方法、社会热点阐发议论，增强校报的思想性，提升校报的文化品位。

针对学生这一最大的读者群，就学生群体关注的学习方法调试、大学英语四六级改革、就业、考研、多媒体教学、网络对学生学习的影响等现实问题，进行学习指导、心理辅导和信息传导。《特别关注》栏目坚持报道学生群体中的热点问题，就绿色通道扶助特困生、师生为韩兵兵捐款、基础奖学金获奖学生访谈等话题展开讨论，拉近了与学生的距离。

策划制作校报500期纪念专刊。邀请校领导、历届宣传部领导、历任校报主编和编辑、往届校报学生记者撰文，总结办报经验，抒发办报心得。

在2005年全国高校校报好新闻评选中，分获消息类、通讯类和版面类3个二等奖；在北京新闻奖（高校校报系列）评选中，校报分获版面类和专栏类一等奖、消息类二等奖；在北京高校校报协会举办的2005年先进性教育好新闻评选中，校报获专栏类一等奖1个、通讯类一、二等奖各1篇。

（蔡　朔　李四平）

【广播台】 2005年，广播台共制作播出节目190余期，包含每日新闻170余期，以及专栏和专题节目共400余个，总计播出长度约为350余小时。制作的专题节目包括（以时间为序）：两会专题、教代会专题、礼仪工大、爱国主义歌曲联播、献血系列专题、国家技术发明奖二等奖——周美龄教授团队专题、诺贝尔奖获得者工大行、人才强教专题、奥运场馆专题、毕业生特辑、世界人口日专题、迎新生特别节目、庆祝抗战胜利60周年专题、保持共产党员先进性教育活动专题节目、预防艾滋病教育专题、庆祝建校45周年校庆专题、心理健康宣传月专题、宣传党的十六届五中全会精神和学校“十一五”发展建设规划专题、每日安全提示专题、文化名人进校园、普法教育专题等等。此外，还有针对性地增加了访谈节目的数量。

2005年10月，学校建校45周年校庆，全台学生记者分为四组投入校庆工作的紧张筹备中。分别负责校庆专题的策划录制、校庆光盘的配音、庆典现场全程的录音、校庆庆祝大会和两场庆祝晚会的主持工作和校史展的讲解、外出采访及所有录音和访谈节目的后期制作编辑工作。此外还承担了校庆当天的校园开放式广播工作。

2005年11月，通过社团申优答辩，广播台再度被评为“北京工业大学优秀社团”，广播台已连续多年获此殊荣。

在学生团队的组织建设方面，开展每年一度的技术考核活动，并根据不同分工有侧重地进行了内容不同的考核；根据本学年新闻、专题量增加的实际情况，进行了台内新闻部播音员与栏目部主持人的调换调整，增强了播音和主持的综合应变素质；为了制作真实、及时、有可听性的访谈类节目，广播台扩大了学生记者的外采队伍，并进行相关的技术培训和编辑指导；组织全体台员参加能力素质拓展训练的集体活动，在外出郊游和集体活动中训练团队合作的默契、培养奉献精神。

广播台共整理重大会议、活动的录音磁带、MD共计45小时。由广播台派出的主持人参与主持的晚会、比赛、会议近20场，除各院级、校级的文艺晚会外，还积极参与了校园开放日的全部直播、录播工作，社团节闭幕式晚会的策划、筹备、主持工作，"七一"表彰会的配音工作及新年团拜会十大新闻的配音工作。

(时　菁　李四平)

【网络工作室】　2005年4月，北工大新闻网正式开通。新闻网以全面报道学校动态、展示工大发展变化为宗旨，共设有综合新闻、学院风采、菁菁校园、工大视线、图片新闻、人物聚焦、工大电视、校报纵览、媒体工大、高教前沿、公告栏11个栏目。目前，新闻网在校内影响日益扩大，已成为学校新闻发布的重要平台。

2005年11月，新闻中心通过严格的考核筛选，建立了一支30人左右由文字记者和摄影记者组成的新闻网学生记者队伍，扩大了新闻网采写队伍，在一定程度上增加了稿件来源，提高了新闻的时效性。

宣传教育网（工大广场）积极配合学校中心工作，制作专题网页，开展网上宣传。开通"北京工业大学保持共产党员先进性教育活动专题网站"，设有组织机构、学校文件、简报、领导讲话、学习动态、时代先锋、历史丰碑、榜样力量、理论辅导、文献资料、视频学习等11个栏目，在3个多月的时间里，发布信息近500条，内容丰富，更新及时，成为反映北工大先进性教育活动进展情况的窗口。

"校庆45周年专题网站"设有校庆公告、校庆动态、今日工大、校史长廊、学校标志、往事回眸6个栏目，制作页面100余个，尤其是在校庆期间，以图文并茂的形式在第一时间播发校庆活动新闻，在校内产生了较大影响。另外，还制作了"文明上网专题"、"法制宣传日专题"、"十大新闻评选"等专题网页。

宣传教育网在原有栏目基础上，新推出《达人馆》栏目，介绍校园优秀学子，树立学习榜样。《点点必答》栏目改进工作方法，为学校管理部门设立论坛账号，各管理部门可以直接上网解答师生提出的问题，架起学校管理部门与师生之间的桥梁。2005年5月，网络工作室组织策划了迎校庆原创作品网上征集大赛，收到文学作品、摄影作品、DV短片等近百条作品。

2005年3月，党委宣传部和信息处正式公布了《北京工业大学校园网网络服务管理规定》，明确了建立校内网站、上网场所的审批及备案要求。网络办公室主要负责学校网站、上网场所的申请内容方面的预审工作与备案工作。6月至9月，牵头组织了学校主页和各院部处网页更新调整工作，使学校外网在校庆前面貌焕然一新。

(刘　冰　李四平)

【电视台】　2005年，电视台在硬件平台初步搭建后，积极开展节目创制工作，在新闻立台的指导思想下，探索推行校园电视的品牌理念，在发挥校园电视引导功能、服务功能的同时，培养自己的观众。

5月，策划并实施了校电视台品牌推广活动——北京工业大学"本我青春"学生形象展示大赛。活动历时两个月，采用自下而上的海选方式，突出"青春"、"个性"、"率真"的特点，立足"魅力张扬，由我做主"的理念，吸引了学校100余名中外学生报名参赛。决赛晚会充分利用电视台的特点，并在技术上尝试了现场直播，收到了良好的现场效应。

电视台在招新规范、新闻制作流程、责任编辑制度及值班制度方面进一步开展规范化管理。在学校"七一"表彰、45周年校庆和保持共产党员先进性教育活动当中，积极策划、制作专题片，先后推出《"七一"表彰大会之优秀党务工作者》、《"七一"表彰大会之党员标兵》、《"七一"表彰大会之先进党支部》、《李晨校长报告》、《保持共产党员先进性教育活动》专题片，发挥了校内电视在对内对外的宣传作用。特别是校庆期间，电视台围绕校庆3天的活动开展专题纪实报道，实现了当天制作当天上网播出。制作播出《我的母校过生日》、《工大生日快乐》、《工大首位百岁教授蒋璜》等专题片，受到学生欢迎。

电视台积极开展内外业务联络与学习，自制3档节目作为中国教育电视台国视DV秀栏目"北京工业大学电视作品系列"播出。

本年度共制作新闻节目31期、专题节目18期；完成学校重大事件的新闻拍摄工作，共计

3 800 分钟，整理制作校内年度视频资料 47 份。

（苏雅洁　李四平）

【摄影工作室】　2005 年，摄影工作室发挥图像编辑加工处理的优势，运用现有资源，建设完成北工大校史馆与校史陈列展板编排工作。同时还将学校有关历史图片数字化，其中包括技术难度极大的历届毕业生合影底片及照片。

开辟图片新闻栏目，及时准确地进行图片报道。2005 年共在校内外发表图片 400 余幅，其中在《中国高等教育》杂志、《中国教育报》等报刊发表图片 100 余幅；学校新闻网 300 余幅。编辑出版了《北京工业大学 45 周年校庆画册》。完成学校《北京工业大学年鉴 2005》的图片组稿编辑及版面设计工作。

对学校的发展和建设进行了大量有效的拍摄记录。完成学校重要活动如获国家科技奖人员及团队、工大体育馆的开工及建设、诺贝尔奖获得者莫里斯（赶制即时照片相框）、蒙代尔来校访问、优秀党员标兵、45 周年校庆、保持共产党员先进性教育活动等的拍摄及照片制作任务；为学校有关院部处提供可用图片近千幅；为重要报告及活动的幻灯片展示提供图片 300 余幅。

（牟钟诚　李四平）

纪检监察工作

【概况】　中共北京工业大学纪律检查委员会和北京工业大学监察室实行合署办公，在校党委统一领导下，以党章、党纪条规和法律法规为依据，认真贯彻“党委统一领导，党政齐抓共管，纪委组织协调，部门各负其责，依靠群众的支持和参与”的领导体制和工作机制，认真履行“保护、惩处、教育、监督”四项职能，协助党委加强党风建设和组织协调反腐败工作。

纪委书记由校党委副书记兼任，纪委副书记主持纪委日常工作并兼任监察室主任。10 月，根据人员变动情况，调整纪委、监察室各室岗位职责及人员分工：设立纪委一室（即办公室）；纪委二室（即监察综合办）；纪委三室（即案件查办室）。

2005 年，中共北京工业大学纪律检查委员会认真履行党章赋予的职责和任务，贯彻落实中央颁布的《建立健全教育、制度、监督并重的惩治和预防腐败体系实施纲要》，坚持标本兼治、综合治理、惩防并举、注重预防的方针，明确反腐倡廉工作的主要任务，着重加强对领导干部的教育监督，加强综合协调，促进规范管理，加大办案力度，积极推进校、院两级党风廉政建设责任制的落实，优化学校发展环境，保障中心任务的顺利实施。

【党风廉政宣传教育培训】　2005 年 1 月，纪委举办第二次党风廉政建设教育培训班，张毅刚代表校党委，向第四届第一批 6 名校级党风廉政监督员颁发了聘书；代表校纪委向与会人员汇报了 2004 年的工作，就 2005 年党风廉政建设提出了新的工作思路。培训班还邀请了中纪委驻教育部纪检组副组长李胜利、朝阳区检察院预防处处长刘宝银分别作了题为“预防教育系统职务犯罪”、“教育系统职务犯罪案例分析”的报告。

4 月，在组织部举办的正处级干部培训班中，增加财经知识、财经政策、财经管理和财经纪律的培训内容；10 月，纪委书记张毅刚结合共产党员先进性教育活动，以“常怀律己之心，永葆共产党员先进性”为题，为全校党员领导干部讲党课。

5 至 6 月，校党委统一部署，校纪委、党委组织部、党委宣传部联合发文，对党风廉政宣传教育月活动做出统一安排，努力营造大宣教格局。纪委对宣传月活动的开展有布置，有检查，编辑下发了专题学习文件，提供了 36 种廉政教育和警示教育音像资料；党委宣传部在校园主要路段，悬挂大兴反腐倡廉之风的横幅，营造教育气氛；各院级党组织，结合工作实际，开展了多种形式的宣传教育活动。后勤服务集团党委通过橱窗宣传、专题学习、集中整改，用身边人和身边事，使党员、干部和职工受到了党纪和法规教育。人文学院党总支召开了以“树立廉政作风”为主题的民主生活会，并针对人文学院如何加强财务管理，防止跑冒滴漏和不当使用，使有限资金发挥更大的效益提出了要求。数理学院党委对“院党风廉政责任制实施办法”和“院领导班子党风廉政建设主要任务分工”进行了修改和完善，增加了“以科学发展观指导党风廉政建设，进一步推进学院民主决策”、“在学生思想政治工作中增强廉政文化的教育”和“构建和谐的学院氛围”的内容，在资金管理和院务公开方面制定了具体实施办法。生命科学院党总支召开党员大会组织专题活动，总支书记以校级优秀共产党员标兵的先进事迹为主要内容，作了“心胸宽大，贡献也大；意志坚强，党性更强”的主题报告。机电学院党委采用多媒体形式进行党课教育，对“三重一大制度”，“校务公开责任制”做了重点宣讲，对学院存在的问题重点剖析，提出了整改思路，强调下阶段党风廉政建设的重点要放在制度化建设和建立、健全监督机制方面。组织观看《警钟长鸣》专题片，学院党要把教育宣传活动贯穿在党风廉政建设的始终。

校纪委网页每半月更新一次，及时采集上级和相关媒体的纪检监察信息。利用校园网的多种渠道宣传党纪国法、反腐倡廉形势和纪委工作，与学校领导和教职工沟通信息，达到扩大影响、增进了解、欢迎监督的目的。2005 年共在校园网发布《纪检监察信息》13 期。

【体育场馆建设监督】 2005 年 4 月 8 日，学校校长办公会研究下发《北京工业大学关于成立北工大奥运羽毛球馆建设领导小组和奥运场馆工程监督领导小组的通知》，组成了由张毅刚为组长、相关监督部门主要负责人组成的北工大奥运羽毛球馆建设监督领导小组，办公室设在校监察室，设立奥运羽毛球馆建设监督举报电话。出台了《北京工业大学体育馆建设监督工作方案》，方案中分别对监督目标、监督领导机制和组织机构、监督职责和监督方式、监督对象、监督内容和监督措施等作出了明确规定。11 月 16 日，北京市“2008”工程指挥部办公室来学校检查体育馆建设监督工作；11 月 23 日，市教委副主任、市教委奥运场馆建设监督领导小组组长杜松彭，市教育纪工委书记、市教委奥运场馆建设监督领导小组副组长高云华等，来学校检查体育馆建设监督工作。通过现场检查，上级领导对北工大奥运羽毛球场馆建设的监督工作给予了充分肯定。

【清理“小金库”】 2005 年 6 月，开展全校清理“小金库”工作。纪委要求全校所有单位，本着一级管一级的原则，要严格按照国家财经管理规定，“大收大支”，规范管理，不得私设“小金库”和“账外账”。全校共有 51 个院部处及后勤集团、直属单位报告了清理情况。清理上交校财务“未立项收费、房租、复印费、考题费、考试费、售书（磁带）费、押金、教材折让、药品折让、教材回扣”等费用共计人民币 376 631.19 元，欧元 110 元。年初，图书馆主动将 972 979.14 元的图书折扣款陆续上交了校财务。以上总计上交人民币 1 349 610.33元和 110 欧元。另有待处理的“老教协会费、赞助费、卖废报纸费等”共计人民币 11 547.2元。

【收费检查和治理工作】 2005 年 1 月 14 日，学校治理教育乱收费领导小组向北京市治理教育乱收费局际联席会议办公室报送“2004 年度治理教育乱收费工作总结”，对 2005 年治理教育乱收费工作提出了明确的思路，并对治理工作中涉及政策规定、组织协调，以及在高校中具有普遍性、合理性和必要性的收费项目的立项、认证、许可等方面提出了建议。

4 月，校治理教育乱收费和收费审计工作领导小组为规范收费行为，加大收费审计和收费监督力度，加强综合协调，形成收费工作综合治理的大平台，使“齐抓共管、优势互补、分工合作、协调同步”的合力效能进一步突出，弥补了“孤军作战”、“单打独斗”的不足，使综合治理的功能得到显示。

11 月，对在收费检查中涉及的“重修重考费问题”、“毕业生违约金问题”、“统一订购卧具问题”、“代收学生教材款问题”、“研究生考前辅导班问题”等，与管理部门反复重点对话、检查收费整改和处理情况，落实群众举报的核实工作，集中内部治理，如实接受上级检查。总体看，通过各种宣传教育和检查沟通，各部门对学校收费管理工作的领导机制、组织机构、申报程序、管理内容和票据使用规定等，有了比较清楚地了解，加强了学校各项收费的规范操作。经查实，共有 4 项违规收费，共计 27.876 万元，其中 11 万元“违约金”已经退还学生。实验学院对内部自查发现的 0.36 万元未立项的体育场地收费行为及主要责任人，进行了“院内通报批评”，责令将全部费用上交院财务并报纪委备案。

【制度建设】 2005 年 9 至 12 月，按照党中央颁布的新的条例和纪律条规，纪委对《中共北京工业大学领导班子及处级领导干部贯彻党风廉政建设责任制的实施细则》、《中共北京工业大学委员会关于对院（处）级领导班子和处级领导干部违反党风廉政建设责任制行为进行责任追究的办法》、《北京工业大学院（处）级领导班子和领导干部执行党风廉政建设责任制情况的考核办法》和《中共北京工业大学委员会关于加强廉政建设的几项规定》等 4 项制度进行修改、补充和完善。

在行政监察工作中，针对发现的问题，向学校主管领导和职能部门提出行政建议。通过修订和完善“校院两级财务管理办法”、“学校收费管理办法”、“学校非财政性收入管理办法”等 3 项管理制度，规范校院两级财务管理和收费行为，强化依法办学、依法执教意识；通过收费检查和对话，推进学校图书、教材采购管理办法的制定；通过参与各项招投标活动，进一步建立和完善大型基建项目、校内修缮项目、大宗物资采购的招投标，设备采购、固定资产管理的各项内控制度。

2005 年 11 月，按照中共中央《建立健全教育、制度、监督并重的惩治和预防腐败体系实施纲要》提出的指导思想、主要目标和工作原则，结合学校实际，协助校党委起草了《中共北京工业大学委员会关于贯彻落实“建立健全教育、制度、监督并重的惩治和预防腐败体系实施纲要”的具体办法》（征求意见稿）和《中共北京工业大学委员会关于贯彻落实“实施纲要”具体办法的任务分解》（征求意见稿）。这两个文件把构建惩治和预防腐败体系作为一项系统工程，坚持在校党委统一领导下，建立健全适应学校改革发展，把反腐倡廉要求寓于学校各项工作、管理措施和重要决策的工作机制，做到立足当前，规划长远；上下结合，综合治理；总体设计，分步实施；把制定近期具体任务和规划今后长效措施结合起来。

【招标监督工作】 2005年1至12月，监察室共计参加各种招投标现场监督43项。尤其对奥运场馆建设的各项开标和评标，做到认真客观，自始至终。经过相互协调和交流，监察室和国资处、基建处、规划处、后勤管理处及信息处等承担招标任务的各部门建立了良好的协作关系，不仅力求对项目的招投标做好监督工作，而且在实践中学习各项业务知识，对发现的问题及时提醒。创新思维，提出了“在参与中监督，在监督中服务”的理念，并认为，预防和消除苗头比惩处更重要。

【信访工作】 2005年，纪委以妥善处理信访突出问题、鼓励和提倡实名举报为原则，注意从群众信访举报中发现案件线索，主动对信访举报鉴别分析。一方面，把坚持保护和支持党员干部敢抓敢管、干事业的积极性，作为纪委做好信访工作的基本原则；另一方面，继续扩大群众信访举报渠道，设立网上举报信箱，对来信来访实施分级分类信访查办制度，促进党风廉政建设责任制在信访举报工作中得到进一步落实。

1至12月，纪委办公室共收到信访举报53件次、分为40个问题，比去年同期增加了13.21%。其中，来信举报38件次，电话举报5件次，来访举报10件次；署名举报16件次，占信访总数的30.18%。从总体情况分析，反映经济类问题的有23件次，占总数的43.39%，其中，有8件次、4件次、2件次分别反映同一个问题。目前，移交检察院的1件；分解到院部处的9件，已调查核实的7件、正在调查核实的2件；纪委已调查核实的14件，正在核实的10件；多年遗留问题且已有答复的1件。

【案件查处工作】 2005年4月，因触犯刑律受到北京市中级人民法院终审裁定判处14年徒刑的原校办企业法定代表人王亚池被开除党籍、开除公职。4月6日，校党委组织部、人事处、纪委派工作人员向王亚池家属送达学校“关于开除王亚池党籍的决定”和“关于开除王亚池公职处分的决定”。纪委对“王亚池案”共收回人民币30余万元、156平方米公房一套。

4月30日，依据《中国共产党纪律处分条例》相关规定，经过认真核查，为维护学校财经秩序，严肃财经纪律，校纪委对原成教学院常务副院长任职期间，从1993年9月至1998年12月的多项办学收入以北工大成教学院名义私设账外账，形成数额较大的“小金库”问题，给予主要责任人徐兰“党内严重警告处分”。

8月12至13日，校纪委召开“北京工业大学案件总结会”。参加会议的有北京市纪委案管室、市第二中级人民法院王亚池案主审法官、市人民检察院二分院王亚池案主控检察官、反贪局检察官、密云县人民法院法官、朝阳区人民检察院王亚池案侦破检察官、协助学校纪委办案的燕化炼油厂纪委有关人员和学校纪委委员、专案组人员及相关部门负责人40余人。会议对为期四年的“原校办企业法定代表人王亚池贪污、挪用公款案”进行了总结，对本案以及“计算机学院实验室改造项目执行人徐晶案”和其他案件的相关事宜进行了沟通、探讨和议定。

8月18日，徐晶涉嫌贪污被市检察院二分院抓捕归案。

8月30日，徐晶被正式批捕，检察院同时冻结其望京100余平方米住房一套。“徐晶案”待开庭审理。

纪委还针对其他违纪违规问题，对当事人的处理向学校提出了党纪、行政处分的建议。

【队伍建设】 2005年3月31日至4月1日，北京市教育纪检监察工作研究会在昌平召开了换届年会。学校党委副书记兼纪委书记张毅刚被大会选举为第四届研究会副会长，杜德贵、邓丽娜等同志撰写的《当前高校落实党风廉政建设责任制的状况及建议》论文获本届研究会优秀论文奖。

6月2至5日，按照纪委工作安排，经第十三次纪委全委会研究决定，以《学习红岩精神，永葆先进本色》为主题，组织全体委员和工作人员赴重庆、遵义接受党的历史和先进性、革命性、坚定性、发展性教育。这是纪委继去年以“追寻延安精神形成的轨迹”为主题教育活动后的第二次主题教育活动。通过对渣滓洞、白公馆、息峰集中营的参观，向红军烈士墓敬献花篮，在革命烈士墓前重温入党誓词，在遵义会议旧址，进一步学习了解遵义会议的召开得以胜利地结束“左”倾路线在党中央的统治并在最危急的关头挽救了党的重大史实，使大家受到了深刻的教育。

6月，充实办案力量，纪委专职工作人员从3人增至5人；学校大幅度增加办案经费，使工作环境、设备配置得到大幅度改善，初步缓解了办案压力。

（马维娜　任立新）

统战工作

【概况】 北京工业大学党委统战部是学校党委领导与组织统一战线工作的职能部门，它的职责是了解情况，掌握政策，调整关系，安排人事。2005年，学校统战工作在中共中央《关于进一步加强中国共产党领导的多党合作和政治协商制度建设的意见》，中央统战部、教育部下发的《关于加强高校统一战线工作的意见》，在中共北京市委下发的《关于进一步加强中国共产党领导的多党合作和政治协商制度建设的实施意见》文件精神指导下，围绕学校中心任务，团结调动民主党派和统战人士的积极性与创造性，为学校“211工程”建设和实现“两个转变”创建一流大学作出了重要贡献。

北京工业大学共有222名民主党派成员。其中中国国民党革命委员会（民革）15名，中国民主同盟（民盟）83名，中国民主建国会（民建）25名，中国民主促进会（民进）12名，中国农工民主党（农工）9名，中国致公党（致公）11名，九三学社（九三）66名和台湾民主自治同盟（台盟）1名。北工大民主党派建立校级基层组织的有6个：民革支部、民盟支部、民盟综合支部、民建支部、民进支部和九三支社。

北工大各学院还有一批无党派人士、归侨侨眷、少数民族和归国留学人员等统战对象。

北工大民主党派和统战人士广泛参政议政，在各级人大、政协组织中担任职务，同时参与学校的民主决策和监督管理。在北工大民主党派成员中，有1名任党派中央名誉副主席，2名任中央委员，2名任市委副主委，5名为市委委员，1名任区委主委，1名任区委副主委，4名任区委委员。在党外人士中有2名任第十届全国人大常委和第十届全国政协委员，1名任市第十届人大常委委员，4名任市第十届政协委员，7名任区政协委员、人大常委。还有4名被聘为北京市特约监察员和督导员等。在校内，担任副校长职务的有党派人士和少数民族各1名。担任处级职务的有18人。

【主要工作】 （1）坚持民主协商会、形势学习会、情况通报会和民主党派、侨联负责人双月例会等4个例会制度。党委始终重视统战工作，把统战工作作为一项重要任务来抓，不断完善统战工作的各项制度，使之不断制度化、规范化和程序化，努力营造民主协商、民主参与、民主监督的环境和氛围，为民主党派知情出力、谏言献策创造条件搭建平台。

2005年3月4日，党委书记孙崇正召集民主党派和侨联主要负责人讨论并征求对《校长工作报告》讨论稿的意见。12月23日，学校党委在耿丹学院召开了由民主党派负责人、无党派人士、侨联代表等20余人参加的学校“十一五”发展建设规划研讨会，会议就学校制定“十一五”发展建设规划的背景、构架以及办学理念、总体思路和主要目标等，通报并征求了大家的意见。

（2）学习贯彻中央5号文件、统发62号文件和北京市委9号文件精神。2月，中共中央下发了《关于进一步加强中国共产党领导的多党合作和政治协商制度建设的意见》，中央统战部教育部下发了《关于加强高校统一战线工作的意见》，中共北京市委下发了《中共北京市委关于贯彻落实中共中央关于进一步加强中国共产党领导的多党合作和政治协商制度建设的实施意见》，学校党委统战部认真组织学习、贯彻和宣传。组织召开了统战干部、民主党派、党外代表人士、归侨侨眷学习贯彻中央文件精神培训班，分别邀请中央统战部政策研究室主任庄聪生和北京市社会主义学院副院长张卫江作学习辅导报告。3月18日，党委统战部举办各单位统战委员统战理论学习研讨班，党委书记孙崇正作了重要讲话，社会主义学院副院长张卫江作了贯彻中央文件精神的辅导报告。6月23日，党委统战部召开了学校民主党派负责人座谈会，就学习贯彻中共有关文件精神，更好地开展民主党派工作进行了认真研讨，应邀参加座谈会的有民盟朝阳区委马万昌、民建朝阳区副主委徐艳梅、民进市委组织处负责人陈平、朝阳区致公党主委高向宇、九三朝阳区副主委肖瑞玲、侨联朝阳区负责人刘玉安、民革朝阳区委秘书长闫少峰和北京社会主义学院副院长张卫江等领导。为了更好地学习贯彻中央文件精神，党委统战部组织召开了民主党派负责人及党外代表人士、侨联负责人专题研讨会，党委书记孙崇正到会讲话，党委副书记冯培作了“居安思危，把握全局，用思想的领先引导行动的率先”主题报告，与大家共同讨论执政党和参政党在政党建设中所面临的问题。

（3）重视民主党派的组织建设及统战队伍培训工作。党委始终注重支持协助民主党派加强自身思想建设和组织建设，注重引导和协商，建立健全组织发展程序，把好入口关，使民主党派遵照发展的方针和原则，积极慎重地做好发展工作；2005 年是抗日战争胜利 60 周年，以此为契机，学校党委统战部组织民主党派成员参观中国人民抗日战争纪念馆。利用十一放假，组织民主党派、侨联负责人和民主党派新成员到革命根据地——井冈山参观学习。

（4）积极发挥民主党派在学校改革、发展和稳定中的作用，积极支持和鼓励他们围绕学校的中心工作和学校的教学、科研、管理的难点和热点问题开展调查研究。为了更好地发挥民主党派的作用，由党委统战部牵头，组织了“北京工业大学民主党派参政议政状况调研分析”课题调研工作，对学校发挥民主党派作用的现状，以及民主党派人士的思想工作及民主党派自身建设情况和发展趋势，进行了深入研究和分析。2005 年，民盟北工大支部、九三学社北工大支社申报的调研课题结题，分别完成了“北京工业大学师资队伍现状调研报告”、“试论北京工业大学教学与科研的关系及几点建议”的调研报告。

（5）认真做好北京高校统战理论与实践研究会工作。2005 年，学校作为北京高校统战理论与实践研究会秘书组挂靠单位，积极协助市教工委统群处，组织北京高校 20 多个统战部长到广州、深圳、珠海等地调研，并组织了“高校统一战线在构建社会主义和谐社会中的优势探讨”和“北京高校培养选拔党外干部工作情况调研报告”的课题工作，两个课题成果均被北京市委统战部推荐到中央统战部进行研究成果的参评。11 月 30 日，北京高校统战理论研究会年会在清华大学召开，北京高校统战理论与实践研究会会长、北工大党委书记孙崇正主持会议。北京市委统战部副部长李卫东、北京市教工委副书记刘建、清华大学党委常务副书记庄丽君、清华大学纪委书记孙道祥及北京市各高校党委书记、统战部长和统战干部共 100 多人参加了会议。

【重要事件】 （1）1 月，副校长侯义斌当选为九三学社北京市第十届委员会副主任委员。

（2）5 月，中央统战部六局聘请北工大建工学院卢清国、经管学院何宁为信息联络员。

（3）11 月 29 日，北京市侨联副主席苏建敏带队一行 3 人来校就北工大侨联工作调研。

【获奖情况】 （1）北工大建工学院卢清国 2005 年被九三学社中央委员会评为优秀社员。

（2）民建朝阳区北工大支部被评为 2005 年民建北京市先进支部。

（3）北工大实验学院李杨被评为 2005 年民建北京市委优秀会员。

（4）北京工大建工学院高向宇被中国致公党北京市委评为 2005 年优秀干部。

（5）北工大经管学院何宁被中国致公党北京市委评为 2005 年优秀干部。

（王　跃　骆云霞）

学生工作

【概况】 学生工作部、学生处、武装军训部是本科学生思想教育与管理工作的重要部门，下设两个办公室、四个中心，即教育管理办公室、军训征兵办公室、心理咨询中心、学生社区管理服务中心、勤工助学管理中心、学生能力素质教育中心。2005 年，学生工作围绕学校党政中心工作，深入贯彻《中共中央国务院关于进一步加强和改进大学生思想政治教育的意见》（中发〔2006〕16 号），全面落实科学发展观，坚持把人才培养作为学校根本任务，坚持一切为了学生的成长、成才服务。在校党委领导下，结合学生特点开展保持共产党员先进性教育活动；以校庆 45 周年为契机，在全校范围内继续深入开展“成长、成才、成功”主题思想教育；继续推进校风、学风建设，依据教育部 2005 年新修订的《普通高等学校学生管理规定》，参与修订《北京工业大学学生管理规定》，并建立学生违纪处理的相关机制，4 月，出版《警钟长鸣——北京工业大学学生违纪案例选编》；探索和改进思想教育工作的方式、方法和手段，着力推进教育资源的进一步统筹整合；加强学生工作队伍建设，树立学生工作的职业理念，提高专业化水准和服务水平，在低年级建立校聘院管的专职辅导员与班主任队伍；加强安全工作，继续开展安全教育，完善安全制度和措施，做好重大突发事件的应对工作。以“成长、成才、成功”为主题的系列教育活动、四大典礼、中华文化周等大型活动受到师生好评，在大型学生活动中不断完善安全预警机制。以服务于学生为目标建立学生约谈和学生接待日，为学生提供了参与学校建设的渠道。9 月，学生能力素质拓展中心更名为学生能力素质教育中心，学生合唱团、舞蹈团、交响乐团三大学生艺术社团转交校团委管理。

（文　然　王秀彦）

【获奖情况】 2005 年，学生工作部、学生处、武装军训部多次获得校级以上集体和个人奖励。

学生工作部、学生处：学生工作部、学生处党支部被评为北京市先进党支部；1人获北京市德育先进个人；获北工大教育创新优秀成果奖；在首届北京大学生艺术展演活动中获多项奖励；获北京高校人文奥运与文明礼仪教育活动创意活动奖。

武装军训部：获高校军用枪射击锦标赛女子速度射和精度射北京市团体第八名、道德风尚运动队奖；获首都学生军训工作先进单位；3人获首都学生军训先进个人；国旗班获校级优秀社团荣誉称号；连续四年获得征兵工作先进单位；获北京市定向比赛优秀组织奖；2005年，北京“高教社杯”大学生国防辩论赛获最佳组织奖，1人获大赛“最佳辩手”荣誉称号。

勤工俭学中心：获2005年大学生暑期科普调研论文优秀组织奖。

学生社区管理服务中心：获2005年北京市德育先进集体。

心理咨询中心：获2005年北京高校心理素质教育工作先进单位。

（文　然　王秀彦）

【思想政治工作】 2005年，学生工作部、学生处继续坚持教育以育人为本的工作理念，把德育工作放在育人首位，继续开展“成长、成才、成功”主题教育活动，组织青年校友和“三成”主题论坛、基础奖学金颁奖典礼、毕业典礼等一系列活动，帮助和引导学生摆脱成长的烦恼、追求成才的价值、享受成功的喜悦，营造良好的校园文化氛围。

3月，根据教育部和中共北京市委教育工委的统一部署，学生工作部、学生处以问卷、座谈与访谈相结合的方式，对不同层面学生的思想政治状况调研。

5月，学生社区党、团工委开展“第二届中华文化周——纪念世界反法西斯战争、中国抗日战争胜利60周年”系列活动，包括：第二次世界大战历史回顾（展板宣传）、露天电影展播、专家专题讲座，“红色突击队”定向比赛，革命歌曲校园广播等。此外，“中华文化周”还邀请国防大学教师卢勇作题为“中国共产党的抗日战争概况及启示”的报告。此次活动制作了精美的纪念册，并在工大广场主页上建立了专题网页，对活动进行整体介绍和追踪报道。

6月，学生社区开展第二届“五好家庭”评比，活动展示了社区文化，增进了社区成员之间的了解与合作，培养学生以宿舍为家的集体观念，引导学生向更多更有益的方面发展。

9月，学生工作部、学生处结合保持共产党员先进性教育活动，开展与特困生手拉手活动，并号召教工党支部与研究生特困生、学生党支部与本科生特困生手拉手结对子，在全校范围内向特困大学生传递关爱，在生活、学习、思想等方面给予关心、帮助与指导，使特困大学生感受到来自党组织的温暖，学校共有18个教工党支部、30个学生党支部和特困生结成帮扶对子。

（袁　文　王秀彦）

【学生党建】 学生党建工作是党建工程的重要组成部分，学生工作部、研究生工作部积极探索学生党建工作新的载体、途径和方法，制定有利措施，加强和改进学生基层党组织建设，加大学生党员发展力度，把优秀青年学生凝聚到党的队伍和事业中来。

3至6月，按照学校党委统一部署，学生工作部、研究生工作部组织开展申报、评选2005年校级学生先进党支部、优秀共产党员的工作。44个学生党支部申报先进党支部，经过学期中自评、考评和互评等环节，37个支部参加了学期末的预答辩，经过严格评审最终11个学院的16个党支部参加6月20日在[illegible]报告厅举行的校级标兵党支部答辩会。党委书记孙崇正、副书记冯培等出席答辩会。同学们用丰富多彩的形式展示支部特色，知识问答和评委提问环节贯穿其中，体现了2005年标兵党支部答辩会的专业性与创新性。最终评出10个校级先进党支部。

各学院推选出36名优秀共产党员，其中17人申报校级优秀共产党员。经校、院学生工作教师评分，网上评选等环节共选出10名学生优秀党员标兵，其中本科生5名，硕士研究生4名，博士研究生1名。

结合开展保持共产党员先进性教育活动以及庆祝北京工业大学建校45周年，学生工作部、研究生工作部从9月19至28日在学生党员中开展以“榜样的力量”为主题的学生党员论坛，共开设10个分论坛，17个单位参与，组织报告共45场。各学院学生党支部根据自身特点开展不同形式的报告会，个人演讲、师生交流、在论坛上发表观点等，使同学们体会到作为一名共产党员的使命感与责任感。

各分论坛结束后，学生工作部、研究生工作部组织学生先进党支部和学生党员代表为参加第39期党校学习的入党积极分子举办一场题为“榜样的力量”的主题论坛。党委书记孙崇正、副书记冯培、张毅刚等出席。本场论坛分为主题演讲、党员访谈、成果展示三部分，优秀学生党员代表讲述自己的成长经历和人生体验。党委副书记冯培点评活动，他激励同学们以身边优秀的同学为榜样，严格要求自己做好身边每件小事，勤奋努力成就梦想。

论坛使学生党员在同学中起到先锋模范作用，以榜样的力量深化学生党员的表率作用，从而带动全体同学，在校内形成良好的文明之风、学习之风，为各学生党支部自身建设的加强和工作水平的提高提供互相学习与交流的平台，展示各学院党建工作水平。此次系列论坛与学校开展的保持共产党员先进性教育活动第一阶段紧密联系，保证第一阶段中学生党员学习效果，为第二阶段顺利开展打下基础。

（冉　川　王秀彦）

【四大典礼】 2005年，学生工作全面创新，基础奖学金颁奖典礼全面升级，成为继毕业典礼、开学典礼、奖学金颁奖典礼之后的“第四大典礼”。

4月19日，北工大2005年“基础课学习成绩优秀奖”（简称基础奖学金）颁奖典礼在校礼堂举行。本次颁奖典礼旨在表彰在基础课（数学和英语）学习中取得优异成绩的2004级学生。学生工作部、学生处在颁奖典礼的模式设计上尝试创新，让学生充分体验成功的喜悦。本届基础奖学金颁奖典礼的主题为“沿着青春起跑线”。北工大舞蹈团带来的舞蹈《青春起跑线》很好地展现出颁奖典礼的主题。校党委副书记冯培、副校长侯义斌、蒋毅坚为获得满分和各项第一名的学生颁奖。2005年的基础奖学金颁奖典礼为基础奖学金设计了徽标，积分符号和大写英文字母B相互依靠，象征了数学和英语两个基础学科，徽标的设计融入北工大的校徽和校色，颁奖典礼还为获得单科第一的学生制作了五角星型的水晶奖杯，每个水晶奖杯都刻有获奖项目与获奖者的名字，旨在激励获奖者更加努力学习。

7月5日至7日，2005届4 000余名毕业生参加在校礼堂举行的毕业典礼。毕业典礼共分为五场，分别由冯培、副校长蒋毅坚主持。北京市副市长、校长范伯元、党委书记孙崇正、副校长张泽、党委副书记张毅刚、副校长张爱林、卢振洋以及各学院院长、书记为毕业生颁发证书并授予学位，各院部处领导、研究生导师、毕业班班主任以及部分毕业生家长参加毕业典礼。范伯元校长、孙崇正书记在毕业典礼上为毕业生今后的工作和学习送出了美好的祝愿。在毕业典礼入场前，毕业生把刻有自己名字的精美石头放入校礼堂门口“北京工业大学”字模的字道中，共同组成“北京工业大学”字样。此项“留下你的足迹”活动是毕业典礼的传统项目，学校把每届毕业生留下的石头铺设在北工大南区即将建设的“校友之路”（暂定）甬道两侧，将成为学校重要的人文景观，同时也作为学生在北工大生活的见证被永久珍藏。2005届毕业生在毕业典礼上还收到了两份学校赠予的特别礼物——一株用镜框裱藏好的金黄麦穗，名为“见证成长”，以及学校专门为毕业生制作的《青青校园无穷回忆》纪念光盘。“见证成长”所用的麦穗采自校园南门麦田，播种小麦的时令正是学生毕业设计开始的时候，小麦成熟的季节正是学生收获毕业成果的时候，其中所隐喻的深意令师生们颇感欣慰。纪念光盘中则记录了学生在校期间学习生活的一些影像资料，是对校园生活的一份回忆。毕业典礼后，全体毕业生来到礼堂广场“放飞心愿”，毕业生将写有自己心愿的卡片系在气球上一起放飞。

8月27日，北工大2005级新生开学典礼在校礼堂广场隆重举行。校领导孙崇正、马志成、张爱林、蒋毅坚、卢振洋出席，冯培主持典礼。孙崇正致词，欢迎2005级新生进入北工大，并对新生提出三点希望：志存高远，脚踏实地；学会做人，从良好习惯做起；把握未来，学会学习。开学典礼结合北京市文明礼仪进校园活动，提出“争当奥运礼仪先锋，构筑和谐文明校园”的倡议。新生代表、经管学院新生——羽毛球世界冠军夏煊泽代表新生发言，倡导大家以奥运为契机，将奥运精神带到学习和生活中，齐心协力书写北工大的新篇章。各学院新生代表也分别宣读了入学誓言，并在巨型条幅上签下了自己的誓言。2005年开学典礼还首次开展了“收集心愿”活动，即每位新生在心愿卡片上写下自己对大学生活的梦想和希望，待到大学毕业的时候打开心愿收集箱看看自己的心愿是否实现。新生们面对校旗庄严宣誓：胸怀祖国，热爱学校；志存高远，全面发展；勤奋学习，勇于实践；知行统一，诚实守信；团结严谨，求实创新，为中华民族的伟大复兴而努力奋斗！开学典礼后，学校举行了2005级本科新生入学教育大会。新生入学教育是整个教育管理中一项重要工作，学校统一安排，使新生能更好地适应学校环境，以良好的状态迎接大学生活。8月30日至9月1日，2 800余名本科新生上了进入大学后的第一课。入学教育由“如何度过大学”、“学生管理规定解读”、“大学文化”和“成长从这里开始”四场报告组成，分别由学校领导和校内职能部门负责人演讲；同时，学校图书馆、保卫处的负责人还就如何利用好学习资源与校园安全为学生进行讲解。

11月24日，奖学金颁奖典礼举行。共有267个班8 606名本科学生参加奖学金评定，2 861人获校级奖励，占参评人数的33.24%。评选出北京市先进班集体9个，北京市高校三好学生28名，北京市高校优秀学生干部7名；校级先进班集体13个，优良学风班10个，体育先进班5个，标兵团支部14个，优秀团支部53个，优秀社团13个，标兵宿舍24个，卫生先进宿舍208个；三好学生特等奖学金获得者5名、一等奖学金获得者274名、二等奖学金获得者779名、三等奖学金获得者1 077名，优秀学生干部709名。学生在全国大学生数学建模竞赛、电子设计竞赛、英语竞赛、广告艺术大赛、第三届“挑战杯”首都大学生课外作品竞赛等比赛中也取得了骄人的成绩。在2005年微软“创新杯（Imagine Cup）”软件开发大赛——3D渲染技术中北工大再次取得全球总冠军。颁奖典礼现场，获奖学生观看了获得微软“创新杯”全球总冠军的获奖作品。学校领导孙崇正、张泽、冯培、张毅刚、张爱林、蒋毅坚为获得市级三好学生、市级优秀学生干部、科技创新奖、三好学生特等奖学金和一等、二等奖学金的代表以及市、校级优秀集体的代表颁发证书。2005年，学校邀请中国载人航天工程运载火箭系统总指挥、神舟六号飞船火箭系统总指挥刘宇讲述神舟六号飞船从建造到成功发射的始末，并告诉获奖学生，要为自己制定明确目标，要相信付出就一定会有回报，要通过不断的努力，去实现人生价值。奖学金颁奖典礼设置了现场抽奖方式产生的幸运奖，奖品是作为2008年北京奥运会吉祥物的“福娃”。

（袁　文　王秀彦）

【学生日常管理】 学生处自2004年建立了每周三中午与学生约谈和周四中午学生接待制度后，为了更好地构建与学生的沟通机制，以了解学生的实在状态、实在想法和实在生活为主要内容，学生处联合学校各相关部门不断扩大学生约谈内容，通过轻松、愉快的漫谈，相互交流信息，共同促进发展。

2005年共召开约谈会26次，有247名同学参加，其中本科生189人，研究生58人，约谈对象分别来自各个学院的不同专业。为扩大约谈工作的实际效果，共编辑约谈会简报二十七期，并在校园网公布，让广大同学了解到相关信息。2005年的约谈会得到相关部门的大力支持，研究生工作部、研究生部、教务处、招生就业处、校团委、保卫处也设立相关的约谈主题。研究生工作部针对研究生奖学金的设置及评定工作主题参与约谈，通过约谈，对奖学金的设置与评定工作中出现的具体问题有了更加全面和深入的了解，为下学年研究生奖学金评定工作的完善奠定了基础。研究生部针对研究生学籍管理规定的政策解答、学位论文撰写、论文答辩、研究生课程设置、研究生工程实训平台建设方案研讨以及对研究生在学校期间科研成果的要求等主题参与约谈，通过约谈会提供的平台，实现了与学生的互动。教务处针对提高教学质量的措施、本科生学籍管理规定的解读、本科生选课问题等主题参与约谈，通过对本科生学籍管理规定的解读为新修订的《北京工业大学本科学生学籍管理规定》的实施起到了推动作用。在2005年的约谈会工作中，学生工作部、学生处除按计划作为约谈部门组织外，还依据学校情况为校长机动安排了三次约谈。依据国家四、六级改革办法了解学生动态，制定学校相关政策。针对本科生选修课资源紧张的现状，开展了本科生选修课专题约谈会，在听取同学们对目前选修课中存在问题的意见和建议后，立即反馈给学校，学校很快采取有关措施改善选课难问题。教务处发布《关于补报下学期部分公共选修课的通知》，鼓励广大教师和各职能部门具备高校教师资格人员各尽所能、发挥所长，多开并开好校选课。通过这次补选，校选课的数量大大增加，缓解了学校选修课资源紧缺的问题。针对辅导员中期考核开展辅导员专题约谈会，为辅导员考核工作提供参考。

为加强学生工作部、学生处、研究生部、研究生工作部与广大同学的沟通与交流，建立学生工作的信息沟通渠道，开设学生接待日。每周四中午由学生工作部、学生处、研究生部、研究生工作部、教务处、招生就业处、校团委的老师及学生会、研究生会学生干部接待来访学生。学生可以在接待日向值班老师和学生干部提出有关思想、学习、科研、工作、生活、健康等方面的疑问或设想，值班老师和学生干部将给予热心、耐心、细心解答，帮助学生解决实际困难，所有反映的情况将在三天内反馈给被接待人。同时，开通综合服务学生电子信箱专门受理学生反映的问题。2005年共接待学生26次、55人，涉及住宿、后勤、考研、奖学金等方面。

为进一步落实中共中央国务院《关于进一步加强和改进大学生思想政治教育的意见》，加强学生工作队伍建设，学校于2005年3月面向社会招聘学生辅导员，并于7至8月，组织岗前培训，制定辅导员规章、考核制度。10月，学生处组织2005级新生辅导员团队进行历时2天的统一培训辅导，心理咨询中心的四位教师分别作“自我成长与发展”、“心理知识与心理辅导”、“常见心理问题的辅导与技巧”、“心理危机的干预”专题讲座。11月，按照辅导员考核条例对05级新生辅导员进行中期考核。针对考核结果党委书记孙崇正、副书记冯培召开新生辅导员工作专题座谈会。

教育部于2005年3月29日颁布了新修订的《普通高等学校

学生管理规定》，根据新《规定》精神，由学生处、教务处、研究生部、校团委、招生就业处五部门对《北京工业大学学生管理规定》、《北京工业大学本科学生学籍管理规定》、《北京工业大学研究生学籍管理规定》、《北京工业大学学生违纪处分条例》四个重要的管理文件进行修订，并起草《北京工业大学校内学生申诉制度管理规定》、《北京工业大学学生校园生活与课外活动管理规定》，六个文件经校长办公会研究通过，并于2005年9月1日起实施。为加强学生权益救济制度，与违纪、申诉处理条例相配套，出台《北京工业大学校内学生申诉制度管理细则》及成立学生违纪申诉处理委员会、学生违纪听证委员会等相关机构和处理流程，便于更好地维护学生的合法权益。根据新《规定》的精神，学校还对特困生管理、奖学金评定条例以及学生参加第二课堂活动的确认办法等文件进行了研讨和修订工作，制定《学生住宿管理制度》、《北京工业大学特困生管理办法》，使学校对学生的管理走上制度化、规范化的道路。

9月10日，召开全校学生系统德育表彰大会，共庆第二十一个教师节。党委副书记冯培、副校长蒋毅坚等出席并为获得德育先进集体、个人和优秀班主任颁奖。

11名2001级优秀学生干部通过计算机能力测试、行政能力测试和面试取得保研资格，留在学校学生系统工作，两年后攻读硕士研究生。

（李敏 文然 王秀彦）

【国防教育、征兵、军训工作】 组织学生参加全国高校军用枪射击锦标赛、国防征文活动、国防知识竞赛和北京市高校国防辩论赛、国防摄影大赛、定向赛等活动，巩固军训成果，加强学生的国防观念。

2005年北工大的征兵工作从10月25日开始至12月31日结束。为确保兵源质量，把优秀青年送到部队，实现“无退兵、无换兵、无事故、无违纪”的目标，以对国家、对军队建设高度负责的政治责任感，把征兵工作作为全校重要工作来抓，学校设立了征兵领导小组。

面临任务重、时间紧、符合条件青年少等新情况、新问题，为确保顺利完成上级交给的征集任务，努力做到：严把兵役登记关，确保年龄合适；严把政审体检关，确保各项条件一丝不差。同时，认真抓好优抚安置，妥善解决入伍新兵后顾之忧，保证学生入伍复员后有安置，如：设置保留学籍，对在部队表现出色同学进行奖学金奖励；连续两年在部队获得“优秀士兵”的同学复原后专科享受升至本科并可转专业、本科享受保送读研究生、本专科均可减免学费待遇。

多渠道、多形式开展宣传教育，激发广大学生参军报国热情。印刷宣传单20 000多张，制作条幅20余条，广播台、校园网强势的宣传力度保障了征兵工作顺利的开展。有效的宣传为选拔高素质优秀学生入伍奠定了基础，经过体检政审，机电学院和电控学院各有1名同学光荣入伍。

10月16日，北工大电控学院和计算机学院的170余名男生组成的阅兵方阵参加了在丰台体育中心举行的“纪念学生军训工作开展20周年阅兵活动”，他们利用节假日休息时间进行了艰苦的训练，以严整的军容、整齐的动作接受了检阅，圆满地完成了任务。

（陈佳楠 王秀彦）

【学生社区管理与服务】 2005年，学生住宿管理和服务由原学生公寓化管理模式转变为学生社区化管理模式。学生社区建设是自2002年开始的，历经两年的试点探索，于2005年9月开始全面展开学生社区建设。12月，学生社区正式成立，标志着北工大的学生住宿管理与服务进入一个新阶段。

2005年是原学生宿舍管理服务中心各项管理和服务规范的实施年，为此中心开展“四三二一”工程，即在职工中树立服务意识、信息意识、效率意识和社区意识；在此基础上深化学宿中心职工队伍中的团队合作意识，规范管理和服务的意识；管理层人员的主管意识。结合社区工作的全面铺开，完善突出研究生、本科生和中蓝社区三个层面的特色管理和服务。加强和整合中心职工队伍和学生干部队伍的建设，整合人力、物力的资源，形成学生社区建设合力，实现创建工大学生社区管理品牌的建设目标。由此开展中心主管岗人员的计算机使用技术培训，消防运动会，主管岗考核聘任，校际间交流，119消防安全知识讲座，员工手册知识问答等活动，提高了员工队伍的整体素质水平。

7月，学校原筒子楼改造为研究生公寓，定名为北研楼。至此，全校学生公寓为校内13栋和校外中蓝学生公寓共计17栋楼。8月24至26日，2005级2 350余名本科新生入住校内本科生公寓；9月6日，2005级1 230余名研究生入住校内各研究生公寓，其中420名男生入住北研楼。

10月15日校庆45周年之际，举行“社区开放日，欢迎新老校友回家看看”的活动，受到校友好评；同时，推出“学生社区管理服务中心及学生公寓展示”的展板，回顾工大学生公寓发展历程，吸引了广大师生员工及校友驻足观看。

“梦想工大，和谐社区”系列活动隆重开展。该活动是在整合学生社区各项文化活动的基础上于2005年9月启动的学生社区文化建设品牌系列活动：①第二届“我眼中的工大社区”学生文化作品征集。共有66人参与了各类比赛，征集作品148件，其中主题征文31篇，书法、美术类作品44幅，手工艺品4件，数码摄影、摄像作品69件，经过评选共产生一等奖8件；二等奖12件；三等奖22件。②第四届居室美化环境月活动。活动以“安全、健康、绿色、人文”为主题，全校共有611间宿舍经过各楼委会的自评参加社区中心的评比，经三天的验收评比最终产生8号、10号、11号、北研和中蓝女生区5座优胜楼、9间百分特优宿舍，141间优秀宿舍和426间奖励宿舍。③“社区党员承诺活动”。围绕保持共产党员先进性教育活动，社区党员发出了“永葆先进本色，营造和谐社区”的倡议。随后在全校15个社区公寓楼开展了为期一周的党员承诺签名活动，得到博士、硕士和本科各年级同学的积极响应，共计743名学生党员积极参与，涉及29个学生党支部。④在党员宿舍中开展了创先锋居室活动。经评选55间宿舍被评为“先锋居室”，涵盖校内本科、研究生和中蓝三个社区，初步实现“一名党员带动一间寝室，一间寝室带动一层寝室，一层寝室带动一幢公寓，一幢公寓带动一片社区”的预期效应。此外还有校学生会社区活动部和文化部举办的“绿色先锋，环保宿舍”活动。12月19日，第一届“梦想工大，和谐社区”系列活动在社区才艺展示暨颁奖晚会中结束。

（李承杰　王秀彦）

【勤工助学】 2005年，勤工助学管理中心本着“三结合”教育方针，努力为特困生群体搭建健康成长平台。根据“经济资助是手段，培养教育是根本”的工作宗旨，对特困生进行多方面的帮助。到2005年底，在册特困生1 200人（含本科与研究生），占全校学生总数的8.0%。中心在总结前一年工作的基础上，针对新的现实情况进一步完善特困生“三结合”帮助体系，即经济资助与精神激励相结合，思想引导与心理疏导相结合，真情关爱与实践锻炼相结合。

“经济资助与精神激励相结合”，主要包括学校实施的为贫困学生解决经济困难的六大措施。①助学奖学金：设有贫困学生专项奖学金5项，学生获奖人数为289人，占总人数的24%，助学奖学金总额为29.64万元。②国家助学贷款：学校与北京银行建立了贷款合作关系，分两批为166名学生办理了助学贷款，贷款总额为76.7万元。贷款学生占总人数的13.8%。③勤工助学：2005年安排校内岗位490余个，800余人次的临时岗位，资助总额为54.6万元。派出校外岗150个，派出家教360人次，受益学生为1 800人次。④减免和缓交学费：为2005级95名学生办理了学费缓交手续，缓交总金额为44.27万元，为75名学生减免学费21.47万元。⑤困难补贴：发放各类补贴52.07万元，本科贫困生受助面达95%。⑥社会资助。本年度有社会团体和个人助学项目10余个，405名学生获得了40.35万元的社会资助。通过上述六项措施基本上满足了对特困生经济上的支持。中心在做好经济资助工作的基础上，2005年将工作重心转移到贫困生思想教育方面。培养他们积极向上、自强自立、诚信负责、回报奉献的精神。开展“爱校护校奉献回报”系列公益活动，组织“迎奥运，强身健体”拔河比赛和精华棋艺大赛，开展“直面人生、自强不息”为主题的征文比赛。在为2003级研究生白血病患者韩兵兵捐款活动中有382名贫困生捐款3 862元，9月15日举办全校贫困生“庆中秋迎新晚会”，此外开展了由22个教工党支部与特困生手拉手携手共建活，12月8日，召开2004至2005学年总结表彰大会，鼓励全校贫困生争创佳绩。

“思想引导与心理疏导相结合”，以“绿色通道”迎新生，高年级特困生同学自愿组成志愿者服务团，陪同新生办理入学手续，共接待新生209人。中心为95名本科新生缓交学费44.27万元，为27位同学资助被褥27套，为27名研究生新生缓交培养费27万元。北京电视台经济频道对北工大“绿色通道”进行现场采访与报道。中心还组织贫困学生到“平西抗日烈士陵园”进行革命教育，激励同学们自立自强、刻苦学习；组织内地新疆班特困生参观“居庸关长城、北京明皇宫”激发他们爱国主义情感；每逢新疆同学的民族节日，召开茶话会，了解他们所思所想，缓解他们思乡之情。通过家访发现因家庭变故贫困生所产生的封闭自己等心理问题，中心举办心理咨询活动，缓解学生的心理压力。

“真情关爱与实践锻炼相结合”，在放假期间，中心为留校特困生组织丰富的文娱活动；积极组织特困生同学参加各类社会实践活动。通过与100余家公司合作，为广大贫困生同学在社会上拓展兼职岗位。中心对派出的兼职同学，既严格要求学生遵守工作纪律，勇创佳绩；又在工作前做好充分调研、周密部署，保证学生利益不受侵犯。

（王春明 王秀彦）

【心理咨询】 2005年，心理咨询个案890例，测试预约、回访210例，各类问题比例与往年咨询情况相似。值得关注的是，抑郁症的发生和咨询有所增加，呈现上涨趋势。

2005年开办九期团体心理辅导班：自信心训练、两性人际交往辅导、情绪管理心理辅导、心理成长训练辅导以及新生大学生活适应心理辅导班。参加培训约220人，每期有4次辅导，每次2～3小时，集中解决专题性问题。在学生各层次活动中，向学生开出各类讲座三十余场次。为新任学生辅导员、班主任和团干部进行心理知识培训数场。

4月，对2003级心理委员网络以学院为单位进行进一步培训，学习沟通技巧和操作方法，使他们在具体工作中具备正确的基本交流能力，以启动心理委员们的工作。5月，建立由180人组成的2004级心理委员网络，三次培训约500人次。11月，建立2005级心理委员网络，培训工作也转为课堂学习，即在第二个学期专门开设心理委员的培训课堂，使得培训工作走入正轨，更加知识化、系统化，也为心理干预机制的运转奠定了良好的体制和教育基础。为了更好地建立和运行网络，每月一次定期召开各学院负责心理工作的教师座谈会，沟通情况和信息，研讨制度、工作规律、制定章程，摸索经验；同时加强专业知识培训，介绍心理基础知识、分析讲解个案，使他们在工作中率先提高能力，组织、协调学院的心理委员工作；制定心理委员的职责，以便工作中统一要求和操作。各学院的工作也开展起来，环能学院始终坚持对心理素质教育的重视，组织本学院的心理委员观看心理电影，交流观后感，提高对心理问题的认识；建立学院的心理工作网站和心理按摩室，积极调动学生的积极性，使学院的心理工作始终走在前面。经管学院的心理小品大赛，由该学院2005级新生承办、参与，囊括了大学生在校园中的诸多心理问题，有着很好地参与性和知识性，是心理危机干预网络的自我教育和运转的重要方式方法。数理学院从新生入学就尝试有步骤地加强心理素质的培养，用专题小组活动把心理素质的教育融入学生思想政治工作，使思想工作更加具实效性。学院的工作既为校园心理危机网络的运转提供有力的支持，也为中心工作提供了前所未有的可资借鉴的经验。

学生心理健康协会为了使心理知识的宣传更加普及，于4月中旬承办了“快乐心理进社区”的活动，在中蓝社区开设了“心吧”，每周两次活动，为同学们又提供了一个心理“聊天室”，起到了“课外咨询室”的作用。4月，与红十字总会共同举办“心灵阳光工程”校园心理讲座，由美国华盛顿大学教授做“男人来自金星，女人来自火星”、“他人眼中我为谁”两期心理讲座，400余人到场聆听讲座。

5月，心理咨询中心的网页——“心灵点点通”正式开通，网页开设有心理知识、心理测试、心理自助、心灵休息园、成长笔记、心理信箱、心理论坛等8个栏目，开展网上心理咨询和心理互助，成为全校师生了解心理知识、交流心理问题的一个窗口。

10月，开通2005级新生入校网上心理普查工作。首次在校园网络中开展心理普查工作，工作进展顺利，信息反馈快，效果良好，为今后心理普查工作网络化积累了经验。共有2 786名本科生和1 162名研究生参加测试。测试结束后，心理咨询中心集中时间和人力，对其中分值较高的和选择相关问题的人做了重点的预约回访，排查心理问题状态，访谈约200人。其中，主要是进校以来的学习、专业、宿舍人际关系及个人发展需求的大学适应心理困惑，约有五分之一的人有不同程度的心理问题，应该在今后的学习生活中，逐渐得到咨询和解决，提高心理素质的水平。

11月，举办第十二届大学生心理健康宣传月。针对近年来大学生中抑郁症增加的趋势，将宣传月的主题定为——关注心情。主要活动有：①专家讲座。贺淑曼教授为同学们做题为“爱的智慧”的心理讲座。②心理健康问卷。由环能学院设计、发放、回收、评审的心理健康问卷，参与人达900人，通过问卷使学生了解更多的心理知识。③心理征文活动——关注心情。④心理电影赏析。数理学院举办了两场心理电影的赏析。⑤心理小品大赛。经管学院承办，学生自导自演的小品充分反映了学生对心理问题的认识和接纳，有些还很有艺术特质。⑥小组心理活动辅导——“共同走过”。以大一新生的大学适应教育为目标，在经管学院、机电学院、环能学院、建工学院分别开设了小组活动。在小组训练中，以参加过专门培训的心理辅导教师为主持人，设计了生活适应、建立目标、个人成长的整套活动方案，为探索新生教育的新途径提供了经验。⑦向2005级本科生、研究生新生发放《学生心理健康指南》；发放有关抑郁症的各种印制宣传资料5 000余份。

（阮 玲 王秀彦）

【安全工作】 大学生安全教育工作是指关于大学生在校园中生活、学习、工作时，涉及防火、防盗、交通、治安及心理疾病等产生的隐患所致的安全问题的宣传教育防范工作。

3月，学生处根据《北京工业大学处置突发事件预案》的精神，坚持“安全第一，预防为主”的基本方针，完善安全应急预案制度、安全事件零报告制度、学生班级安全员制度以及重大活动安全备案制度。

3至9月，继续加强对禽流感监控。期间，充分发挥零报告制度的积极作用。从学院安全工作主管领导到各班安全员每天的信息登记和通报使得学校主管部门及领导能够掌握第一手资料和信息。制度的建立保障了学校和学生之间安全信息的畅通。

4月，学生处按照应急预案制度要求，对学生系统所有涉及学生安全的单位和部门进行安全隐患整治后调查，确认整治措施到位情况。①学生宿舍楼都有应急预案，确定1号、10号、11号宿舍楼和礼堂为安全防范重点单位。②所有宿舍楼门装为电磁门；每个楼层安装紧急疏散图；消防器械更换和补充；礼堂舞台电路系统改造；增加自行车放置架，保持消防通道畅通。③继续执行重大活动备案制度。所有开展100人以上活动的单位要向学校综合治理与突发事件处置办公室、学生处和保卫处提交活动备案表。备案表要说明活动具体时间、地点、安全隐患分析及发生紧急情况时的防护措施以及活动负责人等。

5月，继续加强班级安全员队伍建设。安全员是否称职，是否及时上报学生日常安全隐患和发生的事故，使主管部门能够及时采取措施解决问题至关重要。学生中安全事故的防范需要安全员同学灵敏的安全意识和解决安全隐患的技能。班级安全员制度的建设使学校从多方面遏制了安全隐患的发生。

学生处会同保卫处召开全校各班300多名安全员工作培训会。对安全员从工作性质、工作纪律、工作职责及安全员必备的安全知识和安全意识进行强化训练。党委副书记冯培到会并从现代数码科技生活带来的启示、安全需要同学们彼此支撑、安全是一种社会关系、安全更是一种生活细节、安全意识需要共同警惕和关注等几个方面对大学安全工作作了精辟的演讲。保卫处专业干部和劲松交通中队干警就消防、交通和社会治安等方面，用案例分析形式对学生进行培训讲解。培训会后，安全员观看华威消防中队消防车消防实战表演，每个学生安全员亲自操作手持灭火器，体验其使用特点。

针对校园内外学生经常发生的很多违纪事件，加强学生校规校纪宣传教育显得非常必要。为此，学生处编辑完成《警钟长鸣——北京工业大学学生违纪案例汇编》，内容涉及学生在校园内外学习、工作、生活等方面涉及的违纪案例。通过事件的描述、当事人的检查和编者的案例分析，起到宣传教育学生的作用。入学之初，新生人手一本《北京工业大学学生校园安全手册》和《警钟长鸣——北京工业大学学生违纪案例汇编》，使新生快速了解学校学习生活特点、适应新环境。

10月，学生处和保卫处联合召开2005级81名安全员及部分专职辅导员安全教育培训工作会。对新生安全员进行安全知识和安全意识及防范技能培训。并结合实际情况，把理论学习与技能培训相结合，保卫处安排专业人员陪同新生安全员在信息楼侧面广场开展消防实战演习灭火训练。

11至12月，在新生中开展安全教育主题班会活动。2005级各班在本班安全员的主持下召开班会，通过此项活动强化学生安全意识，增加安全知识。安全员带领同学们学习《北京工业大学校园安全手册》，观看安全事故录像等，做班会记录，写班会小结，统一交学生处备案。

（徐刘宏　王秀彦）

【能力素质教育】 2005年3月，学校批准将“学生处学生能力素质拓展中心”更名为“学生处学生能力素质教育中心”，简称“素质教育中心”。

素质教育中心按照学校和学生处的总体工作部署和安排，坚持“架构能力素质教育平台，铺设成长成才成功之路”的宗旨，充分发挥礼堂的资源优势，不断为学校各部门做好服务工作，在服务中管理好礼堂，做到安全使用，热情服务，在服务中不断创新。

素质教育中心除服务和接待学校各部门、学生社团在礼堂举行的会议、典礼、文艺演出外，还积极与校外优势资源联合，继续开展有益于提高学生能力和素质的培训课程、定期播放英文录像。

拓展中心日常管理工作包括：礼堂的具体安全管理；灯、光、电等设施设备的管理和维护；工作人员思想教育的管理和培养；会议、讲座、演出、典礼等学校各部门重大活动举行时礼堂布置和使用管理，以及活动之后的安全和卫生管理；进一步将工作细化和责任化，落实到人，尝试A、B角色岗位互换，继续落实礼堂的使用和申请程序，制定礼堂使用安全预案。

5月和11月的周日，配合校党校举办第38期和39期党课学习，每期1 000人。7至12月在礼堂先后举办先进性教育动员大会、阶段转换大会，总结大会，并进行现场直播，同时开设7个分会场进行网上直播。在礼堂举行了2005届毕业生毕业典礼、新生入学典礼、入学教育、本科生和研究生奖学金颁奖典礼。12月1日，在礼堂举办工会、学生处、生命学院共同承办的“艾滋病日晚会”。2005年与“北京博学堂科技发展有限公司”继续举办微软计算机、摩托罗拉无线网络工程师的计算机培训课程。

2005年经过调研和论证，经审批进一步对礼堂进行二期改造，经北京市政府、市财政局审核同意，经市政府采购办采取招标方式，确定了大兴星光电影视设备安装公司对礼堂进行二期工程改造。工程从7月10日开始，8月20日完工。具体改造内容：礼堂二层音响扩声系统；舞台灯光更换；二层坐椅更换；投影设备增加安装；一、二层墙壁防火吸音。完工后由学生处、国资处、保卫处、施工单位以及外请专家验收合格，11月，通过校外单位审计。

（季景书　王秀彦）

【学生工作信息化建设】　2005年，学生处继续加强信息化建设步伐，通过信息化建设为学生处各项工作提供便利。

为更好地加强对学生工作信息的维护和更新，导入新生数据2 000余条，并根据实际情况对原有数据进行更新。

继续加强网站建设、维护、更新，通过增加文档下载、处分奖励公示等模块，丰富学生处网站的形式和内容。

注重网站的新闻功能，鼓励各学院在网站上发布工作信息，强化学生处网站的宣传功能。2005年，学生处网站发布新闻数量超过300条。

调整和完善奖学金评定系统。根据上一学年学生成绩数据，进行筛选处理后，导入数据库；同时，根据新的奖学金评定规则和国家英语四级考试新政策，对奖学金评定系统进行调整和测试；在奖学金评定期间，学生处使用奖学金评定系统，完成2004～2005学年奖学金评定中的成绩运算工作，并根据需要将运算结果发给各个学院，供各学院筛选和评定。

3月，学生处自主开发新生校纪校规在线考试系统，汇总和整理各部门所提供的校纪校规考题，构建新生入学教育在线考试系统所需的题库，并于9月在软件学院新生中试运行，对系统进行全面测试。同时学生处还通过该系统生成了2005～2006学年新生入学教育考试笔试试卷及补考试卷。

2005年学生处将此前第二课堂学分认证工作的进展和基本情况做了汇总和统计，并对第二课堂学分认证工作进行修订。

（张慧涛　王秀彦）

【参加首届大学生艺术展演】
2005年1月，北京市教委为全面推进首都高校素质教育，展示大学生艺术教育改革和发展成果，在全市开展了“首届北京大学生艺术展演”活动。北京工业大学参加了此次比赛。

周密准备展演。学生工作部、校团委以及人文学院合作，成立“首届大学生艺术展演比赛——北京工业大学组委会”，全面负责展演活动的宣传、指导、后勤保障、安全防范等工作。结合学校开展的“成长、成才、成功”的主题教育，组委会为每项艺术作品类比赛项目安排了具体的活动日程和参赛要求。为将参加艺术表演类的学生团体的状态调整到最好，3月23日，学校为参加此次展演活动的作品安排专场演出。

按要求上报展演作品。向北京市教委上报艺术表演类作品共6件，其中交响乐类作品1件，小合唱类作品2件，大合唱类作品2件，舞蹈类作品1件；艺术作品类共12件，其中书法类4件，篆刻类1件，绘画类1件，摄影类6件；艺术教育科学论文类作品共4件，其中交响乐类1件，舞蹈类3件。

展演喜获丰收。包括大合唱一等奖、小合唱一等奖、舞蹈一等奖、管弦乐合奏二等奖、小合唱指导教师奖、大合唱指导教师奖、舞蹈指导教师奖、摄影二等奖(2人获奖)、教育科学论文一等奖(1篇)、教育科学论文二等奖(2篇)、教育科学论文三等奖(1篇)。其中艺术表演类作品中的小合唱和舞蹈在全国艺术展演的比赛中均荣获全国一等奖。

（张易农　王秀彦）

工会、教代会工作

【概况】　2005年，工会工作以科学发展观为指导，突出维护职能，把握工会工作的定位和基本方向，“以人为本”，关注广大会员切身利益，调动广大教职工的积极性，努力促进教职工队伍的和谐发展。2005年，参加“首都高校教职工队伍状况”问卷调研工作，调查主要内容为高校教职工的工作状况、思想状况、生活状况、身心健康等方面，参与调研人员150人。组织150位青年教师，参加北京高校青年教师住房情况专项问卷调研工作。按照女工委员会的决议，实施“关于新时期高校女性教职工素质、形象问题的研究”，组织全校1 500名女教职工参与问卷调查。组织“北京工业大学青年教师思想状况”的问卷调查。先期基础调查问卷发放约380份，结合调查问卷组织召开青年教师调研座谈会。开展劳务工人员入会问题的探索与研究，制定“劳务工人会的暂行办法”。

以“改革、发展、参与、帮扶”为主题，维护教职工的合法权益，把“群众利益无小事”作为维护的基本点，搭建交流沟通的桥梁，组织召开美景东方购房情况通报会。

根据教代会代表提案《购买翠城的广大职工交通问题》，工会与后勤管理处沟通，重视教职工的呼声，开通班车使问题得到解决。

“献手足情、暖职工心”，工会关注困难群体，维护职工利益，实施送温暖工程，2005年，组织两节困难职工慰问，发放慰问金15.3万元，全年困难职工的档案建立及慰问金2.8万元。2005年，办理教职工安康保险637人，共计人民币566.2万元；女职工安康保险548人，共计人民币22 740元。组织1 200名女职工体检。

（曹晓愉　张秀华）

【获奖情况】 7月，校工会组织参加中华全国总工会教科文卫体工会举办的优秀师德论文评选活动，提交论文10篇，其中人文社科学院王明友《从以人为本的高度进行师德建设的几点思考》一文获三等奖，校工会刘显武《高校中层部门联合开展师德建设工作的探讨》、陈颖军《对当前师德建设的一点思考》获优秀奖。

2005年，校工会陈颖军《对工会“组织起来、切实维权”理念的理解和认识》、建工学院卢清国《人事争议在新时期聘用劳动关系中的沉淀与凸现》两篇文章获北京市教育工会年度优秀论文三等奖。

（张秀华　陈颖军　曹晓愉）

表11-2　北京工业大学工会工作2005年获市级以上奖励一览表

序号	获奖名称	获奖单位或个人	授予单位	获奖时间
1	北京市教育创新优秀成果	人文学院	北京市总工会	2005年2月
2	北京市教育创新标兵	沈兰荪	北京市总工会	2005年2月
3	北京市教育创新标兵	余跃庆	北京市总工会	2005年2月
4	北京市教育创新标兵	吴宝晶	北京市总工会	2005年2月
5	北京市教育创新标兵	曾　薇	北京市总工会	2005年2月
6	北京市先进工作者	霍　达	北京市总工会	2005年5月
7	北京市模范集体	材料学院	北京市总工会	2005年5月
8	全国模范职工小家	人文学院	全国总工会	2005年9月
9	全国优秀工会工作者	张秀华	中国教科文卫体工会	2005年12月
10	北京市三八红旗手	李寿梅	北京市总工会	2005年12月

【建家验收工作】 2005年，工会组织建家验收、复验升级。组织教育创新标兵、教育创新工程优秀集体、优秀成果奖和工会创优项目评审。

表11-3　北京工业大学2005年建家验收获奖项情况

序号	获奖名称	获奖单位或个人	授予单位	获奖时间
1	北京工业大学教育创新优秀成果奖	人文学院毛泽东思想概论教研室	北京工业大学工会	2005年1月
2	北京工业大学教育创新优秀成果奖	人文学院德育教研室	北京工业大学工会	2005年1月
3	北京工业大学教育创新优秀成果奖	机电学院机电控制学科部	北京工业大学工会	2005年1月
4	北京工业大学教育创新优秀集体	研究生部	北京工业大学工会	2005年1月
5	北京工业大学教育创新优秀集体	环能学院水污染控制研究室	北京工业大学工会	2005年1月
6	北京工业大学教育创新标兵	沈兰荪	北京工业大学工会	2005年1月
7	北京工业大学教育创新标兵	余跃庆	北京工业大学工会	2005年1月
8	北京工业大学教育创新标兵	吴宝晶	北京工业大学工会	2005年1月
9	北京工业大学教育创新标兵	曾　薇	北京工业大学工会	2005年1月

（张秀华　曹晓愉）

【大型活动】 庆祝“三八”节活动。配合人文奥运、校园精神文明建设，3月8日，工会组织“三八”校园文明礼仪展示竞赛活动。编辑《校园文明礼仪知识》、《文明礼仪小品》。组织“百灵杯”卡拉OK比赛，乒乓球团体、个人单打比赛等活动。

举办全校第三十一届教职工

田径运动会。4 月 20 日、23 日参加比赛的教职工运动员总数 758 人、1 275 人次。开幕式由 100 名教职工表演"太极球"，展示了教职工风采。运动会获团体总分奖前八名单位：校直机关、实验学院、数理学院、电控学院、后勤集团、机电学院、激光院、人文学院。体育道德风尚获奖单位：软件学院、材料学院、环能学院、校直机关、继续教育学院、机电学院。

教职工工间操倡导活动。9 月，校工会在教代会代表的提议下，与党委宣传部、人事处、教务处、体育教学部等部门共同在全校教职工中发出倡导、强化、普及教职工工间操活动的倡议，并于 9 月 7 日中午在校礼堂前广场举行工间操倡议活动启动仪式。副校长蒋毅坚及主办部门相关领导与来自各部门工会的 100 余位工会干部和教职工代表到场。现场发放倡议书、第六套广播操图解及光盘磁带，全场齐做广播操，营造了大众健身氛围。

庆祝第二十一届教师节"园丁颂"文艺演出活动。9 月 9 日，举行庆祝第二十一届教师节"园丁颂"文艺演出，演员约 200 人，到会教职工约 800 人。整场演出分"辉煌历程"、"美好今天"、"灿烂未来"三个部分，离退休教职工、在职教职工、学生文艺团体同台汇演。"园丁颂"首次通过校园网现场直播。北京建设银行赞助了赠送参会教师、全体演员的纪念礼品。

（刘金兰　陈颍军　曹晓愉）

【公益捐款】　1 月 7 日，工会、校团委、学生会共同组织"弘扬中华民族传统美德，奉献国际人道主义爱心"北京工业大学印度洋海啸事件救助受灾国爱心援助活动，收到捐款 120 184 元。12 月 24 日为安徽灾区人民捐献被褥及各种衣物总计 5 432 件、273 包。响应北京市工会"献手足情、暖职工心"号召，建立困难职工基金，捐款 53 178 元，在北京教育工会备案在册的 69 所高校中北工大名列第二。

（李占军　曹晓愉）

【召开五届教代会第四次会议】北工大第五届教职工代表大会第四次会议于 2005 年 3 月 25 日至 4 月 13 日召开。大会的主题是：以科学发展观为指导，深化管理改革，盘活校内资源，提高办学质量，推进我校内涵式发展。会议期间，代表们认真听取并讨论了校长范伯元作的工作报告、党委副书记张毅刚作的教代会常设主席团工作报告和吴国蔚作的提案工作报告；审议《北京工业大学校院两级人事管理实施办法（征求意见稿）》、《北京工业大学校院两级财务管理实施办法（征求意见稿）》、《北京工业大学公用房管理办法（征求意见稿）》及其附件。

大会共收集提案 94 件，代表批评建议 8 件。6 月 8 日，学校第五届教代会第四次会议提案交付承办会在逸夫馆报告厅举行。党委书记孙崇正、党委副书记冯培、张毅刚，副校长张泽、侯义斌、蒋毅坚出席。提案承办方校两办、人事处、教务处、组织部、宣传部、校工会、学生处、后勤管理处、后勤集团、信息处、国资处、财务处、校医院、保卫处、离退休管理处、招生就业处等 18 个部门负责人，提案工作专门委员会委员，教代会各专门委员会主任，教代会代表组组长等到会。这次提案交付承办会是北工大首次通过现场交付形式进行提案办理。

（刘显武　曹晓愉）

【二级教代会工作】　《中共北京工业大学委员会关于建立健全二级单位教职工代表大会制度的意见》（工大发〔2005〕6 号）于 2005 年 7 月 8 日印发。文件为学校二级教代会工作的开展提供制度保障。数理学院、电控学院、材料学院、环能学院四家单位先后召开第一届教代会第一次会议，建立二级教代会制度。

（刘显武　曹晓愉）

【举办青年教师教学基本功比赛】北工大第五届青年教师教学基本功比赛于 2005 年 9 月 28 至 29 日举行，来自全校各教学单位的 46 名优秀青年教师参加了比赛。孙崇正、蒋毅坚等校领导亲自到场观摩、指导。比赛由校工会、教务处、人事处共同组织。叶红玲、赵晓华、靳晓东获一等奖；宇慧平、徐萍萍、胡斌、张国珍、汪友生、姚爱军、刘宏涛、涂小琼获二等奖；12 人获三等奖、23 人获鼓励奖。曾薇、赵晓华、叶红玲、刘宏涛 4 名教师被评为 2005 年"教学新星"，建规学院、经管学院、环能学院、电控学院、外语学院、实验学院、建工学院、继续教育学院获优秀组织奖。本次比赛通过校园网进行网络直播。

（刘显武　曹晓愉）

【第六届青年教师委员会】　12 月 7 日，青年教师代表大会召开，选举产生北工大第六届青年教师委员会。主任：王大勇；副主任：栗卓新、陈莎；教学工作部负责人：于唤洲，成员：陈莎、彭良雪、张俊英；科技工作部负责人：乔俊飞，成员：栗卓新、肖创柏；宣传教育部负责人：魏爽，成员：王大勇、陈永胜、孙宝岐；文体生活部负责人：韩新军，成员：张淑红、窦宝松。

（刘显武　曹晓愉）

【青年教师队伍建设工作】　(1) 组织参与教育部举办的第五届全国多媒体课件比赛，机电学院赵京的《数字化齿轮连杆机构》获得二等奖；人文学院丁云等的《毛泽东思想专题》、建工学院陈超等的《空气调节》、建规学院张建等的《集合住宅》三个课件获得三等奖；九个课件获优秀奖，北工大获得优秀组织奖。

（2）校工会、校青年教师委员会于11月4日组织以“缅怀英烈、支教助学”为主题的北工大青年教师社会实践活动，赴董存瑞的故乡河北省怀来县学习考察。参加活动的有青年教师、青年教师委员会的部分委员、部分部门工会的青年委员。

（3）联合体育部、校医院继续开展中青年教师“康体工程”工作，对教职工136人次进行体质健康抽样检测，并撰写分析报告。

（刘显武　曹晓愉）

共青团(学生会)工作

【概况】 共青团北京工业大学委员会按照四级校团委、院团委、基层团支部、团小组管理体系运行。共青团北工大委员会起着指导和监督各级支部的作用，校团委设书记一名、副书记两名，有行政办公室、组织部、宣传部、社团部、信息部、团刊部、科技实践部、社会实践部。

9月，正式开通共青团北工大委员会网站。网站开设图片新闻、共青团新闻、基层风采、志愿服务、素质拓展、文件下载等版块。为开展各类团学活动提供了网络平台。

11月，为配合共青团北京市委以及团中央关于加强高校共青团员的意识教育活动有关精神，在电控学院、环能学院、生命学院、材料学院和实验学院中首先启动增强团员意识教育活动。主要有“团魂”知识竞赛活动、“乘着歌声的翅膀，重温动人的音符”、“让榜样的力量在青年团员中传播”论坛、“燃烧青春，迎接奥运”主题团日以及《团旗下的青春》征文大赛等活动。北工大电控学院团委获得北京市增强团员意识教育活动基层先进单位。

（姚振琦　高　原　邱晓飞）

【思想政治教育工作】 2005年，进一步推进以“成长、成才、成功”为主题的教育活动。以基层支部为单位制作宣传展板，展示各支部的精神风貌。

4月11至27日，举办北工大2005年团校培训，320余名学生干部报名参加。团校以“放飞成长的翅膀，拥抱成才的梦想，抒写成功的辉煌”为题，开展专题讲座、人物访谈、影片鉴赏、学生座谈以及能力挑战等一系列教育交流活动，同时开展网络教学。

10月，配合45周年校庆在校内开展杰出青年校友评选活动，举办了“灿烂阳光下”校庆文艺演出暨杰出青年校友颁奖晚会等两场演出。2005年第十六届“闪光支部、青春风采”活动加入了素质拓展内容，增强了各支部的凝聚力，培养了支部同学团结向上的精神。坚持开展“优秀支部”、“标兵支部”的评选活动，产生97个优秀支部，其中16个支部被评为标兵团支部。

成立共青团北工大委员会学生记者团，共向校内外发布新闻100余条。编发团刊《火种》3期，《团学快讯》6期。对校内现有学生刊物进行重新登记注册工作，规范学生刊物的出版与发行。

（高　原　董　静　邱晓飞）

【学生社会实践】 2005年，校团委坚持以“走出校门，面向社会”为宗旨，继续与周边单位开展“大手牵小手”、“大学生走进中学”等主题多样、丰富多彩的精神文明共建活动，加强区校共建，建设学习型社区。建立学生社会实践基地19个，开展了效果显著的学生社会实践活动。

2005年，学生暑期社会实践活动完善学生社会实践工作项目化制度，坚持“受教育、长才干、做贡献”的原则，鼓励“特色实践”，突出“精品意识”。暑期社会实践活动分为德育教育类、科技调研类、支农支教类、志愿服务类和挂职锻炼类5大类。5支重点团队，16支小分队共计23支团队，4 000余人次参加，共计支出经费10万余元。9月26日和10月31日，暑期社会实践活动分别以两场报告会的形式与广大师生进行交流，并对参与团队及个人进行评比，给予嘉奖。

在2005年首都大学生暑期社会实践活动评比表彰中，北工大被授予“2005年度首都高校社会实践先进单位”和“2005年度大学生社会实践首都贡献奖”。“重走长征路，重温长征魂”暑期社会实践团队、新希望支农调研团团队、三峡调研团团队、北京市各大公园水质调查实践团队、计算机IT志愿服务团队、农民收入调查团团队、赴福寿老年公寓实践团团队、科技先锋进社区学生实践团团队、井冈山调研实践团团队在首都高校社会实践工作中被评为2005年度首都大学生社会实践优秀团队。

经管学院副教授杨松令、环能学院分党委副书记高春娣、建工学院团委书记张晶荣获2005年度首都高校社会实践先进工作者称号。

（董　静　邱晓飞）

【素质教育项目化管理】 结合学生工作系统“成长、成才、成功”主题教育，探索具有工大特色的学生素质拓展活动，将项目化管理继续深入拓展到全校学生活动中，2005年立项19项，其中一级项目 7 项，二级项目 12 项。

表 11-4 共青团北京工业大学委员会 2005 年素质教育项目化管理一级项目

项目编号	学院名称	项目名称
2005—I—1	计算机学院	2005 年第四届“先锋杯”程序设计大赛
2005—I—2	经管学院	第二届“工大·经管”杯英语大赛
2005—I—3	实验学院	实验学院第二届科普月
2005—I—4	建规学院	北京工业大学第六届设计大赛
2005—I—5	建工学院	“创新杯”科技论文大赛
2005—I—6	建规学院	北京工业大学第六届设计大赛
2005—I—7	数理学院	第一届物理实验竞赛

表 11-5 共青团北京工业大学委员会 2005 年素质教育项目化管理二级项目

项目编号	学院名称	项目名称
2005—II—1	计算机学院	“我的工大心”Photoshop 设计大赛
2005—II—2	计算机学院	迎校庆学生科技实践获奖作品系列讲座
2005—II—3	外语学院	红星闪闪—党建带团建知识宣传
2005—II—4	外语学院	外国语学院院徽征集活动
2005—II—5	经管学院	“经管杯”话剧小品大赛—“心”的启程
2005—II—6	经管学院	模拟面试大赛
2005—II—7	实验学院	实验学院第二届科普月
2005—II—8	材料学院	增强意识、提高能力—团员意识教育
2005—II—9	环能学院	“乘着歌声的翅膀，重温动人的音符”—团歌合唱比赛
2005—II—10	生命学院	培养服务社会意识—生命学院加强组织建设、增强团员意识教育活动
2005—II—11	实验学院	增强团员意识教育、我为团旗添光彩
2005—II—12	电控学院	增强意识、健全组织、活跃工作—电控学院加强组织建设、增强团员意识教育活动

（姚振瑀　邱晓飞）

【志愿服务活动】 2005 年，校团委对各学院志愿服务团的申报、注册、管理进行了统一认证审核。全校共注册阳光志愿服务分团 14 个，招募志愿者 2 500 人，完善志愿服务工作流程。6 月 30 日，北工大奥运志愿服务总团正式成立，志愿服务体系已基本搭建成功。

配合校庆四十五周年活动，阳光志愿服务总团 350 名志愿者完成校庆接待、大会服务、餐厅服务、雕塑礼仪、校史展宣传、大门问讯处等工作。

志愿服务总团志愿者参加“赤诚献奥运，净水献首都”高校联合植树活动、“关爱弱势群体，促进和谐发展”——北京青年学生先锋论坛分论坛等重大活动。

（董　静　邱晓飞）

【社团活动】 2005 年，北工大社团管理委员会工作步入正轨。共注册学生社团 62 个。5 月，举办了主题为“社团、校园生活最强音”的北工大第四届社团文化节。共青团北工大委员会获北京市 2005 年度学生社团工作先进单位，先锋实践社获北京高校学生优秀社团，并评选出校级优秀社团 15 个。

9 月，三大艺术社团（合唱团、交响乐团、舞蹈团）纳入校团委管理和指导，团委指派专人负责特长生的招生和宣传工作。在保持社团在构建厚重校园文化的投入，提高社团对于校园文化建设的有效贡献方面进行专题讨论和规划，努力扩大三大艺术社团、理论研究社、青棕榈话剧社等文化艺术社团在学校中的影响力。

（高　原　邱晓飞）

【学生科技活动】　2005 年，第六届星火基金项目的申报，共申报作品 69 项，立项 50 项，其中重点项目 16 项。申报作品涵盖十个学科类别。第七届“21 世纪杯”北工大学生课外科技论文竞赛，114 份作品参加竞赛。

推荐 20 件作品参加首都第三届“挑战杯”课外科技作品竞赛，共获特等奖 1 项，一等奖 1 项，二等奖 8 项，三等奖 7 项。两件作品参加全国第九届“挑战杯”课外科技作品竞赛，2001 级本科生刘勋的作品《运用 SCI、EI 评价高校科学技术水平的研究》获全国三等奖。计算机学院放飞技术网在微软“创新杯”软件开发大赛渲染技术专题中再次获得全球总冠军；学生在多项竞赛中获得优异成绩，其中有软件设计专题全球季军；逻辑算法专题竞赛世界前六；全国大学生广告艺术大赛“中凯杯”北京赛区二等奖 2 项、三等奖 6 项、入围奖 8 项；微软“创新杯”软件大赛全国冠军；第十四届广告金犊奖竞赛获奖；CSIDC 2005 年度国际设计竞赛进入全球前 10 名；第一届全国大学生结构设计竞赛三等奖；2005 年全国大学生英语竞赛北京市一等奖 2 名，二等奖 6 名，三等奖 12 名；第六届全国机器人足球锦标赛第三名。

10 月，为庆祝学校四十五周年校庆，展示工大学子在科技创新方面的风采，在逸夫馆举办了学生优秀课外科技作品展，来自机电学院、电控学院、建工学院、数理学院、计算机学院、软件学院、材料学院、生命学院、经管学院、人文学院、建规学院、外语学院等 14 个学院的实物作品 55 件，展板 110 块，22 篇已发表的论文参加了科技展。市教育工委书记朱善璐及部分校领导参观了科技展并提出了宝贵的建议。

（甘军宁　郑晓飞）

【学生会概况】　北京工业大学学生会成立于 1965 年，现有学生会会员 12 000 余人，学生会干部 217 人。2005 年学生会下设十个部门：办公室、公关部、权益部、社区工作部、社区文化部、生活部、文体部、新闻部、宣传部、学习部。8 月，校学生会举办优秀部门答辩会，十个职能部门全数参加此次答辩，并最终评出四个优秀部门。2005 年初学生会编发《选择》创刊号。

【开展调研活动】　3 月，针对学校九个餐厅涉及管理、发展、服务、满意率等方面工作进行问卷调查。共发放问卷 650 份，统计报告提交给有关部门。

5 月，进行北工大 2004～2005 学年度调研工作。本次调研对象是北工大全体本科学生，共发放问卷 1 762 份，回收 1 692 份，回收率为 96.03%，其中有效问卷 1 644 份，有效回收率为 93.30%。问卷内容涉及试卷查询、教材购买、英语四六级、学习环境以及学校的其他方面内容。7 月，将《北京工业大学 2004 至 2005 学年度调研报告》上报学校校长办公室。

4 月至 5 月，学生会、研究生会在全校范围内进行网络收费制度和额度问题的问卷调查。共发放问卷 483 份，回收 402 份。6 月，向校长办公室、信息处上交《关于学校网络收费制度改革的相关建议》。9 月，协助信息处在知新园二层会议厅组织召开“北京工业大学网络收费制度问题师生交流会”。会议的主要内容是听取各学院的学生代表对目前校内存在的网络收费问题的看法及建议。参加会议的包括北工大信息处处长、副处长、校团委副书记、北工大学生委员会常务委员，以及 23 位学生代表。12 月底，学校信息处宣布校内的网络收费制度改革方案正式试行。

【大型学生活动】　4 月，举办第五届统一“闪亮之星”全国大学生歌手北京东南赛区选拔赛。

4 月至 6 月，学生会在全校范围内举办“我爱我师—我心目中最爱戴的老师”评选活动，共发放选票 3 000 张，最终评选出 20 名“最受学生爱戴的教师”。

5 月至 6 月，北工大校学生会举办包括实验学院在内的十四个学院共同参加的首届“激情五月—活力无限”北工大篮球冠军赛。

10 月 13 至 27 日，北工大学生会与中央电视台生活频道合作，在全校范围内举办“笑声中国”活动，经过初赛、复赛，最终共 11 人入围并前往中央电视台录制节目。

【编撰《北京工业大学学生会志》】

10 月 14 日，《北京工业大学学生会志》（以下简称《会志》）编撰完成。《会志》共分 4 篇、32 章，共计 147 800 字，编写历时一年半。《会志》涵盖了学生会自 1965 年至 2004 年的发展情况，填补了学生会历史资料的空白。

【培训学生干部】　11 月 19 日，共青团北工大委员会、北工大学生会在北工大礼堂联合举办“圣海华夏行——全国巡回大型公益励志演讲暨北京工业大学学生干部培训活动启动仪式”。这次干部培训的主题为“励志改变命运，从此走向成功”的演讲。来自学校各级团委、学生会的近千名学生干部参加了干训活动。《人民日报》、人民网、《中国青年报》、《光明日报》、《北京青年报》、《北京日报》等媒体给予了关注和报道。

【召开第十八次学生代表大会二次会议】　12 月 4 日，北工大第十八次学生代表大会二次会议在知新园一层报告厅召开。会议听取并审议北工大第十八届第一任学生会工作报告，选举李婷婷为北工大第十八届第二任学生会主席。

（董 蕊 任 炜）

保卫工作

【概况】 2005年，保卫处（兼党委保卫部）作为学校维护安全与稳定的职能部门，认真落实中共北京市委教育工作委员会、北京市教育委员会《2005年〈维护高校安全稳定任务书〉》各项工作要求，结合以“三个代表”重要思想和十六届五中全会精神为主要内容的保持共产党员先进性教育活动，以稳定为重点，始终坚持为学校教学科研中心工作和师生员工服务，保一方平安和创造人文、协调、安全校园的宗旨，紧密依靠学校各级党组织、各院部处和全体师生员工，积极配合公安机关，努力做好校园治安、消防、交通、国家安全、安全技术防范、治安综合治理等安全保卫工作，大力开展技防工程建设、安全防范宣传教育与管理，严厉打击校园违法犯罪活动，确保校园安全与稳定。根据“谁主管、谁负责”原则，学校保卫管理继续执行校、院部处、科室（或教研室、班级）三级安全责任制。保卫处直接负责校本部安全保卫工作，对西区继续教育学院、管庄实验学院等分校保卫工作实行指导。

保卫处下设5室1队，机构设置情况见表11-6。

表 11-6 北京工业大学保卫处机构设置情况

机构设置	工作职责与内容
治安管理办公室	案件侦破、查处违规、调解治安纠纷
消防管理办公室	消防器材设备与设施配置维护、火险火灾扑救、隐患检查整改、危险化学品以及放射源安全监督管理
校治安综合治理办公室（兼交通安全管理办公室和外来人口管理办公室）	校内及周边治安环境治理、交通安全管理以及外来人口、施工工地、出租房屋、商业网点、安全生产、公共场所、大型活动安全监督管理
安全防范管理办公室（含监控中心）	安全技术防范系统建设、监控中心运行管理以及安全防范宣传教育
信息综合管理办公室（兼户籍管理办公室和政保管理办公室）	稳定、财务、档案、固定资产、信息、户籍管理以及处内后勤服务
校卫队	门卫、看楼、巡逻以及“2110”出警服务

2005年保卫工作获奖情况：

（1）荣获北京市委教育工委、市教委“北京高校科技创安工作先进学校”和“北京高校科技创安示范工程”称号。

（2）荣获北京市国家安全局“首都维护国家安全先进单位”称号。

（3）保卫处荣立北京市公安局集体嘉奖。

（4）校治安综合治理办公室主任王士甫荣获中央综治委学校及周边治安综合治理工作领导小组“2001～2004年度全国学校及周边治安综合治理工作先进个人”称号。保卫处副处长雷碧莲荣立北京市公安局个人三等功，安全防范管理办公室郝建国、信息综合管理办公室吴宣洁、校卫队职工白金林、张玉祥荣立北京市公安局个人嘉奖。

（吴宣洁 雷碧莲 赵铁庄）

【安全技术防范系统建设】

1. 技防建设

（1）完成第五期工程建设。2005年，保卫处按照北京工业大学科技创安规划开展第五期技防工程建设，完成能源楼、北研楼、南餐厅、校园道路、校门、科学楼周边、幼儿园、西南围墙等部位计视频摄像158点位（普通摄像144点位、云台摄像1点位、红外摄像13点位）、红外/微波报警106点位、联动灯106点位、红外对射22对的建设，并完成技防独立网络和监控中心的改造。工程完工后一次带负载试运行成功，经公安部第一研究所验收合格，并投入正常运转。

（2）截至2005年底，经过五年的建设，按期、圆满完成“北京工业大学2001～2005科技创安规划”任务，一至五期技防工程建设如下：

建立一个集数字化、自动化、集成化、联动化和网络化于一体的监控中心，24小时专人值守，实行五班三运转工作机制，具备一整套完善的管理制度和突发事件处置系统，联动保卫处各业务科室和校卫队，随时出击、应对突发事件。

完成校内103个重点要害部位、146个敏感部位、510个一般部位计视频摄像797点位(普通摄像759点位、云台摄像25点位、红外摄像13点位)、红外/微波报警599点位、联动灯599点位、红外对射27对的建设，仅占设计容量(视频以及报警1 600双点位)的49.81%。由此建立了覆盖学校周界80%区域和全校范围的安全技术防范系统，尚余803双点位的充足容量，为今后学校发展留下充分扩展余地。

建立技防独立专用网络，通过光缆传输视频以及报警信号，运行成本低，保证系统在较长时间内安全、稳定、可靠运行。

工程达到《高等院校安全风险等级与技术防范防护级别》二级以上防护要求：覆盖面积大，装机容量多，协调统一，相互补偿，合理取舍；系统经济、可靠、安全、适用，具备纵深性、均衡性、抗损性；具有极强的科技含量，兼容广、易扩展；技防、物防、人防相结合，探测、延迟、反应相协调。

每期工程在建设完成后均一次带负载试运行成功，并立即投入使用，在维护校园安全稳定工作中发挥出日益显著的作用，彰显出科技创安的巨大效能和广阔前景。累计至2005年底，监控中心自报警380次，接报警187次，派勤222次，为案件侦破提供监控记录计144次51 905分钟。其中23次直接捕捉到犯罪嫌疑人，经过辨认破获案件31起。

学校党政领导高度重视，北工大技防建设设计早、启动快、规划科学、建设连续、施工优质、质量达标、管理规范、成效显著，走在了北京高校的前列。

2. 消防自动报警及灭火系统联网工程建设

保卫处制定《北京工业大学消防自动报警及灭火系统联网建设规划》，其设计思想、原则和目标为：①根据全校具体情况，按照性能、用途、高低、火险火灾发生率、火灾危险性大小以及发生火灾时人员伤亡、经济损失和政治影响程度，将校园建筑楼舍分为ABC三级，分别配备完善相应的消防器材、设备和设施。②改造校内建筑楼已有消防自动报警及灭火系统，建立校园消防监控中心，将不同厂家、不同型号的消防自动报警及灭火系统通过网络、电话或无线方式连接起来进行统一管理。③在3至5年内建设完善校内重点楼消防自动报警和灭火系统并进行联网管理，形成高科技、多层次的校园消防综合防范系统。

表11-7 北京工业大学消防器材、设备、设施配备级别表

级别	消防器材、设备、设施	配备范围	具体场所
A	火灾自动报警系统自动灭火系统	火灾危险性大，发生火灾时易造成群死群伤严重后果、经济损失大、政治影响大的楼舍，以及高层建筑。	如基础楼、礼堂、学生宿舍楼等
B	火灾自动报警系统	重点教学科研楼	如数理楼、信息楼等
C	室内消防栓、灭火器	一般教学科研及服务楼舍	如教学楼1、2等

4月，北京市财政局向学校下拨430万元的消防自动报警及灭火系统建设改造联网一期工程专款，使北工大成为北京高校中第一所开展消防系统联网工作的学校。5月，一期工程正式启动；10月竣工，建立了消防监控中心和消防监控专用网络，改造了信息楼、图书馆、数理楼火灾自动报警系统，新建了机电楼、基础楼、建工楼和环化楼火灾自动报警系统，并通过电话和消防监控专用网络联网。

(吴宣洁 雷碧莲 赵铁庄)

【安全防范管理】

1. 稳定工作

2005年，保卫部认真贯彻落实市委教育工委、市教委《2005年〈维护高校安全稳定任务书〉》要求，以法轮功重点人教育转化和处置突发事件为重点，努力维护校园稳定，确保了“零指标”。

围绕“两会”、“6·4”等敏感期开展摸排工作，加强对法轮功重点人的监控和教育转化，严密监控校园网和网上电视，加大门卫查验和重点要害部位的巡逻、监控力度，严防发生法轮功宣传、串联、闹事、插播等破坏活动和潜在不稳定因素而激发突发事件。全年共12次走访5个院、部、处，找重点人谈话计3人13次，发现并收缴法轮功传单22张、光盘1张，有效遏制了校园内的法轮功非法宣传活动。

全力配合国家安全部门和公安机关，积极开展信息搜集、案件协查、嫌疑人监控等工作。全年共协查案件20起、核查嫌疑人12人次、提供信息60余件、物色特殊人员2人、推荐特殊人员1人、政审100人次、删除网上有害文章2篇。

切实落实《北京工业大学处置突发事件预案》，积极控制不稳定因素，妥善处置突发事件。全年共处理突发事件9起，劝阻闹事、上访人员350余人次，其中对个别闹事人员做思想工作10余次。

2. 消防管理

2005年保卫处继续坚持“以防为主、防消结合”的工作方针，切实完善与改造消防器材设施，加强检查与防范力度，确保未发生火灾。

（1）消防检查。全年通过每日巡查和4次消防大检查，共查出各类消防隐患14处，已全部整改。

（2）消防器材。全年共维修灭火器5 636具，报废灭火器163具，增补灭火器971具，为28个单位配备灭火器箱610个。

（3）室内、外消防栓。对全校室内、外消防栓进行全面检查和维护2次。增建室外消防栓7处。

（4）消防疏散指示标志。为全校26个单位安装了疏散指示标志以及安全出口灯2 180个、火灾事故应急照明灯1 707具，使学校消防应急疏散设施全部配备到位。

（5）消防电气检测。全年对校内15幢建筑楼进行电检。

3. 交通管理

2005年保卫处以防为主，根据不同时期的交通形势，针对不同的交通参与主体，采取多种方式加强交通安全管理。

年初与各院、部、处签订《交通安全责任书》，同109名专、兼职驾驶员签订《驾驶员交通安全协议书》。两会期间，抽查校内机动车，并对校内参会机动车逐一进行安检，与参会司机签订《交通安全保证协议书》，在保证校内工作用车情况下停驶机动车17辆，以协助减少社会路面的交通流量。

对各院、部、处机动车进行抽检，杜绝病车、坏车、隐患车上路，全年共检查车辆350辆，其中10辆不合格，合格率97.1%。严格落实机动车持证出入校门制度，全年共办理校内机动车出入证519个。纠正校内违章停车600次，处理校内交通剐蹭事故2起。

配合学校对教学区交通秩序进行专项整顿，将教学区交通护栏改为带锁隔离柱（共安装54个），新增停车泊位154个、交通标志牌5面，使校内停车泊位总量达到716个，有效缓解了停车困难，改善了教学区交通秩序。

4. 治安综合治理

2005年保卫处继续与南磨房地区办事处合作，共同整治校周边环境，坚持专人负责，随时清除围堵校门的机动车和游商摊点，确保校园周边良好的环境秩序。

组织校内废旧自行车清理和认领活动，共收集废旧自行车450余辆，认领36辆，将确属废弃无主的自行车修理后借用给师生员工计689辆，解决了部分教职员工和困难学生在校内的交通需求。为师生员工义务修车2 127辆。

加大对校内施工工地、出租房屋、商业网点、公共场所和外来人口的管理力度，严格三证（身份证、暂住证、做工证）检查，掌握底数。全年与施工单位签订安全协议书15份，办理暂住证406个。特别加强工地防控禽流感工作，以施工现场、宿舍安全和饮食卫生为重点，坚持每天检查，及时发现问题并解决，确保安全。

5. 校卫队防范

校卫队是保卫处维护校园安全、消除安全隐患的一线队伍，也是应对突发事件的机动反应队伍。2005年校卫队通过加强门卫、巡逻、看楼以及治安蹲守力度，在案件侦破、隐患消除、“2110”服务以及应对突发事件、维护大型活动安全等方面做出了突出成绩。

（1）蹲守抓获盗窃自行车嫌疑人12人12起，其中10起被公安机关认定。发现并制止学生跳楼1人，制止学生打架6次。抓获盗窃钢筋、铁夹等施工材料嫌疑人8人，制止爬校墙、贴小广告以及推销人员193人次，制止滋扰3起4人并进行教育。

（2）发现不锁门63次，发隐患通知书责令有关单位进行了整改。发现师生员工不锁自行车734辆并通知车主领走。捡拾书包22个、钱包10个、手机4部并发还失主。查验携电脑出校126人次。

（3）查缴法轮功传单22张，扑灭火险2次，制止无证、无邀请进校机动车6 567辆次。

（4）帮助新生送行李780人次，帮助校外亲朋好友找学生102人次。送学生去医院就医6人次，帮助校内单位和教职工搬运物品120人次。

（5）为大中型活动、校园交通整顿、治安蹲守、财务收费等派勤900余人次。

6. 节假日安全大检查

为确保节假日期间校园安全，2005年保卫处继续做好节假日前的安全大检查工作。一是组织各院、部、处自检，二是配合校领导进行抽查，三是组织保卫干部进行拉网式检查，发现问题立即找当事单位解决，将隐患消除在假前。假期中，加大保卫值班、巡逻、检查和监控力度，严防死守，及时发现和处理隐患。特别是暑假期间，许多院、部、处利用假期开展装修、改造等工程建设，校内施工人员多，安全压力大。保卫处通过加强各种力量，勤巡勤查，死看死守，确保所有工程的顺利进行和暑期校园安全。

7. 户籍管理

2005年保卫处为1 285名毕业生办理了户口迁出手续，为1 313名新生（包括研究生、博士生和外地本科生）办理了户口迁入手续。为师生员工零散办理户口迁出手续243人、户口迁入手续226人，并随时做好户口证明、借用户口、户口咨询等日常工作。

8. “2110”报警求助热线

2005年，保卫处接“2110”紧急求助电话35次，均迅速到位、妥善处理。其中处理突发事件2起、纠纷9起、骚扰2起，排除安全隐患1起，处理跑水事故8起、故障1起，为师生员工开锁4次，为学生寻物3次，帮助找人1次，其他帮助4次。

9. 大型活动安全保卫

2005年，学校共举办各类活动271次，其中高校招生咨询日、全国英语等级考试、杨澜访谈、四十五周年校庆、迎新生工作等大型活动21次。为确保各项活动期间的交通畅通，确保不发生重大案件、火灾和交通事故等突发事件，保卫处配合学校认真审查备案，并积极动员、制定预案、周密部署，带领全处干部职工全力以赴地做好安全保卫工作，恪尽职守，热情服务，确保了所有活动的顺利进行。

（吴宣洁　雷碧莲　赵铁庄）

【安全防范宣传教育】　2005年，保卫处结合实际工作在随时随地对师生员工进行有针对性安全宣传教育的同时，配合学校和学生处等有关单位开展了一系列的安全宣传教育活动。

4月和10月，保卫处召开了2次学生座谈会，介绍校园安全形势，回答学生提出的各类安全问题，并就群防群治、共同构建和谐校园与同学们进行了热烈交流。5月和10月，保卫处、学生处共同举办了2次学生安全员培训工作，近400名班级安全员接受了治安、消防、交通等安全知识培训，并进行灭火器实战灭火演练。9月，保卫处配合学生处对4 000余名2005级本科、硕士、博士研究生新生进行了入学安全教育，介绍学校安全工作总体情况，并通过典型案例向新生传授在校期间应注意的安全事项，使新生们入校伊始即树立安全防范意识。11月，保卫处开展“119消防日”宣传活动。连续7天进行消防知识广播。举办教工30米手提灭火器灭火比赛，26个院、部、处52人参赛。举办消防板报比赛，23个院、部、处参加。向各院、部、处发放消防应急手册300本。

全年对校卫队保安进行消防培训46次693人次，对教工培训6次264人次，并协助学生处举办了学宿职工消防运动会，130人参加。以两会、冬季和节假日为重点，围绕遵守交通法规、杜绝酒后开车、杜绝疲劳驾驶、加强车辆检查保养、排除故障隐患等内容，开展驾驶员、骑车人、行人交通安全宣传教育，并发放《中华人民共和国道路交通安全法》以及实施条例680册。

（吴宣洁　雷碧莲　赵铁庄）

【治安管理】　2005年，保卫处继续坚持“预防为主，打防结合”的工作方针，以加大盗窃、纠纷和打架案件调查侦破力度，妥善处理治安纠纷，避免引发伤害、自杀等恶性突发事件为重点，积极开展治安防范管理，严厉打击校园违法犯罪活动。

表11-8　北京工业大学2005年校园发、破案情况

案件种类	发生案件（起）	破获案件（起）	破获积案（起）	破案总价值（万元）	追回经济损失（万元）
刑事案件	19（盗窃）	5（盗窃）	12	1.5	1.5
治安案件	15（盗窃6、殴打他人8、损坏公私财产1）	14（盗窃5、殴打他人8、损坏公私财产1起）	0	1.53	1.53
自行车被盗案	242	15（其中校卫队蹲守抓现行10起。抓获犯罪嫌疑人10人，缴获赃车28辆，发还事主28辆）	10	1.4	1.4
合计	276	34	22	4.43	4.43

与2004年相比，刑事案件发案率降低20.83%，治安案件发案率降低42.31%，破案率提高31.79%。

2005年，保卫处成功调解治安纠纷20起，将事态控制在萌芽阶段，受害人获赔经济损失8 610元。受理公共场所手机遗失事件2起并追回了手机。配合朝阳公安分局南磨房派出所调解伤害事件2起，受害人获赔医疗费等经济损失约9万元。受理并查清考试作弊事件3起。接报处理校园治安违规事件31起39人。

（吴宣洁　雷碧莲　赵铁庄）

·学院与教学部·

机械工程与应用电子技术学院

【发展概况】 北京工业大学机械工程与应用电子技术学院（College of Mechanical Engineering and Applied Electronics Technology，以下简称机电学院）成立于1998年3月，主要由机械工程、力学和仪器科学与技术3个一级学科组成。学院本科教学按一级学科招生，设有机械工程及自动化、测控技术与仪器2个宽口径本科专业，拥有机械制造及自动化、机械电子工程、机械设计及理论、工程力学、固体力学、流体力学、测试计量技术及仪器7个硕士学位授权点，机械设计及理论、机械电子工程、工程力学、流体力学4个二级学科博士学位授权点，机械工程学科博士后科研流动站。拥有1个国家工程中心、1个北京市重点实验室、1个北京市重点学科、2个北京市重点建设学科。

教职工135人，其中专任教师89人。专任教师队伍中博士生导师14人、教授20人，副教授（高级工程师）52人，其中具有博士学位的教师49人，具有硕士学位的教师25人。学院现有北京市特聘教授1人、北京市拔尖人才2人、北京市中青年骨干教师2人、北京市科技新星4人。

本年毕业285人，其中，研究生84人（博士生11人，硕士生73人），本科生201人。招生330人，其中，研究生157人（博士生20人，硕士生137人），本科生173人。在校生1 159人，其中，研究生503人（博士生75人、硕士生428人），本科生656人。

（周树文　杨建武）

【学科建设】 （1）学术梯队建设。2005年晋升教授1人，副教授2人，讲师4人。聘请北京市特聘1人、客座教授1人。余跃庆、尚德广入选2005年度北京市属市管高等学校拔尖创新人才；吴斌、杨庆生入选2005年度北京市属市管高等学校中青年骨干教师。

（2）学位点建设。2005年，申报了机械工程一级学科博士授予权，覆盖机械制造及自动化、机械电子工程、机械设计和理论、车辆工程四个二级学科博士点；2005年申报了仪器科学与技术一级学科硕士授予权，覆盖测试计量技术及仪器、精密仪器及机械二个二级学科硕士点。

（3）“211工程”建设。2005年，学院获得“211工程”建设经费542.5万元，建设项目有：工程数字化装备技术、工程数值模拟中心建设、现代设计理论与技术、现代焊接设备及自动化、精密测量技术及仪器。2005年，按学校的要求完成了子项目总结报告，初步形成了学院“十一五”事业发展规划。

（何存富　杨建武）

【教学工作】 2005年，学院教学工作的重点是规范教学管理，建立健全以主讲教授负责制为基础的教学建设与教学管理体系，继续做好名教师、名教材、名课程、名专业的四名建设，扩大学院精品课程和精品教材的成果。教学建设的重点是全面提升机械工程训练中心的实践教学环境和水平，对机械制造基础课程进行改造。

工程训练中心建设初具规模，该中心已具有面向全校的机械工程训练、面向机械工程专业的工艺训练、面向机械工程专业高年级学生的研究、创新、制作的技术支持环境、以及面向全校及社会的工程服务等功能。在2004年改造调整的基础上，建设一个全面开放的实践教学基地。自主开发一个用于学生选课的实践教学管理网站，真正实现实践教学开放式管理。

2005年是“十五”教学基地建设的最后一年，学院完成教学基地建设的关键项目——机械工程训练中心的设备环境建设。在调整、更新部分设备的基础上，重点放在数字化加工基础环境建设上，完成数字化加工设备网络管理的网络制造环境建设，为机械工程专业人才培养，为批量加工生产的流水线建设、具有柔性制造特征的数字化网络制造、创新制作基地等后期建设打下坚实的基础。

初步落实主讲教授负责制的教学建设与管理体系。在学院教学指导委员会的指导与监督下，课程群主讲教授全面负责由基础课和专业课构成的课程群建设与管理。在稳定运行的2003级教学计划基础上，全面论证每门课程的教学大纲，实现课程建设与运行的规范化管理。同时，2005年，为加强年轻教师的教学培训，学院建立了青年教师导师制的培训制度。

“机械原理”课程被评为北京市精品课程，“材料力学”和“机械设计”被推荐申报国家级精品课程。学院共拥有包括“理论力学”在内的4门北京市精品课程。《机械设计基础（非机类）》、《装配自动化》被评为北京高等教育精品教材。《数字化齿轮连杆机构》在“第五届全国多媒体课件大赛”中荣获高教组二等奖。4位教师获北工大“教学优秀奖”，3位教师获北工大“优秀教学质量奖”。

2005年春季，20名工程硕士学员正式入学，秋季录取2006级工程硕士学员12人。2000级工程硕士学员中有33人完成答辩，取得工程硕士学位。

（李晓阳　周树文　杨建武）

【科研工作】 2005年，学院纵向科研新立项目42项，全年纵向科研到校经费915.45万元；在研横向科研项目97项，到校经费714.73万元，总到校科研经费1 630.18万元。

2005年，国家自然科学基金立项7项：“生物软组织多物理耦合性能的基础研究”、“结构后天承载能力的最优化”、“双向凸轮激波的复试滚动活齿传动的设计、制造技术研究及实现”、“超声导波PVDF梳妆传感器及在食品管道污物检测中的应用研究”、“力致结构磁场畸变研究”、“动力系统的分岔、混沌”、“产品与模具的快速数字分层制造方法应用基础研究”。

北京市自然科学基金立项4项：“精密制造中‘免形状测量’的基本理论及技术研究”、“中医舌珍形态特征自动分析方法的研究”、“食品管道污物超声导波检测PVDF传感技术研究”、“微纳米技术及其应用”。

北京市教委立项5项，其中重点项目1项：“锚杆结构健康状况超生导波诊断技术研究”。获北京市教委增量专款4项。北京市教委人才强教计划2项。北京市科委项目“印刷设备的无轴传动系统研究”1项。

费仁元教授等4人的“基于网络的制造系统智能监控技术”项目荣获北京市科学技术三等奖；高立新教授的“高速线材轧机网络监测诊断系统”项目荣获北京市科学技术三等奖；殷树言教授、陈树君副教授的“磁控高熔敷率焊接工艺及设备”项目荣获第十五届全国发明展览会金奖。

2004至2005学年度，学院共发表学术论文329篇，被三大检索收录论文80篇。新获批《一种纤维砂轮磨削液及其用途》、《电磁驱动自动象棋》、《非对称跨球侧头及斜齿凹形圆锥建开线齿轮的测量方法》发明专利3项；新获批《一种计算机电源液冷装置》、《一体化构造的CPU液冷装置》、《无齿轮电磁时钟》、《一种并-并联式微操作并联机器人机械结构》、《形状记忆合金驱动的微型机械手》实用新型专利5项；获计算机软件著作权5项：《基于CAN总线的潜水电机监控系统》、《动力车压力控制软件V1.0》、《复合材料细观力学设计系统V1.0》、《油管接箍内螺纹测量参数计算软件V1.0》、《软PLC集成编辑开发系统V1.0》。2005年，学院邀请国内外专家、学者作学术报告36场。

（党朝红　杨建武）

【党建工作】 认真开展保持共产党员先进性教育活动是2005年学院党建工作的重点。学院保持共产党员先进性教育活动领导小组按照学校的统一部署，在全院党员中深入开展以实践“三个代表”重要思想为主要内容的先进性教育活动。在三个多月的时间里，全院8个教工党支部、13个学生党支部和4个退休党支部的395名党员参加了先进性教育活动。学院党委对教育活动高度重视、精心组织、周密部署、严格要求；教工党支部和学生党支部以高度的政治责任感对教育活动认真组织和落实；25位党支部书记发挥了核心和带头作用；广大党员以饱满的政治热情积极参与先进性教育活动，在学院党委、基层党支部与395位党员师生的共同努力下，教育活动达到了预期效果，群众满意度测评的满意率达到98%。

2005年，在学校“七一”优秀党员和优秀党支部评选活动中，学院有2个学生党支部被评为校级先进党支部；获得校级优秀党员标兵1人、优秀党务工作者1人、优秀党员7人。2005年，学院共发展党员75人，其中学生党员73人。

2005年，学院工会获得模范教职工之家，实现了六连冠；荣获北工大第二届工会创优立项活动一等奖；荣获北工大退休管理工作先进集体荣誉称号。

（党朝红　杨建武）

【学生工作】 机电学院学生工作在日常管理中结合学生党建、学生干部选拔培养、学生社团以及大量丰富多彩的学生科技活动和文体活动，推动学生教育管理工作取得良好效果。

2005年举办的各类大型活动有：3月至6月，开展了“法制法理面面观”系列活动；7月，组织召开学生党建工作骨干分子研讨会，组建北工大牧神队参加2005

中国机器人大赛；8月，组织2005级新生神堂峪夏令营活动，组队参加了"第四届全国大学生机器人电视大赛"；10月，配合校团委完成校庆科技展的相关工作，举办学生暑期生产实习社会调研成果报告会，完成机电学院阳光志愿服务分团的组建；11月，开展优秀团支部与标兵团支部评选、"加强基层团组织建设、树立团员意识"主题活动，机电学院学生科协正式挂牌；举办神舟与载人航天学术报告会、研二学生跨学科学术报告会，组织"21世纪杯"学生优秀科技论文征集和星火基金立项活动；12月，开展首届北工大机器人大赛的策划和筹备工作；10至12月，开展金工实习大赛和机械设计大赛；11月中旬至12月中旬，开展"闪光支部、青春风采"活动；3月至12月，开展"莱娃乐园"志愿服务接力社会实践活动。

学生及学生工作获得的奖励有：本科生党支部、2003级研究生第三党支部荣获校级"先进党支部"；2004级研究生第一团支部获得了校级"标兵团支部"；5个本科生团支部获得校级"优秀团支部"；学院团委获得校级"德育先进集体"；学院获得"成长、成才、成功"主题教育二等奖；学院代表队获得"新科导航杯"中国机器人大赛ROBOCUP四腿组比赛项目亚军；学院学生获得索尼探梦实验铁人赛"年度最佳制作奖"。

（李　柯　杨建武）

【继续教育】 学院的继续教育规模不断扩大。2005年春季"专升本"的"机械工程及自动化"专业71名学员正式入学，秋季新录取2006级专升本学员30人。2005年春季"夜大""机械电子工程"专科班104名学员正式入学，秋季新录取2006级"机械制造及自动化"专业专科学员50人。

（周树文　杨建武）

【对外交流】 2005年秋季选送1名2002级学生赴德国纽伦堡科学技术大学进行课程学习和实习，并为2名2002级学生赴德国实习作具体联系工作。

（周树文　杨建武）

【精密超精密加工国家工程研究中心】 2005年，国家发展与改革委员会批准北工大机电学院与北京机床研究所、北京机床所精密机电有限公司、机械科学研究院、西安交通大学联合组建精密超精密加工国家工程研究中心。

该国家研究中心建设地点设在北京市，建设期为3年，围绕汽车、电子、航空航天等领域对精密超精密加工技术与装备的需求，建立工程研究实验室、中试及工程化验证车间等，开展精密超精密数控机床的设计制造、复杂零件的超精密加工、高平稳微细驱动运动生成及控制、精密超精密加工误差智能补偿控制和纳米加工机理及切削等关键技术的研究。

该国家工程研究中心建成后将承担国家有关部门或相关企业委托的科研课题，解决行业中的重大工程技术问题，为行业培养和输送更多的工程技术人才和管理人才。这一国家级工程研究中心的建立，奠定了北工大机械工程学科在北京市乃至全国的地位，同时也将进一步加快北工大的创新体系建设。

（周树文　杨建武）

【先进制造技术北京市重点实验室接受评估】 2005年，机电学院先进制造技术实验室在北京市重点实验室第一个建设周期验收考核中被评为优秀。该实验室是机械制造及自动化学科、机械电子工程学科和相关学科专业交叉综合的科研与学术基地。实验室已形成了智能监控、技术生物和数字化制造三个研究方向：(1)在智能监控方向上，获得3项北京市科技进步三等奖，其中"基于网络的制造系统智能监控技术"项目成功应用网络化制造系统智能监控技术，提高产品异地加工的加工效率和安全性。另一获奖项目"高速线材轧机网络监测诊断系统"在安阳钢铁有限责任公司获得成功推广应用。同时，智能监控方向开展汽车关键部件的质量检测技术的推广应用，开发的一系列检测实验台，已经为华北地区的汽车制造及配件厂设计了20多台专用实验台。(2)数字化制造技术方向上，实验室已与北京市的主要制造企业建立了广泛的合作关系。尤其对于保证北人集团的许多印刷机械设备的成功推向市场提供了巨大的技术支持。(3)技术生物方向，在国内外首次将数字成形技术结合医学影像重建技术、CAD技术、优化设计综合应用到颅骨的修复研究中，提出并实现了数字制造的颅骨修复体技术。2005年，实验室与北人集团共同承担的北京市重大科研项目"数字化印刷设备创新工程"，共获得北京市科技投入2 000万元。

（周树文　杨建武）

【举办中国力学学会学术大会2005】 8月26至28日，由中国力学学会与北工大共同主办、北京大学等26所高校协办，建国以来中国力学界首届一级学科大会——中国力学学会学术大会’2005召开。出席此次会议的全国各地代表达1 300余人。会议期间，48个分会场同时进行学术交流，与会代表有1 000多人做了学术报告，其中机电学院隋允康、张伟、杨庆生在分会场作特邀报告。闭幕式上，党委书记孙崇正、副校长卢振洋向参会专家介绍了学校的发展状况和力学学科取得的成绩。

会议全方位展示了力学学科的发展成果，涉及了固体力学、流体力学、计算力学、爆炸力学、生物力学、岩土力学、物理力学、细观力学等几乎所有的力学各分支学科领域以及很多交叉学科领域。大会的召开为力学各分支学科相互学习、增进了解提供了一个平台，推动了力学学科的发展和应用。

（周树文　杨建武）

【地震研究所】 北京工业大学地震研究室成立于1976年10月。2002年7月，地震研究室更名为地震研究所，主要从事临震预报的研究工作。经过多年的深入研究，曾先后对1995年5月包头6.4级地震、1997年4月新疆伽师6.5～6.8级强震群、2000年7月日本伊豆群岛6.4级地震、2001年12月台湾以东7.5级地震、2004年10月15日台湾7.0级地震及2004年10月23日日本6.9级地震等做出准确临震预报。国内外很多地震专家对研究所的研究成果给予高度评价。

2000年1月，中国科学技术部和中国科学院针对特大自然灾害的研究为地震研究所召开了题为“特大自然灾害预测的新途径和新方法”的133次香山科学研讨会，研究所所长李均之宣讲的论文《临震预测试验及有关预测机理》引起与会专家的关注和好评。地震研究所采用多学科交叉的多种观测手段，11次成功的临震预测、11次较好的年度地震预测，在最尖端的临震预报领域取得了突破性进展。2003年10月，李均之当选为中国地球物理学会理事。2004年2月，中国地震局任命李均之为国家地震预测咨询委员会委员。2004年11月，李均之当选为中国地球物理学会天灾预测专业委员会副主任。

美国纽约州立大学布法罗分校的两届校长、副校长等，联合国十年减灾委员会主席E.L及其他联合国官员，自然灾害研究与国际教育基金会官员，以及美国、日本、伊朗、法国、德国、瑞典等国学者先后到地震研究所参观考察。李均之教授曾多次参加国际学术研讨会宣讲论文屡获好评，还应邀赴美国纽约州立大学布法罗分校做访问学者。

联合国新闻署、新华社、中央电视台、《中国科学报》、《科技日报》、《科学时报》、《中国日报》(China daily)、《北京青年周刊》等媒体对地震研究所先后给予报导。2005年12月19日，印度米代泰克电视制作公司受美国国家地理频道委托前来地震研究所拍摄“追踪地震”专题记录片并采访了李均之教授，该片将向全世界播放。

（陈维升　李均之）

电子信息与控制工程学院

【发展概况】 北京工业大学电子信息与控制工程学院（College of Electronic Information and Control Engineering，以下简称电控学院）成立于2000年，由北工大原自动化系与电子工程学系合并而成。主要由电子工程、通信工程、自动化及电子科学与技术4个一级学科组成。2005年，电控学院设有自动化、电子信息工程、电子科学与技术3个学科部及1个电工电子教学实验中心，以及教育部数字社区工程中心、教育部光电子技术实验室、北京市光电子技术实验室、北京市信号与信息处理研究实验室、北京工业大学固态电子学研究所等5个科研机构。学院设有自动化、电子信息工程、通信工程和电子科学与技术4个本科专业，拥有控制科学与工程一级学科硕士点1个，拥有物理电子学、电路与系统、微电子学与固体电子学、信号与信息处理、通信与信息系统、控制理论与控制工程、模式识别与智能系统、检测技术与自动化装置、系统工程、导航制导与控制二级学科硕士点10个，微电子学与固体电子学、电路与系统、模式识别与智能系统、检测技术与自动化装置等二级学科博士点4个，电子科学与技术一级学科博士后流动站点1个。拥有检测技术与自动化装置、信号与信息处理2个北京市重点建设学科，微电子学与固体电子学1个北京市重点学科。

教职工160人，其中专任教师95人。专任教师中，博士生导师14人，教授27人，副教授和高级工程师68人，其中具有博士学历的教师53人。

本年毕业693人，其中，研究生121人（博士生8人，硕士生113人），本科生572人。招生539人，其中，研究生167人（博士生18人，硕士生149人），本科生372人。在校生2 399人，其中，研究生487人（博士生63人，硕士生424人），本科生1 912人。

2005年，电控学院电工电子实验教学中心被评为“北京市实验教学示范中心”，数字电路课程被评为北京市精品课程，博士生郭霞由沈光地教授指导的博士论文被评为全国百篇优秀博士论文。

（陈建新　王　普）

【学科建设】 2005年，完成控制科学与工程一级学科硕士点申报工作，包括控制理论与控制工程、模式识别与智能系统、检测技术与自动化装置、系统工程、导航制导与控制5个二级学科硕士点（其中，系统工程、导航制导与控制为2005年新申报的二级学科硕士点)。

2005年,电控学院加强科研团队建设,学院初步整合成了17个研究方向,具体详见表12-1。

(陈建新 王 普)

【教学工作】 2005年,学院申请到教学研究项目18项,其中重点项目1项,面上项目17项,并通过学校验收。2005年,学院有7门课程开展双语教学实验,"数字电子技术"课程被评为北京市精品课程,7名教师获学校优秀教师称号;在北工大教学基本功比赛中,学院教师共获得一等奖1名,二等奖2名,三等奖1名,电控学院还被评为优秀组织奖;2005年,自动化专业、电子信息工程专业及电子科学与技术3个专业被列为"北京市级品牌专业建设项目";学院参与学校教材建设立项共6项。2005年,学院共引进21名青年教师,其中13名具有博士学位。

电控学院充分利用现有教学资源与北京市通信公司等单位联合培养工程硕士。2005年,共招收电子与信息工程专业领域工程硕士55人,同时招收模式识别与智能系统、微电子学与固体电子学专业高校教师在职攻读硕士学位研究生6人,电子信息与自动化两个学科招收40人。在教学和管理过程中,学院坚持"学用结合,按需施教,注重实效"的原则,开展教育教学改革,加强课程建设,努力培养符合社会需要的应用型技术管理人才。

2005年,学校投入电控学院实验教学基地建设295.2万元,实验设备维修费20万元。教学基地通过"十五""211工程"建设学院自查。

(赵子涵 陈建新)

【学生工作】 2004～2005年度,电控学院共有校级优良学风班1个,校级优秀团支部12个,校级标兵团支部1个;北京市三好学生3人,北京市优秀学生干部1人,校级优秀学生干部60人;索尼奖学金获得者1人,校级一等奖学金获得者45人,校级二等奖学金获得者137人,校级三等奖学金获得者190人;北京市高校校报系列新闻奖通讯类二等奖获得者1人,全国大学生舞蹈展演一等奖获得者1人,全国大学生英语竞赛二等奖获得者1人,北京市大学生英语竞赛二等奖获得者1人;在2005年全国大学生数学建模竞赛中,电控学院学生获得全国一等奖1人,全国二等奖3人,北京市一等奖1人;在2005年全国大学生电子设计竞赛中,学院有3人获全国一等奖及北京赛区一等奖,5人获全国二等奖及北京赛区一等奖,3人获北京赛区一等奖,9人获北京赛区二等奖,15人获北京赛区三等奖,1名教师获优秀组织工作者奖;在2005年北京工业大学首届"哈博杯"大学生电子设计竞赛中,学院学生获一等奖9人,二等奖33人,三等奖24人,成功参赛鼓励奖18人。4月14日,召开北京工业大学电控学院第六届学生代表大会。

(赵子涵 陈建新)

【科研工作】 2005年,学院到校科研经费首次突破1 700万元,达到1 776.7万,其中:纵向经费1 429.6万元,横向经费347.1万元。新立项项目65项,其中863计划项目3项,国家自然基金项目4项(其中重点项目1

表12-1 北京工业大学电控学院各学科主要科研方向及学术带头人

学科	研究方向	学术带头人
电子科学与技术	半导体光电子学	沈光地
	超高速微电子器件与集成技术	陈建新
	先进微电子器件与集成技术	冯士维
	功率半导体器件与功率集成电路	张万荣
	集成电路设计与系统集成技术	吴武臣
	微电子技术与可靠性	吕长志
控制科学与工程	教育部数字社区工程研究中心	王 普
	人工智能与机器人研究所	阮晓钢
	自主技术与智能控制研究中心	崔平远
	测控系统与装置研究所	段建民
	混杂系统与智能交通	陈阳舟
信息与通信工程	图像/视频信号与信息处理研究方向	沈兰荪
	语音与音频信号处理研究方向	鲍长春
	数字多媒体处理技术研究方向	贾克斌
	无线接入与通信信号处理研究方向	张延华
	神经网络、光电信号处理与跟踪方向	孙光民
	电子系统设计与应用研究方向	蒋大林

项），北京市基金项目 3 项，北京市教委项目 16 项（其中重点项目 1 项，创新团队 1 项，拔尖人才 2 项），北京市科委项目 2 项，国防科工委项目 3 项。获得国家发明专利 6 项，实用新型专利 5 项，软件著作权 5 项。获得“第五届中国国际发明展览会”铜奖 1 项，获“第五届中国国际发明展览会”银奖 1 项。在核心期刊共发表 120 篇论文，被三大检索（SCI、EI、ISTP）收录的论文共 54 篇。

（赵子涵　陈建新）

【党建工作】 2005 年，电控学院共有 23 个党支部，其中教工支部 5 个，学生支部 17 个，离退休人员支部 2 个。共有党员 446 人，其中教工党员 97 人，学生党员 308 人（本科生 111 人，硕士研究生 176 人，博士研究生 21 人），离退休党员 41 人。新发展党员 92 人（教工 3 人，学生 89 人）。有 1 名教师被评为校优秀党务工作者，1 名教师被评为校优秀党员标兵。2005 年 6 月 24 日，首次成立电控学院博士生党支部。2005 年 9 月至 12 月，电控学院党委参加学校的保持共产党员先进性教育活动，成立了电控学院先进性教育活动领导小组及下属办公室和宣传小组，分别制定了教师党员行为规范、机关党员行为规范以及学生党员行为规范。

（赵子涵　陈建新）

【对外交流】 电控学院与美国、日本、德国、瑞士、瑞典等国家长期开展学术交流，每年聘请多名国外知名学者来学院讲学，并通过互相交流提高了学院的学科建设水平。2005 年，有 10 余名学生赴芬兰、德国、丹麦留学，还有 2 名法国研究生及 1 名贝宁本科生到电控学院学习。

（赵子涵　陈建新）

【北京市光电子技术实验室】 北京光电子技术实验室于 1993 年在北京工业大学成立，2004 年列为教育部和北京市共建的实验室。室主任和学术带头人由光电子和微电子学专家沈光地教授担任，学术委员会由国内外 8 位半导体专家组成。实验室的主要研究方向是：半导体发光电子学、红外探测光电子学、超高速光电子学及其应用，均为信息领域中先进的前沿课题，均提出了新的物理构想和新的器件结构，并研制出了具有国内领先水平的半导体激光器、高效高亮度发光管，中远红外探测器和外探测器和 siGE/siHBT。实验室先后申请到国家 973、863、国家自然科学基金重点和面上项目、北京市级重点和面上项目 40 余项，到校经费4 000余万元。近几年，获北京市科技进步二等奖 1 项，四部委新产品奖 1 项，申请国家发明奖专利 4 项。在国内外学术刊物上发表学术论文 200 余篇。

（赵子涵　陈建新）

【教育部数字社区工程中心】 2001 年，国家教育部在北京工业大学电控学院成立数字社区工程研究中心，专门进行数字社区与智能建筑领域的科学研究。2004 年，数字社区教育部工程研究中心顺利通过验收，纳入教育部工程研究中心的管理序列，同时聘任电控学院院长王普为数字社区教育部工程研究中心第一届主任。数字社区教育部工程研究中心是专注于我国数字社区与智能建筑领域技术研究、标准规范制定、产品开发和工程示范的科研基地。三年来，在学校领导、开发院、科技处、电控学院和其他部处的大力支持下，工程研究中心发展迅速，累计到校科研经费达 1 千多万元，完成技术产品开发 8 项，工程项目 11 项，目前在研项目 15 项。

（赵子涵　陈建新）

【北京市信号与信息处理研究实验室】 北京工业大学信号与信息处理研究室于 1993 年成立，1997 年，经北京市自然科学基金会批准成为北京市信号与信息处理基础性研究实验室，是国家“211 工程”在北京工业大学重点建设的学科基地之一。研究室以智能化信息处理为主要研究方向，开展图像信号的检测、压缩、传输与处理等高新技术的研究，研究室主任为沈兰荪教授。研究室先后承担国家 973、863、自然科学基金、北京市自然科学基金等科研项目以及一批横向项目。与清华大学、北京大学、中国科技大学、微软中国研究院等部门均有密切合作，并多次参与 MPEG-China 课题组的工作。

（赵子涵　陈建新）

【电工电子实验教学中心】 北京工业大学电工电子实验教学中心成立于 1997 年，是学校重点实验教学基地之一，也是学校“211 工程”建设重点支持的单位。本中心下设电子技术实验室、电工技术实验室、电子设计自动化和综合技术实验室，可开设各类实验 130 多个。1999 年，经北京市教委专家组评估，确认北京工业大学电工电子中心实验室为合格实验室。2003 年，通过“211 工程”教学基地建设项目的中期检查。2005 年，通过了北京市专家组评审，被评为北京市实验教学示范中心。

（赵子涵　陈建新）

【微电子可靠性研究室】 微电子可靠性研究室成立于 80 年代初，现有教师 7 人，其中教授 4 人，副教授 1 人，博士生导师 3 人，讲师 2 人。主要研究方向为微电子器件可靠性。目前已完成国家重点科技攻关和国家自然科学基金课题 30 余项。获国家发明奖 3 项，省部级奖 30 余项。发表学术论文 500 多篇。已成为微电子器件可靠性研究与人才培养的基地。

（赵子涵　陈建新）

【承办 2005 电子服务研讨会】 12月16日，由中国电子学会主办、北京工业大学电控学院承办的，2005电子服务研讨会在北工大举行。会议由电控学院院长王普主持，校党委书记孙崇正教授代表学校致欢迎辞，中国电子学会秘书长刘汝林、中国互联网协会常务理事长高新民、教育部高教司刘英处长及相关高校、行业、政府和企业的领导和专家20余人出席了会议。本次会议是有关“电子服务”领域的首次研讨会，对“电子服务”的概念与内涵、形成与发展、技术与管理、学科与产业、前景与应用等方面展开了讨论与报告。会议的另一目标是筹建中国电子学会电子服务专家委员会，计划在明年4月召开成立大会和更大范围的学术研讨会。此次会议为电子服务学科的进一步深入发展和扩大应用奠定了良好基础。

（赵子涵　陈建新）

【重要事件】 2月，由电控学院教师张延华、姚林泉、郭玮编著的《数字信号处理——基础与应用》一书，由机械工业出版社出版。该书为高等院校通信与信息工程类规划教材。

2月，由电控学院教师吕长志、冯士维、张万荣等翻译，吴武臣、王东风等审校的《半导体器件电子学》一书由电子工业出版社出版。该书由美国人 R. M. Warner 和 B. L. Grung 所著，被列为国外电子与通信教材系列的指定教材。

4月，沈兰荪、卓力编著的《小波编码与网络视频传输》一书，由科学出版社出版。

9月15日，吕长志教授主持研制的“砷化钾场效应晶体管沟道温度测试仪”产品，获第五届中国国际发明展览会银奖。沈光地教授主持研制的“异质结构双级型晶体管”产品，获第五届中国国际发明展览会铜奖。

9月，刘明亮教授主持的“基于 NTN（Nose-to-Nose）校准技术的脉冲波形国家基准研究与建立”的科研项目通过了由国家质量监督检验检疫总局组织召开的专家鉴定。课题组从1999年开始本项目先期研究，2002年开始与中国计量科学研究院合作，历时3年完成。

10月15日，北工大电控学院校友分会理事会筹备会召开。拟定了《电控学院校友分会理事会章程》，通过了以周宣诚为名誉理事长、王普为理事长，以曹凤国等为常务理事的筹备组名单。

10月19日，电控学院第一届教职工代表大会召开。通过了《北京工业大学电子信息与控制工程学院教职工代表大会工作条例》、《北京工业大学电子信息与控制工程学院岗位津贴发放办法》，选举产生了北工大电控学院第一届教职工代表大会执行委员会。

10月，阮晓钢编著的《机器生命的秘密》一书，由北京邮电大学出版社出版。该书为国内人工智能类科普丛书。

11月，陈建新教授主持研制的“高亮度大功率白光 LED 应用照明产品”参加由教育部科技发展中心主办的第七届上海国际工业博览会，获“中国高校”展区优秀展品特等奖。

11月，电控学院2003届博士毕业生郭霞由沈光地教授指导的博士论文《新型面发射激光发光器件的研究》，获得2005年全国优秀博士学位论文奖。

12月26日，由蒋大林教授主持和承担的国家863项目“宽带信息网流媒体业务分发集成平台的研制（2003AA103960）”，通过863委员会专家组验收。

2005年，电控学院申请到了以沈光地教授作为学术带头人的北京市创新团队，贾克斌教授、阮晓钢教授被评为北京市拔尖人才。

吕长志教授获第二届北京市留学人员创业奖。

由电控学院教师张子明、研究生张羽、本科生张璇组成的电子裁判小组，研制的拳击比赛电子计分系统成为2005年第十三届世界拳击锦标赛唯一指定使用的计分系统，这也是我国电子计分系统首次被指定在国际单项比赛中使用。

电控学院派出足球机器人代表队参加了由中国人工智能学会组织的“西华大学杯第六届全国机器人足球锦标赛暨 FIRA2005 年世界杯机器人足球大赛中国队选拔赛”，获得仿真5对5组季军。

（赵子涵　陈建新）

建筑工程学院

【发展概况】 北京工业大学建筑工程学院（College of Architecture and Civil Engineering，以下简称建工学院）成立于1998年4月。主要涵盖土木工程、交通工程、水利工程3个一级学科。设有5个学科部：结构工程、交通工程、市政工程、建筑环境与设备工程、道路与桥梁工程。有北京工业大学建筑勘察设计院（具有甲级资质）及3个北京市重点实验室：工程抗震与结构诊治、水质科学与水环境恢复工程、交通工程实验室。有北京工业大学抗震减灾研究所、中国勘察设计学会抗震减灾分会、中国城市规划学会城市安全与防灾学术委员会、北京工业大学空间结构研究中心、中国钢结构协会空间结构分会、土木工程训练中心、全国智能交通技术培训网络北京研究中心、中国西班牙交通发展中心、高等学校交通运输学科教学指导委员会交通工程教学指导分会及北京汉威工程爆破高新技术公司。

学院设5个本科专业，9个硕士学位授权点，7个博士学位授权点，1个土木工程博士后流动站。拥有北京市重点学科2个，北京市重点建设学科1个。

教职工162人，其中专任教师110人。专任教师中，有中国科学院和中国工程院院士3人，北京市特聘教授3人，国家有突出贡献的中青年专家4人，享受政府特殊津贴专家3人，获国家杰出青年基金1人，博士生导师32人，硕士生导师75人，正高职称44人，副高职称47人，其中具有博士学历的教师66人(占60%)。

本年毕业396人，其中研究生172人(博士生19人，硕士生124人，工程硕士23人，同等学历6人)，本科生232人。招生675人，其中，研究生295人(博士生36人，硕士生199人，工程硕士生60人)，本科生380人。在校生2 195人，其中，研究生929人(博士生125人，硕士生618人，工程硕士160人，同等学历16人，高校教师在职申请硕士学位人员9人，留学生1人)，本科生1 282人。

(白玉华　霍　达)

【学科建设】　(1)本科专业5个：土木工程(建筑工程、交通土建与地下建筑)、给排水工程、水务工程、建筑环境与设备工程、交通工程。

(2)博士、硕士学位授权点。一级学科博士点1个：土木工程。二级学科博士点7个：岩土工程、结构工程、市政工程、供热/供燃气/通风及空调工程、防灾减灾工程及防护工程、桥梁与隧道工程、交通运输规划与管理。二级学科硕士点8个：岩土工程、结构工程、市政工程、供热/供燃气/通风及空调工程、防灾减灾工程及防护工程、桥梁与隧道工程、交通运输规划与管理、道路与铁道工程。

博士后流动站1个：土木工程。项目博士后流动站1个：交通运输规划与管理。

(3)工程硕士招生领域3个：建筑与土木工程、交通运输工程、物流工程。

(4)高校教师在职攻读硕士学位招生专业8个：岩土工程、结构工程、市政工程、供热/供燃气/通风及空调工程、防灾减灾工程及防护工程、桥梁与隧道工程、交通运输规划与管理、道路与铁道工程。

(5)北京市重点学科2个：结构工程、交通运输规划与管理。

(6)北京市重点建设学科1个：市政工程。

(7)北京市重点实验室3个：工程抗震与结构诊治实验室、水质科学与水环境恢复工程实验室、交通工程实验室。

(8)国家重点实验室培育基地2个：城市工程安全减灾实验室、交通工程实验室。

(王绍英　关宏志)

【教学工作】　2005年，进行19门课程的多媒体课件(含5门实验单独设课多媒体课件)建设，教学改革获得北京市专款支持总经费25.3万元，获校级教学研究立项12项，资助经费31万元。获得学校“优秀教学质量奖”5项，其中二等奖1项、三等奖4项。《空气调节》多媒体课件获第五届全国多媒体大赛三等奖。学院获北京工业大学青年教师基本功比赛优秀组织奖，参赛教师获二等奖1项、三等奖1项。学院在本年度的本科教学质量监控活动评比中，以综合得分91.5的成绩名列全校第一。发表教学研究论文5篇，2005～2006学年第一学期学院组织专家听课次数132次。

2005年开设研究生课程102门。出版研究生教材1部，学院组织抽查研究生课程10门次。

(王　玲　李炎峰)

【科研工作】　2005年，到校科研经费3 443.74万元。其中纵向科研经费额2 239.36万元，横向科研经费额1 204.37万元。纵向科研新立项72项、横向科研立项78项，其中国家自然科学基金项目4项、北京市自然科学基金项目3项。

2005年，建工学院主持的科研项目获北京市科学技术三等奖1项，获省部级奖励3项。全年学院教师共发表论文200余篇，其中发表在核心期刊上的论文110余篇。出版论著5部。外请专家作学术报告43次。

(汪海燕　关宏志)

【党建工作】　建工学院共有26个党支部。其中在职教工支部7个(院机关支部、结构工程支部、市政工程支部、道路与桥梁工程支部、交通工程支部、建筑环境与建筑设备工程支部、设计院支部)。退休教工支部1个。本科生党支部3个，硕士生党支部12个，博士生党支部3个。建工学院共有中共党员670人。其中在职教工党员78人，占在职教工总数48%。具有博士学位37人，硕士学位19人；副高以上职称45人。退休教工党员47人，占退休教工总数53.41%。学生党员共545人。本科生党员159人，占本科生总数的13%；硕士生党员332人，占总数54.86%；博士生党员46人，占总数

36.80%。新发展党员146人(本科生120人，硕士生26人)。预备党员转正49人。

9至12月，在保持共产党员先进性教育活动中，建工学院开展了学科建设、与京北职业技术学院对口交流、蒋璜基金和救助白血病学生等系列活动，发布先进性教育活动《简报》27期。具有特色的是：2002级本科生道桥临时支部是在外地毕业实习阶段成立的，在实习的同时开展多种方式的活动。在山上坚持学习，结合生产实习展开讨论，深入乡村了解学习农业知识，义务为农民、部队服务等。本科生结构支部开展以“关爱弱势群体”为主题的特色活动，如：慰问空巢老教授，为特困生开展计算机培训，开展低年级助理班主任工作等。

学院党政联席会上通过重新修订的《建工学院院务公开实施办法》和《建工学院关于执行“三重一大”制度的规定》，推进了学院民主制度建设。

2003～2005年度校级优秀党支部3个，市政工程学科部支部、本科生结构支部和城建支部。校级优秀党员标兵2人，校级优秀党员7人。霍达被评为2005年度北京市先进工作者、北京市教育工委优秀共产党员、北京市模范共产党员。

(顾　萍　张永祥)

【学生工作】 2004～2005学年，本科生获校“三好学生”称号191人，获校“优秀学生干部”称号68人，获北京市“三好学生”称号3人。本科生2人获2005年第一届全国大学生结构设计竞赛三等奖，3人获2005年“理正杯”北京高校建筑结构设计联赛二等奖。2004～2005学年，研究生获校综合奖学金60人，校“科技之星”奖项2人，校“优秀硕士生”称号83人，校“奋进拼搏奖”称号13人，校“优秀学生干部”称号23人，校科技创新奖52项，校社会工作优秀奖27人，北京市“优秀学生干部”称号2人，全国博士生论坛获奖14人。

4月28日，建工学院第一次学生代表大会召开。来自本科生2002～2004级的各个班级的学生代表共119人参加会议，会议选举产生新一届学生会主席及副主席。大会还向2004～2005学年度建工学院学生会优秀干部颁发了奖状。

(武锦婷　张　晶　李　悦)

【对外交流】 1月，关宏志、陈艳艳和杨孝宽等一行6人应美国运输研究委员会协会邀请，参加了在华盛顿举行的第84届年会。

4月12日，美国阿拉斯加安克雷奇大学副校长克瑞治·多门(Craig Dorman)博士到校访问，送达两校校际合作协议书。副校长张泽院士会见克瑞治·多门。到建工学院参观了北京市工程抗震与结构诊治实验室、北京市水质科学与水环境恢复工程实验室，观看教学实验演示。双方就阿拉斯加安克雷奇大学工程学院与建工学院之间联合办学、合作研究和学术科研活动等事宜，进行磋商。

4月14日，美国俄勒冈大学亚洲地区交流和实习主管太德·沃德(Todd Waddl)博士到建工学院参观北京市工程抗震与结构诊治实验室、北京市水质科学与水环境恢复工程实验室。建工学院相关负责人与太德·沃德商谈中美互派学生进行短期(3至6个月)专业实习事宜。

4月26日，西班牙马德里工业工程交通发展中心主任丹尼(Dani)率团到校，参观北京市水质科学与水环境恢复工程实验室。

5月22至25日，日本熊本大学古川宪治教授和NET社长小山登一郎先生来访，党委副书记张毅刚和张杰院士及霍达等与之就建立合作关系商谈，取得了成果。

6月，关宏志、张金喜和孙小端等参加在陕西长安大学举办的第五届交通运输领域国际会议，宣读学术论文。

6月18日至7月13日，邀请美国交通专家杰瑞·乌曼(Jerry Ullman)博士、张云龙博士、克丽斯汀(Kristineo)博士，加拿大政府交通部约翰·劳森(John Lawson)博士来校，就“临时交通控制标准”、“交通流模型和交通仿真”、“出入口管理”和“交通经济分析理论与案例”作了为期一个月的专题讲座。

7月8日，美国科罗拉多大学土木、建筑与环境工程系教授席云平在建工学院作“绿色混凝土材料与北京奥运”学术报告。并就北京奥运、土木工程领域的最新科技发展动态、中美高校的科研与教学管理等与该校有关领导进行了交流。

7月26日至8月5日，学院市政工程学科部在日本东京主办“2005年东京中日水环境污染防治与修复学术研讨会”，杨宏、吴珊、白玉华、张英、李军和张岩参加本次会议。

8月，日本大林道路株式会社技术部长芦野胜邦到建筑环境与设备工程学科进行了题为“可燃垃圾的热分解技术及屋顶绿化技术”的交流。

9月，陈艳艳、乔建刚和史建港参加在奥地利举行的第三届世界行人疏散与动力学大会，与美国、德国、荷兰、英国等国专家就行人的紧急疏散、行人的心理活动与安全等进行专题讨论。

9月23日，由北工大与日本建筑结构技术者协会(JSCA)共同举办的建筑结构最新技术系列学术开放课堂首次在建工学院举行。日本东京理科大学北村春幸教授作了题为“性能设计最前沿——日本最新隔震、消能减震结构设计”的讲座。

9月26日，建工学院邀请水处理专家、日本熊本大学古川宪治教授一行到校访问。与副校长蒋毅坚、张杰院士等共同商讨了两校合作交流事宜并取得共识，并就市政工程学科和熊本大学水处理研究学科进一步的学术交流取得了实质性成果。下午，古川宪治教授在科学楼报告厅作题为《用厌氧氨氧化和部分消化的方法进行脱氮的一种新工艺》的学术报告。

10月13日，韩国汉阳大学副校长李利衡教授应邀访问建工学院，参观了结构工程、市政工程以及交通工程实验室。副校长张泽院士、校党委副书记张毅刚会见来宾。双方探讨了两校间的科技合作等问题。

10月，交通研究中心博士生钟小明参加在美国伊利诺伊州芝加哥举办的第三届公路线形设计国际研讨会，并作题为《基于公路下坡路段车辆运行特性选择竖曲线设计参数的研究》的演讲。

11月1至4日，交通研究中心博士生乔建刚参加由中国安全保护协会在浙江宁波主办的安全技术国际会议，并作题为《公众场合的拥挤人群的交通安全研究》的演讲。

11月4日，受建工学院、工程抗震与结构诊治北京市重点实验室的邀请，日本大阪大学教授大野义照一行6人来校访问。周锡元院士、关宏志等会见来宾，共同商讨学术合作交流事宜。大野义照教授等在建工学院科技报告厅作了题为《日本高层钢筋混凝土结构技术新进展》的学术报告。

11月7至12日，杨宏、曹相生参加了韩国济洲岛2005国际水协可持续的污水回用技术专题会议。

11月10日，交通研究中心邀请澳大利亚乔治国际卫生研究中心瑞贝克·卡夫博士作题为《中国—澳大利亚健康安全合作研究》的讲座。

11月13至15日，周玉文、李军和赵树旗参加在青岛举行的国际滨海水环境发展研讨国际会议。

11月，张金喜参加了在南京举行的第三届中日铺面会议，并作题为《北京市城市道路结构和路面病害分析》的演讲。

11月，交通研究中心博士生许淼参加在美国旧金山举行的第12届世界ITS大会，并作题为《基于Turbo Architechture软件的北京2008年奥运智能交通系统体系框架规划方法》的演讲。

11月14日，由北工大和美国自然科学基金委员会联合举办的“中美大型公共建筑多灾种综合防御策略与监测技术”专题研讨会在北工大举行，多名学者作主题及特邀报告。

11月17日，国际著名土力学专家，加拿大萨斯喀彻温(Saskatchewan)大学迪勒威·福瑞迪鲁尼德（Delwye G. Fredlund）教授应邀到建工学院作题为《工程实用非饱和土力学》的学术报告。国际著名跨国岩土工程咨询公司——高达公司中国部负责人朱毅博士也一同来建工学院进行学术交流。

11月18日，韩国（株）Rio代表理事宋虎雄、北京神力达给水设备有限公司总经理李葵，参观北京市水质科学与水环境恢复工程实验室。

11月21日，瑞士吉博力(Geberit)全球集团总裁阿尔伯特·伯罕尼（Albert Behny）先生一行5人到校访问。张泽院士和张爱林等会见来访客人。

（顾　萍　白玉华）

【举办学院45周年校庆，创立蒋璜基金】 建工学院为准备45周年校庆编辑印刷了《建筑工程学院简介》和《建工学院校友通讯录》千余册，还特制了纪念品发给到场的校友，共接待来宾800余人。

10月16日，建工学院在第一餐厅为自建校以来首位百岁寿星蒋璜教授祝贺生日。共有500余人到会并带来丰富多样的贺礼。庆祝大会由建工学院原道桥专业退休教师高征铨教授主持。孙崇正、张毅刚、马志成、张爱林等校领导和陈明绍、韩铁城、殷品福、杨象昭、周大森、巩中华等老领导，以及张杰院士、周锡元院士到会祝贺，出席大会还有学校各部处负责人及与蒋璜教授共事多年的离退休教工、1959～2001届毕业生校友、与蒋璜教授共赴野外勘察设计的汽车队与膳食科的老同事、建工学院各学科部代表和学生代表、蒋璜教授居住地的双井街道办事处代表，及上海汇成装饰有限公司代表。同日，由建工学院道路、桥梁、隧道及交通工程专业的毕业生发起并倡议的“蒋璜基金”创立。蒋璜基金主要用于解决建工学院高龄离退休人员的特殊困难，资助建工学院生活困难且学业优秀的学生完成学业等。该项倡议得到北工大的教职工、离退休人员、学生和曾在北工大学习与工作过的海内外校友及社会有关人士的响应，100余人捐款，金额达30余万元。蒋璜教授本人以个人名义向“蒋璜基金”捐款人民币2万元，捐款1万元的有霍达、高征铨、任福田、刘运通、冯駜、徐贺文、宋群。

蒋璜，北工大交通工程、道路与桥梁工程学科的创始人之一，其广博精深的学识、虚怀若谷的胸襟与严谨勤奋的敬业精神赢得了历届学生的尊重和爱戴。

（白玉华　张永祥）

【学院教授荣获北京市先进工作者】 2005年，建工学院教授霍达被评为北京市先进工作者、北京市教育工委优秀共产党员、北京市模范共产党员及北京工业大学优秀共产党员标兵。

（张永祥　白玉华）

【实验室建设】 2005年，新增仪器设备698台件，总金额1 923万元。截止到年底，院综合实验室仪器设备共3 857台件，总金额5 143万元。北京市工程抗震与结构诊治重点实验室改扩建工程于12月底完成。

（陈长安　霍　达）

【北京市工程抗震与结构诊治重点实验室】 在原有结构工程专业实验室基础上，经建设与发展，于2001年被批准为北京市重点实验室。该实验室依托于两个主要学科——结构工程学科、防灾减灾工程及防护工程学科。设有城市与工程抗震研究室、结构优化与检测研究室、振动测试与仪器设备研究室、桥梁与隧道研究室、钢结构与混凝土结构研究室。实验室固定人员35人，其中研究人员28人，实验技术人员7人。

研究重点和研究方向集中于8个方面：结构健康诊断与维修加固、结构控制与智能结构、大型复杂结构设计理论与应用、地震地面运动特性、钢结构及抗震、生命线工程抗震、桥梁施工控制、结构抗震设计理论。

2005年，实验室被批准为省部共建教育部重点实验室。新扩建后的实验室面积增至4 635平方米。大于10万元的大型设备10套，达2 459万元，仪器设备总价值近4 000万元。建设中的10子台模拟地震振动台台阵系统和多功能电液伺服加载试验系统，分别为国际、国内首套大型仪器设备，机械加工可以承担原型结构或构件的动载试验、大比例尺结构模型多点多维模拟地震试验等。

2005年，实验室设置开放性课题7项，有7所大学和研究机构参与课题研究。先后有5名博士后在实验室从事科研工作。新立项科研项目29项、省部级奖1项、专利7项，发表学术论文65篇。

全年承担科研试验项目20余项。其重要试验项目有：①预应力装配式混凝土框架结构。②磁流变阻仪器性能试验。③预应力钢结构静力和拟动力试验。④隔震限位动力试验。⑤悬挂结构动力试验。⑥核心筒抗震性能拟静力试验等。

（阎维明　霍　达）

【北京市水质科学与水环境恢复工程重点实验室】 在原有给水排水工程专业实验室基础上，经建设与发展，于2001年被批准为北京市重点实验室。主要研究方向：水环境系统恢复工程理论与应用、城市污水深度处理技术与资源化工艺理论、活性污泥法等污水处理理论与应用、水资源保护与节水技术、城市排水系统信息计算机网络化管理和自动控制与智能控制及系统模拟技术、地下水生物除铁除锰技术、饮用水安全技术等。

实验室设置开放性课题6项，有6所大学和研究机构参与课题研究。2005年，有3名博士后在实验室从事科研工作。2005年新立项科研项目18项，李星、杨艳玲申请两项863课题，发表学术论文138篇。荣获北京市科技进步奖2项，荣获国家科技进步二等奖1项。

2005年实现设备增值220万元。

（杨　宏　霍　达）

【北京市交通工程重点实验室】 在原有交通工程专业实验室基础上，经建设与发展，于2001年被批准为北京市重点实验室。该实验室是科技部省部共建国家重点实验室培育基地。折算面积约2 000平方米，使用面积达1 100平方米。全年完成了500多万元的设备采购计划，设备资产达到1 700万元，其中28台（套）重要设备价值1 142万元。8月，完成了驾驶模拟舱调试工作并试运行。2005年获得“北京工业大学优秀实验室”称号，先后通过了市教委组织的北京市重点实验室验收、市科委组织的科技部“省部共建国家重点实验室培育基地”一期建设验收。

刘小明教授率领的“交通行为特性研究及应用”团队，获得市教委“人才强教计划——学术创新团队”资助。北京工业大学交通研究中心与2008年第29届奥林匹克运动会组织委员会合作，先后完成了《北京奥运会交通战略计划》和《北京奥运交通行动计划》的编制工作。

实验室设置5个开放性科研项目，有5所大学和研究机构参与课题研究。2005年新立项科研项目27项，实验室支撑自身和交通学科科研项目经费达1 590万元，其中国家各部委项目355万元，国家自然科学基金20万元，地方政府科研课题1 215万元。发表学术论文108篇。其中“奥运交通仿真系统研究”等重大项目的立项标志着实验室综合竞争实力的增强。石建军、于泉和顾九春研制的“基于SignalML语言的嵌入式通用通信板”项目完成了实验室的第一个专利项目申请。

（石建军　霍　达）

【北京工业大学建筑勘察设计院】 创建于1964年，2002年获甲级资质。拥有技术人员50余名，其中国家一级注册建筑师7名、国家一级注册结构师6名，有5名设备工程师和2名电气工程师通过注册考核。2005年度签订设计工程项目合同10项、技术咨询2项、设计方案1项，签订勘察合同8项。2月，鄂尔多斯市国土资源局培训中心中标。9月，北京联兴盛业印刷有限公司新厂房设计中标。业务范围和项目规模进一步扩大，在内蒙古、河北等地相继项目有中标。产值与上年相比增长150%。10月，党支部从院机关支部分出，成立了独立支部。11月，聘任原北京市建筑设计院张令名高级建筑师为顾问总建筑师。

（王奎仁　霍　达）

【北京工业大学抗震减灾研究所】 创建于1993年。现研究所所长为中科院院士周锡元、副所长霍达教授、常务副所长苏经宇教授。研究所在研项目主要承担泉州、厦门、新疆库尔勒、江苏徐州等城市建设综合防灾规划、建设部城市建筑物反恐应急措施等项目10余项，科研经费800余万元。

2005年5月，为建设部起草《“十一五”城市综合防灾规划纲要》。7月，召开国家标准“村庄与集镇抗震防灾规划标准”编制工作会议。9月，召开国家标准“城市抗震防灾规划标准”编制工作会议，讨论征求意见稿。

（李洪泉　霍　达）

【中国勘察设计学会抗震防灾分会】 该分会于2004年设在北京工业大学建工学院，分会理事长为中科院院士周锡元、副理事长霍达教授、秘书长苏经宇教授。12月，负责召开“第一届全国城市与工程安全减灾学术研讨会”的筹备会议。

（李洪泉　霍　达）

【中国城市规划学会城市安全与防灾学术委员会】 该分会于2005年设在北京工业大学建工学院，分会学术委员会主任为中科院院士周锡元、副主任霍达教授、学术委员会秘书长苏经宇教授。9月，中国城市规划学会在西安召开中国城市规划学会2005年会，宣布成立“中国城市规划学会城市安全与防灾学术委员会”并将该学会设在北京工业大学抗震减灾研究所。会上周锡元院士、霍达教授分别当选为学术委员会主任、副主任。会议期间周锡元院士负责主持“中国城市规划学会第一届城市安全与防灾学术委员会暨全国城乡防灾减灾标准化体系学术论坛会议”。

（李洪泉　霍　达）

【北京工业大学空间结构研究中心】 该中心成立于2002年，挂靠建筑工程学院。张毅刚教授任主任，薛素铎教授为副主任，曹资教授担任顾问。1月，北京工业大学空间结构研究中心主任张毅刚教授主持，由北京工业大学、北京交通大学和哈尔滨工业大学等单位参加编写的土木工程研究生系列教材之一《大跨空间结构》，由机械工业出版社出版。3月，张毅刚教授被北京市人民政府“2008工程建设指挥部”聘为专家，是全国50个工程技术专家之一。9月，研究中心副主任薛素铎教授当选国际壳体与空间结构协会（IASS）执行委员。由中国钢结构协会空间结构分会与中国土木工程学会空间结构委员会联合申请，在北京举办2006年IASS大会获得批准，作为中国钢结构协会空间结构分会秘书处挂靠单位的北京工业大学空间结构研究中心成为主办单位。

（张毅刚　霍　达）

【中国钢结构协会空间结构分会】 该分会成立于1993年，是我国空间结构领域的行业性组织，有近200个团体会员，是国际壳体与空间结构协会（IASS）的团体会员。2002年9月，分会秘书处迁入北京工业大学，由北京工业大学空间结构研究中心负责秘书处日常工作，张毅刚教授任秘书长。2003年4月，张毅刚教授当选为理事长，标志着北工大空间结构学科研究方向的发展处于国内领先地位，得到全国同行的认可。

6月，该分会与中国土木工程学会空间结构委员会联合主办的第十一届空间结构学术会议在南京举行，全国同行共300余人参加。4月，分会与中国纺织工业协会联合申报的《膜材料技术规程》编制组成立。5月，分会组织编写的《钢网架结构设计与施工质量检验指南》印刷发行。6月，分会组织的《膜结构企业等级会员》评审正式启动。

（张毅刚　霍　达）

【土建工程训练中心】 该中心创建于1985年。在“十五”建设规划中，“土建工程训练中心新建机房”项目得到50万元投资，已圆满完成任务并取得良好效益。现拥有计算机131台，3间训练用房247平方米，建有局域网并与校园网接通。主要为全院各学科部本科生、研究生教学及继续教育学生提供服务。本年度训练中心配合52个班上课，有35门课程，上课人数1 431人，上课人时数达65 252小时。用机人时数共69 984小时。

（李枢和　霍　达）

【全国智能交通技术培训网络北京研究中心】 该中心创建于2002年。4月17至18日，由全国智能交通培训网络——北京中心举办的首届全国道路交通安全宣传教育论坛在北京开幕，来自全国各地的交管、教育、新闻媒体、保险等各个系统的行业人员及主管领导150人参加。7月，道路交通执法培训班在哈尔滨举办。8月，第二期道路交通执法培训班在云南昆明举办。9月，高速公路交通安全管理研修班在新疆乌鲁木齐举行。10月，全国智能交通技术培训网络—北京中心子课题顺利通过国家验收。11月17日，由中心举办的新型路用复合材料交流会在北京举行，来自北京市的相关设计院、路政局及建设公司30余人参加了会议，推动了首都道路建设新理念的应用。11月28日至12月5日，高速公路服务区管理研讨会在昆明举办。

（荣　建　白玉华）

【中国西班牙交通发展中心】 该中心创建于2002年。4月，与中国西班牙友好协会共同举办中国西班牙城市交通研讨会——交通安全。5月，欧盟迦里略卫星在交通领域的研究项目启动，与欧洲企业合作，共同为迦里略卫星的实施做前期调研工作。6月，与中国西班牙友好协会共同举办中国西班牙城市交通研讨会——道路养护，邀请西班牙的企业与中国的企业和研究机构进行科研交流。7月，协助北京市交通委员会申请到西班牙商务部FEV援助基金，开始进行北京市停车场的可行性规划研究。具体地区为通州的停车换乘站和奥运公园附近的停车规划。8月，协助福州市计划委员会申请其轻轨1号线工程可行性研究援助基金的第二期工作。9月，组织国内的交通安全专家参加在马德里举办的国际智能交通安全博览会。展会上对国内的交通安全发展状况做了介绍，增进了与国际同行的交流。10月，组织辽宁省交通厅的领导干部到西班牙的公交公司和运营单位进行访问，促进了两市间在交通领域的了解。11月，参加在上海举行的ITS大会，与国内同行进行了交流，了解到当前国内行业发展的最新动态。

（荣　建　白玉华）

【高等学校交通运输学科教学指导委员会交通工程教学指导分会】 该分会于2000年设置在北京工业大学建工学院交通工程学科部。主任委员刘小明教授，秘书长关宏志教授。负责分委员会年会的组织工作、全国交通工程专业教学指导以及交通工程专业系列教材编写等协调工作。6月23至24日，在长安大学召开了分委员会年会，会上重点讨论了实践教学工作问题。分委员会还组织了交通工程专业国家“十一五”规划教材的申报工作。

（关宏志　白玉华）

【北京汉威工程爆破高新技术公司】 该公司创办于1994年2月，由北京工业大学、北京市公路局联合经营。依托高等院校强大的科技优势和北京市公路局雄厚的工程施工、技术力量，主要从事控制爆破工程，是一家融研究、设计与施工为一体的国有制高科技应用型企业，具有北京市公安局颁发的A级爆破工程资格证书。

公司主要从事土石方的控爆开挖及其清运、各种建（构）筑物的控制爆破拆除等业务。2005年，爆破公司紧密结合北京市地方经济建设，主要承担了：①北京市密云县黑龙潭风景区硫辛路山体塌方处治抢险工程。这是北京市近三年来最严重的一起山体塌方事件，坍塌方量15 000立方米以上，公路100余米长的范围路基全部毁坏，沿线石城镇3 500名村民出行受阻。爆破公司有关技术人员经过现场详细勘察，精心组织设计和施工，爆破取得圆满成功。②平谷西—烟路石方路基控制爆破。③国道108复线石方路基爆破设计与施工工程。④怀柔区前安岭铁矿379米长泄洪洞爆破设计与施工工程。

（高文学　白玉华）

【继续教育】 2000年起，建工学院承办继续教育夜大性质土木工程专业专科升本科班。在教学和管理过程中，按照“按需施教，注重实效”的原则，深入进行教育教学改革，结合社会需求，根据成人教育特点，适时修改教学计划，培养符合社会需要的应用型技术人才。同时加大了宣传力度，办学规模逐渐扩大。从2000年招生以来，3届共毕业115人。2005级招收1个班50人，截至2005年，共有在校生85人。

（陈长安　白玉华）

环境与能源工程学院

【发展概况】 北京工业大学环境与能源工程学院（College of Environmental and Energy Engineering，以下简称环能学院）是在北工大原化学与环境工程学系和热能工程学系的基础上，于1999年1月组建而成的。学院包含环境科学与工程、动力工程与工程热物理、化学与化工等多个学科领域。设有环境能源技术研究所、环境工程研究所、化学化工系、环境科学系、汽车工程系、制冷与低温工程系及基础化学实验中心7个部分。

学院设有环境科学、环境工程、应用化学和热能与动力工程专业（汽车工程和制冷空调及其自动控制专业）4个本科专业，拥有环境科学、环境工程、热能工程、应用化学、物理化学、制冷及低温工程6个二级硕士学位授权点，环境工程、动力工程2个工程硕士授权点，环境科学与工程一级学科博士学位授权点，热能工程、环境科学、环境工程3个二级学科博士学位授权点，环境科学与工程博士后流动站，培养包括学士、硕士和博士在内的不同层次的高等人才。拥有教育部传热强化与过程节能重点实验室（同时也是北京市传热与能源利用重点实验室）、北京市水质科学与水环境恢复工程重点实验室（与建筑工程学院联合建设）、环境工程北京市重点学科。

教职工 119 人，其中专任教师 73 人。专任教师中，博士生导师 15 人，教授 25 人，副教授与高级工程师 40 人，具有博士学位的教师 53 人。

本年毕业 281 人，其中，研究生 91 人（博士生 9 人，硕士生 82 人），本科生 190 人。招生 270 人，其中，研究生 103 人（博士生 10 人，硕士生 93 人），本科生 167 人。在校生 1 125 人，其中，研究生 381 人（博士生 66 人，硕士生 315 人），本科生 744 人。

学院共有建筑面积约 13 000 平方米，拥有多个仪器设备先进的教学与科学研究实验室。2005 年，正在主持的国家和省部级科学研究项目包括国家“863”项目 6 项、国家“973”项目 4 项、国家自然科学基金项目 17 项（其中重点项目 2 项和重大国际合作项目 1 项）、教育部项目 1 项、国家科技发展攻关计划项目 1 项等。近年来，学院到校科研经费保持在1 600万元的水平上。

（宛小炜　刘中良　程水源）

表 12-2　北京工业大学环境与能源工程学院各学科的研究方向

学　科	研　究　方　向
热能工程	1. 强化传热及其在高新技术中的应用 2. 燃料电池及其热流体技术 3. 环境能源高新技术的研究与开发 4. 可再生能源与可持续建筑物 5. 制冷与空调系统的环保节能技术
环境工程	1. 污水处理与水污染控制工程 2. 大气污染控制工程及催化技术
环境科学	1. 环境规划与管理及环境监测 2. 大气环境与污染气象 3. 环境催化化学 4. 环境电化学 5. 环境分析化学 6. 环境化学与绿色化学
应用化学	1. 绿色化学品合成及应用 2. 催化与纳米科学 3. 膜科学与技术 4. 生物有机化学与药物合成
制冷及低温工程	1. 制冷（热泵）机组及主要部件的研究开发与工程应用 2. 制冷空调的能源综合利用与环境控制 3. 制冷系统及其换热装置的现代技术 4. 制冷测试技术与自动化
物理化学	1. 锂离子电池电极材料化学及应用 2. 直接甲醇燃料电池催化剂 3. 电化学方法对环境治理

【学科建设】 在“九五”和“十五”“211 工程”建设中，学院经过努力，建立了较为完整的学科建设平台，为学院的可持续发展奠定了学科基础。2005 年，学院有一级学科博士点 1 个（环境科学与工程），二级学科博士点 3 个（热能工程、环境科学、环境工程），博士后流动站 1 个（环境科学与工程博士后流动站），二级学科硕士点 6 个（环境科学、环境工程、热能工程、应用化学、物理化学、制冷及低温工程），工程硕士招生领域 2 个（环境工程和动力工程）。2005 年研究生总人数达到 381 人，其中，博士生 66 人，硕士生 247 人，工程硕士 68 人。

（裴宝娣　刘中良　程水源）

【教学工作】 2005 年，学院为本科生开设各类课程 78 门。由彭永臻教授负责的“水质工程学”获国家级精品课程立项，《化学与环境》和《建设项目与区域环境影响评价》获北京市精品教材，郭航、王蕴华获 2005 年“第五届全国多媒体课件大赛”优秀奖，曾薇获校优秀教学质量奖二等奖，郭航、陈莎获校优秀教学质量奖三等奖，雷燕、谢亚勃获校青年教师基本功教学比赛三等奖，学院获校青年教师基本功教学比赛组织奖，制冷专业学生张超的毕业设计论文获校特优论文。2005 年学院发表教学论文 27 篇，其中校内 8 篇，校外 19 篇，校教育教学研究项目 7 项。

刘中良教授入选教育部高等学校高职/高专能源类专业教学指导委员会副主任委员和教育部高等学校热工基础课程教学指导分委员会委员。程水源教授入选教育部高等学校环境科学与工程教学指导委员会委员和环境工程专业教学指导分委员会委员。

（徐庆辉　刘中良　程水源）

【科研工作】 2005 年，学院科研到校经费较 2004 年大幅度增加，总到校经费达到1 956万元，其中纵向到款额为1 326万元。全院在研项目 74 项，其中在研国家级项目 29 项：国家 973 项目 4 项，国家 863 项目 6 项，国家科技攻关项目 1 项，国家自然科学基金

表 12-3 北京工业大学环境与能源工程学院本科专业设置情况

专业名称	批准时间	学制（年）	学科性质	备 注
环境工程	1982 年	4	工科	—
环境科学	2000 年	4	理科	2000 年在原环境监测基础上调整并恢复招生
应用化学	1994 年	4	工科	1998 年学科调整前为精细化工专业
热能与动力工程（制冷）	1990 年	4	工科	1998 年学科调整前的制冷与低温技术专业
热能与动力工程（汽车）	1981 年	4	工科	1998 年学科调整前的汽车与内燃机专业

项目 17 项（其中包括 2 项重点项目和 1 项重大国际合作项目），国家教委项目 1 项。其中，2005 年新增 1 项国家 973 项目：现代城市"病"的系统识别理论与生态调控机理；新增国家自然基金项目 4 项。由学院程水源教授在"北京与周边地区大气污染物输送、转化及北京市空气质量目标研究项目"投标中，成功中标"区域污染源清单及敏感源筛选"重大课题。传热强化与过程节能教育部重点实验室科研成果"文物保存技术"受到《科技日报》、《北京日报》等 30 多家新闻媒体的关注和报道。以学院马重芳教授为首的课题组制出了世界上最长的恒温恒湿充氮的文物密封展柜，为《清明上河图》能在故宫博物院 80 周年庆典期间展出提供了保障。

发表论文情况。2005 年全院共发表论文 384 篇，其中被 SCI 检索 38 篇，被 EI 检索 10 篇，被 ISTP 检索 5 篇。

学术交流情况。2005 年全院邀请校外专家、学者作学术报告 21 场次，其中国外专家作学术报告 8 场次。

获奖情况。3 月 28 日，中共中央、国务院在人民大会堂举行 2004 年度国家科学技术奖励大会，环境与能源工程学院彭永臻教授参与完成的"高浓度有机废水生物处理技术研发与示范工程"获得国家科技进步二等奖。在 12 月 22 日举行的北京工业大学科技奖励大会上，学院马重芳、彭永臻教授荣获突出贡献二等奖，程水源教授荣获突出贡献三等奖，另有多名教师获专利奖 8 项，获奖论文 194 篇，其中三大检索 61 篇。夏定国教授与北工大材料学院聂祚仁教授合作项目"动力电池用低成本极板材料"荣获广东省科学技术一等奖。

（马玉洪 刘中良 夏定国）

【党建工作】 2005 年，学院进一步梳理行政管理体制，由原来的研究所体制调整为研究所、系并存的行政管理形式。学院分党委对基层党支部进行了调整，教工党支部由原来的 6 个调整为 10 个；学生党支部由原来的 10 个调整为 11 个。目前，全院共有基层党支部 21 个，其中教职工党支部 8 个，退休党支部 2 个，博士党支部 2 个，硕士党支部 6 个，本科党支部 3 个。学院共有党员 353 人，其中在职教工党员 68 人，占在职教工总数 57.1%；具有博士学历 31 人，占党员总数的 45.6%，副高以上职称 40 人，占党员总数的 58.8%；退休教工党员 60 人，学生党员共 225 人。新发展党员 84 人，其中教工党员 2 人，学生党员 82 人。

9 月 10 日到 12 月 20 日，全院 21 个党支部、308 名党员参加了保持共产党员先进性教育活动。在先进性教育活动中，学院分党委高度重视，成立了活动领导小组，在学习动员、分析评议、整改提高三个阶段，都做到了提前准备、认真安排、严格落实。学院针对全院师生从 11 个方面提出 40 条意见制定了具体整改措施。通过先进性教育活动，学院在提高党员素质、加强基层组织建设、服务人民群众、促进各项工作 4 个方面取得了明显的实效，有力促进了学院的改革发展。先进性教育活动结束之后，学院对整改方案的落实情况进行了全面"回头看"工作。自查的重点主要放在整改措施的落实情况和群众关注问题的解决情况上，探索建立保持共产党员先进性教育长效机制。

2005 年，环境科学与工程党支部被评为校优秀党支部，彭永臻教授荣获"北京高校优秀共产党员"称号，金毓峑教授被评为校优秀党务工作者，3 人被评为校优秀共产党员。学院工会工作被评为"模范教工之家"，学院计生工作获"北京市教委 2005 年计划生育先进集体"，学院文书档案管理工作获全校一等奖，退休管理工作获"学校退休管理服务工作先进集体"。苏永红获"北京市教委系统计生工作先进个人"称号，陈莎获"校优秀工会干部"，左泽瑞、李英、姜明健获"校工会工作积极分子"称号。

在校庆45周年之际，学院开展校庆系列活动，接待校友近520人，配合校庆开展学术讲座3场，制作校庆纪念品500份，印制学院简介1 000份，制作校庆宣传展板9块，制作反映学院发展的光盘1张，召开校友座谈会2个，反映了全体师生爱校荣校的情结。

（李　晶　宛小炜　程水源）

【学生工作】 2004至2005学年度，环能学院本科生奖学金评定共有545人参评，共有241人次的学生分别获得了不同程度的奖励。其中，北京市高等院校三好学生2人，SONY奖学金1人，北京工业大学三好学生综合特等奖学金2人，一等奖学金17人，二等奖学金58人，三等奖学金67人，优秀学生干部奖30人，学院其他各类奖学金获得者共计66人。

研究生中获北京市三好学生称号1人，北京工业大学研究生综合奖学金一等奖4人，二等奖9人，三等奖14人，优秀研究生38人，优秀学生干部15人，优秀社会工作奖11人，奋进拼搏奖5人。

学生科技活动。2005年，环能学院共有94人获得科技创新奖，其中一等奖33人，二等奖61人。第四届研究生科技基金申报中共有27个项目获得批准立项，为历年之最。在第三届研究生科技基金结题答辩中，张书景和王晓莲获优秀。

学生党建工作。截至2005年12月，环能学院共有学生党员224人，占学生总数的22%，其中本科生学生党员占本科学生总数的11%，研究生党员占研究生总数的48%。在2005年9月至12月开展的保持共产党员先进性教育活动中，环能学院11个学生党支部圆满地完成了各项学习和教育活动，取得了较好的教育效果。

获奖情况。环能学院获得北京工业大学“成长、成才、成功”主题教育二等奖；高春娣获2005年首都高校社会实践先进工作者称号，蔡立佳获2005年北京市优秀德育工作者，高春娣、李依丽、陈政红获2005年北京工业大学优秀德育工作者，班旻获2005年北京工业大学研究生教育工作先进个人称号。

在校团委优秀支部评选中，环能学院获得校级标兵团支部1个、校级优秀团支部3个。在校团委举办的“闪光支部、青春风采”大赛中，获得铜奖1个。由环能学院老师和同学主要参与的暑期社会实践团队获得首都大学生青春奥运贡献行动优秀团队称号。

（蔡立佳　程水源　刘中良）

【教育部传热强化与过程节能重点实验室】 该实验室同时也是北京市传热与能源利用重点实验室，以能源科学中的关键科学问题作为的研究重点，主要研究方向包括：强化传热及其在高新技术中的应用；环境能源高新技术的研究与开发；可再生能源技术与建筑节能；制冷与空调系统的环保节能技术；车辆与内燃机污染控制、燃烧与节能技术。实验室使用面积为3 000平方米，设备总值为1 290万元，形成了能源科学研究平台。

实验室承担着包括国家重点基础研究发展规划项目（即国家973项目）、国家高技术研究发展计划项目（即国家863项目）、国家“十五”科技攻关项目、国家自然科学基金重点项目在内的多项科学研究项目。设置开放性课题7项，有7所大学和研究机构参与课题研究。2005年在校研究生92名，新立科研项目9项，其中国家自然科学基金3项，申报专利21项（其中包括美国专利1项），发表学术论文66篇。

在应用研究方面，实验室先后开展了先进热泵技术、中央空调风道清洗技术、太阳能纳米光催化技术、抗垢技术、光导管绿色照明技术、涡流管制冷技术、文物保护等多项应用技术的研究开发，取得了一大批具有知识产权的研究成果。承担并完成了故宫博物院《清明上河图》高科技展柜的研制任务，取得了较好的社会效益。

（叶　芳　刘中良　程水源）

【对外交流】 1月，彭永臻教授率领研究生赴美国新奥尔良市参加国际会议——第一届环境科学与技术国际会议（The 1st International Conference on Environmental Science and Technology）。

3月，教育部传热强化与过程节能重点实验室，邀请新加坡南洋理工大学郑少义教授（Prof. TaySeow Ngie，the School of Mechanical & Production Engineering，Nanyang Technological University，Singapore），作了题为“清洁可再生燃料的亮点—生物柴油”的学术报告。

4月，教育部传热强化与过程节能重点实验室邀请Dr. Martin de Wit，Professor in Building Physics，Department of Architecture and Building，Technische Universiteit Eindhoven，Netherlands，（荷兰埃因霍温科技大学建筑学与建筑系，建筑物理教授马丁博士）来访，并进行学术交流。

5月，马国远教授赴美国拉斯维加斯参加国际能源署第八届热泵大会并宣读论文。

6月，彭永臻教授赴日本札幌市参加第3届国际水协会水处理前沿技术大会（3rd IWA Leading-Edge Conference & Exhibition on Water and Wastewater Treatment Technologies）。

6月，美国宾夕法尼亚州立大学学者 Baikun Li 访问学院，并进行学术交流。

6月，澳大利亚昆士兰大学教授 Zhiguo Yuan 访问学院，并进行学术交流。

7月2日，加拿大滑铁卢大学机械工程系李献国教授来学院与制冷工程系和重点实验室的部分教师和研究生进行绿色能源技术方面的讲学和学术交流。

7月，教育部传热强化与过程节能重点实验室先后邀请 Prof. S.C. Yao，Carnegie Mellon University，USA（美国卡内基梅隆大学姚诗训教授）和 Prof. H.S. Wang，Queen Mary University of London 伦敦玛丽皇后大学的王华生教授来访，参观实验室并作学术报告。

7月，教育部传热强化与过程节能重点实验室组团参加第五届多相流、传热与能源转换国际会议（The 5th International Symposium on Multiphase Flow，Heat Mass Transfer and Energy Conversion），马重芳教授代表中国工程热物理学会致词。会上宣读论文4篇。

7月，环境工程专业水污染控制研究方向研究生杨庆、叶柳赴日本前桥市访问学习、交流。

7月，王淑莹研究员、高春娣博士率领研究生参加在新加坡举行的国际会议——第一届国际水协会亚太地区会议与展览（The lst IWA-ASPIRE Conference and Exhibition）。

7月，彭永臻教授、高景峰副教授、曾薇副教授参加在日本东京都举办的国际会议——中日水环境研究学术研讨会（China-Japan Water Environment Protection Academic Conference）。

7月，Prof S.G. Kandlinkar，Rochester Institute of Technology，Rochester，NY.，USA（美国纽约州罗切斯特技术学院的康得林克教授），应教育部传热强化与过程节能重点实验室邀请，访问北工大，参观了重点实验室并作题为“Recent advances in single phase and flow boiling heat transfer in micro-channels”的学术报告。

7月，Prof. Mueller-Steinhagen，University of Stuttgart，Germany（德国斯图加特大学穆勒教授）访问教育部传热强化与过程节能重点实验室，并作学术报告：Research and development of solar thermal power system.

9月，日本东京大学教授味野俊及其助手访问学院，并进行学术交流。

10月，日本前桥工业大学研究生村井亘、山本昌显来学院访问学习、交流。

10月，环能学院彭永臻教授、金毓荃教授、王淑莹研究员等参加在台湾弘光科技大学举行的第十届海峡两岸环境保护学术研讨会（The 10th Mainland-Taiwan Environment Protection Academic Conference）。

此外，学院还邀请20余名外国专家教授来学院访问并作学术报告。

（李　晶　刘中良　程水源）

应用数理学院

【发展概况】 北京工业大学应用数理学院（College of Applied Sciences，以下简称数理学院）成立于2000年1月，由原应用数学系和应用物理系合并而成。学院设有基础数学、应用数学、概率论与数理统计、运筹学与控制论、应用物理学、光电子学、实验物理7个学科部和教务、学生工作、科研研究生、行政、继续教育等院机关办公室，以及信息与计算科学、普通物理、近代物理和应用物理4个教学实验室。学院设有北京工业大学统计研究所，中国现场统计研究会和中国现场统计研究会生存分析分会挂靠北工大，杨振海任中国现场统计研究会理事长。2005年，成立北京工业大学物理实验中心。学院设信息与计算科学、应用物理学（光通信与光电子技术方向）2个本科专业，拥有二级学科硕士学位授权点7个、二级学科博士学位授权点4个、数学一级学科博士后流动站1个。

教职工140人，其中专任教师110人，教辅人员14人。博士生导师11人，教授29人，副教授45人，专任教师中硕士以上学历占66%。

本年毕业学生235人，其中，研究生59人（硕士53人，博士6人），本科生176人。招生254人，其中，研究生84人（硕士69人，博士15人），本科生170人。在校生915人，其中，研究生243人（硕士生209，博士生34人），本科生672人。

（李晓梅　李宝富）

【学科建设】 学院有4个二级学科博士学位授权点：概率论与数理统计、光学（国家重点学科）、凝聚态物理（北京市重点建设学科）、理论物理。7个二级学科硕士学位授权点：基础数学、应用数学（北京市重点建设学科）、概率论与数理统计、运筹学与控制论、光学、理论物理、凝聚态物理。

招收工程硕士的领域有：工业工程、光学工程；招收高校教师在职攻读硕士学位的专业有：概率论与数理统计、光学、凝聚态物理。数学一级学科博士后流动站1个。（应用数理学院学位授予点统计见表12-3）

表 12-3　应用数理学院学位授予点统计

序号	学　科	博士学位授予权	硕士学位授予权	备　注
1	概率论与数理统计	☆	☆	挂现场统计学会
2	运筹学与控制论		☆	
3	基础数学		☆	
4	应用数学		☆	市重点建设
5	光　学	☆	☆	国家重点
6	凝聚态物理	☆	☆	市重点建设
7	理论物理	☆	☆	

（张东玲　张忠占）

表 12-4　应用数理学院公共课程建设一览表

序号	课程名称	国家精品课程	北京市精品课程	校优秀课程
1	高等数学			☆
2	线性代数			
3	概率论与数理统计	☆（2005）	☆	☆
4	大学物理		☆	☆
5	物理实验			
6	计算方法			
7	复变函数与积分变换			
8	运筹学			
9	数学建模		☆（2005）	

表 12-5　2004～2005 学年应用数理学院工作量一览表

序号	课程性质	折合工作量（学时）
1	基础必修课	19 208
2	专业基础必修课（学科基础必修课）	1 805
3	专业课	1 487
4	校选课	696
5	毕业设计	3 460
6	实　习	660
7	实　验	5 705
	总工作量	33 021

【教学工作】　2005 年，学院制定并实行青年教师助课制度，为青年教师配备指导教师，提高青年教师教学能力。2005～2006 学年第一、二学期分别有 5 名、4 名青年教师助课辅导。加强课程建设，“概率论与数理统计”获国家精品课程，“数学建模”获北京市精品课程，出版教材 4 本。（应用数理学院公共课程建设见表 12-4）

积极开展教学科研，2005 年教育科研立项共 17 项，其中北京市立项 2 项，学校立项 15 项，其中重点 2 项。“应用物理学”专业被北京市教委批准为北京市品牌专业建设项目。发表教育研究论文 15 篇。2005 年获北京工业大学优秀教学质量奖二等奖 1 人，三等奖 1 人，北京工业大学教学优秀奖 3 人。

学生获奖情况。2005 年全国大学生数学建模竞赛共 11 个队获奖，其中全国一等奖 1 项、二等奖 6 项；北京市大学生数学建模竞赛一等奖 3 项、二等奖 1 项。北京市第 16 届大学生数学竞赛二等奖 2 人、三等奖 2 人。第 22 届北京市大学生物理竞赛（非物理类 A 组）二等奖 2 人、三等奖 2 人。

承担大量公共课教学，2004～2005 学年共完成教学工作量 33 021学时。学院工作量比重为：校公共课 73%、本院课 27%。（2004～2005 学年应用数理学院工作量见表 12-5）

（崔宝英　程曹宗）

【科研研究生工作】　2005 年，学院教师发表学术论文和教学研究论文 112 篇，出版著作 4 部。科研项目到校总经费 315.4274 万元，其中纵向 205.4794 万元，横向 109.948 万元。在研的科研项目 134 项，其中纵向 115 项，横向 19 项，主持科研项目的教师 66 人占全院教职工总数的 49%，参与科研项目工作教师 88 人，占全院教职工总数的 65%。获国家发明专利 1 项，计算机软件著作权 2 项，申报国家发明专利 3 项，通过教育部科技成果鉴定 1 项。入选北京市科技新星计划 1 项，新获得国家自然科学基金 3 项，北京市自然科学基金 2 项，教育部新世纪人才资助项目 1 项，人事部留学回国人员科技活动择优资助重点类项目 1 项，市教委人才强教计划资助 3 项，北京市人事局千百万人才工程资助 1 项。

2005 年，举办各种学术讲座 88 场，举办大型专题学术交流会 3 次。3 月 10 至 12 日，举办京区偏微分方程系列学术报告会，郭柏灵院士及 20 位数学领域的专家教授到会作学术报告。7 月 24

至27日，前国际模糊系统学会主席、国际著名人工智能专家、模糊测度与积分理论创始人菅野道夫教授访问我校，并作学术报告。10月14日，场论和粒子物理前沿研讨会在学院召开，邀请北京地区理论物理界9位专家学者与会并作报告。

（许娅琳 郝 伟）

【党建工作】 2005年，学院教工党员人数98人，其中在职63人，退休35人；学生党员159人。新发展教师党员2人，转正4人，教工参加党校学习2人，确立入党积极分子7人。发展学生党员69人，转正52人。有16个党支部：其中在职教工支部7个、退休支部2个、学生支部7个。

4月，学院评出优秀教师党员10人，优秀学生党员5人，先进党支部3个。学院7个教工支部申请了7个项目的党建课题研究，支出课题经费近7 000元，并于5月结题。

9月9日至12月16日，学院全体党员积极参加保持共产党员先进性教育活动。按照学校的部署，院党委共召开党委会和支部书记会20余次，并前往抗日战争纪念馆和辽沈战争纪念馆参观学习。通过学习动员、民主评议和整改提高三个阶段的学习，提高了党员的理想信念、服务意识、组织纪律、教书育人等党性觉悟。学院在最后总结大会的群众满意度测评中，满意度为100%。

（耿 虹 李宝富）

【学生工作】 学院重视学生的思想教育和学风建设工作。2005年，继续在新生中推进新的思想教育模式。深入开展2004、2005级间的班级评比活动。在2004级新生班评比奖学金的过程中，学院采取打乱班级，采用按专业评比的办法，这种新的评比模式获得了很好的收效，在低年级的学生中起到了相互比学习比成绩的优良风气。

2004～2005学年度，学院本科生共获得校级三好学生一等奖学金17人，二等奖学金48人，三等奖学金60人。获得校级优秀学生干部34人，索尼奖学金1人，市级三好学生2人，市级优秀学生干部2人。体育优秀班集体2个，标兵团支部2个，优秀团支部5个。全国挑战杯三等奖1人，北京市挑战杯一等奖1人。

学院研究生获奖情况。特等奖学金1人，一等综合奖学金3人，二等奖学金5人，三等奖学金10人。优秀社会工作者7人，突出贡献奖1人。在研究生科技创新奖评选中共获奖46项。

（李 江 王海燕）

【对外交流】 2005年先后邀请国外知名学者来我院进行访问与学术交流：芬兰坦佩雷大学数学与统计系Erkki Liski教授、日本东京工业大学Michio Sugeno教授、日本东京理科大学经济学院Hiroshi Inoue教授、美国辛辛那提大学Dan Ralescu教授、日本久留米大学生物统计中心Takeshi Yanagawa（柳川尧）教授、美国夏威夷大学Eric Im教授、日本茨城大学坂田文彦教授、俄罗斯莫斯科杜布纳联合核子研究所（JINR）S. Ivanova教授，以及国外各大学和研究所的22位教授、专家、学者对我院进行了访问并作了学术报告。

1至6月，王术到法国Blaise Pascal（Clermont-Ferrand2）大学任访问教授；程曹宗前往美国衣阿华大学访问；王松桂访问澳大利亚西澳大学，并出席在新西兰梅西大学举行的第五届矩阵与统计国际会议；刘凤艳、王晋茹赴美国伊利诺依大学参加由国家留学基金委资助的双语教学培训。

10至11月，陶世荃入选“光学与光子学教育训练”(ETOP)国际会议程序委员会，应邀参加了在法国马赛举行的ETOP(2005)会议并在会上作了特邀报告；程曹宗赴欧洲五国进行教育考察。

（许娅琳 耿 虹 王 术）

【郭柏灵被学院聘为双聘院士】 4月8日，中科院院士郭柏灵被数理学院聘为双聘院士。校党委书记孙崇正、副校长侯义斌出席聘任仪式，孙崇正为郭柏灵颁发了聘书。郭柏灵院士是北京应用物理与计算数学研究所研究员，2001年当选为中国科学院院士。长期从事非线性发展方程及其数值解、孤立子解以及无穷维动力系统的研究。研究成果卓著，论著丰富，是国际国内知名的数学家。郭柏灵院士的加盟，对指导数理学院数学学科建设、教师梯队建设、吸引突出的青年数学工作者来校工作、指导博士研究生、提升整个数学学科水平将起到积极作用。

（张义泉 宋贵先）

【中俄合作培养本科生班纳入教育部中俄联合培养本科生项目】 12月，受学校委托而举办的学院中俄合作培养本科生班，经市教委批准与申报，已纳入教育部中俄联合培养本科生项目。该项目属中俄总理对话机制下设教育分委员会的示范项目，其成员由全国6个地区的7个高等院校组成，纳入此项目将更有利于高质量地联合培养本科生人才。

（张义泉 宋贵先）

【召开学院第一届教职工代表大会】 5月14至15日，北京工业大学第一个院级教代会在数理学院成立。张毅刚等校领导出席会议并发言。张忠占院长就学院教代会章程作说明，并具体部署教代会今后的工作和代表的任务、责任。经过全体代表的认真讨论，通过了张忠占院长代表学院院务会所作的“以科学发展观为指导、建设有特色教学研究型理学院”的工作报告、《北京工业大学应用数理学院教职工代表大会条例》，选举成立了第一届教代会执行委员会。

（张义泉　宋贵先）

【重要事件】　2005年1月，学院举办庆祝建院五周年活动。

6月，院工会换届改选，选举产生了学院第二届工会委员会。

7月，数理楼基础设施改造工程启动。通过近4个月的水路、电路、暖气、窗户等设施的更换与改造，学院的办公环境得到了极大的改善。

（张义泉　宋贵先）

计算机学院

【发展概况】　北京工业大学计算机学院（College of Computer Sciences，以下简称计算机学院）由原北京计算机学院、北京工业大学计算机系和计算机中心合并而成。2005年，计算机学院设软件、网络、信息安全3个学科部，多媒体与智能软件技术重点实验室，人工智能、模式识别与图像处理、多媒体技术与图形学等7个研究所，人工智能与知识工程、模式识别与图像处理、多媒体技术与图形学等8个实验室。学院设计算机科学与技术和信息安全2个本科专业，拥有计算机技术和软件工程2个工程硕士授权点、计算机应用技术、计算机软件与理论、计算机体系结构3个硕士学位授权点、计算机应用技术博士学位授权点、计算机科学与技术博士后流动站。

教职工161人，其中专任教师103人。专任教师中，博士生导师11人，教授25人，副教授及高级工程师52人。

本年毕业484人，其中，研究生176人（博士生5人，工学硕士生120人，工程硕士生51人），本科生308人。招生507人，其中，研究生237人（博士生21人，工学硕士生147人，工程硕士生69人），本科生270人。在校生1 750人，其中研究生451人（博士生62人，硕士生389人），本科生1 299人。

（石　勤　王燕兴）

【学科建设】　2005年，计算机学院学科建设取得新成绩。计算机学院有“计算机科学与技术”博士后流动工作站1个，“计算机应用技术”二级学科博士点1个，“计算机技术”和“软件工程”2个工程硕士专业学位授权点。“计算机应用技术”北京市重点学科1个，“计算机软件与理论”北京市重点建设学科1个，“多媒体与智能软件技术实验室”北京市重点实验室1个。

2005年，国务院学位办和教育部对1998年前（含1998年）获得的博士学位授权点进行了定期评估，计算机学院的计算机应用技术博士学科点通过了评估。评估依据：学位授权点人才培养质量、学术队伍变化情况、取得科研成果等情况。评估方法：采取自我评估、基本状态评价、博士学位论文抽查三个环节进行，评估重点：学位授权点学术队伍变化情况、人才培养情况、人才培养质量、取得科研成果、承担科研项目情况。

2005年，多媒体与智能软件技术重点实验室通过北京市的评估。

2005年，计算机学院组织进行了“计算机科学与技术”一级博士点和一级硕士点的申报工作。

（肖创柏　王燕兴）

【教学工作】　2005年，计算机学院开展“计算机科学与技术专业”品牌专业建设，其中包括精品课程建设。开设了“密码学”、“信息论基础课程”、“网络管理原理与实现技术”、“XML与WEB服务”、“信息安全课程设计－I”5门新课程。《微机原理及汇编语言教程》（杨延双著）教材被评作北京市精品教材，出版专著《计算机科学与技术学科研究生教育》（蒋宗礼著），出版《Visual C＋＋教程》（金雪云著）与《C语言程序设计案例教程》（廖湖声、叶乃文著）2本教材，发表教育教学论文18篇，其中CSSCI检索源期刊论文1篇。2005年，教学研究项目立项9个，其中重点项目2个、普通项目7个，总资助金额33万元人民币，2005年到位14.5万元人民币。

1月20至21日，学院召开“梳理办学思路，改进课程体系，提高教学水平，办出明显特色”教学工作会议。9月和12月，学院分别召开教学质量监控计划和工作汇报会议。学院15人次参加国内教学研究交流会议。

（蒋宗礼　王燕兴）

【科研工作】　计算机学院2005年到校科研经费1 500万元，结束了2002到2004年1 000万元的左右徘徊局面。三大检索论文数量、发明专利和软件著作权申报数量均有所增加。

计算机学院多媒体与智能软件实验室继续进行北京市科委自然科学基金项目现场人脸检测、识别与三维重建系统（科委）科研工作。模式识别与图像处理实验室进行模式识别、图像处理、计算机视觉等5项科研工作。计算机软件与理论实验室进行软件自动化方法、软件构件技术、计算机协同工作环境等7项科研工作。计算机系统与控制实验室进行专用计算机系统设计、计算机控制系统设计、计算机安全科研工作。网络及应用技术实验室进行网络和信息安全、分布式信息系统科研工作。“可信计算实验室”筹建工作开始进行。

9月20至22日，计算机学院承办“第八届国际青年计算机科学工作者会议（ICYCS）”。

（肖创柏　王燕兴）

【党建工作】 2005年，计算机学院共有党员438人，其中在职教工党员85人，退休党员76人，学生党员277人（正式208人，预备69人）。学院开展“双优”评选、保持共产党员先进性教育等工作。计算机学院获得北京市高校德育工作先进集体。

1至6月，组织“双优”评选活动。活动目的是树立党员标兵，发挥党员先进模范作用。评选校级先进学生党支部1个，优秀共产党员3人（其中1人是优秀共产党员标兵），评选院级先进学生党支部4个，优秀共产党员18人。

9至12月，开展保持共产党员先进性教育活动。保持共产党员先进性教育活动分动员准备、学习培训、民主评议、整改提高五个阶段。活动目的是提高党员素质与服务意识，发挥党员先进模范作用。

（石　勤　王燕兴）

【学生工作】 2005年，计算机学院继续做好本科生、研究生思想政治教育工作，举办“成长、成才、成功”系列主题活动。

举办第30届ACM国际大学生程序设计竞赛北京工业大学选拔赛、科技人生论坛——与沈昌祥院士面对面、北京工业大学首届EQ挑战赛、“我的工大心”Photoshop设计大赛、“成长、成才、成功”演讲比赛、迎接校庆科技实践获奖作品系列讲座。开展第四届放飞科技月系列活动、IT志愿服务爱心推广工程。开展“成长、成才、成功”主题团日和主题党日活动。此外，完成2005年招生宣传、无偿献血、2005届本科生研究生毕业派遣、2004～2005学年本科生和研究生奖学金评定、第五届北川奖学金评定工作。

3月，建立北京工业大学阳光志愿总团计算机学院分团——IT志愿服务团。11月10日，计算机学院研究生会与计算机学院研究生团总支成立。

（石　勤　王燕兴）

【对外交流】 计算机学院与美国、日本、德国、加拿大、挪威、俄罗斯、澳大利亚、爱尔兰等国家一些大学、科研机构和公司建立科研和学术交流关系，2005年，学院选送部分在校本科生、研究生到国外大学进行研修和联合培养。2005年，出国培训5人次。

（石　勤　王燕兴）

【参加微软创新杯】 2005年，北京工业大学参加微软创新杯软件设计、逻辑算法、渲染技术三个专题比赛。“创新杯”竞赛是微软公司举办的面向世界各高校计算机人才比赛，7月，在日本横滨举行“创新杯”全球总决赛。北京工业大学Frontfree Studio-Rendering代表队凭借参赛作品《Squirrel Attack》与立陶宛参赛队并列第一名，再次获得渲染专题全球总冠军。北京工业大学Frontfree Studio-MISG代表队参赛作品《Fego社区》获得软件设计专题竞赛全球季军。计算机学院2001级本科生鲁小石进入逻辑算法专题竞赛世界前六。

（晋媛媛　石　勤）

【北川奖学金】 10月15日，第五届北川奖学金颁奖典礼在逸夫图书馆举行，副校长侯义斌、卢振洋，北川淳治及计算机学院师生代表参加颁奖典礼。2000年，日本北川淳治设立北川奖学金，鼓励北京工业大学计算机学院学生在思想品德与科技创新方面追求进步。五年来共有233名学生获得北川奖学金。2005年，北川奖学金分品学兼优奖、科技创新与实践奖、合作研究奖三部分，共38名个人，1个团体获奖，奖励金额为200万日元。

（晋媛媛　石　勤）

【承办国际会议】 9月20至22日，计算机学院承办第八届国际青年计算机科学工作者会议（ICYCS），美国、日本、德国等11个国家和地区280名代表参加会议。“国际青年计算机科学工作者会议（ICYCS）”是中国计算机学会主办的重要学术会议，始于1991年，每2年举办一次。本届会议收到国内、国外论文265篇，中外青年学者相互交流，宣传中国青年计算机工作者科学研究成果。

（肖创柏　王燕兴）

【成立国际WIC研究院】 2005年，北京工业大学国际WIC研究院正式成立。该研究院由日本前桥工业大学钟宁、香港浸会大学刘际明、加拿大Regina大学姚一豫、日本香川大学吴景龙四教授联合提议成立和参与研究工作。

国际WIC研究院是国际学术组织网络智能协会（WIC）实体研究机构，是网络智能与脑信息学交叉融合基础理论、应用技术及交叉融合技术国际性、面向世界开放型学术机构。北京工业大学国际WIC研究院业务属北京市多媒体重点实验室一部分，挂靠计算机学院，计算机学院负责日常党群行政管理，人事、财务、岗位设置相对独立。国际WIC研究院运转模式、管理方式、运行机制等方面尽量与国际接轨，探索国内高校人才培养和科技体制改革新思路。

（肖创柏　王燕兴）

【聘任学院院长】 7月13日，北京工业大学聘任沈昌祥院士担任计算机学院院长。沈昌祥，中国工程院院士，研究计算机信息系统、密码工程、信息安全体系结构、系统软件安全（安全操作系统、安全数据库等）、网络安全等领域。先后完成重大科研项目二十多个，取得一系列重要成果，曾获国家科技进步一等奖2个、二等奖3个、三等奖3个，军队科技进步奖10多个，1996年获军队首届专业技术重大贡献奖。1995年5月当选中国工程院院士。2002年荣获国家第四届“光华工程科技奖”。

（石　勤　王燕兴）

【培养北京奥运会赛时实习生】 9月16日，“第29届奥林匹克运动会组织委员会与北京16所高等学校培养奥运赛时实习生合作备忘录”签署仪式举行。北京市委副书记龙新民出席仪式，蒋毅坚代表北京工业大学签字，并代表16所高校致辞。2006年，北工大计算机学院将为第29届奥林匹克运动会组织委员会招收60名计算机应用技术专业硕士研究生。

（肖创柏　王燕兴）

【参评人才强教计划】 2005年，北京工业大学计算机学院获得“北京市人才强教计划”支持。其中，钟宁被聘为特聘教授，来学嘉、张晓东、刘际明、吴景龙、姚一豫被聘为讲座教授，肖创柏、石勤、刘建丽被评为中青年骨干教师。

（石　勤　王燕兴）

材料科学与工程学院

【发展概况】 北京工业大学材料科学与工程学院（College of Materials Science and Engineering，以下简称材料学院）于1997年正式成立。2005年设功能材料与器件研究所、生态环境材料与技术研究所、先进材料加工研究所、薄膜材料研究室、晶体材料研究室、生态建材研究室以及中心实验室、院办公室。学院设材料科学与工程1个本科专业，材料学、材料物理与化学、材料加工工程等3个硕士学位授权点，材料科学与工程一级学科博士学位授权点，材料科学与工程一级学科博士后流动站。拥有材料学国家重点学科，教育部“长江学者奖励计划”特聘教授岗位、北京市特聘教授岗位、新型功能材料教育部重点实验室、北京市材料科学与工程人才培养基地。现已形成电子、信息、能源、生物、生态环境领域新材料的研究、开发、应用和材料制备加工方面的特色和优势。

教职工98人，其中院士2人（其中兼职1人），博士生导师14人，教授24人，副教授18人，教育部长江学者奖励计划特聘教授1人，“国家杰出青年基金”获得者1人，北京市特聘教授2人，北京市科技新星14人，霍英东基金获得者1人。具有博士学位教师占教师总数的42%。

本年毕业181人，其中，研究生95人（博士生15人，硕士生80人），本科生86人。招生202人，其中，研究生101人（博士生12人，硕士生89人），本科生101人。在校生704人，其中，研究生332人（博士生66人，硕士生266人），本科生372人。

2005年材料学院新进教师15人，并聘请国内外大学和研究所著名学者20多人为客座教授。学院以“厚基础、宽知识、能力强”为宗旨，在全国高校较早开始以材料科学与工程一级学科为专业招收培养本科生，本科生教学与研究生教学并重。逐步成为北京市和全国高新技术产业以及用高新技术改造传统产业的重要科研、人才培养和知识创新基地。

（连　钠　聂祚仁）

【学科建设】 2005年材料学院完成“十五”期间学科建设的各项任务。学院在教学、科研和社会服务等各项工作中保持了快速发展的势头。

人才队伍建设。在老一代科学家的指导下，一批中青年教师和拔尖人才脱颖而出。2005年学院有1人获“国家杰出青年科学基金”、1人获“教育部创新人才计划”、2人获“北京市拔尖人才”、4人获“北京市青年骨干教师”称号；新招聘的教育部长江学者特聘教授按时上岗；学院聘任的北京市特聘教授已达到3人，创学校和北京市最高纪录。

团队建设。2005年，学院充分调动现有资源，积极筹划新的整体优化措施，从各方面努力创造适合创新团队成长的机制、体制和精神内涵，已获得北京市创新团队1个。

交叉学科培育。2005年，着力参与建立一批具有高度灵活性和适应性的交叉学科研究机构和研究平台，参与北京市先进制造学科群和材料科学与工程学科群的建设，并参与学校循环型资源、环境、经济硕士学科点和循环经济研究院的建立等，有效促进了学校交叉学科和科学研究的发展。

（连　钠　雷永平）

【教学工作】 2005年，健全学院教学管理体系，成立院教学管理指导委员会，负责全院的教学管理指导工作；设立模块课负责人，负责模块课的教学质量等。召开全院教学工作研讨会，征求广大教师的意见，集思广益，对学院现专业培养、专业课设置进行深入讨论。为更加规范教学管理，制定《材料学院教学工作奖励条例》、《材料学院教学管理条例》等一系列教学管理文件。

2005年，材料科学与工程学科列入北京市品牌专业建设学科。材料学院教师在校青年教师基本功比赛中获二等奖1项、校教学标兵1人。在研究生培养方面，制定了《材料学院研究生论文撰写格式补充规定》。3月，由研究生部组织，材料学院在全校范围内进行了开题报告观摩会，为一年级研究生课题工作的开展起到示范作用。

（王国红　王金淑）

【科研工作】 2005年，学院科研到校经费总额1 936.65万元，创历史新高。其中，纵向科研经费942万元，横向科研经费994.65万元。承担了一批国家重大、重点项目及军工项目，其中聂祚仁教授荣获2005年度国家杰出青年基金。学院专设了科研开发岗，培养横向科研开发基地，进一步盘活资源，提高办学效益。出版专著4部，发表学术论文189篇，其中在国际顶级刊物发表文章多篇，如：宋晓艳教授在冲击因子8.0以上的“J. Am. Cerm. Soc.”杂志，王志宏教授在陶瓷材料领域世界排名第一的“Journal of American Cemiric Sociaty”，汪浩与严辉教授在国际电化学联盟最高水平的学术刊物“J. Electrochem. Soc”和国际碳材料领域最高水平的学术刊物“Carbonsh”上都发表了高水平学术论文。获国家授权发明专利12项。

2005年，学院成立了院级实验室管理委员会，建立了一系列实验室管理规章制度，如：实验室主任、设备员及实验室技术人员岗位职责；实验室开放管理制度；实验室工作人员的考勤制度；低值耐用品管理制度；实验室对学生开放的有关规定；材料学院仪器设备对外服务和收费的管理办法。对全院的资产进行了清理整顿，清点仪器设备3 323台件，调拨467台件，报废936台件，全面完成了学院及各研究所室的固定资产的清理，建立起完整规范的帐、卡、物、签管理体系。实验室进行了软环境建设，10万以上的大型贵重仪器设备都建立了仪器设备操作规程及简介，并实行了实验室开放制度，实验室做到随时可进、可看、可做、可查。

（杨丽敏　栗卓新）

【学生工作】 材料学院在继续实施本科生育才计划的同时，结合学校“三成”教育开展了一系列活动，使本科生尽早接触科研工作，培养科研实践能力，进一步推动材料学院整体学术氛围。

邀请英国Brunel大学樊中云教授作“Research and Resear cher—How to Be a Great Researcher”报告、美国纽约州立大学布法罗分校Deborah D. L. Chung教授作“My Music, My Science and My Life”——“成长、成才、成功”主题报告，以及其他国内外专家作学术报告。继续开展就业讲座、高招咨询工作，组织“环保公益行——清除长城废弃物”主题活动，举办材料学院网页设计大赛和青年校友论坛之六—材料学院分论坛“苏平访谈”，组织学生参加中央电视台“创新中国”节目录制，增强学生学习材料专业的自豪感。本着育人为本、德育为先的理念，结合保持共产党员先进性教育活动和增强团员意识教育，激发广大学生党、团员的荣誉感和责任感。在北京工业大学第十六届“闪光支部、青春风采”活动中，材料学院050903支部、050902支部获鼓励奖，050903支部获单项奖。

在2005年本科生奖学金评定中，获校一等奖学金8人、二等奖学金26人、三等奖学金40人；校优秀学生干部27人；各种科技竞赛奖3人；获国家、SONY、市级三好学生、市优秀学生干部5人。有两个班获校级标兵支部称号，S200409材料团支部、040902团支部、040903团支部获优秀团支部称号，赴福寿老年公寓实践团获首都大学生扶贫济困阳光行动优秀团队称号。

在2005年研究生奖学金评定中，获市级三好学生1人、第三届挑战杯竞赛北京市二等奖1人；校级优秀团支部1个、校级研究生综合奖学金29人、校级研究生优秀学生干部13人、校级研究生社会工作优秀奖13人、校级优秀研究生42人、校级研究生奋进拼搏奖13人、校级研究生科技之星3人、校级研究生突出贡献奖1人、校级研究生科技基金项目一等奖1项、校级研究生科技创新奖165项。

材料学院第九届学生会成立。材料学院学生科学技术协会通过了授牌申请，正式挂牌。北京工业大学阳光志愿者材料学院金石分团成立。

（李双新　郭　福）

【党建工作】 9至12月，材料学院党委在校党委的指导下，开展保持共产党员先进性教育活动。学院先进性教育活动先后经历学习动员、分析评议、整改提高三个阶段。学院召开6场各基层党支部组织征求意见会，发放200份征求意见表，共收集到党员、群众针对学院党委及学院领导班子的意见141条，经过院党委开会讨论后制定相关方面的整改措施31条。其中，确定每周三下午3点半到5点为院长接待日，为学院提供师生与领导沟通的渠道。成立资料室，搭建教师间交流的平台。学院在校园网内设立保持共产党员先进性专题网站。共有网页数58页，包括学院保持共产党员先进性的相关通知、学习动态汇报、学习文献等，覆盖了全院教师、学生的阅读及学习范围。

12月，制定《材料学院党委工作制度》，规范学院党务工作。制定《材料学院退休人员管理办法》，并为退休人员印发联系电话表。

2005年，成立了0405级博士生党支部，2005级研究生党支部，并将原有的材料党支部分成两个支部：功能材料党支部、环境与薄膜党支部。2005年全年发展学生党员44人；党员转正14人，其中教师2人。

（连　钠　雷永平）

【新型功能材料教育部重点实验室】 实验室拥有目前世界先进水平的放电等离子烧结系统（SPS）2台及其他先进的仪器设备，实行“开放、流动、联合、竞争”的运行机制。2005年度，在科学研究、人才培养、队伍建设、基地建设、国际合作交流等方面都有了长足的发展，取得显著成绩。

2005年度，新型功能材料教育部重点实验室在纳米粉末制备-原位处理-DSC测试－烧结致密化的原位“无氧”的“材料制备实验室系统”（SPS-5.40MK-IV/ET，最低氧含量为0.5ppm）的集成创新建立的学科平台上，大力开展纳米尺度稀土材料的基本性能、纳米稀土磁性材料、纳米热阴极材料、纳米热电材料、纳米硬质材料和纳米陶瓷材料等研究工作。承担着国家自然科学基金、863、973、国防军工、教育部博士点基金、教育部重大项目培育基金、北京市自然科学重点基金、北京市教委重点项目等一批重要的科研项目。在稀土纳米材料研究方面取得原创性成果，学术论文被国际著名刊物“Advanced Materials”（该刊物2004年影响因子为8.079）接受发表。2005年到校科研经费1 200多万元，在国内外重要学术刊物和国际学术会议上发表论文110余篇，授权或申请国家发明专利20项。重点实验室主任张久兴作为长江学者特聘教授上岗工作一年，并成为2005年度教育部学术创新团队和北京市高等学校学术创新团队的学术带头人，重点实验室副主任聂祚仁教授、严辉教授分别入选北京市拔尖创新人才，聂祚仁教授获2005年度国家杰出青年基金。

（张久兴　聂祚仁）

【重要事件】 1月8日，周美玲教授研究的“镧钼等热阴极材料及制备技术”项目被国务院授予国家技术发明二等奖。

3月，经校学术委员会、学位委员会批准，材料科学与工程学院成立新的学术委员会及学位委员会。

4月，北京工业大学材料科学与工程学院被北京市人民政府授予北京市模范集体称号。

4月，材料学院进行了工会换届选举，成立了新一届工会委员会。

5月，聂祚仁教授研究的“动力电池用低成本极板材料”项目获广东省科学技术一等奖。

聂祚仁教授获2005年度国家杰出青年基金。

6月，张久兴教授率领的环境协调性新型功能材料团队被推荐为北京市属市管高校“学术创新团队计划”，王金淑被推荐为教育部新世纪优秀人才支持计划，聂祚仁、严辉被推荐为北京市教委拔尖创新人才计划，毛倩瑾被推荐为北京市教委中青年骨干教师培养计划（教学类），夏志东、王波被推荐为北京市教委中青年骨干教师培养计划（科研类）。

9月，王群研究的“宽频电磁屏蔽柔性材料”项目获全国发明展览会金奖，被优选参加第十五届全国发明展览会精品展。

12月23至24日，学院召开第一届教职工代表大会第一次会议。校院领导、教代会代表25人、特邀代表11人参加。大会新成立了教代会执委会，选举产生7名教代会执委。

12月，北京工业大学材料科学与工程学院获2005年度北京市教委计划生育系统先进集体称号。赵玉凤获2005年度北京市教委计划生育系统先进个人称号。

（张国建　雷永平）

经济与管理学院

【发展概况】 北京工业大学经济与管理学院（School of Economics and Management，以下简称经管学院）成立于1997年，主要由管理科学与工程、应用经济学、工商管理、法学等4个学科部，及北京经济社会发展研究院，中国经济转型研究中心、能源政策研究中心、北京现代制造业发展研究基地组成。学院设有信息管理与信息系统、工业工程（软件工程）、国际经济与贸易（工业外贸）、市场营销、工商管理、人力资源管理、统计学、会计学、法律（经济法）、金融学十个本科专业。拥有管理科学与工程、企业管理、国际经济与贸易、数量经济硕士学位授权点、管理科学与工程博士学位授权点、管理科学与工程博士后流动站。拥有一个北京市重点学科（管理科学与工程），一个北京市重点建设学科（国际经济与贸易）。

教职工141人，其中专任教师120人。专任教师中，院士1人、博士生导师11名、教授及研究员15名、副教授55名，具有博士学位的教师50人。

本年毕业419人，其中研究生58人（博士生8人，硕士生50人），本科生364人。招生497人，其中研究生152人（博士生19人，硕士生133人），本科生345人。在校1 728人，其中研究生466人（博士生76人，硕士生390人），本科生1 262人。

（刘丽萍　黄鲁成）

【学科建设】 学院有管理科学与工程一级学科博士点、管理科学与工程博士后流动站，管理科学与工程、企业管理、国际经济与贸易、数量经济硕士点。2005年，学院积极组织申报应用经济一级学科硕士点。北京市重点学科（管理科学与工程）和北京市重点建设学科（国际贸易）圆满完成了当年建设任务。管理科学与工程博士后流动站一名博士后人员出站，进站三名博士后人员。

在学术梯队建设与学科带头人培养方面，新增硕士生导师4人，新增教授4人，新增副教授4人。

学院教师积极参加国际国内学术会议，2005年参加国际国内会议70余人次，发表会议论文30多篇。与此同时学院还积极组织学术交流活动，当年组织专场学术报告29次，内容涉及证券投资基金评价方法及实证、经济社会形势报告会、国际经济形势与个人奋斗史、Engle的诺奖ARCH模型理论与应用、证券组合投资风险、科技指标在科技管理中的应用、缺失数据的插补方法、金融服务业若干理论与现实问题分析、当代中国人口结构与持续发展、管理信息系统前沿、蒙特卡罗模拟技术及应用、高等学校学科建设绩效评价及制度创新研究、正态分布下任意秩有限总体中的Minimax预测、中国走出去战略研究、一般经济均衡理论模型与应用——基于舒蕾洗发水的行业分析等内容。

学院的学术研究、本科教学条件有了较大提高，2005年完成了实验室建设任务，新建企业商务智能决策实验室、教师创新基地、研究生创新基地，新增研讨室3个（其中MBA研讨室2个）、学术交流（论坛）办公室1个，为师生提供了良好的科研平台。有企业管理模拟与仿真实验室，配合电子商务实验室、企业资源计划实验室，能够满足信息管理专业、工商管理专业、金融专业、应用经济学专业的各项实践教学的需要。建设了新的图书资料室，新订购外文期刊35种，中文期刊197种；外文图书1 827册，中文图书8 857册，软件73种。

（刘丽萍　黄鲁成）

【教学工作】 2005年，在学院的112名专任教师中，具有研究生以上学历教师79人，占教师总人数70.5%。教授15人，副教授54人，讲师43人，一支素质高、数量稳定、结构合理的师资队伍基本形成。学院现有10个专业，各专业的专业基础课已安排具有国外学历或曾出国进修的年轻教师作为接班人，他们基本上都具有副教授以上职称，且有较强的教学组织能力。

2005年，韩福荣、栾甫贵获北工大教学优秀奖，王宛秋管理会计学获优秀教学质量奖三等奖，靳晓东国际贸易法获优秀教学质量奖三等奖。教育教学研究项目立项15项，其中阮平南“城市管理专业硕士培养体系与模式研究”被学校列为重点项目。有三名教师申报优秀教学质量奖。出版教材6本。

学院积极改革教学方法，成效显著，应用多媒体授课的课时高于50%，并有一定数量自行研制开发的多媒体课件，教学效果比较好。

（李保荣　阮平南）

【科研与研究生工作】 2005年，经管学院承接国家自然基金1项，国家科技攻关项目1项，国家计算机网络安全管理中心、国家质量监督检验检疫总局下达的项目2项；北京市自然基金、北京市教委和教委人文项目、北京市科委、北京市政府部门下达的项目，包括博士生启动基金项目25项。同时在2004年项目立项并实施的基础上项目累计65个，科研经费（合同经费）合计667.8万元，到校经费359.815万元。其中：横向科研项目到校经费121.815万元，纵向科研项目到校经费238万元。

北京现代制造业发展研究报告获北京市科技进步二等奖，曾诗鸿副教授获第二届“Mundell-Huang Economics Prize”（黄达-蒙代尔经济学奖）重要奖项。2005年，发表论文137篇，其中：EI检索3篇、ISSHP检索1篇、ISTP检索7篇、CSSCI收录36篇。全年出版著作及教材19部。

2005年，进校博士生新生19人，授予博士学位8人，其中坦桑尼亚留学博士生1人；进校硕士研究生133人，授予硕士学位72人（其中以同等学历申请硕士学位21人）。至2005年底，在院博士生76人，硕士研究生390人。

12月3至4日，经管学院北京现代制造业研究基地在北工大逸夫图书馆多功能厅举办“2005’制造业高层论坛”，来自相关政府、企业部门的领导与专家，高等院校、研究机构的专家学者近200人参加本次论坛。

（何喜军　蒋国瑞）

【党建工作】 经管学院党委下设教工党支部7个，学生党支部12个，其中本科生党支部5个、研究生党支部 7 个。党员 484 人，其中在职教工党员 83 人、退休教工党员 26 人、本科生党员 177 人，研究生党员 198 人 。

认真开展保持共产党员先进性教育活动，并按照校党委的工作部署圆满完成教育活动的各项工作。通过组织教工党员参观锦州辽沈战役纪念馆、卢沟桥抗日战争纪念馆，观看《政党兴衰史》录像，请张爱林副校长讲党课等一系列活动，党员的责任意识进一步加强，在教学、科研、管理等岗位上发挥了先锋模范作用。

学生党支部围绕“成长、成才、成功”主题结合先进性教育，组织了丰富的党日活动。如组织 05 年“榜样的力量”论坛、“我是一名共产党员”征文、“培养社会责任感、树立正确人生观”讲座、“如何成长，怎样成才，何谓成功”讲座，参观历史博物馆、军事博物馆、抗日战争纪念馆，去天安门广场看升旗等。在加强党员理论知识的同时，支部的凝聚力也大大增强。

应用经济学科部教工党支部被评为校级优秀党支部，翟东升、于唤州、王涛 3 人被评为校级优秀共产党员，王丽梅被评为校级优秀党务工作者。研究生 04 级管理科学与工程党支部被评为校级优秀党支部，王彤、王雅、邓杰、杨开元 4 人被评为校级优秀共产党员。

院党委重视组织发展培养工作，坚持院党委委员与预备党员谈话制度。2005 年有 5 位教师、147 名学生加入了中国共产党，113 名学生预备党员转正。共有 256 名同学参加学校业余党校学习并顺利结业。

关心民主党派教师、退休教师、生活困难教师的工作生活状况。院党委、工会走访慰问年龄偏大、身体不好的教师，组织退休教师春游、秋游、参加学校歌咏比赛，并获得了优秀组织二等奖。

（刘丽萍　王丽梅　黄鲁成）

【学生工作】 根据学校“三成”主题教育活动的精神和要求，学院将这一主题凝炼为“快乐成长，艰苦成才，携手成功”，确定了德育教育与专业素质培养目标相结合的方针，努力打造“六个工程”，设计开展了一系列有益于学生成长成才的活动和工作。

在本科生德育教育工作中，努力建设“四个工程”，即打造成功榜样工程、建造学习品牌工程、培育爱心责任感工程、建设基层组织工程。6 月，组织了“胜在起跑线上——成功青年校友论坛”，在先进性教育活动中组织了“榜样的力量”经管分论坛，使学生通过了解成功校友的成长、成才、成功的经历以及身边优秀党员的事迹，坚定人生理想信念。5 月，举办第五届“五四”杯经管论文赛，使参赛学生对专业知识有了更深入的学习与研究，7 篇论文被推荐参加 2005 年首都大学生“挑战杯”论文赛，获二等奖 2 篇、三等奖 3 篇、入围奖 2 篇。9 月，组织系列“牛人”talk 讲座，帮助大一新生解决学习生活中的疑问。10 月 27 日，第三届“工大·经管”杯英语大赛举行，以“自信，成功的起点”为演讲主题，展示出北工大学生较高的英语水平。11 月 30 日，首届“经管·MIE 杯”模拟面试大赛举行，邀请惠普公司、中国建设银行等单位的职业经理人担当面试官、评委，为学生搭建自我定位及职业规划的平台。11 月，组织学生参加“二十一世纪杯”论文赛，全校论文收稿 114 篇，其中学院推荐了 53 篇。9 至 12 月，经管学院派出 17 支代表队参加国际企业挑战赛，有 2 队进入复赛。

学院团委确定了“小范围、多方面、深层次”的志愿服务理念，2005 年，共有近两百名志愿者参与到各项活动中。10 月，组织“喜迎校庆·融入经管·宣传环保·争做新鲜工大人”趣味运动会。12 月 5 日，举办旨在加强基层组织建设的系列活动之心里“话”话剧小品大赛，围绕大学生心理健康教育，培养学生在实践中发现、分析、解决问题的能力。

学院团委通过推动建立“学习型”支部等长效机制，专职辅导员通过加强“文明行为在课堂”等日常教育管理工作，促进了基层班级学风建设。04～05 学年集体获奖成果丰硕，本科学生班级获市、校先进班集体 3 个，校级优良学风班 5 个，标兵和优秀团支部 10 个等集体奖项。个人奖项有：市三好学生 2 人，索尼奖学金 1 人，校特等奖学金 1 人，一、二、三等奖学金 339 人次；各类优秀学生干部获奖人数达 158 人，其他各类奖项获奖达 122 人次等。2005 年度，学院有六名优秀学生干部获得保研资格。

在研究生德育教育工作中，着力建设培养科技创新能力工程。注意结合经管研究生的特点，重在帮助研究生提高科研水平，培养研究生科技创新能力，开展了各种学术科技活动。在学校研工部组织的研究生科技论坛中，经管学院学生投稿量居各院之首。学院研究生工作组和院团委在 2005 学生科技文化节中获优秀组织奖。2005 年，学院组织学术讲座 25 场，与数理学院合作主办和协办 14 期 EMM 学术沙龙，先后请到多位本院和外院、校外专家学者，通过沙龙的形式促进研究生与博士生、学生与教授、校内和校外的学术交流。第三届研究生科技基金中，学院10项获得校级资助的课题顺利结题，其中2项获奖励。学院资助的5项课题也于11月结题。第四届研究生科技基金中，学院申请24项，获校资助12项。7月1日，经管学院召开以“增强研究生科研意识，提高学院整体科研水平”为主题的首届经管学院研究生科技奖励大会，学校、学院相关领导和学院在校博硕士生近200人参加了会议。40多名研究生受到表彰。

10至11月，开展了04级研究生奖学金评选工作，42人获综合奖学金，56人获优秀研究生称号，19人获社会工作奖，24人获优秀学生干部称号，4人获奋进拼搏奖，34人共48篇文章获科技创新奖二等奖，2人获第三届科技基金奖励，2人获科技竞赛奖。03级国际贸易班获校级先进班集体，03级管理科学与工程班获优良学风班。

以学习型团队为目标，建设和培养专职学生工作队伍。按“富有事业心和责任感，具备组织策划及执行力，追求成就并乐事善人”的要求，学院努力建设一支重事业、重感情、重发展和讲实干、讲协作、讲贡献的专职学生工作队伍。在2005年学校学生工作系统先进评比中，院学生工作办公室获德育先进集体、院团委获红旗团委称号，王丽梅、郭宏伟、崔君、赵庆明获德育先进个人称号。

（王丽梅　刘　卓　王燕霞）

【国际交流】 2005年，经管学院的对外合作与交流工作继续保持良好的发展局面，并拓宽了中外合作的领域。

学生交流。新增与美国迪克森州立大学合作的“3+1”本科生项目。截至2005年年底，已与北工大经管学院建立学生交流项目的国外大学共有7所：荷兰萨克逊大学、日本金泽大学、日本佐贺大学、日本新泻经营大学、澳大利亚国立大学、波兰华沙科技大学、美国迪克森州立大学。2005年经管学院共外派学生5人，其中有2人留学日本佐贺大学，1人留学日本金泽大学，2人留学美国迪克森州立大学。学院与国际交流合作处联合，继续举办面向外国留学生的“经济汉语课程班”项目，共招收海外留学生37人。春季学期招生13人，其中12人来自荷兰，1人来自英国；秋季学期招生7人，其中6人来自荷兰，1人来自美国；暑期招生17人，分别来自西班牙卡塔卢尼亚工业大学和马德里工业大学。项目结束后，学员一致表示该项目内容丰富、涉及领域广泛。

对外交流。2005年，经管学院分别接待了来自英国、美国、德国、澳大利亚、荷兰5个国家共13个科研机构和学者专家代表团的来访，双方就学术交流、合作办学等问题进行交流与磋商，学院还组织相关专业的师生与来访学者进行了广泛的学术交流。学院还两次参与了接待诺贝尔经济学奖获得者詹姆士·莫里斯（James Mirrlees）和罗伯特·蒙代尔（Robert A. Mundell）来访的学校重大外事活动。

（王庆华　廖　玫）

【首次荣获北京市哲学社会科学优秀成果奖】 2005年1月，学院课题组撰写的《2003～2004年北京经济形势分析与预测》研究报告获北京市委、市政府颁发的“北京市第八届哲学社会科学优秀成果二等奖”。北京市哲学社会科学优秀成果奖是首都哲学社会科学成果的集中体现，这次是北工大首次获得该奖项。课题组由李京文院士担任组长，经管学院李双杰、李鹏、任海英、张艾莉四位博士为主要研究人员，该项研究充分体现了北工大“立足北京、服务北京”的宗旨，对北京市当时的经济政策的出台提供了咨询和参考。

（李军英　黄鲁成）

【召开学院研究生培养与提高学位论文质量研讨会】 7月2日，经管学院召开了首届“研究生培养与提高学位论文质量”研讨会，近50名研究生导师参加了会议。

研讨会的主题是“肯定成绩，分析问题，研讨措施”。李京文院士作重要讲话，肯定了近年来学院在研究生培养上取得的成绩，分析了存在的主要问题，提出了新的期望和要求。蒋国瑞教授作研究生培养和提高学位论文质量的报告。吴斌教授作《认清形势、总结经验、规范管理、提高质量》报告，从国家研究生教育培养的高度，结合北工大和经管学院的实际，重点阐述了研究生教育如何实现从“外延发展”到“内涵发展”的转变。会议还特别邀请了哈尔滨工业大学博士生导师黄梯云教授就如何提高研究生论文质量问题作了经验介绍。

（李军英　黄鲁成）

【北京工业大学企业家商学院揭牌】 9月13日，北京工业大学企业家商学院揭牌仪式举行。企业家商学院是以培养一代新型、现代的国际化企业家为目标，为社会企业家的职业素养提升提供优质的教育服务。揭牌仪式上“欧元之父”、诺贝尔奖获得者罗伯特·蒙代尔教授（Robert A. Mundell）发表讲话：“我很荣幸能够来到贵校，贵校在科学和技术等专业领域成就卓著。对于贵校和蒙代尔企业家大学的合作我感到非常高兴和振奋。我希望通过这一合作，我们双方的合作会走得更远，我们的交流会进一步增强。”北京市副市长、北工大校长范伯元感谢蒙代尔教授推荐约翰·拉特里奇博士出任企业家商学院的外方院长，并向约翰·拉特里奇博士颁发了外方院长聘书，约翰·拉特里奇博士发表了就职演说。范伯元和蒙代尔教授为企业家商学院揭牌。

（李军英　黄鲁成）

【举办亚洲教育北京论坛——跨国文化管理与培训会议】 10月14日，由中国经济转型研究中心主办的亚洲教育北京论坛——跨国文化管理与培训会议在北京召开。研究中心黄海峰教授和德国柏林洪堡大学代表韩友耿教授主持开幕式。全国人大常委、法律委员会副主任王以铭教授，波兰前总理兼财政部长科沃德科先生等发表讲话。会议就“跨国文化知识在国际商务中的机遇与挑战”、“在经济国际化中扩大国际经济、文化和教育的合作”、“培养跨文化能力促进各国经济社会文化交流”、“提高企业跨国经营中的管理技能”、“增强中国企业核心竞争力”、“跨国文化管理与培训国际经验回顾与展望”等六个主题进行演讲与讨论。160余名学者到会。

（李军英　黄鲁成）

【承办北京研发产业发展研讨会】

10月18日，由北京市科学技术委员会与北工大联合主办、北工大经济管理学院承办的“北京研发产业发展研讨会”在香山饭店举行。北京市科委、发改委、北京市委研究室、市政府研究室、北京市统计局、中关村管委会、科技部等部门的领导，北工大、中科院、清华大学、北京市社科院等研究机构的专家学者，企业代表、新闻媒体等近百余人参加了此次会议。

会议由北京市科委软科学处颜振军处长与北工大经管学院黄鲁成教授共同主持。北京市科委主任马林发表讲话，从战略高度分析了北京市发展研发产业的重要性与紧迫性。北京市委研究室副主任熊九玲、市政府研究室副主任王明兰、北工大副校长卢振洋分别就北京发展研发产业与建设创新型城市之间的关系、政府职能定位等问题作了阐述。黄鲁成教授作《研发产业理论与实践应用》主题发言，北京市社科院经济研究所副所长赵弘、北京市科委政策法规处处长王军、中国钢铁研究总院科技质量部主任曾加庆教授、科技部科技促进发展研究中心柳卸林研究员、北京软件产业促进中心主任伍建民、北京生物技术与新医药产业促进中心副主任孙勇、本元正阳基因技术有限公司技术总监吴小兵、清华大学经济管理学院杨德林教授等著名专家学者和企业代表结合自己的研究实践作了发言。研讨会为贯彻国家自主创新战略、促进北京研发产业发展与相关研究的进一步深入奠定了基础。

（吴菲菲　黄鲁成）

【曾诗鸿副教授获“黄达-蒙代尔经济学奖”】 11月11日，北工大经管学院副教授曾诗鸿获第二届“黄达—蒙代尔经济学奖”，作为五名获奖者之一，曾诗鸿从诺贝尔经济学奖获得者罗伯特·蒙代尔手中接过了奖杯和荣誉证书。这是经管学院首次获得此奖项。

（李军英　黄鲁成）

【2005制造业发展高层论坛】 12月3日，在北京现代制造业发展研究基地创建一周年之际，基地和北工大经管学院举办2005制造业发展高层论坛。来自制造业系统的200余名参会者聆听了北京市发展改革委员会副主任刘志及中国工程院李京文、何继善、徐滨士等三位院士作的“打造产业链、培育产业群、建设产业带、促进北京制造业可持续发展”、“发展我国汽车产业战略与政策思路”、“发展在制造工程、构建循环经济建设节约型社会”等报告，会上中国机械工程学会副理事长兼秘书长宋天虎、北京亦庄高新技术开发区招商局局长李群虹、中国工程院学部工作局研究员李任涵、西安交通大学管理学院教授冯宗宪、波兰华沙工业大学 Wakowski Kazimierz 教授等专家就“北京现代制造业基地发展及对策问题研究”、“关于制造业发展的几点战略思考”、“在发展制造业中需要处理好若干关系”、“关于标准贸易及其应对策略”、“欧盟制造业标准”等问题做了报告。北工大百余名师生参加了论坛。

（李军英　黄鲁成）

【管理科学与工程学科发展研讨会】 12月30至31日，北工大经管学院举办“管理科学与工程学科发展研讨会”。蒋国瑞主持会议。国家哲学社会科学规划办公室余志远副主任应邀参加会议并作专题报告，重点分析了做好管理学科发展规划的必要性和可能性。黄鲁成作“管理科学与工程学科动态介绍”主题报告，重点介绍管理科学与工程学科的定位及主要方向。翟东升就学科部关于“十一五”学科发展规划问题的讨论情况向与会学者进行了汇报。阮平南、蒋国瑞分别就学科建设、本科生教学、学生就业指导工作以及学院科研工作和研究生教育问题作了发言。李京文院士对研讨会进行总结，建议在学科部里成立学科组，在组长的组织下使课程设置、教材编写、教学教法研究等成为经常性的工作。理学院全体教授、博导，以及管理科学与工程学科部的全体教师参加了此次会议。

（吴菲菲　黄鲁成）

人文社会科学学院

【发展概况】 北京工业大学人文社会科学学院（College of Humanities and Social Sciences，以下简称人文学院）成立于2000年3月，由原北京工业大学社科部、文学研究所、艺术教研室和心理咨询中心等单位合并而成。著名社会学家陆学艺教授担任院长。学院现设马克思主义理论学科部、社会工作系、广告学系、中国语言文化系、艺术教研室、心理学教研室等6个教学单位，设科学技术与社会研究所、社会学研究所、人力资源研究中心、国内外科技政策追踪分析与研究中心、文学研究所、现代广告研究中心、社会政策研究与评估中心等科研机构。学院设社会工作、广告学和中国语言文化3个本科专业，拥有科学技术哲学1个硕士学位授权点。

教职工78人，其中专任教师和科研人员67人，行政、教辅人员11人。专任教师中，教授9人，副教授24人，其中具有博士学位的13人。教师中有"全国普通高校百名'两课'优秀教师"1人，"北京市'两课'学科带头人"1人，"北京市培育新世纪社科理论人才百人工程"2人，"北京市跨世纪理论人才百人工程"1人，北京市优秀教师1人，"北京市高等院校优秀青年骨干教师"3人，"北京市人才强教计划青年骨干教师"2人。

本年招生120人，其中，研究生5人（硕士生5人），本科生115人。在校生432人，其中，研究生10人（硕士生10人），本科生422人。另有留学生9人。

人文学院承担全校12 000名本科生和4 000名研究生的11门思想政治理论课、60多门人文类公共选修课教学，艺术教育、心理咨询和心理健康教育，以及人文社会科学本科和硕士生的培养。人文学院是"北京高校马克思主义理论与思想品德课重点建设示范单位"、"全国学校艺术教育工作先进单位"、北京市高校心理咨询和心理健康教育先进单位、全国人才研究会超常人才研究专业委员会理事长和秘书长单位、北京系统工程学会策划专业委员会秘书长单位。学院在马克思主义理论学科建设和思想政治理论课教学、社会学研究、人力资源研究和超常人才研究、大学生艺术教育、心理咨询和心理健康教育等方面取得了突出贡献，在北京乃至全国都有重要影响。

（钱伟量　杨　茹）

【学科建设】 人文学院将马克思主义理论、科学技术哲学、社会学、传播学和中国语言文学等学科列入"十五"期间重点建设的学科，并积极发展适应北京经济社会发展需要的应用型人文社会科学本科专业和留学生本科专业。

2005年，学院申报社会学、马克思主义中国化研究2个硕士学位授权点。

（1）申报社会学硕士学位授权点。学院计划将社会学作为"十一五"期间重点建设的龙头学科，努力成为北京工业大学名副其实的"具有潜在优势和特色"的学科，成为北京市乃至全国社会学界有一定影响的特色学科。该学科在社会学理论、城市社会学、农村社会学和社会工作等方向具有较强的实力和广泛的影响，承担了一大批纵横向研究项目，取得了许多重要的研究成果。在师资队伍建设方面，该学科2005年聘任北京市特聘教授1人，引进教授1人，晋升教授1人，晋升副教授1人，学科实力明显增强。该学科现有专兼职教学科研人员15人，其中教授4人，副教授4人，具有博士学位的6人，另有3人在职攻读博士学位。12月，经过长期筹备的北京工业大学社会学研究所正式成立。该所将成为北工大社会学学科建设的重要基地，成为北京工业大学人文社会学科进入快速发展轨道并带动人文学院整体快速发展的牵引机。

（2）申报"马克思主义中国化研究"硕士学位授权点。作为"北京高校马克思主义理论与思想品德课重点建设示范单位"，学院努力以学科建设带动思想政治理论课改革。在贯彻中央制定的新的思想政治理论课方案（简称"05方案"）的过程中，在市属市管高校中率先试点改革，进行了有益的探索。在2005年6月召开的北京市思想政治教育工作大会上，北工大新的课程改革方案和思路在北京市属高校中产生了较大的反响，保持了该学科在北京市属市管高校中的领先地位。2005年，人文学院思想政治理论课教师队伍建设取得较大进步，有1人晋升教授，2人晋升副教授，2人成为北京市人才强教计划资助的中青年骨干教师。该学科现有教师32人，其中教授4人，副教授14人，具有博士学位的教师4人。继2004年"邓小平理论概论"课获得北京市精品课程后，2005年又有"思想道德修养"课被评为北京市精品课程。"毛泽东思想专题网站"获得全国第五届多媒体课件大赛高教组三等奖和北京市总工会颁发的北京市群众性教育创新工程教学创新优秀成果奖。

通过整合全校力量，学校组织申报"高等教育学"硕士学位授权点，并将此学科的建设放在本学院，开拓了人文学院学科建设的一个新方向。2005年，科学技术哲学学科在技术哲学、科学技术与社会和循环经济等领域取得一批重要成果，科技政策网站也基本建成。中国语言文学学科在中国古代文学和对外汉语等领域取得一些研究成果，留学生教育工作稳步推进。传播学科2005年在人才培养方面取得了突出成绩，广告学本科生有1人在首届全国大学生广告大赛中获得三等奖，10多人获得该项大赛北京赛区的奖励，1名教师获得全国大赛的优秀指导教师称号。该学科教师还在广告学、策划学和会展等领域取得了一批研究成果。

（钱伟量　杨　茹）

【科研工作】 2005年，人文学院新增科研课题32项，到校经费143.5万元。其中国家社科基金和部委项目2项，北京市项目11项（其中重点项目1项），市教委专款项目7项，其他纵向课题1项，横向课题2项，校级课题9项。2005年科研总经费比2004年增加16.5万元，增幅为12%。一些研究成果，如市委组织部委托课题“北京市国际化人才培养计划研究”成果突出，受到政府好评，在学界和社会上产生了重要的影响。2005年，在学术刊物上发表论文33篇，会议论文40篇，完成研究报告6份，出版著作、教材16部。获得各类科研、教研和艺术奖励32项，其中教育部奖励6项，全国一级学会奖励3项，北京市教委和工会奖励11项，校级奖励12项。2005年，学院共聘请著名学者和业界专家为全校或学院师生作学术讲座15场，受到师生的热烈欢迎。其中包括美国和日本社会科学专家的讲座5场和南京大学胡福明教授的讲座1场。胡福明是1978年5月《光明日报》特约评论员文章《实践是检验真理的唯一标准》的原作者，原江苏省委常委。他的报告《构建和谐社会的哲学思考》既有理论深度，又密切联系当前中国建设社会主义和谐社会实践中的问题。2005年，人文学院主办和承办了国际会议1次，全国会议2次，即“中加非政府组织与社区发展研讨会”，“新时期事业单位人事制度改革高层论坛”、“广告策划课程群建设暨隐性广告研讨会”。这些会议在学术界产生了重要影响。

表12-6　2005年人文学院新增重要科研项目

项目名称	项目来源	负责人	到校经费（万元）
中国社会进步与可持续发展研究	中国科学院	陆学艺	5
改革开放以来北京市社会结构变化调查研究	北京市人才强教专款	陆学艺	30
高校德育创新体系研究	北京市人才强教专款	冯　培	20
2008年奥运会对于北京市城市发展的影响	北京市人才强教专款	唐　军	10
北京市国际化人才培养计划研究	市委组织部委托	张　荆	10
北京市高校近五年来引进人才的使用情况的社会学研究	市教委重点课题	张　荆	10
互联网条件下执政党提高处理人民内部矛盾能力研究	市委组织部优秀人才工程项目	艾　国	2
北京市社区科普评估	北京市科协	李东松	2
农村新型合作医疗制度研究	国家社科基金（青年）	赵卫华	6
朝阳区社区干部、村级干部、流动人口、农民公共意识状况调查	朝阳区委宣传部	魏　爽	12
资源调查开发利用的经济战略管理研究	辽宁省地质矿产研究院	鲍　泓	2

（钱伟量　杨　茹）

【教学工作】 2005年，人文学院本科教学工作继续进行教育部评估后的整改，同时采取有效措施提高教学质量，取得了显著成效。

（1）教学质量监控实施有学院特色的“123”计划。即：落实一个“办法”——《人文学院关于加强青年教师培养工作的实施办法》；做好两个结合——教学质量提高与共产党员先进性教育相结合、精品课程建设与全面提高教学质量相结合；从三个层次入手，有秩序地开展工作——分三个层次进行交流、分三个层次听课。与此特色相对应，采取了一系列保证教学质量的有力措施。开展了青年教师教学基本功比赛等活动，促进青年教师教学基本功不断提高，教学效果不断改善。在年终全校教学工作考核中，人文学院以全校总分第二名的成绩获得优秀。

(2) 思想政治理论课课程建设工作继续保持领先地位。“两课”建设成绩骄人，继2004年“邓小平理论概论”被评为北京市精品课程之后，2005年“思想道德修养”又被评为北京市精品课程，在第五届全国多媒体课件大赛中，毛泽东思想概论教研室教师建设的“毛泽东思想专题网站”获三等奖，“思想道德修养”多媒体课件获优秀奖；同时，学院积极进行改革试点工作。根据《〈中共中央宣传部教育部关于进一步加强和改进高等学校思想政治理论课的意见〉实施方案》和北工大的具体情况，制定出《北京工业大学思想政治理论课调整实施方案》(草稿)，并选取人文学院的两个专业进行改革试点。2005年下半年进行了“思想道德修养与法律基础”和“中国近现代史纲要”2门课程的试点工作，为2006年全面实施新方案做好准备。继续加强思想政治理论课教师社会考察工作，2005年暑期组织了12名“两课”教师赴新疆等地进行社会考察。

(3) 本科生培养质量稳步提高。社会工作专业和广告学专业的首届本科生——2002级学生全部获得了做毕业设计(论文)的资格，进入到毕业设计(论文)阶段；2005年，人文学院学生在有关比赛中多次获奖。

(4) 教学研究工作大力开展。2005年，学院加大了教育教学改革研究立项工作，有10项被批准获北京工业大学教育教学研究立项，其中“‘两课’体系内涵式整合及其实施方案研究”和“工科院校人文社科类选修课体系的科学构建及实施方案研究”被批准立项为重点项目，后者还被批准立项为“北京市级高等学校2005年度教育教学改革项目”。

(5) 双语教学立项进展顺利。社会工作系杨荣的“专业社工经典导读”和人力资源研究中心顾秀林的“社会福利思想”2门课程获学校双语教学立项资助。

(6) 2004～2005学年“优秀教学质量奖”评审中，人文学院5人参赛，4人获奖。其中，迟萌、田玉荣获二等奖，杨荣、付德根获三等奖。获奖率在全校名列前茅。

(李东松　杨　茹)

【党建工作】 人文学院党总支有党支部7个，其中在职教工党支部5个，退休教工党支部1个，学生党支部1个。党员总数89人，其中在职教师党员50人，退休教工党员29人，学生党员10人。在职教师党员占在职教师比例为64.1%，35岁以下教师党员18人，占35岁以下教师比例为66.66%。2005年学院党建工作的指导思想是围绕学院中心工作，以保持共产党员先进性教育活动为契机，切实加强基层组织建设、党员发展工作、领导班子建设、思想作风建设。

基层组织建设。3月30日，人文学院党总支召开加强基层党支部建设工作研讨会，决定在学院党建理论研究会下成立形势政策研究中心，研讨国际国内形势，党和国家的大政方针、师生关心的热点问题，并通过校内各种渠道宣讲，充分发挥人文社会科学教师的作用。围绕先进性教育，积极开展基层党建创新。组织好每月一次的支部活动，力求活动形式新颖、思想内涵丰富、活动效果明显，很多支部创造了很好的活动形式。

党员发展工作。2005年，发展学生党员4人，转正学生预备党员2人；接收学生预备党员1人。结合先进性教育活动培养入党积极分子。组织2005级24名学生入党积极分子参加党校培训；进行了2名教师积极分子的入党准备工作，推荐1名教师积极分子参加党校培训。

领导班子建设。坚持每周一次的领导班子例会，研究学院发展中的重大问题，加强工作的协商协调和班子的内部沟通，搞好领导班子内部的团结。组织好每月一次的中心组理论学习及每学期末的领导班子民主生活会，搞好领导班子的党风廉正建设。6月，党总支召开了旨在树立廉政作风的党风廉政建设扩大民主生活会，对人文学院的各系、室、中心的财务管理工作进行了全面检查，加强财务监管。学院领导班子成员、党总支委员和各教研室、系和中心的负责人及有关财务管理人员都出席会议。

思想作风建设。2005年上半年，学院党总支为先进性教育活动做了大量的准备工作。如进行党员思想状况调查，邀请中共中央文献研究室副主任李捷研究员就保持共产党员先进性和若干社会热点问题作辅导报告，召开加强基层党支部建设工作研讨会。并结合“人文社会科学学院第三届工作研讨会”、争创全国“模范职工小家”活动、“学院青年教师教学基本功比赛”、“保持共产党员先进性教育活动”、“人文社会科学学院院庆5周年师生联欢晚会”等进行全院教职员工的思想理论教育。

先进性教育活动。根据学校党委的统一安排，人文学院党总支于9月至12月组织全院党员认真开展保持共产党员先进性教育活动，参学率和活动覆盖率为100%。党总支制定了《人文学院关于开展保持共产党员先进性教育活动实施方案》，成立了“先进性教育活动领导小组和办公室”。活动期间学院共发出先进性教育活动简报 26 期、组织报告会 3 场、发放宣传材料 400 多份，制作宣传展板 10 余块，召开了在职教师、退休教师、学生代表座谈会 10 次，整理征求的意见 80 条，召开领导班子谈心会、支部座谈会，征求党内外同志对党员个人的意见 270 多条，制定了 13 个方面的整改措施。群众满意度测评结果为 100%满意。

党总支总结经验，认为要成功开展先进性教育活动，全体党员高度重视是基础，领导干部率先垂范是保证，讲求教育活动的实际效果是目的，统筹兼顾、坚持先进性教育和教学工作“两不误、两促进”是前提。

（杨　茹）

【学生工作】 学院共有 13 个本科生班，其中 2002 级学生 76 人，社会工作和广告学专业各 1 个班；2003 级学生 134 人，社会工作和广告学专业各 2 个班；2004 级学生 97 人，社会工作专业 1 个班，广告学专业 2 个班；2005 级学生 116 人，社会工作和广告学专业各 2 个班。

学生党建工作大力推进。3 月 3 日，学院第一个本科生学生党支部成立，本科生党建工作得到大力加强，2005 年，发展学生党员 4 人，转正 2 人；截至年底，共有学生党员 10 人，其中正式党员 3 人。入党积极分子 78 人，递交入党志愿书 233 份，党员比例 2.4%，入党积极分子比例 18.4%，递交入党志愿书比例 55%。研究生党建工作正在起步，全日制在校研究生 6 人中有 3 人递交入党志愿书。3 月中旬，人文学院学生党建基地在崇文区金鱼池社区建成，通过为社区居民举办电脑培训班、英语培训班，基地成为学生党员和入党积极分子“用知识服务社会、服务百姓”的阵地。

学生活动丰富多彩，综合素质得到提高。4 月，组织学生参加 31 届田径运动会；5 月，组织与指导学生参加全国大学生广告大赛，共有 31 件作品参赛；9 月 19 日，召开学院第一次学生代表大会，选举产生正式注册的第一届人文学院学生会；10 月 15 日，邀请北京市旅游局副局长顾晓园，民政部管理干部学院、民政部培训中心教育教训部主任王婴及北京电通广告有限公司副总经理张海鹰为学生作报告；10 月，策划并实施了为朝阳区马各庄打工子弟学校献爱心捐赠活动；11 月 1 日，03 级 130 余名学生无偿献血，奉献爱心，展现出人文学院学生良好的精神风貌；11 月 12 日，400 余名学生参加了历时两周的人文学院“第一届学生体育节”，参与率 90%以上；12 月 6 日，在人文学院成立 5 周年院庆暨新年师生联欢会上，学院第一枚院徽经广泛征集、评标后产生。

学生获奖硕果累累。7 月末，由国家教育部组织的全国大学生广告艺术大赛北京赛区评选揭晓，人文学院学生的参赛作品有 16 件获奖，其中二等奖 2 件、三等奖 6 件、入围奖 8 件，获奖的 16 件广告作品将参加全国广告大赛。社会工作系 2002 级学生杨帆被“中国社会工作教育协会”评为“社会工作优秀学生”。在 2004～2005 学年奖学金评定工作中，人文学院学生参评人数 308 人，获校综合奖学金一等奖 11 人，二等奖 30 人，三等奖 42 人，索尼奖学金 1 人，校优秀学生干部 27 人，学科竞赛奖 17 人。集体奖中获校级先进班集体称号的班级 2 个，校级标兵团支部 1 个，校级优秀团支部 2 个，获“北京市先进班集体”称号 1 个，获得北京市“五四红旗团支部”称号 1 个。

（魏　爽　杨　茹）

【对外交流】 2005 年，人文学院的国际交流向高层次、专业性、实效性方面发展。4 月 6 至 7 日，经人文学院院长陆学艺教授联系，韩国启明大学校长李镇雨、中国研究中心主任赵寿星一行来学校和学院访问。校党委书记孙崇正、学院党总支书记杨茹与客人就启明大学与北工大建立友好合作关系、特别是与人文学院开展“3＋1”合作办学进行会谈，并签署全面合作协议。

教师交流工作。2005 年，派遣 2 名教师分别赴韩国、荷兰进行为期 10 个月、3 个月的对外汉语教学。8 月下旬，社会工作系主任田玉荣、人力资源研究中心副主任顾秀林等 3 人到美国夏威夷大学社会工作学院进行访问，双方同意 2006 年推荐人文学院社会工作系一名青年教师到该学院进修社会工作方法。

学生交流工作。12 月，社会工作系 2002 级学生杨帆得到香港凯瑟克基金会的资助到香港进行了为期一周的社会工作实地考察。这是人文学院学生的首次外事出访活动。

（杨　茹）

【留学生教育】 2005 年，中国语言文化专业在 2004 年首次圆满完成对韩国忠州大学中文系本科进修生专业课教学与管理的基础上，又承担了韩国青云大学中文系 9 名本科进修生为期一年的专业课教学与管理工作，同时继续开展留学生本科生的培养。学院根据留学生的特点开出了相关的特色课程，并组织了一系列有益于学生了解中国文化、北京工农业发展、北京历史名胜和风俗民情的活动，使教学工作取得较好的效果。

在抓紧留学生教学与师资队伍建设的同时，继续开展专业建设。制定了专业的“十一五”建设规划，完备学生培养计划、课程设置、教学安排、教学管理、财务管理等规章制度，加强留学生学籍管理建设。

2005年，中国语言文化专业的教师还与国际合作交流处、教务处通力合作，共同申报了学校教育教学研究一般项目——“凝聚学校办学合力，构建北京工业大学留学生人文本科多层次教育教学的科学体系”。由11名教师组成的课题组以良好的团队合作精神开展了一系列科研工作，为进一步深入探索北工大留学生人文本科多层次办学整体思路、师资队伍整合与建设、课程设置合理化、各项管理规章制度的建设与完善、教育教学理论与实践等多项研究打下良好基础。

（李 雷 杨 茹）

【人文社会科学学院第三届工作研讨会】 4月15至17日，在人文学院建院五周年之际召开了学院第三届工作研讨会。杨茹主持研讨会。党委副书记冯培到会并作“学科规划与北京发展的关系”的主题报告，强调在制订学院“十一五”规划中要处理好学科规划与北京建设与经济社会发展规划的关系、学科规划与学科目标建设的关系、学科规划与学校发展的关系、学科规划与队伍规划的关系。钱伟量就人文学院在“十一五”规划中各项工作的安排和设想作了说明。陆学艺在报告中提出，青年教师要特别重视科研，善于把科研和教学结合起来，要通过老教师的传帮带、青年教师的互帮互学，不断提高青年教师的科研能力、教学水平。

会议重点研讨了如何充分发挥高等学校思想政治理论课在思想政治教育工作中的主渠道作用，认为要加强思想政治理论课的教育教学、科学研究和师资队伍的培养，在教学中要注重对马克思主义原理的整体性把握，突出马克思主义的实践性和中国特色。教务处、“211”办、人事处、科技处等有关职能部门负责人应邀参加了研讨会。

（赵大兴 杨 茹）

【获全国“模范职工小家”称号】 5月，人文学院工会被全国总工会授予“全国模范职工小家”的称号，北工大院级工会第一次获得该荣誉称号。人文学院工会积极探索多种活动组织形式，超越简单的“娱乐型”和“活动型”思路，率先提出工会活动要走“小型化”、“多元化”和“灵活机动”的路子，并注意尽量满足高校知识分子“自我实现”的精神需求，在科研、教学、社会、文化多个领域深入开展一系列特色活动。

2003年1月，人文学院工会被北京市总工会授予北京市模范职工小家的荣誉称号，并连续五年被北京工业大学校工会授予北京工业大学模范教工之家（2000～2004）荣誉称号。

（王明友 李志强 杨 茹）

【学院青年教师教学基本功比赛】 7至9月，结合北京工业大学第五届青年教师教学基本功比赛活动，人文学院举行了本院青年教师教学基本功大赛。学院领导班子和工会、教代会认真研究，精心组织，扎实推进，学院40岁以下的青年教师全部参赛，41岁到45岁的教师自愿参加。教学演示比赛分预赛和决赛两个阶段进行，坚决贯彻公开、公平、公正和促进的原则，在全院形成了良好的教学探讨氛围，成为推动学院青年教师热爱教学、重视教学、提高教学、爱岗敬业的有利契机。比赛决出一等奖3名（魏爽、涂小琼、李晓婷），二等奖4名（丁云、夏园园、李志强、赵丽琴），三等奖4名（王鹏庭、崔芳、张风帆、曹晓鸥）。还评出最佳教案奖1名，最佳教学演示奖1名，最佳教学技术奖1名，最佳教育教学研究成果奖1名。广告系和毛泽东思想概论教研室获得优秀组织奖。魏爽、涂小琼、李晓婷3位教师被推选到学校参加比赛。

（李东松 杨 茹）

【主办新时期事业单位人事制度改革高层论坛】 5月12至13日，由北京工业大学北京经济社会发展研究院人力资源研究中心、中国人才研究会共同主办的“新时期事业单位人事制度改革高层论坛”在北工大举行。国家人事部、中国社会科学院、中国人才研究会、北京市人事局、大专院校等部门的全国知名人事管理专家70余人参加研讨，提交大会论文、调查报告38篇。

中国人才研究会会长、中国博士后管委会主任、原人事部副部长徐颂陶作“中国事业单位人事制度改革的基本思路”的大会主题发言，北工大副校长蒋毅坚，人事部中国人事科学研究院副院长、人事与人才研究所所长王通讯，中国社会科学院人事局副局长潘晨光，北工大人文学院院长陆学艺等分别发言，在“事业单位人力资源开发的理论与实践”、“我国职称制度与职称政策分析”、“研究机构的人事制度改革的难点与对策”等方面阐述了观点。在大会发言的基础上，专家学者们围绕“事业单位改革的理论探讨”、“事业单位的激励机制与人才流动”、“事业单位的人才培训”等三个主题进行了深入、广泛的研讨。

（张 荆 杨 茹）

【承办北京高教学会政经、社建研究会暑期备课会】 7月20日，北京高教学会政经、社建研究会暑期备课会在北京工业大学召开。这是人文学院首次承办思想政治理论课的市级学会的暑期备课会。来自北京40余所高校的60余名思想政治理论课教师参加了这次会议。教育部社政司副司长徐维凡在会上作报告，介绍了指导高校思想政治理论课改革的“五号文件”制定的过程和背景。北京大学马列学院院长陈占安教授应邀在会上就关于政治理论课改革方案问题作报告，特别强调学科建设是思想政治理论课教学发展的基础。备课会上，与会者围绕2006年下半年将开始的全国高校政治理论课课程教学改革问题展开了热烈讨论。

（赵大兴　杨　茹）

【主办中加非政府组织与社区发展学术研讨会】 由人文学院主办、社会工作系承办的“中加非政府组织与社区发展学术研讨会”于10月21至22日在北工大举行。加拿大大使馆文化教育参赞柏伊恩，负责此项目的官员，Carleton大学社会工作学院的院长和教授，中国民政部基层政权和社区建设司司长詹成付，及北京大学、清华大学、上海大学、中国人民大学、中国社会科学院专家学者出席会议。

研讨会旨在通过对中国和加拿大的社区及服务于社区的各种非政府组织的现状进行了分析和讨论，探索中国社区发展的新思路，探讨社会工作在社区和非政府组织中的地位和角色，借鉴加拿大社区发展的经验，总结中国本土社区服务和社区发展的特点。开幕式上冯培副书记、陆学艺院长、詹成付司长、柏伊恩参赞分别致词。在专题研讨中，山东大学社会发展学院副院长高鉴国教授、加拿大Carleton大学社会工作学院Colleen Lundy教授、中国社会科学院政策研究中心唐钧教授、北京大学社会学系王思斌教授分别作“民间组织的公共性问题”、“社区和非政府组织对于社会问题的回应”、“从社区服务到社区建设”、“社区志愿组织的研究”的演讲。

此次会议之前，社会工作专业已与加拿大部分大学社会工作学院（系）建立了稳定的学术交流。此次会议得到了加拿大驻华大使馆的大力支持，获加拿大政府外交部“加拿大研究发展项目”资助。这是人文学院首次获得国外政府资助项目。

（杨　荣　杨　茹）

建筑与城市规划学院

【发展概况】 北京工业大学建筑与城市规划学院（College of Architecture and Urban Plan，以下简称建规学院）成立于2003年4月。2005年，学院设建筑、城市规划、工业设计3个系，建筑设计、城市规划、工业设计、环境与景观设计、城市夜景照明规划等5个研究所及中国世界文化遗产保护研究中心。学院设建筑学、城市规划、工业设计3个本科专业，拥有建筑设计及理论、城市规划与设计2个硕士授权点。拥有建筑学、工业设计2个北京市重点建设学科。

建筑学专业于1998年和2002年连续两次通过全国高等院校建筑学专业教育评估，拥有建筑学学士学位授予权。该系目前设有建筑设计、城市规划、室内设计、建筑历史、美术和建筑技术教研室。工业设计自1994年开始招收四年制本科生，从教研室逐渐发展为学科部和现在的工业设计系。该系目前设有产品系统设计、信息互动设计和工业设计基础理论教研室，以及CAID实验室和产品样机模型实验室。2002年10月，学科列为北京市重点建设学科。2003年12月成立城市规划系。

教职工68人，其中专任教师54人。专任教师中，教授9人，副教授18人。其中具有博士学位的教师10人。此外还聘有双聘院士1人，博士生导师1人，国外大学客座教授1人。

本年毕业109人，其中，研究生21人（硕士生21人），本科生88人。招生122人，其中，研究生34人（硕士生34人），本科生88人。在校生492人，其中，研究生109人（硕士生109人），本科生383人。外国在读硕士留学生10名，工程硕士58名。

2005年，建规学院坚持以谋求发展为目标，继续完善建规学院管理制度，努力推动教学改革，发展建设学科方向，搭建学术梯队作为本院的工作重点。逐步建立起比较完善的教学质量监控体系。深化教学管理、教学改革等方面成果显著。学科建设工作，完成7个不同学术方向梯队的组建，初次实现梯队考核与个人考核结合，通过梯队建设，在已有研究方向上各梯队进一步整合。

（李艾芳　苏晨阳）

【学科建设】 （1）完成7个不同学术方向梯队的组建，初次实现梯队考核与个人考核结合，在全院产生较大反响，对学院学科建设影响深远。

（2）在梯队带头人的领导下，各学术方向的研究取得明显成效。①城市规划领域：在北京中心城市规划、古城保护规划、新农村规划及城市夜景照明设计规划等学术领域，均获得北京市重大科研项目资助。②建筑设计领域：医院建筑研究、城市安全设计研究、绿色建筑设计技术措施研究等方面，均取得了进一步发展。

（3）梯队建设。在已有研究方向上各梯队进一步整合，引进特聘教授1人，具有博士学位的教师2人，同时注重加强教师培养，根据梯队建设的要求，2005年支持每位教授5 000元、副教授3 000元的学术交流和会议经费，很好地促进了学科队伍的建设。

（陈　喆　李艾芳）

【教学工作】 学院逐步建立起比较完善的教学质量监控体系。对教、学、管三大块实施全面质量监督，加强各个层次、各个环节的本科生教学监控。本学年调整了教学计划和教学大纲，重新制定、修订了一系列院、系级教学管理文件。2005年在深化教学管理、教学改革与建设、学科建设等方面成果显著。

教师节期间，学院召开教学质量表彰大会，在学生评教中得分高于90分的教师颁发奖状。在精品课程建设方面，计划以建设北京市精品课程为目标，重点支持3门课的建设，即2005～2006年重点建设“建筑初步”，2006～2007年重点建设“建筑构成”，2007～2008年重点建设“中国建筑史”。目前“建筑初步”建设成果显著，教改立项获学校资助，2005年刘华靖等学生的“建筑初步”作业获全国建筑学专业指导委员会颁发的优秀作业奖。在教材库建设方面，建筑学和工业设计2个专业完成了65门专业课的教材库建设工作，购买了大量本科教材，40余位专业课任课教师为教材撰写了评语和使用建议。完成青年教师教学基本功大赛的工作暨第一届多媒体课件大赛的组织工作，学院98%的青年教师参加了比赛，推荐参加校级比赛的3位教师也取得好成绩，学院获优秀组织奖。完成城市规划专业本科招生论证工作，2006年起该专业开始招收本科生。进一步开展双语教学工作，又有2名教师申报了双语教学试点，并于9月赴英国进修，目前学院已有5位双语教学教师可用英语授课。第二课堂建设成果显著，学生获科技竞赛奖28项。2005年学院教师获2005年全国多媒体课件大赛高教组三等奖。10项教改项目获学校资助，全院教师发表教改论文18篇，教学成果显著。

（张　建　李艾芳）

【科研工作】 学院制订了促进科研水平发展和提高的激励措施，积极鼓励教师参与和申请北京和国家的各类科研项目，并在科研团队建设上制定了严格的考评制度，促成了城市规划研究、小城镇建设研究、大型公共建筑研究、城市设计研究和古旧建筑更新保护研究5个涵盖整个学科发展方向的学术团队，对学院原有科研资源进行了重新整合，有效地发挥个体优势，带动群体科研水平的提升。通过梯队建设促进整体和团队的科研水平，2005年到校科研经费510万元，论文171篇，出版著作9本，国家自然科学基金1项，省部级科研项目3项。学院的科研力量与水平上了一个新的台阶。

（陈　喆　李艾芳）

【党建工作】 建规学院党总支下设6个党支部，其中学生支部4个，教工支部2个；共有党员82人，其中教师党员27人，学生党员55人，其中本科生党员22人，研究生党员33人。

在学校党委领导下，学院党总支认真开展保持共产党员先进性教育活动，不断加强基层党组织的建设和思想政治工作的研究。以党员先进性教育活动为重心，先后进行了学习动员、分析评议和整改提高三个阶段的工作。学院党总支及各党支部紧紧抓住实践“三个代表”重要思想这一主线、把握保持共产党员先进性这一主题、明确提高党的执政能力这一着眼点、紧跟学校党委坚持从严治党这一方针，推动先进性教育活动深入开展，在满意度测评中，群众满意度满意率达到100%。

党总支注重加强院领导班子建设。公开选拔了一批德才兼备、有良好群众基础的年轻同志作为后备干部。

以校院重大活动为切入点，大力加强党总支的核心领导作用。为配合学校45周年校庆活动，建规学院党总支组织杰出校友采访活动、青年校友论坛等重大活动。为迎接2006年建筑学专业评估工作，党总支领导协调党政各部门积极主动、周密细致地做好迎接建筑学评估工作。

2005年度，1人被评为学校优秀党务工作者；1人被评为学校优秀党员标兵；2个党支部被学校评为先进党支部；学院工会被评为学校先进“教工之家”。

（李艾芳　夏海州）

【学生工作】 建规学院学生工作系统下设学生工作办公室、研究生工作组、团委和学生会。学院共设本科生班14个，研究生班3个，配备班主任8人。

2005年，扎实做好学生党建与思想政治教育、招生就业、迎新、入学教育、奖学金评定、学风建设、班主任管理、特困生管理等工作。在学生党员中深入开展保持共产党员先进性教育活动，组织学生参加学校第38、39期党校积极分子培训班，开展“成长、成才、成功”主题教育活动，举办北京工业大学第五届设计大赛，协办了“首届北京大学生建筑文化节”系列活动，大力指导本科生科协编辑《天际线》刊物和研究生会举办“建筑沙龙”学术论坛，坚持开展学生专业教室人文环境建设评比，及举办大型师生“幻彩新城”新年联欢晚会等具有学院特色的教育活动。

在北工大“榜样的力量”七一表彰大会上，学院本科生党支部被评为北京工业大学先进党支部，1人评为北京工业大学学生优秀党员标兵；“三成”主题教育活动在学校获优秀奖；在校院奖学金评定中，获北京市高等学校优秀学生1人，北京市高等院校三好学生2人，北京市先进班集体1个，北京工业大学优良学风班4个，北京工业大学优秀班集体1个，北京工业大学标兵团支部1个，北京工业大学优秀团支部2个，先进集体占学院参评班级的50%；毕业生工作成绩显著，获北京市优秀毕业生3人，北京工业大学优秀毕业生7人，北京工业大学优秀硕士生2人，2005届毕业生全员就业率在全校排名第二，研究生就业率达100%，建筑学和工业设计两个本科专业就业率都在学校前10名内；在“首届北京大学生建筑文化节”系列活动中7名学生获奖；与建工学院联合组成学生代表队分别参加第一届全国大学生结构设计竞赛获三等奖、第四届北京高校建筑结构设计联赛获建筑二等奖。

（夏海州　李艾芳）

【对外交流】 4月，荷兰戴尔夫特大学建筑学院院长杰夫（Jeff）教授一行3人来学院访问，双方就共同培养博士研究生、师资交流、共同开展科研项目等方面进行了积极友好磋商。

5月，学院接待了意大利萨萨里大学访问团并随后与之签署了交流合作协议。

8月，澳大利亚墨尔本大学建筑学院鲁斯·芬切尔（Ruth Fincher）教授一行4人来访，洽谈两校进一步交流合作办学事宜。

9月，接待西班牙马德里工业大学的来访，邀请北京市规划委员会专家介绍北京城市开发与保护的研究成果。马德里工业大学朱里奥（Julio）教授介绍了马德里城市保护与更新方面的情况。

10月，举办米兰工业大学与北京工业大学城市规划研讨班，为期三周。

12月，与韩国延世大学共同举办国际温突研究学会年会，韩国驻中国大使等数十位国际知名专家、学者、政府官员参加会议。

（胡　斌　李艾芳）

生命科学与生物工程学院

【发展概况】 北京工业大学生命科学与生物工程学院（College of Life Science and Bio－Engineering，以下简称生命学院）成立于2002年10月。学院设药物研究所（包括病毒与药理研究室、药物合成及天然产物研究室、分子设计与生物信息研究室、基础医学研究室、分析测试中心）、生物医学工程中心（包括生物力学与仿真工程研究室、生物电子与医疗仪器研究室）和生物医学工程教学实验室。在“211工程”重点学科建设项目支持下，生命学院建设了以P3实验室为中心、配备了国际先进的仪器设备的新医药与生物工程研究基地。学院设生物医学工程1个本科专业，拥有生物医学工程、生物物理学2个硕士学位授权点，生物医学工程一级学科博士学位授权点。拥有生物医学工程学科北京市重点建设学科。

2005年底统计，生命学院在编教职工52人，其中中科院院士1人，博士生导师4人，教授10人（包括研究员），副教授（包括高工及副研究员）19人，具有博士学位的教师20人。

本年毕业33人，其中，研究生10人（博士生5人，硕士生5人），本科生23人。招生101人，其中，研究生36人（博士生5人，硕士生31人），本科生65人。在校生371人，其中，研究生99人（博士生27人，硕士生72人），本科生272人。

（徐　莲　钟儒刚）

【学科建设】 在本科专业建设方面，完成2项建设任务：①校级重点专业生物医学工程专业建设项目完善了生物医学工程的3个本科专业教学实验室，解决了因招生规模扩大而导致的实验室紧张问题；②获校级教育教学研究重点项目1项，面上项目6项，有力地推动本专业的课程建设。

生物医学工程专业经过4年的实践，通过国内外大量的学科调研，提出了“生物医学工程实践教学一体化”的实践教学改革方案，并得到了学校教育教学改革项目的重点支持。项目采用一些从科研成果转化而来的代表本学科前沿领域的应用性强的课题作为设计性、综合性实验，将学生在4年的实践教学连为一体，相互衔接，使之成为一个完整的工程实践训练项目。要求学生灵活运用所学知识，进行方案设计与可行性论证，让学生独立思考、查找资料、独立设计、完成实验、独立分析和得出结论，在实践中培养学生的自学能力、知识更新能力和实际应用能力。学生可以从电子课设计、传感器设计、信号处理等实践环节做起，到毕业设计为止，做出一个完整的小型医疗仪器，保证学生工程训练的完整性。

在研究生专业建设方面，北京市重点建设学科“生物医学工程”继续投入70万元，研究生的教学和科研条件得到进一步改善。资助研究生及导师参加国际学术会议13人次，其中博士研究生出国参加国际学术会议2人次。硕士研究生在校期间平均参加一次国内学术会议。

2005年生命学院共获北京工业大学研究生科技创新奖一等奖16人次，二等奖11人次。博士论坛奖项3项，申请研究生科技基金5项，培养出北京工业大学优秀博士论文1篇，优秀硕士论文1篇，北京市优秀本科生论文1篇。

在学位点建设方面，2005年申报了“生物化学与分子生物学”硕士学位授权点。

（刘有军　徐　莲　王存新）

【教学工作】 在生物医学工程专业建设经费的支持下，改进和完善了教学实验室和教学研究室的设施和条件，增添了中外文教学参考书，生物医学工程教学实验室获得北京工业大学实验室建设三等奖。建立了3个本科毕业实习基地（北京万东医疗装备有限公司、北京谊安医疗装备有限公司和中国医药研究开发中心有限公司），保证了2个班70名本科生毕业实习的顺利进行。

2005年学院继续加强师资队伍的建设，引进博士6人，其中北京市特聘教授1人。73%的教师具有正高职称和副高职称，21%具有中级职称；45岁以下青年教师占教师比例76%。

学院重视教学质量和青年教师的培养，加强对青年教师的听课与辅导，在本学年校教务处组织的学生对教师的教学考评中，青年教师的考评成绩整体提高，青年教师常宇在学校举办的第五届青年教师教学基本功比赛中获得三等奖。学院鼓励教师加强教学研究，本年度教师承担北工大教育教学重点研究项目1项，面上项目7项，研究经费22万元，发表教研论文6篇，新编实验指导书1本。

基本完成生物医学工程专业生物技术方向的筹建工作，制定了生物技术专业方向的教学大纲、课程体系和教学安排，为生物技术专业方向本科生的招生和培养做好准备。

（吴水才　谭京敏　王存新）

【科研工作】 2005年，学院围绕开发抗艾滋病毒药物和抗艾滋病疫苗进行了一系列研究工作。完成了HIV－1 Vif及人APOBEC3G真核及原核表达质粒的构建，以及Vif与APOBEC3G蛋白在大肠杆菌中的表达、纯化及鉴定等工作。准备用Biacore进行药物的筛选。另外，还构建了Vif基因缺失的HIV—1 cDNA克隆并建立了单轮感染实验，为今后进一步研究Vif与APOBEC3G对HIV—1毒株感染力影响的研究奠定了基础。“863”项目“抗艾滋病药物KA－08的研究”已按计划结题验收，有待进一步进行中试研究。另一“863”项目“抗艾滋病创新药物的研究和开发”在几十个有效中药提取物分离的基础上找到3个有效单体，并完成了临床前的药学、药效学及药理等方面的工作。市教委重点项目“抗艾滋病创新药物的研究”已从药用植物体系中分离、筛选了70多个样品，鉴定了4个活性分子，合成并纯化了gp41、gp120、gp36、p24、Vif等蛋白，筛选了可对抗这些靶点的有作用的化合物。发现了1－2个对上述靶点有作用的化合物。

2005年学院科研项目42项，到校科研经费655万元。其中，国家863项目2项，国家自然科学基金项目7项，国家科技发展攻关计划项目1项，教育部留学回国人员科研启动基金项目2项，教育部跨世纪人才项目1项，北京市自然科学基金项目5项，北京市科委项目2项，北京市科技新星计划项目2项，北京市教委项目8项，横向科研项目6项，其他科研项目6项。入选2005年度北京市属市管高等学校拔尖创新人才1人、“中青年骨干教师培养计划”2人。

2005年发表论文总计129篇，其中国外学术刊物65篇，国内学术刊物64篇，被SCI、EI、ISTP收录近20篇。

2005年申请发明专利4项，实用新型专利2项，发明专利权1项。另外，2005年申请的2项计算机软件著作权均已获得批准。

（李泽琳　闫　红　钟儒刚）

【党建工作】 学院党总支下设5个基层党支部，其中教工党支部2个，退休教工党支部1个，学生党支部2个；党员91人，其中教工党员35人，学生党员66人；2005年新发展预备党员26人，4名预备党员按期转正，39名学生、3名教工参加了业余党校的学习，新增入党积极分子95人。“七一”前夕，教工第一党支部被校党委评为“北京工业大学教工先进党支部”，1人被评为“北京工业大学优秀共产党员标兵”，1人被评为“北京工业大学优秀学生党员”。

2005年9月开始，历时3个月的保持共产党员先进性教育活动，在校党委的领导下，通过党总支缜密部署、党支部精心组织、党员认真参加、群众积极参与，使之真正落实，取得了实效。党总支制定了19项具体详实、针对性强的整改措施，力求逐步建立健全保持共产党员先进性的长效机制。在学院先进性教育活动总结中，评出院优秀共产党员标兵9人，优秀共产党员13人，优秀党支部书记2人，优秀辅导员1人。

（张淑芬　韩彩玲　钟儒刚）

【学生工作】 坚持思想阵地建设，加强学生党员的培养与发展，配合党校做好入党积极分子培训班的工作。2004～2005年度期间，本科生支部发展党员8

人，本科生党员占全院本科生的8.8%，5名预备党员转正。研究生党支部发展党员9人，2名预备党员转正。在校先进党员评比活动中，1名学生获北京工业大学优秀学生党员称号。学生党员积极参加党员先进性教育活动，全部完成三个阶段的学习教育，取得了较好的效果。随着党员队伍的扩大，根据党员人数和工作需要，将研究生党支部分为博士生党支部和硕士生党支部，本科生支部分为高年级支部和低年级支部。学院学生中共计4个党支部。在积极分子培养方面，学院第39期党校共有20名学员顺利结业，其中本科生15名，研究生5名，学生党员与积极分子的队伍不断壮大。

坚持继承与发展的观点，结合生物医学工程专业的特点，积极参加学校研究生部及学生工作部组织的以"成长、成才、成功"为主题的"三成"教育活动，举办大量相关活动，收效良好。顺利完成了01级本科生的毕业、就业工作。9月，完成第四届学生会主席的竞选与学生会的重组工作；9月19至24日举办艾滋病宣传周，开展了防控艾滋病的基本知识和无偿献血知识的宣传活动；11月30日，在第18个世界艾滋病日来临之际，举办"抗击艾滋病，你我共参与"主题报告会，邀请北京地坛医院专家吴焱教授为全校近千余名同学讲述抗击艾滋病的深远意义，并深化了"预防艾滋病是全社会的共同责任"重要思想，学生代表宣读倡议书；12月1日，学生在校园内宣传防治艾滋病知识，红丝带志愿者现场为在校师生进行基本的身体检查；11月4日，03级本科生和04级研究生参加无偿献血活动，41人参加体检，39人体检合格并参加采血。

2005年，本科生获奖情况如下：获校级奖学金共62人，其中一等奖学金6人，二等奖学金19人，三等奖学金25人；校级优秀学生干部12人。院级奖学金79人次，其中德育优秀奖18人，体育优秀奖18人，学习优秀奖33人，科技创新奖2人，院级优秀学生干部8人；集体奖两项，其中041011支部获北京工业大学2004～2005年度标兵团支部，031011支部获北京工业大学2004～2005年度优秀团支部。1人获"北京市三好学生"称号，1人获"全国大学生数学建模竞赛一等奖"。在第十六届"闪光支部、青春风采"活动中，041011支部获铜奖，051012支部获网页制作单项奖。在学生课外科技活动中，02级本科生李垚等成功申报"基于无线技术的指端脉搏波测量"的研究，并获批星火基金重点项目。研究生获奖情况如下：8人获校级综合奖，3人获校级社会工作奖，3人获校级奋进拼搏奖，2人获"优秀研究生干部"称号，1人获校级突出贡献奖，3人获"校级优秀研究生"称号。科技创新奖一等奖16项，科技创新奖二等奖11项，博士论坛奖项3项，申请研究生科技基金5项，评选出优秀党支部书记1人，优秀党员标兵4人，优秀党员3人。

在学生工作队伍中，学生办公室主任、041011班主任廖满媛获学校"2005年优秀德育工作者"称号。

（韩昀峰　郑大威）

【对外交流】 生命学院积极邀请国内外著名专家学者、著名公司等来院进行参观及交流。2005年先后有法国医学科学院院士德戴教授（Guy B deThé 中国科学院外籍院士）、美国北卡罗来那州立大学苏立山教授、美国马里兰大学艾滋病学专家赵玉琪教授一组、瑞典隆德大学樊小龙博士、美国康奈尔大学范江副教授、加拿大麦吉尔大学医学院岑山博士来院进行学术交流；4月6日韩国启明大学校长一行以及12月9日长江实业科技公司张令玉所长三人等来学院参观访问，对学院的学科基地建设和科研工作给予很高的赞誉。

学院积极开展与国外著名公司、著名大学及研究所的交流和合作。与日本载体研究所合作的抗HIV疫苗研究课题取得良好的进展，所撰写关于课题研究的文章在2005年艾滋病疫苗会上投稿并被录用，9月曾毅院士和李泽琳教授应邀参加在加拿大举行的国际艾滋疫苗会议，并与加拿大麦吉尔大学、蒙特利尔大学进行学术交流；11月1日，美国Merck公司代表参观学院实验室并进行合作交流研讨，邀请曾毅院士于12月出访该公司并作有关疫苗研究的报告。12月，曾毅院士到德国累根斯堡大学进行学术交流，参加美国波士顿中美应急疾病对策的研讨会并到美国北卡罗来那州立大学、美国杜克大学巴斯特研究所、美国NIH的NCI研究所等单位进行学术及合作交流活动。

曾毅院士受中央党校、联合国关心下一代工作委员会、中国科协、中华预防医学会等单位邀请在国内一些城市积极进行"艾滋病的宣传和教育"及国内外讲学交流活动，先后出席了1月香港联合预防医学大会、9月昆明艾滋病防治论坛、10月厦门海峡两岸传染病防治研讨会和中美国际会议以及12月中华中医药学会防治艾滋病学术研究会等。曾毅院士积极参加在新几内亚、泰国举行的联合国艾滋病署的会议，经卫生部的批准连任联合国亚太地区艾滋病与发展领导论坛指导委员会委员，参加了11月在印度举行的新一届工作讨论会。

8月27日至9月1日，王存新教授应邀出席在法国 Montpellier 举行的由国际纯粹与应用生物物理学联合会（IUPAB）和欧洲生物物理学会联合主办的第15届国际生物物理大会，与同行专家就分子设计和蛋白质结构与功能的关键问题进行深入讨论，在大会上交流的两篇学术论文已在《European Biophysics Journal》2005年第34卷上正式发表。

6月26至28日，陈慰祖教授应邀出席在美国堪萨斯大学举行的"基因组中蛋白质相互作用模拟会议"（The Conference on Modeling of Protein Interactions in Genomes）。该会是由国际生物信息学中心的科学家和欧洲蛋白质相互作用预测评估 CAPRI 竞赛的组织者发起的、隔年一次的国际会议，用以交流蛋白质相互作用和结构预测方面的信息和经验。在会上交流的内容"Peptide Inhibitors Design of HIV-1 Integrase Dimer"受到与会同行的关注。

（刘巧丽　王存新）

外国语学院

【发展概况】 北京工业大学外国语学院（College of Foreign Languages，以下简称外语学院）成立于2003年3月。2005年，外语学院设英语一系、英语二系、日语系等3个学科部。学院设英语专业、国际经济与贸易专业（外贸英语）、国际经济与贸易专业（外贸日语）、日语语言专业等四个本科专业，拥有外国语言学与应用语言学一个硕士学位授权点。

教职工109人，其中专任教师95人。专任教师中，硕士生导师7人，教授4人，副教授27人，其中具有博士学历的教师5人。

本年招生123人，其中，研究生7人（硕士生7人），本科生116人。在校生346人，其中，研究生14人（硕士生14人），本科生332人。

2005年作为国家教育部大学英语教学改革试点大学之一，外语学院继续将大学英语教学改革工作作为学院中心工作。

（曹巍　周俊英）

【学科建设】 本着求真务实、重在建设、稳步发展的宗旨，学院采取了一系列积极措施，积极抓好学科建设。2005年报考外语学院硕士研究生81人，实际招收7人。学院在2004级研究生培养的基础上，对课程和课时进行调整，增添了一些实用课程，如聘请北京师范大学博士生导师田贵森教授开设"研究方法"课程；聘请上海交通大学博士生导师卫乃兴教授讲授"语料库语言学"。同时，要求研究生努力提高自身科研能力和综合素质，踊跃参加各种学术会议和学术讲座。召开"2004届硕士研究生开题报告会"，作为学院首届硕士生开题报告。学院将根据教学实践不断修订和完善研究生培养计划，以更好地促进学科建设和学科发展。

2005年，外语学院在原有英语专业（英语语言与文学方向）、国际贸易与经济专业（英语方向）和国际贸易与经济专业（日语方向）三个本科专业的基础上新增了日语语言专业，开展韩语语言专业（商务方向）的申办工作。

（靳秀琴　郝秀兰
周俊英　闫岫峰）

【教学工作】 外语学院承担全校博士生、硕士生、本科生公共英语课程教学，小语种（日语、德语、韩语、法语和俄语）教学，英语、外贸英语、日语、外贸日语专业教学工作，以及全校本科生英语及小语种选修课和英语辅修专业等课程，每学年教学授课班级达260多个。现开设的全校性英语选修课课程有英美概况、翻译技巧、英语视听说、中级英语口语、中级英语听力、美国社会文化、韩语二外、韩国传统民俗文化、德语二外、法语二外、俄语二外、宗教学概论及日本概况等课程。2000年起开设英语辅修专业，修读中高级英语阅读、高级英语听力、高级英语口语、英汉互译技巧、商务英语等共8门课程。

（郝秀兰　闫岫峰）

【科研工作】 2005年，以科研带动学科建设、促进教学质量提高为宗旨，学院上下积极抓科研，认真搞科研，形成了良好的科研氛围。各类在研课题15项，其中包括北京市教委项目3项，教委"211"专款项目1项，企事业单位委托课题1项，其他专款项目10项，到位经费总计84万元。

7月，学院聘请语言学界颇有影响的上海交通大学卫乃兴教授做了4场"语料库语言学"专题系列讲座。

9月，出版了《北京工业大学学报》社科版增刊。入选的27篇文章，均从2004年外语学院第一届教学与学术研讨会上提交的50余篇论文中经评审筛选。

12月7至28日，外语学院第二届语言教学与研究研讨会召开。此届研讨会分为专题讨论、大会交流、专家报告三个阶段进行，邀请人文学院钱伟量教授作"符号学与语言哲学的若干问题"专题报告。研讨会共提交论文72篇，其中9篇论文大会交流，29篇论文入选06年北京工业大学学报社科版增刊。

2005年，学院教师在各类公

并刊物上发表论文70余篇，出版专著2部，译著1本，教材及教参13本。

（靳秀琴　周俊英）

【学生工作】 外语学院学生工作系统坚持“以人为本”的教育理念，充分调动和发挥学生、家长、社会多渠道作用，以校园文化和社会实践为平台，推进院风、学风建设。

邀请知名教授北京外国语大学陈琳教授和北京大学英语系博士生导师、外国文学学会副会长、美国文学学会副会长陶洁教授作英语学术讲座。举办“CASIO”杯外语学院首届论文竞赛，并将获奖论文编辑成册印制了《“CASIO”杯外国语学院论文竞赛获奖论文集》。举行了班主任、辅导员、系主任的座谈会，还开办了面向学生借阅的“博思书屋”，外语类书籍和多种报刊有1 200多册。

注重开展研究生学风建设，出台《外国语学院研究生科技基金管理办法》，制定《外国语学院研究生奖学金评定条例》及具体的综合评定表，设立院级基金鼓励科研，组织学院首次科技基金初评，评选出校级项目1个。2004级研究生班获校级优良学风班称号，个人综合一、二等奖，优秀研究生干部，优秀研究生，社会工作奖学金、奋进拼搏奖等诸多奖项，共计3人8人次9项。

积极开展社会实践活动，在原有社区义务教授英语的基础上，拓展到与佳丽饭店合作，义务教授饭店管理人员旅游英语。10月，成立学生科协，组织近70名志愿者为“2005年亚洲教育北京论坛——经济国际化中的跨国文化管理与培训国际会议”进行了会议服务工作。外语学院学生科协获“科普工作先进单位”称号。

努力建设学生工作队伍，9月，正式聘请2名专业老师兼职2003级学生班主任，同时每个年级各设兼职辅导员1名，共设3名，聘任2004级4名学生分别担任2005级新生四个班的学生辅导员。11月，学院首次无偿献血工作圆满完成，并制定《外国语学院学生无偿献血工作程序文件》。学院学生工作系统共完成论文三篇，其中《坚持“以人为本”，做好大学生党建工作》在全国中文核心期刊发表，《第二课堂创新性实践平台建设与外语人才培养》和《浅谈品牌战略在构建和谐校园文化中的应用》两篇论文在校学报增刊发表。5月26日，召开了第一次全院学生代表大会，会议审议并通过了外语学生会章程，并从十名候选人中投票选举出了主席、副主席及五位部长。

2005年，外语学院04级新生共有27人，33人次荣获校基础课学习奖学金。12月4日，外语学院2004～2005年度奖学金颁奖典礼召开，3人获市级奖励，2个集体获校级奖励，89人获校级奖励，获院级奖励的集体2个，获奖学生108人。

（赵正艳　谷　征
吴铁梅　任永方）

【学生党建工作】 在学生党建思想工作方面，根据学校党委的各项要求，外语学院积极在学生党员中开展保持党员先进性教育活动，积极组织参加以“榜样的力量”为主题的学生党员论坛，并以此为契机帮助学习有困难的特困生和需要帮助的同学们，切实开展“手拉手”活动，创新活动形式。为切实在实际工作中体现党员的先进性，更好地服务学生，外语学院学生工作系统编制了《北京工业大学外国语学院学生工作手册》。结合“保持共产党员先进性教育”活动，在全院党员范围内发起了“奥运规范行，实践保先进”的活动。同学们发挥自身的语言优势，结合专业知识，对北京工业大学校内设施、网络用语和学校周边的公共双语设施进行了检查，并提出了修改建议，此项活动受到了校内外各界人士的好评，为大学生结合自身特点参与社会实践找到了良好的切入点。按照“合格一名，发展一名”的原则，外语学院学生党支部及时吸收先进的团员加入党组织，壮大学生党员队伍。2005年外语学院学生支部共发展学生党员21名，10名同志顺利转为中共正式党员。至此，外语学院学生党支部已有学生党员38名，其中正式党员15名。

（赵正艳　谷　征　任永方）

【对外交流活动】 开展国内外交流是北京工业大学外国语学院外事教育面向世界、面向未来的需要。2005年，外国语学院派出多名教师进行进修学习、师资外语水平的培训，提高学院师资队伍建设和对外国际交往能力，实现本年师资队伍建设的目标。

学院充分利用外教资源，发挥他们的学术优势，使他们在教学工作、培养师资力量工作中发挥作用，邀请多名外籍教师和外校教授，来学校进行报告讲座和教学工作，与国外院校或学术机构开展交流与合作，建立友好往来与学术交流关系。

（1）学院派出教师深造进修情况如下：

1月至5月，王英男赴美国缅茵州法明顿大学学习进修；

6月至8月，田时莉赴美国缅茵州新英格兰大学学习进修；

6月至8月，刘宇慧、李晋、赵露茜、马晓梅等赴加拿大麦迪森海特学院做教学英语讲学进修；

3月至12月，姜毅然赴日本东京国事馆大学亚洲系讲授中文；

8月，在中国外交部驻澳大利亚使馆的帮助下，周俊英、任永方、邢涛赴澳大利亚堪培拉大学、国立大学、昆士兰大学、昆士兰科技大学、西悉尼大学洽谈国际合作交流、联合办学事宜。

1月至12月，外语学院张俊梅、姜慧娟等8位老师在北京大学进行学习进修。

(2) 学院邀请国内外专家讲座情况如下：

3月至12月，邀请美国教师斯蒂夫（Steve）先生为本科生传授专业中级英语口语。

8月至12月，聘请加拿大教师戴维·帕特森（David Paterson）在外国语学院承担学院大一、大二两个年级的口语辅导课、英语角和文化讲座。

8月，邀请外籍教师玛丽·尤克（Mary Youk）、教师彼得·金（Peter King）、教师戴维·马歇尔（David Marshal）、教师布莱德克·理查德（Bladek Richard）、教师达里尼·凯瑞（Darlene Carey）、教师戴维·哈勒特（David Hallett）给硕士生和本科学生讲授英语语言课。

11月30日，学院邀请现任加拿大驻华公使菲利浦·卡尔沃特（Philip Calvert）在北京工业大学进行演讲。演讲的主要内容为加拿大科技、多元文化、教育体制等，以此来展现加拿大的创新和全面发展。

7月，邀请上海交通大学外语系卫乃兴教授来外国语学院进行专题讲座。

2005年，多次邀请北京师范大学外语系田桂森教授来学院与教师学生进行学术交流。

(3) 对外办学情况如下：

外国语学院与法国图鲁兹一大面向北京工业大学及中国优秀的大学毕业生，联合举办法国图鲁兹一大预科班，先后在中国和法国授课，两校合作办学项目得到法国驻中国大使馆的支持和帮助。2005年度，北京工业大学外国语学院为本科生及非管理类学生开通复合式、国际化人才培养直通车，为外语专业和非管理类专业的在校生提供横向学习和深造的条件，创造业余辅修双学位的机会，为学生拓宽进入国际化大企业的就业通道。

（王　虹　周俊英）

【阳光之路——杨澜专题论坛活动】 为弘扬学校“成长、成才、成功”主题教育精神，外语学院特邀请杨澜女士于2005年4月7日给工大学子们做了一次题为“阳光之路——我的成长历程”的专题报告。此次活动由校学生工作部、研究生工作部、校团委联合主办，外语学院承办，让学生通过与名人对话，聆听他们成长、成才、成功的经历，激发大学生的竞争意识，增强自我鞭策力和规划力，使之成为求学之路中的一种动力。

（赵正艳　任永方）

【以奖促学，与学生家长共同分享】 12月4日，外语学院主办了一场以“成长——播种青春的种子；成才——经历风雨的洗礼；成功——品味收获的喜悦”为主题的奖学金颁奖盛典暨圣诞晚会。会上，学院邀请外语学院全体学生家长共同回顾外语学院成立三年来成长的历程。会上颁发了院级、校级、市级奖学金证书，院徽评比、特困生奖以及宿舍评比奖等多项奖项。

（赵正艳　任永方）

软件学院

【发展概况】 北京工业大学软件学院（School of Software Engineering）成立于2001年12月，是国家教育部和国家发展计划委员会首批批准的全国35所国家示范性软件学院之一。2005年，共有教师62人，其中专任教师18人、兼职教师44人。专任教师中有教授5人、副教授3人，具有博士学位11人，外籍教师6人。行政人员及临时聘用人员20人。

2005年共招收包括本科、第二学士学位、工学硕士、工程硕士生共363名，在校本科生252人、工程硕士生808人、工学硕士生24人；新增设山西太原和新疆乌鲁木齐2个校外教学点，加上已有的9个校外教学点，共有11个校外教学点。

本年毕业工程硕士研究生113人，其中校本部89人，外地办学点24人，获得学位证书的112人。

2005年软件学院进入了规范化发展的阶段，进一步完善运行机制，制定并实施了以下规章管理制度：《北京工业大学软件学院工程硕士研究生学位论文撰写中期检查工作实施细则》、《北京工业大学软件学院软件工程硕士学位论文答辩工作实施细则》、《北京工业大学软件学院关于福利费的有关规定》、《北京工业大学软件学院学术讲座管理暂行办法》、《实验中心值班员工作内容和管理条例》、《研究生兼任“三助”暂行规定》、《软件学院工作人员周末上班的相关事宜的规定》、《学生党员发展前公示制度》、《北京工业大学软件学院硕士研究生奖学金评定条例》等。同时，学院与全体教职工签订为期一年的岗位职责协议书，加大了对院内人力资源管理的力度。

（刘宏珍　何泾沙　王梦然）

【学科建设】 2005年，软件工程学科增加到6个专业方向：软件工程技术、网络与安全、嵌入式软件与系统、电子服务、信息系统技术与管理、数字艺术。

(1) 软件工程技术主要研究与软件开发各个工作流程相关的、先进实用的软件开发方法、技术和工具。软件工程技术专业面向国民经济电子信息化建设和发展的需要，培养具有扎实的软件理论和知识基础，对整个软件过程有整体了解、掌握软件工程领域的前沿技术，具有国际竞争能力，能从事大型软件项目系统分析、设计、编程、测试和软件项目管理等工作的复合型、实用型的高层次软件工程技术人才，并为软件学院其他专业方向开设软件工程技术基础课与核心课程。

(2) 网络与安全以计算机技术为核心，涉及网络技术、密码技术、通信技术、应用数学等多种学科，主要研究计算机网络与工程、网络信息安全相关的理论和技术。培养具有网络与通信、信息安全方向领域知识扎实、能够满足通信产业和信息产业需求的、高层次的复合型软件技术和管理人才。

(3) 嵌入式软件与系统依托嵌入式软件与系统研究所，将软件工程与嵌入式软件开发相结合，形成嵌入式软件工程专业。专业培养采用教学、科研、产业三方相结合的方式，在注重理论知识培养和基本技能训练的同时，加大对本专业前沿知识的传授。本专业聘请业内专家授课，具有完备的嵌入式系统实验室，与国内外著名企业建立良好合作关系等。

(4) 电子服务从应用的角度，结合各行各业的特性，以及它对信息技术的需求，采用从电子服务概论及关键技术的理论知识、基本功训练，专业技能训练、案例分析到实战的学习体系。电子服务专业以讲授电子服务理念、涉及的技术、现状和发展趋势为中心，针对包括理工学科、文学科、社会学科等各个领域的教育研究及社会工作人员，深入地探讨和研究信息技术与各个领域间的相互关联。

(5) 信息系统技术与管理研究方向涉及现代商务和金融智能系统、信息系统集成、项目管理等。学生通过案例学习、实践和实习，掌握现代信息系统技术和软件工程领域项目管理方面的知识和技能，提高项目管理能力，掌握 IT 企业市场与营销策略、软件的组织和管理、研发团队的管理等方面的理论和实践。

(6) 数字艺术专业是一门软件技术与艺术相结合的新专业。要求学生掌握信息与通信领域的基础理论与方法，具备数字媒体制作、传输与处理的专业知识和技能，并具有一定的艺术修养，能综合运用所学知识与技能去分析和解决实际问题。数字艺术专业在课程设置上注重实践能力的培养，按照企业和领域的需求确定培养方向，通过理论学习、技能训练等多种渠道培养学生。

（刘宏珍　何泾沙）

【基地建设】 软件学院从 2003～2005 年，投资（教学基地专款）建设软件工程专业软件人才培养和产学研基地，总投资 313.69 万元。其中，2003 年投资 103.4 万元建设软件工程实验室，该实验室为软件工程和可视化建模与 UML 等课程提供了实践教学环境；2004 年投资 100 万元建设软件测试实验室，该实验室为软件测试课程及其相关的课程设计环节提供了实践教学环境；2005 年投资 110.29 万元建设软件质量实验室。2005 年，学生在教学基地及学院配套环境中进行相关课程的实验、课程设计的人时数达到 117 639 人时。

2005 年，学院还对实验中心进行扩建，投资（211 工程专款和软件实训基地专款）建设嵌入式软件与系统实验室、数字艺术实验室以及网络实验与分析研究基地，加强了实践教学环节和人才培养的力度。11 月，完成 VUE 考试中心的建设，并正式运行，该中心依靠先进的设备和技术，以优质的服务，为用户提供安全、实用的国际认证考试环境。

全年新增固定资产总值 3 058 184.58 元，购置设备的经费主要来自于教学基地专款、软件实训基地专款和自筹经费，所购置的设备主要用于实践教学。截至年底，学院固定资产总值已达到15 562 712.4 元。

（俞　敏　何泾沙）

【教学工作】 2005 年教学工作的基本指导思想是：进一步强化质量意识，按照国家示范性软件学院办学要求，探索人才培养的新思路，进一步规范管理，锐意改革，突出软件学院办学特色。

修订制定新的软件工程硕士和本科生培养方案和教学计划，为软件工程硕士和本科生共开设课程 84 门，其中新开课程 19 门。强化英语和双语教学，引进先进原版教材，聘请高水平外教授课；大力加强教育教学研究，有 1 门课程获得校双语教学立项，4 人次获得校教育教学研究科研立项；1 人次出国参加双语教学培训。定期聘请国内外知名大学和著名 IT 企业专家来院开办前沿技术讲座，共举办学科前沿技术讲座 11 次，使学生了解国际软件产业发展的前沿技术，培养与国际接轨的软件人才。

成立教学督导小组，出台《教学督导小组工作条例》，加强对教学各环节的督导，制订提高教学质量工作要点和工作计划书。每周召开“教师业务学习和交流活动”，并将其制度化，加强教师业务学习和交流。初步形成了适合软件学院特色的科学、完整的教育教学质量保障体系。

2005年，114人顺利通过论文答辩，获得软件工程硕士专业学位。在学位论文答辩过程中，学院通过中期检查、初审、评阅、答辩等一系列环节，确保学位论文质量。有4名教师通过审核，获得硕士研究生指导教师资格。

（王建伟　何泾沙）

【科研工作】 2005年，软件学院科研实力有了较大提高。新立纵向项目7项，到校经费283 500元；横向项目8项，到校经费631 220元。出版教材2本。在国内外会议和刊物上发表论文9篇，其中1篇被SCI收录，2篇被EI收录。

（董晓梅　何泾沙）

【对外交流】 2005年，学院共有4人次出国访问，与合作大学和机构进行交流；6人次参加国际学术会议，在国际会议上共发表论文4篇；共有6名全职外籍教师、3名兼职外籍教师参与教学和科研工作；接待外宾来访30余人次；组织外籍专家计算机技术英文讲座5次；派遣3名教师出国进修。

7月，学院与爱尔兰都柏林城市大学（Dublin City University）签订了合作协议，建立了硕士层次的合作培养计划。

9月，2002级学生艾岩均作为校际交流学生到日本名古屋大学学习。

（董晓梅　何泾沙）

【党建工作】 2005年8月23日，成立中国共产党北京工业大学软件学院总支部委员会，下设5个支部，共有党员68人，其中教师党支部党员8人，机关嵌入式联合党支部党员13人，本科生高年级党支部党员15人，本科生低年级党支部党员8人，研究生党支部党员24人。教师朱青、学生王娜当选为北京工业大学优秀共产党员。

重视党建工作，完善党支部各项规章制度，细化发展流程，加大对积极分子、党员的培养和教育力度。发展党员坚持“推优”制度、谈话制度、考核制度和公示制度，使发展工作做到制度化、规范化、程序化。2005年，发展学生预备党员27人，其中本科生24人，研究生3人；7名预备党员转正，其中本科生4人，研究生3人；发展教师预备党员2人。

开展特色活动，提高党员理论水平，增强支部凝聚力，充分调动党员的积极性和参与性。学生党支部开展以“成长、成才、成功”为主题的系列活动：本科生党支部实行党员“从我做起，向我看齐，对我监督，有困难找我”的承诺制度，开展“一个党员一面旗，一个党员上一课”活动，组编“软件学院本科生党员风采录”，将党员的人生格言、个人介绍、联系方式等信息制作成展板，悬挂于楼道内，使学生感受到身边实实在在的学习榜样，同时也方便学生迅速找到党员并寻求帮助。教师党支部开展了强化教师基本素质的系列活动——开课前的试讲、集体备课、教师互评、项目申报。机关嵌入式联合支部开展了“加强岗位练兵，规范服务，我为评估作贡献”为主题的活动以迎接教育部对示范性软件学院的验收。学院还为每名新党员制作《党员发展会》纪念光盘，记录发展会的全过程，成为每名党员永久的留念。

开展保持共产党员先进性教育活动。9月～12月，按照北京工业大学校党委的统一安排部署，通过学习动员、分析评议、整改提高三个阶段，完成“保持共产党员先进性教育”各阶段的工作任务。在活动中，党总支将先进性教育活动与学院改革发展相结合，与学院文化氛围建设相结合，与学生思想政治工作相结合，扎实开展活动，解决实际问题，推进了学院各项事业的发展。10月7日，组织全院党员以及部分积极分子赴唐山市和“河北第一村”半壁店参观学习。10月19日，组织部分师生去北京大学软件与微电子学院参观学习，交流各自学生会的建立过程和竞选机制、各自学院特色活动以及学生工作、学习方法、学习发展方向等方面的内容，旁听北京大学软件学院的JAVA、C++、数字艺术等课程。

加强工会工作，获多项奖励：“校园文明礼仪”系列活动竞赛优秀组织奖；校乒乓球男、女团体第五名；校第三十一届田径运动会体育道德风尚奖；庆“六一”计生宣传二等奖；“纪念中华全国总工会成立80周年”知识竞赛活动“优秀组织奖”等。

（丁淑杰　杨　蕾　王梦然）

【学生工作】 以理想信念教育、成长成才成功活动为核心，大力加强思想道德教育、形势政策教育，不断改进思想政治工作方法，努力提高大学生思想政治素质。加强学风建设，提高学生学习的积极性、主动性、创造性。强化日常管理工作，做到科学化、制度化、规范化；做好服务育人工作，为学生的成长成才服务。

为毕业生开辟就业渠道，建立软件学院毕业生联系网络，毕业生就业率达100%。9月27日，举办行业需求分析报告，邀请汉星天中国公司研发总监李玉亭为学生介绍中国软件市场现状，并列举很多学生在应聘软件企业时所显示出的迷茫现象，介绍获得面试成功的技巧。

完成2002届硕士毕业生的

就业及派遣工作，做好毕业生学籍管理及档案发放工作。

组织2003级学生参加2005年校内组织的无偿献血活动，共有33名本科生和2名工程硕士义务献血。

学生工作获得多项奖励：足球队获得2005年“工大杯”足球甲级联赛第二名。030802团支部被评为校标兵团支部，030801团支部被评为校优秀团支部。本科生有49人61次获校级奖学金，42人54次获院级奖学金；研究生获得综合一等奖1人，综合二等奖1人，综合三等奖2人，社会工作奖1人，优秀硕士生4人，优秀学生干部1人。

（倪　爽　王梦然）

【北京市嵌入式系统重点实验室】 北京市嵌入式系统重点实验室是系统级芯片（SOC）复合型设计人才的培养基地。自2003年成立以来，实验室建立并优化了从系统设计，软硬件联合设计，射频、模拟和数字芯片联合设计，芯片前端设计，到芯片后端设计的完整的SOC教学平台。这一平台还包括了SOC验证系统，以及SOC应用的板级软硬件联合设计平台。实验室同时与世界一流的EDA公司，芯片制造公司建立了密切的长期合作关系。实验室目前有专、兼职教师31人，其中北京市特聘教授、博导1人，硕导7人。

拥有多台大型仪器设备供教学、科研使用，包括信号分析仪、频谱分析仪、网络分析仪、信号发生器、多台工作站等。自2003年成立以来共获得科研项目4项，科研总经费1 875万元。其中包括《无线城域网（WIMAX）终端芯片组》、《网卡及客户端软件开发》等目前国际尖端技术项目。

实验室的教学工作以培养硕士研究生和博士研究生为主。2005年11月经北京工业大学学位委员会批准成立嵌入式系统重点实验室学位分会。2005年招收博士研究生3人、硕士研究生26人。目前学生培养的专业方向为嵌入式系统设计和集成电路设计。实验室先后从国内企业引进十几名专业技术人员作为各项目组工程师，同时担任学生导师，对学生进行专业和项目指导及培养。另外还定期从国外聘请兼职教师来实验室集中授课，长期合作解决学生的理论和技术问题。

实验室积极开展与国内外的学术交流与合作工作。1月，ARM公司首席运营官（COO）托德·布朗（Tudor Brown）先生到实验室讲座。8月，美国加州Santa Clare大学教授来实验室讲学。9月，美国硅谷资深软件工程师莱姆斯·古普塔（Ramesh Gupta）到实验室做技术交流，并为北工大学生做生物信息技术讲座。12月，美国伊利诺伊大学香槟分校电子工程系教授来实验室讲学。

（韩　莉　林平分）

【国际青年计算机科学家会议】 2005年9月20至22日，由中国计算机学会主办，北京工业大学软件学院承办的第8届国际青年计算机科学家会议（ICYCS’05）召开，主题为“新时代计算机技术的融合”。北京工业大学副校长、软件学院院长侯义斌教授任大会主席，北京市特聘教授、软件学院副院长何泾沙任大会程序委员会主席，应邀参加本次会议的有中国工程院倪光南院士、李幼平院士，中国科学院院士、北京工业大学副校长张泽教授，中国计算机学会秘书长杜子德先生，北京工业大学副校长蒋毅坚教授、张爱林教授、卢振洋教授等。来自国内外近200名青年计算机科研工作者参加了本次会议。会议开幕式由软件学院副院长何泾沙教授主持，北京工业大学党委书记孙崇正教授应邀到会并致开幕词。大会期间，参会人员在三个分会场就“计算机体系结构与芯片设计、软件理论、网络体系结构与协议、高性能计算、数据库技术与数据挖掘”等24个当今计算机领域的热门议题进行了交流。来自美国的专家分别作题为“软件工程主要策略”、“高性能计算中的系统资源供需平衡”、“无线应用系统工程”的特邀报告。

（董晓梅　何泾沙）

【重要事件】 1月12日，举行2003～2004学年度本科生奖学金颁奖典礼，共51人102次获得校院两级奖学金，获奖比例为41%。

1月28日，召开校外教学点年度工作会议。来自北京、广西、甘肃、河北、河南等地教学点的负责人参加了会议。会议对校外教学点从招生、培养管理等各方面进行了规范，明确提出学院要不断进行改革以提高教学质量，整个教学过程各环节的管理者都应明确职责，严格遵守每个流程的规章制度。

3月25日，召开“分享收获的喜悦”——软件学院“IBM中国优秀学生奖学金”颁奖会，表彰2002级春季工程硕士生田丰同学获2004年度“IBM中国优秀学生奖学金”。

4月，学生参加IBM的全球认证考试，取得较好成绩。本科生参加了LP1考试，LP1考试分101、102，其中5名同学通过101考试，5名同学通过102考试。工程硕士生吕锋同学参加了DB2全球认证的700、701、704（高级）考试，一次全部通过。

6月6日，美国圣何塞州立大学电气工程学院的28名师生来软件学院参观访问，与学院师生进行交流。

7月，朱青教授获得2005年

"北京市属市管高校中青年骨干教师"项目资助，资助时间3年，每年2万元；由020801班本科生刘学等组成的北京工业大学代表队在日本横滨参加2005年微软"创新杯（Imagine Cup)"全球总决赛，他们凭借作品《Fego社区》在软件设计专题竞赛中获得全球季军。

9月21日，全国劳动模范许振超应邀来到学院，为全院师生讲解了他对"知识改变命运，学习成就未来"的理解，并欣然提笔为软件学子题字："知识和技能是当代青年学子腾飞的翅膀"。

9月30日，软件学院阳光志愿者分团成立，共有团员160余人，开展为城市贫困家庭子女进行义务家教、民工子弟小学支教社区服务等活动。

10月，020802班本科生李文华获2005年度"IBM中国优秀学生奖学金"，是软件学院学生第二次获此殊荣。

11月10日，聘请中国游戏软件行业协会游戏软件分会副会长、国内游戏软件领域的资深专家刘金华为兼职教授。

12月2日，北京工业大学研究生第四届科技基金评审结束，学院2005级工学硕士生申报的"基于Linux的网络安全管理软件的设计与开发"项目获得批准立项，实现了软件学院在研究生申报科技基金方面零的突破；学院各团支部在"闪光支部青春风采"大赛中，040802支部获金奖，030802支部和050801支部获铜奖。

12月，姚伟力老师获得"北京市委组织部优秀人才"项目资助，资助时间2年，每年1万元。

（丁淑杰　何泾沙　王梦然）

实验学院

【发展概况】 北京工业大学实验学院（College of Experimentation，以下简称实验学院）建于1993年，是北工大下属的一所集工、经、管、法多学科于一体的全日制本科学院。

2005年是实验学院与北工大高等职业教育学院合并重组后谋求发展的关键性一年。撤消大兴教学区，04级10名学生转入新专业学习。北京工业大学党委调整实验学院领导班子，学院对中层机构设置进行了调整，下设中层机构，有教学教辅、学生工作、党政管理、后勤服务等四个模块共20个部门，中层机构分别是：信息工程学科部、经济管理学科部、文法学科部、建筑与环境学科部、数理教研室、外语教研室、体育教研室、现代教育技术中心、图书馆、教务办公室、综合事务办公室、治安保卫办公室、财务办公室、学生工作办公室、招生与就业办公室、公寓管理办公室、团委办公室、后勤服务中心、基建维修中心、饮食服务中心。合并重组后，学院进入到一个新的发展时期。

本年有教职工151人，其中专职教师70人。专任教师中，教授3人，副教授29人，讲师26人。另外，学院聘用兼职教师82人，其中教授6人，副教授42人，讲师34人。

本年毕业1 081人，其中本科生954人（春季毕业99人、秋季毕业855人），594名学生获学士学位（春季54人，秋季540人），10人免试直读研究生，32人考取研究生，4人考取双学位；高职生127人。新招收本科生408人，至2005底，在校生1 661人，其中，本科生1 478人，高职生183人。

2005年，学院坚持"教育改革、体制创新、注重质量、办出特色"的办学指导思想，以经济和社会发展需求为导向，努力探索和创新学院的办学优势、办学特色和学风、院风建设。制订"内聚人心，外塑形象，苦练内功，提高实力，营造和谐"的奋斗目标，并采取有力措施贯彻落实。深化人事工资制度改革，完成岗位设置、岗位职责、任职条件、聘用程序的制定，完成人事代理制人员工资结构的调整，岗位津贴标准的调整，全院教职工岗位聘任等项工作。适时调整专业设置和课程设置，初步完成教学大纲和教学计划的修订工作。

【教学基本条件建设】 完成校园绿化、学生食堂和办公场所的改造、学院网络与北京工业大学内网联网等专项工程。拟建的实验教学楼1 319平方米（教室）贴建工程已于2005年12月开工，总投资230万元，将于2006年3月竣工。实验学院现有土地面积54 580平方米，建筑面积16 666平方米，各类教室24个，各种实验室16个，计算机房3个，图书馆现有藏书6.3万册。学院的固定资产总值1 495.1万元，新增427.76万元。

（颜克友　冯志华）

【本科教学】 2005年，学院主要采取了以下教育教学改革措施：

规范课堂教学保证教学质量。加强对课堂教学的检查和督导，建立由专家、领导、教师、学生四级教学质量检查与监控机制，调整学院专家督导组和教学质量监控委员会，各级领导听课，教师互相观摩，基本形成课堂教学的全员、全程监控。建立学习制度，规定周三下午为教学活动时间，各单位组织学习和教学研讨。强化教师是课堂教学第一责任人的责任意识、质量意识和改革意识。加强对学生的辅导、督促和指导，各门课程公布答疑的时间和地点。

加强学风和班风建设。齐抓共管、相互配合、积极引导和严格管理，新生在遵守纪律、学习风气、集体意识等方面表现良好，土木工程专业班成为学院学风建设的旗帜。

建章立制规范教学管理。修订《北京工业大学实验学院教材管理办法》、《指导毕业设计（论文）工作要求和经费管理规定》、《兼职教师聘任及管理办法》、《专职教师教学工作量考核及计算办法》教学管理文件，教务办公室、图书馆和现代教育中心各制订《工作行为准则》，规范教学管理。

加强信息化建设。移植教务管理系统软件，实现教学运行计算机管理。开通学校图书馆数字资源使用平台，利用“实验学院图书资料建设”专款购置图书5 877册，期刊244种。租用铁通的透明数字电路（光纤），实现学院与校本部内网的直接连通，制作新网站，新建6个、改造12个多媒体教室。

取得较好教学成果。学院获2005年学校优秀教学质量二等奖1人；获北京工业大学第五届青年教师教学基本功比赛三等奖1人、鼓励奖1人，并获优秀组织奖；获学校毕业设计优秀指导教师1人。有1篇毕业论文被评为“北京工业大学2005年特优毕业论文”，25篇入选《北京工业大学2005年优秀毕业论文摘要》。

【高职教学】 学院按照修订的专业培养计划组织实施高职教学。2005年，高职02级四个专业（计算机及应用、信息与通信工程、建筑技术、环境工程）127名学生按期毕业，其中有8名优秀学生经过考核升入本科相应专业学习。

2005年底，在校高职03级四个专业（计算机及应用、信息与通信工程、建筑技术、环境工程）183名学生继续在管庄校区学习。

（倪世琦　冯志华）

【学生工作】 2005年，学生工作围绕培养学生积极向上的思想品质，勇于实践、甘于吃苦的意志品质和养成良好行为习惯着手：

举办丰富多彩的活动。以提高学生全面素质、大力倡导科技活动为主旨，举办“在实践中成长，在创新中成才”科普月、才艺大赛、辩论赛、英语节等活动。在全国大学生电子设计竞赛中，由27名学生组成的9个参赛队全部获奖。全国部分地区大学物理竞赛1人获三等奖；全国大学生英语竞赛1人获二等奖，4人获三等奖；全国CCTV英语演讲赛1人获优秀奖，学院获优秀组织奖；学校体育运动会获学生团体总分第一名；北京市大学生“挑战杯”竞赛，1项获三等奖。

学风建设常抓不懈。制订《优良学风班评选规定》，在各年级中开展相应的主题教育系列活动。为了锻炼学生意志，塑造健康体魄，在04和05级学生中实行出早操制度，共出操16周，出操24 188人次，出操率达到98.3%。5月，学院首次大学生义务献血，534名学生自愿参加体检，427人合格献血。共有299名学生获校级三好学生奖，其中特等奖1人，一等奖15人，二等奖44人，三等奖166人；74人获校级优秀学生干部奖。高彦婷被评为北京市三好学生，026141班被评为北京市优秀班集体。

加强班主任队伍建设，进一步细化《班主任考核条例》，量化指标体系，从学生评价、相关部门评价、出勤表现、岗位职责完成情况等四部分进行综合评分。继续实行班主任例会制度，注重与学校各学院优秀班主任之间的经验交流，学期末召开工作研讨会，13位班主任进行工作总结与经验交流。2005年，学生工作办公室被评为北京工业大学德育先进集体，6名教师获德育先进个人。

（郭　颖　解丹坤　冯志华）

【党建工作】 学院党委由七名委员组成，3月2日，经校党委批准，院党委成员进行了调整。现有基层党支部14个，其中教工党支部8个，学生党支部3个，离退休党支部3个。截至2005年底，学院有党员244名，其中教职工党员69名，占教职工总数的45.7%；学生党员128名，占学生总数的7.7%；离退休党员47名，占离退休人员总数的51.09%。

重视领导班子建设，坚持中心组理论学习，建立健全党政会议制度，认真学习贯彻“三个代表”重要思想和党的十六届五中全会精神，落实科学发展观，不断提高政治素质、大局意识、执政能力、创新能力。加强作风建设，坚持群众路线，落实联系基层的制度。重点抓好“三重一大”制度的落实，科学决策、民主决策，着重研究解决学院改革、发展、稳定的重大问题，师生学习、工作、生活中的紧迫问题，党的建设和思想政治工作中的突出问题，建设和谐校园问题，并以求真务实精神抓落实。提出了“内聚人心、外塑形象、苦练内功、提高实力、营造和谐”和“发展是实验学院第一要务”的工作目标和思路，把师生员工的思想和智慧凝聚到教育教学的实际工作中，努力实现新的发展目标。

认真开展保持共产党员先进性教育活动，始终抓住学习贯彻“三个代表”重要思想的主线，把握保持党员先进性的主题，坚持"党要管党、从严治党"的方针，落实先进性教育活动的内容，积极查摆问题进行整改，并组织参观辽沈战役纪念馆、中国人民抗日战争纪念馆、锦州红色之旅、为灾区捐款捐物献爱心等活动，使教育活动见到实效，促进了院党委和基层党支部建设，增强了党员队伍的先锋模范作用。

重视学生的思想教育和发展学生党员工作，积极创新学生党支部活动方式，增强学生党支部的凝聚力和战斗力，提高学生党员的党性修养，充分发挥学生党员的骨干作用，使学生党支部成为凝聚学生、开展思想政治工作的坚强堡垒。2005年，共发展预备党员123名，其中学生预备党员119名。到2005年底，学院有3个学生党支部，128名学生党员，170名学生完成党校培训，入党积极分子占学生总数的33%。

重视工会教代会工作、离退休工作和计划生育工作。2005年，实验学院组织教职工参加学校的各项活动，取得较好成绩：获得第31届校运动会教职工团体第二名、万事达乒乓球团体比赛优秀组织奖、工会"模范职工之家"称号、离退休职工纪念抗日战争胜利60周年文艺演出优秀组织一等奖、离退休管理服务工作先进集体、计划生育工作示范单位。

（温海燕　冯志华）

【教育教学研究】 在2005年校级教育教学研究立项时，学院收到申报课题32项，经过校院两级筛选，有10项被批准为校级教学科研项目，获研究经费18万元。一年来各个项目积极开展研究工作，对专业建设、课程建设及制定教学培养计划起到了推动作用。

【科研工作】 2005年，学院有2位教师获得北京工业大学2005年度科技奖励：石学军（建筑与环境学科部副教授）获突出贡献三等奖、孙立（建筑与环境学科部副教授）获学术论文奖。

【首届青年教师教学基本功比赛】

为推动学院教学工作，提高青年教师课堂教学质量，同时也为迎接学校第五届青年教师教学基本功比赛，8月22日至9月12日，举办学院首届青年教师教学基本功比赛。在做好动员、宣传、组织、落实的准备工作基础上，制订"关于举行首届实验学院青年教师教学基本功比赛的通知"，预赛和决赛按照比赛程序填写报名表，教师到现场观摩教学，现场记录、录像、传阅教案，学院青年教师共有44人（1961年1月1日后出生），其中40名教师参加比赛。9月28日，学院召开颁奖大会，和薇（信息工程学科部）、张青妹（外语教研室）2人获一等奖，并被推荐参加学校第五届青年教师教学基本功比赛；邱菊（数理教研室）、濮擎红（文法学科部）、程巨斌（经管学科部）3人获二等奖；杨兔珍（经管学科部）、黄静（信息工程学科部）、王宏燕（建筑与环境学科部）3人获三等奖。学院首届青年教师教学基本功比赛（预赛和决赛）的全部材料（组织文件、参赛教师的报名表、教学大纲教案、课件、比赛评价表、预赛排序表、现场录像光盘）都整理归档。决赛实况录像制成光盘并上网宣传和交流。

（倪世琦　冯志华）

表12-7　2005年实验学院参加全国电子设计竞赛获奖情况一览表

序号	班级学号	姓　名	指导教师	参赛题目	获奖情况
1	02524101	唐　斌	余小滢	正弦信号发生器（A）	全国二等奖 北京市一等奖
	02524103	刘　彬			
	02524104	叶连靖			
2	02521212	谭振凯	朱维琴	正弦信号发生器（A）	全国二等奖 北京市一等奖
	02521135	吴　珺			
	02521122	曹文佳			
3	02521332	刘媛芳	余小滢	悬挂运动控制系统（E）	北京市二等奖
	02521324	张俊昆			
	02521312	冯　磊			
4	02521220	苏　明	严　峰	正弦信号发生器（A）	北京市二等奖
	02521118	伍　毅			
	02521126	罗文龙			
5	02524309	高　青	严　峰	数控直流电流源（F）	北京市二等奖
	02524307	赵　建			
	02524224	李德恒			

续表

序号	班级学号	姓名	指导教师	参赛题目	获奖情况
6	02521127	杨常青	殷卫真	正弦信号发生器（A）	北京市二等奖
	02521117	龙宁波			
	02521116	罗卫宇			
7	02524125	白　杨	颜　芳	正弦信号发生器（A）	北京市二等奖
	02524111	司培基			
	02524114	毕　磊			
8	02524108	李彦辰	王卓峥	正弦信号发生器（A）	北京市三等奖
	02524315	席金苗			
	02521214	周天煜			
9	02521221	周作成	卞雨池	悬挂运动控制系统（E）	北京市三等奖
	02521128	靳世栋			
	02524319	罗陆魁			

【重要事件】 2005年9月，实验学院信息工程学科部27名本科生组成9个参赛队，领队余小滢，指导教师7名，参加了全国大学生电子设计竞赛，获奖情况详见表12-7。

（颜克友 冯志华）

艺术设计学院

【发展概况】 2005年，艺术设计学院主要开展高等职业教育、中等专业教育（2005年7月起停止招生）和成人高等职业教育。高等职业教育设有数字媒体艺术设计系、装饰艺术系、公共艺术系、视觉传达艺术系、工业设计系和服装设计系共6个系，开设电脑动画设计、电脑美术设计、舞台美术设计、多媒体设计、雕塑、壁画、装饰艺术设计、空间装饰设计、金工首饰设计、视觉传达艺术设计、多媒体网络传播设计、产品造型设计、展示艺术设计、室内艺术设计、家具与室内陈设设计共15个专业；成人继续教育设有电脑美术、装潢、室内设计、服装设计、电脑动画、视觉传达共6个专业。教职工284人，其中专任教师154人，教授及其他正高级职称8人，副教授及其他副高级职称37人，具有硕士学位的教师41人。

2005年毕业生总数870人，其中高职毕业生483人，成人非脱产专科毕业生120人，中等专业毕业生267人。招生612人，其中高职招生508人，成人教育招生104人。在校生总数2 349人，其中高职在校生1 507人，成人教育在校生380人，中等专业在校生462人。高职毕业生一次就业率93.89%。高职录取分数线：文科179分（不含数学），理科194分（含数学）；单考高职136分（不含数学）。

图书馆建筑面积962平方米，藏书12万册（其中艺术设计类占70%，社科及其他类占30%），电子图书2.1万册。学校占地面积为37 500平方米，建筑面积39 672平方米（另有家属楼建筑面积11 111平方米）。固定资产总值10 750万元，其中教科仪器设备资产值2 069万元。全年教育经费投人4 433万元，其中，国家拨款3 118万元，其他收入1 315万元。

根据教育部和北京市教委有关精神，北京艺术设计职业学院2005年并入北京工业大学，正式更名为北京工业大学艺术设计学院（简称艺术设计学院）。

（张呈祥）

【北京工业大学艺术设计学院成立】 根据教育部《关于同意将北京艺术设计职业学院划转到北京工业大学的通知》（教发函〔2005〕235号）和北京市教育委员会《关于同意将北京艺术设计职业学院划转到北京工业大学的批复》（京教计〔2005〕67号），北京艺术设计职业学院整体并入北京工业大学，成立北京工业大学艺术设计学院。12月12日，举行北京工业大学艺术设计学院成立大会暨揭牌仪式，北京市政府副秘书长张建东、北京市教委副主任线联平、北工大党委书记孙崇正、副书记张毅刚、副校长张爱林和相关部处领导及原北京艺术设计职业学院党委书记张呈祥、院长林志远及全院师生参加大会。

艺术设计学院的前身是1958年成立的北京市工艺美术学校。学校成立后受到中央和北京市各级领导的关怀，朱德委员长、董必武副主席多次来校视察、指导。2001年扩建为北京艺术设计职业学院，主要从事艺术设计类高等职业教育，同时开展中等专业教育和成人继续教育。建校以来，共培养中等专业毕业生7 000余人，高职毕业生1 087人（2001～2005年），成人继续教育毕业生735人（2002～2005年）。其中有中国画研究院院长、画家龙瑞，当代画家石虎，中国工艺美术大师王树文、张同禄、宋世义等画家、工艺美术大师以及文化创意产业的企业家、设计师。

【学科建设】 2001年12月13日，北京市教育委员会通知（京教高〔2001〕26号）北京艺术设计职业学院，电脑美术设计专业被确定为教育部部级高职高专教育教学改革试点专业，“珠宝首饰设计”专业被确定为北京市市级教学改革试点专业。

2005年，根据教育部和北京市有关精神，学院对学科专业进行整合，申请批准成立了视觉传达艺术设计、环境艺术设计、电脑艺术设计、装饰艺术设计、产品设计、展示设计、动画7个本科专业，计划在2006年招生200名；高等职业教育设有雕塑艺术设计、装饰艺术设计、空间装饰设计、视觉传达艺术设计、电脑艺术设计、多媒体设计与制作、展示设计、室内设计、服装设计共9个专业，计划招生300人。成人继续教育在原电脑美术、装潢、室内设计、服装设计、电脑动画、视觉传达共6个专业的基础上，新增环境艺术设计、多媒体设计与制作共2个专业。

【教学工作】 2003年12月17日，北京市教育委员会公布（京教高〔2003〕223号），北京艺术设计职业学院公共环境艺术系邹锋教授的《泥塑》被评为“2003年度北京地区高等学校市级精品课程”。

2004年12月8日，北京市教育委员会公布，艺术学院数字媒体艺术设计系李智、吴伟和、王文涛等共同完成的“应用型电脑动画人才培养模式的研究”获“2004年北京高等教育教学成果奖市级一等奖”。

作为北京市高等教育精品教材立项项目，由谭铁志教授主编的《演剧与影视舞台空间创意》于2005年9月由华文出版社出版；服装设计系刁梅主编的《毛皮与毛皮服装设计创新》于2005年3月由中国纺织出版社出版。

【科研工作】 2003年12月，作为北京市教育教学改革项目，数字媒体艺术设计系的“数字媒体艺术设计专业教学多媒体课件体系建设与应用”的子课题“网页设计软件”和“多媒体编创”，均获得第七届全国教育软件大赛国家级三等奖。

2004年10月，在由中国职业技术教育学会和教育部职业技术教育中心研究所联合举办的第六届（2004年）全国职业教育优秀论文评选活动中，公共文化课教学部韵晓雁的《对艺术设计类高等院校英语教学中渗透素质教育的几点看法》获得一等奖；林京兰的《简论高等职业教育中的人文素质教育》、楼蔚兰的《寓素质教育之中的艺术设计史论教学——设计师应具备的素质》、黄越华的《大学语文与艺术设计能力的培养》获三等奖；刘壮丽的《倡导素质教育引入‘乐学思想’——浅谈专科院校英语素质教育》、陈杰的《论大学生人格提升与‘两课’教学》、吴志红的《浅谈高职英语教学改革》获优秀奖。

2005年，共有11项课题获准成为北京市教育委员会和北京市科学技术委员会的科研项目（详见表12-8和表12-9）。林志远教授的“艺术设计高等职业教育教学一体化技术研究”获准成为北京市属市管高等学校“拔尖创新人才选拔计划”项目，3年资助60万元。该课题旨在探索适合艺术设计专业学生成长、成才的教育教学一体化新方法。公共文化课教学部林京兰的“寓素质教育于文化课教学之中的理论与实践”获得北京市教育委员会3年资助2.5万元。

2005年，在所参加的省级以上艺术设计类展览（省级、国家级、国际级）中，共有25项（国家级6项，省部级19项）获奖，在核心期刊发表论文16篇。

2001年9月至2005年12月31日，艺术学院共获得科研创作成果国家级奖励26项，省市级奖励18项，其中2005年获得国家级奖励1项。

表12-8 2005年北京市教育委员会科研面上项目表（总计30万元）

序号	项目名称	责任单位	责任人
1	奥运城市环境系统与视觉设计研究	院办	林志远
2	综合材料与工艺在礼品设计中的研究	院办	王毅强
3	体育场馆大型文艺活动的空间形态与视觉系统设计研究	院办	谭铁志
4	先进制造技术在传统手工艺中的应用与开发设计	科研处	贾荣建
5	城市公共生活形态与设施的研究与设计	工业设计系	廖伟
6	新技术在艺术品修复和复制中的可行性研究	装饰艺术系	钟声
7	服装设计版型库的研究与设计	服装设计系	王文娟
8	公共艺术在奥运文化建设中的应用	公共艺术系	邹锋
9	城市发展与变革中的传统文化保护	院刊	潘非
10	高等职业教育中的人文精神与素质培养研究	公共文化课教学部	林京兰

表 12-9 2005年北京市科学技术委员会科技计划项目课题表（总计60万元）

序号	项目名称	责任单位	责任人
1	奥运礼品、纪念品开发设计研究与展示	院办	林志远

【人才培养】 2005年8月，“教师教育技能和实践技能培训计划”和“教师职业道德建设计划”获准成为北京市教育委员会资助项目，获得资助36万元。“教师教育技能和实践技能培训计划”旨在通过举办专题研讨班，与国外优秀艺术设计院校及知名设计企业合作，加强现代教育技术培训等以提高教师教育和实践技能，促进教育教学质量的提高。“教师职业道德建设计划”旨在增强教师“教书育人，为人师表”的自觉性，提高教师的职业道德水平，创建“敬业爱生、明礼诚信、勤学乐教、廉洁奉献、为人师表”的教学新风尚。该计划获得北京市教育委员会资助166人，每人300元，共计5万元。北京市教育委员会同时认定工业设计系廖伟、公共艺术系巫峡为北京市属市管高校中青年骨干教师。

【学生工作】 2003年12月，启动“百名优秀毕业生创业系列讲座”，邀请部分优秀毕业生回校汇报学习、创业经历，以帮助在校大学生顺利成长。2004年3月，开设学生意见箱，举办养成教育系列讲座，林志远院长亲自与学生对话，就学生的成长及教学、校园文化等问题全面听取学生的意见和建议。林志远院长亲自起草一系列致学生的信，全方位关心学生的健康、安全、学习和成长。2004年9月，成立“北京艺术设计学院德育工作领导小组”，并在各教学系、部建立党总支、党支部，设立专职支部书记。2004年10月，制定《北京艺术设计学院班主任工作条例》，强化班主任职责，以加强学生德育工作。从2004年10月起，开展“北京艺术设计学院2004～2005学年班主任系列培训”，邀请北京师范大学心理咨询专家和中国青少年法律援助律师协作网律师为班主任举办“我们与学生一起成长——大学生心理健康工作者应知应会”和“培养法律意识，依法开展学生工作”等系列讲座。邀请北京交通大学和北京科技大学等高校德育专家介绍学生德育工作的先进经验。在院团委组织下，志愿者小组定期到北京安华培智学校、北京朝阳门医院和松堂关怀医院开展助教、慰问、敬老活动。2004年12月，院团委获由朝阳区委和朝阳区青年志愿者协会共同颁发的“2004年朝阳区‘区校共建’工作贡献奖”。2005年5月，25名毕业生获北京市教育委员会“北京市优秀毕业生”荣誉称号。

2004年7月，在“第三届中国电视艺术家协会动画短片学术奖大赛”中，数字媒体艺术设计系2004年毕业生王家麟、毛磊、白琳琳的动画短片《嘘》获“三维动画短片优秀奖”；崔美伶、李根、陈建宁的FLASH音乐电视《Proud of You》获“学院新人奖”。

2005年1月17日至2月27日，113名学生的136件作品参加“北京艺术设计学院首届学生海报大赛”，52幅入围作品在北京西单时代广场展出。为实现学生培养与社会需要的有效衔接，促进学生就业，3月25日“2005年CGWORLD”北京校园行进入艺术学院，向学生介绍企业的需要。3月29日，旨在为毕业生提供专业入职“陪练”的“北京艺术设计学院——中国广播网实习基地”挂牌。12月起开展百家企业系列访谈活动，以调研社会对毕业生的需求，调整专业设置方向，促进就业。

2005年，共有14名学生获得国家助学贷款8.4万元；627人（次）参加勤工助学；发放国家奖学金10.8万元，国家助学金2.4万元，学生特困补助2.7万元。10月，由学生投票选出“我最喜爱的教师”共14人。11月，高职一年级（05级）、三年级（03级）934人参加国家体能统一测试，优秀29人（3%），良好255人（占27%），及格493人（占83%），不及格157人（占17%）。

【教学基地建设】 2005年1月，建筑面积6 634平方米的新综合实验楼落成并投入使用。新综合实验楼设有服装等6个实验室、19间教室、图书馆、教工活动中心和运动场。

调整办公与教学空间，改造漆艺、服装、陶艺、网印、首饰等实验室，扩大图书馆并配备相应的教学、生活设备（设施）。校园网接入带宽，由2兆扩充至10兆。添加邮件网关服务器，可实现过滤垃圾邮件，防杀邮件病毒。

9月，改造后的操场投入使用。新操场面积5 400平方米，拥有6条60米塑胶跑道、2个篮球场、1个铺有2 400平方米人工草坪的足球场、1套攀岩训练比赛岩壁、1套抱石练习墙、1套心理素质拓展训练器械（含3组高空组合训练器械）及11个健身器械。

【后勤保障】 将原图书馆改造为第二食堂，增加花色品种，在晚自习后开始供应夜宵。举办教工台球、乒乓球、篮球、足球、风火轮、拓展等比赛和瑜珈训练班及“迎新春教工歌手比赛”。教工活动中心完成改造并开放，自9月起为当月生日的教工组织一次集体生日庆典。更新浴室电子计费系统，为浴室太阳能加热系统增加辅助加热系统，减少加热费用60%～70%。完成高压配电室的扩建工作。

【党建工作】 2005年，学院拥有教工党员171人（其中离退休党员40人），学生党员56人。发展党员47人，预备党员转正37人。遵照朝阳区教工委关于开展第二批保持共产党员先进性教育活动的总体部署和要求，238名师生党员（其中在职教工党员132人，离退休党员40人，学生党员66人）参加了保持共产党员先进性教育活动，完成学习、分析、评议、整改任务，群众测评满意率达到100%。

【外事交流】 2005年6月20至24日，丹麦奥尔堡大学建筑与设计学院尼古拉·莫雷里（Nicola Morelli）教授带领17名学生前来进行为期一周主题为“从奥尔堡到北京——混合设计文化”的课程教学。9月7日，以美国爱德蒙社区学院院长杰瑞尼·莫斯尔博士为团长的美国艺术教育代表团一行22人前来进行学术交流并作了“美国当代艺术与教育”的专题讲座。9月9日，以美国表面设计协会会长萨瑞·金为团长的美国表面设计代表团一行29人到艺术学院进行学术交流并做“佛蒙特城的艺术与生活”和“美国当代纤维艺术”的学术讲座。10月10日，德国萨尔州国立艺术学院教授哈罗德·胡曼率领10名学生前来进行教学交流。

【中等专业教育】 2004年4月，学院党政联席会、院长办公会研究决定，“北京艺术设计学院广西分校”（中专）自2004年起停止招生。自2000年至2003年广西分校共招收中专生200名。

2004年7月7日，中专部西三旗校区完成一年级教学任务，全部迁回学院总部，为期五年（1999年7月～2004年7月）的与位于西三旗的北京市运输公司的场地租用合同结束。

根据北京市教育委员会、北京市发展和改革委员会《关于下达2004年北京市属普通高校五年制高等职业教育试点招生计划的通知》（京教计〔2004〕22号），艺术学院获准成为北京市首批五年制高等职业教育试点单位。2004年7月，从参加北京市中等专业学校招生考试的初中毕业生中招收50人进入电脑美术设计专业学习，在第一至第三年级执行中等专业学校学籍管理办法，在第四至第五年级执行高等职业教育学籍管理办法。完成中等职业教学计划，成绩合格，可取得中等职业教育毕业证书；完成五年学习任务，成绩合格，可取得高等职业教育毕业证书。

2005年4月，鉴于办学方向的调整和中专生源及就业实际，决定自2005年7月起，不再招收中等专业教育学生。

【举办首都高校学生设计作品联展】 2004年12月18日，由艺术学院发起主办，清华大学美术学院、中央美术学院、北京服装学院等高校共同参加的首届“首都高校学生设计作品联展”在艺术学院画廊开幕。4所高校选取设计基础教学中有代表性的170幅学生作品作为教学成果精品参展。2004年12月18至31日、2005年1月1至15日、2005年2月28日至3月13日、2005年3月14至27日分别展出清华大学美术学院、中央美术学院、北京服装学院和艺术学院的学生作品，2 000余人次参观展览。

【国际商业美术设计师培训】 2004年2月11日，国际商业美术设计师协会（ICADA）中国总部授权艺术学院培训中心开展“国际商业美术设计师（ICAD）”认证考试工作。2004年3月22日至5月12日和10月11日至11月4日共举办二期培训，分别有53人和25人通过考试，取得D级（初级）证书。2005年4月24至6月2日举办第三期培训，共有22人通过考试，其中13人取得C级（中级）证书、9人取得D级证书。国际商业美术设计师职业资格认证，代表了当今商业美术设计专业资质认证的国际水平。持有“国际商业美术设计师”证书，不仅证明持证人掌握商业美术设计理论知识的程度，而且反映持证人的实践能力和创新水平。

【民间美术馆建成开放】 为弘扬中国传统民间工艺美术，对学生进行传统文化和爱国主义教育，2005年6月1日，展厅面积475平方米的民间美术馆建成开放。馆内收藏民间木雕、陶瓷、年画、剪纸、刺绣、泥塑及玩具等中国传统民间工艺美术品上万件，展出3 000余件。接待校内和兄弟院校师生、民间美术和工艺大师、北京市相关单位及国外艺术教育代表团700余人次参观。

【离休教师荣获抗战纪念章】 2005年9月，离休教师、抗日老战士鹏程同志荣获由胡锦涛总书记亲自题写章名、中组部等8部委联合颁发的“中国人民抗日战争胜利60周年纪念章”。

【《北京艺术设计学院学报》创刊】 为促进教学、科研交流，提高教学水平，经北京市教育委员会同意，报经北京市新闻出版局批准2004年12月，《北京艺术设计学院学报》第一期出版。学报旨在交流教学成果、播发重要动态等，设有“企业访谈录”、“育人忧思录”、“毕业生追踪”、“专业课作业展示”等栏目，4开8版，每月1期。

（张德忠 张呈祥）

继续教育学院

【发展概况】 北京工业大学继续教育学院（College of Continuing Education，以下简称继续教育学院）在2004年12月15日召开整合后的继续教育学院成立大会以及在2004年12月末完成中级岗的聘任后，于2005年1月至2月分两次完成了普通岗位的聘任工作。经2005年第17次校党委常委会决定：成立中国共产党继续教育学院党委，撤销原北京工业大学分部党委。

学院现有15个办公室，在职人员144人，其中干部58人、教师35人、工人51人。

本年计划招生2 830人，实际招生3 010人。其中夜大1 996人（专升本943人，专科1 053人）、函授468（专升本304人，专科164人）、脱产生546人（专升本科128人，高中起点本科138人，专科280人）。

高等职业学生在校人数为224人，毕业142人。成人学历教育在校生人数为9 814人，其中夜大生5 131人、函授生3 052人、脱产生1 631人。毕业学生2 744人，授予学士学位402人。高等教育自学考试学生在校人数为178人。

原水利水电专业研究生42人及教师8人转入建工学院学习、工作。

（李建平）

【北工大留学人员创业园】 2005年12月8日，北京工业大学和中关村管委会就共同建设北京工业大学留学人员创业园在北京工业大学继续教育学院西区举行签字揭牌仪式。创业园主要服务对象是海外留学归国人员创办的高新技术企业。中关村管委会作为共建单位，对创业园公共创业环境和设施给予资助。创业园为创业者开出了许多优惠条件；北工大校内资源将充分对入驻企业开放，为入驻的留学人员企业提供实验条件、图书阅览、体育运动等方面的便利；创业园按照北京市政府提供的有关优惠政策，协助入驻留学人员办理创业等具体事务；创业园依托北工大的科研优势及在高新技术转化方面积累的经验，进一步将孵化功能向企业发展的上下游延伸。

12月20日，第18次校长办公会议通报了北工大与中关村科技园区管理委员会在北工大西区共建“北工大留学人员创业园”的情况，同意与中关村管理委员会共同成立北工大留学人员创业园领导小组，领导小组下设办公室，继续教育学院常务副院长李建平为领导小组成员并担任北工大留学人员创业园办公室主任。

（杨爱东　李建平）

【主办2005年北京地区继续教育供需见面会】 4月12日，由北京市人事局、北京继续教育协会主办的“2005年北京地区继续教育供需见面会”在北工大举行。会议由北京市人事局教育培训处处长张铁柱主持。副校长卢振洋致欢迎辞。继续教育学院常务副院长李建平作为参会代表发言。到会单位150多家，来自市政府各部委办局、各直属机构，各区县人事局，各总公司，市属各高等院校、各人民团体的继续教育管理部门领导及工作人员220余人参加。中科院研究生院（北京）、清华、北大、首师大、工商大学、北京行政学院、北京技术交流培训中心等8家单位的继续教育培训部门介绍了近期拟开展的继续教育培训课程。北京工业大学培训中心（设在继续教育学院）组织学校机电学院、电控学院、建工学院、环能学院、数理学院、计算机学院、软件学院、外语学院、继续教育学院、先进材料加工技术研究所等单位参会，共推出了57门继续教育课程。北京地区继续教育供需见面会是干部教育培训领域的一次尝试。北京工业大学继续教育学院希望能借此“东风”，拓宽办学渠道，建立起适合北工大的继续教育培训市场。

（焦新爱　李建平）

【教学工作】 2005年是继续教育学院整合后的第一年，在成人学历教学工作中，学院以规范教学管理和确保教学质量为中心多方面开展工作。为加强教学质量管理，年初学院成立教学质量监控委员会，积极参与期中教学检查等工作。学院多次召开教学工作研讨会，针对成人学历教育的特点，听取各方意见，改进管理；6月，学院在太原召开了函授站工作会议，学院所属12个函授站的负责人参加了会议；7月，在北京召开了北京地区校外办学点工作会议。这两个会议总结学院校外办学工作，分析当前成教工作的形势和面临的问题，研究提高校外办学质量、改进教学和管理方法等问题，并对下一步工作进行布置。一年来，各有关部门密切协作，制订和修订学院多个教学管理文件和管理办法，加强制度建设。学院重视教师队伍建设，不断提高教师的自身素质和教学水平，全院36个专职教师中有4个在读博士、3个在读硕士。2005年学院有一位教师获学校“教学优秀奖”，1位教师在学校青年教师教学基本功比赛中获得三等奖。

（王新珑　种国慈）

【科研工作】 2005年，学院承担各类科研项目4项，到校科研经费总计10.8万元；有校青年科研基金4个项目结题，1个项目正在进行中，经院学术委员会评审通过，按时向校科技处上报了4个项目的结题报告和1个项目的进展报告。

发表科技论文21篇，其中发表在核心刊物上13篇，获水利部经济司与水利报社“水利财务与经营管理专题”一等奖1篇，获“北工大青年教师优秀论文”二等奖1篇，三等奖2篇；参与编著书2部。

（陈小玉 种国慈）

【党建工作】 2005年3月9日，经校党委常委会研究，决定成立北京工业大学继续教育学院党委，撤销原北京工业大学分部党委。继续教育学院党委成立时有正式党员144名，预备党员34名，设立11个党支部。5月，经校党委常委会批复，继续教育学院党委会由王小丰、刘海田、李建平、张松年、胡俊江、种国慈等6名委员组成，李建平代党委书记，刘海田任党委副书记。学院党委狠抓制度建设，先后建立了党委会、中心组学习、支部书记会、民主生活会、党风廉政建设责任制实施办法和院领导班子成员主要分工等制度，促进党的各项工作开展。全年发展党员14名，审批党员转正21名，独立举办学生入党积极分子培训班1期。7月，学校党委授予刘海田、种国慈、翟日喜优秀共产党员称号，郭蓉优秀党务工作者称号。

按照学校党委统一部署，9月至12月在学院全体党员中开展了以实践“三个代表”重要思想为主要内容的保持共产党员先进性教育活动。为保证先进性教育活动的顺利开展，学院成立先进性教育活动领导小组和办公室，制定学院保持共产党员先进性教育活动方案。整个教育活动分为学习动员、分析评议和整改提高三个阶段。群众测评基本满意以上达到97.91%。在学院全体党员进行党员先进性具体要求大讨论的基础上，经学院先进性教育活动领导小组会议研究，提炼形成学院管理人员党员、教师党员、研究生党员、本专科学生党员的先进性具体要求。广大党员按照组织要求撰写了学习心得体会、党性分析材料，并制定了整改措施。学院党委和各党支部制定了整改方案。

做好工会换届、教代会代表增补、团委调整工作，推进学院群众工作的开展。7月，学院工会召开换届选举大会，经校工会批准，新一届工会由王雅丽、王燕华、西明、刘海田、杨影、郑爽、崔焰等7名委员组成，刘海田任主席、杨影任副主席。学院工会获学校2005年工会建家活动模范职工之家、北工大第二届工会创优立项活动三等奖、学校第五届青年教师教学基本功比赛优秀组织奖等荣誉。崔焰、杨光分别获学校第五届青年教师教学基本功比赛三等奖和优秀奖。根据工作需要，刘英任教代会继续教育学院代表组组长，增补李建平、陈嬛、钱晓辉为教代会代表，郭蓉任学院团委书记。

（刘海田 李建平）

【机构调整】 2005年10月11日，校党委书记孙崇正在继续教育学院西区主持召开第十四次校长办公会议，会议就继续教育学院定位和体制问题进行讨论，做出决议：（1）撤销后勤服务集团西区分部，西区的后勤保障由继续教育学院统一管理，业务上接受后勤服务集团指导；（2）继续教育学院要发动所有党员、教职工讨论继续教育办学方向，既要考虑现有条件，又要广开思路，考虑长远；（3）由发展规划处在适当时间组织人员研究西区校园内教育资源的统筹利用方案。经院务会研究决定将原后勤服务集团西区分部划分为总务办公室和资产管理办公室两个职能部门。10月19日，副校长、继续教育学院院长卢振洋召开院领导班子会议，强调学院要实行一元化领导，统一政策、统一调配资源、统一决策学院的事情。

（薛际明 李建平）

【教育培训】 2005年学院面向社会开展以非学历为主的辅导培训教育、面向行业的职业培训和国际合作办学，逐步创建以服务社会为职责，以人才需求为导向，以资源整合为基础，以规范管理为保障，以办学效益谋发展的北工大教育培训品牌。

开展国际合作教育培训。成立“北京工业大学俄语托福考试培训中心”，与俄联邦教育部考试中心及俄罗斯十一所高校开展合作办学。为期一年的“俄语托福一级考试培训班”于2005年9月开课，截至2005年12月底，已如期完成教学计划规定的课程内容。同时，与中国石油天然气总公司建立起了俄语培训教育合作关系并开展了培训工作。

开发职业培训项目。成立北京工业大学建筑专项培训办公室，成为北京市唯一取得建筑行业培训资质的高校培训中心，在北京建筑行业逐渐树立起北工大培训中心的品牌。2005年，共举办两类四期培训班，组织市级建筑关键岗位资质考试，得到市建委及社会的认可。

继续面向水利行业开展专业特色培训。举办水利工程监理工程师培训班3期、建造师考前培训班4期、建造师考核认定培训班4期，共培训720人。参与修订全国建造师执业资格考试大纲（水利水电专业）及其考试参考指导书，参与起草《水利工程建设监理规定》、《水利工程建设监理单位管理办法》等管理规章，参与起草《水利工程建设施工监理合同示范文本》，参与编写水利系统公务员培训考核用书《新编水利概论》。

开放学校资源，努力为社会服务。组织了“全国四、六级英语等级考试”、“全国2005年证券从业人员资质考试”、“北京市高自考计算机专业专业课程考试”。

（陈 媛 李建平）

【学生工作】 2005年学院学生工作按照“把握规律性，增强针对性，注重实效性”的工作思路，探索学院东区、西区、琉璃井三地办学形势下的学生管理模式，形成继续教育学院成人教育所特有的独特有效的教育形式。

学生党建是学院学生工作的支点。10月，研究生支部16名党员转入建工学院，截止2005年底，有全日制高起本脱产班15个，7个专升本脱产班，19个专科脱产班，37个业余班，4个高职班，30个专、兼职班主任。东区设有一个学生支部，西区第二党支部是教工与学生组建的联合支部，其中学生党员36名：本科生党员24名，高职生党员12名。6月，西区以班级为单位组建了“学习型模拟党支部”，党支部全部由学生党员和入党积极分子组成，这种新型理念在于着力培养学生党员、积极分子骨干，开展一系列的以授课、座谈会、模拟党支部活动，整理党务材料，学习学生党员工作中的管理知识为主，使发展学生党员公开化、合理化、透明化，以促进学生党支部工作的连续性和有效性。12月，制订下发继续教育学院发展学生党员工作程序，组织学生参加北京工业大学党校38期入党积极分子培训班；单独举办39期入党积极分子培训班；本着“奉献在工大，爱心献社会，为党旗增辉”的宗旨，组织“阳光下绽放你的爱”主题党日系列活动。在保持共产党员先进性教育活动中，按照学院党委的部署，制定了学生党员先进性教育活动实施方案，第二党支部学生党员、研究生党员、学生支部42名党员参加了集中学习、知识竞赛、参观、座谈会等活动，将保持共产党员先进性教育精神渗透到学习生活的每一个角落。

学风建设是学生工作的重要内容。5月18日，学院举办了“学风建设座谈会”；10月，配合学院学风建设工作组，召集各班级代表开展了关于学院学风、院风的讨论座谈会。

学工部、团委、学生会积极开展健康的文化体育活动，促进学生身心全面发展。为迎接2008在北工大召开的奥运羽毛球比赛，庆祝北京工业大学建校45周年，组织“快乐青春”文娱活动月，从“羽毛球个人挑战赛”至“3V3班级篮球挑战赛”；围绕着“成长、成才、成功”主题教育，开展了特色品牌活动，独自举办了面向全校各院的“展我青春，爱我工大”演讲比赛活动；第二届激情、绚丽电影周；“五四”杯征文赛；第二届“青春风采”卡拉OK大奖赛。在全校组织“激情五月，活力无限”篮球赛中，展现学生青春风采，同学们团结拼搏，获校级篮球赛第一名。4月23日，在校第三十一届运动会中，同学们发扬团结一致、积极向上、勇于拼搏的运动精神，取得团体总分第二名的好成绩，并获“精神文明体育道德风尚”奖。院团委组织标兵团支部、优秀团支部答辩会，评比出1个校级标兵团支部、2个校级优秀团支部。

优化育人环境，培养学生良好的行为习惯和道德自律意识。以学校开展的“居室美化月”活动为契机，在东区、西区、琉璃井学区开展“我的宿舍我的家”系列教育管理活动，参评宿舍86间，其中标兵宿舍18间，优秀宿舍36间。

为认真做好2005年奖学金评定工作，高职春、秋季学生奖学金评定严格执行分部“奖学金评定条例”，研究生则按照研究生部“奖学金评比条例”及学工办制定的实施细则评定，成教学生严格按照“成教日校学生、夜大学生奖学金条例”进行评定。12月，在东、西区“12·9颁奖晚会”上进行了隆重的颁奖仪式。

学工办针对高职毕业生，请专家进行了专场就业指导，进行疑惑解答。学生自发组建就业信息室。10月，高职学生王柯等5名同学每人投入2 000元创建了“环保天堂”废品回收网站，实现了自己创业的愿望，《北京晚报》、《北京青年报》、中国教育台等媒体对此进行报道。多渠道发挥心理健康教育功能，7月，邀请知名专家来院讲学，在西区成立心理咨询室，出版两期“心心物语”就业信息简报，同时，加大研究生、高职生勤工俭学的工作力度，强化“以勤代补”的工作理念，做好了勤工助学岗位的考核和开发工作。

学生工作队伍建设在院党委的领导下，积极进取，分阶段有重点地开展工作。截止2005年10月，对脱产班、新生班进行班主任公开招聘，实行班主任两周一次的工作例会，增强了班主任和相关部门的交流和业务学习，完成了新、老班主任交接工作，制定《班主任工作考核细则》。

进一步加强学生会工作规范化建设，建立学生会工作例会制度。4月，组织开展竞选招聘，公开招聘学生会干部，为了鼓励学生会干部的工作积极性，开展了“院会之星”评比活动。

（王小丰　郭　蓉）

体育教学部

【发展概况】 北京工业大学体育教学部（Division of Physical Education，以下简称体育部）成立于1990年，为处级教学行政部门（前身为体育教研室），直属主管体育工作的副校长和北工大体育运动委员会领导，全面负责学校体育教学、体育科研、运动队训练、竞赛、群众体育活动及运动场馆管理工作。现有教职工45人，其中专任教师36人，具有高级职称19人，具有硕士学位的教师3人。

（赵桂生　陈建生）

【教学工作】 2005年，体育部全面推行教育部的体育与健康课程，全年完成5 100余名本科生的公共体育必修课教学任务，出勤率达到99%以上，体育成绩合格率达到99%。10月份对04、05两个年级的5 000多名学生进行了体质健康标准测试，获得北京市教委颁发的“实施学生体质健康标准先进院校”称号。2005年正式开始在04、05两个年级学生中推行北工大体育特色教育，即学生在大学四年的学习中要求通过四个项目之一的考核。这四个项目是200米游泳、1 500米（女生1 000米）长跑、24式太极拳和健美操（四级）。12月，发放了部分考核合格证。2005年，体育部有1名教师获得教学优秀奖，2名教师获得优秀教学质量二等奖，1名教师获得优秀教学质量三等奖。

（赵桂生　陈其林　陈建生）

【科研工作】 2005年，体育部获得校级教育教学研究课题6项，经费资助额度10万元。发表各类学术论文28篇，其中体育类核心期刊7篇，一般刊物21篇。两位教师分别参加国际乒联学术会议和焦作国际太极拳学术会议，获得论文二等奖和三等奖各1项；1位教师参加中国体育科学学会纪念《全民健身计划纲要》颁布十周年论文报告会，获得二等奖；四位教师参加全国高等院校体育教学训练研讨会论文报告会，获得二等奖1项、三等奖3项；三位教师参加中国大体协二级分会论文报告会，获得一等奖2项、二等奖1项。

（赵桂生　韩新君　陈建生）

【高水平运动队】 2005年，北工大高水平运动队首次招收羽毛球项目运动员，三名世界冠军张宁、夏煊泽、陈宏被录取到经管学院工商管理专业。

4月，北工大足球队参加“飞利浦”男子足球联赛，获得北京赛区第五名。

5月15日，北工大田径队参加北京市高校第四十三届学生田径运动会，获得甲B组男女团体第二名。

5月，北工大男、女篮球队参加北京市大学生篮球联赛（甲组），分别获得第三名、第五名；北工大男、女排球队参加北京市大学生排球超级联赛（邀请赛），均获得第四名。

6月4日，北工大游泳队参加北京高校游泳比赛，分别获得甲A男子组、甲A女子组、甲A男、女团体冠军，甲B男子组第二名、甲B女子组第二名、甲B男女团体第二名。

8月，北工大游泳队参加在四川成都举行的第七届全国大学生游泳锦标赛，获得甲组男女团体总分第五名、甲组女子团体总分第四名、甲组团体总分第七名，乙组男女团体总分第七名、乙组男子团体总分第六名，并获得精神文明运动队称号。

10月，教育部对全国普通高校高水平运动队建设工作进行评估，北工大获得优秀。

10至11月，北工大男、女篮球队参加2005“李宁杯”第八届CUBA联赛北京预选赛，分获第三名、第五名。

11月，北工大足球队参加北京市大学生男子足球甲级联赛，荣获冠军。

11至12月，北工大男、女排球队参加北京市大学生排球联赛，均获得第五名。

12月3日，北工大游泳队参加北京市高校游泳冠军赛，分别获得甲A男子组、甲A女子组、甲A男、女团体冠军，甲B男子组第二名、甲B女子组第二名、甲B男女团体第二名。

12月，教育部在“教体艺厅〔2005〕8号”文件中重新确定北工大高水平运动队建设项目为田径、游泳、篮球、排球、羽毛球；北工大乒乓球队参加北京市高校乒乓球比赛，分别获得男、女团体第五名，并获得体育道德风尚奖；北工大健美操队参加北京高校比赛，获得个人全能第一名、第四名。

（赵桂生　索艳军　陈建生）

【群体工作】 3月，举行“工大杯”学生足球超级联赛，参赛队7支，经过21场比赛，研究生部、计算机学院、电控学院分获前三名；举行北工大学生女子篮球比赛，参赛队9支，经过21场比赛，材料学院、机电学院、人文学院分获前三名。

4月，举行北工大学生男子排球联赛，参赛队9支，经过32场比赛，研究生部、机电学院、生命科学学院分获前三名。

4月20日和23日，召开北工大第三十一届田径运动会，17个院部的学生、26个单位的教工共1 500多名运动员参赛，实验学院、继续教育学院、通州分校、经管学院、电控学院、计算机学院分获团体总分前六名。

5月，足球协会男子足球队代表北工大参加北京市高校业余学生的足球比赛，荣获冠军。

9月，举行北工大学生女子排球比赛，参赛队9支，经过19场比赛，研究生部、外国语学院、环能学院分获前三名。

9月，举行“工大杯”学生男子足球甲级联赛，参赛队7支，经过21场比赛，机电学院、软件学院、人文学院分获前三名，机电学院、软件学院晋升超级联赛。

10月，举行“工大杯”学生男子篮球联赛，参赛队12支，经过33场比赛，电控学院、建规学院、建工学院分获前三名。

11月，举行“工大杯”学生乒乓球团体赛，参赛队男子28支、女子15支，计算机学院、研究生部荣获男子团体一、二名，电控学院和研究生部二队并列第三名；计算机学院，电控学院荣获女子团体一、二名，经管学院和研究生部并列第三名。

12月，举行北工大冬季趣味接力赛，参赛队13支，电控学院、继续教育学院、人文学院分获团体前三名。

（赵桂生　童　胜　陈建生）

【党建工作】 体育部直属党支部现有在职党员14人，占在职教师的40%，离、退休党员11人。2005年体育部直属党支部发展一名教师加入中国共产党，一名教师被评为北工大优秀共产党员。

在保持共产党员先进性教育活动中，体育部全体党员以党性为首，不断增强党员意识；以工作为重，理论联系实际；以育人为本，积极开拓素质教育的新局面。通过学习、分析、整改三个阶段，进一步明确了建设定位和发展目标，为学校体育工作正常运转和可持续发展提供保障。

2005年体育部直属党支部号召全体党员在实际工作中真正起到先锋模范和战斗堡垒作用，9～11月，利用8个双休日加班做好学生体质调研和学生体质健康标准测试以及学校45周年校庆等工作，组织全体党员参加义务劳动，为有困难的职工送去温暖。10月，体育部一名教师意外受伤住院手术，支部号召党员和教师捐资7 900元，解决了这名教师的实际困难。

2005年体育部直属党支部继续支持、指导工会工作、退休人员工作和计划生育工作，使工会能参政议政、维护群众利益、沟通民意，真正起到桥梁和纽带的作用。

（赵桂生　王爱国　陈建生）

【场馆建设】 2005年暑假，北工大投入资金40多万元修建学生体质测试中心，并添置比较先进的专业测试仪器。为完成教育部关于学生体质测试的工作提供了物质保证，促进了高校体育与健康课程的建设。为北工大承担教育部、北京市的体质调研、全民体质监测提供了便利设施。同时，也为全校的教职员工提供了进行体质监测的场所。

8至9月，北工大体育部申请专项资金，对游泳馆进行池底改造及部分设施的置换。通过工程改造，解决了长期存在的游泳池池底渗漏问题，消除了安全隐患，改善了教学环境。

（赵桂生　周红波　陈建生）

激光工程研究院

【发展概况】 北京工业大学激光工程研究院（Institute of Laser Engineering，以下简称激光研究院）成立于2000年5月，2005年设现代激光制造科学与工程、激光微技术、能量光电子技术与系统3个学科部及国家产学研激光技术中心、中德激光技术中心、北京市激光技术实验室。一个国际级中心——中德激光技术中心和一个国家级中心——国家产学研激光技术中心，1个博士后流动站和1个一级学科博士点（光学工程），1个二级学科博士点（光学），拥有光学国家重点学科、光学工程北京市重点学科。

教职工32人，其中博士生导师5人，正高级职称9人，副高级职称10人。具有博士、硕士学位的教师24人，占教师总数28人的85.7%，具有博士学位的教师18人，占教师总数的64.3%，行政管理人员4名。本年毕业研究生24名（博士生1人，硕士生23人）。在校研究生126人（硕士生106人，博士生20人）。在校博士后3人。招收研究生34人（博士生4人，硕士生30）。

（劳焕兴　肖荣诗　左铁钏）

【科研工作】 激光工程研究院2005年获得科研总经费647万元，科研项目28项。申请到项目如：国家863计划滚动项目，国家自然科学基金项目，北京市自然科学基金项目，北京市教委项目，北京市科委重点项目等。发表论文总计66篇，其中，国外学术刊物14篇，国内学术刊物32篇，被SCI收录9篇，被EI收录14篇。申请专利22项，计算机软件著作权4项，其中发明专利5项，另有2项发明专利被授权。出版专著《激光频率的变换与扩展》1部，合作出版《材料大典——高能束表面处理》1部。

国家863计划项目“微流控芯片微孔的激光制备技术”通过国家863计划专家组的项目验

收。左铁钏教授获得北工大科研突出贡献奖。参加第十届北京国际激光光电子展览会，展出了新研究开发的金属板材激光平面切割机、七色全固态激光表演系统等产品。

为企业服务的横向科研项目经费有较快增长，占全院到校经费的一半。开始了针对大工业生产提供加工工艺和成套加工装备，如"激光熔覆自动送粉系统"批量提供给生产企业和高等院校，"厚板窄间激光焊接技术"应用于中船重工集团某单位伞形齿轮轴的焊接，"激光宽带熔覆高温耐磨复合材料"在生产线上应用，"弹壳激光打孔机"在某型号生产中应用，"卫星激光测距系统激光器分系统"应用于某卫星激光测控站。

为北京市经济建设服务的能力增强。针对吉普车（二代军车）纵梁U形成型件焊接变形、后续工艺复杂、生产效率低的问题，与北京某汽车有限公司合作，研究对二代军车纵梁U形成型件进行激光焊接，2005年3月，试制加工的吉普车成功通过测试，经北京某汽车公司设计、生产及军方代表技术人员认可，确认激光焊接加工工艺为以后二代军车纵梁生产的工艺；针对二代军车侧围总成的焊接问题，分别对侧围总成短体和长体成功进行激光焊接试制。与某汽车公司合作，进行白车身制造中的激光焊接试制开发，只需先开发成型模具，待试制成功后再一次性开发其他模具，省去试制过程中模具开发、修改的开发费用，同时还减少开发流程，缩短新车开发周期；小批量改型车的切孔，省去模具费用，以提高效率、保证产品质量、降低生产成本、降低劳动强度。

（李　强　肖荣诗　左铁钏）

【学科建设】 激光工程研究院拥有光学（国家重点学科）、光学工程（北京市重点学科）博士点和硕士点、光学工程博士后流动站。研究方向为3个：（1）激光现代制造科学与工程：大功率激光切割、激光焊接、激光熔敷新方法、新工艺、新技术，特种材料的激光加工，激光三维快速直接成形，高功率高光束质量调Q激光打孔，激光三维加工技术与系统等。（2）能量光电子技术与加工系统：大功率固体激光器，大功率激光光纤耦合器件与技术，大功率激光光束质量诊断与控制技术，超短激光脉冲技术与设备，高速激光打标机等。（3）激光微技术：激光LIGA加工技术，生物芯片的准分子激光微制造技术，纳米粉激光三维微成形，激光制备新材料，飞秒脉冲激光微加工技术与系统等。

"211工程"学科建设取得新的进展，支撑机械工程和物理学两个学科争取一级学科博士授予点，实验室建设项目取得可喜成绩，新增的一批实验室配套装备进入正常运转，保障了国家863计划、国家重点技术创新计划（973计划）、中德国际合作等重大项目的研究工作，以及企业的重大工程项目、技术服务等。

（李　强　肖荣诗　左铁钏）

【教学工作】 2005年研究院着眼于学生的创新能力、科研意识的培养，实现了教育教学质量的全面提升。学院进一步落实岗位责任制，继续抓好教学常规考核，不断促进教育管理规范化，逐步完善教师业务档案，新任硕士导师增开研究生课程3门，对研究生入学考试科目和面试进行了改革，成立新生入学领导小组，对硕士、博士招生简章进行了修改，增加了专业基础理论的考试科目，取得了一定的效果。

2005年经过申请立项、组织运作、阶段小结等过程，研究院有16项研究生科技基金课题立项，比2004年增加了1倍。研究生参加全国学术性活动30余人次，公开发表论文100余篇，申请专利和软件著作达20余项，获校科技创新奖励超过100人次。

毕业博士生的毕业论文获校级优秀博士论文。

（陈继民　左铁钏）

【党建工作】 8月23日，激光工程研究院党总支成立。党总支下设4个党支部，分别是教工党支部，研究生第一、第二、第三党支部。2005年年底，研究院共有党员62人，其中在职教工党员17人，占教职工总数的54.84%，退休教工党员1人，占退休教工总数的33.33%，研究生党员44人，占研究生总数104人（不包括在职博士生）的42.31%。

9～12月，根据学校党委安排，深入开展了保持共产党员先进性教育活动，达到了"提高党员素质，加强组织建设，服务人民群众，促进激光院各项工作"的目标要求。2005年新发展党员15人，其中研究生14人，教师1人。有2名党员荣获"校级优秀党员"称号，其中1名为"优秀党员标兵"。院工会围绕学校和院的中心工作，积极开展各项活动。2005年1月，获"校级先进职工之家"称号。

（劳焕兴　肖荣诗）

【学生工作】 2005年，研究生政治思想教育与日常管理由院长助理和办公室主任负责，办公室主任兼任研究生工作组组长，聘任1名硕士生担任研究生工作助理。硕士研究生按年级编班，共有4个班。研究生代表队荣获校首届研究生英语竞赛第一名和"工大杯"乒乓球男子团体第五名；2003级、2004级研究生班获北京工业大学优良学风班；2004级团支部获北京工业大学优秀团支部；市级三好学生 1 人，优秀研究生 13 人，优秀学生干部 5 人；综合奖学金 9 人（其中一等奖 1 人，二等奖 3 人，三等奖 5 人），奋进拼搏奖 3 人；研究生科技创新一等奖论文 20 篇（其中追加 2 篇），二等奖论文 34 篇。有 3 名硕士毕业生志愿到西部地区工作。

（劳焕兴　肖荣诗　左铁钏）

【中德激光技术中心】 中国科技部和德国教研部于 2001 年签署了《关于激光材料加工领域合作议定书》和《中德在激光材料加工领域合作会谈备忘录》。2001 年 11 月科技部批准在北京工业大学成立中德激光技术中心（以下简称"中心"）。按照协议内容，中心的主要工作内容为：①组织协调两国研究机构在激光技术领域的科研合作；②信息交流和人员互访；③培训技术人才；④开展咨询业务。2005 年中心开展的主要工作为：

(1) 信息交流与人员访问。2 月 16～20 日，王智勇教授访问德国夫朗霍夫亚琛激光技术研究所，与该所项目合作负责人总结题为"新型大功率半导体激光铝塑复合管焊接"这一中德激光材料加工合作项目的阶段性成果、交流信息，共同制定下一步工作计划。

7 月 23 日，德国不来梅射线技术研究所所长朱普特纳（Jüptner）博士访问中心，就两个院所之间的项目合作以及共同筹备 2006 年激光技术国际研讨会事宜与中心领导交换意见。

10 月 17 日，德国不来梅射线技术研究所 Kohn 博士与左铁钏院长和肖运鸿教授会谈继续商讨两院合作与共同举办 2006 国际会议之事。

11 月 30 日，德国 Rofin Sinar 公司宏观激光部经理阿尔巴赫（Auerbach）博士及宏观激光部销售经理冯·特罗萨（von Trotha）先生和罗芬激光技术（上海）有限公司销售部丁元东先生与左铁钏院长和肖运鸿教授就德国激光器制造企业如何开发中国市场和远程焊接激光加工系统在中国的应用前景等问题交换意见。

(2) 与国家发改委、国家商务部共同举办发展中国家政府官员经济管理研修班。共举办 6 期经济管理研修班，对 125 名学员进行了中国产学研政策以及产学研基地为企业服务的成功经验方面的培训工作。所接待研修班有越南贸易部代表团（11 人）、中亚及东欧国家经济管理研修班（30 人）、东盟国家中小企业发展研修班（25 人）、土库曼斯坦政府经济管理官员研修班（18 人）、亚美尼亚宏观经济管理官员研修班（第一期，20 人）、亚美尼亚宏观经济管理官员研修班（第二期，21 人）。

(3) 举办激光制造技术培训班。11 月 12～20 日，举办首期激光制造技术培训班。首期参加培训的学员 30 人，来自全国 6 个省、4 个直辖市的 14 个单位的技术与管理部门。

培训班为期 9 天，理论课程共 32 个学时，由左铁钏教授等 8 人讲授激光制造技术综述、激光原理、材料加工用激光器、激光连接技术、激光表面技术、激光分离技术、激光成形技术及激光安全防护等课程，并进行 10 个学时的实践演示课，使学员们进一步了解激光设备的实际操作与加工工艺。周炳琨院士作题为《激光的若干应用方向》的报告。

（王　淳　肖运鸿）

北京中加工商学院

【发展概况】 北京中加工商学院（CIBT School of Business，以下简称中加学院）是根据教育部《中外合作办学暂行规定》，由北京工业大学和加拿大商业科技学院于 1995 年共同创办的中外合作学院。中加学院专门为外国驻华商务机构、外资企业以及国内外向型企、事业机构培养精通国际商务运作和惯例的现代管理和技术人才。目前，中加学院已成为一所国际型学院，是加拿大、美国、英国、澳大利亚和新西兰等国一批著名院校的定点合作单位，并成功通过了国务院学位办、北京市教委和美国西北区学校联合会的多次评估。

中加学院开设了硕士、本科、专科三个层次的高等教育和高等职业培训项目。硕士层次为北京工业大学与美国城市大学（City University，Bellevue）合作开办的工商管理硕士项目；本科层次分别位中加学院与英国朴次茅斯大学、新西兰 Unitec 理工学院、加拿大皇家大道大学、澳大利亚拉筹伯大学、马来西亚精英大学合作的国际本科项目，以及中加学院与美国西部国际大学、美国 ITT 理工学院、英国朴次茅斯大学合作的国际专升本项目；专科层次有中加学院与美国 ITT 理工学院合作的国际专科项目。

中加学院在北京设有三个校区，中外教师百余名，在校生 700 余名，毕业生 3 000 余名。中加学院在郑州、济南和威海等城市设有合作学校。2005 年，中加学院国际合作本科项目新生人数首次超过 150 人。

【工商管理硕士教育】 北京工业大学—美国城市大学工商管理硕

士项目，于1996年经北京市教委批准成立，1998年经国务院学位委员会办公室正式批准，允许颁发并承认美国MBA学位，是北京地区首批获准授予境外学位的国际MBA项目之一。近年来分别通过了中国国务院学位委员会办公室和“美国西北区院校联合会”的评估，并于2004年入选《世界经理人》杂志评选的“最具影响力中外合作MBA”。该合作项目由中加工商学院负责教务组织和管理。

2005年该项目开设了3个常规班，招收新生104人，并且在上海、广州两地各开办1个波音班，共招收新生80人，该项目在校生人数达到367人。2005届毕业生人数为97人，全部获得美国城市大学工商管理硕士学位。波音班是由美国波音公司出资、中国民航总局从中国各航空公司选拔优秀管理人员进修的公司班，创办于2003年，每年1班。2005年，波音班首次在上海、广州两地同时开班。

2005年，该项目的毕业生总人数近千人，12月10日，城市大学MBA中国校友会在北京正式成立。

【中外合作本科层次教育】 中加学院的中外合作本科层次教育分为高中起点“2+2”留学本科项目和国际合作高等成人教育项目。

“2+2”留学本科项目是1999年经北京市教委批准，北京工业大学中加工商学院与英国朴次茅斯大学、加拿大皇家大道大学、澳大利亚拉筹伯大学、新西兰Unitec理工学院、马来西亚精英大学共同举办的本科层次国际合作留学项目。“2+2”留学是一种新兴的留学模式，四年的全日制学习分为两个阶段：第一阶段两年，在北工大中加学院国内进行英语强化训练和学习部分专业基础课，学分与国外合作大学互换；第二阶段两年，根据学生个人志愿，赴5所合作院校中的一所完成学业，取得外方大学学士学位，学位可在教育部留学服务中心进行认证。

2005年“2+2”留学本科项目招收新生153人，国内阶段在校生人数为273人。本年度有108名学生完成国内阶段的学业，顺利留学深造，“2+2”留学本科项目开办6年以来，累计已有558人顺利出国学习。

国际合作高等成人教育项目是中美合作“专升本”项目，由北京工业大学中加工商学院、北京工业大学继续教育学院、教育部中国成人教育协会培训中心、中国教育国际交流协会研修中心、中央教育科学研究所中心，与美国著名成人大学“西部国际大学”、“美国ITT理工学院”合作举办。招收国内各类专科毕业生，以北美成功的成人教育模式加以培养，学生经过2～3年业余制学习，取得美国大学学士学位。

中美合作“专升本”项目成立两年以来，已经招收6期新生，目前在校生共有169人，2006年将有第一批学生毕业，获得美国学士学位。

【教学工作与师资建设】 学院在师资建设和课程创新方面力求适应中外合作教育的特殊性。

目前全院教师队伍中70%以上都具备国内外知名企业高级管理经验，建起一支“实战型”师资队伍。中加学院还独创了学习技巧（Study Skills）课程，针对MBA、本科项目、专科项目的各自特点，帮助学生在英语、写作、表达以及案例分析等方面得到提高，以更快适应中外合作教育模式。

【学生工作】 4月22日，组织“2+2”留学本科项目50名学生参加凤凰卫视“鲁豫有约”节目，与《疯狂英语》创立者李阳面对面进行交流。

5月13日，“2+2”留学本科项目学生杨文文、耿海威、朱东磊参加英国广播公司（BBC）在北京中粮广场举行的BCUFG（British Council Undergraduate Focus Group）讨论会。

7月2日，举办“05年首届2+2高中起点留学本科说明会”，为来自全国各地的160多位家长详细讲解高中毕业生留学政策和“2+2”留学本科项目相关信息。

8月5日～11月5日，为北京教学区02级、03级ITT专科毕业生办理专科学历证书认证。

9月11日，来自全国各地的200余名学生在北工大逸夫馆参加了国际合作留学本科开学典礼。

10月20日，北京工业大学—美国城市大学MBA市场营销公开课在朝外MEN教学中心举行，美国城市大学Mariella Remund博士与35位到场学员围绕“企业品牌营销”问题进行了深入探讨。

10月21日，中加学院本科部在双龙校区举行了“2005年夏季英语演讲比赛颁奖仪式暨本年度优秀学生评比颁奖大会”。

12月10日，北京工业大学—美国城市大学MBA中国区校友会正式在京成立，在学院和校友之间搭建起一个沟通平台。

【对外交流】 10月，中加学院与韩国忠清大学、京畿工业大学、韩国汽车维修学院签署专科项目合作协议。根据双方协议，中国学生首先在国内学习6至12个月韩语、汽车/计算机英语以及部分专业基础课；第二阶段赴韩国，可根据自己的志愿挑选上述韩方院校中的一所，学习两年，毕业取得韩国专科文凭，相当于国内专科学历，获得国家认证。

10月31日，加拿大商业科技学院和美国西部国际大学校长组成的考察团访问中加学院。

11月2日，美国西部国际大学（Western International University）校长率团访问中加学院，进一步讨论了未来合作开办全日制“中美合作专升本”项目的相关问题。

（朱红旗　安拥政）

耿丹学院

【发展概况】 北京工业大学耿丹学院（Gengdan Institute of Beijing University of Technology，以下简称耿丹学院），成立于2005年7月15日，是教育部和北京市教委批准，由北京工业大学和耿丹教育发展中心合办，具有独立法人资格、独立校区和办学设施，实行独立教学管理与组织的独立学院。学院招收高中毕业生，实行全日制本科层次教育。学制四年，学生考试合格毕业时颁发国家承认的北京工业大学耿丹学院毕业证书，符合条件者颁发北京工业大学学士学位证书。学院本科教育按二级学科招生，设有机械设计制造及自动化、计算机科学与技术、电子信息工程、工业设计、公共事业管理等五个本科专业。

教职工23人，其中专任教师13人。专任教师队伍中教授6人，副教授2人，其中具有博士学位的教师2人。2005年学院首批招生81人。

【学科建设】 2005年，学院将机械制造及自动化专业作为重点发展的学科。一方面加强该学科的师资建设，使学生们很好地掌握专业知识；另一方面重点进行硬件设施建设，使学生将理论知识与实践相结合，为培养实践能力强的综合应用型人才打下基础。

【教学工作】 2005年，教学工作重点是立足自身特点，建立健全教学管理模式。(1) 逐步实现完全学分制。实行选课制，逐步实现弹性学制，注重个性和共性需求差异，实现教学管理现代化。(2) 压缩课内学时，精简课程内容。针对独立学院学生的特点，改变授课方式，加大习题课比重，还主动权给学生，加强自习管理，提高学生学习效率，安排教师辅导、补习和答疑。

【学生工作】 2005年是耿丹学院建设和发展的第一年。学院通过开展各种活动，使学生工作不断开展起来。11月19日，组织首次冬游活动，愉悦身心；11月27日，对全院学生进行安全教育，增强了安全意识；11月30日，举办首届校园歌手比赛，丰富业余生活；12月9日，举办纪念“一二九”学生接力长跑活动，进行了爱国主义教育的宣传；12月30日举办新年晚会，师生欢聚一堂，迎接新一年的到来。

【重大事件】 9月13日，耿丹学院召开了首届新生开学典礼。10月26日，耿丹学院成立首届学术委员会，吴瑞祥教授任主任。11月，北京市教委批准耿丹学院新增设英语、物流管理、国际经济与贸易、通信工程、艺术设计等5个专业。

（杨锐明　吴瑞祥）

固体微结构与性能研究所

【发展概况】 北京工业大学固体微结构与性能研究所（Institute of Solid Micro－mechanism and Performance，以下简称固体所）成立于2003年12月。2005年完成所有仪器的调试工作，实现了面向全社会、全校提供科研服务，同时开展高水平科学研究的预期目标，促进了学校凝聚态物理、化学、材料、纳米微机械等学科的发展，为在北京工业大学开展高水平科学研究提供了重要的基础平台和研究基地。固体所下设TEM、SEM、XRD、XRF&ICP－AES和AFM 5个仪器组和若干科研组。

固体所现有研究人员13人，其中院士1人，具有正高职称人员6人，博士生导师3人。教师中拥有博士学位的6人，其中3人为归国留学人员。研究人员组成了一支以中青年学者为主体、具有丰富研究经验的干练的研究队伍。

2005年，固体所在读研究生共35人，其中硕士研究生2003级8人，2004级11人，2005级9人，共28人；博士研究生2003级2人，2005级5人，共7人。

固体所现有仪器总价值2 200多万元。

（贾晓方　孙　威）

【学科建设】 固体所包含凝聚态物理和材料学两个学科方向。其中凝聚态物理学科为北京市重点建设学科。固体所于2004年开始独立招收研究生，已招收两届共计27名研究生，其中博士生7人，为研究生开出了6门专业课程。

在学科梯队建设方面，固体所积极引进科研人才。2005年引进具有博士学位的年轻研究人员2人，其中1人为归国留学人员，并获北京市人才强教计划的资助。7月，以张泽院士为学术带头人、以固体所为研究基地、固体所成员为骨干的研究梯队被批准为北京市高校学术创新团队，获得项目资助。固体所的建设和学科的发展也为北工大成功申请国家物理学一级学科点做出了重要贡献。

12月，固体所主办了北工大凝聚态物理学科2005年学术总结交流会，近30位教授，副教授，学术骨干，博、硕士研究生作学术报告。

（孙　威）

【教学工作】 固体所2005年完成材料现代分析技术、现代分析技术、现代分析技术进展、固体微结构的电子显微分析方法、现代材料分析实验、衍射物理等硕士研究生课程，以及材料学院本科生（105人）材料现代分析方法实验平台课的实验教学。

2005年，固体所共有4名材料学专业硕士研究生毕业，招收材料学专业硕士生5人，凝聚态物理专业硕士生4人，博士生5人。2004级硕士生11人顺利通过开题报告，正式进入实验室开展论文工作。

（金头男　孙　威）

【科研工作】 作为北工大一个重要综合实验研究平台，固体微结构与性能研究所面向全校师生服务。2005年，为北工大材料学院、数理学院、环能学院、激光研究院等兄弟院系和研究所本身的科研工作作出了重要贡献。同时，作为北工大的一个窗口，研究所与国内外知名院所有着实质性的合作。2005年，与美国记忆有限公司（MENMY CO.）、北京大学、中国科学院物理所、煤炭化学所、清华大学等单位合作，取得了可喜的成绩。与北京大学合作Fe_2O_3纳米管的研究工作，刊发物理化学类顶级杂志：ANGEW CHEM INT.（德国应用化学，影响因子：7.3)，为北工大走向国内一流的教学科研型大学作出了重要贡献。

2005年，固体所共有科研项目9项，其中国家973项目1项，863项目1项，国家自然科学基金1项，北京市教委科研基金1项，科研经费总额达900多万元。发表学术论文40余篇，申请专利4项。聘请国外专家讲学10人次，聘请国内专家讲学15人次，有1人参加国际学术会议，13人参加国内学术会议。

（韩晓东　孙　威）

【党建工作】 3月18日，北工大党委组织部在固体所召开全所党员大会，选举固体所党支部。经3月22日校党委常委扩大会议决定并于4月26日正式批复，同意固体所党员大会的选举结果，至此固体所直属党支部正式成立。支部有党员16人，其中教师6人，学生10人。

在2005年9月至12月开展的保持共产党员先进性教育活动中，研究所全体党员在校党委和研究所直属支部的领导和安排下，认真积极地参加学习、交流、党性评议以及整改各个环节的各项活动，思想上得到了很大的提高，提出了适合固体所具体情况的保持共产党员先进性的具体要求和整改措施。同时建立和完善了固体所直属支部的各项制度，为今后固体所党建工作的开展打下了良好的基础。

（徐学东　孙　威）

【学生工作】 2005年，固体所在读研究生共35人，其中硕士研究生28人，博士研究生7人。固体所每周举行一次研究生学术报告会，师生共同探讨与提高。学生参与申报北工大第四届研究生科技基金，申报基金项目10个，其中3个项目得到北工大基金支持。在2004～2005学年北工大研究生奖学金评定中，有3名学生分别获综合奖学金一等、二等、三等，1名学生获研究生社会工作优秀奖，3名学生获“优秀研究生”的称号。

（贾晓方　孙　威）

【对外交流】 2005年，固体所共参加国内外学术交流活动十余人次。由张泽院士发起并亲自主持的历时半年的国家杰出青年科学家系列学术报告会，先后邀请了中科院物理所、化学所、金属所、北京大学、清华大学、南京大学、复旦大学、中国科技大学等单位的杰出青年基金获得者以及凝聚态物理、化学、材料科学领域的年轻学科带头人共12人，报告他们在各自领域的杰出工作及国际上关注的领域前沿问题。

（贾晓方　孙　威）

【举行973项目2005年终总结会议】 由张泽院士作为首席科学家主持的国家重大基础研究973项目2005年年终总结会议于12月17～19日在山东大学顺利举行。项目子课题负责人和相关的工作人员、学生近50人参加了会议。国家自然科学基金委员会数理学部张守著先生和山东大学梅良模教授作为评审专家出席了会议。

各子课题组就本年度的工作进行了认真的总结汇报。2005年度，各个子课题的研究都按照计划进行。在纳米尺度材料结构与性能研究的设备研制、方法发展及相关科学研究三方面，都取得了可喜的成绩。

973项目的顺利进行也为创新人才提供了重要发展契机。继2003年本项目学术骨干复旦大学陶瑞宝教授当选院士之后，2005年，子课题负责人清华大学薛其坤教授又当选为中国科学院院士。在本项目的课题负责人和学术骨干中，已先后有5人成为国家长江特聘教授，7人获得国家杰出青年基金。

（贾晓方　孙　威）

【召开第一届学术委员会】 6月15日，固体所召开第一届学术委员会第一次会议，学术委员会主任张泽院士主持了会议。

张泽院士阐述了固体所既要提供优质分析测试服务又要开展创新性研究工作的双重职责，希望学术委员会协助把握好学术方向。张泽院士、孙威教授、韩晓东教授分别介绍了固体所的建设和概况，电子显微学的原理及其在先进材料研究中的应用实例和部分科研成果。学术委员们高度评价研究所在短时间内完成价值2 400万元的科研基础条件平台建设，并取得优异研究成果。

（贾晓方 孙 威）

【召开第一届管理委员会】 7月19日，固体所召开第一届管理委员会第一次会议，管理委员会主任张泽院士主持了会议。学校相关负责人参加了会议。

张泽院士阐述了固体所的职责，希望借此管理制度探索大型科学研究平台的运行机制。管理委员会成员们在客观分析固体所发展现状后，分别就公共大型设备的正常运行、日常维护、科研队伍的建设、研究生教育创新以及如何做到优质对外服务等提出建设性意见。

（贾晓方 孙 威）

循环经济研究院

【发展概况】 北京工业大学循环经济研究院（Institute of Recycling Economy，以下简称循环经济研究院）是致力于循环经济研究的矩阵式跨学科研究机构，成立于2005年4月。左铁镛院士任院长，李京文院士任院学术委员会主任，并且聘请若干知名学者、政府官员、企业家以及驻外使馆科技、教育参赞等任院学术委员会委员。循环经济研究院下设办公室、研究室、技术合作部三个部门，依托学校多学科优势，拥有一支跨学科的、实力雄厚的专兼职研究队伍，已开展多项循环经济研究工作，主持、参与中国工程院、国家发改委、国家开发银行等多项重大课题，在《人民日报》、《经济日报》、中央电视台等各类媒体发表了大量相关论著；与政府相关部门、各高校科研机构、社会行业各界等建立了广泛的联系。循环经济研究院的发展定位是建设成为在国内外有相当影响力的、具有一流研究水平的循环经济研究机构，建成促进北京工业大学多学科交叉、融入北京的重要基地和新兴学科增长亮点，培养具有战略眼光和研究能力的多学科交叉高层次人才。

【学术委员会】 循环经济研究院学术委员会是研究院的学术咨询机构。由李京文院士任主任，左铁镛院士、张杰院士、周锡元院士、陆学艺教授等任副主任。已聘请全国政协人口资源环境委员会主任陈邦柱、中国建筑材料工业协会会长张人为、中国产业发展促进会副会长甘智和、国家发展与改革委员会经济体制综合改革司司长范恒山、中国人口学会常务副会长田雪原、全国人大环境与资源保护委员会法案室主任孙佑海等教授为委员。

【科研工作】 主持中国工程院“建设节约型社会战略咨询研究”——4R工程课题、国家发改委“依靠高技术促进循环经济研究”课题，参与国家开发银行“中国全球矿产资源战略研究”课题、中国工程院“全国工程师制度研究工作组方案”课题、河南“焦作市“十一五”工业循环经济规划”课题。

在《环境保护》等核心期刊上发表循环经济方面论文50余篇，在全国各省、市、行业协会等作学术报告20余场。

【学科建设】 通过课题研究和理论研讨，已组织学校相关学科20余名教授、副教授直接参与到循环经济研究中，提供了学科交叉研究平台，实现了大幅度跨学科协作研究。2005年首次采用跨学科申报方式，循环经济研究院和经济与管理学院合作，申报“人口、资源与环境经济学”硕士学位授权点。

【对外交流】 2005年与国际社会循环经济著名专家广泛交流，多次进行友好洽谈。如接待国家环境保护总局顾问、德国循环经济学家海克（Heck）教授，日本环境大臣顾问、东京大学教授山本良一先生等，洽谈交流合作事宜。

【重要事件】 7月11日，左铁镛院士参加曾培炎副总理主持的“十一五”规划座谈会，具体汇报钢铁和水泥行业如何发展循环经济以及建设静脉产业问题。

9月17日，左铁镛院士陪同曾庆红、王兆国、刘淇、周永康、贺国强、王刚、徐才厚、何勇、陈至立、周光召等党和国家领导人参加以“建设节约型社会，你我共同参与”为主题，以宣传节约利用资源为主要内容的科普活动。

10月14日，左铁镛院士在全国政协常委会上作题为“以我国钢铁等基础产业为重点，推进发展循环经济工作的落实”的大会发言。

10月28日，左铁镛院士陪同中央政治局常委、全国政协主席贾庆林，副主席王忠禹、徐匡迪，中央政治局委员、北京市委书记刘淇、市长王岐山等领导视察首钢，并就钢铁行业发展循环经济发表看法，调研报告上报中央。

11月13日，李京文院士应山西省政府邀请评审《新能源基础方案》。

11月14日，李京文院士应邀在国土资源部召开的2005年矿产资源国际大会上作《中国矿业资源利用情况与问题》报告，提出建议对策。

11月16日，中央电视台《新闻30分》播出左铁镛院士“关于资源回收利用问题”的记者专访。

（程会强　左铁镛）

·2005 年大事记·

1月

4日 由校工会、团委、学生会、研究生会联合举办的以“弘扬中华民族传统美德，奉献国际人道主义爱心”为主题，捐款救助印度洋海啸受灾国爱心援助活动在全校全面展开。广大师生在十余米的万人签名条幅上签名并捐款。14日，部分师生代表将全校师生捐助的12.45万元送到中华慈善总会。

4日 由宛素春、王珊等设计的北京永乐经济技术开发区概念性规划设计及城市设计方案在国际投标评审中中标。这是北工大建筑勘察设计院第一次在国际设计投标中中标。

6日 非计算机专业计算机课程研讨会在计算机学院召开。会议的议题是非计算机专业计算机课程改革。这次改革的基本指导思想是：加强公共课师资队伍建设，构建适应新要求的课程体系，迅速提高教学水平。

7至8日 校纪委举办党风廉政建设教育培训班。张毅刚主持会议并代表校党委向第四届第一批校党风廉政监督员颁发聘书，并代表纪委作《用求真务实的精神推动反腐倡廉工作》工作报告。中纪委驻教育部纪检组、朝阳区检察院领导分别作报告。校纪委委员、校党风廉政监督员、各院部处主要负责人及院纪检委员、纪检监察审计干部等80余人参加培训。

14日 《教育研究通讯》编委会成立大会暨率先建成国内一流教学研究型大学教育教学研讨会在逸夫馆举行。蒋毅坚主持会议，孙崇正作《落实科学发展观，为建设国内一流教学研究型大学而奋斗》主题报告。学校领导向编委会成员颁发聘书。各学院主要领导、学科部主任、责任教授以及《教育研究通讯》编委会全体成员100余人参加会议。编委会第一次全体会研究与确认编委会规章及2005年教育教学重要项目研究选题。

14日 学校举办2005年新春团拜会。范伯元、孙崇正与学校主要领导以及在校的两院院士、有突出贡献的专家、学科带头人、获省部级以上奖励人员、院部处领导、民主党派代表、群众团体、工人代表200余人一起辞旧迎新，共叙佳节。校两办、人事处、宣传部、后勤集团共同组织团拜会。

18日 学校对首次聘期满一年的四位北京市特聘教授进行年度考核。北京市教委科学技术与研究生工作处、人事处代表参加考核评议会。张泽担任八人考核小组组长。参加考核的四位归国人员为黄海峰、何泾沙、孙威、杜文博。经考核组评议投票，四位教授均通过考核。

18日 部分特困生参加助贫寒学子回家过年活动资助款发放仪式暨爱心见面会。北工大39名学生每人获得460元的路费资助。特困学生回家过年路费活动由中国扶贫基金会新长城办公室与《新京报》合作资助，在京选择13所高校开展此项活动，北工大是其中一所。

23日 学校获2005年心理素质教育先进奖。该奖由北京市教育工委、北京市高教心理素质研究会设立，两年评审一次。

24日 教学楼3结构封顶仪式举行。

1月 环能学院彭永臻主持申报的国家自然科学基金国际重大合作研究项目“污水脱氮除磷新理论、新工艺及过程控制”获国家自然科学基金委员会批准。该项目是国家基金委在环境领域首次立项的重大国际合作研究项目，也是北工大首次承担的国家自然科学基金重大国际合作研究项目。

2月

18日 学生工作系统和人文学院全体教师大会在逸夫馆召开，传达中央16号文件精神和全国加强和改进大学生思想政治教育工作会议的有关精神。人文学院全体教师、校学生工作系统工作人员近200人参加会议。

18日 北工大4门课程被北京市教委评为2004年度北京市精品课程，北工大教师主编的15本（套）教材被评为北京市精品教材。

19日 2005年党建和思想政治工作研讨会召开。孙崇正对北工大党建和思想政治工作提出目标、要求及本学期党建工作重点。

21 日 北工大机械设计实验中心实验室获得北京高校基础课合格实验室称号。北工大的五个基础课实验中心已全部成为北京市高校基础课合格实验室。

25 日 由张杰院士主持的北京市教委重点科研项目“水环境恢复工程理论研究”的评审暨验收会召开。评审委员会认为该项目取得较多具有创新意义的成果，达到国际先进水平。

26 日 2004 级工程硕士和 2005 年春季入学博士研究生开学典礼在知新园举行。蒋毅坚到会讲话。2004 年是北工大自主确定招生名额招生的第一年，第六届招收工程硕士。2004 年学校共录取工程硕士 172 人，涉及 9 个学院 11 个工程领域。2005 年春季入学博士生 47 人，涉及 8 个学院 16 个学科专业。

27 日 材料学院博士毕业生李菊撰写的论文《Localized Thermal Tensioning Technique to Prevent Buckling Distortion》（《防止翘曲变形的局部热拉伸技术》）获得 2005 年度国际焊接学会（IIW）颁发的 Granjon 奖。Granjon 奖是年度颁发的国际性奖项，竞选文章必须是候选人在目前或近期的研究成果，且该研究成果是候选人博士学位论文的全部或部分工作。

3 月

1 日 《北京工业大学年鉴》(2004) 发布暨 2005 年鉴编辑会议在科学楼召开。张毅刚主持会议。会上发布了建校以来的第一本年鉴。《年鉴》主编孙崇正指出这是学校历史上一项开创性的工作。要在年鉴编写过程中不断总结办学举措，提升办学理念，推动工作开展。

1 日 名古屋大学 NUPACE 主管野水勉教授等一行四人来访。张泽会见日方一行。NUPACE（Nagoya University Program for Academic Exchange）是名古屋大学专门为校际交流学校设计的学生交流项目，双方互免学费、互认学分，英文授课。两校从 20 世纪 80 年代开始交流，从 1993 年至今，北工大共推荐 11 名学生参加该交流项目。

1 日 日本东京大学常务副校长渡边浩和桐野丰来访。孙崇正、卢振洋会见客人。渡边校长希望通过新成立的东京大学驻北京联络处推动两校合作。学校部分留日归国教师参加会见。

2 日 北工大荣获“学生军训工作先进学校”称号。

3 日 “研究生工程实训平台”项目被教育部正式列入 2005 年“研究生教育创新计划”项目中。该项目是研究生部近年来大力推进的“研究生教育创新计划”体系的重要组成部分。

3 日 俄罗斯哈巴罗夫斯克工业大学亚历山大·古伯克（Alexander Gubenko）经济管理学院院长祖巴拉夫（Zubarev）等一行三人访问北工大。冯培会见客人。古伯克（Gubenko）校长是第三次访问北工大。会见后，俄方项目负责人面向北工大计算机专业学生召开说明会，介绍该校与德国合作举办的计算机科学硕士项目。

4 日 2005 年第一次院长例会召开，讨论制定学校“十一五”发展规划的思路。孙崇正主持会议并作总结发言，张爱林介绍部分高校制定“十一五”发展规划的思路、做法和经验。

5 日 研究生英语数字课堂于本学期初开始试用。数字课堂将成为研究生英语教学的辅助教学手段，从课堂教学延伸到课下，是研究生学习英语的第二课堂，不但可以掌握英语语言知识，还可以学到英语国家的文化知识、风土人情等，提高英语语言能力、跨文化交际能力和自主学习能力。

8 日 校园文明礼仪展示大赛在逸夫馆举行。市委教育工委副主席、市教育工会女教职工委员会主任赵秀华到会祝贺。“展文明礼仪风采、树工大教工形象”文明礼仪展示系列活动由“文明礼仪知识宣传橱窗展示”、“文明礼仪专题知识征集活动”、“校园文明礼仪展示大赛”和向各部门工会发放《文明礼仪普及读本》等几个板块组成。活动旨在在北京人文奥运行动计划启动之年，全面提升校园文化氛围，使文明宣传活动进校园，创造出与首都地位相适应的一流的校园人文环境。

10 日 研究生招生网投入使用，有关硕士、博士、在职人员申请硕士学位的相关招生信息都将在研招网发布，网址是：http://yanzhao.bjut.edu.cn。

12 日 河北省省长季允石来到北工大教学楼 3 施工现场，慰问承建单位鹏达集团的全体职工。孙崇正、马志成与季省长在施工现场与部分职工座谈。

12 日 北工大校友张榕明在政协第十届三次会议上被增选为全国政协副主席。张榕明 1961 至 1966 年在北工大无线电系无线电技术专业学习。

16 日 计算机学院学生宁为、刘飞熊荣获 2004 年度计算机世界奖学金。

16 日 首届“诚信金桥”联谊活动暨 05 届毕业生就业工作座谈会在知新园举行。冯培、蒋毅坚出席。座谈会以北工大“三成”教育为契机，增进用人单位对学校的了解，推出学校的诚信品牌，促进用人单位与北工大毕业生就业工作的合作。首钢集团、中国航天时代仪器公司等 13 家知名企业的人事经理参加联谊活动。

17 至 18 日 激光工程研究院代表学校参加第十届中国国际激光及光电子产品展览会，展示最新研究开发成果。北工大是北京市唯一参加展览会的市属高校，并受邀参加中—欧洽谈会的演讲。

23 日 国家发展改革委员会综合体改司李海岩副司长来校作经济发展形势报告。张毅刚主持报告会，校、院两级中心组成员、教工党支部书记和部分师生近 300 人聆听报告会。

23 日 由张毅刚、曹万林和薛素铎共同主持的国家体育场结构研究子项目——国家体育场柱脚锚固性能试验研究项目，在北工大工程抗震与结构诊治北京市重点实验室进行。国家体育场“鸟巢”结构试验研究的各子项目，分别由同济大学、清华大学、北工大承担。

23 日 2005 年学生艺术团文艺展演汇报演出暨礼堂一期改造竣工启用仪式在礼堂举行。演出前，特邀美国首位华裔市长黄锦波先生为师生演讲。冯培、张毅刚为即将毕业离校的三大艺术团的老团员们颁发荣誉证书。

25 日 孙崇正在科学楼主持召开 2005 年第一次书记例会。会议研讨基层党支部建设问题。

28 日 北工大 3 个项目在 2004 年度国家科学技术奖励大会上获得奖励。分别是：由材料学院周美玲等人完成的“镧钼等热阴极材料及制备技术”获得国家科技发明奖二等奖，生命学院彭见曙等人参与完成的“可控球形热场介入式微波治疗肿瘤技术及肝癌治疗疗效”获国家科技进步二等奖，环能学院彭永臻参与完成的“高浓度有机废水生物处理技术研发与示范工程”获得国家科技进步二等奖。

30 日 第五届教职工代表大会第四次会议开幕。张毅刚主持开幕式。北京市教育工会副主席赵秀华致贺词。会议的主题是：以科学发展观为指导，深化管理改革，盘活校内资源，提高办学质量，推进学校内涵式发展。会议的主要任务是：听取并讨论校长工作报告；审议教代会工作报告；审议教代会提案工作报告；讨论学校有关人事、财务、国资等改革文件；为制定学校“十一五”规划出谋划策。范伯元作《以科学发展观为指导，为全面实现“十五”建设目标而努力奋斗》的校长工作报告。张毅刚作《2004 年教代会常设主席团工作报告》。会议表彰了 2004 年五届三次会议的 24 个优秀提案和 3 个提案工作优秀组织代表组。全校教学、科研、机关、后勤、科技产业的 281 名正式代表参加会议。学校具有副高职称以上的教职员工、具有博士学位的教师、副处以上干部、各民主党派负责人 500 余人列席会议。

31 日 北工大申报 2005 年度国家自然科学基金和申报 2006 年度北京市自然科学基金工作结束。全校共申请国家自然科学基金 185 项，其中面上项目 167 项，重点项目 2 项，专项基金 3 项，重大研究计划 1 项，国家杰出青年基金 5 项，联合资助基金 4 项，海外青年学者合作研究基金 3 项，总申请金额5 755.7万元；申请北京市自然科学基金 175 项，其中申请重点项目 11 项，面上项目 164 项，总申请金额 3 274.45万元。

3 月 由周锡元院士主持的北京市教委“大跨度立交桥抗震安全评价与减灾方法和技术”项目通过验收。项目历时三年，培养博士、硕士 9 名，接纳博士后人员 2 人；在国内核心期刊上发表论文 10 篇；具有广泛适应机制的新型隔震、耗能减振装置及其产品的定型化，已申请国家专利 1 项。

3 月 曹万林主持的“新型组合剪力墙及筒体结构抗震理论与技术”项目通过鉴定。该项目由国家自然科学基金资助，与同济大学共同完成。项目研究历时 5 年，已发表该研究方向论文 67 篇，SCI 收录 2 篇，EI 收录 14 篇，ISTP 收录 2 篇。已获国家专利 1 项，申请国家专利 3 项。培养博士研究生 3 名，硕士研究生 6 名。

4 月

5 日 美国加州大学五所研究生院院长一行 5 人访问北工大。孙崇正会见来访客人，双方探讨在研究生层次开展合作的可能性。蒋毅坚参加会见。来访的五所大学研究生院院长分别来自加州大学旧金山、河畔、洛杉矶、圣地亚哥和伯克利五所分校。

7 日 杨澜在礼堂为千名学生作《阳光之路——杨澜专题论坛》演讲。此前，孙崇正、冯培在科学楼会见杨澜。演讲活动是“三成”主题教育活动之一。

8 日 中国科学院院士郭柏灵被正式聘任为北工大双聘院士。郭柏灵院士是北京应用物理与计算数学研究所研究员，长期从事非线性发展方程及其数值解、孤立子解以及无穷维动力系统的研究，是国际国内知名的数学家。

9 日 成功举办联合高招咨询会。北大、清华等 32 所高校参会。北工大14个学院参加联合高招咨询。前来咨询的考生及家长达5万余人。冯培等在礼堂为1 000多位考生家长解读北工大2005年高招政策。

9日 德国柏林洪堡大学副校长安－芭芭拉·卿格（Anne-Barbara Ischinger）教授率领的大学学术代表团一行6人来校访问，洪堡大学校友学术交流部在北工大成立。北京市教委副主任张国华、市教委委员马胜杰到会祝贺。孙崇正对代表团的来访表示热烈欢迎。左铁镛院士与卢振洋一同向洪堡大学主管国际交流的卿格教授赠送“德国柏林洪堡大学驻中国校友学术交流部”题匾。卿格教授向中国校友交流部负责人黄海峰等转赠题匾。来自德国学术交流中心、德国贸促会、北京市教委等单位的领导和亚洲地区的德国柏林洪堡大学近40位中国校友参加聚会。

11日 北工大教务处获得2005年“北京地区高等教育学历证书电子注册管理工作先进集体”和“全国高等教育学历证书电子注册管理工作先进集体”称号。

11日 2005年团校开学典礼暨团校第一次培训会在知新园报告厅举行。蒋毅坚致辞并为北工大团校揭牌。

12日 由北京市人事局、北京继续教育协会主办的“2005年北京地区继续教育供需见面会”在逸夫馆报告厅举行。卢振洋致欢迎辞。来自中科院研究生院（北京）、清华、北大、首师大、工商大学、北京行政学院、北京技术交流培训中心等8家单位的继续教育培训部门介绍近期拟开展的继续教育培训课程。来自市政府各部委办局、各直属机构，各区县人事局，各总公司，市属各高等院校、各人民团体150多家继续教育管理部门220余人参加。北京地区继续教育供需见面会是干部教育培训领域的一次尝试。

12日 美国阿拉斯加安克雷奇大学克瑞克·多门（Craig Dorman）博士偕夫人来校访问并送达两校校际合作协议书。张泽会见来宾。克瑞克·多门博士一行听取建工学院概况介绍，参观工程结构、市政工程、水力学教学实验室，观看部分教学实验演示。随后，双方就阿拉斯加安克雷奇大学工程学院与建工学院的院际联合办学、合作研究和学术科研活动等进行磋商。

12日 北工大以98分的成绩通过北京市教委学生公寓安全卫生检查组的检查。检查组认为北工大的学生公寓管理有三项经验值得在全市高校学生公寓管理中推广：制度齐全、管理规范；注重学生公寓文化氛围、人文气息的建设；学生公寓管理与学生德育教育紧密相连，对班主任下宿舍有记录、有考评。

13日 第五届教代会第四次会议举行闭幕式。代表们向本次大会提出提案69件，建议、批评及意见7件。

14日 为适应高校后勤社会化改革的运行标准，达到工程资质认定要求，经学校主管校长、后勤集团董事长批准，北工大后勤服务集团与北大、农大、北京交大的后勤修缮部门，联合组建北京兆通建筑工程有限公司。公司将在市教委的支持下，面向高校服务，做到资源共享、技术支持互补的通力合作模式，加快高校后勤修、建工作的完善管理。并使北工大的动力运行、房屋修缮工作提升到较高标准，更好地为教学、科研发展和师生员工的工作生活起到保障作用。

14日 科技文化节开幕仪式在逸夫图书馆学术报告厅举行。科技文化节由研究生部、研工部、学工部、校团委联合主办，历时两个月。主题是：启迪智慧、推进创新。蒋毅坚宣布开幕，冯培致开幕词。张在明院士做题为《北京几个重大工程中的岩土工程问题》学术报告。科技、研究生、学生工作部门领导及各学院的学生系统工作人员及部分研究生近200人参加开幕式。

14日 电控学院李志国申请的“军用半导体器件加速寿命试验新方法的应用研究”通过由国防科工委组织有关专家对该课题的实验方案的评审。

15日 新闻中心在北工大举行新闻媒体见面会。张毅刚、卢振洋就北工大科技创新团队、招生就业等热点问题与媒体展开交流。人事处、招生就业处、科技处、学生处有关负责人及科研梯队代表出席见面会。《人民日报》、《光明日报》、中央电视台、新华网等近30家首都著名媒体的30余位业内精英参加新闻媒体见面会。

18日 张爱林、发展规划处有关工作人员和部分学生志愿者参加由北京市发展和改革委员会、北京市“2008”工程建设指挥部办公室、第29届奥林匹克运动组织委员会主办的“奥运场馆建设运营国际论坛”及展览。张爱林代表高校奥运场馆业主单位作《搞好赛后利用、促进体教结合——2008奥运羽毛球馆赛后利用构想》演讲。张茅副市长亲临北工大展位，询问北工大体育馆的进展情况和赛后利用设想，并对工作进展给予肯定。

18日 由北京人民广播电台、校团委主办，电控学院团委承办的第三届北京国际戏剧演出季之大学生校园戏剧活动北工大专场话剧《天生》在礼堂上演。

18日 校医院创建新型医疗服务模式，增设导医服务。在日常的门诊工作中，导医是专业医护陪同人员；导医还担任着门诊发热病人的接诊工作，各科室的分诊工作，患者的医药咨询工作等。

20日　人事处、离退休人员管理处共同举办“真诚感谢，美好祝福”2005年新退休教职工联谊会。张毅刚到会并讲话。40余位新退休教职工参加联谊活动。

21日　“红丝带”志愿者同伴教育培训启动仪式在电教101室举行。活动由校团委主办，校红十字会、青年社会工作者协会、心理健康协会、生命学院团委联合承办。活动旨在向志愿者传授预防AIDS的相关知识和技能，培养具有一定专业素质、专业能力的志愿者。150余名“红丝带”志愿者参加培训。

21日　由中国红十字总会、学生处主办，心理咨询中心、学生心理健康协会承办的“心灵阳光工程”百所大学校园讲座专场在逸夫馆报告厅举行。美国华盛顿大学婚姻、家庭教育顾问麦克·乌诺先生做《自我形象——他人眼中我为谁》报告。

21日　新一届学位与研究生教育督导组聘任仪式在科学楼举行。蒋毅坚宣读新一届督导组专家名单，并为专家颁发聘书。聘任仪式后，学位与研究生教育督导组2005年第一次工作会议召开。北工大的研究生培养督导组成立于2002年。

22日　以越南贸易部贸易研究院院长阮文南为团长的越南贸易部、计划投资部、司法部等部委司局级官员及学者组成的贸易代表团一行8人，在国家发改委有关部门的陪同下，参观激光工程研究院国家产学研激光技术中心。

23日　第31届田径运动会召开。孙崇正致开幕词。全校师生近万人参加运动会。校直机关、实验学院和数理学院分获教工团体总分前三名；实验学院、继续教育学院和通州分校分获学生团体总分前三名。

26日　党委统战部在逸夫馆报告厅召开学习《中共中央关于进一步加强中国共产党领导的多党合作和政治协商制度建设的意见》报告会，参加文件起草的中共中央统战部政策研究室主任庄聪生作《认真学习贯彻〈意见〉精神，不断开创我国多党合作事业新局面》报告。学校各民主党派、侨联、党外人士和各单位统战干部近90人参加报告会。

26日　英国伯明翰工学院院长格瑞哈姆·戴维斯（Graham Davies）教授和吴鑫华博士来校访问。张泽会见英方一行。双方介绍各自学校近期的情况，探讨学生交流合作事宜。会见后戴维斯与2005年申请去伯明翰大学学习的同学见面并为研究生和青年教师作讲座。2004年北工大有3名同学赴该校交流学习。2005年有3名同学申请赴英学习。

28日　新征地拆迁合同签字仪式在科学楼举行。校长、副市长范伯元、朝阳区区长陈刚、市2008工程建设指挥部办公室副主任王刚、市教委副主任杜松彭、朝阳区副区长宋连娣、南磨房乡书记张德亮、乡长张奎、北工大孙崇正、冯培、张爱林等出席。签字仪式由孙崇正主持。范伯元、陈刚、张奎在拆迁合同上签字。

28日　第四届研究生科技论坛落下帷幕。论坛历时4个月，历经策划、宣传、征稿、评审、大会宣读以及成果汇编6个阶段，观众累计9 000余人次，师生参与总量超过1万人次，共组织学术报告57场，其中院士报告2场、导师报告10场、博士生报告12场、硕士生报告33场。

28日　第三届青年教师优秀学术论文评选暨学术交流活动结束。本次活动将单一的科研型论文评选扩展为教学、科研、管理等研究论文一起交流，扩大了参与面。

28日　校学生合唱团“用爱的心灵歌唱”为计算机学院02级4班身患白血病的胡玉同学募捐义演在礼堂举行，共募集捐款3.88万元。期间，京客隆超市双龙分店将职工们募捐的9 246.5元带到现场。

29日　管理学家尹毅夫教授应邀为新任及交流正处级干部培训班学员和全校正处级干部近40人作题为《管理哲学中之“和谐管理”的探讨》的报告。冯培主持报告会。

4月　机电学院殷树言教授在第十九届中国焊接博览会期间举办的首次“中国焊机行业风云人物和风采企业颁奖活动”中获个人突出贡献奖。此次评选在企业界和学术界共选出突出贡献奖各1名。

5月

4日　电控学院的20多名志愿者以“文明礼仪耀京城、志愿服务迎奥运”为主题，在天坛公园开展青春微笑行动。市委副书记强卫和团市委书记关成华亲临天坛公园看望志愿者。

9至13日　学生部、研究生部、校团委联合举办“中华文化周——纪念世界反法西斯战争胜利和中国抗日战争胜利60周年”大型系列活动。包括：红色突击队（定向比赛）、二战历史回顾（展板宣传）、二战影片展播（露天电影）、革命歌曲联播（校园广播）、二战专题讲座（专家讲座）。“中华文化周”为系列活动制作了精美的纪念册，并在工大广场主页上建立专题网页。

11日 北工大荣获首都2004年精神文明建设先进单位称号。

11日 北京市科委副主任刘振刚带队，市科委高新技术处、政策法规处、软科学处、北京高技术创业服务中心、北京技术市场管理办公室、北京技术交易促进中心的负责人到北工大软件园调研大学科技园的建设情况。

11日 全校党风廉政教育报告会在逸夫图书馆报告厅召开。张毅刚以《常怀律己之心》作报告。北工大2005年党风廉政建设宣传教育月活动由校纪委、党委组织部、宣传部共同组织。全校副处级以上干部、校党委委员、纪委委员、党风廉政监督员、学科带头人共计90余人出席。

12至13日 新时期事业单位人事制度改革高层论坛在北工大举办。论坛由北工大人文学院人力资源研究中心、中国人才研究会共同举办。论坛由专题报告、论文与工作报告交流研讨会组成。校内外专家分别结合本部门工作特点，就事业单位人事工作的性质、职能，发展变迁的历史，以及人事改革的难点、重点、意义等问题进行深入的探讨，并就改革的方法提出措施、思路。来自国家人事部、中国社科院、中国人才研究会、北京市人事局等部门的国内知名人事管理专家、学者和北工大党政领导以及相关领域学者125人参加论坛，共提交论文40多篇。

14日 北工大第一届足球机器人比赛举行。比赛由教务处、电控学院举办，电控学院承办。电控学院和软件学院的本科生参加比赛。

15日 北工大部分师生亲临第九届苏迪曼杯比赛现场为中国羽毛球队助威，见证中国队第五次捧起苏迪曼杯冠军。

16日 北工大与中石油管道局通信公司在科学楼举行光纤管道安全预警系统项目（Ⅱ）的签字仪式。卢振洋到会并致词。中石油天然气管道通信电力工程总公司副总经理董尉和校科技处副处长石照耀代表合作双方在合同书上签字。

16日 作家、画家、教育家刘墉先生在礼堂给师生作《活出闪亮的一生》演讲。此次演讲是“三成”主题论坛之一。论坛由中国盲文出版社、长江文艺出版社、新华书店首都发行所、北工大图书馆、学工部、研工部、校团委联合主办。演讲结束后，刘墉先生在礼堂签名售书，为盲人出版的有声读物《在灵魂居住的地方》的全部收入都无偿捐给慈善事业和希望工程。

16日 2005年硕士研究生复试、录取工作完成。2005年学校共录取全日制硕士研究生1 163人，含推荐免试生176人。报考人数3 977人，比上年增长20%，招生规模与04年持平，生源质量有较明显提高，自主划线学科数14个比上年增加6个。25个学科达到国家分数线的人数满足本学科招生规模。

16至18日 应河南省登封市政府与科技部信息中心的邀请，科技处代表学校参加在登封市举办的2005年度登封科技工业周暨高新技术项目对接洽谈会。学校向登封市科技局和当地企业重点推荐学校的有关项目成果。科技处与河南省登封市中岳高压电瓷厂签订关于“高压电瓷生产技术改造与升级”项目合作意向书，帮助企业解决技术难题。

17至20日 6个学院的980名同学，25名教工参加无偿献血。上半年参加献血的有实验学院2002级本科生、计算机学院、软件学院、建工学院、环能学院、数理学院的2003级本科生和2004级硕士生及机关党委教工。

18日 北工大庆祝“2005世界物理年”举办“推动人类文明与进步的物理学”系列报告会。学校还举办了《2005——世界物理年》系列宣传展示、物理知识竞赛、本科生物理实验（设计）竞赛等一系列纪念活动。

18日 由校新闻中心主办的北工大新闻网正式开通。新闻网以学校新闻发布为主，宗旨是全面报道学校动态，展示工大发展变化，是学校对内和对外宣传的一个重要窗口。新闻网共设有综合新闻、学院风采、菁菁校园等11个栏目，校内外均可访问，网址是 http://news. bjut. edu. cn。

20日 北京工业大学体育馆（2008年奥运会羽毛球、艺术体操比赛馆）施工总承包及监理招投标发标会在逸夫馆报告厅举行。孙崇正、张爱林等以及各施工、监理投标单位的代表出席会议。北工大作为业主方向7家施工投标单位和4家监理投标单位发送招标文件。

20日 2005年北工大（北京地区）高考招生咨询工作结束。热线咨询4月1日开通，36天热线咨询量为10 900多人次，接待考生和家长近2千人次，本科招生网的访问量7万多人次。

20至21日 学校召开教学工作会议，讨论学籍管理规定。会议的主要议题：学习教育部新修订颁布的《普通高等学校学生管理规定》；深入研讨北工大新修订的《北京工业大学本科学生学籍管理规定》。各学院教学院长、教务科长和教务处全体人员共40余人参加会议。学校以此规定的修订出台为契机，进一步组织学生学习学分制规定，加强05级新生的入学教育。

20 至 22 日 中国教育会计学会地方工科院校分会第一届会员代表大会暨学会成立大会在北工大科学楼举行。会议由北工大财务处主办。大会通过《中国教育会计学会地方工科院校分会管理办法》及理事、常务理事、理事长的人选。北工大总会计师马利华被选为理事长，校财务处为学会的常驻机构和秘书长单位。教育部财务司副司长崔邦炎、中国教育会计学会秘书长陈华凯、孙崇正等校内外领导到会并讲话。来自内蒙工大、浙江工大、太原理工大学、南昌大学、山东科大等 24 所高校的财务工作者 60 余人参加成立大会。该协会是中国教育会计学会的分支机构，是开展地方高校财务管理研究的群众性学术团体。

23 至 27 日 北工大部分科研成果在第八届中国北京国际科技产业博览会上展示。25 日，北京市副市长、校长范伯元亲临北工大展台了解北工大科研成果的参展情况。来自世界 29 个国家和地区的政府和专业组织、世界 500 强企业、世界著名金融投资机构、工商企业界人士分别参加展览和各种科技经贸交流活动，其中国际组织、外国政府、企业经贸代表团组 56 个。

24 日 张在明院士正式受聘北工大双聘院士。孙崇正、张爱林、建工学院院长霍达，北京市勘察设计研究院院长沈小克等有关单位的领导出席聘任仪式。张在明院士是国家勘察大师，北京市有突出贡献专家，主要从事岩土工程勘察与评价、浅基础与深基础的分析理论与方法、岩土地震工程、地下水渗流理论与工程应用等研究，并取得卓著成果。张在明院士是北工大培养出的第一届毕业生。

24 日 图书馆馆长费仁元赴北京机床研究所参加赠刊交接仪式，北京机床所将9 500册中外文期刊无偿赠予北工大图书馆，丰富和补充学校的馆藏。期刊已于 2004 年 11 月运抵图书馆。

26 日 北京市通州区人民政府、北工大合作举办北京工业大学实验学院签字仪式在通州区举行。市委常委、市教工委书记朱善璐，北京市副市长、校长范伯元、市教委副主任线联平，市政府教育督导室副主任李壑，北工大冯培、马志成、张爱林、卢振洋等校领导以及通州区委书记梁伟、区长邓小刚、区人大常委会主任石进贤、区政协主席王玉辉等参加仪式。通州区副区长刘淑华主持签字仪式，通州区委邓乃平简要介绍合作项目。范伯元和通州区区长邓小刚代表双方在合作协议书上签字。朱善璐对双方的合作表示衷心的祝贺。通州区委书记梁伟表示，通州区委、区政府将尽全力在市委、市政府的领导下，在北工大的支持配合下，办好实验学院，使实验学院健康成长。

26 日 北工大 4 个项目在北京市科学技术奖励大会暨二〇〇五年北京科技工作会议上获奖。生命学院曾衍钧主持完成的“生物力学对器官和组织研究”获二等奖，机电学院费仁元的“基于网络的制造系统智能监控技术”、机电学院高立新的“高速线材轧机网络监测诊断系统”、建工学院陈艳艳的“城市道路交通系统畅通可靠性评价及优化理论研究”获三等奖。

27 日 9 名教师获“北京高校优秀德育工作者”称号，3 个集体获“北京高校德育工作先进集体”称号。

29 日 学生安全员及各院负责安全工作教师近 200 人参加学生处和保卫处联合举办的北工大学生安全员安全培训工作会。冯培到会并讲话。劲松交通中队和华威消防中队把消防车开进校园，为学生安全员们作消防表演。

29 日 生命学院“红丝带”志愿者团成立大会召开。大会聘请曾毅院士为“红丝带”志愿者团顾问，冯培为曾毅院士颁发聘书。曾毅院士为“红丝带”志愿者团首次培训基础知识。

30 日 数字工大项目验收会在知新园多功能厅召开。项目验收专家组成员、太极计算机股份有限公司负责人、侯义斌和学校有关人员参加会议。该项目实施一年，已正常运行近半年，达到合同的技术指标要求。通过网络改造，大幅度提升了网络的可用性、安全性、可扩展性、可管理性和可维护性。

30 日至 6 月 2 日 北京市教委联合北京市科委组织专家组分别对北工大六个北京市重点实验室进行验收，分别是：多媒体与智能软件技术实验室、先进制造技术实验室、交通工程实验室、工程抗震与结构诊治实验室、传热与能源利用实验室、水质科学与水环境恢复工程实验室。张爱林、蒋毅坚、卢振洋分别出席验收会。专家组对重点实验室建设三年取得的成就以及学校对实验室的大力支持给予充分的肯定。

31 日 由国务院发展研究中心和北京市人民政府共同主办的“2005 诺贝尔奖获得者北京论坛”之“诺贝尔奖获得者与企业家对话专场”在北京国际饭店国际厅隆重举行。北京市副市长、北工大校长范伯元与数百名中国知名企业家就中国经济发展中“企业家精神与企业发展”对话交流。会上，范伯元代表北工大宣布与蒙代尔国际企业家大学共同创办“北京工业大学企业家商学院”。随后双方举行合作办学的签字仪式。孙崇正、冯培、张爱林、李京文院士应邀参加活动。

5月 在第12届国际大学生软硬件电脑竞赛中（Hard & Soft）获得第二名的学校代表队从罗马尼亚苏恰瓦州载誉归来。参赛队员来自北工大放飞技术网、软件学院、电控学院。

6月

1日 诺贝尔经济学奖获得者詹姆斯·莫里斯（James Mirrlees）来校访问。范伯元、孙崇正、左铁镛院士、张泽院士、李京文院士、陆学艺教授在科学楼会见莫里斯先生。莫里斯在礼堂为师生作精彩演讲。范伯元向莫里斯教授颁发北工大名誉教授证书。孙崇正向莫里斯先生赠送礼品。

3日 台湾龙华科技大学师生一行30人来校与北工大学生开展学术交流观摩活动。蒋毅坚到会致词。台华科大电资学院院长李守诚代表台龙华科大致词。北工大20多位同学和台湾来访学生就机械工程、化工材料、电机、电子等交流。

6日 学校公文获全市党委系统2004年度优秀公文评选三等奖。获奖公文为《中共北京工业大学委员会关于学习贯彻十六届四中全会精神的意见》（工大党发〔2004〕11号）。参加评选活动的有近100个单位报送的375篇公文，经市委办公厅初评，经专家组交叉评分、逐篇审核，共评选出优秀公文32篇，其中一等奖5篇、二等奖9篇、三等奖18篇。

6日 高效高亮度发光二极管扩建项目奠基开工仪式在通州区北京光机电一体化产业基地举行。侯义斌主持奠基典礼。奠基开工典礼的举行，标志着高效高亮度发光二极管项目已迈开产业化的步伐。

6日 由教育部和北工大共同主办的“科技中国论坛——北京工业大学专场”在逸夫馆举行。论坛的主题是：科技进步与社会协同治理的国际思考。参加本次论坛的六位嘉宾是法国、马里、委内瑞拉等国的知名科学家和研究人员。科技中国论坛由教育部发起，旨在就科技进步与社会协同治理等问题进行全球性的交流。

8日 北工大离退休人员纪念抗日战争胜利60周年文艺演出在礼堂举行。300多名离退休老同志登台表演。张毅刚及各院、部、处的主管领导和600多名离退休老同志共同观看演出。演出结束后，张毅刚等有关领导为获得最佳组织奖的10个部门颁奖。

8日 2005年博士研究生复试、录取工作完成。春秋二季招生共录取博士169人，完成了教育部下达的2005年博士研究生招生计划。

8日 学生思想政治教育工作会议在逸夫馆召开。蒋毅坚主持会议。冯培作主题报告。孙崇正作总结讲话。会议表彰获得北京高校优秀德育工作者和德育工作先进集体。校中心组全体成员、各学院院长、书记以及各直属单位党政负责人、各部（处）长、工会负责人、团委书记等近150人参加会议。

10日 2005年学生科技文化节闭幕式暨左铁镛院士专场访谈在逸夫馆举行。冯培参加闭幕式。科技文化节为期两个月。

17日 中国国家羽毛球队总教练李永波携国家羽毛球队捧着2005年苏迪曼杯走进工大校园与师生座谈。冯培、张毅刚、马志成、张爱林、蒋毅坚等参加欢迎仪式。

17日 张毅刚作为空间结构专家被聘为北京市“2008”工程建设指挥部第一批专家组成员。专家组成员由市政府各委办局和有关专业协会共同推荐。第一批十个专业领域的专家组，包括钢结构、膜结构等共50位专家。

18日 北工大与山东海利丰合作实施的地源热泵产业化项目通过专家评审。该项目已成为国家发改委可再生能源和新能源高技术产业化项目的十个答辩项目之一，并参加2008年奥运会青岛场馆的招标。

19日 国家环境保护总局顾问、德国著名循环经济学家海克（Heck）教授和助理卢红雁博士专程访问北工大。左铁镛院士和侯义斌会见德国客人。双方交流了循环经济学术问题，并就中德之间加强国际合作，建立学术组织，定期交流信息达成共识。校两办、国际交流合作处及北工大循环经济研究院《德国循环经济研究》课题组成员参加会谈。

21日 坦桑尼亚留学生凯丝（Geraldine John Kikwasi）获管理学博士学位，这是北工大第一位获得博士学位的外国留学生。

22日 学校召开会议布置落实北京市属市管高等学校人才强教计划工作。孙崇正要求各单位在贯彻实施过程中要坚持教学科研平台和学科建设相结合，统筹兼顾，利用好各种资源，综合考虑，形成人才队伍的合力。冯培、张泽、马利华以及各学院院长、书记，各职能部处负责人50余人参加会议。

23日 建设部部长、交通研究中心教授、博士生导师汪光焘在科学楼作《城乡统筹与城市发展》报告。蒋毅坚主持报告会。北京市交通委员会副主任刘小明等参加报告会。150余名师生聆听报告会。

25日 人文学院主办的毛泽东思想专题网站正式在校园网

（校内版）开通，网址为 http://srv.bjut.edu.cn/serv/mao/index.html。

29 日 北工大获得北京市审计局颁发的 2002～2004 年度北京市内部审计先进单位荣誉称号，是北京市高校中唯一获得该荣誉称号的大学。

29 日 张泽接待日本高研社长宫田晖夫一行 3 人。双方就日本高研社与北工大材料学院以及北京口腔医院在研的“牙周炎胶原缓释材料”项目研究及市场推广等交流。

30 日 北工大体育馆（2008 年奥运羽毛球、艺术体操比赛馆）工程开工奠基仪式在北工大东南区举行。北京市委常委、北京市教育工委书记朱善璐，副市长、校长范伯元，北京市副秘书长张建东，北京市教委耿学超、孙善学，国家体育总局乒羽中心书记刘凤岩，北京市奥组委体育部专家、国际羽联理事李玲蔚，朝阳区领导陈刚、宋连娣及“2008”工程建设指挥部办公室、市教委、市发改委、市规划委、市财政局、市园林局、北京科技大学、中国农业大学、北京建工集团等的领导出席奠基仪式。孙崇正、左铁镛院士、冯培、张毅刚、张泽、马志成、侯义斌、张爱林、蒋毅坚及职能部处、学院领导、千余名师生和工程建设施工单位北京建工集团的领导和员工参加奠基仪式。奠基仪式由张爱林主持。

奠基仪式前，冯培主持北工大奥运志愿者项目启动仪式，16 个学院的1 000余名青年志愿者参加活动，北工大奥运志愿服务总团正式成立。

朱善璐受市委龙新民委托，代表北京市委市政府讲话。校长范伯元代表学校对奥运场馆落户工大表示诚挚的感谢。施工单位北京建工集团表示将高质量地完成建设任务。北京市副秘书长张建东宣布北工大体育馆暨 2008 年奥运会羽毛球、艺术体操比赛馆开工。

6 月 后勤服务集团住宅物业服务中心职工培训基地落成。马志成为职工培训基地的落成剪彩，校工会、后勤管理处、后勤服务集团及所属中心实体的领导出席。培训基地室内面积为 160 平方米，能同时容纳 120 人，并配有多媒体教学设备和职工阅览室，直接投入资金 25 万元。

7月

1 日 “榜样的力量”——北工大纪念建党 84 周年暨 2005 年“七一”表彰大会在礼堂举行。大会由冯培、赵凤琴等主持。107 名优秀共产党员和 12 名优秀党务工作者、25 个先进党支部获表彰。学校电视台赶制先进党支部、优秀共产党员标兵及优秀党务工作者专题片。北京市教育工委刘健、孙崇正、张毅刚、左铁镛院士、张泽、马志成、张爱林、蒋毅坚等为获奖个人和集体颁奖。孙崇正带领与会全体党员重温入党誓词。

2 日 学校推出报警求助新举措，校园 2110 巡逻车上岗。校园 2110 巡逻车坚持“以防为主、防巡结合”方针，其主要任务是日常校园巡逻，维护校园良好安全秩序，并随时接受师生员工和各单位的紧急求助，现场排忧解难。确保第一时间赶赴突发事件现场，确保师生员工生命安全和学校财产安全。

3 日 学校完成 2005 年绿化普查工作。学校现有绿地面积 19.79 万平方米，绿地覆盖面积 23.05 万平方米，实有树木 82 种 1.72 万株。绿篱色块 0.91 万平方米，宿根花卉 892 平方米，草坪 8.63 万平方米。

4 日 校务公开网正式开通。本网为校内网页，主要由校长办公会纪要、机构设置等几个板块组成。网址为：http://srv.bjut.edu.cn/gdxw/index.jsp。

5 至 7 日 2005 届4 000余名毕业生参加在礼堂举行的毕业典礼。毕业典礼分为五场，分别由冯培、蒋毅坚主持。学校领导、各学院院长、书记为学生颁发证书并授予学位，各院部处领导、研究生导师、毕业班班主任以及部分毕业生家长出席典礼。毕业典礼上，范伯元、孙崇正对毕业生表示祝愿。毕业典礼由“留下你的足迹”、“见证成长”、“放飞心愿”等组成。2005 年 7 月，共毕（结）业学生4 092人。

6 日 北京市科协副主席王立军、市科协科普部部长张江民、崇文区科协主席张巧云一行来校考察。卢振洋就学校发展与科协工作等与市科协领导进行交流。市科协领导对北工大科协新形势下的工作定位以及紧密围绕学校发展，结合社会需求，结合大学生专业特点率先建立社区大学生科技科普实践基地给予肯定。

12 日 学生工作系统新上岗人员培训班结业。2005 年学校创新班主任、辅导员的招聘和培养模式，公开招聘 18 位重点院校硕士研究生为 05 级专职辅导员。学校对新上岗人员进行了全方位的集中培训和结业考核。孙崇正为学员们颁发培训合格证书。

12 日 台湾台北大学、台北科技大学和龙华科技大学三校学生代表团一行 30 人访问北工大。台湾三所高校学生代表团此次访问北京，是应北工大邀请参加 7 月 14 日在人民大会堂举行的“牵手未来 牵手希望——海峡两岸四千大学生大联欢”活动，同期与北工大学生开展了一系列联欢联谊活动。

13 日 沈昌祥院士正式受聘北工大计算机学院院长和双聘院士的仪式在科学楼举行。孙崇正向沈昌祥院士颁发聘书。

14 日 北京工业大学耿丹学院获得教育部批准，2005 年面向北京市计划内招生 200 人，在本科第二批次录取。其中文科 60 人，理科 140 人。耿丹学院是由教育部和北京市人民政府正式批准的、按照新的机制和新的办学模式建立的、北工大和耿丹教育发展中心合作建设的、具有法人资格的独立学院。学院位于北京市顺义区牛栏山地区，2005 年首次招生。

18 日 图书馆完成建馆以来规模最大的一次数据回溯工作。回溯工作共提出15 000余册样本书，几百册工具书。现样本书库图书达 14 万种，保证样本书库中所有图书数据完整性。

18 日 2005 年学生暑期社会实践出征仪式在逸夫馆举行。冯培向本期学生暑期社会实践总团代表授旗并发表重要讲话。各院、团委书记、学生代表 200 余人出席启动仪式。本次社会实践活动首次采取课题申报制度，校团委成立社会实践工作领导小组，对 5 支重点团队和 16 支暑期社会实践小分队给予 10 万余元资金支持。

19 日 首届“哈博杯”电子设计竞赛闭幕式暨全国大学生电子竞赛暑期培训动员会在科学楼举行。马志成到会并讲话。电控学院、教务处有关负责人、北京市电子设计竞赛专家组成员、哈博工贸有限责任公司总经理，以及电控学院、实验学院的师生参加闭幕式。学校领导、嘉宾分别为获一、二、三等奖的同学颁发证书及奖品。

20 日 北京高教学会政经、社建研究会暑期备课会在北工大召开，会议由北工大人文社科学院承办。来自北京 40 余所高校的 60 余名思想政治理论课教师参加会议。教育部社政司副司长徐维凡介绍了指导高校思想政治理论课改革的“五号文件”制定的过程和背景。北京大学马列学院院长陈占安教授应邀就政治理论课改革方案问题作报告。

20 至 21 日 “十一五”规划与学校发展研讨会召开。在职及双聘的 13 名院士、全体校领导、相关院部处负责人 40 余人参加。范伯元、孙崇正代表学校对院士们长期以来对学校工作的支持表示衷心的感谢。张爱林、卢振洋、张革分别报告学校“十一五”发展规划思路。建工、材料、环能学院介绍本学院的发展规划。

23 至 25 日 2005 年科技工作会议召开。会议的主题是做好科技工作规划，增强科技创新能力。参会代表围绕北工大“十一五”科技工作规划和科技创新团队建设展开讨论。孙崇正、卢振洋、左铁镛院士等做专题报告。约 80 人参加会议。

23 至 27 日 校工会召开工会教代会理论研讨会，各部门工会主席、教代会组长，主管工会领导、校工会委员 60 余人就部门工会在建家工作中的探索、如何在维权工作中发挥教代会工会作用等议题展开讨论。张毅刚到会并讲话。校领导为 2005 年获全国模范职工之家、北京市教育创新标兵、优秀成果奖的单位和个人颁奖。研讨活动收到论文近 50 篇。

23 至 27 日 校工会组织与延安教委开展手拉手活动，各部门工会对延安师范附属小学捐款、捐物共计7 000余元。校党委常委赵凤琴代表学校向延安师范附属小学转交捐赠款物。

8月

2 日 参加 2005 年微软“创新杯（Imagine Cup）”3 个专题竞赛获奖的北工大代表队从日本横滨载誉而归，冯培、侯义斌、蒋毅坚，计算机学院、软件学院领导以及学生代表到首都国际机场迎接。北工大代表队参加软件设计、逻辑算法、渲染技术三个专题比赛：Frontfree Studio－Rendering 代表队凭借作品《Squirrel Attack》在渲染技术专题比赛中与立陶宛队并列第一，这是北工大第二次获得渲染专题全球总冠军；Frontfree Studio－MISG 代表队的作品《Fego 社区》在软件设计专题竞赛中获得全球季军；计算机学院 01 级本科生鲁小石在逻辑算法专题竞赛中进入世界前六。

9 日 接国家科技部基础研究司通知，973 计划项目“纳米尺度下材料性能（原位/外场下）的表征及科学问题研究”的第一承担单位由中科院物理研究所调整为北工大，项目依托部门为中国科学院和北京市科学技术委员会。该项目由中国科学院院士张泽担任首席科学家，是国家重大基础研究项目，参加研究的单位有清华、北大、复旦和中科院物理所、金属所，项目 5 年总经费2 500万元。作为国家重大科研项目的第一承担单位并由北工大学者出任首席科学家尚属首次，在北京市属市管高校中也属首次。

11 日 北工大与第 29 届奥林匹克运动会组织委员会签署《2006 年合作培养计算机应用专业硕士研究生备忘录》。北工大将于 2006 年招收 60 名计算机应用技术专业硕士研究生，以满足 2008 年北京奥运会特别是第 29

届奥林匹克运动会组织委员会（北京奥组委）对计算机技术人才的需求。

19日 中共北工大九届四次全会在科学楼召开。校党委委员出席会议，校长助理、各院级党委、党总支、直属党支部书记和党委部门负责人列席会议。冯培主持会议。孙崇正传达中央、北京市有关会议精神，并对党委工作报告要点作有关说明。张毅刚作北工大保持共产党员先进性教育活动方案说明。

22日 中共北工大党员代表会议在知新园报告厅召开。会议的主要任务是：总结回顾党代会两年来的各项工作，全面做好"十五"总结，制定好"十一五"发展建设规划，明确下一阶段目标，努力做好党代会提出的第二阶段的各项工作。冯培主持会议。孙崇正代表党委作题为《以科学发展观为指导，促进学校事业全面、协调、可持续发展，为建设国内一流教学研究型大学而奋斗》的工作报告。各院部处、直属单位、机关党委、后勤集团党政负责人列席，共计近200人参加会议。会后，代表们分组对报告进行讨论、审议，对"十一五"发展建设规划提出意见。

26日 由中国力学学会和北工大主办的"中国力学学会学术大会2005'"在外研社国际会议中心召开。这是建国以来中国力学学会召开的首届一级学科大会。卢振洋到会并讲话。大会展示力学学科的发展成果，涉及固体力学、工程力学、流体力学和一般力学等几乎所有的力学分支学科领域，反映近年来中国力学理论和实验研究、软件开发和工程应用的进展和取得的主要成果。大会还展示力学与其他学科交叉研究的收获，检阅力学为更广泛工程领域服务的重要内容。

大会共收到论文1 615篇。26至28日，主办方邀请学界专家做8场学术报告，来自中科院、高校、研究院所和其他单位的全国各地代表1 200余人将参加设在15个分会场的45个专题研讨会。闭幕式于8月28日举行。

27日 2005级新生开学典礼在礼堂前广场隆重举行。孙崇正、马志成、张爱林、蒋毅坚、卢振洋等校领导出席，冯培主持开学典礼。结合北京市文明礼仪进校园活动，学校提出"争当奥运礼仪先锋，构筑和谐文明校园"。经管学院新生，羽毛球世界冠军夏煊泽代表新生发言，倡导大家以奥运为契机，将奥运精神带到学习和生活中，齐心协力书写新篇章。开学典礼上，首次开展"收集心愿"活动，每个同学现场记写自己的心愿并投放在心愿箱里，封存保管，与四年后毕业时"放飞心愿"组合一体。最后，所有新生面对校旗庄严宣誓。

27日 校两办完成校内门牌、水牌、楼牌和道路指示牌、校园平面图的制作安装任务。自2005年5月以来，校两办先后设计、制作、安装近2 000多块校内办公室、实验室门牌和楼层水牌，明确主要建筑的楼名，制作统一的楼牌。

29日 北工大学生在"2005年全国大学生军用枪射击锦标赛"中取得北京市女子速度射击和精度射击第一名，全国第八。校代表队获"道德风尚运动队"荣誉称号。这是北工大首次参加射击比赛。

29日至9月1日 学校统一安排2005级新生教育，2 800余名本科新生集体上了进入大学后的第一课。蒋毅坚、冯培及教务处有关人员等就如何度过大学生活、大学文化、学生管理规定等作入学教育讲座。图书馆、保卫处的负责人分别就如何利用好学习资源与校园安全知识作了介绍。

29日 外语学院在大礼堂召开新生大学英语课程模式介绍课，外语学院的教师及外研社的英语编辑向同学们介绍大学英语课程教学要求和教学模式、05级大学英语课程教学安排与要求、《新视野大学英语》教材、光盘、网络课程等内容，全校12个学院的2 285名新生听取讲座。

29日 研究生宿舍（筒子楼）改造工程按期完工，通过建设单位、设计单位、监理单位和施工单位的竣工验收，为保证2005级研究生入校创造良好的住宿条件。西大门改造工程26日通过验收。马志成参加两项工程的竣工验收。

31日 校党委召开老干部纪念中国人民抗日战争胜利60周年座谈会。孙崇正、冯培、卢振洋等领导与23位抗战时期参加革命的北工大离休老干部座谈。

31日 2005年教职工"百灵杯"卡拉OK大赛决赛在教工俱乐部举行。活动旨在活跃教职工文娱生活、培育校园文化氛围。比赛从5月份拉开序幕，各部门工会自赛后推荐选手复赛、决赛，30名选手入围决赛。大赛最终评选出美声、民族、通俗个人奖和集体优秀组织奖。

8月 北工大游泳队在2005年全国大学生游泳锦标赛中，获甲组（业余组）女子团体第四名，男子团体第七名，总分第五名；乙组（专业组）获男子团体第六名，总分第七名，并获体育道德风尚奖。其中单项获得第二名1人次；第三名4人次；第四名10人次；五至八名22人次；马长乐、霍焱、刘晟获精神文明优秀运动员称号。这是北工大游泳队（业余组）参加全国比赛取得的最好成绩。全国16个省市31所高校的运动队参赛。

9月

1至4日　学校首次组织系统的新教师岗位培训，各学院、职能部处新上岗人员共 82 人参加培训。培训通过邀请校领导作报告、专家现场辅导、播放教育电影、名师介绍经验、新教师交流和联谊、撰写个人总结等形式将培训内容的三大模块“学校概况”、“职涯辅导”、“交流互动”贯穿其中。孙崇正、冯培、张泽、马志成等为学员们颁发岗位培训合格证书。这是北工大历史上最大规模、相当系统和规范的集中培训，是新的尝试。

2至3日　校党委召开保持共产党员先进性教育活动骨干培训班，教职工和学生党支部书记，党委机关职能部门负责人，学校联络指导组成员及学校先进性教育活动领导小组和办公室全体人员等 300 多人参加培训。孙崇正、冯培、张毅刚、张泽、马志成、卢振洋等校领导以及市委督导组有关领导出席。孙崇正做动员报告。张毅刚全面介绍北工大先进性教育活动的整体框架与安排。

4日　学校召开保持共产党员先进性教育活动联络指导组培训会议。市委第十一督导组组长李玉书出席会议并讲话，张毅刚主持会议并对联络指导组提出要求。校联络指导组全体成员共 18 人参加培训。

5日　召开新区学科楼建筑设计方案竞赛开标会。张爱林代表学校就该项目背景及本次方案设计竞赛的相关要求向各应征单位作详细介绍。北京科技园拍卖招标有限公司作为此次竞赛代理机构主持开标会。

7日　学校召开从教 30 年教工座谈会，孙崇正、卢振洋与从教 30 年教工及相关学院负责人 70 余人座谈。

7日　2005 级研究生新生开学典礼在礼堂举行。孙崇正、冯培、张毅刚、马志成、张爱林、蒋毅坚、卢振洋、马利华，各学院院长、书记以及各职能部门领导出席开学典礼。大会由蒋毅坚主持。孙崇正以“不息为体，日新为道”的校训与研究生共勉。

9日　“园丁颂”2005 年庆祝教师节文艺演出在礼堂举行。全部节目由北工大教职工和学生联合出演。

9日　孙崇正主持召开党外人士情况通报会，通报北工大开展共产党员先进性教育活动的情况，以及北工大 45 周年校庆、教学科研工作、“211 工程”建设、制定“十一五”规划等情况。党外干部、民主党派负责人共 20 余人参加会议。

9日　北工大首次基建、修缮工程项目委托审计开标仪式在科学楼举行。张毅刚到会并讲话。有关职能部门负责人作为评委和监标人参加开标仪式。这次基建、修缮工程项目委托审计公开招标，是北工大审计工作引进市场竞争机制，开展学校基建修缮工程审计工作的一次新的尝试。

10日　学校保持共产党员先进性教育活动动员大会召开。冯培主持大会。孙崇正讲话。大会分教工专场和学生专场。动员大会采用网络视频直播的方式，设立一个主会场（礼堂），七个分会场，全校教职工党员、学生党员共4 000多人参加动员大会。

13日　“欧元之父”、诺贝尔奖获得者罗伯特·蒙代尔教授（Robert A. Mundell）一行访问北工大。范伯元、孙崇正、冯培，张泽、蒋毅坚、卢振洋等会见蒙代尔教授一行。蒙代尔国际企业家大学董事长吴姝、王宝庆、北工大经管学院廖玫分别介绍北工大与蒙代尔国际企业家大学合办的北京工业大学企业家商学院的办学设想和办学资源。孙崇正主持企业家商学院揭牌仪式。范伯元与蒙代尔揭牌，并向约翰·拉特里奇博士颁发企业家商学院外方院长聘书。

13日　北工大耿丹学院在新落成的阶梯教室召开首届新生开学典礼。北京市原政协主席陈广文，北京市政协副主席黄以云，北工大原校长左铁镛院士，北京市人大常委、北京市教委原主任林甫生，北京市教委副主任张国华，全国政协委员、全国政协科教文卫体委员会委员文喆，耿丹学院董事孙崇正、蒋毅坚出席开学典礼。

14日　依法治校专题研讨会暨校两办法治法规办公室成立大会在科学楼召开。孙崇正、张毅刚及各职能部处、学院相关负责人共 21 人到会，赵凤琴主持并宣布成立校两办法治法规办公室。

15日　特困生中秋联欢会在礼堂举行。孙崇正、冯培、蒋毅坚等校院领导与近千名特困生联欢。18 个教职工支部、30 个学生党支部代表与特困生同学上台见面。教工党支部主要与在校研究生特困生结对，学生党支部主要与本科生特困生结对，党支部从生活、学习、思想上关心、帮助特困生同学。

15日　在第十五届全国发明展览会上，北工大在“全国发明展览会奖”的评选中获一金、二银、三铜。获金奖的项目是：殷树言等完成的“磁控高熔敷率焊接工艺及设备”；获银奖的项目有：吴玉庭等完成的“可充氮的半导体制冷书画保存柜”、吕长志等完成的“砷化镓场效应晶体管沟道温度测试仪”；获铜奖的项目有：沈光地等完成的“异质结双极型晶体管”、史耀武等完成的“先进电子组装材料”、李德胜等完成的“一种排式热管型的CPU散热器”。北京市副市长、校长范伯元在开幕式后亲自来到北工大展台了解科研成果的参展情况。

16日 “第29届奥林匹克运动会组织委员会与北京16所高等学校培养奥运赛时实习生合作备忘录”签署仪式在华北大酒店北京奥运新闻中心举行。北京市委副书记龙新民到会并讲话。蒋毅坚代表北工大在备忘录上签字，并代表16所高校致辞。北工大2006年将招收60名计算机应用技术专业硕士研究生为奥运赛时实习生。

16日 中央党校张荣臣教授为北工大师生党员作先进性教育活动理论辅导报告《学习实践“三个代表”，始终保持共产党员的先进性》。张毅刚主持报告会。900多名师生在现场听报告，部分党员通过网络直播方式收听报告。

19日 “榜样的力量”学生党员论坛拉开帷幕。本次论坛旨在配合学校党委在学生党员中开展保持共产党员先进性教育活动和庆祝北工大建校四十五周年。本次论坛由研工部、学工部主办，共设10个分论坛，共计45场报告。

20日 由北工大承办的“第八届国际青年计算机工作者会议(ICYCS)”在京瑞温泉国际酒店召开。孙崇正到会并讲话，侯义斌担任大会主席，中国工程院院士倪光南、李幼平到会。来自世界各地的近200名青年计算机工作者参加此次大会。

20日 北工大“大学生就业名家讲坛”在礼堂启动，冯培、蒋毅坚到会。700余名师生听取报告。这是学校首次举办毕业生就业大型系列讲座，讲坛从9月20日始至12月21日结束，共计13场报告，内容涉及外企职前准备、行业需求分析、职业发展、企业文化、简历和面试技巧、就业心态调整、求职心理、价值取向、创业与创新教育、礼仪与服饰、就业政策、人才自我开发等12个方面。

21日 校先进性教育领导小组邀请全国劳动模范、全国五一劳动奖章获得者、青岛港（集团）有限公司明港公司桥吊队队长、党支部书记许振超作《保持本色，永创一流》报告。孙崇正主持会议。900多名师生现场听报告，另有许多师生在线收听报告。

23至24日 学校保持共产党员先进性教育活动领导小组举办党员领导干部研讨班，全校副处级以上党员领导干部160余人参加研讨。孙崇正讲题为《保持共产党员先进性，做新时期合格共产党员》主题党课；北京市委组织部组织处处长郭玉良结合《中共北京市委关于推进基层党建工作创新的意见》，就推进基层党建创新问题作专题报告。

25日 中国城市规划学会城市安全与防灾学术委员会正式成立，并落户北工大北京城市与工程安全减灾中心。周锡元院士被推举为第一届委员会主任。

27日 出版社党支部开展“捐书助教，互学互促”活动，将价值4.4万余元的3 000多册图书捐赠给怀柔区怀北镇中学、怀北镇中心小学师生，和两所学校建立了长期互助的合作关系。

9月 《北京工业大学学报》编辑部接到美国工程信息公司中国信息部的正式通知，EI自2005年1月开始收录《北京工业大学学报》为EI的核心刊源。《北京工业大学学报》已经进入国际六大检索机构中的5个。

9月 北工大中德激光技术中心先后对东盟国家中小企业发展研修班、土库曼斯坦经贸管理官员研修班和亚美尼亚宏观经济管理官员培训班的全体成员，培训中国产学研政策及产学研基地为工业企业服务的成功经验。

9月 环能学院程水源在交叉学科领域争取到一项国家重大基础研究发展计划973课题“城市生命体能源代谢与大气污染互动机理研究”(2005CB724201)。

10月

3日 党委组织部、人事处和国际交流合作处共同组织召开暑期处级干部赴英国伯明翰大学培训学习总结汇报会。张泽、冯培、卢振洋到会并讲话。张泽肯定了本次处级干部境外培训在更新观念、拓宽视野和促进高素质干部队伍建设等方面取得了显著成果，达到了预期目的。冯培勉励大家继续在工作中不断学习，把在培训中获得的好经验和做法贯彻到实际的工作中，为学校的全局工作发挥更大的作用。

7日 170余名学生参加“纪念学生军训工作开展20周年阅兵活动”。范伯元、冯培到现场看望北工大学生。

10日 校医院工作网站正式开通。主要栏目包括医院简介、公费医疗、医疗收费、药品价格、医疗咨询、医疗保险、就医指南等栏目。马志成审阅并书写寄语。

12日 北京市实验教学示范中心评审专家组对北工大电工电子实验教学中心评审考察。孙崇正参加评审会。

12日 “神舟六号”发射成功。在“神舟六号”发射工作人员队伍中，有五位北工大毕业生，他们是 72 级的闫健、路秀臻，85 级的侯永青，90 级的马强、游巍。

13 日 北京市审计局固定资产投资二分局周榕立科长一行五人来校对体育馆项目建设做审前调查。校审计处牵头，组织召开有工程代建公司、校基建处、规划处、财务处等有关单位和部门参加的审前调查座谈会。通过会议，明确对工程项目审计监督的程序、联系方式等问题，同时就工程代建单位有关会计制度的执行、工程财务管理、工程设计施工变更等问题达成共识。

14 至 16 日 北工大隆重举行建校四十五周年系列庆典活动。为期三天的校庆主要包括建校四十五周年庆祝大会、学生课外优秀科技作品展、校史展开幕仪式、校园雕塑剪彩、文艺演出暨杰出青年校友颁奖晚会、亚洲教育北京论坛分论坛等活动。学校还特别安排为北工大第一任校长、85 岁的李晨和百岁高龄的蒋璜教授举办生日寿宴。

14 日 校庆系列活动之香港校友座谈会在第一餐厅举行。会后举行老校长李晨的寿宴，李晨赠给香港校友他的著作《坦言集》和《名师寄语学子》。

14 至 17 日 校庆系列活动之学生课外优秀科技作品展在逸夫馆举行。校庆期间，校园落成三座雕塑：知新园西侧的“汲”、逸夫馆北侧的“梦”和校运动场西侧的“实”。

14 日 校庆系列活动之灿烂阳光下——校庆文艺演出暨杰出青年校友颁奖晚会在礼堂举行。北工大 2005 年杰出青年校友评选结果现场揭晓。孙崇正、张毅刚、马志成、侯义斌为获奖的 11 名校友颁发奖杯。

14 日 北工大 2 个节目获全国第一届大学生艺术展演一等奖。获奖节目为：大合唱《大青藏》、《I am train》；舞蹈《青春起跑线》。

15 日上午 建校四十五周年庆祝大会在逸夫馆北广场隆重举行。教育部副部长赵沁平，北京市委副书记龙新民，北京市委常委、教工委书记朱善璐，北京市副市长、北工大校长范伯元出席大会。庆祝大会由孙崇正主持。会上宣读了全国人大副委员长许嘉璐，全国人大副委员长韩启德，全国政协副主席、北工大校友张榕明等发来的贺辞及贺信。范伯元作校长致辞。北京市委副书记龙新民代表北京市委市政府致辞。上海大学于信汇代表兄弟院校致辞。北工大 6063 班毕业生、中国工程院院士张在明在庆祝大会上作校友发言。大会的实况在新浪网上全程实时直播。

15 日 北工大原校长左铁镛院士、孙崇正、张泽院士、冯培、蒋毅坚与上海大学于信汇等京外高校领导就地方高校的改革与发展座谈。

校庆系列活动之校史馆开馆仪式暨校庆四十五周年光盘画册、《无价的财富》、《往事回眸》、《六十年代》发赠仪式在科学楼举行。张毅刚主持仪式。

孙崇正、侯义斌会见回校参加母校四十五周年校庆庆典的日本校友会会长贺乃和，并会见应邀参加北工大四十五周年校庆庆典活动的日本日立制作所和索浪集团公司代表。

16 日 校庆系列活动之 2005 亚洲教育北京论坛——跨国文化管理与培训国际经验回顾与展望研讨会在逸夫图书馆报告厅举行。

16 日午 蒋璜教授百岁寿辰并“蒋璜基金”创建大会在第一餐厅举行，北工大第一个以个人名义命名的基金诞生。“蒋璜基金”旨在帮助有杰出贡献的高龄老教师和优秀特困学生。孙崇正、张毅刚、马志成、张爱林前来祝贺，建工学院的 800 余名校友、学院师生自发地来为老人祝贺生日。

16 日下午 100 余位中外学生在逸夫馆参加跨国文化管理与培训国际会议之国际青年学术交流活动。交流结束后，“2005 亚洲教育北京论坛——经济国际化中的跨国文化管理与培训国际会议”闭幕式举行。洪堡大学汉兹教授被聘请为北工大中国经济转型研究中心教授。

16 日 首都庆祝学生军训 20 周年大会在北京市丰台体育场召开。北工大组织 170 人方阵参加阅兵式检阅并且荣获“首都学生军训工作先进学校”称号，张革、杜峰、季景书三人获“北京市学生军训工作先进个人”称号。

18 日 第五届北川奖学金颁奖典礼在逸夫馆召开。侯义斌到会并致辞。SORUN 集团董事长北川淳治率团一行 27 人参加颁奖典礼。北川奖学金分为品学兼优奖、科技创新与实践奖和合作研究奖，38 名个人、1 个团体获奖，奖励金额合计 13.8 万元。

18 日 学校党委召开保持共产党员先进性教育活动分析评议阶段动员大会，认真总结学习动员阶段的工作，部署第二阶段的工作任务。校先进性教育领导小组组长孙崇正、市委督导组组长李玉书讲话。冯培主持会议，500 余名党员参加大会。

18 日 北京市科学技术委员会与北工大联合主办的北京研发产业发展研讨会在香山饭店举行。会议对北京发展研发产业与建设创新型城市之间的关系、政府职能定位等问题作阐述。北京市科委、发改委、北京市委研究室、市政府研究室、北京市统计局、中关村管委会、科技部有关部门等单位的领导，中科院、清华大学、北京市社科院等研究机构和北工大的专家学者，企业代表、新闻媒体等百余人参加会议。

19 至 22 日 校领导分别主持召开 15 个座谈会，征求广大师生对学校党委常委班子、校级党员领导干部以及学校各方面工作的意见和建议。这是保持共产党员先进性教育活动分析评议阶段的一个环节，200 余名师生参加座谈会。

21 日 北工大 04 级经济管理学院研究生、“神舟六号”火箭系统总指挥刘宇凯旋回校。市教委副主任张国华、冯培、蒋毅坚代表市教委和全校师生表示祝贺和欢迎。刘宇向学校汇报“神六”发射和返航情况，并赠送“神箭模型”。

21 日 科技部、教育部组织专家对北工大科技园评估。国家大学科技园评估专家，科技部、教育部有关领导，北京市教委、科委领导，学校领导及北工大科技园管理委员会成员 30 余人出席评估会议。侯义斌代表学校汇报科技园建设管理工作。评估组专家一致同意北工大科技园通过评估，并建议科技部、教育部认定其为国家大学科技园。

21 日 “榜样的力量——保持共产党员先进性教育先进事迹报告会”在逸夫图书馆举行。优秀党员代表彭永臻、桑敬民、王德珍和北京市先进党支部保卫处党支部代表何忠长为北工大 100 多名党员作事迹报告。张毅刚主持报告会。

21 至 22 日 人文社科学院主办、社会工作系承办的“中加非政府组织与社区发展学术研讨会”在北工大举行。会议得到加拿大驻华大使馆的大力支持，获得加拿大政府外交部“加拿大研究发展项目”8 万元人民币资助。此资助是社会学学科及社会工作专业得到的第一笔资助款项。加拿大大使馆文化教育参赞柏伊恩先生、负责此项目的官员卡乐顿（Carleton）大学社会工作学院的院长和教授、中国民政部基层政权和社区建设司詹成付司长、冯培出席会议。

27 日 由北京市司法局法宣处、市教工委政策法规处和北京教科院联合组成的北京市高校“四五”法制宣传教育工作检查组来校检查“四五”法制宣传教育工作的落实情况。张毅刚、马志成、赵凤琴等参加会议。检查组肯定北工大在“四五”法制宣传教育活动中所做的工作，尤其对北工大开展的法律知识宣传和法律实践活动及依法治校工作表示赞许。

27 日 校庆总结大会在科学楼举行。党委常委赵凤琴总结本次校庆工作的组织特点与校庆大事记。冯培、张毅刚、马志成、卢振洋以及各院部处校庆工作负责人共 56 人参加会议。

28 日 年鉴总结座谈会举行，年鉴副主编赵凤琴主持会议。编辑部成员交流参与前两本年鉴编辑工作的体会，就明确编辑部工作职责，规范年鉴编辑，提高年鉴编辑质量等进行研讨。年鉴主编孙崇正及编辑部全体成员共 28 人参加座谈。

28 日 学校组织近 900 名教工党员在礼堂观看影片《生死牛玉儒》。

30 日 北京教育系统“五老报告团”系列报告在北工大开讲，左铁镛院士为党校第 39 期学生入党积极分子培训班 950 余名学员作题为《贯彻科学发展观，发展循环经济，构建资源节约型和环境友好型社会》的报告。北京市关心下一代委员会主任陈大白，北京市委教育工委老干部处副处长田莉听取报告，北工大关心下一代委员会主任、原北工大党委书记周宜诚主持报告会。

11月

1 至 4 日 无偿献血活动在知新园举行，共有 4 名教工，859 名学生参加无偿献血。孙崇正、冯培、马志成、赵凤琴等到现场看望慰问参加献血的师生和工作人员。

4 日 北京市区县教育财务工作会议在逸夫馆举行。北京市教委副主任线联平、市财政局副局长吴素芳等到会。会议部署了 2005 年教育经费增量及 2006 年教育专项申报等工作。全市各区县教委、财政局、信息中心、装备中心的 200 余名工作人员参加会议。

4 日 北京市发展和改革委员会副主任刘志等来校调研学校发展建设规划情况。孙崇正、冯培、张爱林、蒋毅坚、张长春参加会议。刘志对北工大的“十一五”发展建设规划给予充分肯定，并提出一些建设性意见和建议。

8 日 2005 年研究生英语教学研讨会暨北工大研究生英语教学观摩会结束，会议由北京市研究生英语教学研究会、北工大主办，北工大外国语学院和北京日立信息系统有限公司承办。会上围绕“网络环境下研究生英语课堂教学模式”主题展开。20 多所高校的 50 多名教师参加会议。

9 日 第七届上海国际工业博览会闭幕，高校展区累计交易额 5.173 亿，北工大参展项目 13 项，有 4 个项目签约，交易额 2.05 亿。北工大 LED 项目以 1.2 亿的成交额为交易额之首，并获大会的特等奖。北工大地源热泵、抗癌新药项目获二等奖。

12 日 北京市教委、北京市工业促进局组织专家组论证依托北工大的“北京先进制造技术转移中心”建设项目。专家组一致同意依托北工大建设北京先进制造业转移中心。先进制造技术转移中心协作单位的负责人及北工大科技园发展中心负责人、学校相关学院负责人 10 人参加论证会。

12 日 北工大东区学科楼建筑设计方案评审会在逸夫馆举行。孙崇正、张爱林、北京市教委基建处领导等参加评审会。评委会选出本次竞赛的 3 个优秀方案：华南理工大学建筑设计研究院提交的 B04 方案获第一名；同济大学建筑设计研究院提交的 B01 方案获第二名；Rossetti 建筑事务所提交的 B08 方案获第三名。

14 日 冯培会见美国夏威夷大学迪恩·纽伯奥（Dr. Deane Newbauer）教授。双方就高等教育国际化、中美大学的异同进行广泛的交流，并表示要加强两校的交流。会见后，纽伯奥教授作《全球化与教育》主题讲演。

14 日 由北工大和美国自然科学基金委员会联合主办的“中美大型公共建筑多灾种综合防御策略与监测技术专题研讨会”在知新园举行。开幕式由张爱林主持。研讨会共提交论文 14 篇，其中国内 8 篇，国外 6 篇。与会人员结合北工大奥运羽毛球场馆建设，讨论并制定中美在大型公共建筑多灾种综合防御策略与监测技术方面的项目计划。国家自然科学基金委，美国自然科学基金委员会 S. C. Liu 教授，张泽、张爱林，同济大学、哈工大、中国建筑科学研究院、总参工程兵国防工程设计研究所等高校及科研院所的知名学者和来自美国的相关方面专家共 20 人参加会议。

15 日 张泽会见美国明尼苏达州私立大学委员会主席率领的来自十几所私立大学的校长及其高级行政人员一行，双方交流了各自的教育体制和学校情况，就相互关心的问题交换意见。随后，张泽又会见了丹麦奥登斯工程大学校长荷宁·安德森（Henning Andersen）教授一行 6 人，双方表示愿意在增加相互理解的基础上，继续加强师生交流。

16 日 北京市委副书记杜德印、市委教育工委书记朱善璐、北京市委副秘书长张清、北京市委教育工委刘建一行来校调研保持党员先进性教育活动，孙崇正、冯培、张泽、卢振洋、赵凤琴、纪树兰及学校相关职能部门负责人参加调研会。参加调研会的还有市委督导组第十一组组长李玉书、副组长李凤琴。调研会由朱善璐主持。杜德印代表市委对北工大在保持党员先进性教育活动中取得的成果表示充分肯定。会后，调研组一行参观北工大激光研究工程院国家产学研激光技术中心和学校新区学科楼建筑设计方案。

17 日 北工大女教授协会在教工俱乐部召开座谈会，纪念女教授联谊会成立十周年。近 40 名女教授参加座谈，孙崇正到会祝贺。

17 日 学校召开校党委常委参加保持共产党员先进性教育活动和民主生活会情况通报会。孙崇正代表校党委常委会通报校党委常委参加保持共产党员先进性教育活动和民主生活会的情况。冯培主持会议。校先进性教育活动领导小组成员、全校正教授以及副处级以上领导干部 200 多人参加会议。

18 日 北工大 2005 年专业技术职务聘任教授会在知新园召开，冯培主持会议，孙崇正部署 2005 年专业技术职务聘任情况和聘任工作具体要求。全校教授及副处级以上干部参加会议。

18 日 保持共产党员先进性教育活动整改提高阶段动员大会在礼堂召开。孙崇正作北工大保持共产党员先进性教育活动分析评议阶段工作总结和整改提高阶段动员部署。北京市委第十一督导组全体成员、校先进性领导小组和办公室成员、校联络指导组成员、副处级以上党员领导干部、各学院（机关、后勤集团）党委、党总支、直属党支部委员和本单位先进性教育活动领导小组及办公室成员、基层党支部书记、指导学生党支部进行先进性教育活动的相关教师、民主党派和无党派教职工代表 600 余人参加大会。

20 日 北工大电控学院师生组成的电子裁判小组出色地完成第十三届世界拳击锦标赛电子裁判工作，赢得赛会官员、教练员、运动员的好评。这是我国电子计分系统首次被指定在国际单项比赛中使用。国际拳联主席乔杜里先生对此评判系统非常满意。国际拳联技术委员会官员奥斯曼先生认为此系统可以争取在 2008 年北京奥运会上使用。

21 日 瑞士吉博力（Geberit）全球集团总裁阿尔伯特·贝尼（Albert Behny）先生一行 5 人访问北工大。张泽、张爱林、建工学院院长霍达等会见来访客人。吉博力集团成立于 1874 年，是一个以卫浴技术为核心业务的跨国集团。2003 年该公司与北工大建工学院开始合作，联合建立建筑给水排水实验培训中心，并提供 40 余万元的建筑给排水器材和设备。贝尼先生表示，愿意与北工大继续扩大合作，希望能为北工大奥运场馆建设作出贡献。

22 日 数理学院刘勋同学的《运用 SCI、EI 评价高校科技水平的研究》论文在第九届“挑战杯”飞利浦全国大学生课外学术科技作品竞赛中获得三等奖。

23日 北工大邀请怀柔区教委组织部分中小学校长一行16人来校参观洽谈，以推进北工大与怀柔区对口支援合作。卢振洋会见怀柔区教委主任闫充印等人，怀北中学、怀北小学、渤海所中学、渤海所小学的校长和区社区教育中心人员分别参观对口联系的电控学院、计算机学院、国有资产管理处、人文社科学院、继续教育学院。双方就网管人员培训、网络使用、科技项目合作、中小学师资培训、教学设备捐赠、继续教育合作办学等问题进行商谈。

25至27日 学校召开实验教学示范中心申报经验总结及建设人员培训会。教务处、国资处、电工电子实验中心及准备申报市级实验教学示范中心的各学院实验中心负责人、相关教师和老专家90余人参加会议，北京理工大学实验室设备处负责人作为北京市实验教学示范中心评审专家参加本次会议。

27日 建筑与城市规划学院部分师生参加在中国建筑文化中心举行的首届北京大学生建筑文化节闭幕式。学院获文化节的优秀组织单位奖。

29日 2004～2005学年研究生奖学金颁奖典礼在礼堂举行。孙崇正、张泽、冯培、张毅钢、侯义斌、张爱林、蒋毅坚、卢振洋、张在明以及各学院的院长、书记、主管研究生工作的副院长、研究生工作组组长参加颁奖典礼。研究生奖学金获得者等近千人参加典礼。蒋毅坚作关于2004～2005年奖学金评定情况的说明。

30日 加拿大公使菲律普·卡卫特（Philip Calvert）博士来校为师生演讲。演讲前，张泽代表学校接见卡卫特公使，双方就加拿大使馆如何促进中、加两国学术交流交换意见，并互赠代表中加友谊的礼物。卡卫特公使强调加拿大政府非常重视中加关系，积极支持北工大与加拿大高等教育机构的学术交流与合作。

11月 北工大微电子学与固体电子学专业沈光地教授指导的2003届博士毕业生郭霞的博士学位论文《新型面发射激光发光器件的研究》获2005年全国优秀博士学位论文奖。

11月 北工大电控学院电工电子实验教学中心被评为“北京高等学校实验教学示范中心”。

11月 北工大被评为2005年度首都高校社会实践先进单位，获2005年度大学生社会实践首都贡献奖，多个团队获单项奖。杨松令等获2005年度首都高校社会实践先进工作者称号。

12月

1日 部分师生在校北区十字路口现场宣传艾滋病预防活动。冯培、张毅刚参加活动。

1日 美国工程引文索引（Elsevier Engineering Information，缩写EI）总裁阔必·埃立斯（Colby Ellis）、EI中国区代表钟似旋先生访问北工大。孙崇正、卢振洋会见来宾。EI从2005年起，把《北京工业大学学报》收录到其信息库。张泽院士设宴招待埃立斯总裁一行。埃立斯总裁一行对学校近几年的快速发展表示赞赏。

2日 学校召开无偿献血转轨工作研讨会。赵凤琴主持会议，马志成到会并讲话，相关职能部门负责人、各学院有关学生工作人员等共30余人参加会议。会议回顾2003～2005年学校无偿献血工作，研讨如何进一步推动无偿献血转轨工作并提出初步方案。

3至4日 由北京现代制造业研究基地主办的2005制造业发展高层论坛在逸夫馆召开，李京文院士主持大会。北京市发改委副主任刘志、李京文院士、徐滨士院士、波兰华沙工业大学沃克斯·开米兹（Wakowski Kazimierz）等七位专家作专题发言。本次论坛共提交论文43篇。来自相关政府、企业部门的领导与专家，高等院校、研究机构的专家学者近200人参加论坛。

3至5日 马志成当选中国高等教育学会后勤管理分会第九届理事会理事，北工大后勤获“全国高等院校后勤工作先进集体”称号。

5日 宣传部、校两办、学生处、研究生部、教务处、经管学院、人文学院联合开展以“依法治校，建设和谐校园”为主题的法制宣传活动。张毅刚、赵凤琴、李四平等参加宣传活动。活动发赠《北京工业大学校园法律咨询手册》。校两办法治法规室为广大师生提供法律服务的综合性网站“工大说法”网站正式开通，并确立每周四为“校园法律咨询日”。

6日 校两办调整综合服务窗口，整合办事职能，实行“一站式办理”，提高全程服务效能。实行工作人员挂牌上岗，设置服务事项告知卡，明示办事流程，提供舒适服务设施，综合办公室设在科学楼319室。

6日 北京高校科技创安评优专家组到学校检查工作。马志成作汇报发言。专家组对学校党政领导重视科技创安工作，全力开展技防建设，按期完成五期工程建设任务，保持良好运行，并发挥了维护校园安全稳定重要作用的成绩给予赞扬和肯定。

8日 《北京工业大学年鉴

(2006)》编辑培训会在科学楼召开。各院部处主管年鉴编辑工作的负责人及撰稿人共 110 人参加会议。赵凤琴主持会议并对 2006 年年鉴编写工作提出要求。孙崇正强调要从年鉴中发现、认识、分析、抽象出符合高等教育发展方向的具有与时俱进性质的理论，为办好学校提供理论支持。培训会上讲解了编写年鉴的要求、要点和编写规范。

8 日　勤工助学中心年终表彰大会暨联欢晚会在知新园举行。冯培及各院部处相关负责人，本科生、研究生特困生 300 余人参加大会。目前北工大有特困生1 195名，占全校学生总人数的 8%，其中研究生 394 人，本科生 801 人。2005 年北工大特困生收到校内、外资助共计 291.1 万元。共有 30 名学生获国家奖学金，212 名学生获学校奖学金，204 名学生获校勤工俭学中心评比的奖学金。

8 日　北工大和中关村管委会就共同建设"留学人员创业园"在北工大西校区举行签字揭牌仪式。孙崇正与中关村科技园区管委会副主任夏颖奇共同为创业园揭牌，张爱林和夏颖奇代表合作双方签署共建协议。中关村科技园区管理委员会赠与北工大留学人员创业园公共创业环境支持经费 200 万元人民币。

创业园位于北工大西校区（西三环车公庄西路 35 号院），面积共 2 万平方米，先期启动 4 000平方米。创业园主要服务对象是海外留学归国人员创办的高新技术企业。

12 日　北京工业大学艺术设计学院成立大会在原北京艺术设计职业学院学术厅召开，北京市政府副秘书长张建东，北京市教委副主任线联平，北京市教委规划处处长彭斌柏，校领导孙崇正、张毅刚、张爱林等出席，原北京艺术设计职业学院党政领导和师生代表约 270 人参加了大会。大会由张爱林主持。张建东、线联平、孙崇正、林志远共同为学院揭牌，并参观了民间美术馆、画展。

13 日　2005 年学校获国家自然科学基金资助的项目数及资助经费又有新突破，共有 38 个项目获助，资助总金额达1 231万元。包括国家杰出青年基金 1 项（获得者聂祚仁），重点项目 1 项（负责人尹宝才），面上项目 35 项，科学部主任基金项目 1 项。

14 日　学校保持共产党员先进性教育活动整改情况通报暨群众满意度测评大会在礼堂举行。张毅刚主持会议，孙崇正代表学校党委和校先进性教育活动领导小组通报学校先进性教育活动的基本情况和整改的基本情况。处级以上领导干部、教师代表、党外代表、工会、教代会代表和学生代表共 465 人参加大会。

15 日　北京市教育委员会、北京市工业促进局在北京国际会议中心举行建立北京市技术转移中心新闻发布会暨项目签约仪式。北京市教委副主任张国华主持会议并宣布第一批认定的七家技术转移中心，北京市工业促进局局长程连元宣读《关于促进北京市技术转移中心建设和搭建北京工业发展智力支撑平台的意见》。会议还组织七家技术转移中心依托单位与北京部分龙头企业进行合作项目的签约仪式。北京市副市长、校长范伯元讲话。侯义斌接受先进制造北京市技术转移中心牌匾，并代表学校与北人集团签订合作项目协议。中心协作单位的领导也参加了会议。

16 日　由中国电子学会主办、电控学院承办的 2005 电子服务研讨会在科学楼举行。孙崇正代表学校致欢迎辞，中国电子学会、中国互联网协会、教育部高教司及相关高校、行业、政府和企业的领导和专家 20 余人出席会议。会议是有关电子服务领域的首次研讨会，对电子服务的概念与内涵、形成与发展、技术与管理、学科与产业、前景与应用等方面展开讨论。

19 日　北工大被北京市教委评为第一批北京市依法治校示范校。

19 日　女教授协会成立十周年联谊会在教工俱乐部举行。首都妇女协会会长、清华大学史静寰，北京市妇联副主席王慧敏，孙崇正、张毅刚、学校女教授协会新老会员 200 余人参加活动。

19 日　学校学生社区成立暨"梦想工大，和谐社区"主题晚会在礼堂举行。孙崇正、冯培、蒋毅坚、学工部负责人以及学生代表参加大会。在社区内建立社区党支部，入党积极分子可以直接向社区支部递交入党申请书。

20 日　国际体操联合会主席布鲁诺·格兰迪（Bruno Grandi）先生、秘书安德鲁·贵斯布勒（Andre Gueisbuhler）先生到校参观学校 2008 年奥运会羽毛球、艺术体操比赛馆。孙崇正、张爱林在科学楼会见来宾。格兰迪先生一行参观体育馆工地，对学校奥运场馆工程建设情况非常满意。

20 日　送温暖献爱心捐赠物品发送仪式在科学楼举行。孙崇正、冯培、张毅刚等到现场了解捐赠情况。全体教职员工捐赠物品 258 包，捐赠物品大多为棉被、毯子、棉大衣等冬季取暖保温物品，捐赠物品将由民政部门运往广西、安徽两地。

21 日　保持共产党员先进性教育活动总结大会在礼堂举行。全校教职工代表1 000余人参加大会。冯培主持大会。孙崇正作北工大保持共产党员先进性教育活动总结。市委第十一督导组组长李玉书，市委教育工委委员、干部处处长刘宇辉对学校先进性教育活动给予充分肯定，认为北工大保持共产党员先进性教育活动工作成效显著，达到了中央、市委、教育工委提出的目标要求。

21 日 北工大科技园发展中心、科技处在科学楼召开“上海工博会”总结表彰会。侯义斌、市教委校产中心书记张思堂、市教委校产中心成果推广部主任李继及其他相关负责人共 20 人参加会议。侯义斌向获奖项目负责人转发“上海工博会”高校展区组委会和教育部科技发展中心颁发的奖状和奖品。

22 日 学校召开 2005 年度科技奖励大会，表彰奖励 2003～2004 年在科技工作中作出突出成绩的集体和个人。孙崇正、卢振洋、马利华、赵凤琴为获奖代表颁奖。本次奖励大会是学校在“十五”期间进行的规模最大的科技表彰活动。全部奖励金额达 271.88 万元。各学院科研副院长、科研秘书、学科点责任教授、科研基地负责人、相关职能部处负责人及获奖代表共 100 余人参加大会。

23 日 校党委在耿丹学院召开学校“十一五”发展建设规划研讨会。张毅刚主持会议。张爱林介绍制定“十一五”发展建设规划的背景、构架以及 2010 年的办学理念、发展的总体思路、发展规划的主要目标。发展规划处相关负责人、民主党派负责人、无党派人士、侨联代表等 20 余人参加会议。

26 日 北工大在第十七届北京博士后联谊会换届选举大会上与其他 11 家单位当选为副理事长单位。

26 日 电控学院蒋大林主持和承担的国家 863 项目“宽带信息网流媒体业务分发集成平台的研制”通过验收组审核。

26 日 北工大和北京福田环保动力股份有限公司在科学楼举行先进汽车装焊技术应用合作项目签约仪式。双方本着科学发展、优势互补、互利共赢的原则，建立紧密的产学研合作关系，在先进汽车装焊制造技术领域开展合作与开发，对企业制造能力的提高和对传统生产方式的提升与改造将产生较大的影响力和示范性，其应用的成功会较快地为福田汽车带来经济与社会效益。

29 日 建工学院实验楼完工交付使用。张毅刚、张爱林、周锡元院士、京西建设集团董事长以及基建处、规划处、施工、监理、设计单位等 20 余人参加仪式。建工学院实验楼工程总建筑面积 2 535.26 平方米、占地面积 995.00 平方米、层高为 8 层，其中地上 7 层，地下 1 层。

31 日 北工大在科学楼举行 364 亩新征地交接仪式，交接仪式由副校长张爱林主持。交接仪式上播放了南磨房乡制作的拆迁过程纪录片。朝阳区委书记李士祥和区长陈刚在表示，朝阳区政府、南磨房乡根据 2005 年 4 月 28 日与北工大签订的《北京工业大学新征地拆迁协议》，讲政治，顾大局，各方共同努力、克服种种困难，按时完成了新征地的全部拆迁工作，朝阳区政府将继续大力支持北工大的“211 工程”建设和奥运场馆建设。张爱林将非居农民拆迁款余额转交给南磨房乡书记张德亮。北工大圆满完成了东南区 364 亩新征地的全部征地拆迁工作。北京市副市长、校长范伯元、朝阳区副区长宋连娣、南磨房乡书记张德亮、乡长张奎、北工大孙崇正、冯培、张泽、马志成、蒋毅坚、马利华、张长春、赵凤琴等参加交接仪式。

12 月 建规学院中国世界文化遗产保护研究中心与中国文物研究所合作编制的国家重点文物保护区——内蒙古萨拉乌苏旧石器遗址保护规划通过国家文物局组织的专家评审。此规划是中心首次接受的国家级大遗址类文物保护规划项目。

12 月 北工大科技园被科技部、教育部认定为国家大学科技园。

（朱 静 赵凤琴）

·人 物·

院士简介

中国工程院院士 左铁镛

左铁镛 材料科学专家和循环经济专家，1936年生于北京。

1958年毕业于东北工学院（现东北大学）。1958年至1991年，历任中南工业大学教授、博士生导师、副校长；1991年至1996年任国家教委科技司司长；1996年至2004年任北京工业大学校长。1995年当选中国工程院院士，1996年至今连任中国科协副主席。现任北京工业大学学术委员会主任，兼任国务院学位委员会委员、中国工程院教育委员会副主任、教育部科技委员会副主任、教育部高校实验室建设指导委员会主任、中国材料研究学会副理事长（CMRS）、中国有色金属学会副理事长、全国高校教学研究会副理事长、中国高教学会产学研合作教育分会会长、国际太平洋科学学会（PSA）及国际科联环境问题科学委员会（SCOPE）中国委员、国际合作教育协会（WACE）理事以及北京大学、上海交通大学、东北大学、中南大学等数所重点大学国家重点实验室学术委员会主任等国内外重要学术职务。

左铁镛院士是中共十五大代表、第九届全国政协委员、第十届全国政协常委，并兼任北京市学位委员会副主任、北京市自然科学基金委员会副主任、北京市高校教师系列高级职称评审委员会副主任、北京市自学考试委员会副主任等社会职务。

左铁镛院士从事高等教育和科学研究40余年，始终坚持教学、科研工作，已培养博士生30余名，完成多项国家重点科研课题。他结合我国国情，大力开展富有资源材料的研究工作，不仅在难熔金属材料和稀土功能材料、低塑性材料及其加工等基础研究中取得了系列创新成果，而且解决了关键工程技术问题，取得巨大的经济和社会效益，对推动我国富有资源钨、钼、稀土材料和铝加工工业的科技进步和发展作出了开拓性的重要贡献，是我国难熔金属材料和金属加工领域的主要学科带头人之一，在科技、教育界享有很高声誉，具有广泛影响。

20世纪90年代以来，他率先组织生态环境材料领域的开拓性研究，在国内外产生了广泛影响；近年来又大力倡导循环经济研究，为推进我国循环经济发展作出突出贡献。2005年他应邀在全国各省、市、行业协会作了20余场循环经济报告；创办北京工业大学循环经济研究院并兼任院长；主持承担中国工程院、国家发改委、国家开发银行等重大课题多项。

左铁镛院士长期致力于我国的教育、科研事业，发表学术论文300多篇（被SCI、EI引摘160余篇），出版专著8部，获国家科技进步奖、技术发明奖2项（“镧钼等热阴极材料及制备技术”课题组获2004年国家科技发明奖二等奖），省部级科技奖9项。1991年被评为“国家有突出贡献中青年科技专家”，2000年被评为“北京市先进工作者”。他先后担任重点大学校长20年，并曾任国家863、973计划等重大计划和国家自然科学基金委员会等重大计划的专家，为推动高校信息化工程（CENET）、国家重点实验室、工程研究中心建设，发展基础和高技术研究，促进高校科研与企业结合作出卓越贡献。

（程会强 赵凤琴）

中国科学院院士 张 泽

张 泽 材料科学专家，1953年1月29日生于天津市。

1980年毕业于吉林大学物理系。1983年、1987年在中国科学院金属研究所获硕士、博士学位。1987年、1990年分别晋升副研究员、研究员。2001年当选中国科学院院士。第九届、第十届全国政协委员。曾任中国科学院北京电子显微镜开放研究实验室主任、博士生导师，中国科学技术协会党组成员、书记处书记，亚洲晶体学会主席，国际晶体学会执委会成员。2003年2月任北京工业大学副校长。

长期从事准晶、低维纳米材料等电子显微结构研究，将原子层次显微结构分析与材料科学中重要问题相结合，系统研究解决了准晶、低维纳米材料等国际材料科学界的一些重要问题。

其中，1984年至1985年，在急冷条件下过渡族金属复杂晶体相生成及其特殊衍射现象探索中，发现Ti Ni V五次对称准晶。这属于国际准晶研究的开创性工作之一，被认为是“我国实验物理方面的重要成果”，成为国际准晶研究经典文献之一。主要成果被写入多本国际、国内有关晶体学、凝聚态物理学术专著和教科书中。1988年至1990年，将晶体中衍射衬度成像理论方法引入准晶缺陷研究，在Al Cu Co十次对称准晶中发现了位错、层错，并用新方法确定了位错的布氏矢量方向；继而又首次确定了五次对称准晶中的位错方向及布氏矢量方向，为国际准晶缺陷研究提出了新理论、新方法。在准晶体的结构、相变、缺陷研究方面取得新的突破，完成一系列创新成果。这些开创性研究居国际领先地位，其成果已成为国际准晶研究的经典性文献。

近年来，利用高分辨显微结构研究方法，开展现代低维、纳米材料的显微结构及其物理性能间关系方面的系统研究。利用高分辨和电子全息等现代显微结构研究方法，开展巨磁电阻自旋阀、磁隧道结超薄膜等现代低维、纳米材料的显微结构及其物理性能关系方面的系统研究，并取得重要成果，多次应邀主持国际专题会议或受邀作报告。

承担多项国家重大项目及其他基金研究项目的研究工作并取得突出成果。曾获“国家自然科学一等奖”、首届“吴健雄物理奖”、首届“青年科技奖”、首届“中国青年科学家奖”、“何梁何利奖”、“求是奖”等9项国家及部委级奖励。发表学术论文170余篇，其中160余篇在国际知名学术刊物发表，被国际学术界同行引用千余次；合作编著《高分辨电子显微学在材料科学中应用》、《纳米结构及纳米材料》两部英文专著。主要学术成果纳入国内外多部学术专著及教科书。

现任国家重大基础研究项目（973）首席科学家、中国科学院技术科学部常务委员会委员、学部副主任、中国物理学会副理事长、中国分析测试协会副理事长、中国材料学会副理事长。

（江飒英　赵凤琴）

中国科学院院士　周锡元

周锡元　地震工程专家。1938年5月生于江苏无锡。

2000年到北京工业大学任教，现任北京工业大学学术委员会副主任、工程抗震与结构诊治北京市重点实验室主任和学术委员会主任、抗震减灾研究所所长。曾在中国科学院工程力学研究所和中国建筑科学研究院工作，是国家级有突出贡献专家。兼任中国科学院技术科学部副主任，中国灾害防御协会等5个学会理事或常务理事，国家减灾委专家委员会、中国地震学会、建设部科学技术委员会、国家地震安全性评价委员会、国家地震局地震灾害损失评定委员会等10个委员会委员、常务委员或主任委员。《建筑结构学报》、《地震学报》、《土木工程学报》、《工业建筑》、《地震工程与工程振动》和《Journal of Earthquake Engineering》等杂志编委。

致力于结构抗震、工程地震学以及城市与区域的综合减灾研究40余年。主要研究方向有：结构隔震、减震与振动控制；城市与工程抗震减灾；地震危险性分析；城市和区域综合减灾规划等。

在工程结构与抗震减灾领域的主要贡献有：(1)发展了考虑房屋空间工作特性的结构计算理论；(2)开拓了随机地震力理论与结构地震反应的研究；(3)深化了场地条件对震害和地震动影响的研究；(4)推动和发展了城市地震小区划；(5)发展了地震动参数和震害潜势的概率分析方法；(6)推进了城市和区域的综合抗震防灾；(7)促进了建筑结构隔震减震的研究与工程应用；(8)长期参与地震区建设规范的制定与修编。

发表论文百余篇，著作有《地震工程概论》、《场地·地基·设计地震》、《抗震工程学》等。曾获全国科技大会奖1项（第二名）和国家科技进步二等奖3项、三等奖1项及北京市和省部级二等以上科技进步奖多项。指导培养硕士和博士生及博士后40余名。

（阎维明　霍　达）

中国工程院院士 张 杰

张 杰 水环境恢复工程专家。1938年生于辽宁省本溪。

1962年毕业于哈尔滨建筑工程学院（现哈尔滨工业大学）给水排水工程专业。1985年获日本大阪大学环境工学科博士学位，1992年开始享受国务院政府特殊津贴，1995年被评为吉林省设计大师，1996年被评为建设部和国家“八五”攻关先进个人，1997年当选中国工程院院士。

长期在建设部中国市政工程东北设计研究院工作，曾任总工程师、副院长等职务。1999年到哈尔滨建筑大学（现哈尔滨工业大学）任教授、博士生导师。2000年到北京工业大学任教，担任水质科学与水环境恢复工程北京市重点实验室主任。兼任建设部科技委员会委员，中国市政工程东北设计研究院名誉院长、顾问总工程师，全国高等给水排水工程学科专业指导委员顾问，中国土木工程学会水工业分会副理事长，全国给水排水情报网副主任，国家城市给水排水工程技术研究中心工程技术研究委员会副主任等职。

在水质科学与水环境恢复工程领域的主要学术贡献和工程成就有：（1）在国内外首次提出生物固锰除锰机制，并应用于工程实践，解决了半个多世纪以来地下水除锰难题，确立了生物除锰技术，改变了众多水厂只能除铁不能除锰的现状，使中国在该领域跃居国际先进水平；（2）在国内率先开发了城市污水净化再生全流程，主持创建了国内首座污水再生水厂并被评为国家“八五”优秀示范工程，开创了我国城市污水回用事业，并跻身于国际先进行列；（3）开发了无氧—好氧活性污泥除磷技术，在普通二级生化处理中可同时完成去除营养盐磷的任务，而且污泥不膨胀，出水水质良好，有替代传统活性污泥法的必然趋势，用于大连开发区6万立方米每天的污水处理厂的A2/0系统，在未增投资的情况下改造成10万立方米每天的三级深度污水处理厂，被评为国家优秀示范工程；（4）在低温低浊湖泊水净化、低温生化等工程技术方面进行广泛的工程实践，均取得良好效果；（5）主持和完成了东北城市重大给排水工程设计数十项，推动了寒冷地区给排水工程技术的发展；（6）提出水环境恢复理论，指出城市水的健康循环是恢复良好水环境，实现水资源可持续利用的根本途径。在此理论指导下完成了“深圳特区城市中水道系统规划”、“大连市海水与污水资源战略研究”和国家中长期科学与技术规划子专题“城市水系统健康循环研究”等项目。

完成国家科技攻关9项，主持长春等城市重大给水排水系统工程设计36项，大中型项目92项。发表论文100多篇，出版著作5部。2005年获北京市科技进步三等奖1项，国家科技进步二等奖1项，出版专著《生物固锰除锰机理与工程技术》。

（曾相生 霍 达）

中国科学院院士 曾 毅

曾 毅 病毒学家，1929年生。

1974年至1975年在英国的格拉斯哥病毒研究所做客座研究员从事肿瘤基础研究。1986年至1987年在法国国家科学研究中心作为客座研究员从事HIV的研究。曾任中国预防医学科学院院长，三届国务院学位评审组成员，世界卫生组织全球顾问委员会委员，国际微生物联盟执委等职务。

现任北京工业大学生命科学与生物工程学院院长，国家性病艾滋病预防控制中心首席科学家，病毒病研究所院士实验室主任，世界卫生组织肿瘤专家顾问组成员，联合国亚太地区艾滋病与发展领导论坛指导委员会常务理事。法兰西国家医学科学院外籍院士，俄罗斯医学科学院外籍院士。

从1973年开始研究EB病毒与鼻咽癌的关系，建立了一系列鼻咽癌的血清学诊断方法，应用血清学指标可以在发病前18年预测鼻咽癌发生的可能性，使早期诊断率从20%～30%提高到80%～90%，挽救了大批病人的生命。

在国际上首次从高分化和低分化鼻咽癌建立细胞株，这些细胞株都带有EB病毒的DNA和蛋白。发现HLA与鼻咽癌发生有关；鼻咽癌高发区的一些中草药、植物和食物带有TPA等促癌物；人鼻咽部的厌氧杆菌能产生促癌物丁酸。在国际上首次证明在促癌物TPA和丁酸的协同作用下，EB病毒感染的人胎鼻咽部黏膜组织在裸鼠身上能诱发T、B细胞淋巴瘤和人鼻咽癌。这是EB病毒诱发人鼻咽癌的直接证据，同时也提供了研究鼻咽癌病因多因素和作用机制的模型。正在研究EB病毒疫苗。在国内首次研究了HTLV 1病毒在我国的分布及其与成年人T淋巴细胞白血病及神经系统疾病的关系。

证明 HPV18 E6E7 单独或与促癌物、致癌物、放射等因素协同作用能诱发正常胎儿食管上皮细胞癌变。研究 HPV 与宫颈癌的关系。研究 HHV 8 病毒的分布及其与卡波西肉瘤和艾滋病的关系。首次应用人乙肝病毒与黄曲霉毒素合同作用诱发人胎肝细胞癌变并建立了细胞株。从 1984 年起开展艾滋病毒（HIV）和艾滋病的研究，证明 1982 年 HIV 随血液制品从美国传入我国，1983 年感染我国公民，1987 年分离到第一个中国的 HIV 1 毒株。进行 HIV 1 分子流行病学的研究，建立了 HIV 的快速诊断方法。一直从事艾滋病宣传教育和干预及 HIV 药物和疫苗的研究。曾参与抗 SARS 病毒药物和疫苗研究工作。

发表中英文论文 400 余篇，著书 6 本。曾获国家杰出贡献中青年专家称号，获国家和部级科技成果 20 余项及陈嘉庚医药科学奖、政府特殊津贴。

（刘巧丽　钟儒刚）

中国工程院院士　李京文

李京文　技术经济学与数量经济学家，1933 年生。

1951 年考入武汉大学经济系，1953 年秋到莫斯科留学，1958 年毕业并获经济学硕士学位。回国后先后在河北省计委、国家计委、北京经济学院、国家建委、建材部和国家建材总局等单位担任技术员、工程师、教研室主任、处长、司长、总局局长助理。1985 年至 1998 年任中国社会科学院数量经济与技术经济研究所所长。现任北京工业大学经济与管理学院院长，北京经济社会发展研究院院长。

第七届、第九届全国政协委员，全国政协经济委员会委员、第八届全国人大代表。1988 年被中共中央组织部选拔为国家有特殊贡献专家，并被国家科委、人事部选定为国家级有突出贡献的中青年专家；1991 年获国务院颁发的政府特殊津贴；1994 年被俄罗斯科学院选为外籍院士；1995 年被聘为俄罗斯人文科学院院士；1998 年被选为国际欧亚科学院院士；1999 年被选为世界生产率科学院院士；2001 年当选为中国工程院院士。

长期致力于科技进步、生产率、经济形势分析与预测、工程项目技术经济评估、资源与环境、可持续发展和区域规划等领域的研究。他较早提出了符合我国实际的工程技术经济论证理论与方法，采用科学方法对我国经济作年度与长期预测和产业结构与地区发展的研究，曾主持多项国家重大工程项目论证和环渤海圈、中部五省、海南、深圳等地区经济发展战略规划等项目；曾担任三峡工程、南水北调工程、京沪高速铁路等重大工程项目技术经济论证专家组负责人。李京文院士还主持了国家重大课题《技术进步与产业结构》、《中国经济形势分析与预测》、《1996～2010 年中国经济发展预测》、《1998～2050 年中国经济发展与预测》、《生产率与中国经济增长》、《经济增长方式转变综合研究》、《北京市经济增长与产业结构优化（1996～2010）》等项目的研究工作，现主持《矿产资源可持续发展战略的经济分析与宏观政策》、《城市化中的经济问题》、《中国油气资源可持续发展的有关政策措施战略研究》、《区域经济问题研究》、《技术标准与科技研发协调发展战略理论研究》、《振兴东北老工业基地——可持续发展研究》、《青藏铁路运营效益及政策支持研究》，以及国家 863 重大攻关课题《高速磁浮交通系统在长大干线适用性——宏观技术经济问题》、等重大课题的研究工作。2005 年，以李京文院士为首组建了“北京重大经济社会问题研究”创新团队，每年为北京市政府提供《北京经济形势分析预测》、《北京现代制造业发展研究报告》、《艾滋病对我国经济和社会影响的分析及其控制机制》等研究报告，为政府部门提供决策参考。

出版《迎接知识经济新时代》、《中国经济：“十五”预测与 21 世纪展望》、《科技富国论》、《跨世纪重大工程技术经济论证》等专著 40 余部；发表论文 300 余篇，获国家科技进步一等奖 2 项、二等奖 3 项、三等奖 1 项；北京市哲学社会科学二等奖 1 项；获“五个一工程”奖、孙冶方经济学奖和多项省部级奖。培养博士生 30 余人、硕士生 40 余人及博士后 8 人。所主持的博士后研究方向包括老工业基地改造、能源战略与政策、大型工程项目评估，同时还负责其他重大项目的研究工作。

（李军英　黄鲁成）

中国工程院院士　张在明

张在明　岩土工程专家，1942 年出生于云南昆明。

1965 年毕业于北京工业大学土木建筑系工业与民用建筑专业。1982 年至 1984 年赴美国加州大学伯克利分校（Berkeley）做访问学者。1990 年至 1991 年在加拿大萨斯喀彻温（Saskatchewan）大学做高级访问学者。曾与希德(Seed)教授、弗瑞德伦德(Fredlund)教授等国际著名土力学家进行合作研究多年。

北京市有突出贡献专家，入选北京市跨世纪第一流学者计划，北京市“五一劳动奖章”获得者，北京市科技成果推广先进个人。

1965年以来，在北京市勘察设计研究院从事工程勘察和岩土工程方面的生产和研究工作，曾任该院副院长、总工程师、顾问总工程师，教授级高工。2000年被评为全国勘察大师，2003年当选中国工程院院士。2005年4月受聘北京工业大学双聘院士。

研究领域包括室内外动力、静力试验机理研究及仪器研制、工程评价方法与数值分析、计算机应用研究、地震工程的参数评价与反应分析、地下水饱和—非饱和渗流分析研究，以及国家与地方技术标准制定等。20世纪80年代初以来，一直承担重大工程勘察和岩土工程项目的组织、策划与审定。负责重大工程在百项以上，包括奥运会场馆、国家大剧院、CBD区的BTV和CCTV及国贸三期等超高层建筑项目以及若干重大地下工程。曾受建设部委托主持制定行业科技进步与技术政策要点。此外，作为建设部技术委员会和北京市的专家，领导和主持了一系列重大工程的岩土工程问题的论证和处理工作。张在明院士到校不久即启动了城市岩土与地下工程安全检测技术平台建设等科研项目，加强了试验室建设。举办了多次国际、国内学术交流活动和校内学术讲座。

获国家级优秀工程奖4项，国家优秀软件奖1项，部市级优秀工程奖11项，部市级科技进步奖9项，北京市规委科技进步奖8项。出版专著、译著各2部，在国内外核心刊物和会议上发表论文80余篇。

张在明院士还担任中国土木工程学会土力学及岩土工程学会理事长，中国土木工程学会咨询工作委员会主任委员，中国振动学会土动力学会副理事长，建设部技术委员会委员，《岩土工程学报》、《岩土工程界》编委会副主任委员。

（张钦喜 霍 达）

中国工程院院士 沈昌祥

沈昌祥 信息安全专家，1940年8月22日生于浙江奉化。

1965年毕业于浙江大学数力系。从事计算机信息系统、密码工程、信息安全体系结构、系统软件安全（安全操作系统、安全数据库等）、网络安全等方面的研究工作。先后完成了重大科研项目二十多项，取得了一系列重要成果，曾获国家科技进步一等奖2项、二等奖3项、三等奖3项，军队科技进步奖十多项。这些成果在信息处理和安全技术上有重大创造性，多项达到世界先进水平，在全国全军广泛应用，取得十分显著效益，使我国在信息安全保密方面取得了突破性进展。

被授予“海军模范科技工作者”荣誉称号，国家有突出贡献中青年专家，第七届全国人大代表，1996年获军队首届专业技术重大贡献奖。1995年5月当选中国工程院院士。2002年获国家第四届“光华工程科技奖”。发表学术论文100余篇，著《实时系统软件设计》、《信息安全工程导论》。作为编委主任主持出版了《信息保障技术框架》和《银行信息安全知识读本》2部著作。

目前担任国家信息化专家咨询委员会委员，国防科技大学、海军工程大学、解放军信息工程大学、北京大学、浙江大学、中科院研究生院、上海交通大学等多所著名高校的博士生导师，总参、总装专家顾问，国家密码管理委员会办公室顾问，国家保密局专家顾问，公安部“金盾工程”特邀顾问，中国人民银行信息安全顾问，国家税务总局信息技术咨询委员会委员，中国计算机学会信息保密专业委员会主任。

（刘 毅 王燕兴）

北京工业大学2005年各级人大代表、政协委员名单

第十届全国人大常委	侯义斌
第十届全国政协常委	左铁镛
第十届全国政协委员	张 泽 左铁钏
第十二届北京市人大代表	宛素春
第十二届北京市人大代表	张爱林
第十届北京市政协委员	张延庆 唐 兢

	何 宁 杜修力
第十三届朝阳区人大代表	张 泽 李晓阳
第十三届朝阳区人大常委委员	闫维明
第十届朝阳区政协委员	高向宇 卢清国
	张久兴 蔡 勉
	林美珍 邹 锋

北京工业大学2005年民主党派人士在各级党派中担任职务的名单

九三学社中央名誉副主席　陈明绍

九三学社中央委员会常委、九三学社北京市副主任委员　侯义斌

九三学社中央委员、九三学社北京市副主任委员　张延庆

致公党中央参政议政委员会委员、致公党北京市常委、致公党朝阳区工委委员　何　宁

台盟中央妇委会委员、台盟北京市妇委会副主任　蔡　勉

九三学社北京市委委员、九三学社北京市委农林委员会第一副主任　杜修力

民革北京市委委员、民革北工大支部主委　唐　兢

民盟北京市委委员　阮晓刚

致公党北京市常委、致公党北京市朝阳区委员会主任委员　高向宇

九三学社北京市朝阳区委员、九三学社北工大支社主委　卢清国

民革市委经济委员会委员　常晓年

民进北京市委青年委员　张汉林

民盟朝阳区委员会副主任委员　闫维明

民盟朝阳区委员、区参政议政委员会副主任委员、民盟北工大综合支部主委　朱满康

民建朝阳区委委员、民建朝阳区委经济科教委员会主任、民建北工大支部主委　李　杨

民盟北京工业大学支部主委　李俊勤

民进北工大支部主委　郝　伟

（统战部　提供）

北京工业大学2005年高级专业技术人员名单

（截至2005年12月31日）

（按姓氏汉语拼音字母顺序排序）

教　授

鲍长春　曹万林　陈　哲　陈光华　陈建新
陈慰祖　陈文博　陈文楷　陈向东　陈艳艳
陈阳舟　程曹宗　程水源　程维虎　崔平远
戴　俭　戴洪兴　邓金祥　邓宗才　董英斌
杜文博　杜修力　范晋伟　范伯元　范周田
费仁元　冯　培　冯能莲　冯士维　高立新
高旅端　高文学　高向宇　顾力刚　关宏志
蒋和洋　郭　福　韩福荣　韩林飞　郝　伟
何　洪　何泾沙　何存富　何士雅　侯碧辉
侯义斌　胡　深　胡利明　黄海峰　黄鲁成
黄永畅　黄樟钦　霍　达　纪常伟　计晓云
纪树兰　贾克斌　江少林　江竹青　蒋大林
蒋代梅　蒋国瑞　蒋毅坚　蒋宗礼　解顺强
金头男　金毓荃　康天放　雷永平　李　健
李　军　李　雷　李志国　李　农　李康宁
李爱芳　李德胜　李东松　李红旗　李寿梅
李双杰　李晓延　李晓阳　李岩红　李炎锋
李云章　李振宝　栗卓新　梁岩松　林平分
廖湖声　刘椿年　刘德忠　刘景园　刘明亮
刘小明　刘秀兰　刘有明　刘宇慧　刘运通
刘赵淼　刘中良　卢清国　吕之森　吕　鑑
吕胜富　罗亚非　马国远　马民涛　马重芳
毛国君　孟　声　孟大志　聂祚仁　彭永臻
钱伟量　乔俊飞　任　仁　任　毅　荣　建
阮平南　饶少平　阮晓钢　尚德广　沈光地
史耀武　宋晓艳　宋永伦　宋晏蓉　苏开娜
隋允康　孙　威　孙宝歧　孙崇正　孙小端
孙光民　孙继红　孙艳丰　索红莉　唐　兢
唐　军　陶连金　陶世荃　田玉荣　涂　鸣
汪　浩　汪永新　王　波　王　道　王　丽
王　群　王　珊　王　术　王　湛　王从曾

王存新 王大勇 王代殊 王中良 王金淑
王松桂 王铁流 王 为 王燕兴 王彦萍
王云峰 王志宏 吴 斌 吴宝晶 吴涤非
吴国蔚 吴武臣 伍良生 夏定国 夏国栋
夏志东 肖荣诗 谢伦立 徐 晨 徐贺文
薛 毅 薛留根 薛素铎 严 辉 杨建武
杨庆生 杨士林 杨松令 杨文通 杨孝宽
姚海楼 殷树言 尹宝才 尹金玉 余跃庆
俞宽新 张 建 张 蕾 张爱林 张慧慧
张金喜 张久兴 张连宝 张明聚 张钦喜
张书杰 张万荣 张文熊 张延华 张延庆
张亦良 张毅刚 张永安 张永祥 邹农俭
张忠占 陈 志 赵 京 赵 均 赵凤琴
赵耀华 赵晓华 郑玉明 钟儒刚 钟涛兴
周 毅 周大森 周俊英 周美玲 周恕义
周玉文 朱 青 宗 刚 左铁钏 左铁镛
佘远斌 邸瑞华 闫 红 闫岫峰 栾甫贵
臧竞存

研究员

蔡祖南 陈 铠 陈继民 段建民 韩晓东
吉 元 贾瑞新 李 港 李 强 李 星
李宝富 李洪泉 李士贵 刘世炳 刘有军
卢振洋 吕长志 马雪梅 马志成 沈兰荪
苏经宇 王 普 王淑莹 王智勇 温瑞兴
肖 念 肖创柏 阎维明 张 伟 张 泽
张鸿宾 张永亮 赵建成 周竞学 周小兵

教授级高工

陈 超 高 风 毛 征 石照耀 苏鸿根
苏学宽 徐学东 杨 宏 于书举

编 审

杨小玲

（人事处 提供）

北京工业大学 2005 年新聘兼职教授名单

巩水利 王江民 戴龙基 王梦恕 娄 宇
陈邦柱 田雪原 张人为 范恒山 甘智和
林树枝 李引擎 冯仲科 陈文放 胡海岩
丁庆新

北京工业大学 2005 年新聘客座教授名单

今井哲夫 雷腾梅尔（M. Rettenmayr）
赵力东 王锦燧 肖辉乾
Jamie. Standing 古川宪治 Fredlnnd

（人事处 提供）

北京工业大学 2005 年博士生导师名单

（统计至 2005 年 12 月 30 日）

机电学院（15 人） 曹凤国* 李德胜 石照耀 吴 斌 余跃庆 何存富 尚德广 费仁元 李晓阳 宋永伦 伍良生 张 伟 殷树言 张慧慧 隋允康

电控学院（15 人） 鲍长春 崔平远 贾克斌 沈光地 吴武臣 陈阳舟 冯士维 陈建新 段建民 李志国 沈兰荪 徐遵图 王 普 张万荣 阮晓钢

建工学院（30 人） 曹万林 杜修力 何若全* 刘小明 苏经宇 汪光焘* 周锡元* 陈 超 段里仁* 霍 达 罗 玲* 孙小端* 薛素铎 张 杰 陈艳艳 关宏志 李振宝 全永燊* 陶连金 闫维明 张金喜 张延庆 张毅刚 张永祥 张在明* 赵耀华 周福霖* 周 伟* 周玉文 张爱林

环能学院（18 人） 程水源 何 洪 康天放 马重芳 佘远斌 夏定国 范伯元* 戴洪兴 何梓年*

	刘中良	彭永臻	孙继红	俞 坚*	王 道	马国远	任阵海*	金毓荃	周大森
材料学院（16人）	陈光华	郭 福	李晓延	史耀武	王金淑	严 辉	周美玲	杜文博	雷永平
	聂祚仁	汪 浩	徐滨士*	姚 燕*	张久兴	左铁镛	张文熊		
数理学院（13人）	程曹宗	刘有明	王大勇	姚海楼	赵启大*	李寿梅	王 丽	侯碧辉	陶世荃
	王松桂	俞宽新	张忠占	薛留根					
计算机学院（17人）	邸瑞华	侯义斌	刘际明*	宋 柔*	尹宝才	钟 宁*	郭百宁*	高 文*	廖湖声
	陆汝钤*	吴景龙*	张鸿宾	沈昌祥*	姚一豫*	刘椿年	张书杰	赵春江*	
经管学院（14人）	冯宗宪*	黄鲁成	陆学艺*	吴国蔚	周 毅*	黄海峰	李京文*	韩福荣	黄梯云*
	阮平南	萧灼基*	宗 刚	张永安	王林生*				
固体所（3人）	韩小东	孙 威	张 泽						
激光研究院（5人）	蒋毅坚	李 港	刘世炳	肖荣诗	左铁钏				
软件学院（2人）	何泾沙*	林平分*							
生命学院（4人）	王存新	闫 红	曾 毅*	钟儒刚					

合计数：152人，其中兼职38人（姓名标*者）

（研究生部 提供）

北京工业大学2005年满30年教龄人员名单

李会征	吴福菊	杨宝生	邢富荣	郝文惠
阮维政	任立新	李占军	刘金兰	林美珍
郭启祥	梁佩华	蔡祖南	王向珍	王育勤
李京翔	张振英	王 德	刘 明	沐晓东
金国民	梁春有	王青海	张通顺	常利敏
李淑芳	王永厚	李世伟	戚国明	夏顺平
张福存	褚艳兵	姚玉新	赵芳华	刘德忠
王 慕	孙 坚	伍良生	陈玉华	张宝柱
王秀岭	李亚惠	张黎明	杨 根	方穗明
董利民	曹小秋	吴玉兰	王 道	孙京娟
王仪华	崔宝英	潘桂兰	李大刚	张铁桥
班书英	吴洪彬	周学珍	孙玉英	秦世萍
吉 元	白晓东	俞宽新	蒋国瑞	张建英
郭允文	李德惠	西 明	米裕民	丁文健
朱惠英	于清凤	韩金茹	李成平	唐 兢
何士雅				

（校两办 提供）

·毕业生名单·

北京工业大学2005年授予博士学位人员名单（共86人）

其中：工学博士74人，理学博士学位4人，管理学博士8人。

机械工程与应用电子学院（合计10人）

机械设计及理论（工学博士）

王秀彦　焦敬品　郑　刚　褚国民　彭细荣
宇慧平　唐伯雁　叶红玲　徐海东　韩景芸

电子信息与控制学院（合计10人）

微电子学与固体电子学（工学博士）

杨道虹　鲁鹏程　吴畯苗　朱江淼　史　辰
贾云鹏

模式识别与智能系统（工学博士）

李　靓　郝冬梅　左国玉　于乃功

建筑工程学院（合计19人）

结构工程（工学博士）

高华东　吕　元　吴金志　李学军　夏明进
王　丽　李大军　黄选明　纪金豹

交通运输规划与管理（工学博士）

周荣贵　胡江碧　彭利人　毛海虓　陈来荣
王俊刚　梁　颖　于　泉　程世东　魏中华

环能与能源工程学院（合计9人）

环境工程（工学博士）

刘兴坡　李　冬　王之晖　王少坡　张艳萍
熊必永　袁一星　齐晶瑶

热能工程（工学博士）

邢晓凯

应用数理学院（合计4人）

概率论与数理统计（理学博士）

史建红　李春红　尹素菊

光学（理学博士）

万玉红

计算机学院（合计5人）

计算机应用技术（工学博士）

刘　波　方　娟　胡永利　王　珂　张　帆

材料科学与工程学院（合计15人）

材料物理与化学（工学博士）

朱满康　刘晶冰　胡跃辉

材料加工工程（工学博士）

闫焉服　黄鹏飞　刘建萍　黄军芬

材料学（工学博士）

杨军军　席晓丽　杨　飒　崔素萍　张东涛
刘　敏　张艳峰　张光磊

经济与管理学院（合计8人）

管理科学与工程（管理学博士）

章　帆　徐艳梅　龚　健　王　旭　汤文仙
祁　榕　李文华　Geraldine John Kikwasi

激光工程研究院（合计1人）

光学工程（工学博士）

季凌飞

生命科学与生物工程学院（合计 5 人）

流体力学（工学博士）

刘宇红　杜春娟　乔元华　涂承媛

生物医学工程（工学博士）

马晓慧

北京工业大学 2005 年博士毕业生名单（共 84 人）

机械工程与应用电子技术学院（合计 11 人）

机械设计及理论专业

王秀彦　焦敬品　郑　刚　宇慧平　褚国民
唐伯雁　张学胜　叶红玲　徐海东　彭细荣
韩景芸

电子信息与控制工程学院（合计 10 人）

微电子学与固体电子学专业

吴畯苗　朱江森　杨道虹　史　辰　鲁鹏程
贾云鹏

模式识别与智能系统专业

李靓　郝冬梅　左国玉　于乃功

建筑工程学院（合计 18 人）

交通运输规划与管理专业

胡江碧　彭利人　毛海虓　陈来荣　王俊刚
梁　颖　于　泉　程世东　魏中华　周荣贵

结构工程专业

高华东　吕　元　吴金志　李学军　夏明进
王　丽　李大军　黄选明

环境与能源工程学院（合计 9 人）

环境工程专业

王之晖　刘兴坡　李　冬　王少坡　张艳萍
熊必永　袁一星　齐晶瑶

热能工程专业

邢晓凯

应用数理学院（合计 4 人）

概率论与数理统计专业

史建红　李春红　尹素菊

光学专业

万玉红

计算机学院（合计 5 人）

计算机应用技术专业

方　娟　胡永利　王　珂　刘　波　张　帆

材料科学与工程学院（合计 15 人）

材料学专业

席晓丽　杨　飒　杨军军　崔素萍　张东涛
刘　敏　张艳峰　张光磊

材料加工工程专业

刘建萍　黄军芬　闫焉服　黄鹏飞

材料物理与化学专业

朱满康　刘晶冰　胡跃辉

经济与管理学院（合计 7 人）

管理科学与工程

王　旭　章　帆　徐艳梅　龚　健　汤文仙
祁　榕　李文华

激光工程研究院（合计 1 人）

光学工程专业

季凌飞

生命科学与生物工程学院（合计 4 人）

流体力学专业

杜春娟　乔元华　涂承媛

生物医学工程专业

马晓慧

（研究生部　提供）

北京工业大学2005年授予硕士学位人员名单（合计699人）

其中：工学硕士学位587人，理学硕士学位61人，经济学硕士学位30人，管理学硕士学位21人。

机械工程与应用电子学院（合计73人）

固体力学（工学硕士）

崔彩琴　王　薇　胡争杰　唐乃梅　张恩平
卢绪智　张晓峰

工程力学（工学硕士）

黄惠茹　李志建　于海源　白海波　陈雪花
韩文钦　张　轩

机械制造及其自动化（工学硕士）

周　峰　谭剑波　杨　攀　刘　辉　李　芳
董广谱　赵荣霞　刘守常　周顺生　牟岳泰
赵永军　张世珍　聂应新　李方军　董得义
那洪洋　李新燕　何方军　吴光中　岳中军
郭　宇　李　伟　范卫华　贾旭巍　张　第
杨小勇　吴　宁

机械电子工程（工学硕士）

徐玉龙　郎洪致　余　义　刘洪涛　高彦章
马青宇　孟　涛　杨士明　毕晓东　冯　瑶
熊　巍　管长乐　李　颖　张思祥

机械设计及理论（工学硕士）

宋小康　陈　祎　宋春枝　王　海　韩爱龙
孙为民　邓扬明　么学宾　展雪萍　陈知泰
杜海山　曹久梅　杨延峰　陈建华　张玲爱
张　雷　洪　永　陈东海

电子信息与控制学院（合计102人）

电路与系统（工学硕士）

马秀莹　张　泓　王青芝　刘　磊　于　慧
王亚丽　袁　通　黄庄庄　何爱香　潘　登
肖友应　张　晶　梁东山

微电子学与固体电子学（工学硕士）

李　杰　魏顺宇　陈永利　张　浩　徐立国
周　屹　王红航　李　冰　阮　颖　付厚奎
刘黎明　金文贤　孙越辰　胡小玲　吴淞波
阳启明　高铭浩　李振国　吴晓鹏　王　昆
朱佳辉　李　萌　刘彤芳　王继祥　马丽娜

信号与信息处理（工学硕士）

刘　勋　王　焱　江　臻　李　岩　孙居颖
卢　峰　柳　燕　白燕宁　王贵平　赵　祎
陈　强　孔　潇　庄新月　梁作宇　王尔丹
段　冶　张　堃　张　立　孙慧平

控制理论与控制工程（工学硕士）

王兆赓　邢志凤　薛华明　崔云飞　杨　敏
孙丰军　张　燕　朱俊岭　周　游　王　彬
王智霞　刘云江　孙新雨　钟宜亚　林　桢
李　巍　陈　丽

检测技术与自动化装置（工学硕士）

王　凯　成　巍　张小全　李文忠　刘续建
贺彦峰　谢修祥　路高磊　谷威昭　董铁庄
张　娟　齐咏生

模式识别与智能系统（工学硕士）

孙云燕　余　颖　钱　征　赵国鑫　刘　伟
杨贝贝　张玉梅　颜　镝　林　海　朱云华
王瑞霞　郭继业　李庭贵　朱铭琳　王文军
周星庐

建筑与城市规划学院（合计21人）

建筑设计及其理论（工学硕士）

孙　跃　陈　思　张　颖　陆严冰　郑　菲
杨海智　任　蕾　牟连臣　郭　杨　储　丹
高岩浩　张剑宏　任晓天　张　悦　蒋凌志
李　超　乔明策　李　丽　易　涛　谷　禾
李　彬

建筑工程学院（合计124人）

结构工程（工学硕士）

张　娥　张国忠　刘　琳　凌和海　曹子立
孙　立　史艳胜　石重贵　王雪芹　牛东旭
茹　洋　郭晋强　包　程　张文娴　夏　可
孙春燕　刘忠昌　许　晶　王　涛　曹力强
王柯斯　张哲伟　张清海　向琴琴　王晓琳
李秀芬　东　芳　杨兴民　许世涛　郎丰华
孟　剑　张志强　刘　伟　卢小文　葛惠娟
刘刚锋　杨淑玲　吕　涛　米　然　关　宇

李学良　常广勋　夏书丹　潘旭亮

市政工程（工学硕士）

方　琦　李玉新　周　平　扶志远　刘江涛
霍守亮　王　雷　刘　阔　刘　亮　朱现信
杨海燕　李亚文　楚尚天　梁　鹏　张　韵

供热、供燃气、通风及空调工程（工学硕士）

高　辉　李香玲　张　娜　武海琴　孙　萍
曾　源

防灾减灾工程及防护工程（工学硕士）

郭　军　王　利

桥梁与隧道工程（工学硕士）

郭　南　黎泰良　刘　颖　陈　泉　魏良军
何　欢　潘宝林　陈　挺　王东杰

道路与铁道工程（工学硕士）

林乐彬　丛英爱　王　磊　元海英　王　昕
穆占领　张育宏

交通运输规划与管理（工学硕士）

邵　洁　王书灵　王　方　宿官忠　石开云
薛金刚　李秀文　顾九春　冯天科　李　辉
李　凯　梁美权　宁华忠　刘洪启　李　辉
秦焕美　钟连德　宋　延

水力学及河流动力学（工学硕士）

李大庆　马志高　曹　进

水工结构工程（工学硕士）

闫治国　张　伟　宋远齐　黄志望　周积果
刘文田　刘　强　崔　焰　徐黎明　张晓琳
李　菲　刘海田

水利水电工程（工学硕士）

孟令刚　赵德锋　来海亮　刘　云　郑　捷
韩　栋　刘伟江　张　芳

环能与能源工程学院（合计64人）

热能工程（工学硕士）

钱伟民　李　兴　马坤全　韩宇石　杜振财
吴智慧　王瑞峰　郝丽珍　杨志刚　丁君涛
李　晶　高瑞恒　杜春旭　李卫华　郭　建
何　曙　李　超　尚　炜　冯　娜　孙翠莲
刘　青　李智慧　张俊巧　王艳红　仇　颖
赵会霞　刘思光　王茂美　赵丽华

应用化学（工学硕士）

武文娟　田爱霞　李生华　徐未未　韩　勇
黄晓玲　刘德忠

环境科学（工学硕士）

高慧丽　齐晓华　班　旻　袁　嵘　李　芸
李荣强　李　柯　李玉蓉

环境工程（工学硕士）

薛红弟　李　韧　刘志鹏　李晶欣　陈克龙
郑国锋　常梦媛　胡建阁　李　旭　钟志明
周艳玲　张　蕾　李兆辉　何　颖　王彦玲
贾杰林　王秀荣　吴　泽　乔海兵　姜桂莲

应用数理学院（合计51人）

基础数学（理学硕士）

高　立　胡　琳　杜相品　张　欣　杨冬梅
黄桂芳　付小叶　赵永彩　刘　勇

概率论与数理统计（理学硕士）

王莉丽　杨旭华　韩小琴　朱荣锋　姜　玉
闫长华　郑晓光　许方敏　于　汇　梅尼亚

应用数学（理学硕士）

冯韬略　董庆华　李　琳　翁景然

运筹学与控制论（理学硕士）

陶小龙　王艳伟　赵　涛　于瑛英　李步军
高美娟　刘　伟　唐朝君

理论物理（理学硕士）

李留记　张　莹　翁　钢

凝聚态物理（理学硕士）

刘　锴　朱学文　王俊萍　李　政　郑　坤
孙桂芳

光学（理学硕士）

冯升同　杨　然　毛丽琴　晏爱琴　王　博
闫　岩　阮一凡　王智群　邓永生　蒋安恩
董　波

激光工程研究院（合计20人）

光学（理学硕士）

房明星　王　伟　张　彪　王克俊　魏剑维
朱效立　王　伟　王　菲　任晓东　任　锋

光学工程（工学硕士）

郭　丽　李晓芳　金培有　夏军海　李占峰
于振龙　张　麟　王益泉　岳灿甫　杜国军

计算机学院（合计108人）

计算机软件与理论（工学硕士）

狄晓菡　李　媛　吴连祥　刘　洋　崔保红
李　悦　李迎新　姜　梅　伍智平　赵鹏万
刘　伟　沙志强　余建平　王遵刚　鲁　杰
翟　俊　曾　希　任　宇　卞玉芳　杨　磊
邓　星　赵　研　郑志德　李宏平　邸凤萍
丁凤梅　李丙强　哈　达　肖　冰　张欣欣

廖　伟　苌彩卿　孙　宁　王善良　尤春梅
张银霞　王　鹏　辛　铮　夏婷婷　韩　琦

计算机应用技术（工学硕士）

高　峰　吕博学　李　婷　朱晓雪　刘　巍
纪　霞　李秀荣　王　芳　李朋乐　张　涛
王　楠　闫　柱　刘桂平　窦宏辰　何秀强
乔　治　郭少峰　李志敏　余志宇　谢　刚
钱大伟　郑　爽　赵乃东　张　辉　范文新
吴海丽　祝彦会　朱　娜　吴文艳　李荣甫
朱文辉　颜　慧　陈友良　于伟滨　刘玉栋
孙　磊　张书胜　张本锋　岳文颖　刘铭钊
刘志云　葛春宝　邢明杰　张　群　舒真才
秦红武　王　琤　郭金铜　秦旭果　李敬华
高　勇　刘慎增　豆风雷　张正国　王玉田
苏世前　郑红娟　王金忠　周治紧　李　璟
袁　媛　孙晓伟　曹一生　吴月刚　乔晓梅
肖晓婷　季鹏飞　刘国华

材料科学与工程学院（合计 80 人）

材料物理与化学（工学硕士）

路朋献　王　亮　李　瀛　宋志强　程　洁
陈轶平　荣延栋　刘立英　杜永胜　周怀恩
李海钧　高　卓

材料学（工学硕士）

孙新玉　董　杰　郝雅莉　张瑞艳　张伟彬
顾雪慈　孙宏亮　徐　娜　姜春生　赵北龙
陈增祥　马明霞　赵军锋　毛建伟　刘志民
朱序东　宋晓辉　刘　延　秦林波　刘　丽
张　丽　袁岩兴　高金萍　毕安园　彭　振
张霄凤　张余莉　郝世明　迟　静　李　娜
张　虹　侯淑玲　王文涛　王晓芳　钟　飞
杨　鹏　古　昕　姬永成　刘　星　张亮亮
索也兵　朱雄才

材料加工工程（工学硕士）

苏建中　曾　华　吴焕荣　吉　玲　张福礼
刘海霞　阎红亮　郭晓峰　孟　辉　任彦斌
焦标强　张　航　韩　飞　王志升　杨录东
齐鑫哲　李卓华　李国栋　王三良　李　昊
李　璧　周华彬　陈永刚

材料加工工程（工学硕士）

张盛海　田　盛　康　黎

经济与管理学院（合计 51 人）

国际贸易学（经济学硕士）

刘媛媛　刘海燕　董姗姗　张争云　王鹏飞
高　辉　底晓红　史献辞　贾双苗　赵　娟
马一佳　余　艳　赖晶晶　徐　明　杨　春
陈春霞　张　璐　江俊瑞　吴芳芳　田　丽
赵喜生　石丽君　吕盈盈　段红娟　郭文娜
李　丹　饶　华　高艳青　郁　华　邹　超

管理科学与工程（管理学硕士）

李　娜　刘晓庆　窦　婺　江　剑　谢桂生
刘　刚　闫宪新　周红根　夏　威　王　卉
裴　蓓　田　岗　李　阳　叶凯丰　张　娜
阚先胜　杜　峰　胡占军　崔风暴　周洪芳
宋恒继

生命科学与生物工程学院（合计 5 人）

流体力学（工学硕士）

刘春莉　杜　旭　顾海华　刁　越　高　松

北京工业大学 2005 年授予同等学历人员硕士学位名单（合计 48 人）

其中：授予工学硕士学位 27 人，管理学硕士学位 21 人。

电子信息与控制学院（合计 3 人）

模式识别与智能系统（工学硕士）

马栋萍　王　暄

控制理论与控制工程（工学硕士）

于建均

建筑工程学院（合计 6 人）

结构工程（工学硕士）

宋　振

交通运输规划与管理（工学硕士）

桂　滨　陈　龙　杜建中　马　昊　任贵海

环境与能源工程学院（合计2人）

环境工程（工学硕士）

万运良

应用化学（工学硕士）

张明恂

计算机学院（合计16人）

计算机应用技术（工学硕士）

曹金璇　李泽林　岳　涛　金君飞　孟献瑞
邓素娟　董宝晔　王剑斌　田　力　吕　效
岳维松　金　蕾　王笑旻

计算机软件与理论（工学硕士）

郑伟良　张爱岭　张　旭

经济与管理学院（合计21人）

管理科学与工程（管理学硕士）

乔国庆　周荣勇　纪　玲　杨志慧　韩　鹏
王　忠　李　新　贾荣言　薄　涛　刘力军
李文静　赵宗更　杜兴华　宋　伟　潘立勇
刘绍敏　马燕南　罗锦华　唐　华　崔建格
李剑玲

北京工业大学2005年硕士毕业生名单（合计729人）

机械工程与应用电子技术学院（合计73人）

工程力学专业

黄惠茹　李志建　于海源　白海波　陈雪花
韩文钦　张　轩

固体力学专业

崔彩琴　王　薇　胡争杰　唐乃梅　张恩平
卢绪智　张晓峰

机械制造及其自动化专业

周　峰　谭剑波　杨　攀　刘　辉　李　芳
董广谱　赵荣霞　刘守常　周顺生　牟岳泰
赵永军　张世珍　聂应新　李方军　董得义
那洪洋　李新燕　何方军　吴光中　岳中军
郭　宇　李　伟　范卫华　贾旭巍　张　第
杨小勇　吴　宁

机械电子工程专业

徐玉龙　郎洪致　余　义　刘洪涛　高彦章
马青宇　孟　涛　杨士明　毕晓东　冯　瑶
熊　巍　管长乐　李　颖　张思祥

机械设计及理论专业

宋小康　陈　祎　宋春枝　王　海　韩爱龙
孙为民　邓扬明　么学宾　展雪萍　陈知泰
杜海山　曹久梅　杨延峰　陈建华　张玲爱
张　雷　洪　永　陈东海

电子信息与控制工程学院（合计101人）

电路与系统专业

马秀莹　张　泓　王青芝　刘　磊　于　慧
王亚丽　袁　通　黄庄庄　何爱香　潘　登
肖友应　张　晶　梁东山

微电子学与固体电子学专业

李　杰　魏顺宇　陈永利　张　浩　徐立国
周　屹　王红航　李　冰　阮　颖　付厚奎
刘黎明　金文贤　孙越辰　胡小玲　吴淞波
阳启明　高铭洁　李振国　吴晓鹏　王　昆
朱佳辉　李　萌　刘彤芳　王继祥　马丽娜

控制理论与控制工程专业

王兆赓　邢志凤　薛华明　崔云飞　杨　敏
孙丰军　张　燕　朱俊岭　周　游　王　彬
王智霞　刘云江　孙新雨　陈　丽　钟宜亚
林　桢　李　巍

检测技术与自动化装置专业

王　凯　成　巍　张小全　李文忠　刘续建
贺彦峰　谢修祥　路高磊　谷威昭　董铁庄
张　娟　齐咏生

模式识别与智能系统专业

孙云燕　余　颖　钱　征　赵国鑫　刘　伟
杨贝贝　张玉梅　颜　镝　林　海　朱云华
王瑞霞　郭继业　李庭贵　朱铭琳　王文军

信号与信息处理专业

刘　勋　王　焱　江　臻　李　岩　孙居颖

卢　峰　柳　燕　白燕宁　王贵平　赵　祎
陈　强　孔　潇　庄新月　梁作宇　王尔丹
段　冶　张　堃　张　立　孙慧平

建筑工程学院（合计 101 人）

结构工程专业

张　娥　张国忠　刘　琳　凌和海　曹子立
孙　立　史艳胜　石重贵　王雪芹　牛东旭
茹　洋　郭晋强　包　程　张文娴　夏　可
潘旭亮　孙春燕　刘忠昌　许　晶　王　涛
曹力强　王柯斯　张哲伟　张清海　向琴琴
王晓琳　李秀芬　东　芳　杨兴民　许世涛
郎丰华　孟　剑　张志强　刘　伟　卢小文
葛惠娟　刘刚锋　杨淑玲　吕　涛　米　然
关　宇　李学良　常广勋　夏书丹

市政工程专业

方　琦　李玉新　周　平　扶志远　刘江涛
霍守亮　王　雷　刘　阔　刘　亮　朱现信
杨海燕　张　韵　李亚文　楚尚天　梁　鹏

供热、供燃气、通风及空调专业

高　辉　李香玲　张　娜　武海琴　孙　萍
曾　源

防灾减灾工程及防护工程专业

郭　军　王　利

桥梁与隧道工程专业

郭　南　黎泰良　刘　颖　陈　泉　魏良军
何　欢　潘宝林　陈　挺　王东杰

交通运输规划与管理专业

邵　洁　王书灵　王　方　宿官忠　石开云
薛金刚　李秀文　顾九春　冯天科　李　辉
李　凯　梁美权　宁华忠　刘洪启　李　辉
钟连德　宋　延　秦焕美

道路与铁道工程专业

林乐彬　丛英爱　王　磊　元海英　王　昕
穆占领　张育宏

建筑与城市规划学院（合计 21 人）

建筑设计及其理论专业

孙　跃　陈　思　张　颖　陆严冰　郑　菲
杨海智　任　蕾　牟连臣　郭　杨　储　丹
高岩浩　张剑宏　任晓天　张　悦　蒋凌志
李　超　乔明策　李　丽　易　涛　谷　禾
李　彬

环境与能源工程学院（合计 64 人）

热能工程专业

钱伟民　李　兴　马坤全　韩宇石　杜振财
吴智慧　王瑞峰　郝丽珍　杨志刚　丁君涛
李　晶　高瑞恒　杜春旭　李卫华　郭　建
何　曙　李　超　尚　炜　冯　娜　孙翠莲
刘　青　李智慧　张俊巧　王艳红　仇　颖
赵会霞　刘思光　王茂美　赵丽华

应用化学专业

武文娟　田爱霞　李生华　徐未未　韩　勇
黄晓玲　刘德忠

环境科学专业

高慧丽　齐晓华　班　旻　袁　嵘　李　芸
李荣强　李　柯　李玉蓉

环境工程专业

薛红弟　李　韧　刘志鹏　李晶欣　陈克龙
郑国锋　常梦媛　胡建阁　李　旭　钟志明
周艳玲　张　蕾　李兆辉　何　颖　王彦玲
贾杰林　王秀荣　吴　泽　乔海兵　姜桂莲

应用数理学院（合计 50 人）

基础数学专业

高　立　胡　琳　杜相品　张　欣　杨冬梅
黄桂芳　付小叶　赵永彩　刘　勇

概率论与数理统计专业

王莉丽　杨旭华　韩小琴　朱荣锋　姜　玉
闫长华　郑晓光　许方敏　于　汇

运筹学与控制论专业

陶小龙　王艳伟　赵　涛　于瑛英　李步军
高美娟　刘　伟　唐朝君

应用数学专业

冯韬略　董庆华　李　琳　翁景然

理论物理专业

翁　钢　李留记　张　莹

光学专业

冯升同　杨　然　毛丽琴　晏爱琴　王　博
闫　岩　阮一凡　王智群　邓永生　蒋安恩
董　波

凝聚态物理专业

刘　锴　朱学文　王俊萍　李　政　郑　坤
孙桂芳

计算机学院（合计108人）

计算机软件与理论专业

狄晓菡　李　媛　吴连祥　刘　洋　崔保红
李　悦　李迎新　姜　梅　伍智平　赵鹏万
刘　伟　沙志强　余建平　王遵刚　鲁　杰
翟　俊　曾　希　任　宇　卞玉芳　杨　磊
邓　星　赵　研　郑志德　李宏平　邸凤萍
丁凤梅　李丙强　哈　达　肖　冰　张欣欣
廖　伟　苌彩卿　孙　宁　王善良　尤春梅
张银霞　王　鹏　辛　铮　夏婷婷　韩　琦

计算机应用技术专业

高　峰　吕博学　李　婷　朱晓雪　刘　巍
纪　霞　李秀荣　王　芳　李朋乐　张　涛
王　楠　闫　杜　刘桂平　窦宏辰　何秀强
乔　治　郭少峰　李志敏　余志宇　谢　刚
钱大伟　郑　爽　赵乃东　张　辉　范文新
吴海丽　祝彦会　朱　娜　吴文艳　李荣甫
朱文辉　颜　慧　陈友良　于伟滨　刘玉栋
孙　磊　张书胜　张本锋　岳文颖　刘铭钊
刘志云　葛春宝　邢明杰　张　群　舒真才
秦红武　王　琤　郭金铜　秦旭果　李敬华
高　勇　刘慎增　豆风雷　张正国　王玉田
苏世前　郑红娟　王金忠　周治紧　李　璟
袁　媛　孙晓伟　曹一生　吴月刚　乔晓梅
肖晓婷　季鹏飞　刘国华

材料科学与工程学院（合计77人）

材料物理与化学专业

路朋献　王　亮　李　瀛　宋志强　程　洁
陈轶平　荣延栋　刘立英　杜永胜　周怀恩
李海钧　高　卓

材料学专业

朱雄才　孙新玉　董　杰　郝雅莉　张瑞艳
张伟彬　顾雪慈　孙宏亮　徐　娜　姜春生
赵北龙　陈增祥　马明霞　赵军锋　毛建伟
刘志民　朱序东　宋晓辉　刘延秦　林　波
刘　丽　张　丽　袁岩兴　高金萍　毕安园
彭　振　张霄凤　张余莉　郝世明　迟　静
李　娜　张　虹　侯淑玲　王文涛　王晓芳
钟　飞　杨　鹏　古　昕　姬永成　刘　星
张亮亮　索也兵

材料加工工程专业

苏建中　曾　华　吴焕荣　吉　玲　张福礼
刘海霞　阎红亮　郭晓峰　孟　辉　任彦斌
焦标强　张　航　韩　飞　王志升　杨录东
齐鑫哲　李卓华　李国栋　王三良　李　昊
李　擘　周华彬　陈永刚

经济与管理学院（合计51人）

国际贸易学专业

刘媛媛　刘海燕　董姗姗　张争云　王鹏飞
高　辉　底晓红　史献辞　贾双苗　赵　娟
马一佳　余　艳　赖晶晶　徐　明　杨　春
陈春霞　张　璐　江俊瑞　吴芳芳　田　丽
赵喜生　石丽君　吕盈盈　段红娟　郭文娜
李　丹　饶　华　高艳青　郁　华　邹　超

管理科学与工程专业

周洪芳　李　娜　刘晓庆　窦　娶　江　剑
谢桂生　刘　刚　闫宪新　周红根　夏　威
王　卉　裴　蓓　田　岗　李　阳　叶凯丰
张　娜　阚先胜　杜　峰　宋恒继　胡占军
崔风暴

激光工程研究院（合计23人）

光学专业

房明星　张　彪　王克俊　魏剑维
王　伟（S200213003）
朱效立　王　菲　任晓东　任　锋
王　伟（S200213008）

光学工程专业

郭　丽　李晓芳　金培有　夏军海　李占峰
于振龙　张　麟　王益泉　岳灿甫　杜国军

材料加工工程专业

张盛海　田　盛　康　黎

生命科学与生物工程学院（合计5人）

流体力学专业

刘春莉　杜　旭　顾海华　刁　越　高　松

北工大分部（合计23人）

水工结构工程专业

刘海田　闫治国　张　伟　宋远齐　黄志望
周积果　刘文田　刘　强　崔　焰　徐黎明
张晓琳　李　菲

水利水电工程专业

孟令刚　赵德锋　来海亮　刘　云　郑　捷
韩　栋　刘伟江　张　芳

水力学及河流动力学专业

李大庆　马志高　曹　进

软件学院（合计 32 人）

软件工程专业

方根节　赵艳苹　何东杰　张书兵　陈宝强
钱义力　杨星飞　代芬芳　徐多全　李海波
王常义　宁　彬　文昌宏　刘述钢　陈晓峰
陈义明　潘新阳　李国云　杨国建　曹海平
吴剑刚　廖波涛　李桂平　杨志明　蔡　军
陈军峰　朱希霞　卫凤林　刘知刚　周二强
王　立　王育哲

北京工业大学 2005 年授予工程硕士专业学位人员名单（合计 252 人）

机械工程与应用电子学院（合计 32 人）

机械工程

吕丰足　王　惠　杨冬梅　冯　峥　潘玲珍
崔春花　李　健　王新垒　孙春杨　马玉彬
赵堂春　王文奎　李　奎　段亚军　杨　莹
周江林　田　芳　陈　洁　聂文燕　丛俊歌
李小富　朱晓星　纪玉龙　侯智宝　孟永彪
陈忠宽　葛富强　路宝新　闫旭东　杨　琳
杨清香　伊里哈木·阿布都热木

电子信息与控制学院（合计 29 人）

电子与通信工程

王夏莲　张学军　龚馨宇　李　辉　张　力
刘海涛　宋公一　王玉香　李德成　苏　玮
阎利宏　杨广武　吴　颢　曹文轩　王　跃
孙荣山　谷文元　杨振华　张新海　田庆龙
黄冬青　刘正耀　庄　严　苏玉江　徐　泳
秦　静　张明莉　黄景峰　刘晓晖

建筑工程学院（合计 23 人）

建筑与土木工程

倪　真　铁　铮　吴永红　甘学庆　田永胜
伍中平　闫朝晖　赵先忠　陈　勇　柴艳冬
张家年　赵普彤　王　斌　李树新　赵广庆
李志敏　李仲玉　刘惠河　贾海鹏　罗力勤
魏　涛　吴朝建

交通运输工程

徐立泉

环境与能源工程学院（合计 16 人）

环境工程

周莉莉　陈蔚勤　刘红涛　彭　静　张田莉
高　展　朱　江　赖穗欢　张成祥　杨庆彬
许　桦　杨宝玉　刘　霞　刘桂军　王向华
王　敏

计算机学院（合计 22 人）

计算机技术

杜俊菊　周俊杰　张旭红　陈卫红　鄢小平
周永胜　郭　鸿　孔　杰　钱宏雄　曹伟民
吴　琦　樊海青　魏坚华　赵晓宁　闫文池
崔　越　沈　巍　孙中原　雷红旗　胡　星
谢来义　宁　晨

材料科学与工程学院（合计 16 人）

材料工程

刘玉兵　李应权　郑明辉　曾大凡　玉　芬
王晓红　刘荣光　高　原　胡云林　郑朝华
刘光华　陈明芳　徐　晖　崔　琪　单莲英
刘春山

软件学院（合计 114 人）

软件工程（含 32 人学历硕士）

方根节　赵艳苹　何东杰　张书兵　陈宝强
钱义力　杨星飞　代芬芳　徐多全　李海波
王常义　宁　彬　文昌宏　刘述钢　陈晓峰
陈义明　潘新阳　李国云　杨国建　曹海平

吴剑刚　廖波涛　李桂平　杨志明　蔡　军
陈军峰　朱希霞　卫凤林　刘知钢　王　立
王育哲　周二强　孙金海　蔡希悦　胡　蒂
佘贵清　俞　敏　王金国　朱晓平　高哲川
马　蔷　陈　伟　孟昭勇　高雪园　张彦军
付　力　田　丰　任　旻　韩卫平　彭斯特
虞　锋　纪　叶　任启财　郑琳曦　李　澄
李秀夫　付　东　石恒华　刘宏光　李俊华
姚　晔　谢列妮　雒京蓉　张铁钢　赵　治
王　洋　王卓峥　张志军　赵　焰　陈　晨
孙　炎　季景书　李　晶　孙　铮　杜云云
张　强　肖立群　魏　威　吴　旭　许　琦
王　燕　欧岩亮　王永生　孟　宇　姬立中
徐　威　查　颖　肖赟泓　牛华伟　王熊彬
刘　欣　胡　博　宋天童　李　俊　于瑞华
安琳琳　邢　钧　杨心智　成红锋　赵传智
朱　蕾　胡丽丽　高宏宇　高建伟　李石头
郑　倩　范　毅　付　冬　秦　波　张　润
邬红波　郭永江　杨丽莉　乔　峰

（研究生部　提供）

北京工业大学2005年本科毕业、结业生名单

说明：

(1) 2005年北京工业大学共有本科、专科（高职）毕业、结业生3721人，其中本科毕业生3244人，本科结业生43人，专科（高职）毕业生433人，专科（高职）结业生1人。

(2) 本名单按照姓氏笔画排序，按照学院、学历层次、专业分类。

机械工程与应用电子技术学院

测控技术与仪器专业（四年制）

毕业生（41人）

万晨鹿　于　舰　马玉衡　王　岑　王　寅
王　璐　白　宇　刘　兰　刘　轩　刘京京
刘诗涛　刘振宇　刘莹莹　刘　超　刘　溯
吴志成　张　旭　张旭明　张　昱　张　洋
张　晨　李晓亮　李　磊　杨媛媛　杨　晶
沙　磊　陈　超　周　凯　周晶琳　林　喆
范继鑫　俞　超　姚宏磊　胡婷婷　赵　虹
聂　军　贾翼鸥　蒋家慧　韩　潇　路　燕
谭鹏飞

安全工程专业（四年制）

毕业生（34人）

马　宁　王　妍　王培军　王　靓　王　静
王　毅　王毅明　王　磊　车　跃　冯思伟
任艳平　关　睿　刘　童　孙　博　孙婷婷
安　雷　朱　君　何艺超　吴佳谦　张　华
张　莉　张　瑾　张　檬　李　乐　李润石
周　莉　周奡磊　郑　宇　金云海　康　铠
曹　琦　黄　鑫　彭　浩　魏珊珊

机械工程及自动化专业（四年制）

毕业生（89人）

丁　丁　万　鸣　于　波　马　谦　孔令君
王　旭　王　亮　王　烨　王　淼　王　程
兰宁波　冯天霖　冯　伟　叶小青　田　杨
田　果　石里男　石　哲　刘　鑫　孙月明
孙志宏　孙　虎　孙　莹　孙　磊　孙震宇
安克明　朱　凯　米　威　宋　玮　张　宇
张剑峰　张荣男　张　健　张晓亮　张　涛
李天苑　李　旸　李岩松　李　征　李　环
李雯婕　李　想　李颖群　杜宜纲　杨　林
杨　浩　杨　巍　邱　祁　陈　宁　陈　龙
陈　祯　陈　楠　周　丹　林　麟　欧阳宇
苗　雷　段　超　洪　欢　胡月飞　赵　亮
赵敬元　赵　颖　赵　磊　闻　伟　候　琳
徐　昊　徐　璐　聂　晶　郭　洋　寇　磐
崔达伟　崔　斌　康　伟　梁　旭　梁志侠
梁佳欣　黄　磊　黄　鑫　彭明宇　程宝超
程　巍　董新超　蒋　斌　韩宝辉　韩朝慧
鲁家良　蔡　斌　蔡　赫　薛利刚

机械设计制造及其自动化专业（四年制）

毕业生（2人）

王　禹　谭长征

结业生（2人）

刘　锋　陈　洋

过程装备与控制工程专业（四年制）

毕业生（31人）

王　峥　王　晶　史小艺　刘　泱　刘紫监
吴　宁　宋　光　张子祺　张　业　张　贺
张晨曦　张　燚　张　曦　李子晨　苏传雨
苏　博　迟　宁　邸　楠　周旭东　周　瑞
周　璐　范　炜　姜校南　洪　毅　赵广宁

陶　亮　高文宇　高　海　焦丽君　赖伟彬
霍志强

电子信息与控制工程学院

电子科学与技术专业（四年制）

毕业生（100人）

于　萌　牛玉婷　王立芳　王　伟　王师锐
王　炜　王　勐　王　斌　王　鹏　王　赫
王静涵　王澎成　王　磊　王　燕　司继光
左　越　左　睿　石志刚　石　瑞　石　磊
全　威　刘　成　刘　希　刘　纲　刘　洋
刘　健　刘　琳　吕文卓　孙艺林　孙　昊
巩　怿　延　珂　汤　肖　许小蕾　许　超
闫　浩　余胜尧　吴文皓　吴　迪　宋　迪
张一婧　张乃燃　张广锁　张　帆　张　佳
张　杰　张　胤　张　莉　张　跃　张　童
张　震　李永灏　李志强　李晓超　李晨光
李　森　李　淼　李　璇　李　璇　杨　倩
杨　浩　陈　鑫　卓大成　单子赢　周　楠
孟　昊　季　昂　屈又磊　武　超　范　琳
侯　佳　侯思文　段　毅　胡子一　赵　宁
赵来阳　赵　翔　赵　谦　郝　滨　陶　涛
商海明　彭振宇　彭　强　温　泉　游雪兰
董博雅　蒋文静　蒋建伟　韩　爽　路晓楠
雷依里　廖　柯　管　伟　蔡晓丹　阚铭铭
滕　飞　潘学蕾　潘海鑫　薛探赜　霍　超

结业生（1人）

苏　鸣

电子信息工程专业（四年制）

毕业生（186人）

于　洋　于　滈　于　璐　马大伟　马　宁
马　妍　毛　诚　毛　嵘　牛军利　王　飞
王占粮　王　伦　王宇清　王　妍　王建伯
王　欣　王晓晖　王晓森　王　涛　王　翀
王　旌　王晨辰　王　焘　王　铮　王　斌
王　晶　王　超　王燕蒙　付　蓉　兰　岚
冯　炎　冯　萌　包振华　卢　纯　厉　浩
田　华　田红星　白　帆　白　鹏　石　杰
任大桅　任　旭　刘广智　刘利民　刘金鹏
刘　星　刘柳柳　刘　娟　刘　恋　刘晓江
刘博仑　刘　锋　刘霁暄　向　珂　吕　巍
孙　立　孙华佳　孙　凌　孙　晃　孙喜龙
孙　薇　师　毅　江雯雯　纪自强　那　奇
闫　硕　何　亮　吴　雪　宋　伟　宋　佳
宋　煜　张　正　张亚鑫　张　旭　张　旭
张　利　张　欣　张　彪　张　涛　张　晶
张　楠　张　溪　张　蔚　张德智　张　璐
李　冬　李　可　李宇鹏　李成喆　李　旭
李　欧　李　迪　李青田　李树超　李晶晶
李　琰　李　鹏　李　毅　李　巍　李　巍
杨文嘉　杨　帆　杨　志　杨松青　杨　锐
杨　雍　杨　颖　杨　蕾　汪　军　沈　宇
肖　彤　肖金萍　肖　桐　苏　鑫　邵建东
邹昕威　陆　翔　陈丽伟　陈春朋　陈登宇
单　明　周文琦　周　亮　孟　威　尚　好
屈元举　庞　景　林世凯　武成刚　武　迪
范明非　范晓轩　范　谦　郑亚博　郑　江
郑　毅　金世瑶　金　鑫　侯永山　侯　佳
姚水音　段林仲　胡　勃　胡海鹏　贺　清
赵天雪　赵　冉　赵永明　赵春革　赵　斌
赵德生　唐继光　席瑜淑　徐　杰　徐　炯
徐　磊　柴　迪　袁　怡　贾　丹　郭　宁
郭柳宾　郭　浩　郭尊朋　郭鼎盛　钱良旭
陶　程　顾　宇　康维钧　接桂馨　曹　征
黄永佳　黄　杉　黄　晓　孟董轩　董　培
蒋宇峰　蒋　涛　蒋燕黎　韩　超　訾华里
靳晓彬　蔡　渊　黎　明　穆全宝　薛尚文
魏　伟

结业生（5人）

王歆伟　赵　扬　赵慧丹　高　飞　穆　迪

通信工程专业（四年制）

毕业生（101人）

丁　烨　于海涛　马志宇　马晓铭　马　楠
孔祥元　王少晨　王丽娜　王松洁　王金涛
王涓涓　王敏越　王　跃　王　铮　王新悦
王　颖　邓　鹏　冯子艳　古晓航　叶永学
尔　宾　乔　娜　乔　梁　刘玉岩　刘　禹
刘靖宇　刘　颖　孙　杨　朱珊珊　许晓耕
何杰峰　何英楠　何　雁　余　扬　初　泽
吴　迪　吴　琼　宋颐岚　张　凡　张　伟
张　科　张　葆　张锦章　张　鹏　张　磊
李龙楠　李优优　李　京　李诗白　李　濛
李筱婷　杜　娟　杨　淇　肖凤磊　肖　冰
陈之义　陈　楠　周　昀　周　知　周婧荣
周梁瑞　周　雅　林　楠　虎　跃　侯长怡
彦　楠　胡　可　胡国彪　贺　琳　贺嘉杰
赵　芃　赵孟凯　赵　岩　赵林才　赵碧洋
郝金鑫　郝　恭　郝　薇　唐淑娟　徐　冬
徐连杰　徐　露　柴　森　贾　徇　郭聿佳
高　宇　高　陆　高轶鹏　曹　劼　曹美玲
惠　明　焦　扬　焦德海　葛　洋　谢　晓
甄欣宇　谯英鹏　滕　悦　薄　玮　戴　健
魏晓红

自动化专业（四年制）

毕业生（175人）

丁冉　马辰威　马连国　马蕊　孔叶萌
王文思　王占仓　王玉　王宇　王旸
王芸　王学志　王玥　王玲　王惟
王维斯　王雪　王强　王强　王辉
王颖　王磊　王磊　王燕泽　王璐
邓文博　卢山　史建鹏　叶茂　叶斌
左麟　田志刚　田晓云　石林　石悦
乔磊　关超　刘帅　刘玉宾　刘宇
刘扬　刘宏钰　刘旸　刘经纬　刘柏涛
刘洋　刘洋　刘喆　刘越　刘辉
刘锋　刘锐利　刘靖　刘磊　刘巍
孙坦　孙磊　孙磊　安然　朱京鎏
许枫　许超　阮铮　吴凤涛　吴艳苹
宋威　宋钦　张大鹏　张申　张立京
张汝成　张纪文　张希诺　张建鹏　张承
张勇飞　张烁　张珊珊　张海楠　张晶
张超　张鲁　张鹏　张磊　张蕊
张鹤　李文博　李宇杰　李扬　李侃
李林　李玥明　李畅　李洋　李家
李晓平　李航航　李婧　李爽　李猛
李超　李璐　杨帅　杨利　杨洋
杨艳民　杨硕　汪浩　沈旭　肖坤
邱洋　邵斌杰　邹鹏跃　闵磊　陆伟
陈亮　陈鑫　周晓峰　宗立志　林恒源
武正中　武岳　武林　武美艳　武潇
金海　姚远　娄海凌　施涛　施鸿炜
段郁　段然　种霄剑　贺陈　赵灵翼
赵晗　赵珺　赵菲　赵晶晶　赵楠
赵雍骞　钟璇　倪培　唐朝　夏青青
徐龙　徐华　海洋　涂源　索克
耿一萌　贾妮　贾儒　郭凡　郭旭
郭巍　陶磊　高志营　崔宜松　崔超
黄乐　黄杰　黄欣　温永国　焦晨鸣
董嘉健　韩迪　鲁琦　解乐　解杨
靳以功　臧春泉　滕玥　魏杰　魏满华

结业生（3人）

毕志恩　林伟铭　高明庆

建筑工程学院

土木工程（交通土建工程）专业（四年制）

毕业生（28人）

马威　牛犇　王宝义　王威　王泉
边涛　刘枫　朱冠雄　朱琳　张中钰
李丹　李平　李欣　李磊　杨姗姗
杨思敏　果雪峰　哈剑　姜波　姜黎
赵亘　赵燕刚　索培　曹洪波　董杰
鲁小斌　隰文博　魏艳群

土木工程（建筑工程）专业（四年制）

毕业生（95人）

于伯祯　孔意　尹哲　文欣　牛增祥
王宇杰　王杨　王岩　王俊博　王勃
王珣　王磊　王曦　冯旺　冯茹
卢燕杰　司思宇　宁玉鑫　宁青全　宁铮
申峰　关新培　刘丹　刘思思　刘昱
刘茜　刘晓　刘硕　刘提　刘瑞
刘熙　吕军　孙俊岭　孙德恩　曲佳
朱岩松　朱爽维　那苓　何广斌　何雷
佘涛　佟博　张立森　张涛　张培
张嘉维　李文玲　李宗凯　李柏　李斯征
李皓　李超　李毅　杜环宇　杜娟
杜鹏　杨平　杨珉　杨梦　杨嘉春
杨蕾　单利强　周力威　周岩　周游
武威　范云鹤　郑丽娟　郑雨乔　金宜
金磊　段毅　赵婷　赵婷婷　徐淼
翁欣　贾兆伟　贾国清　郭利中　商志鹏
崔凡　崔琳　曹承　盛宇　符佳
龚程　傅彦青　彭倩倩　焦健奎　童鹏飞
韩旭　窦国钦　樊路　燕飞　穆买瑞

结业生（2人）

华夏　覃勤

土木工程（道路与桥梁工程）专业（四年制）

毕业生（6人）

万言　李哲宁　袁蕾　贾尚林　贾晓东
蔡培

建筑环境与设备工程专业（四年制）

毕业生（29人）

于晓丹　马爽　尹蓉　王志博　王罡
冯麓　刘云龙　祁威　邢飞　齐大威
吴跃翠　宋晶晶　李文　李凯　李森
李赫　罗绍钰　赵俊琦　郝烁　徐建鹏
栗东　高文博　高嵩　梁迪　惠斌
谢伟　谢斌　韩晓雪　蔡娜

结业生（2人）

杨海华　孟辉

给水排水工程专业（四年制）

毕业生（33人）

马媛　王庆军　王建胜　王磊　王馨
史文林　关砚冰　刘晓舟　刘媛媛　朱乐辉
齐国涛　张宁　张原　张海军　张莉
张楠　张磊　李伟　李洋　杨铭
宗海侠　郑宁　金蕊　姚川　段萌萌

胡　松　赵　谷　贾晨曦　崔星灿　董　超
董　蕾　潘　硕　魏　宁
结业生（2人）
周海思　秦　征
交通工程专业（四年制）
毕业生（35人）
王元希　王　昕　艾树波　刘　坚　刘　佳
刘倩文　孙　齐　孙惠萱　朱宇晶　朱娜娜
严　烁　李　飞　李　旸　李宜时　李　威
李　晶　杨　威　连　嘉　陈一凡　陈大琳
周　洋　杭亦非　林　爽　范青蓝　郑宁宁
俞宏熙　赵晓京　徐　亮　徐　嘉　柴　华
郭雪婷　曹玉璋　黄　杉　路　峰　谭东伟

环境与能源工程学院

环境工程专业（四年制）
毕业生（73人）
万　轶　马小爽　尹　璐　王　帅　王　伟
王光惠　王旭东　王　岩　王　海　王　梓
王雅楠　王　楠　王　靖　冯　宇　冯　超
田　甜　任海荣　刘一然　刘长彬　刘　伟
刘　宇　刘红梅　刘　硕　刘　魁　孙　爽
江　毅　何　鑫　张天昊　张　帆　张　京
张　晨　李　平　李　南　李敬成　李　超
杨　宇　杨彦彤　杨　涛　肖　松　邱京珊
陈雪云　尚荣嘉　林　毅　武震亚　罗　浩
范爱民　范　清　郑绪一　金　鑫　姚　燊
宫　悦　胡　征　胡　洋　贺建国　赵光宇
唐彦斌　徐文雯　聂　华　郭玉梅　郭建秋
郭　晨　高　炜　尉　鹏　曹　征　梁右宜
章辛夷　景　宽　程艾宁　葛　权　董　禹
韩昀峰　靳　军　潘　苗
结业生（3人）
王海宇　郧　琦　郝晓鹏
环境科学专业（四年制）
毕业生（32人）
刁新娜　尹绣程　王　阳　王　佩　王　哲
邓　玮　付川琦　冯　晶　叶会颖　叶春明
田　征　刘　爽　刘　朝　余怿晗　吴　旌
张　帆　李红霞　李　菁　李　球　杜学强
杨　涛　沈　婷　姚海彬　胡　博　唐　凯
海陆宇　袁珊珊　贾　铮　曹　杰　曹　莹
谢涓涓　魏　璐
热能与动力工程（汽车）专业（四年制）
毕业生（29人）
石福禄　崔　鸣　李春尧　刘　贺　裴　雷
武志鑫　郑孟磊　李　萌　吴　迪　张二宝
刘　亮　周　巍　王立军　汪志强　马　超
魏　威　马维维　马春成　何　超　黄　涛
王海明　马　原　谭罡风　潘非凡　程　涛
熊琪翔　陈　曦　马　骏　冀　超
结业生（5人）
刘　轩　朱　翼　周　桐　孟　超　靳万龙
热能与动力工程（制冷）专业（四年制）
毕业生（30人）
尹重华　王　佳　王　梓　王媛媛　冯　阳
孙　晨　朱晓冬　闫　宇　宋世琨　张　旭
张　迅　张　松　张　硕　张　超　张　曦
李　春　李　斐　杨　丹　杨　振　季　诚
季新冉　岳　臣　庞　盈　范　硕　徐　术
聂　岩　梁　伟　董燕龙　路　平　鲍德海
结业生（2人）
李志远　郑　奕
应用化学专业（四年制）
毕业生（33人）
王　冬　王　胄　王晓敏　王　莹　王　唯
王　婷　王　童　卢　鹏　卢鑫悦　刘丹頔
刘　宇　刘倞芳　刘　璐　吴　斌　宋文强
张　明　张　悦　张　涵　张　磊　李茂振
李　勃　李　钰　李梦楠　周圣煜　岳　薇
恽　悦　徐化龙　袁　轶　常　淼　彭九思
曾　佳　霍　昱　濮　天
结业生（1人）
王明辉

应用数理学院

信息与计算科学专业（四年制）
毕业生（108人）
于晓婷　于　磊　王大嵩　王　宁　王　刚
王　倩　王　悦　王淳薇　王　猛　王　琦
王雅静　王　新　王慧颖　王　巍　冯军凯
卢　鑫　史　磊　田　园　关　超　刘天煜
刘甲楠　刘　畅　刘　畅　刘致泰　刘　莉
刘颖楠　刘　鹏　刘　静　刘增科　华　量
孙　奇　朱　丹　朱　戈　朱晓磊　朱海涛
朱　涵　朱硕人　许　军　齐　萌　何　佳
吴　凡　吴　莹　吴　辉　吴　磊　宋广斌
宋　佳　张　文　张　冬　张　伦　张宗君
张俊伟　张博文　张翼翔　李玉成　李　昂
李思源　李　洋　李振宇　李　根　李　寅
李晨辉　李　奥　李　晶　李　曾　李　琛
李　超　李　源　李　頔　李　璇　杨　帆

杨奕 杨斌 肖骁 辛波 陈茜
陈晨 陈聪健 陈蕾 周学营 周建军
周菲 罗昱琦 侯锐 姚远 姜晓航
胡嵩慧 赵欣 赵捷 钟智鹏 钟磊
唐志雄 徐斯玉 徐辉 钱智超 高峰
高鹏 黄薇 傅岩 程长亮 董炜
谢婷 路宗威 翟阳飞 翟雪 蔡岩冰
樊涛 戴君 魏良辰

结业生（4人）

朱旭 张屹 陈骁飞 周立健

应用物理学（光电子与光通信技术）专业（四年制）

毕业生（1人）

李连克

应用物理学（光通信与光电子）专业（四年制）

毕业生（64人）

马宝骥 马麟祥 亢旭东 毛晓曦 王君
王岩 王林 王嘉淼 邓志远 冯雪
卢迪 刘勋 刘峥 刘硕 刘敬谦
刘超 刘鹏飞 吕靖 孙鹏 邢剑琛
吴涛 宋扬 宋玥 宋爽 张亦卓
张远 张莹 张跃伟 张斌 李少华
李北 李光 李维 杨义 沈唯真
花佳晨 邱方奎 陈江博 陈欣 周永佳
庞园园 武粤 郑岩 胡婉铮 赵庆
赵楠 徐航 徐朝辉 袁明 贾晟东
郭永吉 郭铁成 高兴华 常迪 康洪炜
曹金峰 梁旭 麻汀汀 龚启光 曾琼
程永为 管怡娜 翟千里 蔡迪

计算机学院

计算机科学与技术专业（四年制）

毕业生（376人）

丁一 丁辰 丁晶 刁黎黎 万元
万嘉 于天义 于懋 才佳 马云峰
马欣骅 马家鹏 马惠 丰哲 孔祥敏
孔德琳 尤嘉 尹乐 尹可 尹婷
尹鹏 毛艳 牛晨 王川 王文亮
王兰 王玉 王伟华 王帆 王妍
王抗 王轩 王佳文 王昊 王明帅
王玮 王冠 王珏鑫 王羿 王轶
王哲 王悦 王振宇 王晋嘉 王晖
王海波 王维 王婷 王然 王燕
王璐 王攀 王懿 邓环环 邓晓嘉
付庆岩 付博志 冯磊 司涛 宁为
田杉 田春爽 田野 白昊 白玥
白爽 石川 石淞铭 石磊 艾芃
艾鹏 任文景 任冉 任金钰 任哲
任陶 任魁 任震 刘小鹏 刘少棠
刘文宇 刘宁 刘宇 刘宇斯 刘辰
刘京华 刘国跃 刘建明 刘欣 刘莹
刘琳 刘琴 刘辉 刘源 刘腾
吕晶晶 孙宁 孙园 孙建昊 孙晓雯
孙艳良 孙晨 孙磊 庄凌峰 成立
朱文龙 朱宁 朱玉萍 朱智超 朱嗣子
汤林 汤磊 邢巍 闫少波 闫斌
齐莹莹 齐琳 何佳鸣 何其愚 佟伟
吴昊 吴昊 吴昙 吴泽 吴谦
宋戈 宋世鑫 宋洋 宋洋 宋盈
宋堃 宋磊 张大勇 张大巍 张可
张宁 张伟 张庆涛 张弛 张弛
张扬 张扬 张扬 张围 张志元
张远 张远洲 张钊 张岩 张建
张昊 张迪 张垚 张春男 张栋
张凌燕 张峰 张桐 张浩 张涛
张晨 张硕 张聃 张铮 张博轶
张婷 张晶 张琳 张禄 张翔
张滨 张照宇 张鹏 张鹏飞 张薇
张黛西 张曦 李义方 李子浩 李毛毛
李宁 李伟 李江 李志伟 李国光
李建明 李择一 李玥 李茂增 李亮
李响 李研 李贺 李健 李海彬
李航 李硕 李维 李萌 李淼
李琦 李琰 李皓 李超 李超
李槐 李增辉 李毅 李磊 李蕊
李薇佳 李巍 杨帆 杨帆 杨帆
杨昉 杨玥珑 杨祎 杨金昭 杨娟
杨晓芸 杨涛 杨萃 杨路 杨磊
汪璞 沈珺 沈燕明 肖杰 肖瑶
肖蔚 芦思超 苏航 苏渺 邱奇
邱思达 邵飞 邵丹 陈飞 陈方
陈世鑫 陈艾丰 陈光 陈宇 陈洁
陈洪涛 陈钢 陈潇 陈曦璐 单欣
周峥 周洁荣 周凌 周鹏 孟娜
孟彦 孟艳 宗晓 尚文博 杭丹丹
欧辉 武斌 罗媛媛 罗磊 苑晨
范伟彬 范智鹏 郎超 郑义 郑亚
金伟 金艳洁 俞晓鹏 姜小楠 姜炜
姜宾 娄渤 施恩 段斌 禹童威
胜苏 胡奇 胡泊 胡轶 要克俭
赵凡 赵迅 赵阳 赵彤 赵明宇
赵春色 赵康 赵斌斌 赵嘉 赵鑫
郝婧姝 钟光辉 唐少伟 唐恒亮 唐珂
唐淼 奚璐 徐刚 徐希铮 徐坤

袁洁皞 袁婷 袁璞 贾大伟 贾世聪
贾宗杰 贾萱 郭丹华 郭旭 郭林
郭玮 郭晓 郭巍 顾夏辉 高晓宁
高莹 高鹏 高曦 寇琪 崔达
崔岩 崔明 崔玮 崔鹏 常浩
康亚滨 康晓宇 曹大鹏 曹金明 曹阔
曹鹏 梁超 黄佳彦 黄轶挈 黄铮
黄源涛 彭浩男 彭超 彭鹏 温康婧
焦岩 焦燕 董文彬 董希伟 董斐韬
董量 蒋凌 覃枫 谢优 谢依林
谢维 谢景燕 韩旭 韩锋 鲁小石
路涛 路继亮 靳立新 靳威 慕健
熊盼 翟冉 蔡航 樊琼 黎超
戴亚楠 戴玮 戴娜 魏墨卿 魏磊
魏巍

结业生（7人）

王堃 孙羿 朱新颖 李阳 郑双江
崔文浩 窦喆

材料科学与工程学院

材料科学与工程专业（四年制）

毕业生（89人）

于力 于欣 于家 于蕊 马立民
马轶 方齐 王一然 王子印 王玙
王苗 王晓丰 王梓 王然 王颖
乔旭 刘丹 刘旸 刘玮玮 刘思远
刘思佳 刘宵 刘嘉 刘漪 孙羽迪
孙爽 朱博 余正文 张小迁 张月
张乐 张丞 张玮 张思洋 张浩
张莉丽 张雷 张慧明 李乃苗 李廷良
李李 李杨 李佳松 李建奎 李彦
李洋 李赫 杨薇 杨璐 沙路
肖伟民 辛丽颖 连钠 陈峰 孟欣
尚悦 武芳 罗俊杰 罗海鑫 郑冉
郑杉杉 侯艳婷 姚佳 施磊 赵旭东
赵坦 赵秋颖 赵曦 郝军 钟岳
徐广臣 徐丽萍 徐赫 袁俊杰 贾磊
郭旭 常雷 康瑶 曹怡 黄建荣
黄梓俊 程珊 程晓璐 董鹏 韩亚东
谭天 薛明辉 霍小俊 戴博

生命科学与生物工程学院

生物医学工程专业（四年制）

毕业生（23人）

刁伯阳 马喆 马楠 冯磊 石婷
刘佳辉 刘明 刘鎏 孙化云 宋可人
李忠平 李艳峥 杨雪 沈思嗣 陈希
季伟 罗臻 祝婷 赵珂 唐乐
常汉 蔡珊珊 穆妍

经济与管理学院

工业工程专业（四年制）

结业生（1人）

李浩玮

工业工程（管理工程）专业（四年制）

毕业生（32人）

于洪涛 王佳音 史庭波 史晋 石莉莉
刘昊 吴先先 吴迪 吴珊珊 宋玮
张禹 张晨 来欣 杨力凝 陈展
周婷婷 屈岩 段加富 赵雅琦 徐佑
徐薇 秦飞 钱鲲 高畅 高晓娟
曹培 黄珊 曾楠 程俊 蒋磊
蔡媛怡 魏冉

工商管理专业（四年制）

毕业生（35人）

云鹏 王怡 王健 田静 乔家霞
刘文印 刘治斌 刘斌 刘澎 闫晨
何源 余楠 张冰 张旭 张宏伟
张晶 李兰亭 李兴 李江 李洋
李康 杜金松 苏姗 陈兰 陈迪
周晓光 孟凡杰 林萍 范宇靖 郑旎
赵凯 耿楠 袁文 贾巍 高晶

工商管理（企业管理）专业（四年制）

毕业生（36人）

王早早 王阳阳 王陆 王健 王晓刚
王琳 邓序 刘洋 刘家欣 朱琪
朱蕾 邢延硕 吴娜 吴楠 宋杨
宋晖 张志鹏 张倩 张萌 张蕊
李冬 杨婷婷 杨楠 芦雯文 陈庚
周晶 金若竹 赵柏林 袁帅 高绍竑
黄茁 彭博 靳浩 慕安 管轶
戴雯雯

国际经济与贸易（工业外贸）专业（四年制）

毕业生（35人）

于珊珊 马红 方堃 王园园 王笑寒
王爽 王雪英 田甜 白姗 艾春鹏
刘鑫 朱彦青 朱黛涵 许逸飞 张巾巾
张丹 张志民 李萌 肖磊 谷征
周静芳 郎歌 郑然 金杰星 洪宏
赵旭宁 袁薇 贾星慧 高欣 崔静

焦　竹　韩　璐　鲁　健　管晓宇　薛　菲

国际经济与贸易（外贸日语）专业（四年制）

毕业生（25人）

王　欢　王　艳　王　莹　田　婧　皮建建
刘媛媛　朱　莹　吴　茜　宋　璐　张　芳
张　峥　张　悦　张　婷　李春丽　李雅楠
杜琳娜　连玉润　邵哲婷　邸尚红　周雨菲
胡　杰　贾　卓　贾　超　韩　露　雷　鸣

国际经济与贸易（外贸英语）专业（四年制）

毕业生（29人）

王丹娜　王莎莎　王漪虹　白　琦　刘　丽
刘继佳　刘　琛　朱晓菁　汤佳琪　许　旷
何　苗　何晓卉　张　娜　张博雅　李　颖
汪　严　陈　光　陈　洁　陈　鑫　屈　硕
钟南南　徐　星　郭铮楠　顾　峣　焦　阳
董　铮　靳　颖　潘　瑶　薛宏达

会计学专业（四年制）

毕业生（34人）

丁　宁　于晓峰　于　瑶　马俊丽　尹欢欢
王　冲　王　燊　王　鑫　史　锴　刘佳晶
刘美艳　向安安　孙　剑　朱　丽　张　宁
张凌燕　李　芸　李　玲　李智宾　李慧娟
李　燕　李燕雯　杜心迪　杨　茜　杨燕华
周京丽　柏卫佳　赵子瑜　赵迪欣　赵海莹
曹　超　程　博　韩　青　雷之遥

法学（经济法）专业（四年制）

毕业生（36人）

马　欣　文　旭　王叶檬　王　雪　王湘梅
冯　彬　田　野　刘玉龙　向　蔚　许茜茜
但　吉　余敦成　张佳慧　张静仪　张燕伟
张　巍　李仁杰　李永怡　李　杉　李　萌
杜培培　杨志宇　杨彦明　谷琴琴　周姝君
郑姗姗　祖玉凡　赵　明　唐　凡　聂　静
铁　媛　焦　阳　葛旻君　韩晨曦　鲁　麒
廖抒雪

市场营销专业（四年制）

毕业生（36人）

丁　然　于蹬飞　孔　燕　牛艳维　王一飞
王峭楠　王　艳　王　菁　王　博　叶拏云
刘　玲　刘婷婷　刘　静　刘　燕　吉　爽
邬静媛　何　柳　宋　铮　张茜倩　张燕春
李　萱　杨　姝　陈　岩　周晨琛　范小松
郑淳淳　冒　珍　郝　巍　晋凯丽　殷　翌
高　阳　高莉莉　黄　雯　焦　静　程　跃
董志远

市场营销（商品学）专业（四年制）

毕业生（31人）

丁　兰　马黛莉　王丽贤　王　佳　王明轩
兰　倩　白金松　白　娟　刘　洋　刘珏珺
刘婷婷　刘　巍　吕　超　孙　宁　何文燕
李小晔　李　杲　李曼莉　李婷婷　李　蕾
肖　翔　迟　立　陈　琳　段　蕾　赵必祥
赵　鲁　秦瑞霖　高　杨　崔京丽　扈　佳
翟瑞萍

统计学专业（四年制）

结业生（1人）

马　翀

信息管理与信息系统专业（四年制）

毕业生（34人）

刁　宁　王伟明　王国强　王　乾　王　琳
左　磊　平　巍　田伟民　皮晓轩　乔　杉
刘　丰　刘冬卉　刘宏宇　刘建林　刘　蕊
安　雯　衣小雪　吴　湛　张　元　张宏涛
张骏飞　李　莉　李　鹏　杜丽红　周晓倩
罗　玮　赵雅欣　海珊珊　曹良忠　程　远
程　婕　韩　艳　薄雨楠　戴鸿斌

建筑与城市规划学院

工业设计专业（四年制）

毕业生（33人）

王卉鑫　刘水宁　刘　刚　刘学婧　刘　岩
刘　澍　朱昀炜　闫　妍　余少晨　吴　旋
张　烁　张　萍　张　燕　李　彤　李凌旭
李　萌　李　简　杨　汛　孟繁华　庞　博
侯　堃　段雅彬　赵华芳　席　悦　海　三
郭自强　郭　珩　钱　洁　高　霁　黄　山
解　頔　谭　潇　谭　頔

结业生（1人）

陈小磊

建筑学专业（五年制）

毕业生（52人）

马全宝　马　佳　王　维　王　璞　付丽莎
白思超　白　梅　刘　莎　朱　杰　朱穆峰
宋文瑜　张伟成　张冰冰　张　帆　张　旭
张　青　张　彦　张　焱　张　颖　李　尹
李　禾　李　佳　李　媛　杨　宁　杨家祺
杨　晨　杨　超　连　彦　陈　元　陈　筱
周　昊　孟　欣　金　飞　金丹丹　金　磊
姜　薇　贺　宁　赵　娜　钟晓彤　徐　岚
耿　平　袁　媛　贾大维　郭　垚　郭　薇
梁洁欣　梁　甜　黄　玮　彭　斯　董　萌
韩　爽　翟　晶

结业生（1人）

东光辉

实验学院

电子信息工程专业（四年制）

毕业生（112人）

于明波 于玥 于晓丹 于跃 马艳清
尹胜英 方兴 王亚军 王京 王洋
王晨 王敦卉 王骞 付威宇 生硕
田野 由思宇 任仁 刘小雨 刘正则
刘尧 刘彦菲 刘森 刘琰 刘皓
刘雯雯 刘路晗 刘鹤 向东 吕品
吕健 孙光磊 孙庆哲 孙静 孙磊
曲涛 朱文蔚 朱亮 祁驰 许作明
齐倞 佘婧婧 余明明 吴文健 张延东
张阳琦 张晓虹 张晓莉 张莹 张爽
张硕 张富 张程 张锐 张睐琎
张雷 张颖莉 张赢 张耀宇 李劼
李晓晴 李推 李磊 杨荻 汪剑
沈善姬 芦宇 苏小强 苏伟平 苏艳飞
辛康民 陈世军 陈迪 陈琦 陈曦
周天翼 周启航 孟垚 易苏华 范嵬
郑硕 姚智勇 姜凯 洪源 赵力野
赵飞 赵欣 赵雪 赵琰 钟磊
桂学森 袁娜 贾涛 郭彦夫 顾青
高明 商倩 崔良浩 康志鹏 黄金龙
彭刚 彭涛 彭颖 曾鹏 程永昕
覃俊 谢海涵 廖颖 缪群 翟珺
樊嘉瑞 潘洪银

法学（经济法）专业（四年制）

毕业生（103人）

万莉 于璐 马云琼 马超 王飞
王珂 王珊 王影 王璐 付宁
付静 史琳娜 左丹 刘兆丰 刘高洁
刘瑶 孙波 庄肃刚 朱文婷 朱亚津
朱丽君 朱星霖 朱椃源 许可 许鲁西
闫鹏 佟知达 冷毓雯 吴丹 吴丹婷
吴海燕 张丹 张娜 张彦 张海滨
张梓仪 张辉 张溪 张煜林 张彰
张静 张璐璐 李永 李珊珊 李珍
李胜 李晓伟 李晓烨 李硕 李维
李萌 李温文 李琼 李辉 李颖
杨洁 杨静 肖文鲜 肖柯霖 陈陌
周正 周倩 官妍洁 尚原硕 岳园园
易蓓 罗建国 罗琦 郎冰 郑亚辉
金勇民 侯帅 侯术国 侯佳烨 姚杰
胡杨 贺彦嘉 贺燕娜 赵纯 赵坤
饶珊 骆静 唐惠子 夏秀钰 徐蓓蓓
烟萌 秦双星 郭悦 郭晶 都兰
高尚 高健 高薇 梁首哲 梁鑫
黄旭 彭磊 舒卓琼 蒋璐 黑白
谭曲 潘岳 潘枫

工商管理专业（四年制）

毕业生（170人）

于艳 马圣洁 马佳 马勇 马晓晨
乌云高娃 孔令狄 尹亮 方伟 方晶晶
王田甜 王宇 王尧 王旭东 王杨
王佳庆 王凯君 王昊 王垚 王娟
王晓竹 王涛 王祯 王媛媛 王晶
王颖 王鹏 王慧民 邓媛元 邓植谊
卢芳 左莎 田菲 乔燕 任纪伟
刘宁 刘丽媛 刘妍 刘昕 刘彦东
刘娟 刘爽 刘斌 刘靖波 刘燕
吕文辉 孙小溪 孙鸿至 朱晓明 权德文
毕广辉 毕敬宇 江薇 闫巍 齐欣
齐珊娜 何琳 余禹粮 劳丽娜 吴冰
宋劼 张云飞 张文龙 张文伟 张冬至
张帆 张佳维 张昊怡 张雪 张然
张辉 张雷 李文利 李佳 李青蓝
李娜 李洁 李莹 李梦 李梦奇
李谌 李雪亮 李游 李楠 李薇
李霞 李巍 李馨 杜军君 杨世杰
杨乐 杨立铭 杨怀宝 肖飞 肖娜
谷羽 邹慧玲 陈之絮 陈莹 陈高乐
陈晨 陈微 陈燕 周会杰 周晓婷
周莎莎 周紫云 孟庆振 孟黎黎 尚晓宏
林虎 林颖鹏 欧雪宁 罗明智 郑可嘉
郑亮 郑娜 姜乐 姜威华 柳林
段炼 胡译戈 胡晓轩 胡康宁 胡超
茹昭 贺众营 赵凯 赵星 赵春晖
赵圆 赵璟康 钟伟 项昕瑶 唐鸣樨
徐天 徐姝俣 徐娜 徐培原 敖春燚
谈浩彦 贾海彬 郭麒 钱鹏 高京
高娃 高珊 高晓东 高晓巍 高艳芳
崔彦军 康健 曹铁瑛 梁建蒙 续青竹
黄志强 智晶鑫 程浩 谢磊 韩云飞
韩敏 韩雪 韩嘉隽 暴金生 滕威
潘爽 薛梅 戴劲 魏鸣 魏柳

国际经济与贸易专业（四年制）

毕业生（74人）

马迪 马星 毛亚楠 王文斌 王玉振
王旻 王金祥 王威 王斐嘉 王晶晶
王颖 王瑾 兰倩 叶娜 龙雨
刘扬 刘盈盈 刘晓文 朱胜国 江宏

许珊珊 邢昕 邢娇睿 严苏 吴雨航
吴涤非 吴婷 张伟 张丽 张岳
张怡 张晨晨 张爽 张菁 张翠
张锴 李冰清 李志鹏 李林 李莉
李陶然 李康 李萍 李渺 李嘉
杨帆 汪旭 沈阳 陈思 范欢
范艳 金竹 侯秋莎 姜亮量 赵悦
赵媛媛 倪萍 姬京 徐怡婷 徐梦娟
徐瑞晗 秦晓颖 耿若男 高文举 曹媛
彭东海 彭博琮 葛婧 雷亚非 廖凯蒂
熊倩 谭惠文 潘亚波 戴嘉

国际贸易专业（四年制）

毕业生（2人）

李杰 高园

会计学专业（四年制）

毕业生（66人）

于文一 马娜 双泉 支媛媛 方思明
王光 王丽 王佳 王笑天 王爽
邓晖 冯佳 叶苨 边婷 任萍
刘旸 刘畅 刘春辉 刘莹 刘超
刘群刚 刘薇 向丽娜 孙永吉 庄光丽
邢晨 宋瑶 宏宇 张京静 张勋龙
张艳 张婵娜 张婷婷 张然 李玮
李振 李然 李鹏峰 杨超博 杨嘉
肖非 邹烽 陈玥 陈娜 陈晓霞
陈斯雯 段妍 段磊 赵卫国 赵彭
赵雅琪 徐晓莉 栾姗迟 殷浩 郭婧
高宇 高姗姗 高怡 高波 崔建
黄尧 简茜 滕媛 冀语 穆春婷
戴莎

计算机科学与技术专业（四年制）

毕业生（206人）

丁宇 丁洋 于浩 于景晨 马文兴
马杰 马路遥 马韬 马薇 孔令宁
尹行 尹啸 文颖 文韬 方威
王仁 王天野 王正 王冰 王宇飞
王志强 王坦 王彪 王晓亮 王崇学
王淼 王楠 王楷楠 付彦明 田伟
申永杰 白楠 石志刚 石志炜 刘永譞
刘宇飞 刘知泓 刘金涛 刘奕君 刘涛
刘惟 刘喆 刘嘉斌 刘鑫 吕昊
吕猛 孙星 庄海波 朱中圆 朱妍洁
朱振勇 朴燕姬 江婷 许明洋 邢进
何可夫 何宇 吴刚 吴茜 宋宇
宋炎青 宋恒 宋洁 宋展鹏 宋涛
张一佳 张丁 张艺 张卉 张伟
张后力 张伯 张含 张建 张建新
张杰 张欣 张苹 张剑锋 张博
张晰瑞 张瑞 张雷 张燕升 抄超
李大微 李子琦 李正强 李扬 李韧
李季 李牧 李响 李茜 李茜
李圆 李晓 李艳兰 李晨晖 李梅
李琳 李雄保 李德苏 杜尧 杨玉春
杨希 杨晓明 杨诺 杨铮 汪秋波
汪珣 沈宁 沈娜莎 沈洁 肖路
谷钏 邱翔 邵玮 陈安然 陈旭
陈旭东 陈孟亮 陈俐瑞 陈娴 陈晖
陈晨 陈铮铮 陈鹏 周杰 周巍
孟琛 欧阳妤婷 罗小康 苟丽媛 姜涛
姜鹏 段飞 相辉 胡正 胡阳
胡明哲 胡甜雍 胡斌 胡鲲 贺旸
贺盈 贺琛子 赵炬辉 赵维锋 赵琼
骆燕 凌鹏 唐丹 唐军 唐浩
唐硕 唐韵 唐慧敏 徐一然 徐小丹
徐维辰 徐甄 徐雷 殷俊 袁永罡
袁绍波 谈鹏 贾益 郭义 郭黎妮
钱力 钱洋 钱擘然 顾全 高源
尉燕妮 崔民禹 崔扬 崔松花 常青
曹智 章锢林 黄志涛 黄骁 黄帼
黄瀛 彭帆 彭峥 曾春风 焦天雄
葛全 谢华君 谢芳 谢佩 韩啸
黑晓可 楼晔 简丹 赖卿 雷玲
靳守业 廖波 廖珂 蔡圣锡 霍晔
魏思达

市场营销专业（四年制）

毕业生（58人）

于胜涛 王刚 兰波 卢宁 叶娜
田野 白晓枫 石焱 刘小江 刘玉静
安然 庄重 许滢 邢梅 闫新强
何宇娴 何芳 何欣 何毅 吴方舒
吴吉 吴泽森 吴颖慧 宋菲 张艺竞
张东立 张庆津 张宏斌 张秋月 张莎莎
李方岩 杨杰 杨昭晖 杨洋 杨煜婷
杨锴 肖雯 邵鹏 陈晖 陈曦
周伟 孟庆鹏 岳屹然 岳雷 罗萍萍
范峻峰 郑春梅 金敬彪 洪亮 秦晓方
高鹏 黄晶 龚晨慧 焦唯 董海丽
谢峙峥 翟羽佳 谭超

通信工程专业（四年制）

毕业生（93人）

马安邦 马峥 尹长文 尹晶 王一楠
王力 王冉 王志杰 王海晶 王喆
王婷 王超 王瑀 王懿 叶仲楠
甘轶 白帆 刘飞 刘兴宇 刘侃侃

刘思颉　刘　殊　刘　鹏　孙永春　孙微波
祁　巍　闫肖菠　齐　霁　严若冰　余　婷
余湘涛　佟华西　张天傲　张亚楠　张　宇
张　威　张祖欣　张　竞　张　淞　张喜成
李成斌　李树红　李　铁　李　琤　李　超
李　磊　杜　剑　杨　光　杨勇鑫　杨胜明
杨　硕　杨　媛　沈　军　邵威弟　陈小娜
陈雨飞　易　沛　林　柯　武　威　罗　成
罗　霓　郑　奇　金元哲　娄　莹　柳　灿
胡启梁　胡侨帆　赵　云　赵　劼　赵　津
赵　烁　赵继岚　骆　铖　倪向宇　夏　阳
翁建伟　郭玉强　郭　明　郭　洁　郭振宇
崔　蕾　曹力维　麻晓峰　黄大松　黄　亮
黄　珂　黄　萌　彭伟华　彭志成　揭镜通
虞小伟　熊　凯　薄　明

信息管理与信息系统专业（四年制）

毕业生（69人）

丁　杰　王　尹　王　文　王　希　王　亮
王晓蕾　王　特　王　艳　王　莹　王德辉
车静宇　乐德林　卢　镭　司茗溪　田　京
田　野　刘季芳　刘　欣　刘　珊　刘晓雨
刘　婳　刘黎晖　孙雪冰　孙　蕊　邬　亮
吴　皓　张　甲　张昊龙　时　颖　李　冉
李　伟　李　闯　李　聃　杨　闯　沈　毅
肖　谊　陆　笳　陈力宁　陈　玮　陈　荔
陈　琳　陈　超　周　宇　周　倩　孟范超
易　亮　武子波　练　伟　罗婉璇　侯召利
姜秉航　洪　璐　祝斯镝　胡志林　赵思蒙
骆莉轩　唐　加　谈亚静　高　姗　黄　婧
黄媛吉　舒屹斐　董　婧　韩　博　韩　晶
韩瑞旗　韩　蕊　鲁沙非　熊　玮

（教务处　提供）

北京工业大学2005年专科（高职）毕业、结业生名单

高等职业教育学院

财会电算化专业（三年制高职）

毕业生（94人）

马一萌　马　剑　马　博　牛　蕊　王士婕
王丹硕　王　希　王　奇　王　茜　王晓磊
王晨晨　王　博　王　淼　王雯雯　王燕燕
付　妍　冯志强　田　超　白　阳　乔玉萃
刘之音　刘　峥　刘　炼　刘　哲　刘　艳
刘艳丽　刘　莹　吕海涛　孙　媛　吴文蕾
吴　迎　张力沛　张　川　张　平　张　伟
张　杰　张　淼　张　蕊　张　鲲　李伟麟
李　妍　李灿生　李保新　李　峥　李　洋
李海燕　李　晨　李　婷　李晶晶　李　楠
李　颖　杜　平　杨　楠　邵晓晓　陈元元
陈　坤　陈　琪　陈　默　周　欢　周而立
周京艳　孟　冉　庞秀清　武云杉　武　悦
罗金菁　郑小静　祝祎翌　贺雪莲　郝国平
钟姗姗　柴　娟　聂致涛　贾万生　郭　轩
陶　琳　顾　晶　高　媛　高　颖　常　颖
康　宁　曹晓琳　曹新新　隋黎娜　黄　烁
龚　凯　彭　飞　程　辰　童　歆　董　轩
廖艳丽　赫　毅　潘　瑶　戴晨旭

电子商务专业（三年制高职）

毕业生（63人）

丁　亮　马晓蕊　王　乐　王宏伟　王昱力
王　健　王　莹　王琳颖　王　超　田　磊
任新娟　刘大钊　刘　伟　刘　恋　刘　赫
孙　茜　孙雪峰　朱　寰　吴　旭　宋　林
宋艳平　张小颖　张元超　张　芸　张建文
张海廷　张　莹　张　笛　张　璐　张　翼
时　娟　李　娜　杨春艳　杨　维　邸媛媛
陈　爽　陈　铭　周冬冰　周　宇　周　喆
庞　涛　房　鑫　胡志一　荆　扬　贺淑霞
赵顺杰　赵淑焦　郝　磊　席爱荣　徐海瀚
徐艳飞　郭　丹　郭艳红　郭　富　郭　雁
崔敬林　康　乐　程　锦　董　铮　鲁春亮
蔡　伟　赫　欣　樊　超

环境工程专业（三年制高职）

毕业生（33人）

王东伟　王　波　王　贺　王　硕　王　斌
史　靖　刘宇明　刘　利　刘　浩　朱云飞
许　雁　何　磊　吴　琼　宋春燕　张　依
李小燕　杨　帆　陈　亮　陈秋红　陈　硕
陈　璐　侯庆楠　徐　朗　郭顺利　郭维周
郭雪娇　高明义　高海洁　高　鹤　黄　铮
温海阳　熊宗青　潘　慧

计算机及应用专业（三年制高职）

毕业生（127人）

丁　祎　丁海洋　才　金　马小龙　马小羽
马　悦　马　辉　马　睿　毛　森　王立松
王　迅　王　岩　王　威　王彦霞　王常亮
王　笛　王　磊　王　燕　王璐璐　计　承
邓　昂　令狐仙敏　包学岩　卢国兴　左邵霆
左　炎　田　野　白　丹　石良玉　刘小会
刘云鹏　刘江蓉　刘　健　刘　铮　刘　鹏
刘　漪　刘　鑫　吕　泽　吕　斌　孙金涛
孙燕杰　朱　宇　朱　薇　祁　寅　纪福庆
闫　歆　宋　昭　张会荣　张　丽　张　利
张　岩　张　统　张振宁　张海东　张通博
张媛媛　张德新　李文哲　李　冰　李宏涛
李宏涛　李　进　李　娜　李　峰　李晓崧
李润涛　李　强　李景元　李　楠　李福缘
杜光泽　杨木铎　邱莉莉　陆　骥　陈　宇
陈　尧　陈　杰　陈林伟　陈　萌　陈　默
周　屹　周　旭　岳　东　岳琰峰　林　怡
林　洋　武　葆　贯　红　郅建鑫　郎东伟
郑永亮　郑志玲　郑相宜　金　雨　侯红霞
姚晶晶　姜　鹏　柏宇辉　赵　冉　赵　伟
赵　恒　赵　飒　赵莎莎　唐　宁　唐伟超
徐　伟　徐　萌　耿　宇　郭辽燕　郭　嘉
高　伟　高宏伟　崔　磊　曹丽锋　曹　爽
曹颖杰　曹　磊　梁　涓　矫　岳　隋鲁岩
喻　兵　温　旸　温颖娟　董建伟　蒲　兆
鲍晓鹏　薛庆梅

结业生（1人）

刘超建

建筑技术专业（三年制高职）

毕业生（26人）

亓　超　王文彬　土　铮　王　磊　白金鑫
刘玉微　刘　楠　闫　逢　张　达　张　蒙
李　伟　李　征　李　腾　杨　柳　苏文静
陈远洲　郑　磊　胡艳红　赵　宇　赵　旭
赵　阳　崔　岚　曹　勉　鹿　骥　董品超
戴颖楠

信息及通信工程专业（三年制高职）

毕业生（32人）

王宏微　王　悦　王　彬　王　森　王　琳
白国涛　刘明远　庄宇涛　牟菁菁　吴　洋
张　迪　张德良　李子越　李　阳　李　威
李　萌　李　鹏　杨　波　杨　涛　杨　雪
杨　蕾　杨薇薇　陈　康　武会军　袁　珊
贾绍良　郭　闽　高文静　崔国庆　崔　征
程培鑫　路铁成

市场营销专业（三年制高职）

毕业生（58人）

于　飞　于洪溪　门　琳　马　凯　王　岭
王昕鑫　王　浩　王　爽　甘博雅　田　梦
白　维　任自杰　刘宏伟　刘　峥　刘振斌
刘海朋　刘　楠　孙　健　孙　晗　曲公亿
汝静文　许　鑫　张力哲　张末男　张亚亮
张志萍　张孟媛　张　鲲　李远军　李　峥
李　峰　李海岩　李　爽　李　鹏　杨东浩
杨　屹　杨　硕　苏　君　陆玮玮　陆　海
陈　伟　陈　虹　陈　峒　郑晓晨　段　然
赵学鹏　赵楠南　郝　洁　秦　健　崔　杰
崔　微　黄　硕　黄　磊　谢秋芬　蔡　锐
潘　博　颜　佳　薛　超

（教务处　提供）

·表彰与奖励·

北京工业大学2005年教育教学成果奖

北京工业大学获2005年国家精品课程名单

国家精品课程名称	课程负责人	职称	所在单位
材料力学	隋允康	教授	机电学院
机械设计	王大康	教授	机电学院
概率论与数理统计	王松桂	教授	数理学院
水质工程学	彭永臻	教授	环能学院

北京工业大学获2005年北京市精品课程名单

北京市精品课程名称	课程负责人	职称	所在单位
思想道德修养	冯培	教授	人文学院
机械原理	赵京	教授	机电学院
数字电子技术	陈文楷	教授	电控学院
水质工程学	彭永臻	教授	环能学院
数学建模	薛毅	教授	数理学院

北京工业大学获2005年北京市级品牌专业立项建设名单

专业名称	专业负责人	职称	所在单位
机械工程及自动化	李晓阳	教授	机电学院
自动化	乔俊飞	教授	电控学院
电子信息工程	张延华	教授	电控学院
电子科学与技术	张万荣	教授	电控学院
土木工程	霍达	教授	建工学院
环境工程	彭永臻	教授	环能学院

续表

专业名称	专业负责人	职　称	所在单位
应用物理学	郝　伟	教　授	数理学院
材料科学与工程	王金淑	教　授	材料学院
计算机科学与技术	蒋宗礼	教　授	计算机学院

第五届全国多媒体课件大赛北京工业大学获奖情况一览表（2005年）

获奖等级	姓　名	性　别	职　称	所在单位
二等奖	赵　京	男	教　授	机电学院
三等奖	丁　云等	女	副教授	人文学院
	陈　超等	女	教　授	建工学院
	张　建等	女	副教授	建规学院

北京市高等教育学会第六次优秀高教科研成果评选北京工业大学获奖情况一览表

姓　名	论文题目	获奖等级	所在单位
蒋毅坚	扩招形势下保障和提高研究生教育质量的探索	一等奖	研究生部
蒋宗礼	论计算机学科的形态与研究生培养的关系	一等奖	计算机学院
肖　念	ISO 9000与研究生教育质量保障体系	二等奖	研究生部
隋允康	重在演示创新过程，重在实施能力培养——提高研究生教学质量初探	二等奖	机电学院
赵凤琴	对网络宣传思想工作的思考与实践	二等奖	校两办

北京工业大学2004～2005学年“优秀教学质量奖”获奖名单

获奖人	职　称	所在单位	获奖级别
张婉茹	副教授	外语学院	一等奖
赵　京	教　授	机电学院	
陈　彩	教　授	计算机学院	
赵　均	教　授	建工学院	二等奖
迟　萌	讲　师	人文学院	
濮擎红	讲　师	实验学院	
田　鑫	副教授	数理学院	
田玉荣	副教授	人文学院	
蔡越江	副教授	计算机学院	
曾　薇	副教授	环能学院	
刘振卿	副教授	体育部	
郑剑晖	讲　师	体育部	

续表

获奖人	职称	所在单位	获奖级别
承 红	副教授	外语学院	三等奖
靳晓东	讲 师	经管学院	
王 瑾	副教授	外语学院	
白晓东	副教授	数理学院	
张淑芬	副教授	生命学院	
王宛秋	讲 师	经管学院	
韩新君	副教授	体育部	
郭 航	副教授	环能学院	
孔延红	讲 师	外语学院	
卢清国	教 授	建工学院	
陈 超	教 授	建工学院	
杨 荣	讲 师	人文学院	
陈 莎	副教授	环能学院	
叶红玲	副教授	机电学院	
蔺 洁	讲 师	建工学院	
张 英	副教授	建工学院	
王建华	副教授	机电学院	
付德根	副教授	人文学院	

第二届北京工业大学“教学优秀奖”获奖名单（2005 年）

获奖人	职称	所在单位	获奖人	职称	所在单位
王大康	教 授	机电学院	王松桂	教 授	数理学院
余跃庆	教 授	机电学院	刘书田	副教授	数理学院
刘德忠	教 授	机电学院	蒋宗礼	教 授	计算机学院
张慧慧	教 授	机电学院	张鸿宾	教 授	计算机学院
沈兰荪	教 授	电控学院	廖湖声	教 授	计算机学院
沈光地	教 授	电控学院	杨延双	副教授	计算机学院
亢宝位	教 授	电控学院	周美玲	教 授	材料学院
贾克斌	教 授	电控学院	严 辉	教 授	材料学院
吴 强	讲 师	电控学院	王存新	教 授	生命学院
吴武臣	教 授	电控学院	韩福荣	教 授	经管学院
方穗明	副教授	电控学院	栾甫贵	教 授	经管学院
薛素铎	教 授	建工学院	李艾芳	教 授	建规学院
曹万林	教 授	建工学院	吴宝晶	副教授	人文学院
任 仁	教 授	环能学院	陈建生	副教授	体育部
程水源	教 授	环能学院	孙景琪	教 授	实验学院
王代殊	副教授	数理学院	周世峰	讲 师	继续教育学院

北京工业大学2005届本科学士学位特优论文作者及指导教师名单

序号	姓名	学号	所在单位	专业	论文题目	导师
1	曹美玲	01024112	电控学院	通信工程	信息融合技术在中医舌象分析中的应用研究	沈兰荪
2	范　琳	01023106	电控学院	电子科学与技术	基于 TigerX SoC 的 Uart 设计	吴武臣
3	宋晶晶	01044103	建工学院	建筑环境与设备工程	尼泊尔国家电视台扩建工程空调系统设计	尚春鸽
4	杨　蕾	01041128	建工学院	土木工程	北京摩根中心高层钢结构设计	赵　均
5	张　超	01057126	环能学院	热能与动力工程（制冷）	大型公共建筑土壤源热泵系统的设计和运行分析	刘忠宝
6	宁　为	01070731	计算机学院	计算机科学与技术	东方化工城三维动画设计与实现	周小兵
7	胡婉铮	01061201	数理学院	应用物理学	NaxTaS2 超导体光学性质研究	侯碧辉
8	孟　欣	00045208	建规学院	建筑学	北京工业大学学科楼建筑设计方案（一）	赵之枫
9	刘佳辉	01063102	生命学院	生物医学工程	HIV 整合酶与多肽抑制剂分子的相互作用	王存新
10	虞小伟	01524332	实验学院	通信	消防报警现场总线网络深入研究与实现	吴　强 孙景琪

（教务处　供稿）

北京工业大学2005年度科技成果获奖

序号	获奖名称	获奖等级	成果名称	工大排序	学院	主要完成人员
1	国家科学技术进步奖	二等奖	地下水除锰机理机制	2	建工	张杰（1）、杨宏（3）
2	教育部提名国家自然科学奖	二等奖	关于常微分方程正规形与周期解的研究	3	数理	李静（3）
3	北京市科学技术奖	一等奖	新型组合剪力墙及筒体结构抗震理论与技术	1	建工	曹万林（1）、张建伟（4）
4	北京市科学技术奖	一等奖	绿色奥运建筑评估体系	8	环能	马重芳（无证）
5	北京市科学技术奖	二等奖	北京现代制造业发展研究	独立	经管	李京文、卢振洋、黄鲁成、蒋国瑞、阮平南、李双杰、张永安、王宁

续表

序号	获奖名称	获奖等级	成果名称	工大排序	学院	主要完成人员
6	北京市科学技术奖	二等奖	单多轴疲劳寿命统一预测理论与强度评定技术问题研究	1	机电	尚德广（1）、王大康（6）
7	北京市科学技术奖	二等奖	低温地热能梯级利用供热技术研究	1	环能	丁良士（1）、张长春（2）、张亚庭（3）、李红旗（5）、于凤菊（6）
8	北京市科学技术奖	二等奖	利用水泥窑焚烧废弃物技术研究	2	材料	兰明章（2）、崔素萍（3）
9	北京市科学技术奖	二等奖	钢一混凝土组合框架一核心筒结构设计、试验和研究	3	建工	赵均（4）、陈向东（7）
10	北京市科学技术奖	二等奖	北京城区雨洪控制与利用技术研究与示范	5	建工	周玉文（8）
11	北京市科学技术奖	二等奖	中关村西区综合管廊及其地下空间开发利用研究	5	建工	集体
12	北京市科学技术奖	三等奖	水环境恢复工程理论研究	独立	建工	张杰（1）、杨宏（3）、曹相生（4）
13	北京市科学技术奖	三等奖	非易失性高密度海量全息存储技术及系统	独立	数理	陶世荃、江竹青、王大勇、刘国庆、贾克斌、万玉红
14	北京市科学技术奖	三等奖	大型群体筒形结构控制爆破拆除技术研究	1	建工	刘运通（1）、高文学（2）
15	北京市科学技术奖	三等奖	中央空调风道清洗技术的研究与开发	1	环能	马重芳（1）、吴玉庭（2）、唐志伟（3）、韩俊华（5）、刘中良（6）
16	北京市科学技术奖	三等奖	牙冠/桥/嵌体的 CAD 研究	2	机电	李彦生（3）、韩景芸（4）
17	江西省科技进步奖	一等奖	高性能纤维混凝土研究与应用	3	建工	邓宗才（5）
18	湖北省科学技术进步奖	三等奖	现代信号处理技术在炼铁关键设备故障监测与诊断中的研究与应用	4	机电	高立新（6）
19	中国硅酸盐学会建筑材料科学技术奖	二等奖	接触理论与玻璃和陶瓷力学性能评价新技术	2（无集体证书）	实验	孙立（3）

续表

序号	获奖名称	获奖等级	成果名称	工大排序	学院	主要完成人员
20	中国硅酸盐学会建筑材料科学技术奖	三等奖	干法脱硫除尘一体化技术与装备的研究	2（无集体证书）	材料	刘燕琴（5）
21	中国硅酸盐学会建筑材料科学技术奖	三等奖	建筑干混砂浆综合技术及质量控制体系的研究	个人	材料	兰明章（5）

（科技处　供稿）

北京工业大学2005学年教师所获奖励与表彰

北京市德育先进集体

计算机学院党委　学生处学生宿舍服务中心
研究生部

北京市德育先进工作者

王　普　刘秀兰　桑敬民　王燕霞　周洪芳
赵曙东　任　炜　蔡立佳　郭　颖

北京工业大学2004～2005学年德育先进集体
（排名不分先后）

机电学院团委　电控学院团委　计算机学院学生工作办公室　经管学院学生工作办公室　实验学院学生工作办公室　材料学院研究生工作组　学生宿舍中心本科组　学生处素质教育中心

北京工业大学2004～2005学年德育先进个人

机电学院	3人	杨庆生	班主任
		刘德忠	班主任
		安国平	院党委副书记
电控学院	5人	刘纪菲	学生科科长
		巩佳伟	院团委书记
		崔国涛	班主任
		巩卫华	班主任
		程尧海	班主任
建工学院	4人	刘世良	班主任
		张　晶	院团委书记
		路永华	班主任
		金　江	班主任
环能学院	3人	高春娣	院党委副书记
		陈政红	组织员
		李依丽	班主任
数理学院	3人	王海燕	院党委副书记
		韩　芬	班主任
		张　妍	院团委书记
计算机学院	4人	曾丽娜	院团委书记
		杜德贵	组织员
		文　然	班主任
		晋媛媛	行政干事
软件学院	1人	倪　爽	研究生工作组组长
材料学院	2人	毛倩瑾	班主任
		张秀英	研究生工作组组长
生命学院	1人	廖满媛	学生工作办公室主任
经管学院	4人	王丽梅	学生工作办公室主任 研究生工作组组长
		崔　君	班主任
		郭宏伟	学生工作办公室工作人员
		赵庆明	院团委书记
建规学院	1人	夏海州	院党委副书记
人文学院	1人	李志强	班主任
外语学院	1人	赵正艳	院团委书记
实验学院	6人	谢丹坤	学生工作办公室主任
		章海燕	学生工作办公室工作人员
		杨　波	院团委书记
		李　晗	班主任
		丘　凌	班主任
		康士骐	班主任
激光院	1人	劳焕兴	研究生工作组组长
两部一委	3人	林国珍	勤工俭学中心
		阮　玲	心理咨询中心主任
		季景书	素质拓展中心主任

王海玲　招生就业处就业指导中心
高　原　校团委
郑万里　研工部日常管理岗

学生宿舍中心　5人　焦凤荣　学生宿舍中心主任
刘玉英　中蓝办公室主任
李亚娟　10号楼楼长
彭淑珍　办公室
付连真　学生宿舍中心

（学生处　提供）

北京高校先进基层党组织

机关党委学生处党支部

北京高校优秀共产党员

建工学院院长　教授　博导　霍　达
环能学院环境工程研究所所长　教授　博导　彭永臻

北京高校优秀党务工作者

后勤集团党委书记　付朝贵

北京工业大学教工先进党支部

机关党委学生处党支部
电控学院电工电子中心党支部
建工学院市政工程党支部
环能学院环境科学与工程研究所党支部
数理学院概率统计党支部
材料学院材料党支部
生命学院教工第一党支部
经管学院应用经济学科部党支部
建规学院教工第一党支部
机关党委保卫处党支部
机关党委宣传部党支部
后勤集团住宅物业服务中心党支部
图书馆流通党支部
校医院直属党支部
离休党总支第一党支部

北京工业大学教工优秀共产党员标兵

建工学院院长　教授　博导　霍　达
环能学院环境工程研究所所长　教授　博导　彭永臻
机电学院教授　杨庆生
电控学院电子工程党支部书记　高级工程师　郭铁男
生命学院教授　彭见曙
机关党委人事处处长　副教授　张　革
机关党委副书记　经济师　孙根生
机关党委退休党支部书记　王殿兴
后勤集团饮食服务中心副主任　李　忠
图书馆信息咨询部主任　副研究馆员　胡　娟

北京工业大学优秀党务工作者

后勤集团党委书记　付朝贵
机电学院党委副书记　党朝红
电控学院党委副书记　刘秀兰
原环能学院常务副院长代党委书记　金毓峑
数理学院党委书记　李宝富
计算机学院党委副书记　石　勤
经管学院学生工作办公室主任　王丽梅
建规学院党总支副书记　夏海州
人文学院党总支书记　杨　茹
继续教育学院学生工作办公室干部　郭　蓉
纪委副书记　任立新
离退休人员管理处处长　王德珍

北京工业大学优秀共产党员（教工）

机电学院	杨庆生　田　越　张　芳　赖三彦
电控学院	郭铁男　董利民　刘　红　李成啟
建工学院	霍　达　关宏志　刘金凤　唐纯熙
环能学院	彭永臻　亢锦洁　任　仁　郑菁英
数理学院	崔宝英　李贵斌
计算机学院	廖湖声　董淑芳　周小兵　刘椿年　张宏玲
软件学院	朱　青
材料学院	马　捷　常新安
生命学院	彭见曙
经管学院	翟东升　王　涛　于唤洲
建规学院	张　林
人文学院	胡　深　陈祖磊
外语学院	任永方
实验学院	郭允文　陈菊龄　郭力平　孙宝岐
继续教育学院	刘海田　种国慈
激光研究院	肖荣诗
机关党委	张　革　王殿兴　安　琳　阮维政　郝建国　张连宝　宋淑华　王　静　肖　念　康玉珍　吴福菊　何秀枝　宋　青　董天午
后勤集团	李　忠　宋建平　牛恒贵　冀春荔　翟日喜　闫永贵　高淑秀

离退休党总支 张敬臣 郭守良 回登昌
科技产业总支 王 年 郭庆栓
图书馆 胡 娟
体育部 陈建生
校医院 孙根生 陈秉忠

（姚爱华 纪树兰）

北京工业大学 2005 学年学生所获奖励与表彰

北京工业大学学生先进党支部

机电学院本科生党支部
机电学院研究生 03 级第三党支部
电控学院本科生 02—04 级通信微电子联合党支部
建工学院本科生城建党支部
建工学院本科生结构党支部
数理学院本科生党支部
计算机学院研究生 02 级党支部
材料学院本科生低年级党支部
经管学院研究生 04 级管理科学与工程党支部
建规学院本科生党支部

北京工业大学学生优秀共产党员标兵

机电学院 02 级研究生第一党支部书记 余 义
建工学院结构党支部书记 潘克君
数理学院基础党支部书记 郭 辉
计算机学院研究生工作组组长 徐尚悦
材料学院本科生党员 赵秋颖
经管学院 03 级研究生管理党支部书记 王 彤
建规学院本科生党支部书记 韩 薇
实验学院 01 级学生党支部书记 李 萌
激光院博士研究生党员 季凌飞
机关党委学生社区党支部书记 韩昀峰

北京工业大学优秀共产党员（学生）

机电学院 余 义 魏 琦 周 煜 刘增华
电控学院 蒋炜靓 胡葛军 李晓光
建工学院 潘克君 张 东 傅彦青 吕津燕 赵长军
环能学院 尚会来 何文彪 赵志刚
数理学院 郭 辉 邱方奎
计算机学院 徐尚悦 佟 伟 李茂增
软件学院 王 娜
材料学院 赵秋颖 郤 枫 刘 丽
生命学院 沈龙珠
经管学院 王 彤 杨开元 王 雅 邓 杰
建规学院 韩 薇
外语学院 付欣辰
实验学院 李 萌
继续教育学院 宋远齐
激光研究院 季凌飞
机关党委学生社区党支部 韩昀峰
机关党委学生会、社团党支部 宗 喆

（姚爱华 纪树兰）

北京市高等院校三好学生

机电学院
赵延龙 刘克成
电控学院
谢 涛 王 军 贾永楠
建工学院
张 凯 赵 强 乔冠军
环能学院
魏 丽 康丹白
数理学院
诸葛昌靖 刘长庚
计算机学院
董宁玉 唐 京
材料学院
张睿竑 程轶欧
生命学院
卓 娅 陈廷鋆
经管学院
张秀梅 王 聪
建规学院
邓媛元 马 静
人文学院
高振花
外语学院
于新颖 郭 旭
软件学院
宋晓明 施苑婕

实验学院

高彦婷

北京市高等院校优秀学生干部

机电学院

肖　琳

电控学院

田杰鹏

数理学院

董思佳　张　路

材料学院

王　甲

人文学院

康　娜

外语学院

李婷婷

北京市先进班级集体

020404 班　040701 班　030700 班　021101 班
031192 班　041131 班　031212 班　026141 班
041422 班

北京市高等学校优秀学生（索尼）奖学金

机电学院　安云涛
电控学院　马小骥
建工学院　曹　佳
环能学院　孙　磊
数理学院　孟　斌
计算机学院　范　举
软件学院　林娜娜
材料学院　王珍珍
经管学院　刘　喆
建规学院　刘华婧
人文学院　刘夕雯
实验学院　石晓云

IBM 中国优秀学生奖学金

软件学院　李文华
计算机学院　沙志强（研）

北京工业大学先进班集体

020404 班　040701 班　030700 班　040700 班
020700 班　020701 班　021101 班　031192 班
041131 班　031212 班　026141 班　041421 班
041422 班

北京工业大学优良学风班

020243 班　020461 班　021131 班　021141 班
031141 班　031152 班　031171 班　041221 班
041211 班　041212 班

北京工业大学标兵团支部

041422 支部　040612 支部　030700 支部
040903 支部　041221 支部　030802 支部
040902 支部　030421 支部　031192 支部
030206 支部　030622 支部　041011 支部
031521 支部　030521 支部

北京工业大学优秀团支部

030103 支部　040102 支部　040103 支部
040131 支部　040101 支部　030201 支部
030204 支部　030212 支部　030232 支部
030243 支部　040206 支部　040209 支部
040212 支部　040213 支部　040214 支部
030202 支部　030403 支部　030404 支部
030406 支部　030442 支部　030461 支部
040404 支部　040441 支部　040461 支部
020404 支部　040521 支部　030511 支部
040511 支部　030621 支部　040621 支部
040623 支部　020700 支部　020701 支部
020708 支部　040700 支部　040701 支部
040702 支部　040722 支部　030801 支部
031011 支部　021101 支部　031151 支部
031152 支部　031152 支部　041112 支部
041123 支部　041132 支部　041121 支部
041131 支部　031212 支部　041411 支部
041421 支部　041512 支部

北京工业大学优秀社团

自然爱好者协会　先锋实践社
青棕榈话剧社　电视台
Ourfeet 足球协会　计算机协会
舞蹈团　英语协会
广播台　LaLa 时尚舞社
Foody 美食文化社　峻野登山社

国旗班

北京工业大学三好学生特等奖

建工学院　王一祎
环能学院　郑　好　沈从巍
经管学院　邓　杰
实验学院　段虹伊

北京工业大学三好学生一等奖

机电学院

马　琳　闫思博　李雨婧　苏　飞　张瑞雪
肖　琳　李　谦　焦兵锋　李　婧　赵延龙
刘克成　刘　宇　刘一宏　赵　姓　吴雪卉
杨晓红　安　彤　武　颖　武宗茜

电控学院

陈　祺　王　晨　陈　芳　李志谦　彭兴文
赵　娅　马　岩　马子明　王　军　高雪娟
李洋洋　黄　飞　李　菲　薛　姗　徐　昊
吕卓逸　李玲玲　谢　涛　郁　建　温彬昕
邵冠群　汪　然　张　晔　高海辉　申　洋
侯中原　张成亮　贺　明　吴　敏　贺　桀
肖　竹　夏丙寅　钟超俐　李　倩　刘　鑫
王　勃　孙琛子　丛　琳　王　纯　许　海
郭　佳　周　媛　徐钰煜　仇开阳　张志超

建工学院

刘　强　饶雯婧　李　娜　张　凯　白　刚
贾晓婧　厉　砾　柳丽娜　彭颖锐　龚远君
耿海霞　杨　沫　李　妍　万之甫　向星翰
王艳姗　葛火青　肖　婧　于雯静　张　薇
胡邦昕　伍　鹏　刘　伟　李宏琰　陈　晨
唐夕茹　殷瑞娜　黄海涛

环能学院

张　弓　任　毅　郭　婧　王　莹　毕环宇
王立竹　汪硕峰　陆　春　平大为　孙　磊
黄惠珺　王　玏　孟　瑶　张　欢　王　康
周　颖　王　典

数理学院

肖艺娟　索　萌　王昊宇　刘　喆　范　超
刘长庚　常　洋　朱雅然　张菽芬　方汀汀
诸葛昌靖　李　磊　康　进　林　喆　李嘉隽
李　山　孟　斌

计算机学院

布　凡　刘宇波　唐　京　贾实真　刘　颖
张开练　荀　娜　王　昭　李　岩　张　钢
方　硕　冯　昊　范　举　孙玥婷　李　岩
侯　旭　曹晓青　阎铁娟　高增琦　黄宁玉
刘苏毅　李瑞华　秦　雷　陈　杨　石　乐
郭　萌　王　茜　金玲玲　孙炎森　赵　晶
谢　伟　丁　杰　周　雪　陈　溪　张凌毅
张有康　张海滨　陈　颖　陈　悦　庄　球

材料学院

宋晓明　纪文成　刘恩周　张　皓　施苑婕
林娜娜

生命学院

尹　瑭　陈廷鋆　卓　娅　脱妮娅　岳　媛
宋　洋

经管学院

刘　喆　杨　柳　杨　琪　赵　宁　耿　璐
艾静涛　芦　郁　崔　玮　赵斯斯　程　成
赵　岩　马　清　刘　芳　李　晖　唐　雯
林　月　杨小叶　陈　旎　杨　扬　王　聪
沈　梦　王　磊　张秀梅　李　蝶　陈　薇
王　灿　祝　颖　孙建萍　辜　罂　潘凌云
宋秋文　姜　琳　刘　文　胡　婧　赵　洁
周一喆　石　川　彭　超　蔡礼燕　严晓星
袁　丁　徐艳霞　及　然

建规学院

马　静　张觉非　高　明　刘　森　徐　颖
方　雪　李晓彬　高　瑾　刘华婧　孟令宇
邓媛元

人文学院

杨　帆　潘　苗　刘夕雯　王婉丽　李　惠
杨　艳　郭　昕　康　娜　高振花　韩　超
刘晓蕾

外语学院

姚　焓　于新颖　田　琦　齐　飞　熊　烨
李　媛　隗　雪　郭　旭

实验学院

张荣珍　穆　艳　高　青　丁姗姗　石晓云
李　响　刘　晨　郁　舒　林　竹　郝　倩
向天歌　王　鑫　马　霓　刘琴琴　高彦婷

北京工业大学三好学生二等奖

共779名，名单略

北京工业大学三好学生三等奖

共1 077名，名单略

北京工业大学优秀学生干部

共709名，名单略

北京工业大学新生优秀成绩奖

高等数学类

共342名，名单略

外语类

共342名，名单略

2005届北京市高等学校优秀本科毕业生

机电学院

徐　昊　刘　鑫　张　健　王　璐　周　瑞
迟　宁　魏姗姗　周　莉　何艺超

电控学院

陈　贺　王占仓　张希诺　许　枫　王　璐
宋　威　张珊珊　刘经纬　李　畅　黄　乐
董　培　赵天雪　王　妍　林世凯　刘　成
范　琳　张乃燃　李晓超　胡子一　杨　浩
曹美玲　贺　琳　郝　恭　赵孟凯　王敏越

建工学院

卢燕杰　王　磊　李　柏　胡　松　张　莉
宋晶晶　黄　杉

环能学院

杨　涛　李　菁　刘惊芳　马小爽　杨　宇
林　毅　张　硕

数理学院

胡婉铮　常　迪　赵　楠　刘　勋　宋　扬
刘天煜　杨　奕　王　倩　高　鹏　刘佳辉

计算机学院

王　冠　刘　莹　杨　祎　李茂增　彭　鹏
戴　娜　孟　彦　佟　伟　郭　玮　李　研
毛　艳　高　曦　任　哲　田春爽　李　磊
宗　晓　胡　泊　吴　谦　谢　维　万　元
郭　旭

材料学院

武　芳　李　李　赵秋颖　张慧明

经管学院

周婷婷　李　莉　海珊珊　李　芸　刁　宁
王叶檬　李　鹏　乔家霞　陈　展　艾春鹏
张　娜　衣小雪　刘冬卉　焦　阳　张　芳
郑淳淳　程　跃

建规学院

孟　欣　席　悦　刘　澍

实验学院

刘嘉斌　宋展鹏　王亚军　赵　雪　张　程
于　玥　陈小娜　胡启梁　虞小伟　戴　嘉
许　滢　赵　星　庄光丽　金勇民　李　萌

北京工业大学2005届优秀本科毕业生

机电学院

孔令君　安　雷　赵广宁　石里男　曹　琦
李　乐　张　旭　杨　晶　冯　伟

电控学院

李　猛　夏青青　刘　洋　武　林　马　蕊
邱　洋　李　婧　徐　龙　于　滈　王　旌
吴　雪　付　蓉　王　焘　赵春革　田　华
张　旭　王占粮　王　翀　王　超　陈　鑫
王立芳　王　伟　宋　迪　冯子艳　彦　楠
朱珊珊　马　楠　王涓涓

建工学院

符　佳　曹　承　曲　佳　牛增祥　王　岩
金　宜　周　岩　刘　昱　史文林　杨思敏
鲁小斌　朱　琳　韩晓雪　尹　蓉　李　旸
俞宏熙　孙惠萱

环能学院

邓　玮　李　钰　何　鑫　韩昀峰　赵光宇
王　伟　张　磊　李春尧　何　超　刘　贺
聂　岩　冯　阳

数理学院

辛　波　于晓婷　张　文　李　曾　张博文
戴　君　傅　岩　曾　琼　李　维　翟千里

计算机学院

吴　昙　黄　轶　邓环环　罗媛媛　李　蕊
张春男　鲁小石　谢　优　寇　琪　胡　奇
汪　璞　李　航　何佳鸣　付博志　高　莹
刘京华　张　桐　王　帆　宁　为　马欣骅
李　响

材料学院

辛丽颖　戴　博　董　鹏　马立民　孟　欣

生命学院

穆　妍　刘　明

经管学院

郑姗姗　何　柳　邬静媛　张　晨　李慧娟
杨力凝　张　丹　王佳音　赵雅欣　王园园
王湘梅　陈　兰　张燕春　王雪英　朱晓菁
白金松　焦　竹　刘珏珺

建规学院

黄　玮　陈　筱　郭　垚　金　磊　杨家祺
白　梅　王卉鑫

实验学院

赵学鹏　王　茜　甘博雅　陈　琳　王　莹
陆　笳　李　冉　付　宁　张　娜　周　倩
王　文　韩　晶　韩　蕊　陈　超　陈　荔
司茗溪　饶　珊　肖柯霖　刘思颉　孙微波
王　超　罗　霓　余　婷　张祖欣　娄　莹
甘　轶　王　喆　彭　颖　刘雯雯　刘彦菲
郑　硕　李晓晴　张　莹　袁　娜　刘　皓
王　晨　黄　旭　唐惠子　骆　静　左　丹
吴方舒　罗萍萍　翟羽佳　于文一　王　爽
刘　旸　方思明　宋　瑶　张婵娜　李　玮
李志鹏　彭东海　马　迪　赵媛媛　陈　燕
唐鸣樨　孔令狄　江　薇　胡泽戈　钱　鹏
丁　宇　宋　洁　李晨晖　张　欣　李艳兰
姜　鹏　骆　燕　张　艺　李　晓　李　圆
张　伯　贺　盈　沈　宁　尉燕妮　吴　丹
张　迪

（学生处　提供）

北京工业大学2005年学生科技竞赛省部级以上获奖名单

计算机学会国际设计大赛

全球前10名，优胜奖（国际三等奖）：

李茂增　计算机学院
寇　琪　计算机学院
谢　优　计算机学院
杨　雪　计算机学院
（主办单位：美国计算机学院学会）

美国大学生数学建模竞赛

Honorable Mention（国际三等奖）：

刘佳辉　生命学院
张　桐　计算机学院
高　鹏　数理学院
戴　君　数理学院
王　飞　计算机学院
龙菲筱　数理学院
（主办单位：美国工业与应用数学学会）

全国大学生数学建模竞赛

全国一等奖：

周　宇　数理学院
邵　洁　生命学院
侯建利　电控学院

全国二等奖：

高天奇　计算机学院
张　凯　数理学院
于　夫　数理学院
耿　嘉　计算机学院
刘　喆　数理学院
甄红笑　经管学院
侯中原　电控学院
孙琛琛　数理学院
闫胤洲　数理学院
刘鸿年　计算机学院
王华君　数理学院
王观然　数理学院
王　宁　数理学院
常烁莹　电控学院
季锡洋　计算机学院
吴　涛　计算机学院
佟玮丽　数理学院
宋海滨　电控学院

北京市一等奖：

胡智勇　电控学院
丰　琛　数理学院
李思韦　经管学院
刁　芸　数理学院
赵国荀　数理学院
耿海霞　建工学院
杨　旭　计算机学院
杨文宇　计算机学院
陆　瑶　建工学院

北京市二等奖：

方汀汀　数理学院
潘　婷　数理学院
李　征　数理学院

全国大学生电子设计竞赛

全国一等奖，北京赛区一等奖：

马小骥　电控学院
王　军　电控学院

高雪娟　电控学院
唐　斌　实验学院

全国二等奖，北京赛区一等奖：

刘　彬　实验学院
叶连靖　实验学院
吴　珺　实验学院
曹文佳　实验学院
谭振凯　实验学院
张海光　电控学院
司书剑　电控学院
孙福安　电控学院
徐　昊　电控学院
王　飞　生命学院
刘　丽　电控学院

北京赛区一等奖：

洪　亮　电控学院
张昆鹏　电控学院
赵　琦　电控学院

北京赛区二等奖：

白　杨　实验学院
司培基　实验学院
毕　磊　实验学院
苏　明　实验学院
伍　毅　实验学院
罗文龙　实验学院
杨常青　实验学院
龙宁波　实验学院
罗卫宇　实验学院
马子明　电控学院
王月男　电控学院
刘卫群　电控学院
温　亮　电控学院
韩雪峰　电控学院
刘　勇　电控学院
王虎男　电控学院
李孟楠　电控学院
宫　喆　电控学院
刘媛芳　实验学院
张俊昆　实验学院
冯　磊　实验学院
高　青　实验学院
李德恒　实验学院
赵　建　实验学院

北京赛区三等奖：

何　岳　电控学院
薛　姗　电控学院
吕卓逸　电控学院
周天煜　实验学院
李彦辰　实验学院
席金苗　实验学院
周作成　实验学院
罗陆魁　实验学院
靳世栋　实验学院
彭　博　电控学院
石　磊　电控学院
李　华　电控学院
马　星　电控学院
孟　兰　电控学院
侯东江　电控学院
王　然　电控学院
苏　鹏　电控学院
原晓衡　电控学院
付　剑　电控学院
贺　谊　电控学院
吴　威　电控学院

全国大学生结构设计大赛

全国三等奖：

李　娜　建工学院
陶坤玉　建工学院
黄　璐　建工学院

全国大学生广告艺术大赛

全国三等奖，北京赛区三等奖：

范　炜　人文学院

北京赛区二等奖：

冯　跃　人文学院
邵　琳　人文学院
王晓鸾　人文学院
李　荧　人文学院

北京赛区三等奖（2幅作品）：

徐　炜　人文学院
赵震宇　人文学院
唐　棠　人文学院

北京赛区三等奖：

寇洋子　人文学院
韩　墅　人文学院
杨　晨　人文学院
余　岩　人文学院
汪婉遐　人文学院
肖　然　人文学院
刘　冉　人文学院

韩　阳　人文学院
赵岑岑　人文学院

全国机器人足球锦标赛

全国第三名：
马辰威　电控学院
刘　巍　电控学院
张　承　电控学院
初旭新　电控学院

全国大学生英语竞赛

全国一等奖：
王燕珩　经管学院
李　磊　数理学院
全国二等奖：
李　喆　电控学院
杨　颂　机电学院
王　隆　计算机学院
王　璠　电控学院
王浩宇　计算机学院
李　琛　材料学院
刘　晨　实验学院
全国三等奖：
郑君毅　计算机学院
王　聪　人文学院
高　一　经管学院
牛　硕　经管学院
张克达　计算机学院
孟　瑶　环能学院
周浴江　经管学院
周　阳　数理学院
汪　爽　软件学院
张　媛　计算机学院
刘　茜　软件学院
赵　洁　经管学院
李　晨　实验学院
欧阳轶慧　实验学院
申文佳　实验学院
洪丹丹　实验学院

北京市大学生数学竞赛

北京市二等奖：
龙非筱　数理学院
诸葛昌靖　数理学院
北京市三等奖：
丛　琳　电控学院
陆　春　环能学院

北京市大学生物理竞赛

北京市三等奖：
诸葛昌靖　数理学院
高　斌　计算机学院
王烁洋　数理学院
殷瑞娜　建工学院
刘培旭　实验学院

（教务处　提供）

·2005年学校事业发展统计数据·

2005年北京工业大学办学条件

学校占地面积	801 235.98平方米
学校建筑面积	627 787.04平方米
图书馆建筑面积	24 450.21平方米
图书馆藏书	111.68万册
固定资产总值	134 830.72万元
其中：教科仪器设备资产值	72 214.97万元
全年教育经费投人	66 247.98万元
其中：国家拨款	46 833.12万元
自筹经费	19 414.86万元

2005年北京工业大学教学科研机构

直属院（部）、研究院（所）	20个
国家工程研究中心	1个
国家级产学研中心	1个
教育部工程中心	1个
教育部重点实验室	2个
省部共建重点实验室	3个
北京市级重点实验室或研究基地	12个

2005年北京工业大学学科、专业设置

全国重点学科	2个
北京市重点学科	8个
北京市重点建设学科	11个
博士后科研流动站	9个
一级学科博士学位授权点	6个
二级学科博士学位授权点	25个
硕士学位授权点	55个
工程硕士授权培养领域	13个
本科专业	44个

2005年北京工业大学教职工情况

教职工总数	3 351人
其中：中国科学院院士	3人
中国工程院院士	5人

续表

“长江学者奖励计划”特聘教授	1人
国家有突出贡献专家	5人
享受政府特殊津贴专家	40人
博士生导师	150人
硕士生导师	396人
人员构成：	
专任教师	1 433人
教辅人员	413人
行政人员	662人
工勤人员	640人
其他人员	203人
外籍教师	32人
其中：教授	4人
离退休人员	1 951人

2005年北京工业大学教职工及专任教师职称、学历结构

		教职工		专任教师	
		人　数	比　例	人　数	比　例
职称分布	正高职称人员	263	7.8%	253	17.7%
	副高职称人员	714	21.3%	520	36.3%
	中级职称人员	1 002	29.9%	488	34.1%
	初级职称人员	349	10.4%	77	5.4%
	无职称人员	965	28.8%	95	6.6%
学历结构	研究生学历	1 077	32.1%	872	60.9%
	其中：博士	469	14.0%	465	32.4%
	本科学历	1 110	33.1%	544	38.0%
	专科及以下	1 164	34.7%	17	1.2%

2005年北京工业大学学生情况

（单位：人）

	毕业生数	招生数	在校学生数
总　计	8 446	8 270	26 209
一、研究生	1 077	1 520	4 657
1. 全日制研究生	798	1 309	3 904
博士生	64	157	610
硕士生	734	1 152	3 294
研究生班	0	0	0
2. 在职研究生	279	211	753
博士生	0	0	0
硕士生	279	211	753
二、普通本专科生	4 204	3 294	13 640
1. 本科生	3 287	2 786	11 723
2. 专科生	917	508	1 917
三、成人教育本专科生	2 898	3 456	7 450
1. 本科生	1 132	1 470	3 115
2. 专科生	1 766	1 986	4 335
四、成人中专生	267	0	462
五、留学生	65	69	115

学校校区设置

序　号	校区名称	地　址	邮　编
1	北京工业大学（校本部）	朝阳区平乐园100号	100022
2	北京工业大学实验学院	朝阳区管庄西里20号	100024
3	北京工业大学艺术设计学院	朝阳区惠新东街8号	100029
4	北京工业大学继续教育学院	海淀区车公庄西路35号	100044
		崇文区永外琉璃井路41号	100075

学校教学、科研院（部、所）设置

序　号	机构名称	简　称
1	机械工程与应用电子技术学院	机电学院
2	电子信息与控制工程学院	电控学院
3	建筑工程学院	建工学院
4	环境与能源工程学院	环能学院
5	应用数理学院	数理学院
6	计算机学院	计算机学院
7	材料科学与工程学院	材料学院
8	经济与管理学院	经管学院
9	人文社会科学学院	人文学院
10	建筑与城市规划学院	建规学院
11	生命科学与生物工程学院	生命学院
12	外国语学院	外语学院
13	软件学院	软件学院
14	实验学院	实验学院
15	艺术设计学院	艺术设计学院
16	体育教学部	体育部
17	继续教育学院	继续教育学院
18	激光工程研究院	激光院
19	固体微结构与性能研究所	固体所
20	循环经济研究院	循环经济院
21	北京工业大学耿丹学院（独立学院）	耿丹学院

2005年北京工业大学重点学科情况

全国重点学科（2个）	光　学
	材 料 学
北京市重点学科（8个）	机械设计及理论
	微电子学与固体电子学
	结构工程
	交通运输规划与管理
	环境工程
	计算机应用技术
	管理科学与工程
	光学工程
北京市重点建设学科（11个）	工程力学
	机械电子工程
	信号与信息处理
	检测技术与自动化装置
	市政工程
	应用数学
	凝聚态物理
	计算机软件与理论
	国际贸易学
	生物医学工程
	建筑设计及其理论

2005年北京工业大学博士后流动站情况

学科门类	流 动 站 名 称	所属学院
工　学	机械工程博士后流动站	机电学院
工　学	电子科学与技术博士后流动站	电控学院
工　学	土木工程博士后流动站	建工学院
工　学	环境科学与工程博士后流动站	环能学院
理　学	数学博士后流动站	数理学院
工　学	计算机科学与技术博士后流动站	计算机学院
工　学	材料科学与工程博士后流动站	材料学院
管理学	管理科学与工程博士后流动站	经管学院
工　学	光学工程博士后流动站	激光院

2005年北京工业大学博士、硕士学位授权学科表

学科门类	一级学科名称	二级学科专业名称	学科、专业代码	所属学院
工　学	力　　学	固体力学	080102	机电学院
工　学	力　　学	流体力学*	080103	机电学院
工　学	力　　学	工程力学*	080104	机电学院
工　学	机械工程	机械制造及其自动化	080201	机电学院
工　学	机械工程	机械电子工程*	080202	机电学院
工　学	机械工程	机械设计及理论*	080203	机电学院
工　学	仪器科学与技术	测试计量技术及仪器	080402	机电学院
工　学	电子科学与技术	物理电子学	080901	电控学院
工　学	电子科学与技术	电路与系统*	080902	电控学院
工　学	电子科学与技术	微电子学与固体电子学*	080903	电控学院
工　学	信息与通信工程	通信与信息系统	081001	电控学院
工　学	信息与通信工程	信号与信息处理	081002	电控学院
工　学	控制科学与工程	控制理论与控制工程	081101	电控学院
工　学	控制科学与工程	检测技术与自动化装置*	081102	电控学院
工　学	控制科学与工程	模式识别与智能系统*	081104	电控学院
工　学	土木工程**	岩土工程*	081401	建工学院
工　学	土木工程**	结构工程*	081402	建工学院
工　学	土木工程**	市政工程*	081403	建工学院
工　学	土木工程**	供热、供燃气、通风及空调工程*	081404	建工学院
工　学	土木工程**	防灾减灾工程及防护工程*	081405	建工学院
工　学	土木工程**	桥梁与隧道工程*	081406	建工学院
工　学	水利工程	水力学及河流动力学	081502	建工学院
工　学	水利工程	水工结构工程	081503	建工学院
工　学	水利工程	水利水电工程	081504	建工学院
工　学	交通运输工程	道路与铁道工程	082301	建工学院
工　学	交通运输工程	交通运输规划与管理*	082303	建工学院
理　学	化　学	物理化学（含：化学物理）	070304	环能学院
工　学	动力工程及工程热物理	热能工程*	080702	环能学院
工　学	动力工程及工程热物理	制冷及低温工程	080705	环能学院
工　学	化学工程与技术	应用化学	081704	环能学院
工　学	环境科学与工程**	环境科学*	083001	环能学院
工　学	环境科学与工程**	环境工程*	083002	环能学院

续表

<table>
<tr><th>学科门类</th><th>一级学科名称</th><th>二级学科专业名称</th><th>学科、专业代码</th><th>所属学院</th></tr>
<tr><td rowspan="7">理　学</td><td rowspan="4">数　学</td><td>基础数学</td><td>070101</td><td rowspan="6">数理学院</td></tr>
<tr><td>概率论与数理统计*</td><td>070103</td></tr>
<tr><td>应用数学</td><td>070104</td></tr>
<tr><td>运筹学与控制论</td><td>070105</td></tr>
<tr><td rowspan="3">物理学</td><td>理论物理</td><td>070201</td></tr>
<tr><td>凝聚态物理*</td><td>070205</td></tr>
<tr><td>光学*</td><td>070207</td><td>数理学院
激光院</td></tr>
<tr><td rowspan="2">工　学</td><td rowspan="2">计算机科学与技术</td><td>计算机软件与理论</td><td>081202</td><td rowspan="2">计算机学院</td></tr>
<tr><td>计算机应用技术*</td><td>081203</td></tr>
<tr><td rowspan="3">工　学</td><td rowspan="3">材料科学与工程**</td><td>材料物理与化学*</td><td>080501</td><td rowspan="3">材料学院</td></tr>
<tr><td>材料学*</td><td>080502</td></tr>
<tr><td>材料加工工程*</td><td>080503</td></tr>
<tr><td rowspan="2">经济学</td><td rowspan="2">应用经济学</td><td>国际贸易学</td><td>020206</td><td rowspan="4">经管学院</td></tr>
<tr><td>数量经济学</td><td>020209</td></tr>
<tr><td rowspan="2">管理学</td><td>管理科学与工程**</td><td></td><td>1201</td></tr>
<tr><td>工商管理</td><td>企业管理</td><td>120202</td></tr>
<tr><td>哲　学</td><td>哲　学</td><td>科学技术哲学</td><td>010108</td><td>人文学院</td></tr>
<tr><td>文　学</td><td>外国语言文学</td><td>外国语言学及应用语言学</td><td>050211</td><td>外语学院</td></tr>
<tr><td>理　学</td><td>生物学</td><td>生物物理学</td><td>071011</td><td rowspan="2">生命学院</td></tr>
<tr><td>工　学</td><td>生物医学工程**</td><td></td><td>0831</td></tr>
<tr><td rowspan="2">工　学</td><td rowspan="2">建筑学</td><td>建筑设计及其理论</td><td>081302</td><td rowspan="2">建规学院</td></tr>
<tr><td>城市规划与设计（含：风景园林规划与设计）</td><td>081303</td></tr>
<tr><td>工　学</td><td>光学工程**</td><td></td><td>0803</td><td>激光院</td></tr>
</table>

**为博士学位一级学科授权学科；*为博士学位二级学科授权点。

2005 年北京工业大学本科专业设置及学科分类一览表

序号	专业代码	专业名称	一级学科类	所在学院
01	080305Y	机械工程及自动化	工　学	机电学院
02	080401	测控技术与仪器	工　学	机电学院
03	080304	过程装备与控制工程	工　学	机电学院
04	081002	安全工程	工　学	机电学院
05	080602	自动化	工　学	电控学院

续表

序号	专业代码	专业名称	一级学科类	所在学院
06	080603	电子信息工程	工 学	电控学院
07	080606	电子科学与技术	工 学	电控学院
08	080604	通信工程	工 学	电控学院
09	080703	土木工程（建筑工程、交通土建）	工 学	建工学院
10	080705	给水排水工程	工 学	建工学院
11	080709W	水务工程	工 学	建工学院
12	080704	建筑环境与设备工程	工 学	建工学院
13	081202	交通工程	工 学	建工学院
14	080701	建筑学	工 学	建规学院
15	080303	工业设计	工 学	建规学院
16	080702	城市规划	工 学	建规学院
17	081001	环境工程	工 学	环能学院
18	071401	环境科学	理 学	环能学院
19	070302	应用化学	理 学	环能学院
20	080501	热能与动力工程（汽车、制冷）	工 学	环能学院
21	070202	应用物理学（光通信与光电子技术）	理 学	数理学院
22	070102	信息与计算科学	理 学	数理学院
23	080607	生物医学工程	工 学	生命学院
24	080605	计算机科学与技术	工 学	计算机学院
25	071205W	信息安全	理 学	计算机学院
26	080611W	软件工程	工 学	软件学院
27	080205Y	材料科学与工程	工 学	材料学院
28	110102	信息管理与信息系统	管理学	经管学院
29	110103	工业工程	管理学	经管学院
30	020102	国际经济与贸易（工业外贸）	经济学	经管学院
		国际经济与贸易（外贸英语、外贸日语）	经济学	外语学院
31	110202	市场营销（市场营销、商品学）	管理学	经管学院
32	110201	工商管理	管理学	经管学院
33	071601	统计学	理 学	经管学院
34	110203	会计学	管理学	经管学院
35	030101	法学（经济法）	法 学	经管学院
36	020104	金融学	经济学	经管学院
37	110205	人力资源管理	管理学	经管学院
38	030302	社会工作	法 学	人文学院
39	050303	广告学	文 学	人文学院
40	050106W	中国语言文化	文 学	人文学院
41	050201	英 语	文 学	外语学院
42	050207	日 语	文 学	外语学院
43	050408	艺术设计	文 学	艺术设计学院
44	050418	动 画	文 学	艺术设计学院

北京工业大学省部级设置的研究（院、所、中心）、实验室

序　号	机 构 名 称
1	国家产学研激光技术中心
2	中德激光技术中心
3	教育部新型功能材料重点实验室
4	教育部数字社区工程研究中心
5	教育部传热强化与过程节能重点实验室
6	北京市交通工程重点实验室——省部共建国家重点实验室培育基地
7	光电子技术重点实验室——省部共建教育部重点实验室
8	城市与工程安全减灾教育部重点实验室——省部共建
9	北京光电子技术实验室
10	北京激光技术实验室
11	北京市焊接设备研究与开发中心
12	北京信号与信息处理基础性研究实验室
13	北京多媒体与智能软件技术实验室
14	北京交通工程实验室
15	北京先进制造技术实验室
16	北京工程抗震与结构诊治实验室
17	北京传热与能源利用实验室
18	北京水质科学与水环境恢复工程实验室
19	北京嵌入式系统实验室

（信息处　提供）

·媒体报道·

2005年媒体工大目录（摘选）

国家产学研激光技术中心：我们正步入光子时代——《北京日报》(2005年1月5日)

北京工业大学45周年校庆公告——《光明日报》(2005年1月6日)

德育课堂传来歌声与掌声——《中国教育报》(2005年1月6日)

北工大开展体验式互动式情境式教育——《光明日报》(2005年1月10日)

站在时代前沿　推进德育创新——《北京教育》(2005年第1期)

北京工业大学放飞技术网　学生科协全球夺冠——《北京日报》(2005年2月23日)

北工大制定的2008年总体战略目标全面融入首都经济建设——《科技日报》(2005年2月23日)

双语教学要把好三关——《北京教育》(2005年第2期)

北工大建立学生约谈和接待日制度——《光明日报》(2005年3月28日)

北工大推进德育创新——《前线》(2005年第4期)

北工大今年在京招2 456人——《新京报》(2005年4月3日)

杨澜与大学生分享成长——《新京报》(2005年4月8日)

北京首个高招咨询日在北工大举行　5万人风中咨询——《新京报》(2005年4月10日)

“鸟巢”结构抗震设计在北工大实验室进行——千龙网（2005年4月16日）

故宫为公展《清明上河图》特制文物密封展柜——北京晚报（2005年4月16日）

北京工业大学学生对公交系统现状做调查——《北京日报》(2005年4月18日)

北工大建成特色科研梯队——《光明日报》(2005年4月20日)

北工大将建世界最长高技术文物展柜——《科学时报》(2005年4月20日)

在稀土中培植“坚韧”——《中国教育报》(2005年4月22日)

抓住机遇　推动学校事业全面发展——《北京教育》(2005年第5期)

2008年奥运会羽毛球场工程获批——《北京晨报》(2005年5月12日)

教师进团队　方向进学科——《中国教育报》(2005年5月16日)

北京大学生提问诺奖大师——《北京青年报》(2005年6月2日)

北工大勇夺2005微软“创新杯”软件大赛全国冠军——千龙网（2005年6月9日）

北工大以麦穗为礼赠毕业生——《京华时报》(2005年6月26日)

一项原创性成果带出一支“五星级”团队——《科技日报》(2005年6月28日)

奥运羽毛球艺术体操场馆　北工大体育馆奠基——千龙网（2005年6月30日）

搭建高校教学科研共用实验平台的探讨和尝试——《北京教育》(2005年第6期)

校园巡逻车北工大上岗——《京华时报》(2005年7月4日)

北工大科研项目建设形成“三赢”局面——《科技日报》(2005年7月14日)

北工大聘任新生辅导员——《北京日报》(2005年7月18日)

世界上最长的恒温恒湿充氮密封展柜提供安全保障——《北京晚报》(2005年7月29日)

搭建科研平台　拓展研究生德育空间——《北京教育》(2005年第7、8期)

以人为本　做好教材建设工作——《北京教育》(2005年第7、8期)

北工大措施落实激励贫困学生——《光明日报》（2005年8月10日）

北工大再夺“创新杯”渲染技术专题全球总冠军——《科技日报》（2005年8月11日）

北工大为奥运会培养计算机应用人才——《科技日报》（2005年8月16日）

中国力学学会首届一级学科大会举行——《光明日报》（2005年8月17日）

北京工业大学校庆四十五周年校庆公告——《光明日报》（2005年9月14日）

16高校为奥运培养实习生——《京华时报》（2005年9月17日）

北工大举行特困大学生中秋晚会——《中国教育报》（2005年9月19日）

北京工业大学师生听取许振超先进事迹报告——新华网（2005年9月21日）

北工大明年招收研究生1 200名——《北京考试报》（2005年9月28日）

让每一滴水都闪烁太阳的光彩——《中国教育报》（2005年9月29日）

砥砺科研结硕果　助力首都促腾飞——《科技日报》（2005年10月10日）

《清明上河图》首次全卷公展——《北京晚报》（2005年10月10日）

四十五载创新路跨越梦想　解缆扬帆再起程拥抱明天——《中国教育报》（2005年10月12日）

庆祝45周年校庆　北工大为两位百岁老教授过生日——《北京晚报》（2005年10月16日）

校庆恰逢教授寿辰　北工大成立蒋璜基金——千龙网（2005年10月16日）

北京工业大学四十五载铸辉煌——《光明日报》（2005年10月19日）

北工大建校45周年向社会输出人才7万多人——《科学时报》（2005年10月24日）

北工大实施研究生教育创新计划——《北京考试报》（2005年10月29日）

加强教师职业道德建设　努力塑造时代师魂——《北京教育高教版》（2005年第10期）

理工科大学文化素质教育的途径——《北京教育高教版》（2005年第10期）

让爱创造生命的奇迹　师生协力救助贫困患病研究生——《北京晚报》（2005年11月9日）

第七届上博会北工大交易额超两亿——《科技日报》（2005年11月15日）

北工大报名现场确认突破1500人——《北京考试报》（2005年11月16日）

北工大各党支部与特困生结对子——《北京日报》（2005年11月17日）

市高校438项目获三千多万资助——《北京日报》（2005年11月24日）

2005年制造业发展高层论坛举行——《中国教育报》（2005年12月8日）

北京工业大学艺术设计学院成立——新华网（2005年12月13日）

北工大不断强化党员整体素质——《光明日报》（2005年12月14日）

冬天的严寒挡不住爱的温暖　北京高校大学生思想政治教育工作扫描——《中国教育报》（2005年12月16日）

北工大依法治校　班级评优拿个人“说事”——《法制晚报》（2005年12月12日）

七所高校首批进入北京市技术转移中心——《科技日报》（2005年12月20日）

北京工业大学留学人员创业园成立——《中国高新技术产业导报》（2005年12月23日）

北工大科技园进入国家大学科技园行列——《科技日报》（2005年12月29日）

国家产学研激光技术中心：我们正步入光子时代

北京日报（2005年1月5日）

国家产学研激光技术中心坐落在北京工业大学，中心主任、北京工业大学博士生导师左铁钏教授是国家重点学科带头人，她同时还创建了一个国际研究基地——中德激光技术中心。

左铁钏教授率领这个国家级实验室完成的国家级科技攻关中，有国家科委攻关项目、国家自然科学基金重点项目、国防科研基金重点项目、国家重点基础研究发展规划（973）项目、国家重点技术创新项目等29项；承担的国有大企业重大技术攻关项目有一汽“红旗”加长轿车和新一代大“红旗”轿车车身激光三维制造、上海宝钢车用镀锌钢板激光大板拼接等，以及国防尖端武器的激光制造等重大工程；在前沿科研领域激光与材料的相互作用、铝钛钼等特种材料的激光可加工性、激光光束参数与加工质量的关系、激光加工新方法新工艺新技术、大功率激光传输理论及外围系统、激光微技术等方面，都取得了一系列重大成果。

今天，发达国家的激光技术专家和先进制造业的总工来到这里，都惊诧：中国有如此先进的激光实验室！有光学科研先导之称的德国，也把一些科研项目拿来进行合作。他们相信：左教授曾在德国从事激光加工技术研究，完成过13项欧共体和德国科研项目，其中，高强铝合金激光焊接成果处于该领域的国际领先水平，被德国宇航公司采用，德国宇航界称其为航空制造业中的一大技术革命。

记者走进激光技术中心，左铁钏教授反复向记者讲述的就是两句话：激光是新型能源、激光作为先进的制造方式可以无所不能。记者在左教授的这个国家实验室里深切感受到的是："我们正步入光子时代。"

见证激光成为制造能源的历史进程

说起激光，人们接触最广泛的是光缆通信，视听光盘。左铁钏教授也从我们身边熟悉的新事物讲起。激光作为能源正对社会生活产生巨大影响。以往的制造业能源，以火、力、电为主，如乙炔等火焰热加工，车机等力加工，电火光、电子束等电加工。以激光为制造业能源，则是近些年的创新。激光最大的领域应是在制造业上，激光加工正在成为发达国家的主要制造手段。而这个技术变革进程，左铁钏教授亲身经历并参与其中。

国家产学研激光技术中心是1991年底开始创建的，在此之前，左铁钏教授已在德国布来梅射线技术研究所（BIAS）进行了5年激光加工技术研究，负责的课题是轻金属的激光焊接。奔驰汽车、奥迪汽车、空中客车的代表提出：铝合金薄板能不能用激光焊接？传统制造业中，车身、飞机身，都是铆钉焊接，钢板只能厚重。如果用激光焊接代替铆焊，车身、机身自重首先就减轻了20%，并可以采用全铝薄板。每减轻一公斤自重，就可以提高一公斤载重。激光焊接成了奔驰、奥迪、空中客车制胜的关键技术之一。

左铁钏就在实验室第一个做出了铝的预制曲线，实现它在一个器材上得到90%以上的吸收率，这是铝能够被激光焊接的最重要前提。铝合金激光焊接的最突出成果，是应用在世界最大的民航客机空中客车380上，空客380之所以能拥有最大的载客量500人，战胜了美国波音400人的载客量，关键之一在于机身轻——激光焊接的铝材轻。

实验证明激光制造可以无所不能

在国家经贸委、中国科学院和教育部的共同投资下，国家产学研激光技术中心1994年落成，左铁钏教授在这个中心主持的"大功率激光三维制造技术"、"大功率激光光束光斑质量诊断技术研究"等，达到了国际先进水平。她最关心的是国家制造业。"制造业应用光制造技术是势在必行。"左教授肯定地说。她又举了汽车的例子。用激光加工，汽车的汽缸就可用铝合金阀座，大大延长了使用寿命，宝马公司花120万欧元买走了这项技术。再看车身，我国大部分汽车制造厂仍用人工或机械手焊接钢板，而用激光焊接，车身至少减重56公斤；国产汽车的也大都是电阻点焊方式，精确度和密封效果自然不如进口车。而德国汽车业70%的工位都是激光直焊了。左铁钏教授还告诉记者，进入21世纪，国际机床博览会上出现的先导产品，是激光加工机床，它不再传输力，而是传递光，通过光塑造机件。这预示着：光子时代到来了。

准分子激光器研制出第二代生物芯片

左铁钏教授主持的国家产学研激光技术中心，目前开展三大部分的研究，分别是激光制造、激光微技术和能量光电子，拥有准分子激光器、5轴联动大功率激光切割加工系统等国际前沿水准的先进设备。左铁钏教授从1996年开始筹建国际的研究基地——"中德激光技术中心"，2001年该项目获得中德政府部门的批准——该中心坐落在北京工业大学，建筑面积5 000平方米，包括一座800平方米的实验展示大厅，装备价值3 000多万元的国际先进水平的激光加工设备。

左铁钏教授目前正在研制的第二代微流控生物芯片，非常引人注目。微流控生物芯片采用光纤激光、飞秒激光等技术，在国家产学研激光技术中心的准分子激光器上已研制出芯片核心。这种激光生物芯片犹如一个生物工厂，如果应用于奥运会的检测，无论是血液中所含兴奋剂，还是有没有病毒侵犯，都能在瞬间显示出来，因为核酸是在激光通道中穿过。其实，这种技术的应用领域很广泛，食品检测、海关检查、医疗实验等，都极有意义。

（刘　冰　记者：纪　涛）

北工大开展体验式互动式情境式教育

光明日报（2005年1月10日）

北京工业大学积极探索大学生思想政治教育的新形式，改变过去以教育者为中心和灌输式德育的做法，坚持以学生成长为中心，进行生动有效的体验式、互动式、情境式教育，收到显著效果。2002年，针对大学生在就业选择和日常行为中存在着“诚信与责任”的错位与缺失，该校在全校学生中开展“诚信与责任”的主题教育。这一教育没有采取传统的自上而下瀑布式的方式，而是采取了平台漫水式的方法，首先为学生创设特定的教育环境和背景，以“无人售报”为契机，使广大学生通过对发生在身边事件的亲身体验进行内省和反思。学校媒体以“无人售报诚信的一面镜子”为题，对整体过程进行了全程跟踪报道，并在全校学生中以此开展了“除了千元我们还丢了什么?”的大讨论。各学院还组织学生走出校园，融入社会“呼吁诚信”的大环境中，通过社会诚信征言、对成功校友的主题访谈等形式，进一步扩大学生体验背景，在全校形成了良好的教育氛围。

在改进思想政治教育内容的传输方式时，北工大注重开展互动式教育，切实加强宣教网站建设，无论是作为门户网站的“工大广场”，还是校团委的“学生园地”，都构成了以教师为主导、学生为主体的网络建设队伍。目前，“工大广场”既有新闻速递、理论时政、教育空间、经典影片视频点播等教育型栏目，也有心灵之约、校园指南、成绩查询等服务性栏目，而反映学生党建的“向日葵”、与学生每周沟通的“点点必答”、将思想教育与个体参与激励有机结合的“夺标广场”等参与互动式栏目，更突出了学生的全面参与性。校团委建设的“学生园地”网站，150多个班级、在校内较有影响的学生社团和学生刊物，都在其上建设自己的主页，已在学校成功举行了15年的反映基层团支部整体建设面貌的“闪光支部、青春风采”系列活动，近年来也大量增加了网络环境下支部建设的成果展示。

在对教育氛围的营造上，北工大注意从大处着眼、小处着手，努力构筑情境式教育的最佳环境。比如，学校每年例行的开学典礼、奖学金典礼与毕业典礼，近年来率先在北京高校中做了重大的改革，删除了一些繁琐的、程式化的环节，而大量增添了能够对参加者产生影响、唤起情感、留下印象的内容，力求使这三大典礼真正在学生的不同成长阶段，对其行为产生强烈的感染和影响。在开学典礼中增添了新生奖学金的颁发与入校宣誓仪式，让学生对自己的大学四年从一开始就有一个庄重的承诺；在奖学金表彰大会上增添了名人主题演讲和一些现场参与情节，使得每个获奖者再次获得继续前进的激励；在毕业典礼上增加了“放飞心愿”和“留下你的足迹”等环节，从而使大学生始终保持良好的精神状态。2001年该校被评为“北京市思想政治工作先进单位”，“北京市高校党建与思想政治工作先进校”，2002年学校荣获“全国精神文明先进单位”的称号，并连续两年获得“首都文明单位标兵”称号。

（李四平　记者：汪大勇）

故宫为公展《清明上河图》特制文物密封展柜

北京晚报（2005年4月16日）

特制目前世界上最长的恒温恒湿充氮的文物密封展柜

为庆祝故宫博物院建院80周年，由故宫博物院珍藏的《清明上河图》将在今年故宫院庆期间公开展出。为保证这件稀世国宝安全展出，有关科研人员目前已经为其量身定做出了世界上最长的恒温恒湿充氮的文物密封展柜。

《清明上河图》是北宋著名画家张择端绘制的不朽杰作，是我国绘画史上的无价之宝，被誉为“中华第一神品”，虽然原画仅长5.28米，但连同题跋总长超过15米。对于这样珍贵的国宝，一方面要供游人参观，另一方面还要保证其在展览过程中不被损伤，如何实现长期固定的全卷展出是一个科技难题。近日，以北京工业大学马重芳教授为首的科研人员将现代高科技与古代文明结合起来，研制出了《清明上河图》的高科技展柜，为《清明上河图》在故宫博物院80周年庆典期间展出提供了保障。

据北京工业大学环境科学与能源工程学院院长刘中良教授介绍：近年来，北工大就文物保存技术的开发做了大量的研究工作，对珍贵文物保存及相关温度、湿度、照明、惰性气体保护、展柜密封与安全技术开展了深入的科学研究与技术创新。目前，对于我国特有的书画长卷展柜的开发，北工大已提出了包括温度控制系统、湿度控制系统、照明防紫外系统、充氮密封系统、机械启闭系统、蓄热系统、自动控制显示系统和安全防盗系统等八个子系统组成的全面解决方案，《清明上河图》文物展柜各项设计指标都达到或超过了国家标准和国际标准的要求。据悉，《清明上河图》文物展柜是目前世界上最长的恒温恒湿充氮的文物密封展柜，其照明系统也应用了最先进的专利技术。

（记者：丁肇文）

北工大建成特色科研梯队

光明日报（2005年4月20日）

北京工业大学不断创新科研梯队建设，科研经费逐年增长，承接重大科技项目的能力逐步提高。2004年该校科研经费达2.6亿元，居北京高校前列。在近期召开的国家科学技术奖励大会上，该校获得国家级科技奖励三项，作为独立完成单位获国家科技发明奖二等奖。

材料学院以左铁镛院士和周美玲教授为首的科研梯队，先后引进了多名优秀的年轻博士来校工作。经过多年的历练和培养，形成了以左院士和周教授为首的，以高职称、高学历年轻人为主体的学术梯队。近五年来，梯队共发表学术论文400余篇，SCI收录150余篇，获国家发明专利30多项，有2篇博士论文获国家百篇优秀博士论文奖，获部级一等奖2项，国家技术发明奖1项。

以周锡元院士为首的抗震减灾研究梯队，引进高水平学术带头人和骨干成员，成立了工程抗震与结构诊治北京重点实验室，实验室下设五个分室：城市与工程抗震研究室、结构优化与检测研究室、振动测试与仪器设备研究室、桥梁与隧道研究室、钢结构与混凝土结构研究室。在引进科研骨干时，能不拘一格，打破条框约束。如在引进苏经宇教授时，学校通过解决实际困难使该同志全身心投入辅助院士的工作中。如今，苏经宇教授作为主要负责人，承担了泉州、厦门城市综合防灾规划科研项目、两部国家规范编制工作及其他省部级项目10余项，总计科研经费1 200余万元。以周锡元院士为学术带头人的“工程抗震与结构诊治北京重点实验室”在参加中期评比中，被评为优秀。

以马重芳教授为首的传热强化与过程节能科研梯队通过现有学科带头人与引进一批高水平的学科带头人相结合，实现“教师进团队、项目进方向、方向进学科”的格局，初步形成了结构合理、优势明显、科技创新能力强的优秀学科团队。通过实施新的运行机制，师资队伍的结构和层次发生显著变化，具有博士学位的教师占教师总数的40%以上，科技能力大为增强，承担了多项国家科技公关项目和为2008年奥运会服务的能源利用和环境治理方面的重大课题，人均科研经费达23万元，教学科研水平不断提高。目前，该团队承担2项国家重点基础研究发展规划项目，即国家973项目；1项国家高科技研究发展计划项目，即国家863项目；1项“十五”攻关项目、1项国家自然科学基金重点项目、多项国家和北京市自然科学基金面上项目。此外，团队还积极加强并深入开展应用研究和产业化开发，承担1项大型地热供暖工程和多项应用性的研究课题。

（记者：文兆新）

在稀土中培植“坚韧”

中国教育报（2005年4月22日）

稀土在我国蕴藏极为丰富，却一直只能作为廉价的原料和初级产品出口。如今这种状况发生了改变，北京工业大学周美玲教授和她的团队把稀土与钼融合在一起，奇迹般地产生了一种新材料——稀土钼。这种材料就像它的创造者一样，拥有了“坚韧”的禀赋，既具高温强度，又有室温韧性，成为沿用百年的放射性钍钨阴极的极佳替代品。她们的“镧钼等热阴极材料及制备技术”日前又获2004年度国家技术发明二等奖。

常言道：十年磨一剑。年近七旬的周美玲教授笑着说：“我这‘一剑’整整磨了十六年！”

探索之初：寻求既坚且韧的新材料

1987年，周美玲到电子部出差，在办公室等候时，具有专业敏感性的她无意中看到桌子上材料上的一行字：急缺钍钨丝！专搞钨、钼等难熔金属研究的周美玲立刻萌生了一个想法：钍钨丝加工难，又有放射性污染，能不能研制一种代替材料呢?

周美玲和她志同道合的人生伴侣——左铁镛先生，义无反顾地投身到新型阴极材料的研发之中。阴极是真空电子源器件的心脏，目前在中、大功率电子管中普遍使用的是钍钨阴极，其优点是发射稳定性好，但存在三个致命缺点：工作温度高、难以加工成型、存在放射性污染。

在苦苦寻觅的过程中，他们想到了和二氧化钍结构和性能相近的稀土氧化物，比如氧化镧，没有任何放射性，热稳定性也好，少量加入到钼里，就能解决钼丝易脆断、不耐高温的问题，是可以替代二氧化钍的合适原料。

发现之路：艰辛与成就的交织

为了获得氧化镧和钼的最佳掺杂比例，周美玲带着她的博士生们在实验室里夜以继日地工作。辛勤的工作迎来了回报，1993年在奥地利普兰西举行的难熔金属最高权威国际会议上，周美玲教授与国外学者同时分别发表了关于稀土钼阴极研究的论文，赢得了一片赞誉之声，开启了国内稀土钼材料研发的先河。

“需要就是前沿”。当时很多人开始搞更为“时髦”的集成块、微电子研究，周美玲却依然坚守着稀土钼电子发射功能的研究，在她看来，科研必须要有自己的特色。经过上千次实验和调试，第一支稀土钼阴极电子管做了出来。

周美玲教授把这支凝结着大家心血的电子管拿到学校广播电台，安装在喇叭上试用。两周后的一天中午，广播的音量突然一下子掉了下来，周美玲顾不得吃饭，一路小跑赶到广播电台，把那个电子管换下来，拿回实验室里继续调试。经过艰难的摸索，终于使电子管的稳定工作时间突破1 000小时的标准，达到3 000小时！

创新团队：传承与发扬的辉映

“工作是靠团队完成的”，周美玲教授把荣耀归功于参与研究的每个人。在对年轻人的培养上她同样倾注了心血。她对博士生的选拔极为严格，要求他们不仅有扎实的专业基础，而且有坚韧不拔的品格，科研工作琐碎而又艰辛，只有不畏困苦、锲而不舍的人才能胜任。王金淑博士说，科研工作不仅需要付出辛勤的汗水，在攻关时甚至是身心的煎熬，是周老师的鼓励和支持使她坚持下来，取得了关键性突破。

一个好的学科带头人能带动一个学科的发展，在周美玲的带领下，北京工业大学材料学院人才辈出，有6位博士生、20多位硕士生参与研究，共获得6项国家授权发明专利，发表学术论文100多篇，1997年获国家教委科技进步一等奖1项（理论）、2003年获教育部技术发明一等奖1项。

（李四平　王　锋）

教师进团队　方向进学科
——北京工业大学实施人才强校战略纪实

中国教育报　（2005年5月16日）

日前，一位67岁的女科学家率领她的科研团队以“镧钼等热阴极材料及其制备技术”荣获国家技术发明二等奖，她就是北京工业大学周美玲教授。回顾16年磨一剑的科研征途，这位科学家深有感触地说：“成果的取得是与北工大为我们提供的大环境分不开的。”

周美玲教授所说的大环境就是学校以人为本、重视人才的政策环境。北工大这些年把工作重点放在人才强校，积极引进和大力培养高层次学术带头人，改革和创新科研和人才培养机制，优化了人才发展环境。记者最近就北工大实施人才强校战略情况进行了采访。

汇集优秀人才　促进学科建设

“人才是第一资源”，北工大校党委书记孙崇正教授在接受记者采访时说："在全国的地方院校当中，北工大的人才队伍状况良好。这主要得益于这几年对人才问题的高度重视，得益于在人才的结构、层次上做文章。"

孙书记介绍，几年来学生规模翻了几番，但教师数量基本不变，同时实现了质的提升。在学校1 224名教师中，原来没有一个院士，目前已先后引进全职院士 8 人、双聘院士 12 人，教授从 90 个增加到 250 多个，博导从 30 名增加到 151 名。通过引进这批学术造诣深厚、富有创新意识并能从事科研队伍管理的学术骨干，带动学校进行学科结构调整和教育改革。"九五"期间，学校重点建设了一批有较高水平的优势学科，凝练了一批特色学科。目前，学校博士授权的学科层次与数量居全国地方高校前列。

北工大的人才引进始于 1996 年。那一年，北工大在基础条件薄弱、科研历史短暂、科研编制不足以及科技创新体制还没有真正形成的情况下，坚持开放性地建设师资队伍，面向社会公开招聘高水平教师。几年下来，求贤若渴的北工大先后引进院士 20 人（全职加双聘），引进学科带头人 40 人以及学术骨干 300 多人。

1996 年，中国工程院院士、中国科协副主席左铁镛教授出任北工大校长后，充分发挥他的学术影响和社会声誉，加大改革的力度，组织学科梯队，先后建立了材料学重点学科、教育部新型功能材料重点实验室、一级学科博士点和博士后流动站。

中科院院士曾毅受聘来学校工作后，学校投入"211 工程"经费 2 000 万元，组建了北工大生命科学与生物工程学院。曾院士到校后很快在该领域确定了病毒学、抗艾滋病中草药及生物医学工程 3 个学科研究方向，创建了北京高校中唯一的 P3 实验室，使该校成为国内有影响的抗癌药、抗艾滋病药的研究基地和人才培养基地之一，学科建设取得重要进展，获得生物医学工程一级学科博士点。

彭永臻教授看重的是北工大的科研环境。调入学校后他成为环境科学与工程学科带头人，他负责的"水污染控制研究室"立足北京，发挥地方院校优势服务北京，利用其研究成果解决了北京酒仙桥污水处理厂、方庄污水处理厂污泥膨胀和上浮问题。现在彭教授正致力于北京奥运湖补水的深度处理技术的研究，他参与完成的"高浓度有机废水生物处理技术研发与示范工程"最近获得国家科技进步二等奖。

培养后继人　推进团队创新

大力推动创新型师资团队建设，是北工大近年来人才战略的重要内容。据介绍，学校通过人才政策、学术平台吸引了不少学术带头人，并注重搭建学术梯队、凝练学科方向、构筑学科基地，形成了"教师进团队，项目进方向，方向进学科"的格局，有力地推动了创新团队的建设。

北工大经济与管理学院是在学科调整时期较早合并组建的学科，学院规模、师资队伍和在校学生人数都居学校所有学院之首，但是由于缺乏领军人才，科研力量分散，师资队伍结构不尽合理。原校长左铁镛院士多次亲邀我国数量经济学的创始人之一，原中国社科院数量经济所所长的李京文先生来学校工作。在李院士的指导下，通过学科调整，经管学院确定了以管理科学与工程学科为支撑，以经济评价与管理咨询为特色，突出数字化和计量化的办学方针和科研宗旨，成立了北京市经济社会发展研究院和人力资源研究中心。几年来，研究中心从海内外吸引了 36 名具有博士学位的高层次人才来此工作。毕业于德国柏林洪堡大学黄海峰博士已经是该校的终身教授，但专攻经济学的他决心归来报效祖国。黄海峰博士在李京文院士的中国转型经济研究中心担任中心主任，找到了自己事业的新舞台。

中科院周锡元院士是学校聘请的抗震及防护学科带头人。周院士来校后，确定以城市与工程抗震减灾与结构减震控制、结构可靠性分析、诊治与维修加固及大跨度空间结构理论及设计技术为该学科主要研究方向，还将抗震减灾国际学术研讨会引入工大，带领中青年骨干积极参与奥运会基础建设项目，为首都立交桥、体育场馆和 CBD 重要建筑提供抗震减灾方面的科研成果和技术支持。目前已建成一支在国内同类学科中具有较高威望和学术地位、在国际上也有一定影响的、年龄和梯队结构合理、层次分明、造诣较高的创新型团队。其中，李振宝教授就是周院士团队中的优秀成员。2002 年他结束了在日本 12 年的求学、工作生涯，携家眷落户北工大，将他在结构设计方面的研究成果贡献给北京，为首都建设添砖加瓦。

周美玲教授的科研团队被校内人称为"金牌"、"五星级"科研团队。这其中不仅有左铁镛院士和周教授这样的学术带头人，还有教育部长江学者、北京市特聘教授、全国优秀博士论文和省部级科技奖获得者。他们个个出类拔萃，并各有所长——有学机械的、物理化学的、材料的。教育部长江学者、新型功能材料教育部重点实验室负责人张久兴教授，北京市特聘教授、全国优秀博士论文获得者、材料学院院长聂祚仁教授，副院长王金淑都是周教授一手培养的博士，如今都能独当一面。周教授的团队既重视学科间优势互补，又搭建了科研梯队，避免了老的学科带头人退休后出现断层现象，保持了学科建设的持续发展。

据悉，在推进团队创新的过程中，学校不仅注重引进海内外拔尖人才，还充分挖掘校内现有人才资源，加强对拔尖人才特别是中青年优秀人才的培养和支持力度，造就未来学科发展的中坚力量。

（记者：唐景莉　通讯员：张彩绘　李思频）

北工大勇夺2005微软“创新杯”软件大赛全国冠军

千龙网（2005年6月9日）

千龙网北京6月9日讯　今天下午，记者从北京工业大学获悉，北京工业大学 Frontfree Studio-MISG 代表队在2005微软“创新杯”（Imagine Cup）软件设计大赛中国区决赛中凭借着新颖优秀的作品《Fego 社区》，成功摘取桂冠，并且作为中国唯一的代表队，获得赴日本横滨参加世界总决赛的资格。

据悉，获奖作品 Fego 是新一代网络社区，用户可以在 Fego 社区的虚拟城市中建立自己功能强大的个人和商业 Fego 站点，通过 Fego 社区可以和来自世界各地的网友像邻居一样生活在一起。Fego 社区以系统直观的形式和丰富的功能消除了人与人之间信息沟通的边界。

“创新杯”大赛是由微软公司举办的面向世界各高校计算机人才的比赛。北京工业大学代表队成员均来自北京工业大学放飞技术网，他们是计算机学院02级本科生牛建新、冯涛、肖雪莹，软件学院02级本科生刘学。北京工业大学曾于2001年和2003年两次获得全国第三名的成绩。

本次软件设计比赛的主题是：“构建一个软件应用可以‘消除人与人之间的界限’”。作品要求基于 .Net 框架，使用 Visual Studio .NET 开发工具，自行创建 Web 服务，包含移动设备支持。今年共有软件设计、逻辑算法、渲染技术、短片制作等9个竞赛项目。其中软件设计大赛由各个国家选派一个代表队参加，其他8个项目为全球在线同步竞赛。今年的“创新杯”全球总决赛将于2005年7月底在日本横滨举行。总决赛的评委将依据作品的创新性、实用性、技术难度、工作量等标准进行最终评审。

（记者：于振华）

北工大措施落实激励贫困学生

光明日报（2005年8月10日）

“贫困并不可怕，可怕的是因为贫困而停止心灵的追求。”这是北京工业大学研究生沈自友在获得“奋进拼搏奖”后发自肺腑的感言。沈自友同学来自沂蒙老区，家庭非常贫困，但他人穷志坚，靠贷款读完大学，并在学校研究生中期考核中名列第一，一举获得“奋进拼搏奖”荣誉称号。

在北工大，像沈自友一样的同学还有很多，他们家境贫寒，但成绩优异，这与学校的一些激励措施分不开，针对贫困生这一特殊群体，除设立“奋进拼搏奖”等奖项外，北工大还采取切实有效的措施，助困与育人相结合：减：在新生入学时专门设立特困生“绿色通道”，减免特困同学学费，让其直接入学；贷：每年学校勤工助学中心都未雨绸缪，让有助学贷款需求的同学在假期就准备好银行需要的资料，开学后立即收集整理，办理贷款助学手续；助：通过校内设岗、家教、补助等多达11项的举措进行助学，满足特困生通过自食其力助学的目的，设立如爱校自强助学金、新长城自强助学金、华夏助学金、学子阳光助学金等；补：学校每年定期给特困生下发一定金额的补助，从一定程度上缓解特困生的经济困难；奖：学校针对特困生设多种奖学金，其中国家奖学金按年度申请和评审，资助金额一般分为两类，每年资助总额达220 000元。学校的殷殷之情成为广大贫困学生刻苦学习、积极向上的无限动力，正像学校副校长蒋毅坚教授说的那样：“学校、社会将和你们一道，克服目前存在的种种困难，为你们个人的成长、学校的发展、社会的进步一起努力!”

北工大为激励广大学生学习热情，还推出许多新举措：如在本科生中推出基础课奖学金制度，该制度是北工大为了激励一年级新生刻苦学习，以培养基础扎实优秀人才而推出的一项新措施。2005年

4月19日，北工大从04级2 303名学生中共评出数学类、外语类基础课学习成绩优秀奖各342人，其中获得双项奖的有110人，极大提高了学生对基础课学习的积极性；在研究生中建立研究生科技基金，利用“研究生科技基金”这一载体，在研究生科研创新能力的培养中发挥作用。2004年10月，在这一基金资助的51个项目中，共有34篇论文已经发表或被核心期刊录用，共完成软硬件等实物作品30件。近期启动的研究生科技基金的申报课题数量达到244项，直接参与人数接近2 000人，超过了在校研究生总数的一半；设立研究生科技创新奖，用以奖励研究生在学期间完成的正式发表的学术论文、专利、计算机软件著作权、科技奖、著作等，为学校营造积极向上，求学创新的科研氛围提供了有力保障。

（李四平　王　锋　赵曙东）

让每一滴水珠都闪烁太阳的光彩
——北京工业大学向社会公开招聘专职辅导员纪实

中国教育报（2005年9月29日）

“有人说，幸福的人生有三个标准，有目标、有事做、能爱人；而我认为，幸福的老师也有三个标准，以学识激励人、以道德教化人、以爱心感染人。如果这三点都能够做到，我相信他一定能成为世界上最幸福和快乐的人……”这段充满真挚情感的文字是北京工业大学2005年新招聘的一位学生辅导员在即将走上工作岗位时所写下的，字里行间流露出她对未来工作的信心和期待。

日前，北京工业大学2005级新生迎来了18位与众不同的专职辅导员，说他们与众不同，是因为这18位辅导员不是按照传统模式从该校毕业生或者其他专业教师中产生的，而是向社会公开招聘、层层筛选出来的，他们来自全国15所重点院校，具有经济、管理、文学、法律、艺术、体育等硕士研究生学历。面向全国招聘数量如此之多的学生专职辅导员，北工大开全国高校先河。

公开招聘，海纳百川

辅导员是教师队伍的重要组成部分，而在这次招聘之前，北工大也和其他许多高校一样，辅导员队伍设置较为松散和自由。学校没有统一规定，各学院自己组织建设专兼职的辅导员队伍，经过几年的实践，学校发现专职辅导员的工作模式最好。为了使这支队伍更加专业化和职业化，学校决定打破传统，面向社会招聘专职辅导员。

北工大主管学生工作的党委副书记冯培表示，这种面向社会公开招聘高等院校学生专职辅导员的尝试，改变了长期以来学生德育工作者依靠学校自身培养的模式，充实和丰富了学生德育工作者的队伍，为学校的学生思想教育工作带来了深远的影响。同时，拥有高学历、不同专业背景的人才进入高校从事学生德育工作，也改变了工科院校学生德育工作者专业素质不足的局面。

“按照教育部有关文件的要求，专职辅导员总体上按照1∶200的比例配备，如果在全校铺开，我们大概需要80多个专职辅导员，这有一定的难度，而且招聘的效果如何，有待实践的检验，所以我们准备先在05级新生中推行，如果很有成效，再逐步推广到全校。”北工大学生处处长、研究生工作部部长王秀彦对记者说。

出乎学校的意料，招聘信息在网上公布之后，短短几天之内，就有来自全国各地的400多人报名。尽管学校定的招聘标准是一道不低的门槛：中共党员，硕士以上学历，有相关的专业背景，但是报名的人依然积极踊跃。辅导员的岗位这么受欢迎是北工大没有想到的。

经过初步筛选，有60多人进入了下一轮，迎接他们的是学校安排的“基本能力素质测验”和“心理健康状况测试”两项笔试，以及计算机水平测试和面试。由于高校学生思想政治工作的特殊性要求，基层辅导员必须具备较为全面的知识与技能，所以学校精心设计了各个环节的测试。校领导亲自领衔，和学校人事处、学生处、团委、研究生部等相关部门的负责人组成评审委员会。

面试完全是工作情景的模拟，类似于实战，各种学生工作中有可能遇到的问题都在考查范围内，应聘者分成几个小组，团队之间还要密切配合。王秀彦说：“比如要组织学生去旅游，现在需要你去车队订一辆车，这个程序的运作对不熟悉学校情况的学生来说，绝对是个考验，碰壁是难免的，可能还有人故意刁难，我们就是看学生的实际应变能力和分析处理问题的水平。”题目设置之灵活、考查之全面、竞争之残酷让记者也为之惊叹。

一个学校的进人指标是有计划的，如果没有学校领导的全力支持是不可能招进来这么多优秀人才的，北工大今年进的辅导员的岗位津贴全是学校直接拨下来的，专款专用，受到了各个学院的欢迎。学校党委书记孙崇正的话掷地有声："这件事要做，优秀人才要招，钱，我想办法。"

不同来源渠道意味着什么

在这18位选择辅导员工作岗位的青年人中，绝大多数在上学期间都是优秀学生干部、多才多艺且获得过多种奖励。

为什么会作出这一选择，很多人都坚定地表示，三尺讲台上凝练的不仅仅是知识累积，它所真正耀眼的是教师的人格光辉，而教师，不仅仅是传道授业解惑者，他还肩负着育人的神圣使命，也许我们还很肤浅，没有足够的知识可以传道授业，也许我们还很稚嫩，没有足够的思想可以育人成熟，但是我们拥有热情，它可以支持我们成为学生心目中的良师益友。

"社会上包括高校中有这样一种观点，认为辅导员就是学生的'保姆'、'妈咪'，和教书育人的角色有很大差别，但是我觉得大学的辅导员是教育育人、管理育人、服务育人三个方面的最好结合，专职辅导员在学生的思想、心理方面所起的作用不言而喻，辅导员跟学生的交流可能比任课教师的影响力更大，有时候对学生的影响是一生的，尤其是在为人处事方面。"分配到计算机学院的辅导员田丽娜如是说。

在这批辅导员中，相对于大多数本科读完就直接继续读研的人来说，孔曙华的经历略有曲折，他是在大型国企工作5年后，又回到学校读书的，所以他的社会人生阅历使得他看教师的角度与别人不同。孔曙华认为，随着世界工业化专业分工越来越细，教师逐渐变成相对纯粹的知识传授者，专业授课教师上完课就算是尽职尽责了，学生除了知识系统培训以外的健全人格的培养往往是专业教师所"不能"或"不为"的，因此，他觉得现在的辅导员工作更贴近传统中"师"的修为，与学生相知相契，互相砥砺，所以，他放弃了其他的就业选择，希望通过辅导员的工作来完成自己的人生信念。

招聘的形式使北工大拓展了辅导员的来源渠道，也使人们不自觉地把他们与学校自己培养的辅导员相比较。学校经管学院党委副书记王燕霞和环能学院党委副书记高春娣在接受采访时认为，自产自销培养辅导员，好处是对工大很熟悉，上手很快；而向社会公开招聘辅导员，其特点是经历更丰富，相对更成熟。跟以往的辅导员重于日常事务性工作不同的是，现在的专职辅导员更注重事前预防性工作。

18位新人对自己如何看待呢？毕业于上海体育学院的贾晓芳对记者说："我们的弱势是对学校的一切还很陌生，这一个月来不断地在熟悉环境，熟悉周围的人和事物，而我们的优势是可以把原来学校的好的工作方法和经验拿过来直接用。"来自电子科技大学的李振兴则认为，土生土长、自产自销培养辅导员的方式是在传承一种固定的管理模式，比较封闭，而我们是尝试给这个学校带来一些变化。每一个大学都有自己的文化氛围，我们每个人都把自己学校的校园文化带到工大，多元文化对学校的促进作用是显而易见的。

梦想开始的地方

大学校园里，学生光有老师还不够，还应该有朋友，有了朋友才会有更多的交流，辅导员作为大学生的亦师亦友，有了他们，大学生的生活就会更健康。

为了帮助这些新进入辅导员岗位的年轻人更快地适应教师岗位、更好地开展学生工作，北工大对他们进行了全方位的培训。学校邀请了教育部有关领导、专家学者以及学校各个部门的负责人给辅导员作讲座，内容从当前大的教育环境、教育政治形势到学校发展状况、学生工作存在的问题、未来规划等方方面面，既有理论知识的宣讲，也有实践经验的交流。为了检验业务训练的结果，学校还特别开发了学生工作系统教师上岗考试系统，让辅导员颇感新鲜。题目涉及学生管理、社会实践、志愿服务、心理辅导等各方面业务。

环能学院的辅导员张国兵说，脉络清晰的培训框架中，所有老师用心血凝结的报告，让我们深刻体会到北工大严谨、踏实的做事方法和学校领导的高度重视，让我们以最快的速度适应新的工作环境和工作节奏。

工作平凡，但使命神圣；事务繁杂，但责任重大。已经工作了一个月的专职辅导员深深地体会到了这一点。如何将辅导员队伍的优良传统与工作方法的不断创新有机结合，如何既保持老师地位又成为学生的朋友，辅导员一边工作一边寻找学生工作的最佳切入点。

经管学院的辅导员刘立霞第一天开班会的时候，就告诉学生要记住父母的生日，把感情关爱献给他们。田丽娜把自己当作学生的知心姐姐，她认为只要把握住原则性的东西，与学生渗透式地亲密接触，会非常容易沟通，学生乐于接受这种方式，甚至会心贴心地和她去谈感情的问题。

患难之中见真情，任何人不会忘记与自己一起哭泣的人，辅导员与学生的朝夕相处，在知情知心的基础上建立的感情，会让学生珍惜，鼓舞学生自强不息。

北工大计算机学院的大一学生宁静很激动地说："辅导员田丽娜像大姐姐一样关心我们的在校生活，

大家遇到了问题都喜欢向她倾诉。田老师负责 9 个班，在我们同学间还比较陌生的时候，田老师就能准确地叫出绝大部分学生的名字。各班的每次班会，每场篮球赛，她都能准时出现在同学中间，与我们共同感受大学班级内的集体生活。”

这 18 位辅导员在校内的知名度颇高，当别人知道他们是今年新招聘进来的辅导员时，都会笑着说：“哦，你就是那 18 人之一呀!”影响力可见一斑。谈及以后的发展，辅导员纷纷表示，首先要做好目前的工作，现在是一个积累的阶段，而不是空想，要在工作过程中提高理论素养，创新思维能力，逐渐找到适合自己的发展方向。

高层次专职辅导员的加入，不仅提高了学校学生思想教育教师队伍的整体素质，同时还促进了辅导员队伍的知识结构与水平的改变，对本校自己培养的学生工作教师也提出了新的要求，激励他们不断学习专业知识，提高自身素质。只要辅导员真正把学校当作梦想开始的地方、事业的平台、工作的舞台，就能够尽情地展翅高飞，开拓一片属于自己的天空。

（记者：唐景莉　杨晨光）

砥砺科研结硕果　助力首都促腾飞
——北京工业大学“十五”科技工作纪实

科技日报（2005 年 10 月 10 日）

北京工业大学是一所以工科为主，理、工、经、管、文、法相结合的多科性市属重点大学，是国家面向 21 世纪重点建设的百所高校之一。学校现有专任教师 1 200 余人，其中院士 8 名、博士生导师 155 人、具有正高职称教师 251 人，具有副高职称教师 500 余人；设有 38 个本科专业，14 个工程硕士授权培养领域，52 个硕士点，6 个一级学科博士点，25 个二级学科博士点，9 个博士后科研流动站；拥有 2 个国家级重点学科，8 个北京市重点学科，11 个北京市重点建设学科；1 个国家级技术中心，2 个教育部重点实验室，1 个教育部工程研究中心，11 个北京市高新技术实验室和重点实验室。近年来，学校共完成科研成果 1 000 多项，2004 年到校科研经费超过 2.6 亿元，科研成果数量和到校科研经费位居北京高校前列，为北京市的经济建设和社会服务奠定了坚实的基础。

节约能耗的半导体发光管、诊脉交通拥堵的交通流仿真系统、实现故宫博物院全卷展示《清明上河图》夙愿的恒温柜……近年来，一项又一项的科技成果正从北京工业大学——唯一一所北京市属“211”高校中不断诞生，一颗愈加耀眼的科技明星正在北京城的东南天空中熠熠放光。

在 21 世纪的今天，在科教兴国的大战略中，在科学技术一日千里的大背景下，作为高校重要职能之一的科学研究工作，已日渐成为创办高层次大学的关键所在。科研能力的高低不但决定了高校的学术水平和办学层次，而且成为高校核心竞争力的重要体现。正如教育部部长周济在全国高校科技产业工作会议上所指出的：我国高等教育已经进入了大众化的发展阶段，在新的历史时期，建设世界一流大学和高水平大学，有赖于高校科技创新能力和社会服务能力的提高。

多年来始终坚持将科技创新作为实现内涵式发展的最强劲动力的北京工业大学，历经“九五”、“十五”的十年磨砺，现已实现学校整体跨越式发展，科研条件有了较大幅度改善，科研实力得到显著增强，更涌现出一批具有重大影响的科研项目和科技成果，在促进首都经济建设工作中做出了越来越重要的贡献。

准确定位　有的放矢

纵观北京工业大学在科技创新方面的长足发展，首先要得益于其准确的定位。北京工业大学通过对当前形势及自身特点的认真分析，及时确立了“立足北京、融入北京、辐射全国、面向世界”的办学宗旨，审时度势地提出了“十五”期间科技创新的指导思想：以人为本，以体制创新、制度创新为主导，以科技奥运和北京市产业调整为契机，把解决首都经济建设和社会、城市发展的重大科技问题作为首要任务。

学校在“十五”期间，努力提高承担国家、北京市重大科技项目和企业重大技术项目的能力，全力融入首都社会发展和科技进步大循环中，做大项目，干大工程，出大成果。通过进一步强化科技意识，创建优良学术氛围，构筑与教学研究型大学相适应的科技体制，建立科技发展基地，强化科技队伍建设，加强国际、国内科技交流，促进高水平人才培养。全校教师统一思想、明确目标，科技创新意识得到进一步增强，投身科研的积极性大幅度提高，在全校范围内营造出浓厚的科学研究氛围。学校从管理体制入手，在管理体制、运行机制、组织方式上进行了改革创新：学校尝试着在部分条件较为成熟的学院进行科技体制改革的试点工作，以期构建校、院、所三级管理体制，（打造“学校建渠道、学院进行业、基层做项目”的管理模式）；同时还鼓励学院在有条件的学科进行科技体制改革，逐步实现由校、院、学科部的教学型管理体制向校、院、研究所的教学研究型管理体制的转变。这种层层深入的体制改革对北京工业大学科研能力的提高起到了根本性的推动作用，三层管理各司其职、分工明确，同时又相互渗透、彼此相通、环环相扣。实践证明，这一创新举措给北京工业大学以更为强壮的体魄，廓清了管理中不同层次的内容，明确了向教学研究型大学发展的目标，使得具体工作更加有的放矢、方向明确，从而在科技创新中取得良好的效益。

功以才成　业以才广

管理体制的有效运行离不开人才的灵活掌控，科研枝头的含苞蓓蕾还需要智慧泉水的汩汩灌溉。北京工业大学在积极推进科研体制创新的同时，更注重加强科研人才的引进与培养：学校现有全职院士 8 人，双聘院士 12 人；此外，学校还吸引了一大批具有博士学位、年富力强的年轻学术骨干，仅 2003、2004 两年就有 163 位博士走进北京工业大学，海纳百川、有容乃大，济济人才为北工大的建设和发展注入了新鲜的血液，带来了蓬勃的活力。在大批引进人才的同时，北京工业大学还十分注重自身人才的培养，学校先后有三位教师获得国家杰出青年基金资助，一人被教育部聘为 2004 年度长江学者特聘教授。

花开一枝不是春，百花齐放春满园。在依靠人才抓团队的建设理念下，一批高素质、科研能力强的科研梯队成为学校科技工作内涵式发展的强大动力。学校在学科建设和人才引进方面充分考虑科研队伍建设需要，从学校整体发展规划出发，结合国家和北京市社会发展和经济建设需要，整合、规划、完善科研梯队建设，一批技术雄厚、科研实力强的团队脱颖而出。以左铁镛教授、周美玲教授为首的新型功能材料研究梯队为例，该梯队近五年共发表高水平学术论文 400 余篇，SCI 收录 150 余篇，获国家发明专利 30 多项，有 2 篇博士论文获国家百篇优秀博士论文奖，获部级一等奖 2 项、国家发明二等奖 1 项；再如以周锡元院士为首的抗震及防护学科梯队，将城市与工程抗震减灾与结构减震控制、结构可靠性分析、诊治与维修加固及大跨度空间结构理论及设计技术作为该学科主要研究方向，为首都立交桥、体育场馆和 CBD 重要建筑提供抗震减灾方面的科研成果和技术支持，目前已建成一支在国内同类学科中具有较高威望和学术地位、在国际上也有一定影响的、年龄和梯队结构合理、层次分明、造诣较高的创新型团队；以马重芳教授为首的热能工程科研梯队紧紧围绕能源和环境两大社会主题，近四年来先后申请到包括 973、国家自然科学基金、国家十五科技攻关重大项目及北京市科技项目，发表论文近 200 篇，其中 SCI 收录 14 篇，EI 收录 65 篇，ISTP 收录 14 篇。

科技创新　硕果累累

在体制创新与人才整合的双重动力下，北京工业大学的科研工作结出了累累硕果，呈现出一片丰收景象。

科研经费日渐雄厚：根据教育部统计口径，北京工业大学 2004 年科技经费共计 2.66 亿元，与 2003 年相比增长了 20.7%，已经接近“九五”期间科技经费的总和（2.77 亿元），经费总额位居北京高校前列。2004 年北京工业大学共有 35 个项目获得国家自然科学基金资助，资助总额突破 1 000 万，资助项目数和资助总额分别比“十五”初期（2001 年）增长了 1.7 倍和 2.5 倍。

论文数量与质量齐头并进：根据中国科学技术信息研究所信息分析研究中心提供的统计数字，2003 年北京工业大学在国内外各类学术期刊上发表论文共 570 篇，其中被 SCI 收录 106 篇，被 EI 收录 120 篇，被 ISTP 收录 83 篇。

专利申请数量节节攀升：2003 年学校共申请专利 145 项，获得授权专利 46 项。在教育部科技发展中心公布的 2004 年度高校获授权专利数前 50 位的排名中，北京工业大学名列第 24 位。申请专利数和获授权专利数分别是“十五”初期（2001 年）的 6.9 倍和 4.1 倍。2004 年共获得专利权转让 9 项，专利转化项目到校经费约 1 600 万元。

科技奖励令人瞩目：2004 年度北京工业大学共有 12 项科研成果获得各类省部级以上奖励。在 2005 年 3 月召开的国家科学技术奖励大会上，北京工业大学获得国家级科技奖励三项，在全国高校排名第 12 位。所有这些成果的取得表明，该校通过多年来科技工作的积淀，已经逐渐突显出强韧的发展后劲。

科研基地规模扩大：北京工业大学先后建立了新型功能材料、传热强化与过程节能 2 个教育部重点实验室，1 个教育部工程中心——数字社区工程中心，交通工程、光电子技术和城市与工程安全减灾 3 个省部共建重点实验室以及多媒体与智能软件技术等 7 个北京市重点实验室；建立了跨学科培养高层次人才和承接重大科研项目的激光工程研究院、电子政府研究院、智能交通系统研究院、生命科学与生物工程研究院、北京经济社会发展研究院、北京现代制造业发展研究基地等；组建了网络信息技术工程、智能建筑、交通工程、环境工程、电动车技术、空间结构、室内环境检测、地震研究所、北京市焊接设备研究与开发中心等一批直接为社会发展和经济建设服务的研究所或工程中心。

北京工业大学科技创新的实力在这些基地中得到增强，于这些数字中得到印证。

扎根北京 归宿地方

随着我国经济的快速发展，科技体制和高等教育体制改革的不断深入，高校科技工作取得了迅速发展，已经成为我国国家创新系统的三大主体之一。高校科技创新正在我国科技、经济、社会发展中发挥越来越重要的作用。作为北京市重点建设的高等院校，北京工业大学的科研工作以融入北京、服务北京为规划亮点和特点，以服务地方经济建设为宗旨，积极为北京发展聚集人才资源，提供思想智慧宝库。学校深入了解北京市的发展战略思想，针对北京市及各个行业领域的发展和建设做了较为全面、深刻而仔细的研究，始终坚持紧密围绕北京市重点发展的高新技术产业及其相关行业，大力开展应用型、工程型的科学研究与技术开发，把为首都经济建设和社会发展服务作为学校科技工作的中心任务和首要目标。

北京工业大学准确瞄准需求，敏锐把握契机，紧紧抓住北京市经济建设和社会发展的科技需求以及奥运带来的前所未有的机遇，不断挖掘自身潜力，寻找与北京市的结合点和切入点，扩大已经进入北京发展的成果。以北京工业大学传热强化与过程节能教育部重点实验室马重芳教授负责的“绿色奥运建筑标准及评估体系研究”为例，该项目是科技部和北京市科委牵头的科技奥运十大专项之一，由包括2所高校在内的9家单位组成，经40名专家历时14个月的努力，现已完成《绿色奥运建筑评估体系》、《绿色奥运建筑实施指南》、《奥运绿色建筑标准》等一系列高水平的研究成果，并已开始运用在国家游泳中心等具体的奥运建设项目中。这个项目对积极引导和推进绿色建筑关键技术在中国的研究与发展，建立中国的绿色建筑产业积累了必要的技术基础和法规架构。

北京工业大学在科技创新的道路上，不仅仅满足于科技成果的取得，更重视科技成果的产业化推广；不但求其开花结果，还要做到成熟“落地”。面对目前高校普遍存在成果多，转化少，推广难的状况，面对高校科技成果的转化培育这一薄弱环节，北京工业大学真正将科技产业化工作纳入到学校发展的总体规划之中去，通过向政府、行业、企业交流、推荐、合作，促成这些项目或技术立项研发、产业化，主动为地方经济建设服务。他们用一批具有强大效益潜力的产业化项目，认真落实着全国高校技术创新大会提出的“高校要将科技成果转化和产业化工作放在与教学、科研工作同等重要位置”的要求，兑现立足北京、融入北京、服务北京的承诺。仅以作为该校产学研相结合的重要成果之一的国家半导体产业化项目为例，这是一项由该校光电子技术实验室自主研发的、以半导体发光管外延片设计、生长技术及半导体发光管芯片制造技术为基础的科研成果，与全国最大的半导体封装及芯片生产厂家、上市公司江苏长电科技股份有限公司共同合作，双方投资2亿多元人民币，进行产业化研发及批量生产，二期扩建项目落户于通州区的北京光机电一体化产业基地，占地130多亩。据预测，到2006年，可实现年产外延片5万片、管芯5亿粒的规模，这必将成为北京实现“绿色奥运”的又一强大助力。

回顾往昔，天道酬勤，在即将完成的“十五”建设中，北京工业大学潜心磨砺、积极创新，在科技研究中取得了令人瞩目的成就；展望未来，“十一五”的美好蓝图已呈现眼前。苟日新，日日新，又日新，面对新的机遇，新的挑战，年轻奋进、永不满足的北工大人必将在“不息为体，日新为道”的精神鼓舞下，全面推进学校科技工作的快速发展，使学校科技创新能力和综合办学实力进一步提升，以求真务实、开拓创新的精神面貌，为前进中的北京工业大学绘就更加灿烂美好的明天。

（李四平 王 锋 刘 玮 杨东升）

四十五载创新路跨越梦想 解缆扬帆再起程拥抱明天
——北京工业大学校庆四十五周年巡礼

中国教育报（2005年10月12日）

燕山青青，岁岁芳草绿；巍巍学府，昭昭日月新。伴随着冉冉升起的朝阳，在首都东南的天空下，一所高校正以其朝气蓬勃的活力和令人瞩目的成就向人们展示着新的姿态，吸引了越来越多关注的目光。它就是被评估专家誉为“地方大学‘211’工程建设成功典范之一”的北京工业大学。

创建于1960年的北京工业大学是一所以工科为主，理、工、经、管、文、法相结合的北京市属重点高校。四十五年风雨历程，四十五载拼搏开拓，几代北工大人励精图治、辛勤耕耘，终于迎来今天的春光明媚，收获了光荣的梦想。现在，学校共有一级学科博士点6个、二级学科博士点25个，硕士点52个，工程硕士培养领域14个，博士后流动站9个，博士授权学科层次与数量居全国地方院校前列；拥有国家级重点学科2个、北京市重点学科8个、北京市重点建设学科11个；教育部重点实验室2个、科技部与北京市共建重点实验室1个、北京市高新技术实验室和重点实验室11个。1996年，学校通过了“211工程”部门预审，正式跨入国家21世纪重点建设的百所高校行列；2003年，学校在教育部本科教学水平评估中被评为优秀，在国内高校中产生了更为广泛的影响。

回首四十五年的流金岁月，探寻四十五年的发展历程，北京工业大学几代人用智慧与勤劳谱就了今天的华美乐章，用自信与创新篆刻出当下的辉煌业绩。

践行办学新理念　打造教学名品牌

作为北京市属高校，北京工业大学自诞生之日起，一直遵循“踮着脚、够得着”这一朴素的办学指导思想。随着社会的发展进步，学校适应时代的要求提出了“立足北京、服务北京、辐射全国、面向世界”的办学宗旨，按照“科学定位，找准目标，发挥优势，办出特色”的办学方针，以人才培养为根本，与时俱进，不断更新教育观念，推进教育手段和教学内容的积极变革和创新。

“授人以鱼不如授人以渔”，北京工业大学一直注重高素质应用型人才的培养工作，始终把培养学生的实践能力和创新能力置于教学工作的首要位置，无论是“真刀真枪做毕业设计”还是“实践教学一条线”，教学理念在不断深化，学生素质培养的总体目标却始终如一。“九五”期间，学校重点建设了面向本科生的计算机基础与应用、公共基础教学、工程设计训练、机械基础实习、电子工艺实习、交通土建工程、材料工程、信息工程、环境与热能工程、经管学科等10个教学基地，这些基地现在已经成为培养提高学生实践动手能力和综合能力素质的良好平台。

磨杵成针，琢玉成器，工大学子没有辜负学校的殷殷厚望，他们在诸如全国大学生数学建模竞赛、全国大学生电子设计竞赛等众多国内外赛事频频折桂、屡获佳绩；而由该校学生制作的《龙之传说》、《Squirrel Attack》两部作品更是蝉联了微软“创新杯”渲染技术专题竞赛2004、2005两年度的全球总冠军，为国旗增色，为校徽增光。

近年来，学校围绕树立教学品牌，积极打造精品工程，开展了以“名师、名专业、名教材、名课程”为主要内容的“四名工程”建设，聘请知名教师来校传授教学经验和教学理念，同时鼓励交叉学科专业和目录外新专业发展，利用信息科学等现代科学技术提升、改造传统学科专业。通过这些方法和渠道，学校在教学建设中取得了可喜的成绩。目前，北京工业大学有2名北京市教学名师、9个北京市品牌建设专业、15本（套）北京市精品教材、14门北京市精品课程。“四名工程”的建设进一步提升了北京工业大学教学品牌的含金量。

才高为师，身正为范。学校高度重视教育教学研究，鼓励教师多出教学研究成果，特别强调基础课教师加强教育法、教学法的学习和探究，通过不断加大教育教学成果奖励力度，积极营造教学研究氛围。2004年学校共获北京高等教育教学成果奖一等奖6项，二等奖8项，校级优秀教学质量一等奖16项，二等奖21项。

21世纪是人才的时代，社会呼唤高层次人才，北京工业大学在本科教学不断发展的同时，研究生培养规模和培养质量也在不断提高。目前在校研究生已达到4 600余人，创新人才培养成为学校研究生教育的主要目标，2003年以来，学校已获得两篇“全国优秀博士学位论文”。为服务北京2008年奥运会，特别是满足第29届奥林匹克运动会组织委员会对计算机技术人才的需求，北京工业大学将在2006年招收60名计算机应用技术专业硕士研究生，直接为北京奥运会服务。

桃李盈门，芝兰满室，教学观念的更新及精品工程的打造带动了学校教育教学工作和人才培养质量的整体提升，为北京工业大学创建国内一流教学研究型大学奠定了坚实的基础。

科技潮头勇争先　融入首都促发展

早在20世纪80年代，北工大就以开发研制国产化单板机在国内闻名遐迩。如今，学校更是先后参加或主持了北京的交通规划、公路石方爆破工程、大型奥运场馆建设工程、环境治理工程、激光加工工程、新型电子器件开发与应用、新型焊接技术在铁路西客站工程上的推广与应用等大批重点工程建设；开展了如奥运节能建筑示范工程、奥运交通规划、城市抗震减灾技术与应用、北京水系的规划与治理、北京新材料产业规划等一系列科学研究工作；

在2005年4月召开的国家科技大会上，北京工业大学“镧钼等热阴极材料及其制备技术”荣获国家技术发明二等奖；2005年8月，北工大成为国家“973”计划项目的第一承担单位，副校长张泽院士担任首席科学家。

北工大在科技创新的道路上，不但要见之于理论，更要见之于实际；不仅满足于成功孕育，更注重其生长后劲。在这种理念的指导下，学校以高新技术研发为源头、成果转化孵化为依托、新型产业化项目为主导，结合学校自身科技园的建设，形成了科技研发、中试孵化、成果产业化、经营人才培养“四位一体”，研发区、孵化园、软件园、产业园“一区三园”的产学研发展构架和运行模式。通过积极与政府和企业沟通、推广与合作，大力促成项目的产业化，为首都经济建设服务，一批市场前景好、科技含量高的产业化项目已通过孵化转化、走向产业化阶段。以北工大光电子技术实验室自主研发的半导体发光管外延片设计、生产技术及半导体发光管芯片制造技术为例，该项科技成果通过北京工业大学智源科技发展有限责任公司与江苏长电科技股份有限公司之间的合作，进行产业化研发，现二期扩建项目已落户北京光机电一体化产业基地，据预测，到2006年，可实现年产外延片5万片、管芯5亿粒的规模。

在科教兴国的大战略中，在科学技术飞速发展的大背景下，作为高校重要职能之一的科学研究工作，已日渐成为创办高层次大学的关键所在。北京工业大学勇做科技创新的弄潮儿，近几年来学校承担了一大批国家自然科学基金、973计划、863计划、科技攻关、攀登计划等国家和北京市重点工程项目，完成科研成果1 000余项。2004年度，学校科技经费共计2.66亿元，总额位居北京高校前列；共有12项科研成果获得各类省部级以上奖励；专利授权50项，在全国高校排名第24位，国家三大科技奖励3项，在全国高校位居第12位。所有这些成果的取得正在用事实证明：经过多年科技工作的积淀，北京工业大学已经逐渐突显出强劲的发展后劲。

人才强校纳贤士　资源整合建梯队

无论是教育教学质量的提升，抑或是科技创新能力的增强，都离不开高素质高能力人才队伍的智力支撑。求贤若渴的北京工业大学高擎人才强校的大旗，面向社会伸出橄榄枝，以优越的人才发展平台、海纳百川的大家气度吸引着各路英才加盟，左铁镛院士、张泽院士、李京文院士、曾毅院士、周锡元院士、张杰院士、张在明院士、沈昌祥院士等一批学界名师汇集北工大。在大批引进人才的同时，北京工业大学还十分注重自身人才的培养，重视现有人才，形成自己的特色科研队伍，学校先后有三位教师获得国家杰出青年基金资助，一人被教育部聘为2004年度长江学者特聘教授。

花开一枝不是春，百花齐放春满园。北京工业大学十分重视创新团队建设，在依靠人才抓团队的建设理念下，学校在人才引进方面充分考虑科研团队建设需要，从整体发展规划出发，结合国家和北京市社会发展和经济建设需要，整合、规划、完善科研梯队建设，一批技术雄厚、科研实力强的团队脱颖而出。如以左铁镛院士、周美玲教授为首的新型功能材料研究梯队为例，该梯队近五年共发表高水平学术论文400余篇，SCI收录150余篇，获国家发明专利30多项，有2篇博士论文获国家百篇优秀博士论文奖，获部级一等奖2项、国家发明二等奖1项；再如以周锡元院士为首的抗震及防护学科梯队，将城市与工程抗震减灾与结构减震控制、结构可靠性分析、诊治与维修加固及大跨度空间结构理论及设计技术作为该学科主要研究方向，为首都立交桥、体育场馆和CBD重要建筑提供抗震减灾方面的科研成果和技术支持，目前已建成一支在国内同类学科中具有较高威望和学术地位、在国际上也有一定影响的、年龄和梯队结构合理、层次分明、造诣较高的创新型团队。

如今，北京工业大学已有专任教师1 200余人，其中全职院士8人，双聘院士12人，获得国家杰出青年基金资助3人，教育部“长江学者”特聘教授1人；入选新世纪优秀人才支持计划3人；入选新世纪百千万人才工程5人；北京市特聘教授10人，有国家、省部级突出贡献的专家14人，专任教师中博士学位的比例达33%。学校已初步建立起一支学历、职称、年龄结构合理的学术梯队，育才、选才、用才的良好和谐发展环境已经形成，许多优秀人才在这里施展他们的才华，贡献他们的力量，用他们的勇气与智慧绘制北京工业大学的美好蓝图。

高擎德育工作旗　思想教育谱新篇

今天，作为教育对象的学生发生了较大的变化，采用传统的简单说教模式已经难以奏效，北京工业大学在学生思想政治教育方面锐意创新，积极探索新时期德育工作的有效模式，努力为学生熬制一碗心灵鸡汤。学校转换以往以教育者为中心的姿态，改变单纯的灌输式教育，坚持以学生的成长成才为中心，推行生动丰富的体验式、互动式、情境式教育，收到了显著效果。学校以“无人售报”为契机，精心组织、分步实施，通过体验身边小事、内省自身行为的方法，使“诚信”这一抽象的道德观念具化为学生的实际言行；为畅通学校和学生之间的信息交流渠道，北工大先后在学生中间建立了约谈和接待日制度，由与学生德育工作密切相关的学生工作部（处）、研究生工作部、校团委、教务处、招生就业处、研究生部六大部门组成联席会，定期和学生约谈或接受学生来访，新颖而务实的沟通方式得到了广大学生的认可和欢迎；为了提升学生组织的战斗力和凝聚力，学校在学生社区又特别设立了直属学生党团支部，为德育工作全面开展夯实基础；为充分发挥“两课”对大学生进行思想政治教育的主渠道作用，学校较早地运用多媒体教学手段，用生活实例诠释理论内容，并结合课堂演讲、团队专题作业展示、网络互动等方式，进一步拉近了师生之间的心理距离。

北京工业大学在积极构建全方位的学生思想政治教育工作体系，完善德育工作机制的过程中，将德育队伍的建设摆在突出位置。党委在建设各学院领导班子和师资队伍工作中，认真选调政治素质好、业务能力强、学历层次高、年富力强的教师进入学生德育工作领导岗位，选拔优秀的学生干部作为推荐免试研究生不断充实到学生德育工作的第一线；此外，学校还通过人才引进、学历进修、双语出国培训、国外短期考察等多种途径，全面提升“两课”专任教师和专职德育人员的综合素质，开拓他们的国际视野。学校在班主任、辅导员的招聘和培养模式上也力求形式上有所创新、内容上有所突破，以2005年为例，北工大面向社会公开招聘学生专职辅导员，将脱颖而出的18名重点高校应届硕士研究生吸收到学校的德育工作队伍中来。学校通过这种创新途径优化结构，充实了德育队伍力量，提高了德育队伍素质。

塑魂塑能铸就人才，育人育德锻造精神。多年的辛勤耕耘，北京工业大学德育工作成果斐然。2000年学校被评为“北京市思想政治工作先进单位”、2001年被评为“北京市高校党建与思想政治工作先进校”；2003年学校又荣获“全国精神文明先进单位”称号，并连续两年获得“首都文明单位标兵”称号；2002年12月，学校率先被授予北京高等学校马克思主义理论课和思想品德课重点建设示范单位。

春华秋实，玉汝于成。回顾四十五年的发展道路，工大人从未停止过进取与追求的步伐。在“不息为体，日新为道”的精神鼓舞下，创新已经成为学校发展的基本理念和动力。在未来的发展道路上，机遇和挑战并存。面对机遇，工大人努力把握；面对挑战，工大人勇敢面对。乘风破浪会有时，直挂云帆济沧海，今天的工大人正朝着全面建设国内一流教学研究型大学的目标继续努力，迈向更加美好的明天！

（李四平　王　锋　刘　玮　刘　冰）

校庆恰逢教授百岁寿辰　北工大成立蒋璜基金

千龙网（2005年10月16日）

在北京工业大学45周年华诞之际，恰逢该校建工学院蒋璜教授100岁寿辰。10月16日，该校第一餐厅里满溢着真情和喜悦，来自建工学院的800余名校友、该校各级领导、教师、学生自发地来为老人祝贺生日。

据悉，蒋璜教授是该校最年长的教师，建校初他就调来北工大，被评为学校第一批教授，而这一批教授，当时只有3位。10年前，在北京工业大学建校35周年之际，他的海内外弟子曾云集北工大共庆母校建校35周年，贺蒋璜教授执教50周年暨90华诞，并相约：在蒋璜教授百岁生日时再次相聚。十年过去了，学校为北工大有史以来第一位百岁教授庆祝寿辰，再邀海内外学子重聚，以诉同根同源，表达对长寿老人的敬意，表达对那些为学校的建设与发展做出杰出贡献的教师的敬意。相知相闻者得到消息，都由衷地喜悦。

“蒋教授是我校建工学院交通工程、道路与桥梁工程学科的开山鼻祖。”蒋璜教授的学生们告诉记者，直到上个世纪80年代，蒋璜教授年近八十岁了才退休。他为人谦逊随和，大伙儿都亲切地叫他“蒋先生”。从蒋先生那里，很多工大的教师明白了为师之道、做人之本，这宝贵的财富让人受用终身。

蒋璜教授学识广博精深，为人虚怀若谷，在他的精神感召下，该校建工学院的教师发起了以帮助有杰出贡献的高龄老教师和优秀特困学生为目的的“蒋璜基金”，并在蒋先生百岁寿辰之际召开创建大会，这也是该校第一个以个人名义命名的基金。

（记者：于振华）

让爱创造生命的奇迹 师生协力救助贫困患病研究生

北京晚报（2005 年 11 月 9 日）

昨天下午 5 时，北京工业大学研究生工作部，师生们正忙着将 4 个大捐款箱里的捐款倒在桌上，有面值百元的钞票，也有几角几分的硬币。这些捐款有的出自老教授的退休金，有的是家属院里小朋友的零用钱，还有的是同学献血后的营养补助……同学们一分一分仔细地清点着，他们告诉记者，在友谊医院的病房里，他们身患重病的同学韩兵兵正等着这些钱挽救他年轻的生命……

品学兼优研究生突患重病

韩兵兵今年 25 岁，是北京工业大学建工学院 03 级硕士研究生，他出生在江苏南通一个贫困农民家庭，是家中的独生子。10 月 15 日，兵兵全身发起红疹。10 月 25 日被友谊医院确诊为再生障碍性贫血。

兵兵的医生杨大夫说，再生障碍性贫血不是白血病，但死亡率很高，兵兵现在免疫功能极弱，随时有生命危险。

兵兵在老师和同学们心目中是一个品学兼优的好学生。他的同班同学李雨明说，兵兵好学上进，关心集体，是班里的入党积极分子。他是特困生，为了减轻家里的负担，所有的休息时间几乎都在做家教筹学费。兵兵的导师赵教授说，兵兵在全国核心学术刊物上发表过论文，是个非常有前途的同学，本应能为社会做出很多贡献。

40 万元击垮清贫家庭

杨大夫告诉记者，最有效的治疗是寻找与其匹配的造血干细胞进行手术，手术费大约要 35 万元，加上其他费用少说也要 45 万元。

兵兵的母亲从老家江苏赶到北京照顾儿子，她又心疼又自责地说：“孩子好强，平时为了不找我们要钱，自己做了好多家教，都是累的……”她的声音有些哽咽，“我们家里靠种 5 亩地生活，一年也挣不了几千元，为了供孩子上学，我每顿饭除了米饭，吃的都是家里腌的咸菜，就这样家里还欠着钱。现在亲戚朋友都借遍了才借了不到 10 万元，剩下的真是一点办法也没有了。”

同学省饭费来捐款

正当兵兵和他的家庭濒临绝望的时候，学校的老师和同学向他伸出了援助之手。10 月 24 日，同学向全校发起了捐款倡议，很快就得到了校领导的重视，全校师生迅速展开了积极全面的援助工作。校党委研究生工作部副部长赵老师说，这几天，他们还收到各学院特困生集体送来的捐款，虽然数额不大，但这些钱都是贫困生从自己的饭费里一分一角省出来的。截止到昨天，北京工业大学的师生共为兵兵捐款 76 372.51 元。

兵兵的病情现在比较平稳，为了防止感染，医院已将他转入无菌病房，记者拨通了他的电话，兵兵说：“起初我十分痛苦，觉得所有的希望都没了，后来医生一次次开导我，老师和同学纷纷鼓励我，还有很多好心的人为我捐款，让我感到又有了力量，有了希望，我一定积极地配合治疗，争取早一天让大家听到我的好消息。”

（记者：赵 霞）

北工大各党支部与特困生结对子
杜德印检查指导高校先进性教育活动

北京日报（2005 年 11 月 17 日）

在保持共产党员先进性教育活动中，北京工业大学现有的 18 个教工党支部和 30 个学生党支部与特困生一对一结成对子，在生活、学习、思想等各个方面给予特困生无微不至的关心和帮助。昨天，市委副书记杜德印，市委常委、教育工委书记朱善璐到北京工业大学检查指导保持共产党员先进性教育活动时，对该校这一教育成果和教育方式表示肯定。

在先进性教育活动中，北京工业大学坚持与学校改革发展稳定相结合，在健全完善以“奖、贷、助、补、减”为主要内容的资助特困生制度的同时，开展了以情系贫困大学生为主题、以一帮一结对子为载体的党支部与特困生共建活动，全校现有18个教工党支部、30个学生党支部和特困生结成对子，在生活、学习、思想等各个方面给予特困生关心。此外，校医院还特别开通网站，向全校师生公布医疗收费和药品价格，提供就医指南和医疗保健查询；后勤集团饮食中心面向全校学生招聘食堂值班经理，对学校饮食工作监督评议……

杜德印对北京工业大学在先进性教育活动中取得的成果表示了充分肯定，并就高校如何处理先进性教育和先进性建设之间的关系，高校如何用改革精神、创新方法推动基层党组织建设创新，如何把先进性教育成果重点转化到制度建设上来等三个方面提出了要求，希望高校以改革的精神继续推进先进性教育活动，通过总结先进性教育活动的实践成果，加强先进性教育理论创新、实践创新，结合五中全会精神，认清先进性教育活动是一个长期的过程，促进先进性教育、先进性建设、学校建设三位一体有机结合，使得先进性教育成为学校建设的有力保证。

（记者：刘春燕）

北工大不断强化党员整体素质

光明日报（2005年12月14日）

现在，北京工业大学的师生在自己所借书籍到期前三天就会接到一条免费的手机提示短信，不但使借书人避免了因为遗忘还书日期受到罚款，也促进了学校图书资源的有效流通和利用，因而得到学校师生的热烈欢迎。短信提醒服务是北京工业大学图书馆新推出的一项务实举措，而它仅仅是北京工业大学在开展保持共产党员先进性教育活动中，以师生为本，为师生服务的事例之一。

校党委高度重视经济困难学生的正常入学和顺利完成学业的问题，健全完善以“奖、贷、助、补、减”为主要内容的资助特困生制度的同时，还在先进性教育学习过程中开展了以情系贫困大学生为主题，以“一帮一”结对子为活动载体的党支部与特困生手拉手的携手共建活动，全校现有18个教工党支部、30个学生党支部和特困生结成对子，支部在生活、学习、思想等各个方面给予特困生关心、帮助与指导，进一步加强了和他们之间的情感沟通，使特困大学生深切地感受到来自党组织的无限关怀。

为紧紧把握先进性的目标要求，不断强化党员队伍整体素质，通过树立典型充分发挥优秀党员的带动作用，校党委还邀请了全国劳动模范、全国五一奖章获得者许振超同志来校作报告，这是许振超同志首次走进京内高校作报告，报告会取得了圆满成功，北工大党员深受启发，感觉收获甚大，纷纷表示要将学习到的“振超精神”、“振超效率”与北工大教学、科研、管理等工作结合起来；校党委还选取包括学校师德标兵、学术带头人、优秀党务工作者、校先进党支部代表共同组建“榜样的力量”优秀共产党员先进事迹宣讲团，在全校教师党员中作巡回报告，引导广大党员对照先进典型，查找存在的差距，形成学先进、比先进、赶先进的良好风气。

北京工业大学党委在保持共产党员先进性教育活动中坚持把学习和工作有效结合，统筹兼顾、合理安排，通过各种务实举措，密切了党群干群关系，让党员和群众都切实感受到了先进性教育的成果和党员的先锋模范作用。正是在这种深刻、真切的认识下，在先进性教育活动期间，北工大共有1 448名师生递交了入党申请书，有111人光荣入党。北工大的先进性教育活动真正做到了扎实深入、务求实效，做到了学习、工作两促进。

（李四平　王　锋　刘　玮）

北工大科技园进入国家大学科技园行列

科技日报（2005年12月29日）

日前，科技部、教育部正式认定北京工业大学科技园为国家大学科技园。该校科技园成为继北大科技园、清华科技园、北理工科技园、北航科技园等七大科技园之后北京地区的国家大学科技园，也是作为北京地方高校首次进入国家大学科技园建设的行列。同时进入北京地区国家大学科技园的还有北京科技大学科技园。此次在全国共认定8家大学科技园。

据悉，科技部、教育部对2003年以来15家提出国家大学科技园认定申请的大学科技园进行了筛选和评估，新增创新环境好、创新资源聚集、成果转化和科技企业孵化绩效显著的8家进入国家大学科技园建设的行列。

据介绍，北工大自2000年起设立并运作大学科技园。2001年5月，被北京市科委、市教委认定为北京市级大学科技园。经过5年多的建设，现已初具规模。科技园占地总面积584.35亩，规划建筑面积63.77万平方米，已建面积20.2万平方米，孵化面积为10.24万平方米。

该校科技园在建设中坚持硬件与软件环境并重的原则，统一规划，形成了一区三园的格局，即研发区、孵化园、软件园和创业园。研发区由北京工业大学的58个研究机构共同构成；孵化园由校内企业孵化区、软件园企业孵化区和北内孵化基地、诺飞孵化器、崇熙孵化器等部分组成；软件园地处北京经济技术开发区中西部，是北京市软件产业基地的重要组成部分，以行业应用软件开发、软件加工出口、复合型软件人才培养为特色；创业园正积极发展条件，强化管理与服务，引入风险投资，为该校的学生、教师以及社会相关人士提供创新创业的平台。

科技园依托学校的优势学科及人才资源，创建高新技术成果的孵育平台，推进技术成果特别是大型高新技术项目的转化。目前，有光电子照明、新型清洁能源、智能交通、电子政务、先进焊接技术、稀土功能材料等一大批高新技术成果在园区内转化孵化。截至2004年，入驻企业109家，实现企业销售收入3.8亿元。

（宣传部 供稿 记者：赵凤华）

索　　引

使用说明

一、本索引采用主题分析索引法编制。除“大事记”外，年鉴中有实质检索意义的内容均予以标引，以供检索使用。

二、本索引基本上按汉语拼音音序排列。具体排列方法如下：以数字开头的标目，排在最前面；以英文字母打头的标目，列于其次；汉字标目则按首字的音序、音调依次排列，首字相同时则以第二个字排序，依此类推。

三、索引标目后的数字，表示检索内容所在的年鉴正文页码，数字后面的英文字母a、b、c，表示年鉴正文中的栏别，合在一起指该页码及左右两个版面区域。年鉴中以表格、图等形式反映的内容，则在索引标目后用括号注明(表)、(图)字，以区别于文字标目。

四、为反映索引款目间的逻辑关系，对于二级标目，采取在一级标目下缩两格的形式编排，之下再按汉语拼音的音序、音调排列。

0～9

A～Z

A

B

C

D

H

K

L

M

T

W

X

Z

(王彦祥　毋栋　编制)

图书在版编目（CIP）数据

北京工业大学年鉴. 2006/《北京工业大学年鉴》编委会编.
—北京：北京工业大学出版社，2006. 11
ISBN 7-5639-1721-7

Ⅰ. 北...　Ⅱ. 北...　Ⅲ. 北京工业大学- 2006 -年鉴
Ⅳ. G649. 281-54

中国版本图书馆 CIP 数据核字（2006）第 122993 号

北京工业大学年鉴（2006）
《北京工业大学年鉴》编委会
*
北京工业大学出版社出版发行
邮编：100022　电话：(010)67392308
各地新华书店经销
徐水宏远印刷厂印刷
*
2006 年 11 月第 1 版　2006 年 11 月第 1 次印刷
787mm × 1 092mm　16 开本　31 印张　996 千字
ISBN 7-5639-1721-7/Z · 55
定价：75.00 元